致力于中国人的教育改革和文化重建

立 品 图 书·自觉·觉他
www.tobebooks.net
出 品

东海先生作品集 01

論語點睛 上

自立立人的知命之学

余东海 著

中国友谊出版公司

图书在版编目（CIP）数据

论语点睛 / 余东海著. -- 北京：中国友谊出版公司，2016.10
ISBN 978-7-5057-3833-1

Ⅰ. ①论… Ⅱ. ①余… Ⅲ. ①儒家②《论语》—研究 Ⅳ. ① B222.25

中国版本图书馆 CIP 数据核字（2016）第 219117 号

书名	论语点睛
作者	余东海
出版	中国友谊出版公司
发行	中国友谊出版公司
经销	新华书店
印刷	三河市华晨印务有限公司
规格	787×1092 毫米　16 开 46 印张　600 千字
版次	2016 年 12 月第 1 版
印次	2016 年 12 月第 1 次印刷
书号	ISBN 978-7-5057-3833-1
定价	78.00 元（上下册）
地址	北京市朝阳区西坝河南里 17 号楼
邮编	100028
电话	（010）64668676

目 录

自序　学儒乃大丈夫事..................1

（上）

第一章　学而篇..................1

一、快乐的哲学..................1
二、从孝悌开始..................4
三、巧言令色鲜矣仁..................5
四、每天自我反省..................6
五、儒家政治之道..................8
六、良知修炼秘诀..................9
七、做人的根本..................11
八、交友以忠信为主..................12
九、慎终追远，提升民德..................15
十、温良恭俭让..................16
十一、三年无改父之道..................18
十二、礼之用，和为贵..................19
十三、退而求其次..................20
十四、好学君子当如是..................22
十五、贫而乐，富而好礼..................24
十六、应担心什么，不担心什么..................25

第二章　为政篇 27

一、北辰所居众星拱 27

二、一言可蔽诗三百 29

三、德治 30

四、夫子一生年谱，千古作圣妙诀 32

五、依礼尽孝 34

六、让父母放心 35

七、孝养父母贵在敬 36

八、尽孝难在颜色悦 38

九、大智如愚的颜回 39

十、知人之明和观人之法 40

十一、温故知新可为师 42

十二、君子不要工具化 43

十三、行在言先，言随行后 44

十四、道义集团与利益集团 45

十五、学和思双管齐下 47

十六、当心异端的危害 48

十七、老老实实就是智 49

十八、言寡尤，行寡悔 51

十九、何为则民服？ 52

二十、提升民德的法门 53

二十一、孝友与政治贯通 55

二十二、人而无信行不通 56

二十三、礼制因时而异，原则万古不易 57

二十四、祭非其鬼与见义不为 59

第三章　八佾篇 61

一、是可忍，孰不可忍 61

二、最大的非礼是政治非礼..62
三、道德与政治的关系..63
四、礼制的根本..65
五、夷狄有君不如无..66
六、季氏敢僭窃，冉有不能救..67
七、君子无所争..68
八、巧笑倩兮，美目盼兮..69
九、君子之言，信而有征..70
十、禘祭的道理..72
十一、禘祭的作用..73
十二、祭神如神在..74
十三、获罪于天无所祷..76
十四、礼制的典范..77
十五、子入太庙每事问..78
十六、贵在准确不在力..79
十七、你爱羔羊我爱礼..80
十八、误会总是难免的..81
十九、正常的君臣关系..82
二十、快乐悲哀都不过分..84
二十一、成事不说，遂事不谏，既往不咎..................................84
二十二、管仲小器..86
二十三、音乐的美妙..87
二十四、天将以夫子为木铎..89
二十五、尽美尽善的追求..90
二十六、为人为政抓根本..92

第四章 里仁篇..94

一、天下第一宅..94
二、安仁和利仁..95

三、爱所当爱，恶所当恶 ... 97
四、能志于仁自无恶 ... 98
五、造次颠沛必于是 ... 100
六、只要努力就有力 ... 101
七、观过知仁 ... 102
八、朝闻夕死真无憾 ... 104
九、恶衣恶食又何妨 ... 105
十、无适无莫唯道义 ... 106
十一、君子小人各有所怀 ... 108
十二、利益主义要不得 ... 109
十三、礼让为国 ... 110
十四、做好你自己 ... 112
十五、万法归一，一归万法 ... 113
十六、义利之辨 ... 115
十七、贤不贤都是我师 ... 116
十八、父母有错怎样劝 ... 118
十九、游必有方 ... 119
二十、父母年龄不可不知 ... 121
二十一、躬行为贵 ... 122
二十二、约束自己错误少 ... 123
二十三、发言要谨慎，行动要敏捷 ... 124
二十四、德不孤 ... 126
二十五、理当劝告勿啰嗦 ... 127

第五章　公冶长篇 ... 129

一、坚守正道两君子 ... 129
二、好个君子宓子贱 ... 130
三、瑚琏之器 ... 131
四、何必定要好口才？ ... 133

五、信心不足不出仕 ... 134
六、子路还有待裁剪 ... 135
七、三君子各有千秋 ... 136
八、颜回真高明,子贡也难得 ... 138
九、听其言而观其行 ... 139
十、无欲则刚 ... 140
十一、己所不欲勿施于人 ... 142
十二、性与天道的奥秘 ... 143
十三、行者子路 ... 144
十四、孔文子为什么谥文 ... 146
十五、子产具有四美德 ... 147
十六、善与人交的晏平仲 ... 148
十七、臧文仲的不智之举 ... 150
十八、令尹子文够忠,陈文子够清 ... 151
十九、考虑两遍就可以 ... 153
二十、宁武子愚不可及 ... 154
二十一、我家乡的弟子们 ... 156
二十二、不念旧恶的伯夷叔齐 ... 157
二十三、微生高不直 ... 158
二十四、四种表现很可耻 ... 160
二十五、弟子们各言其志 ... 161
二十六、自讼 ... 163
二十七、学习的重要性 ... 164

第六章 雍也篇 ... 166

一、冉雍可当大领导 ... 166
二、颜回的两大道德特色 ... 168
三、君子周急不继富 ... 170
四、英雄不怕出身低 ... 171

五、长住仁宅的颜回 ... 173

六、子路、子贡和冉求 ... 174

七、闵子骞辞官 ... 176

八、世事难免有例外 ... 177

九、孔颜之乐的奥秘 ... 178

十、不要画地自限 ... 179

十一、君子儒与小人儒 ... 181

十二、澹台灭明的君子风 ... 182

十三、有功不居真厚德 ... 183

十四、祝鮀之佞和宋朝之美 ... 185

十五、走路就要走大路 ... 186

十六、君子文质彬彬 ... 188

十七、罔之生也幸而免 ... 189

十八、为学的三个层次 ... 190

十九、上士、中士和下士 ... 192

二十、对鬼神的态度 ... 193

二十一、仁者和智者 ... 194

二十二、齐逊于鲁,鲁离了道 ... 196

二十三、觚哉之叹的深沉 ... 197

二十四、君子不是好欺的 ... 198

二十五、博文约礼双重修养 ... 200

二十六、子见南子又何妨 ... 201

二十七、世间难得是中庸 ... 202

二十八、自立立人,自达达人 ... 203

第七章 述而篇 ... 206

一、述而不作,信而好古 ... 206

二、学而不厌,诲人不倦 ... 208

三、孔子之忧 ... 209

四、孔子闲居的时候 ... 210
五、孔子久不见周公 ... 211
六、志道据德依仁游艺 ... 213
七、有教无类,诲人不倦 ... 214
八、孔子的教育方法 ... 216
九、恻隐之心的礼节表现 ... 217
十、赞扬颜渊,批评子路 ... 218
十一、对待富贵的态度 ... 221
十二、孔子特别慎重的三件事 ... 222
十三、音乐的境界 ... 224
十四、父子争位和兄弟让位 ... 225
十五、孔颜之乐乐无穷 ... 226
十六、孔子学《易》序《易》 ... 228
十七、诗书执礼用雅言 ... 229
十八、孔子的自画像 ... 230
十九、好古敏求即天才 ... 232
二十、不语怪力乱神 ... 233
二十一、三人行必有我师 ... 235
二十二、道德自信何其坚 ... 236
二十三、夫子一切无隐瞒 ... 237
二十四、孔门四教 ... 239
二十五、难得见到有恒者 ... 240
二十六、仁及禽兽何况人 ... 241
二十七、择善而从,多见而识 ... 243
二十八、与其进不与其退,与其洁不保其往 ... 244
二十九、只要真想要,你就能得到 ... 245
三十、孔子的庆幸 ... 246
三十一、唱好歌和好唱歌 ... 248
三十二、自憾无缘行王道 ... 250

三十三、八字真言 251

三十四、孔子的祝祷 252

三十五、两害相权取其轻 254

三十六、坦荡荡和长戚戚 255

三十七、孔子的神态 256

第八章　泰伯篇 258

一、泰伯三以天下让 258

二、恭慎勇都要礼配合 259

三、而今而后可以免了 261

四、曾子临终之言 262

五、曾子之友 264

六、好大的君子人 266

七、君子当如是 267

八、诗起礼立乐完成 269

九、民可使由之，不可使知之 270

十、掌握一个度 272

十一、千万不要骄傲和鄙吝 274

十二、不把心思转到俸禄上 275

十三、儒者的出处行藏 277

十四、在什么山上唱什么歌 279

十五、音乐的盛宴 280

十六、孔子讨厌三种人 282

十七、仿佛赶不及，又怕丢失了 283

十八、伟大的舜禹 284

十九、伟大的尧帝 285

二十、圣贤君子集团 287

二十一、无可挑剔的大禹 288

第九章　子罕篇..................................290

一、利风不可长，仁性不可轻..................290
二、达巷党人的赞美..........................291
三、从众和违众..............................293
四、孔子杜绝四种病..........................294
五、孔子的文化自信..........................295
六、天纵之将圣..............................297
七、中庸之道的运用..........................298
八、深沉的叹息..............................299
九、细节之中见大德..........................301
十、颜回的赞叹..............................302
十一、子路好心办坏事........................303
十二、孔子等待识货者........................305
十三、君子所居自无陋........................306
十四、雅颂各得其所..........................308
十五、孔子的谦诚............................309
十六、逝者如斯夫............................310
十七、好色原不妨，好德最难得................312
十八、命运掌握在你手上......................313
十九、说不尽的理，听不厌的话................314
二十、孔子对颜回的痛惜......................315
二十一、苗而不秀，秀而不实..................317
二十二、后生可畏............................318
二十三、法言和巽言..........................319
二十四、坚定的意志..........................320
二十五、没有它不行，仅有它不够..............322
二十六、儒家的圣树..........................323
二十七、不惑不忧不惧........................325

二十八、儒家的权道 326

二十九、何远之有 329

第十章　乡党篇 331

一、在乡在朝表现不同 331

二、说话神态看对象 332

三、接待外宾的表现 334

四、恭恭敬敬入公门 335

五、不同场合不同表现 336

六、穿衣有学问 337

七、斋戒的注意事项 339

八、饮食的注意事项 340

九、坐席要端正 342

十、孔子参加乡礼 342

十一、与人交往之诚 343

十二、以人为本 344

十三、事君之礼 346

十四、交友之道 348

十五、道在伦常日用中 349

十六、注意坐车安全 351

十七、时之义大矣哉 352

（下）

第十一章　先进篇 355

一、先进和后进 355

二、孔门四科 356

三、德智第一的颜回 358

四、孝道典范闵子骞 359

五、明哲谨慎南宫适..........361

六、颜回好学，不幸早亡..........362

七、对待非礼的请求..........364

八、颜回死了..........365

九、孔子哭了..........367

十、反对厚葬颜回..........368

十一、关于人神关系..........370

十二、孔门弟子各有气象..........372

十三、不说则已，一说就准..........373

十四、已经登堂，尚未入室..........374

十五、过犹不及..........375

十六、冉求非吾徒..........377

十七、四君子的弱点..........378

十八、颜回屡空和子贡屡中..........380

十九、也不错，很不够..........382

二十、别被表象所迷惑..........383

二十一、因材施教，应病与药..........384

二十二、师徒情深..........386

二十三、大臣和具臣的区别..........387

二十四、学而优，才能仕..........389

二十五、四门生各言其志..........390

第十二章　颜渊篇..........394

一、克己复礼天下仁..........394

二、己所不欲勿施于人..........396

三、仁者说话特慎重..........397

四、不忧不惧真君子..........398

五、四海之内皆兄弟..........399

六、浸润之谮，肤受之愬..........401

七、民无信不立 402

八、本质与现象的关系 404

九、小河有水大河满 406

十、怎样崇德辨惑 407

十一、君臣父子 409

十二、片言折狱无宿诺 410

十三、认真审理案件，追求无讼境界 412

十四、居之无倦，行之以忠 413

十五、成人之美与成人之恶 415

十六、从上梁正起 417

十七、天下有道则天下无贼 419

十八、德风德草 421

十九、闻人与达人 423

二十、崇德修慝辨惑 424

二十一、仁者爱人，智者知人 426

二十二、交友之道 427

二十三、以文会友，以友辅仁 429

第十三章　子路篇 431

一、先之劳之而无倦 431

二、为政三要 432

三、正名的重要 434

四、在位君子焉用稼 435

五、《诗经》的作用 437

六、领导者的表率作用 439

七、鲁卫之政如兄弟 440

八、知足的卫公子荆 442

九、庶之富之教之 443

十、孔子一年而可，三年有成 445

十一、善人为邦百年..........446
十二、王者世而后仁..........448
十三、正人先正己..........449
十四、政务与事务的区别..........450
十五、一言兴邦,一言丧邦..........452
十六、近悦远来..........453
十七、为政两大忌..........455
十八、父子互隐亦直道..........456
十九、仁德的三种表现..........458
二十、最差的士,不错的人..........459
二十一、退而求其次..........462
二十二、没有恒心,啥都不成..........463
二十三、和而不同君子风..........464
二十四、两种公论..........467
二十五、两种类型的领导..........468
二十六、君子小人风度异..........469
二十七、接近仁境四条路..........471
二十八、士的两大特征..........472
二十九、有文事必有武备..........473
三十、以不教民战,是抛弃他们..........475

第十四章 宪问篇..........477

一、原宪的风度..........477
二、"四个不行"不容易..........478
三、士莫怀居..........480
四、有话好好说..........481
五、有德者必有言..........483
六、尚德君子南宫适..........484
七、你的仁德成熟否..........486

八、爱之必劳忠必诲……487

九、子产为政……488

十、子产和管仲……489

十一、贫而无怨不容易……491

十二、优为赵魏大老,难为滕薛大夫……493

十三、何谓成人……494

十四、时然后言,乐然后笑,义然后取……496

十五、臧武仲要君……497

十六、齐桓公和晋文公……498

十七、管仲如其仁……500

十八、大人格与小人格……502

十九、公叔文子有三善……504

二十、卫灵公无道而能不丧……505

二十一、大言不惭为之难……506

二十二、孔子请讨陈恒的意义……507

二十三、事君之道,勿欺而犯……509

二十四、上达与下达……510

二十五、为己和为人……511

二十六、蘧伯玉的自省精神……512

二十七、思不出其位……514

二十八、言过其行,君子耻之……515

二十九、三达德……516

三十、子贡好方人……517

三十一、不怕别人不知,只怕自己不行……518

三十二、既不乱猜疑,也不上大当……519

三十三、夫子何为者,栖栖一代中……521

三十四、骥称其德……522

三十五、以直报怨最恰当……523

三十六、世莫吾知尚有天……524

三十七、道之行废自有命 526

三十八、惹不起，躲得起 528

三十九、作者七人 529

四十、知其不可而为之 529

四十一、道不相同难为谋 531

四十二、君主居丧，三年不言 532

四十三、上好礼则民易使 533

四十四、修己安人大不易 534

四十五、无礼的老头子 535

四十六、无礼的孩子 537

第十五章　卫灵公篇 539

一、君子固穷，小人斯滥 539

二、一贯万法，万法归一 540

三、最高的知识 542

四、无为而治的典范 543

五、四字真言，通行天下 545

六、史鱼和蘧伯玉 546

七、失人失言皆不宜 547

八、明哲保身和杀身成仁 548

九、磨刀不误砍柴工 550

十、集传统之美，开时代之新 551

十一、君子有远虑 553

十二、好色人性之常，好德君子之范 555

十三、知贤不举如窃位 556

十四、责己从严，责人从宽 558

十五、不曰如之何，吾末如之何 560

十六、小慧小辨要不得 561

十七、君子四德 562

十八、知不知我一样嚣 564

十九、天生我德必有名 565

二十、求人不如求己 566

二十一、不争不党真君子 568

二十二、重言论不唯言论 569

二十三、天下之德此最美 570

二十四、王亮登车无劣马 572

二十五、有疑存疑,不知则阙 573

二十六、忍之义大矣哉 575

二十七、众恶必察,众好必察 576

二十八、弘道与弘人 578

二十九、过而改之即大善 579

三十、学习学习再学习 580

三十一、谋道和谋食,劳心和劳力 582

三十二、知及仁守,庄而有礼 583

三十三、不可小知可大受 585

三十四、仁之利益大矣哉 586

三十五、让不让 588

三十六、贞而不谅 588

三十七、先工作后工资 589

三十八、广大教化主 590

三十九、不相为谋,不妨并行 591

四十、尚理不尚辞 593

四十一、某在斯 594

第十六章 季氏篇 595

一、《论语》中最长一章 595

二、政治秩序的重要性 599

三、危亡之兆 600

四、益友和损友……602

五、益者三乐，损者三乐……603

六、侍奉君子当心三种过失……605

七、君子三戒……606

八、君子三畏……607

九、有生而知之者吗……609

十、君子九思……610

十一、曾经听说无缘见……611

十二、荣义不荣势……613

十三、陈亢问一得三……614

十四、国君妻子的称谓……615

第十七章　阳货篇……616

一、阳货见孔子……616

二、儒家的人性论……618

三、上智不退，下愚不进……619

四、开弟子的玩笑……621

五、公山弗扰以费畔……621

六、恭宽信敏惠……623

七、我不是空挂着的葫芦……625

八、六种品德六弊端……626

九、诗之大用……628

十、正始之道，王化之基……630

十一、本质和形式……631

十二、色厉内荏似小偷……632

十三、对乡愿的厌恶……633

十四、德不弃人人自弃……634

十五、患得患失的鄙夫……634

十六、古今同病不同状……636

十七、孔子厌恶的东西..................637
十八、妙不可言强为言..................638
十九、孔子不见孺悲..................640
二十、关于三年之丧..................641
二十一、无所用心最不堪..................643
二十二、君子尚勇更尚义..................644
二十三、君子厌恶的人..................645
二十四、女子与小人..................646
二十五、孔子的自叹..................648

第十八章　微子篇..................650

一、殷有三仁..................650
二、和圣柳下惠..................651
三、你若无心我便休..................652
四、见几而作孔子行..................653
五、楚狂歌而过孔子..................654
六、鸟兽不可与同群..................656
七、洁身切莫乱大伦..................658
八、无可无不可..................659
九、乐师们纷纷逃离..................661
十、周公的教导..................662
十一、周代有八位名士..................663

第十九章　子张篇..................664

一、士能如此亦庶几..................664
二、士人的通病..................665
三、两种交友之道..................666
四、大本若确立，小道亦无妨..................668
五、好学的两大表现..................669

六、八个字成就仁德..................670
七、学习的目的..................671
八、对待过错的态度..................673
九、君子三变..................674
十、信任宽容都重要..................675
十一、大德和小德..................676
十二、子游子夏各有侧重..................678
十三、入仕的正途..................679
十四、丧不可不哀，不要过哀..................680
十五、子游很难得，还不够..................682
十六、尽情表达悲哀时..................683
十七、孟庄子之孝..................684
十八、民众多罪，责任在上..................685
十九、君子恶居下流..................686
二十、君子之过如日食..................687
二十一、圣人无常师..................688
二十二、大美大富在孔门..................689
二十三、仲尼难逾如日月..................690
二十四、天高地厚江海深..................691

第二十章　尧曰篇..................694

一、历圣相传的中道..................694
二、尊五美，屏四恶..................696
三、君子有三知，知命最重要..................698

自序　学儒乃大丈夫事

一

学儒必须读经，儒家经典是儒学主体，也是中华文化主体，儒家的原则、宗旨、要义都在其中。儒者未必诸经皆通，四书五经，至少要初通一经，具备一定的经学修养（经学即指研究儒家经典、注解其字句、解释其意义、阐明其义理的学问）。这样，学问才有根基，思想才有头脑。

儒家强调通经致用。"通经"是通晓儒学经典，通达大经大法；"致用"是经世应务，立功立言，道援天下。两者相辅相成，这就是儒家的体用不二和全体大用。自古儒生的问题都出在这里，或不通经明体，或不达权致用。通权达变、随机应变、因地制宜、与时俱进等也是儒家经典精神，蕴于权道、义德、时中等原则之中。

历代大儒都通经，一通百通，故致起用来特厉害。辩才无碍、办事能力强等，无非"经"的作用、"用"的体现。像王阳明、曾国藩，书生领军，举世无双。至于圣人，发言就是经典，更是全体大用。尧舜禹汤、文武周公，无不功业赫赫；由于条件所限，孔孟事功不彰，但"文功"盖世，千秋万代皆蒙德泽……

四书五经，以《论语》最为深入浅出、雅俗共赏，为儒家入门必读、深造必研。孟子说过，自古圣人未有高过孔子的。那么，记载孔子言论最多、最集中的《论语》，当然是儒家正经，并可视为四书中的第一书。程颐说："学者当以《论语》《孟子》为本，《论语》

《孟子》既治,则六经可不治而明矣!"又说,"学者先须读《论语》《孟子》。穷得《论语》《孟子》,自有箇要约处,以此观他经,甚省力。《论语》《孟子》如丈尺权衡相似,以此去量度事物,自然见得长短轻重。"(《二程遗书》)

或说:"一部《论语》小学生也会几句,《论语》要旨是个中国人都能说出来。"东海哂之:"何言之易也?"即使儒式王朝,能通一经,就是名儒了。多少人学儒一辈子,未必懂得一以贯之的"一"的真实相。《论语》大量圣言,八岁孩童或会说,八十老翁不能行。当然,能说不能行,没有践履功夫,说也是空泛说,说不到深处和实处。

二

《论语》以"仁"为核心展开。仁,于天为"天行健",于人为"性本善",于个体为内圣修养,于外王为社会实践。《论语》说仁,皆就作用和表现而言,不及仁之体即"性与天道",但又句句处处不离"性与天道"。说浅,妇孺皆懂,天下普适;说深,境界广大,意蕴精微。妙哉圣言,大哉《论语》。

仁,即《易经》之"乾元",《大学》之"明德"和"至善",《中庸》之"诚",程朱之"天理",阳明之"良知",佛家称之为"真如""如来藏",禅家称之为"本来面目"等等。不同圣贤和派别理解或有差异,所指的则是同样的"东西"。

仁者人之本。仁是每一个人的本性,即生命本质和本质生命。借用康德"物自身"的说法,人的肉体和意识都属于现象,本性则属于人这种"物"的"物自身"。从本质上或"人自身"说,每一个人都是天生的儒家。

然而,人人习性不同,犹如其面,千殊万异,千奇百怪,每个人的本性不同程度地受到习性的遮蔽和污染。只有经过一番艰苦卓绝的"克己复礼"自我修炼的工作,才有可能"转染成净""去习归本",才有机会明自本心、识自本性。人坏起来没有底,好起来不封顶,可以成佛成圣。而儒家是引导人类向上的最佳道路和方向。

儒佛道三学都是很好的自我修炼的方法和教材,相比而言,儒家又具有最高的普适性——普遍适合上中下根。

儒家道德,兼具道德性与政治性、科学性与宗教性、道义性和功利性、利己性与利他性、自由性与约束性、忧患性与快乐性、先进性与保守性、有序性与无限性等等特性。"仁"作为众德之首,不仅将社会与个体、政治与道德打成一片,而且将人与天、器与道、现象与本质、有限与无限、形下与形上、此岸与彼岸统而为一。真可谓"极高明而道中庸,极广大而尽精微"。

儒者,人之需,儒家是每一个人的家。同时儒家不仅尽己之性、自我成就,并且自立立人,尽人之性,尽物之性,极裁成天地、辅相万物之大用。对于儒家来说,格致、诚正、修齐、治平,都是明明德、致良知的方式和渠道。简而言之,一切科学实践、道德实践和政治社会实践,都是对仁的践履,都是成仁的途径。古语云:"除却巫山不是云。"于仁者而言,"除却儒家不是家"。

要正确、充分地把《论语》这部教材用好,首先必须对它有正确的理解和全面的领会。现在一些学者,对儒学一知半解都谈不上,却纷纷"替儒说道"。或拿经典开涮,以种种曲解误导读者。儒家经典本来破障开智,经过大量外行自以为是的解释之后,作用负面化,变成设障增愚了。

由于古今文字的差异、历史环境的不同和读者智慧水平、阅读能力的区别等,对《论语》,不仅一般人士会错解,便是古今大儒大师也常常会出偏出差。

三

明清四大高僧之一蕅益大师做过《论语点睛》。蕅益将儒家的

"仁"诠释成佛教的"如来藏"并以之为《论语点睛》的思想核心。智旭在《四书藕益解序》说:"解《论语》者曰点睛,开出世光明也。"可见藕益是借儒家这部经典阐发出世思想。

儒家仁性与佛家佛性所指相同,都是指人之本性。佛说"一切众生皆具如来智慧德相,然以妄想执着不能证得"。"妄想执着"即习性障碍,非常深重牢固,世人不能成为真人至人(道家)、佛菩萨(佛家)和圣贤(儒家),就是为其所障;"如来智慧德相"即本性,儒佛道千经万论,方法各异,根本目的无非教人"信此、解此、行此、证此",证得其中"无相光明"。

但两家对"这个东西"的解悟认证有所不同。概乎言之,两家性体皆"无灭",此其同;儒家"生生",佛家"无生",此其异,是两家根本性区别所在。仁性即不易又变易,即寂然不动又感而遂通,即空寂又生生,大生广生天行健……儒家所证较佛教的圆教更圆。

儒佛可以求同,但不能不辨异。以佛理解释儒经不是不可以,前提是把握住儒家的仁义原则,包括民本、人道、仁政、德治、经权、中庸等等思想,否则难免偏离儒家根本。藕益站在佛教立场上为论语点睛,"以世间儒书作佛教出世之阶",把《论语》佛学化了。即使某些"点"上不乏深刻,在面上、整体上也无法做到准确与中肯,在关键所在无法起到画龙点睛的作用。点论语之睛的工作,只能由儒者来完成。

本书每章由翻译、注释、评议三部分组成,以评议为重心。

翻译力求信达雅,即准确、通顺、文字优美。相信这是至今《论语》在"古译今"方面比较好的一本。

注释,包括音读、字、词、句的解释以及收录古人的注解。本书采取的是"雨枫轩"网站《论语》电子书(原文+注释+译文)。故本书部分音读、字、词、句的解释及试译,参考了该书的注释及译文。古注主要从朱熹《论语集注》(简称《集注》)和程树德《论语集释》(简称《集释》)二书中选优,兼采他书之优者。

《论语》注解古今甚伙,各有优长也各有不足。在以儒解儒的注解本中，古人以朱熹《论语集注》为优，今人以钱穆《论语新解》为长，钱穆的注解很大部分是间接化用或直接引用朱熹的。但两人的注解仍不尽妥帖。本书注译集二书之长，同时参考了《论语集释》中的各家注释，参考了其他十余种相关书籍及论文（参考书目附后）。一册在手，精华毕览，传道解惑，尽在其中。

评议为本书重心，应是本书最有价值的亮点。每章评议或阐理义，或发议论，或臧否人物，或就文论事论理，或借题发挥、引而申之，或引证他人著述加以己意评析，不一而足。

《论语点睛》完成后，曾提供给孙齐鲁、格筠、洪秀平、马培路、黎文生、朱明江、老黄、米湾等儒友先睹，收获了不少商榷和修改意见，本书可以说是集体智慧的结晶。

特别要隆重鸣谢的是孙齐鲁、格筠、马培路、朱明江四位。他们从头到尾阅读一遍，做了认真的校订，挑出了许多错别字以及一些翻译上、义理上的毛病。本书汲取了一些颇有启发的意见。一些学术性较强的观点则不予采入，有机会另文商榷吧。

四

学佛是大丈夫事，学儒更是大丈夫事。被孔孟降服，是我此生最大的成功和幸运，儒家是吾人永远的归宿、快乐和幸福。但愿本书有助于天下后世更多的人被孔孟降服，向儒家归根。

归儒，是从器归向道，从用归向体，从现象归向本质；归仁，是从物归向人，从身归向心，从习心归向本心，是回归"性与天道"，回归真正的自我，回归安身立命的永远的家。归儒，可以进一步导良习心，改善肉体，改良社会，善待万物，更好地观察各种现象，发挥良知作用。

古人说，先为豪杰，再为圣贤；又说，天下唯豪杰，圣贤立地成。豪杰和狂狷，如果有生之年不能临门一射，归本儒家，那实在是太遗憾了，于个人于社会都是千古大憾。清儒潘平格说：

"狂狷气魄大,若无圣贤大学问大道理,终按抑此气魄不得。一闻圣贤大学问大道理,恰如以楔合楔,恰恰入得;又如以盖合底,恰恰合得,全不见其大,全不见其气魄。气魄之大,转而为力量之真。"(《潘子求仁录辑要》)

《涅槃经》有三兽渡河喻:兔浮水面,马才没身,象直到底。儒学研究者,相当于兔;一般儒家信仰、实践者,相当于马;信仰到高度,实践到深处,于儒学透彻理解,于良知圆满认证,便成圣贤,相当于象。用佛教话说,这是彻法源底。

原则上说,人人良知平等,人人都可以成德成圣,但由于习性的遮蔽污染,在一期生命中,能够成就仁德者,毕竟是少数;其中狂狷豪杰之士,又最容易百尺竿头更进一步,证入良知这一大光明藏,为生命找到永恒的归宿。

儒者余东海
2010年5月27日

附参考书目

朱熹《论语集注》
程树德《论语集释》
钱穆《论语新解》
李炳南(雪庐老人)《论语讲要》
王文特《原来论语可以这样读》
杨三石《论语别解》
安德义《论语解读》
杨树达《论语疏证》
云尘子《论语说解》
徐刚《〈论语〉故训疑误举例》
"雨枫轩"网站《论语》电子书

第一章　学而篇

《论语》以语录体和对话文体为主,记录了孔子及其弟子言行。"论"是讨论、编纂义。"语"是话语、谈说义,如国语、家语、新语等。班固在《汉书·艺文志》说:"《论语》者,孔子应答弟子,时人及弟子相与言而接闻于夫子之语也。当时弟子各有所记,夫子既卒,门人相与辑而论纂,故谓之《论语》。"《文选·辨命论注》引《傅子》说:"昔仲尼既没,仲弓之徒追论夫子之言,谓之《论语》。""论语"就是把"接闻于夫子之语""论纂"起来之意。

《论语》约成书于战国初期。经秦始皇焚书坑儒,到西汉时仅有口头传授及从孔子住宅夹壁中所得的本子,计有:鲁人口头传授的《鲁论语》二十篇,齐人口头传授的《齐论语》二十二篇,从孔子住宅夹壁中发现的《古论语》二十一篇。西汉末,张禹精治《论语》,并根据《鲁论语》,参照《齐论语》,另成《张侯论》。东汉末,郑玄依据《张侯论》,参考《齐论语》《古论语》,作《论语注》,遂为《论语》定本。现存《论语》共二十篇,前十篇为上编,后十篇为下编。

《学而》为本书首篇,共十六章,论儒家为学之本、入道之门和积德之基。

一、快乐的哲学

子曰:"学而时习之,不亦说乎?有朋自远方来,不亦乐乎?人不知而不愠,不亦君子乎?"(《学而》第一章)

孔子说:"学习并时常实践,不是很欣悦吗?有朋友从远方来访,不是很快乐吗?别人不了解而不郁闷,不是很君子吗?"

子,古代对有地位、有学问、有道德者的尊称。顾炎武《日知录》:"周制,公、侯、伯、子、男为五等之爵,而大夫虽贵,不敢称子。春秋自僖、文以后,执政之卿始称子。其后匹夫、为学者所宗亦得称子,老子、孔子是也。孔子弟子惟有子、曾子二人称子,闵子、冉子仅一见。"

说,同悦,喜悦。悦与乐二字之义,同中有异。马培路按:"说,训悦,内在之喜悦;乐,训乐,外在之快乐。"《集注》引程子曰:"说在心,乐主发散在外。学而时习之,有内在之悦;有朋自远方来,有外在之乐;人不知而不愠,更见君子本色。"

朋,郑玄注:同门曰朋,同志曰友。"有朋自远方来",古时"有""友"可通用,武亿《群经义证·释名》:"友,有也,相保有也。"故也有解"有"为"友"。《白虎通》引《论语》曰:"朋友自远方来。"

愠,怨恨,恼怒。

习,本意为鸟反复飞,这里是实践之意。

"乐"字是儒家要旨。所以《论语》开卷即标出三"乐":学而时习之,乐;朋自远方来,乐;不知而不愠,仍然是乐。"人不知而不愠"句,可以与《易经》中"遁世无闷""不见是而无闷"等参看。有得于道,自得其乐,有朋共乐,外人了不了解、理不理解,有什么关系呢。

儒学是一门快乐的学说。下学上达,学儒可以觉悟"性与天道",所以学习的过程固然乐,学习的结果更是乐。一部《论语》,始于"学而时习之",终于"君子知命"。知命则至乐。

快乐与道德成正比。西哲说:"美德是幸福的桥梁";东海曰:"道德是心灵的盛宴",圣贤是最幸福的人。宋儒有个命题叫"孔颜之乐",乐在有德,乐在得道。乐是自性之德。觉自本心,悟自本性,自然乐在其中。那是一种"无所倚"的内乐，自满自足，不假外求。在良知光明的基础上，物质利益可为幸福增光添彩，荣华富贵可为快乐锦上添花。

君子忧道，圣贤淑世，儒家具有强烈的忧患意识，故孟子曰"君子有终身之忧"，范仲淹曰"居庙堂之高则忧其民，处江湖之远则忧其君。是进亦忧，退亦忧"。这都是站在天下国家的立场上说的。那是先天下之忧而忧，是为世间苦难而忧；是忧道之不行，忧社会制度不良、人类良知不明。

从个人角度着眼，则是仁者无忧。生活贫困，遭遇艰危，人不堪其忧，儒者不改其乐，不为外物所转，不被外境所摇，穷亦乐达亦乐，顺亦乐逆亦乐。程颢的《秋日偶成》，没有一个"乐"字，却把儒者的快乐写透了：

闲来无事不从容，睡觉东窗日正红；
万物静观皆自得，四时佳兴与人同。
道通天地有形外，思入风云变态中；
富贵不淫贫贱乐，男儿到此是豪雄。

从容不迫，静观万物，自得于中，自得其乐，道心超乎其外，思想得其环中。这种快乐不受贫贱富贵的影响，富贵不淫，贫贱无碍。

如果说儒者也忧及自己，那不是忧一己之得失，而是忧德业不彰、年华虚度，忧自己未能尽心、尽性，尽自己的文化、社会、政治、历史诸责任。

学而时习之，即理论与实践相结合。学是为了明义理，朱子说："义理不明，践履如何？"习就是王阳明说的"从事上磨炼"。儒家最重实践，大到政治，广到社会，小到家庭，近到个体，一切言谈举止都可以纳入道德实践的范畴。东海诗曰："学而时习探骊珠，远处朋来德不孤。世不相知何碍我，是真君子自如如。"

二、从孝悌开始

有子曰:"其为人也孝弟,而好犯上者,鲜矣。不好犯上,而好作乱者,未之有也。君子务本,本立而道生。孝弟也者,其为仁之本与?"(《学而》第二章)

有子说:"做人,孝顺父母尊敬兄长而喜好犯上的人,少见;不喜好犯上而喜好作乱的人,是没有的。君子致力于根本,根本扎实了,道德就生长。孝悌呀,它们是仁的基础性要求吧。"

有子,姓有,名若,孔子弟子,少孔子四十三岁,长相类孔子。弟同悌,善事父母为孝,善事兄长为悌。犯上,冒犯上级和长辈,干犯在上之人。鲜,少。与同欤,语气词。

由于时代环境的极大变迁,大多数人已不可能讲究孝的形式了。例如晨昏定省之类规范,很难照做。但是,常将父母放在心里,好好说话,尽量关心,却是做儿女的本分。

孔子以仁为本,为儒家最高原则和核心道德。仁也是孝悌的根本,孝悌则是仁的表现。有子之言与孔子有所不同,但不违孔学,因为范畴不同。有子的意思是说,孝悌是仁的基础性、根本性表现。不孝不悌,仁就被架空了,空洞化了。

东海多次强调,"仁"是万德之本,是儒家最高原则。有人抬出《论语》中"孝弟也者,其为仁之本与"为据,认为孝悌比仁更重要。他不知道,《论语》中有子所说的"本"与东海所说的"本"不是一个层面的。

"孝弟也者,其为仁之本与"是就行为规范而言的。可以说,孝悌乃个人行为道德规范的基础。但在根本上说仍是"仁为孝悌之本",即仁德是孝悌的内在依据,不仁就不可能有真孝悌。这是我们必须清楚的。

亲亲和孝悌，是家事也是国事。《诗经》说："害于尔家，凶于尔国。"一种人物、团伙、势力及学说，如果"害于尔家"，必然"凶于尔国。"每当耳闻目睹忤逆现象，既憎恨又悲哀。

另复须知，儒家爱有差等而无局限，"亲亲仁民爱物"。孝悌尽管重要，仅属"亲亲"范围和家庭责任，儒者还有文化社会责任要"尽"。《荀子·子道》以入孝出悌为人之小行，道理就在这里。各种责任如何平衡，在它们产生冲突时如何做出合适、均衡的选择，是对智慧的一大考验。

本章可与《子路》"子贡问士"章参看。第一等士是"行己有耻，使于四方，不辱君命"。"宗族称孝焉，乡党称弟焉"属于次一等。宗族乡党都称赞孝悌，相当于孟子所说的"一乡之善士"，虽然乡善德行很美，但孝悌毕竟是一个正常人所应该做到的，本质好的人不用学习也能做到，所以列为次一等之士。

三、巧言令色鲜矣仁

子曰："巧言令色，鲜矣仁。"（《学而》第三章）

花言巧语、甜颜蜜色的人，很少仁德。

在《论语》中，孔子对"巧言令色"的斥责就有三次，《公冶长》加上了"足恭"，《卫灵公》说"巧言乱德"，足见孔子对巧言令色的反感鄙视。《诗经》说："巧言如簧，颜之厚矣。"《尚书·皋陶谟》说"巧言令色孔壬"，孔壬是很奸佞的意思。

"巧言令色"之所以成为贬义词，是因为表现虚伪，动机不良，与真诚信实、发自内心的巧于言辞、擅于辩论、脸色柔善等表现性质不同。朱熹说："好其言，善其色，致饰于外，务以说人。"这种人没有植根于心的美德和发自于内的真诚，一味"致饰于外"讨好献媚或哗众取宠。

马一浮说:"巧言令色足恭,皆圣人之所恶。不诚即不仁也。大抵作意为之皆不是,如剪彩为花,决无生意。"(《复性书院讲录》)动机和出发点有问题,就像假花,虽然艳丽,却无生意。

花言巧语,文过饰非,伪装恭敬,取悦他人,明知错误而假认同,面对罪恶而讲宽容,对待无耻之人物,低声下气、毕恭毕敬,都是乡愿和伪君子的表现。孟子曾借用曾子的话表达对这类伪君子的鄙弃之情。

曾子的话是"胁肩谄笑,病于夏畦",意谓耸起两个肩头,做出一副讨好人的媚笑,这真比顶着夏天烈日在菜地里干活还要令人难受啊!(《孟子·滕文公》)

此章可与"乡愿,德之贼也"章并读。乡愿,一乡之人都称好的人,好好先生,凡是非不分、言行不一、虚伪矫饰、处处讨好、阉然媚世之人,都属乡愿,引申为伪善者,伪君子。孔子对乡愿极为反感,正言厉色斥为"德之贼"!

孟子为乡愿作了具体画像:"言不顾行,行不顾言……阉然媚于世也者,是乡愿也。""非之无举也,刺之无刺也。同乎流俗,合乎污世。居之似忠信,行之似廉洁。众皆悦之,自以为是,而不可与入尧舜之道,故曰德之贼也。"(《孟子·尽心》)

古人常将道德文章合称。道德为本文章为末,本末有别,毕竟不二。故先立本,则文章便成载道、传道、弘道的工具,不厌其巧矣。圣贤大儒,辩理论道、言语巧妙,对待亲友,脸色柔善,对英雄豪杰,恭恭敬敬,那与"巧言令色足恭"性质截然不同。

曾子说:"巧言令色,能小行而笃,鲜矣仁。"(《大戴礼记·曾子立事》)将"能小行而笃"与巧言令色并列看待。笃于小事小节,不能立其大者,如好行小惠一样,也是难乎为仁的。

四、每天自我反省

曾子曰:"吾日三省吾身:为人谋而不忠乎?与朋友交而不信

乎？传不习乎？"(《学而》第四章)

曾子说："我每天三方面反省自己：为人谋事是否忠诚呢？与朋友交往是否诚信呢？经典教导践行了吗？"

曾子，姓曾，名参，字子舆，鲁国人，比孔子小四十六岁。

三省，也是儒家的三大自我道德要求。

一为人谋事要忠心。忠是尽心竭诚和立心中正之意。子曰："居处恭，执事敬，与人忠。"对于他人包括领导人，对于国家和事业，儒家都要求忠心相待，忠于亲，忠于友，忠于民，忠于国，忠于自心，都是忠德题中应有之义。而忠于良知又是最大的忠。对任何人物、事物的忠，都必须以良知为原则和依归。

愚忠非忠。比如对君主，"臣事君以忠"的前提是"君使臣以礼"，君主对待臣子要合乎礼的要求，以道事君，不可则止。

二要对朋友有诚信。诚信，首先是不欺于己，言行一致。孟子说："有诸己之谓信"，司马光说："尽心于人曰忠，不欺于己曰信。"(《四言铭系述》)对朋友的诚信建立在内在深度的诚信之上。

三要践行儒家经传。儒家最忌道德空谈，强调践履功夫。习是实践之义，诗书礼乐易春秋诸经，囊括了人生、社会、道德、政治、制度、教育等各大方面，无不重视实践。儒家《尚书·说命》中说"知之非艰，行之维艰"，王阳明强调"从事上磨炼"。

儒家最重自省。这个"省"兼内外而言，要内不欺心，心无私隐；外不谬事，言有准实。孟子曰："爱人不亲反其仁，治人不治反其智，礼人不答反其敬，行有不得者，皆反求诸己。"(《孟子·离娄》)这都是自省的表现。

贤德如曾子，还要每日三省，何况一般人，更应该常常反思内省，看看自己习气、俗念是否消除了，辞受取予是否恰当了，喜怒哀乐有没有"发不中节"的时候，视听言动有没有违反道德的地方？

梁知一说："三省，盖言曾子在三个方面自省。即：为人谋时，与朋友交时，习所传时。重在即时而省。三者，举其大要。"

五、儒家政治之道

子曰："道千乘之国，敬事而信，节用而爱人，使民以时。"（《学而》第五章）

孔子说："治理千辆兵车的诸侯国，要慎重办理政事，有信用，节约开支爱护国民，依照时节役用民力。"

道，同导，领导，治理。乘：古代称四匹马的一辆车为一乘，每辆兵车用四匹马，车上士兵三人，车下跟随步兵七十二人，另有相应的后勤人员二十五人，所谓一乘的实际兵力是一百人。古代衡量一个诸侯国的大小强弱，就是看它拥有多少兵车，所谓"千乘之国""万乘之尊"。敬事而信，敬其事而信于民。

君主时代，在更好的制度被发明之前，敬事、信民、节用、爱人、使民以时这五点，对统治者来说，是相当高的政治要求和道德要求，即使现代民主国家的领导人也未必做得好。朱熹《四书集注》引程子曰："此言至浅，然当时诸侯果能此，亦足以治其国矣。圣人言虽至近，上下皆通。此三言者，若推其极，尧舜之治亦不过此。"

于此也可见儒家道德的"威猛"。"道德大棒"所向，首当其冲的是领导人和政治家。地位高了，道德要求也水涨船高。《春秋》责备贤者，此之谓也。

儒文化中"时"的概念，除了时机、时务、机会、时代性等涵义，还指农时。"使民以时"这一点特别值得隆重介绍。依照季节特点役用民力，包括不违农时，勿夺其时，入山泽以时等等，目的是防止打扰农民生产活动，影响春耕秋收。

在《孟子》中，孟子对梁惠王的劝告里也郑重提到"农时"问题，大意是说，不违背农时，粮食便吃不完；细密的渔网不投到深的池沼，鱼鳖就吃不光；按季节砍伐树木，木材就用不尽。

古礼规定田猎必须遵守"时禁"，要于农闲时节进行。《左传·隐公五年》："故春蒐，夏苗，秋狝，冬狩，皆于农隙以讲事也。"杜注："蒐，索，择取不孕者。苗，为苗除害也。狝，杀也，以杀为名，顺秋气也。狩，围守也，冬物毕成。获则取之，无所择也。"

在《荀子·王制》中荀子介绍圣王的制度时说，草木开花长大的时候，斧头不许进山林；鼋鼍、鱼鳖、鳅鳝怀孕生育的时候，渔网毒药不许入湖泽；春天耕种，夏天除草，秋天收割，冬天储藏，一年四季不耽误时节；池塘、水潭、河流、湖泊，严格遵守每个季节的禁令；树木的砍伐、培育、养护，不许耽误时节等等。

"夺民农时"是为政大忌。《国语·周语》告诫："不夺农时，无蔑民功。"意谓不要耽误农民耕种收获的时节，不要浪费农民的劳力。《吕氏春秋·上农》提醒："数夺民时，大饥及来。"屡次侵夺农时，就会招来大饥荒。

儒家社会中，个人行为也必须遵守农时。《大戴礼记》说："草木以时伐焉，禽兽以时杀焉。夫子曰：'伐一木，杀一兽，不以其时，非孝也。'"意谓草木要依照时节砍伐，禽兽要依照时节宰杀。孔子说："砍伐一棵树木，宰杀一只禽兽，如果不依照时节，就是不孝。"将不依时节伐木杀兽的行为与不孝联系起来。

《大戴礼记》又说："杀六畜不当，及亲，吾信之矣；使民不时，失国，吾信之矣。"（《曾子制言》）宰杀家畜不适当，会给父母造成不良影响；役使民众不合时令，会失去政权。

六、良知修炼秘诀

子曰："弟子入则孝，出则悌，谨而信，泛爱众，而亲仁。行有余力，则以学文。"（《学而》第六章）

孔子说:"作为弟子,在家要孝顺,出门要友爱,言行要谨慎而诚信,要仁爱众人和亲近仁人。这些行为做好之后有精力,就用来学习文化。"

《集注》:"谨者,行之有常也。信者,言之有实也。泛,广也。众,谓众人。亲,近也。仁,谓仁者。余力,犹言暇日。以,用也。文,谓诗书六艺之文。"

很多人好高骛远,不知"道在平常日用间"的道理,不知孝悌谨信、爱众亲仁等平常德行中,蕴含着至高无上的人生真谛和政治正理。

本章可以读出多重意思。

首先,爱有差等。儒家之爱,"亲亲仁民爱物",由近及远,秩序井然。"入则孝,出则悌"是亲亲,"谨而信,泛爱众"是仁民。泛爱民众,对有仁德者又要特别亲近,这是亲仁。爱亲人,爱民众,亲仁者,爱万物,最后达到"天地万物一体同仁"的境界。

其次,道德的建立不可躐等,要从孝悌开始,由近及远,要从下学开始,逐步上达。儒家特别重视孝悌,认为这是"为人之本"。事实正是如此,一个对父母都不好的人,还能真对其他人好吗?还谈得上别的吗?

有人问:如果其他德目与孝悌产生冲突怎么办?比如为了勤政爱众,为了伟大事业而不能尽孝,咋办?东海答:这类冲突一般不会太激烈,可根据具体情况依据中庸原则化解,只要寻求一个合宜的"度",为勤政爱众伟大事业付出,不仅不违孝道,而且是大孝,是更高境界的孝。当遇到极端情形"忠孝不能双全"的时候,移孝作忠亦不违孝道。

本章还揭示了德与文的关系。先立德后学文,文章有德行为基础,才能产生持久的影响力;有了道德还要有文章,只有多闻博识,才能心胸开广、眼界宽阔、志趣高远。道德文章,虽有本末之别,却又相辅相成。

"亲仁"的仁,一般的解释是:仁德之人。"亲仁"也可以解释为尽心、尽性、致良知，与"性与天道"亲密接触。那么，孝悌、谨信、爱众等德行都成了"亲仁"的基础和前提。盖仁这个概念，在儒家是形上形下、一体贯通的，它有形而上的涵义与宇宙论根据。这是进一步的理解了。在本章语境中未必然。

仁，即体即用，全体大用，体用一源。孔子很少直接谈论"性与天道"，对于"仁"这个核心概念，《论语》多是从伦常日用和政治层面去解说的，也可以说《论语》句句不离"性与天道"，句句都在谈论"性与天道"。

曾有网友问东海，良知大法有什么修炼秘诀。我说，四书五经每一章都是修炼秘诀，比如本章，就是修炼良知最全面、非秘密的诀窍了。如有人全面做到做好了，做圆满了，就成德成圣，成为良知佛了。

七、做人的根本

子夏曰："贤贤易色，事父母能竭其力；事君能致其身，与朋友交，言而有信。虽曰未学，吾必谓之学矣。"（《学而》第七章）

子夏说："尊重贤者，轻于女色，侍奉父母能尽力而为，出任公职有奉献精神，与朋友交往言而有信。（这样的人）即使没有学问，我一定说他是有学问的。"

子夏，姓卜，名商，字子夏，孔门十哲之一，以文学著称，曾为莒父宰，性格勇武，"好与贤己者处"。孔子去世后，他到魏国西河讲学，开西河学派，魏文侯尊之为师。

孔门弟子中，子夏著作传世最多。《论语》即是子夏与仲弓合编的。汉人徐防说："诗书礼乐，定自孔子；发明章句，始于子夏。"洪迈《容斋随笔》云："孔子弟子，惟子夏于诸经独有书。虽传记杂言、未可尽信，然要为与他人不同矣。"

贤贤易色，第一个贤字使动用法，表示敬重、尊崇；第二个贤是名词，贤才，圣贤。易谓轻视，不看重，色指女色。贤贤易色，即重贤轻色，与重色轻贤、近色远贤相反。《素书》说："近色远贤者惛，女谒公行者乱。"王氏曰："重色轻贤，必有伤危之患；好奢纵欲，难免败亡之乱。"一说，易应释为"移"，移好色之心而好贤德；一说色指形色，转变平日态度，恭敬以对贤者。

致其身，意谓豁出性命。君主时代，君是国家的象征，与国家利益和国民利益具有相当的一致性。因此，在邦有道、政治正常的时代，事君也是忠于国家国民和尽忠公职的表现。

子夏认为，重贤轻色，尽力侍奉父母，尽忠公职，与朋友交往言而有信。一个人能够做到这些，即使没有专门求学，也可以说是有学问的人了。

儒家最重视道德的修养和建立，以此为做人的根本，以之为衡量人事的最高标准。人做得好，事做得对，这是最根本的学问。子夏以文学著名，他都这么说，可知儒家学问的重心在哪里。仁义为本，学问为末；道德为体，文章为用。

然复须知，本末不二，体用不二。学问文章作为仁义道德的载体，自有其重要性。就像一棵树，根基固然重要，枝叶也很重要。子夏扬本应该，抑末有偏。他自己以文学著名，能够重本重体，大好，但学者若不能善加领会，就会受到误导而产生轻视学问文章的流弊。正如《集注》引吴氏所说"子夏之言辞气之间抑扬太过"，有"废学"之嫌。

上一章说："弟子，入则孝，出则弟，谨而信，泛爱众，而亲仁。行有余力，则以学文。"还是孔子说的全面、到位和中正，没有任何缺陷和瑕疵。圣言无漏，此之谓也。

八、交友以忠信为主

子曰："君子不重则不威。学，则不固。主忠信，无友不如己者。

过则无惮改。"(《学而》第八章)

孔子说:"君子不庄重就无威严,好好学习就不会顽固。以忠信为主,不要与不像自己一样(以忠信为主)的人交朋友。有了过错就不要怕改正。"

重,庄重。杨雄在《法言·修身》中说:"或问:'何如斯谓之人?'曰:'取四重,去四轻,则可谓之人'。'何谓四重?'曰:'重言,重行,重貌,重好。言重则有法;行重则有德;貌重则有威;好重则有观。'"

固,四周围起来的样子。《说文》:"固,四塞也。"有褒贬二义,褒谓坚固,物之坚者曰固,志之定者亦曰固;贬谓顽固,拘泥不通,执而不化。《大戴礼记》:"弗知而不问焉,固也。"这里的固就取贬义;《述而》说:"奢则不逊,俭则固。与其不逊也,宁固。"微贬。学则不固,意谓学习就不会顽固不化。一说,连上句,(君子不重)所学亦不坚固。两说皆通,第一说更妥。

无,同毋,不要。惮,怕。

本章"无友不如己者"这句话,古今聚讼纷纭,主要分为两派:

一派以朱熹、钱穆、杨伯峻为主,解为"莫和不如己的人交朋友。"(钱穆《论语新解》)"不要跟不如自己的人交朋友。"(杨伯峻《论语译注》)朱熹说:"友所以辅仁,不如己,则无益而有损。"

另一派以南怀瑾、李泽厚为主,解为"不要看不起任何一个人,不要认为任何一个人不如自己。"(南怀瑾《论语别裁》)"没有不如自己的朋友。"(李泽厚《论语今读》)

两派主要区别在于句中的"无"字,是作"没有"解还是作"不要"解。"无"字在《论语》中出现过多次,均作毋、不要解,第一派即钱穆、杨伯峻们的译解比较符合句意。

第一派的译解也比较符合孔子原义。如何交结和对待朋友,儒家都有相当合情合理的训导和规定。揆诸孔子关于友道的论述,应该不会说出"没有一个朋友不及自己"这种话来。如果"没有一个朋友不及自己",你好我好大家好,就无所谓损友了。

《论语·季氏》中孔子说:"益者三友,损者三友。友直、友谅、友多闻,益矣;友便辟、友善柔、友便佞,损矣。"《孟子·万章》中孟子说:"不挟长,不挟贵,不挟兄弟而友。友也者,友其德也,不可以有挟也。"便辟、善柔、便佞,挟长、挟贵、挟兄弟而友,就是不忠不信的表现。

东海有句话:"做事只凭良心,不问成败;交友唯问品性,不及其他。"交友要看品性,与孔言不交损友同义。在这个学绝道丧的时代,很多人不仅谄媚逢迎、见风使舵、是非不明、优柔寡断、虚伪下流、腹内空空,而且明目张胆地坑蒙拐骗、以友为壑、杀亲杀熟、害朋害友。交上这样的朋友,难免败事损德,可不慎与。

但钱穆们的译解依然不够准确。"莫和不如己的人交朋友"之言,容易被人误解为"莫和学问、名望、能力、技艺、财势、权力等方面不如己的人交朋友",那岂非变成了势利鬼?

东海认为"无友不如己者"这句话应结合上一句"主忠信"去理解,不如己者就是不忠不信者。只要具忠信之德,作为朋友,其他方面不必在意。唯不忠不信的小人,无辅于仁,有害于人,不可交也。"益者三友",如己者也;"损者三友",不如己者也。荀子亦有"无与小人处"之说。

下句"过则勿惮改"紧接前句,意为:如果误交了不忠不信的损友,不要害怕改正(及时绝交也)。当然,"过则勿惮改"也可以单独成句。

法律面前人人平等。在政治法律层面,任何人都应得到平等对待,君子小人,一视同仁。但如何选择朋友,与什么人交往,是每个人的自由。在个体层面和道德领域,崇拜圣贤,亲近仁人,尊重君子,疏远小人,轻蔑恶人,理所当然,也是自尊自重的必然。古人云"小人不可与作缘",经验之谈也。

九、慎终追远，提升民德

曾子曰："慎终，追远，民德归厚矣。"(《学而》第九章)

曾子说："慎重丧礼，追悼祖先，国民道德就会趋于忠厚了。"

慎终重在送葬，丧尽其礼；追远重在祭祖，祭尽其诚。丧祭属于"亲亲"范畴。儒家强调养生送死，慎终追远，特别重视丧祭之礼。朱熹说："盖终者，人之所易忽也，而能谨之；远者，人之所易忘也，而能追之：厚之道也。故以此自为，则己之德厚，下民化之，则其德亦归于厚也。"(《集注》)

《大戴礼记·盛德》说："丧祭之礼，所以教仁爱也。"《礼记·坊记》说："修宗庙，敬祭祀，教民追孝也。"荀子说："礼者，谨于治生死者也。生，人之始也；死，人之终也。终始俱善，人道毕矣。故君子敬始而慎终，终始如一，是君子之道，礼义之文也。"(《荀子·礼论》)讲的都是慎终追远的重要性。

放眼中国，几十年来，各地彼伏此起的平坟事件，与儒家传统要求和德政原则背道而驰。国民有祖无处祭，有远不能追，本来就薄之又薄、薄到极点的民德，更加不堪了。

或说某些地方民众对"平坟运动"是普遍自愿、支持和赞成的。这种调查报告，即使属实也毫无意义，不足以为"运动"提供合理合法性证明。民众若真的自愿平掉自家祖坟，恰是民德极薄的表现，是政府的失责和误导。

儒家重视葬礼，曾经遭到墨子的严厉批判，认为厚葬造成了巨大浪费。这种批判不符合事实，是对儒家的误解。因为儒家主张，丧具薄厚要与家产多寡相称，富者不可超越礼制、铺张浪费，贫者只要让父母遗体入土为安即可。《礼记·檀弓》记载：

"子游问丧具,孔子曰:'称家之有亡。'子游曰:'有亡恶乎齐?'孔子曰:'有,毋过礼;苟亡矣,敛首足形,还葬,县棺而封,人岂有非之者哉。'"

子路曰:"伤哉贫也,生无以为养,死无以为礼也。"孔子曰:"啜菽饮水尽其欢,斯之谓孝;敛首足形,还葬而无椁,称其财,斯之谓礼。"

孔子认为,能够生尽其欢,丧称其财,养生送死,就是孝子了。丧礼"称其财"和"称家之有无",就是要量力而行。

另外,儒家还反对各种形式的殉葬。《檀弓》在"陈子车死于卫"和"陈干昔寝疾"两个故事中提及殉葬,不约而同地指出:"以殉葬,非礼也。"说明以人殉葬是一种非礼的行为,说明了当时儒者对殉葬这一恶习的反对。孔子说:"始作俑者,其无后乎",儒家连俑葬都反对,何况以活人殉葬?

十、温良恭俭让

子禽问于子贡曰:"夫子至于是邦也,必闻其政。求之与?抑与之与?"子贡曰:"夫子温、良、恭、俭、让以得之。夫子之求之也,其诸异乎人之求之与?"(《学而》第十章)

子禽问子贡说:"老师每到一个诸侯国,一定会了解该国的政事,是他求得的呢,还是别人主动告诉他的呢?"子贡说:"老师是靠温和、良善、恭敬、节制、谦逊而了解政事的。老师的求法,大概与别人的求法不同吧?"

子贡,姓端木,名赐,卫国人。子禽,姓陈,名亢,字子禽,陈国人。两人都是孔子的弟子。前面提到的《礼记·檀弓》中"陈子车死于卫"的故事,记载的就是陈亢的事迹。陈亢哥哥子车在卫国因病去世，他嫂子与家宰商量要举行殉葬，陈亢说："殉葬是非礼行为。真要殉葬的话，妻子和家宰最合适了，哥哥地下要养病，离不开你们俩呀。"一句话说得嫂子和家宰哑口无言。

温良恭俭让，是孔子的盛德光辉在待人接物方面的表现。因此，每到一个诸侯国，别人总会主动告诉他该国的政治状况。当然，温良恭俭让是道德修养的自然表露，并非用来作为"求人"的手段。

如果说求，孔子是以德求，与别人的求法不一样。有学者讥笑孔子为"跑官第一人"，殊不知孔子的"跑官"的目的和方法都与世俗大不同。《孟子·万章》中，万章提到有人说"伊尹以割烹要汤"，问孟子是否如此。孟子介绍了伊尹的道德之尊和思想之深，最后指出："吾闻其以尧舜之道要汤，未闻以割烹也。"要就是要求。孟子说伊尹是以尧舜之道要求于商汤，而不是以烹饪技术。

儒家恭敬，但反对"足恭"。孔子说"巧言令色足恭，左丘明耻之，丘亦耻之。"

儒家俭朴，但不唯俭朴。吕坤说得好："圣贤不讳奢之名，不贪俭之美，只要道理上恰好耳。"（《呻吟语》）

温良恭俭让是儒家重要的道德元素，但不是原则。温良恭俭让之上，更有仁义礼智，那才是原则和常道。

儒家不唯温良，也有严厉的一面。《论语》中如是描述孔子之容："子温而厉，威而不猛，恭而安。"温和而严肃，威严而不凶猛，恭谨而安详。《礼记正义》说孔子"不矜而庄，不厉而威"。前一"厉"字是严肃义，后一"厉"字是严厉义。

儒家当怒则怒，颜回不迁怒，不是不怒；《中庸》强调喜怒哀乐"发而中节"，不是不发。孟子说："诗云：王赫斯怒，爰整其旅，以遏徂莒，以笃周祜，以对于天下。此文王之勇也。文王一怒而安天下之民。"文王武王之怒，应天顺人，似不温和，何违于和？菩萨心肠无碍霹雳手段，菩萨低眉也有金刚怒目，此之谓也。

儒家贵让，但不唯让。让名让利让功让权，理所当然，故《春秋》对让国让功者贤之，对争求者讥之。至于道义所在，儒者自然见义勇为，当仁不让。有政治地位，当然要负起政治责任，没有政治地位，也要主动自肩起社会、文化和历史责任，历代大儒都有强烈的文化社会和历史责任感。

十一、三年无改父之道

子曰："父在，观其志；父殁，观其行。三年无改于父之道，可谓孝矣。"（《学而》第十一章）

孔子说："父亲在的时候看他的志向，父亲去世以后看他的行为。如能三年不改变父亲的准则，可以说是孝子了。"

父亲在世，子不主事，不得自专，所以当观其志；父亲去世，子可亲事，就应该观其行为。三年无改，因为周礼规定，父死，儿子要守孝三年，所谓三年之丧。

"三年无改于父之道"这句歧解纷纭。有古注说："如改于父之道，所行虽善亦不得为孝。"不论青红皂白，不问道与"非道"。我以为这样的解释是不符合儒家义理的。

父有过，子当诤。父亲若有过错，他在的时候就应该好好劝谏和阻止，岂能父殁而延续不改？大禹的父亲鲧，采取堵的方式治河，大禹上任后则反其道而行之，采取疏的方式治理。难道能说大禹违反孝道吗？显然不能。《易经》说："干父之蛊，终无咎也。"意谓纠正父亲的过错，最终不会有过失；又说："裕父之蛊，往未得也。"意谓延续父亲的过错，就达不到目的。

三年无改于父之道，关键在这个"道"字。父之道如果是正道大道，应该终身不改，岂止三年而已？如果非其道，是邪道，改得越快越好，何待三年之久？因此这里父之道，应该是指那种非原则性而有一定合理性的规矩、方针、做法和作风，可以进一步改进，但三年不改也没什么问题，不改也不违反原则。

《集释》引《论语补注》说:"唯其为道,故三年内可以无改,无改所以见其孝;唯其为道,则有通权达变之用,故三年后不妨于改,改之亦无损于孝。"

杨树达说:"三年无改,谓事之虽不改而无害者耳。若亲之过失,亲在尚当几谏,不当在不改之域也。鲧之汩陈五行,蔡叔之甚间王室,大禹蔡仲为其子,岂能待三年而后改乎?"(《论语疏证》)

钱穆说:"本章就父子言则其道其事,皆家事也。如冠、婚、丧、祭之经费,婚姻戚故之馈问,饮食衣服之丰俭。岁时伏腊之例程,子不忍,遽改其父生时之素风。或说:古制,父死,子不遽亲政,授政于冢宰,三年不言政事,此所谓三年之丧。新君在丧礼中,悲戚方殷,无心问政,又因骤承大位,未有经验,故默尔不言,自不轻改父道。此亦一说。"两说都通。

十二、礼之用,和为贵

有子曰:"礼之用,和为贵。先王之道,斯为美,小大由之。有所不行:知和而和,不以礼节之,亦不可行也。"(《学而》第十二章)

有子说:"礼的应用,贵在和谐。先王治理国家的方法,这是最美善的,小事大事都由此而行。有行不通的地方:只知为了和谐而和谐,不用礼来调节,也是行不通的。"

本章提出了儒家两大核心概念:"礼"与"和"。礼是五常道之一,是各种文物典章制度的总称,为人为政,都不可或缺。

儒家之礼有五大特色,一是仁爱,礼以仁为本,爱人立人,亲亲仁民,民胞物与,底线是不许损人,不许伤害无辜;二是尊重,自卑而尊人,贵人而贱己,先人而后己,己所不欲、勿施于人;三是适度:言行合乎人之常情、世之常理和政治常道,不强人所难,不为已甚;四是严己宽人,即严于律己、宽于责人,躬自厚而薄责于人；五是严上宽下，严于律官、宽于责民，礼不下庶人。

儒家政治就是礼制。导之以德，齐之以礼，修齐治平，非礼不行。孔子说："安上治民，莫善于礼""为国以礼"；荀子云："国之命在礼。"《礼记》云：治国以礼则"官得其体，政事得其施"，治国无礼则"官失其体，政事失其施"，结论是："礼之所兴，众之所治也；礼之所废，众之所乱也。"

礼，以敬为主，以和为用。"礼"提供和维护一种良性的政治社会秩序，根本目的是为了家国天下的和谐，包括人与人、人与社会、人与自然和人之身心的和谐。《中庸》说："喜怒哀乐之未发谓之中，发而皆中节谓之和。"中节就是合礼，下不违礼制，上不违天理。

《易传》提出"保合太和"的观念，西周末太史伯阳父提出"和实生物"的论断，孟子指出"天时不如地利，地利不如人和"。荀子说："上不失天时，下不失地利，中得人和，而百事不废。"历代不少大儒都曾围绕"和谐"这个目标设计过种种政治、社会的方案。

儒家追求的是建筑在礼制之上的高品质和谐，故有子说"以礼节之"，有礼有节，有良好的秩序。换言之，儒家的秩序是和谐的秩序，儒家的和谐是有序的和谐，父子有亲，上下有义，夫妇有别，长幼有序，朋友有信，父父子子，官官民民，师师生生，各安其位，各尽其责。

《资治通鉴》记载了北魏济州刺史卢度世的大家庭生活："卢度世闺门之内，和而有礼。虽世有屯夷，家有贫富，百口怡怡，丰俭同之。"屯是多灾多难，夷是平安无事。无论世界多难还是和平，家庭贫穷还是富有，百口之家都能怡怡然，同甘共苦，奥秘就在"和而有礼"四字。能有礼合礼，人与人、人与社会、人与自然、人之身心都可以取得和谐，家庭和谐自是题中应有之义。

十三、退而求其次

有子曰："信近于义，言可复也。恭近于礼，远耻辱也。因不失

其亲，亦可宗也。"(《学而》第十三章)

有子说："讲信用接近于义，因为诺言能够兑现。态度恭敬接近于礼，因为能够远离耻辱。所依之人只要不违背亲亲的原则，也是值得效法的。"

信是约信，言而有信。义是适当，事而合宜。复是反复，所言可践。恭是致敬。

信不等于义。孔子说过："言必信行必果，硁硁然小人哉。"这里的信就是不义的。但是，信能遵守诺言，毕竟接近于义；恭不等于礼，不一定合乎礼的要求。孔子说："恭而无礼则劳。"但是，恭能避免耻辱，毕竟接近于礼。退而求其次，信和恭也是值得肯定和很重要的。《礼记·表记》记载：

"子曰：'恭近礼，俭近仁，信近情，敬让以行。此虽有过，其不甚矣。'"又："子曰：'君子慎以辟祸，笃以不掩，恭以远耻。'"

《礼记·檀弓》记载了"晋献公杀世子申生"的故事。申生唯父命是从，父亲叫他死他就去死，不合孝道，儒家不许之为孝，但申生逊顺事父，故谥之为恭，"是以为恭世子也"。不太赞同又有所肯定。

关于申生之死，我在《孝道论》中曾经指出："卫急子、申生死得不合中道、不负责任、毫无意义，秦朝的太子扶苏，更是死得不明不白。这些人的死法，都是匹夫匹妇式的，不仅伤勇，而且伤仁、伤义、伤孝，对社稷对父亲对自己，都没有尽到应尽的责任。"

注意，恭近礼，但足恭则非礼。《公冶长》记载孔子之言说："巧言令色足恭，左丘明耻之，丘亦耻之。"恭要有分寸。

尚未仁宅义路，先成为信士也好；尚未言行合礼，能够对人恭敬也不错。道德的提升有一个循序渐进的过程。对他人当然不能严要求，对自己有时候也不妨宽容和从容些，不必急于求成，以免揠苗助长。

"因不失其亲，亦可宗也"这一句众解纷纭。杨伯峻释："依靠关系深的人，也就可靠了。"钱穆释："遇有所因依时，必先择其可亲者，亦可依若宗主了。"有儒友释："因承而不失其亲缘，也可以算是归宗了。"都不准确。

朱熹说："因，犹依也。宗，犹主也。言约信而合其宜，则言必可践矣。致恭而中其节，则能远耻辱矣。所依者不失其可亲之人，则亦可以宗而主之矣。"（《集注》）朱子解得还算可以，唯嫌含混。

合理的解释，应当考虑儒家整个的思想背景。这一章要旨是讲"识人"和"交际"的三个方面：一信，二恭，三亲亲。"不失其亲"，不失去父母的欢心和兄弟的友爱，不违亲亲之义，这里"亦"字下得妙。儒者当"亲亲仁民爱物"，"不失其亲"是基本要求，仅限于此是不够的，但也是值得肯定的。如果有人能"不失其亲"，就值得宗而主之或追而随之了。

十四、好学君子当如是

子曰："君子食无求饱，居无求安，敏于事而慎于言，就有道而正焉，可谓好学也已。"（《学而》第十四章）

孔子说："君子饮食不贪饱足，居住不贪安逸，做事勤快而说话谨慎，向有道德的人学习以修正自己，可以说是好学了。"

本章对好学君子提出三个标准：一是物质生活方面，淡于物欲，顺其自然，不要刻意追求；二是言行方面，勇于行动、勤于做事而慎于言论；三是向有道之士学习。

关于慎言，儒家有很多教导。《易经》中孔子在解"中孚九二"爻辞的时候，说了一段话，提醒君子要谨行慎言：

"子曰：'君子居其室，出其言善，则千里之外应之，况其迩者乎？居其室，出其言不善，则千里之外违之，况其迩者乎？言出乎身，加乎民；行发乎迩，见乎远。言行，君子之枢机。枢机之发，荣辱之主也。言行，君子之所以动天地也，可不慎乎？"（《易经·系辞》）

君子居于家中发出善言，千里之外都会响应，何况身边的人？发出不善之言，千里之外都会反感，何况身边的人？君子的言论有社会影响，眼前的行为会产生深远影响。他们的言行就像枢机之发，发而中节，远近响应；发而失当，自取败辱。言语和行为是君子借以影响天地万物、参赞天地化育的，怎么能不谨慎呢？

《易经·颐卦》象辞曰："山下有雷，颐。君子以慎言语，节饮食。"本卦上卦为艮为山，下卦为震为雷，雷出山中，万物萌发，这是颐卦的卦象。君子观此卦象，思生养不易，谨慎言语，避免灾祸；节制饮食，修身养性。

程颐《四箴·言箴》说："人心之动，因言以宣。发禁躁妄，内斯静专。矧是枢机，兴戎出好。吉凶荣辱，惟其所召。"大意是，人心的发动借助语言传达，禁止躁动妄念，内心就可专注宁静。说话很关键，话说得怎样，能引起纷争也能带来和平。吉凶荣辱往往是话语招来的。

然复须知，慎言与言之多寡无关。错误之言，一言也不慎，也嫌多；正确的话，千言万语、千经万论也不多，也是慎。

刘向《说苑·敬慎》记载："孔子之周，观于太庙，右阶之前有金人焉。三缄其口，而铭其背曰：古之慎言人也，戒之哉，戒之哉！无多言，多言多败。"后人便以"三缄其口"比喻慎言。不过，这个故事不见于儒家经典和先秦典籍，应非真实。盖多言未必多败，未必不慎言。

太史公说："六艺经传以千万数，累世不能通其学，当年不能究其礼。"（《史记·太史公自序》）可见秦始皇焚书坑儒和项羽火烧阿房宫之前,儒家经卷之丰富。儒言何尝不多哉。

曾子说"君子终日言,不在尤之中"(《大戴礼记》),左丘明云:"仁人之言,其利溥哉!"仁人之言,理真义正,利人利世,利益广大,当然多多益善。

十五、贫而乐,富而好礼

子贡曰:"贫而无谄,富而无骄,何如?"子曰:"可也,未若贫而乐,富而好礼者也。"子贡曰:"《诗》云:'如切如磋,如琢如磨。'其斯之谓与?"子曰:"赐也,始可与言《诗》已矣。告诸往而知来者。"(《学而》第十五章)

子贡说:"贫穷而不谄媚,富裕而不骄傲,怎么样?"孔子说:"算可以了,但不如贫穷而快乐,富裕而好礼的人啊。"子贡说:"《诗》说:'如切如磋,如琢如磨',就是这个意思吧?"孔子说:"端木赐呀,可以与你谈《诗》了。告诉已知部分,就能推断未知部分。"

"如切"句,出自《诗经·卫风·淇奥》。切,加工骨头。磋,加工象牙。琢,雕刻玉石。磨,加工石头。"告诸"句,举一反三的意思。诸,之于的合音。往,已发生的事,已知的事。来,尚未发生的事,未知的事。

孔子说"小人贫斯约,富斯骄。"(《礼记·坊记》)"贫而无谄,富而无骄",很不错。但毕竟不如"贫而乐,富而好礼",因为境界不同。杨树达说:"无谄无骄,止于有守而已;乐道好礼,则进而有为矣。"

贫而乐,完全超越了物质层面,自得其乐,乐在其中,这是"无所倚之乐",这种快乐对外物、外境没有依赖性,是明乎明德、致得良知的征象。安贫乐道,若无道可乐,是无法真正安贫的。所以,乐不乐是儒家"得道"与否的重要标准。贫而无谄者,虽然修养很好，未必乐。

董仲舒说:"天之生人也,使人生义与利。利以养其体,义以养其心。心不得义不能乐,体不得利不能安。义者,心之养也;利者,体之养也。体莫贵心,故养莫重于义。夫人有义者,虽贫能自乐也。"(《春秋繁露》)贫而乐,是因为得乎仁道,行乎义路。

《庄子·让王》说:"古之得道者,穷亦乐,通亦乐,所乐非穷通也。道德于此,则穷通为寒暑风雨之序矣。"意谓得道之人,穷困也快乐,显达也快乐,所乐的并非穷困显达。穷达无二致,只似寒暑风雨的节序变化而已。《吕氏春秋》介绍孔子厄于陈蔡的故事后的"小结"中,也提到这句不同凡响、非常儒家的名言。故事中夫子师生之间的对话,充分体现了儒家的精神风范。"孔子烈然返瑟而弦,子路抗然执干而舞",正是儒门师生"穷亦乐、达亦乐"的精神写照。

"富而好礼"也比"富而无骄"进了一步。能够好礼,就能够"非礼勿视,非礼勿听,非礼勿言,非礼勿动",就有望克己复礼,个人上达仁境,政治恢复礼制。

孔子说:"贫而好乐,富而好礼,众而以宁者,天下其几矣。诗云:'民之贪乱,宁为荼毒。'故制国不过千乘,都城不过百雉,家富不过百乘。以此坊民,诸侯犹有畔者。"(《礼记·坊记》)不能好礼的后果如此严重。

古人相见,如切如磋,如琢如磨。切磋的是道德文章;现代人群居终日,言不及义,琢磨的是功名富贵,比饱食终日、无所用心更不堪。这也是不拜仁而拜物、不好礼而好利的结果。

十六、应担心什么,不担心什么

子曰:"不患人之不己知,患不知人也。"(《学而》第十六章)

孔子说:"不怕别人不了解自己,怕自己不了解别人。"

不己知："不知己"的倒装句。知，了解，理解。

人人都有被人了解、被人欣赏的欲望，儒家对这种人之常情十分理解，只是所持的态度和关注的方向不同。孔子认为，人不己知，那是别人的问题，于我无损，不足为患。重要的是自己是否做好了、做对了，重要的是自己是否有真本事、真功夫——包括道德内功。

是真豪杰、真君子，自有人了解、理解和尊重。即使世人一时不了解、不尊重，有什么关系呢，不仅对自己的学识品质毫无影响，反而可以让自己保持冷静更加努力。

古今中外不理解、不尊重甚至不知道孔子的人多得很，于孔子何伤。可怜可悲的，恰恰是那些不理解、不尊重孔子的人。那些倒孔反儒者正好自证了内在的丑陋，自断了向上的希望，错过了回家的道路。多么大的损失和过患呀。

孔子在世的时候，就曾发出"莫我知也夫"的感叹。"子曰：'莫我知也夫。'子贡曰：'何为其莫知子也！'子曰：'不怨天，不尤人，下学而上达，知我者其天乎！'"（《宪问》）世人"莫我知"，孔子或有遗憾，却无怨尤，只是更积极地"求为可知也"。

"不患人之不己知"是就个人角度而言，与孔子周游列国，汲汲于推销他的政治主张和理想不矛盾，着眼点不同。儒者以"道不能行"为患，却不以"人不己知"为患。

"不患人之不己知"这一句可以与论语中其他几章同参。如"人不知而不愠，不亦君子乎。"（《学而》）"不患人之不己知，患其不能也。"（《宪问》）"君子病无能焉，不病人之不己知也。"（《卫灵公》）"不患无位，患所以立；不患莫己知，求为可知也。"（《里仁》）都是圣人之言。都是强调儒者要努力充实提高自己，勿为别人不了解自己而忧。

患不知人也。不知人，择师交友及选择部属、提拔后进就会出差错；不知人，就会善恶不明、贤愚不分、是非不辨，就会亲近小人、误交匪人、冤枉好人，就会遇圣贤而不知学习，遇英雄而不知结交，遇奸佞而不知辨别。这才是可忧可患的呀。《集注》引尹氏曰："不知人，则是非邪正或不能辨，故以为患也。"

第二章　为政篇

《为政》共二十四章，主要讲政治之道。儒家追求王道政治，其道德有强烈的政治性，所以《论语》以《为政》承接《学而》。

一、北辰所居众星拱

子曰："为政以德，譬如北辰，居其所而众星共之。"（《为政》第一章）

孔子说："以道德治理国家，就像北极星，处于一定方位，群星都环绕它旋转。"

万物莫不尊道而贵德。道德是万物之本，也是政治的根本。没有一定的政治道德，就不可能建设道德政治，开出良制良法。为政以德，并非不要制度法律，而是强调道德的主体性和主导性。《孔子家语·刑政》记载：

"仲弓问于孔子曰：'雍闻至刑无所用政，至政无所用刑。至刑无所用政，桀纣之世是也；至政无所用刑，成康之世是也。信乎？'孔子曰：'圣人治化，必刑政相参焉。大上，以德教民，而以礼齐之；其次，以政道民，而以刑禁之。化之弗变，道之弗从，伤义以败俗，于是乎用刑矣。'"

至政无所用刑，那是德治的最高境界，有法律刑罚而用不上。

只有太平大同时代才有可能达到这一境界。在据乱世和升平世之漫长的历史过程中，纵然圣人为王，也必刑政相参，即导之以德，齐之以礼，又禁之以刑。《礼记·坊记》说："礼以坊德，刑以坊淫，命以坊欲。"意谓以礼教规范道德，以刑法防止淫邪，以政令约束人欲。

本章以众星拱北辰，象征为政以德，意谓政治和各种政刑制度都必须建立在道德的基础上。《大戴礼记·盛德》说："凡德盛者治也，德不盛者乱也；德盛者得之也，德不盛者失之也。是故君子考德，而天下之治乱得失，可坐庙堂之上而知也。德盛则修法，德不盛则饰政，法政而德不衰，故曰王也。"

这段话很好地说明了道德和政治制度的关系。修法，相当于修订礼乐制度和道德规范。周公制礼作乐，就是"德盛则修法"；德不盛则饰政，意谓政治道德不足的话，要特别加强道德政治的建设，恢复或提高礼法规范的严肃性。孟子有一段话是古代德政的最好表述：

"尊贤使能，俊杰在位，则天下之士皆悦，而愿立于其朝矣；市，廛而不征，法而不廛，则天下之商皆悦，而愿藏于其市矣；关，讥而不征，则天下之旅皆悦，而愿出于其路矣；耕者，助而不税，则天下之农皆悦，而愿耕于其野矣；廛，无夫里之布，则天下之民皆悦，而愿为之氓矣。信能行此五者，则邻国之民仰之若父母矣。"（《孟子·公孙丑》）

欧阳修的古风《天辰》则是对本章的诗意发挥。诗曰：

天形如车轮，昼夜常不息。三辰随出没，曾不差分刻。北辰居其所，帝座严尊极。众星拱而环，大小各有职。不动以临之，任德不任力。天辰主下土，万物由生殖。一动与一静，同功而异域。惟王知法此，所以治万国。

诗从日月星辰各司其职乃天辰运行自然之理，推衍出治国之理。天如车轮运行不息，星辰依时出没起落，北极星是天帝之位，任德不任力，无为而治，众星环绕如百官……

二、一言可蔽诗三百

子曰："《诗》三百，一言以蔽之，曰：思无邪。"（《为政》第二章）

孔子说："《诗经》三百篇，用一句话来概括它，就是思无邪。"

《诗》三百，仁者见仁，智者见智，情者见情，欲者见欲，怨者见怨，怒者见怒，淫者见淫。但孔子对《诗》的概括评论则是：思无邪，认为《诗》三百各种情欲怨怒的表达，都发乎情性之正，符合人情之常。

或将邪字解为"徐"，谓"毫无伪托虚徐之意"。显然是错解了。无邪，意谓思想情义无不诚正、中正，所谓"国风好色而不淫，小雅怨诽而不乱。"（《史记》）"乐而不淫，哀而不伤"（《八佾》）。伊川说："思无邪者，诚也。"《诗经》是圣经，当然是"修辞立其诚"的。

所谓极高明而道中庸，儒家的高明建立在正常的基础上，故对常情、常欲、常理、常道十分尊重，认为它们都是正当的。世俗学者对此往往不了解，熊十力也曾有疑。他说："到后来，自己稍有长进，仿佛自己胸际有一点物事的时候，又常把上述孔子底话来深深体会，乃若有契悟。"他在《与某报》中写道：

"至于思无邪的说法，缘他见到宇宙本来是真实的，人生本来是至善的。虽然人生有很多不善的行为，却须知不善是无根的，是无损于善的本性的。如浮云无根，毕竟无碍于太虚。吾夫子从他天理烂熟的理蕴去读诗，所以不论他是二《南》之和，《商颂》之肃，以及《雅》之怨，《郑》之淫，《唐》之啬，《秦》之悍等等，夫子却一概见无邪思。原来，三百篇都是人生的自然表现。真淫美刺的各方面，称情流露，不参一毫矫揉造作，合而观之，毕竟见得人生本来清净。"

　　这一段话，值得众多文字和道德洁癖患者深思。诗经中明明有不少描写淫奔和发抒忿恨心情的诗，有许多讥刺政治社会昏乱的诗，怨恨至深，但孔子认为都不过分，不非礼，都无邪，如熊师所说，真淫美刺都是民众的真情流露和人生的自然表现。

　　无邪则真诚。明朝瞿佑《归田诗话序》写道："古诗《三百篇》，孔子取'思无邪'一言以盖之。夫思无邪者，诚也。人能以诚诵诗，则善恶皆有益。学诗之要，岂有外于诚乎？"

　　无邪则忠信。陆游《杂感》：

　　　　孔欲居九夷，老亦适流沙。
　　　　忠信之所覃，岂间夷与华。
　　　　况我州闾间，相视等一家。
　　　　老稚各自力，勉蹈思无邪。

　　孔欲居九夷，典出《子罕》。老亦适流沙，古籍多说老子晚年去了流沙之西。陆游借此强调"忠信之所覃，岂间夷与华"之理。民吾同胞，人人平等，忠信之所至，华夷无不仁，天下如一家。勉蹈思无邪，就可以建立和深化忠信之德。

三、德治

　　子曰："道之以政，齐之以刑，民免而无耻。道之以德，齐之以礼，有耻且格。"（《为政》第三章）

　　孔子说："靠政令来管理，靠刑法来整治，国民能避免刑罚，但缺乏羞耻之心；用道德来引导，用礼制来约束，人民有羞耻之心而且高度自律。"

刑法可以惩治人的行为罪恶，也有助于抑制人的恶念恶习，但无法从心性根源处解决道德问题。重法不重德的政治，无论古代法家的"法制"还是现代自由主义的法治，都会造成"民免而无耻"的现象。

法治社会，官民服从法度政令而不犯，是不敢，怕遭刑罚。如刑罚松弛或有空子可钻，国民便会出轨而不以为耻。西方法律健全，但各界人士，特别是政商两界人物，仍擅钻法律空子。

"有耻且格"四字值得深长思。国民除了受外在法律约束，还多了一层耻感。"格"的境界更高，这是一种内在的"规格"，一种自我道德约束。道德的作用，除了使国民自律，还有让人产生积极向善、乐于为善的内驱力。

儒家反对专尚政刑，但不反对政刑本身，德治贯通礼乐政刑。朱熹曰："圣人之意，只为当时专用政刑治民，不用德礼，所以有此言。谓政刑但使之远罪而已；若是格其非心，非德礼不可。圣人为天下，何曾废刑政来！"（《朱子语类》）

自由政治就是现代意义上的"道之以政，齐之以刑"所能达到的效果，相当于"民免而无耻"。这样的社会，犯罪犯法者较少，因为代价大，但小人和刁民也很多。故有人感叹"民主制培养了大批刁民"。某种意义上，此言不无道理。美国华尔街的大小骗子，皆刁民也。

仁本主义实行"道之以德，齐之以礼"的德治，所能达到的效果即"有耻且格"。王道政治就是建立在法治基础之上的德治，可分为公天下的大同王道和家天下的小康王道。尧舜禹三代是古代大同王道，西周是小康王道的最高境界，汉唐宋次之，元明清更次之。君主时代，政治文明整体上呈"负发展"状态。新王道是儒家宪政，以全球大同为最高理想，不妨视民主制为初级阶段或新礼制的补充。

民主在西方渐成熟，中国可缩短或跨越之。

《礼记·缁衣》中也记载了与本章类似的说法："子曰：'夫民，教之以德，齐之以礼，则民有格心；教之以政，齐之以刑，则民有遁心。'"

四、夫子一生年谱，千古作圣妙诀

子曰："吾十有五而志于学，三十而立，四十而不惑，五十而知天命，六十而耳顺，七十而从心所欲不逾矩。"（《为政》第四章）

孔子说："我十五岁下定决心学习，三十岁建立基本人格，四十岁再无迷惑，五十岁觉悟天命，六十岁无违碍逆耳之言，七十岁随心所欲不越轨。"

本章是孔子自叙一生的进学次第、心路历程、道德轨迹和修养境界。明儒顾宪成《讲义》说："这章书是夫子一生年谱，亦是千古作圣妙诀。"顾氏以为，孔子自十五志于学，至四十而不惑，是修境（修养的过程和境界），五十知天命，是悟境（觉悟的境界），六十耳顺至七十从心，是证境（证悟的境界）。此说大有道理。

十五岁开始专心求学，三十岁学有根柢。"而立"立个什么？立人格，立志。志者士心也。那可不是现代人所"立"的小人之心、名利之心、富贵享乐之心、称"王"称霸之心，也不仅仅是"年十五而志于学"的求学之心。那是向道之心，行仁取义之心。

夫子曰："可与立，未可与权。"三十而立，能够"守经"了，尚不能"达权"。

四十而不惑，成为一个智者了，遇事可以行权了，无可无不可。不惑，是指一切不惑，如有择法之眼，不惑于异端外道；有知人之明，不惑于小人奸徒；看问题能看本质，不惑于各种表面现象。严辨义利、是非、正邪、华夷、善恶、人禽之别，辩才无碍，都是"不惑"题中应有之义。

五十而知天命。孔子五十学《易》，乃知天命。知天命，是觉知"天命之谓性"，离"率性之谓道"的境界仍有距离，人生习气改变和消除起来不容易，须逐渐完成。

六十而耳顺，证道了，一切逆耳之言无不乐闻，所谓"谤誉皆可乐"也。或者说，再没有什么言语会逆耳，会让自己不高兴。

耳顺，也可以解释为：顺从天命。五十知天命，六十顺天命，又进一步了。《易经·系辞》："易曰：'自天佑之，吉无不利。'子曰：'佑者助也。天之所助者，顺也……'"这里的"顺"有顺天之意。

七十而从心所欲不逾矩，任心率性而为，无不合乎法度，起心动念，都在"道"上。这是孔子自我完善的最高境界，身与道俱，圣人境界。也可以说，这是儒家的即身成道。

世人的心性大都受环境影响，被物欲污染，遭恶念所遮，被妄念所蔽，所谓从心所欲，从的不是真正的本心而是习心，所谓率性而为，率的不是纯粹的自性而是习性。职是之故，一般世俗之人，哪有资格讲什么从心所欲率性而行？便是英雄豪士，心性不纯，一旦随心率性，难免逾矩悖道。

从心所欲不逾矩，这是孔子经过志学、而立、不惑、知天命、耳顺等阶段和状态之后，直到七十岁才达到的境界。到了这样的境界，人的心理已从必然王国臻于自由王国，人的生命已与整个宇宙秩序合而为一，即自我生命价值和自然宇宙价值的融合统一。

儒家内圣之学是一种"为己""返己"之学，返到粹然至善的良知，从心所欲，自然一切不逾矩；返到毫无渣滓的本性，率性而行，自然一切合乎道。七十而从心所欲不逾矩，这句话也从另一个角度说明了法律和制度的重要性。孔子尚且要到七十，才能进入从心所欲不逾矩之境，一般人终身难以抵达，如果缺乏良法良制的约束，有机会从心所欲，难免逾越各种"规矩"。

五、依礼尽孝

孟懿子问孝，子曰："无违。"樊迟御，子告之曰："孟孙问孝于我，我对曰，'无违'。"樊迟曰："何谓也？"子曰："生，事之以礼；死，葬之以礼，祭之以礼。"（《为政》第五章）

孟懿子问怎样尽孝，孔子说："不违礼。"樊迟为孔子赶马车，孔子对他说："孟孙问我怎样是孝，我回答他：'不违礼。'"樊迟说："什么意思呢？"孔子说："父母在世，依礼侍奉他们；去世，依礼办好丧事，依礼祭祀他们。"

孔子认为，尽孝要从两方面尽心尽力，一是父母活着时依礼侍奉，二是父母死后依礼送葬和祭祀。

无违是不违礼，也有顺的意思，孝顺孝顺，离不开顺。但这个顺并非一切唯父母之命是从。孟子说过不孝有三，第一种不孝，就是明知父母有过错而不知劝阻，一味顺从。

《孟子·离娄》有一篇是孟子与弟子公都子谈论匡章的。全国之人都说匡章不孝，孟子却与他交游，公都子很疑惑，就问孟子为什么。孟子回答说：

"世俗所谓不孝者五：惰其四支，不顾父母之养，一不孝也；博弈好饮酒，不顾父母之养，二不孝也；好货财，私妻子，不顾父母之养，三不孝也。从耳目之欲，以为父母戮，四不孝也；好勇斗狠，以危父母，五不孝也。章子有一于是乎？夫章子，子父责善而不相遇也。责善，朋友之道也；父子责善，贼恩之大者。夫章子，岂不欲有夫妻子母之属哉！为得罪于父，不得近。出妻屏子，终身不养焉。其设心，以为不若是，是则罪之大者。是则章子已矣！"

孟子在这里提出来"五不孝"即五种不孝的表现，章子一种也没有。匡章是因为父亲做错了事，他以善相责，而不被父亲接受罢了，并非不孝。

可见，孝不孝顺，儒家的标准与世俗有所不同，这种情况古今都有。就像海瑞，在某些利益主义眼里居然成了不孝子。海瑞当知县时，极端清廉，甘守贫穷，母亲生日买一次肉，全县轰动，还惊动了总督。有人就认为海瑞对母亲不孝，殊不知海瑞是当时著名大孝子。

值得一提的是，孟懿子曾奉其父孟僖子临终时遗命，学礼于孔子。但后来孔子为鲁司寇，主张"堕三都"，孟懿子首先抗命，所以后人不把他列为孔门弟子。《集释》："黄氏后案：古人凡背礼者谓之违。"无违，特指不违背礼制。显然，孟懿子后来违了礼，违背了孔子的教导。

六、让父母放心

孟武伯问孝。子曰："父母唯其疾之忧。"（《为政》第六章）

孟武伯问怎样尽孝。孔子说："父母只担心儿女的疾病。"

孟武伯，孟懿子之子，鲁国孟孙氏第十代宗主，名彘，世称仲孙彘，谥武。曾与高柴辅佐鲁哀公与齐平公会盟，曾向孔子问仲由、冉求、公西赤是否仁，本章向孔子问孝。

"父母唯其疾之忧"句有不同解释。一说，这里的"其"指父母，此句意思是：唯忧父母之疾。子忧父母之疾，当然应该，加一"唯"字，"唯忧父母疾"，不妥；二、"其"字与"父母"重复。

这里的"其"应指儿子，意思是：父母唯忧其疾。做父母的只担心儿子身体不好，意味着儿子别的一切都不用父母担忧。另外也说明，孝顺父母，就要注意身体健康，以免父母忧。孟武伯爱好声色犬马，孔子或以此为劝，要他保重身体，以免父母担心。朱熹《四书集注》说：

"言父母爱子之心，无所不至，惟恐其有疾病，常以为忧也。人子体此，而以父母之心为心，则凡所以守其身者，自不容于不谨矣，岂不可以为孝乎？旧说，人子能使父母不以其陷于不义为忧，而独以其疾为忧，乃可谓孝，亦通。"

《孝经·开宗明义》："子曰：'身体发肤，受之父母，不敢毁伤，孝之始也。立身行道，扬名于后世，以显父母，孝之终也。'"将爱护自己的身体视为孝道的开端和基础，可见儒家对身体和健康的重视。立身行道扬名后世，都离不开一个身体的健康呀。

根据这一标准，"二十四孝"里"恣蚊饱血""卧冰求鲤"的故事就属于愚孝。吴猛年八岁，家境贫困，床上没有蚊帐。每到夏天夜里，蚊子很多，吴猛任凭蚊子来叮咬自己，而不驱赶，以免蚊子去咬父母亲。王祥的继母想吃鲜鱼，当时是冬天天寒地冻，王祥脱下衣服，躺倒冰上，融冰求鱼。

这类愚痴的尽孝方式，严重伤害身体，也会伤了父母之心，貌似孝，实非孝，从根本上违背了孝道。

《论语·泰伯》曾子有疾，召门弟子曰："启予足，启予手！《诗》云：'战战兢兢，如临深渊，如履薄冰。'而今而后，吾知免夫。小子！"正是说曾子的不敢毁伤。

当然，"不敢毁伤"与"明哲保身"一样，与杀身成仁、舍生取义不矛盾。孟子说："可以死，可以不死，死伤勇。""可以不死"的情况下，应该明哲保身，保护身体不被毁伤；在生命和道义"二者不可得兼"的时候，则应该舍生而取义。舍生取义，孝之大者也。

七、孝养父母贵在敬

子游问孝。子曰："今之孝者，是谓能养。至于犬马，皆能有养。

不敬,何以别乎?"(《为政》第七章)

子游问孝,孔子说:"现在所谓的孝,只是能够奉养父母。对于犬马,都能饲养。(奉养父母)没有尊敬,(与饲养犬马)有什么区别呢?"

现代社会,对父母无礼不敬、忤逆不孝现象层出不穷,本章孔子的教导极有现实意义。孝敬孝敬,关键在敬。本章批判对父母的"不敬之罪",强调敬重之心。

人对于犬马也能饲养,对宠物也能爱护,但不会讲礼仪,不会敬重它们。《集注》说:"言人畜犬马,皆能有以养之,若能养其亲而敬不至,则与养犬马者何异。甚言不敬之罪,所以深警之也。"

《礼记·坊记》曰:"子云:小人皆能养其亲,君子不敬,何以辨?"孟子曰:"食而不爱,豕交之也;爱而不敬,兽畜之也。"都说明尊敬的重要。

曾子以孝著称。齐国君主欲聘之为卿,他因在家孝敬父母,辞而不就。《孟子·离娄》载:"曾子养曾皙,必有酒肉。将彻,必请所与。问有余,必曰有。"

孟子评论说:"若曾子,则可谓养志也。事亲若曾子者可也。"养志,意谓奉养父母,不仅仅养其口体,而且养其心意。这对于习惯于"大义灭亲"和物质主义大潮中成长起来的当代人来说,要求实在是太高了。

曾子说:"君子之孝也,忠爱以敬;反是,乱也。尽力而有礼,庄敬而安之;微谏不倦,听从而不怠,欢欣忠信,咎故不生,可谓孝矣。"(《大戴礼记》)这些都是孝敬的表现。微谏不倦,意谓父母有过,不知疲倦地、耐心地委婉地规劝。

敬爱父母,自然言辞委婉,自然有和气、愉色和婉容。《礼记·祭义》说:"孝子之有深爱者,必有和气,有和气者,必有愉色,有愉色者,必有婉容。"

八、尽孝难在颜色悦

子夏问孝。子曰："色难。有事弟子服其劳。有酒食，先生馔。曾是以为孝乎？"（《为政》第八章）

子夏问孝，孔子说："难在和颜悦色。有事，晚辈去操劳；有酒饭，长辈先用。这就算是孝吗？"

以上四章都论孝，放在《为政》里正好，孝道也属于政治之道。政治，是人道之大者，孝道则是人道的根基；政是正义和文明，而孝，作为人类朴素而原始的情感要素，既具有天然的正义性，也是文明的表现。

所以，是否重视孝道，做儿女的是否孝顺，不仅是家庭和父子之间的私事，而且是直接关系着社会稳乱和天下兴衰的大。有子说过："其为人也孝弟而好犯上者，鲜矣；不好犯上而好作乱者，未之有也。"

古代儒式王朝重视孝道"以孝治天下"，难免会出现虚伪化或形式化现象。但是，即使伪孝也比"真不孝"的公开忤逆好。现在打骂甚至杀害父母这样极端忤逆现象层出不穷，畜生们当然有罪责，大量产生畜生的文化、信仰、教育和制度更是难辞其咎。

关于孝养之道《吕氏春秋·孝行览》说：

"养有五道：修宫室，安床第，节饮食，养体之道也；树五色，施五采，列文章，养目之道也；正六律，和五声，杂八音，养耳之道也；熟五谷，烹六畜，和煎调，养口之道也；和颜色，说言语，敬进退，养志之道也。此五者，代进而序用之，可谓善养矣。"

或问："万一父是卡扎菲，为子该不该孝顺。"答："父子是天伦，不论父亲如何，为子都应尽孝道。但孝不一定必须顺。"《温公家范》云："亲之命可从而不从，是悖戾也；不可从而从之，则陷亲于大恶。"

如何劝谏父母，《礼记·内则》有规定："父母有过，下气怡色，柔声以谏。谏若不入，起敬起孝，说则复谏；不说，与其得罪于乡党州闾，宁孰谏。父母怒，不说而挞之流血，不敢疾怨，起敬起孝。"换言之，不论父母是否听从劝谏，儿女都应该和颜悦色。

或问："父母大恶，是否远离为孝。"答："是否远离，随机应变，不必一概而论。关键是要想方设法劝谏，使之改恶为善为佳，其次是千方百计做善事，立功积德，为父母赎罪。"

九、大智如愚的颜回

子曰："吾与回言，终日不违，如愚。退而省其私，亦足以发。回也不愚。"(《为政》第九章)

孔子说："我与颜回整天讲论，颜回都无异议，好像很愚笨。等他退下，考察他的私下言行，对我所讲颇能发挥。颜回呀并不愚笨。"

颜回，字子渊，又称颜渊，鲁国人，是孔子早年忠实弟子，也是孔子最器重的弟子。不违，是因为颜回于孔子之言，能够默而识之，默而契之。如愚，所谓大智若愚。朱熹说：

"愚闻之师曰：'颜子深潜纯粹，其于圣人体段已具。其闻夫子之言，默识心融，触处洞然，自有条理。故终日言，但见其不违如愚人而已。及退省其私，则见其日用动静语默之间，皆足以发明夫子之道，坦然由之而无疑，然后知其不愚也。'"(《四书集注》)

学生不违师言，前提是师言不违中道，有道理，是正理。如孔子的言论，具有高度的正确性和真理性。否则，违又何妨，违更正确。亚里士多德说得好："吾爱吾师，吾更爱真理。"孔子也说过："当仁不让于师。"

《论语·先进》中孔子又说："回也非助我者也，于吾言无所不说。"其辞若有憾焉，其实则深喜之。可以参看。

不过，"回也非助我者也"这句话，从教育角度看也不无道理。教学相长，因疑问而有以相长也。佛经多为问答体，在回答弟子的提问质疑中，将佛家的奥秘全方位、多层次地传达出来。问难愈多，佛法精微愈显，天下后世皆蒙其益，所以佛祖往往在回答问题之前，先赞美弟子提问的巨大功德。

儒家也是如此。张载《正蒙》曰："洪钟未尝有声，由扣乃有声；圣人未尝有知，由问乃有知。"《集释》引《皇疏》曰："圣人为教，须贤启发。游参之徒，闻言辄问，是助益于我，以增晓导。而颜渊默识，闻言即解，不曾曰谘，于我教化无益，故云'非助我者也，于吾言无所不说也。'"

孔子门下的颜回，就像释尊面前的大迦叶。释尊拈花，大迦叶微笑，两心相通，毫无障碍。不过，如果儒佛弟子都像颜回一样"于孔子之言无所不悦"从无疑问，或者像大迦叶那样，佛祖一拈花就明白了，那就没有《论语》、没有佛经了。当然，这种假设不可能成立，颜回与大迦叶，在儒佛两家，亦千古一人而已。

十、知人之明和观人之法

子曰："视其所以，观其所由，察其所安，人焉廋哉？人焉廋哉？"（《为政》第十章）

孔子说："观看他的行为，考察他的动机，观察他所安乐。他能隐藏到哪里去呀？他能躲藏到哪里去呀？"

儒家很重视对人的观察和了解，既要有自知之明，又要有知人之明。知人是一种大智慧，"（樊迟）问智，子曰知人。"上篇孔子又说过："不患人之不己知，患不知人也。"

何以知人？主要从言行两大方面进行观察。"不知言，无以知人也"（《尧曰》）指出知言是知人的必要条件。不过，知言只是知人的条件之一，并非唯一条件。因为"有言者不必有德"（《宪问》）所以孔子又提醒，应对他人的言词保持谨慎态度："君子不以言举人，不以人废言。"（《卫灵公》）仅仅听其言还不够，还需要进一步观其行。

言行一致，是君子的标准之一。所以孔子强调听其言而观其行，以宰予的事情为例，教育大家言行一致。朱熹在《论语集注》卷三引胡氏的话说：

"宰予不能以志帅气，居然而倦。是宴安之气胜，儆戒之志惰也。古之圣贤未尝不以懈惰荒宁为惧，勤励不息自强，此孔子所以深责宰予也。听言观行，圣人不待是而后能，亦非缘此而尽疑学者。特因此立教，以警群弟子，使谨于言而敏于行耳。"

本章强调知人不易，要对一个人的行为动机和兴趣喜好加以全面考察。所安，以什么为安乐。有的人安于平庸，困而不学；有的人安于贫穷，安贫乐道；有的人安于仁宅义路，"不怨天，不尤人，下学而上达"。安之也，"求仁而得仁"，安之也。所安不同，品德自异。

马培路说："先见其所为如何；更深观其为所从来，即动机；更细察其心安于何处。人则无所逃匿哉。犹十手所指，十目所视。观察由显及微，由外及内，递次而精。"

知人，说难很难，人心不同各如其面，说不难也不难，如果某些人言论过于混乱错误，那么，连行为的观察都可以免了。所谓一言以为智，一言以为不智。

有时候,一个人的"内存"如何,其眼睛都会暴露出来。听其言,观其眸子,同样足以了解其人,所以孟子说:"存乎人者,莫良于眸子。眸子不能掩其恶。胸中正则眸子瞭焉,胸中不正则眸子眊焉。听其言也,观其眸子,人焉廋哉!"

十一、温故知新可为师

子曰:"温故而知新,可以为师矣。"(《为政》第十一章)

孔子说:"温习古典又了解新知,可为人师表了。"

故是旧学,新是新知;故是古典,新是新事;故是历史,新是时代;故是传统,新是现代;故是老根,新是新枝。温故知新是老师的基本要求,能够温故知新,才能尽到"传道授业解惑"的责任。

东汉思想家王充指出:"知今而不知古,谓之盲瞽;知古而不知今,谓之陆沉。温故知新,可以为师。古今不知,称师如何?"(《论衡·谢短》)意谓学者只有了解古今,今以古鉴,古为今用,才能明晓事理,学以致用,才能承担起教师之责。

在政治上,儒家也是传统性与现代性的统一。其现代性植根于传统性之中,其传统性可开出现代性。反对传统必不知温古,反对现代化必不能知新。刘逢禄释:"故,古也。《六经》皆述古昔、称先王者也。知新,谓通其大义,以斟酌后世之制作,汉初经师皆是也。"

汉唐人解"知新"多如刘说。黄式三在《论语后案》中引《汉书·成帝纪诏》云:"儒林之官,四海渊源,宜皆明于古今,温故知新,通达国体。"《百官表》以"通古今"备"温故知新"之义。孔颖达在《礼记述》中释:"博物通人,知今温古,考前代之宪章,参当时之得失。"

只有温故知新,才能反本开新,根据中道原则,进行与时俱进的思想转化，开出新一轮的政治和制度文明。汉初外王大师董仲舒以《春秋》及六经为指导思想，开展制度建设，堪称政治上"温故而知新"的典型表现。

某些老观点也不妨进行创造性的新解释，如君君臣臣。现代没有君主了，君为上级，臣为下级，上下级都应该各尽其责，领导要像领导的样子，部属要像部属的样子。

十二、君子不要工具化

子曰："君子不器。"（《为政》第十二章）

孔子说："君子不要工具化。"

器，器具，工具，器械，这里指形而下的现象界，与形而上、本体性的道相对。《礼记·学记》云："大道不器"；又云："察于此者，可以有志于本矣。"何晏在《集解》中引包咸的解释："器者各周其用，至于君子，无所不施。"

君子当然有用，当然有工具价值，但不能局限于此，不能工具化。形而上谓之道，形而下谓之器，儒家即器即道，彻下彻上，下学上达，道器不二。或者说，儒家即体即用，全体大用，体用不二，有器之用而又不为器用所限。

或问："能够主持国政、治理国家的人才通称国器，儒家追求安邦治国，却又强调君子不器，不是自相矛盾吗？"

答：君子应该通于艺游于艺，有器之用，但不要拘泥于才艺，局限于功利；君子不应仅仅"器重"，更要"道重"，要通达仁本，一以贯之。国器，正是"不器"的君子，载道之大器。如朱子所说："器者，各适其用而不能相通。成德之士，体无不具，故用无不周，非特为一才一艺而已。"

康德说："什么是教育的目的？人就是教育的目的。"爱因斯坦说:"用专业知识教育人是不够的,通过专业教育,他可以成为一种有用的机器,但是不能成为一个和谐发展的人。"此言可与夫子之言参看。

器化严重了,就会物化。物化就是化于物,身为物役,成为物欲和外物的奴隶。对此《礼记·乐记》早已指出:"夫物之感人无穷,而人之好恶无节,则是物至而人化物也。人化物也者,灭天理而穷人欲者也。"孔颖达疏:"外物来至,而人化之于物,物善则人善,物恶则人恶,是人化物也。"君子更不能物化,物化者必非君子。

人若不文化德化,必然物化,物化则易恶化,比动物比禽兽更坏。凡物质主义、利益主义者,都属于物化者,那些信仰邪知邪见、崇拜暴力暴君、鼓吹歪理邪说的知识分子,更是恶化的典型。

十三、行在言先,言随行后

子贡问君子,子曰:"先行其言而后从之。"(《为政》第十三章)

子贡问怎样为君子,孔子说:"在说之前先做,做了以后再说。"

儒家特别强调言行一致。行在言先,言随行后;行之于未言之前,言之于既行之后;怎么说先怎么做,怎么做就怎么说。世人把好说在前面;君子把事做在前面,做了再说,或者不说,即"敏于行而讷于言"之义。《集注》引范氏曰:"子贡之患,非言之艰而行之艰,故告之以此。"

本章可与下篇"古者言之不出,耻躬之不逮也。君子欲讷于言。"参看。《论语正义》:"孔曰:'疾小人多言,而行之不周。'"《大戴礼记·曾子制言》:"君子先行后言。"又《立事》:"君子微言而笃行之,行必先人,言必后人。""不能行而言之,诬也。"《韩诗外传》:"学而慢其身,虽学不尊矣。不以诚立,虽立不久矣。诚未著而好言,虽言不信矣。"均可与此章义相发明。

关于言行，荀子说过一段话：

"口能言之，身能行之，国宝也；口不能言，身能行之，国器也；口能言之，身不能行，国用也；口言善，身行恶，国妖也。治国敬其宝，爱其器，任其用，除其妖。"（《荀子·大略》）

口能言之身能行之，说得好做得好，能言能行，言行高度一致，为第一流人物，国宝；口不能言身能行之，做得到说不出，能行不能言，为第二流，国器。可见儒家对言说的重视。道德是理论与实践的圆满统一，文化启蒙，智慧开发，文明建设，传道授业解惑，都离不开言说。

口能言之身不能行，先发其言而不从之，说得到做不到，能言不能行，言行割裂，口头禅，假大空，夸夸其谈，卖弄嘴皮子，这种人非君子，不过，荀子认为，对于国家来说还是有用的，视之为国用。最可怕的是最后一种人，口言善身行恶，说得好做得坏，言行相悖，这是国妖，是为政治国必须打击和消除的现象。

另复须知，言论和行为的区别不是绝对的，不能行动或没有自由的时候，言论就是行动；天下无道的时候，讲道传道，就是为行道创造条件。正因为无道，更需要讲道。

个人修养方面，可以"先行其言而后从之"，政治上则不可能"先行其道而后从之"，孔孟周游列国，并无行道的条件和机会，他们没有因此放弃对王道的言说宣传。孔孟的做法是尽心尽力"先言其道"，至于有没有君主听从，听天由命。

十四、道义集团与利益集团

子曰："君子周而不比，小人比而不周。"（《为政》第十四章）

孔子说:"君子团结但不勾结,小人勾结但不团结。"

周,周到,普遍,可引申为忠信、合群、团结、与周围的人相处友好等意思;比,《周礼》五家为比,五族为党,比又有并列义,这里含贬义,偏党,阿附,勾结。

《论语正义》引孔曰:"忠信为周,阿党为比。"朱熹说:"周公比私"(《四书集注》)。周,团结一致是出于公心,为了公益;比,聚集一起是出于私心,为了私利。

君子懂得万物一体的道理,自然以道义合,广大周遍,仁爱无限,尊贤容众;小人反之,本性长泯,习心作主,难免以利益合,狭小偏党,党同伐异,溺爱徇私。

君子团结在一起,可以形成道义集团,为国为民,见义勇为,下学上达,唯道是从;小人勾结在一起,必然沦为利益集团,唯利是图,见利忘义,损人利己,为私害公。

《易经·系辞》说:"形而上者谓之道,形而下者谓之器,化而裁之谓之变,推而行之谓之通,举而措之天下之民,谓之事业。"将"道器不二"的易理和形上形下一体的中道,化而裁之,推而行之,举而措之天下之民,这就是君子集团的工作和事业。

儒家群体都是君子集团。历史上最优秀并具有代表性的十大君子集团是:尧舜禹集团(可三)、汤伊集团、文武集团、孔子集团、刘秀集团、程朱集团(可二)、王阳明集团、曾国藩集团、康有为集团、熊十力集团。

《昨非庵日纂》中有这么一段话:"举而措之天下之民,谓之事业;举而措之一家之人,谓之产业;举而措之害天下之民以利一家之人,谓之冤业。以产业作事业,人怨之;以产业作冤业,天殛之。"(这里对"举而措之"的"之"作了泛义的理解。如果解"之"为易理和中道,"举而措之一家之人"就是齐家,自有必要。)

致力于事业者,为君子和道义集团;致力于产业者,为小人和利益集团;致力于冤业者,为恶人和罪恶集团。古人于人怨,避而不为；今人于天殃，趋之若鹜，可谓愈趋愈下。古人说："非分得财，是留冤债与子孙偿"，意谓不义之财会贻害子孙，就像留下了要由子孙偿还的冤债。

十五、学和思双管齐下

子曰："学而不思则罔，思而不学则殆。"（《为政》第十五章）

孔子说："学习而不思考就会迷惘，思考而不学习就会疲怠。"

本章强调学与思有机统一的重要性。

学而不思，或者变成书橱、书柜、书呆子，有知识而没智慧，或者"入乎耳出乎口"，沦为小人之学。荀子指出："君子之学也，入乎耳，着乎心，布乎四体，形乎动静。端而言，蠕而动，一可以为法则。小人之学也，入乎耳，出乎口；口耳之间，则四寸耳，曷足以美七尺之躯哉！"（《荀子·劝学》）入耳出口，即学而不思。

思而不学，不知参考古人经验，不知吸收他人营养，难免空泛粗疏，甚至误入歧途。夫子言："吾尝终日不食，终夜不寝，以思，无益，不如学也。"孟子说："心之官则思，思则得之，不思则不得也。"荀子说：

"吾尝终日而思矣，不如须臾之所学也。吾尝跂而望矣，不如登高之博见也。登高而招，臂非加长也，而见者远；顺风而呼，声非加疾也，而闻者彰；假舆马者，非利足也，而致千里；假舟楫者，非能水也，而绝江河。君子生非异也，善假于物也。"（《荀子·劝学》）

勤于学习，就是"善假于物"，可以收到事半功倍的效果。荀子接着论述了学习的目的、意义、态度、方法等一系列问题，进一步强调了学习的重要性和环境对教育的重大影响，以"亲师""隆礼"为学习的最佳途径，以成德成圣为最终目的。（"始乎为士，终乎为圣人。"）

学而不思，思而不学，各有其弊。叶适说："学而不思，思而不学，孔子之时，其言必有所指。由后世言之，其祖习训故、浅陋相承者，不思之类也；其穿穴性命、空虚自喜者，不学之类也。"

《中庸》强调博学、审问、慎思、明辨、笃行，儒门修养功夫，五个方面循序渐进，学问思辨行缺一不可。

十六、当心异端的危害

子曰："攻乎异端，斯害也已。"（《为政》第十六章）

孔子说："钻研异端学说，是有害的呀。"

凡是异乎儒家经典和中道原则的学说，都可以称之为异端。孟子以恻隐、羞恶、辞让、是非之心为四端，即仁义礼智四德之开端。异乎四端，即异乎儒学，即异端。朱子《集注》："异端非圣人之道，而别为一端，如杨墨是也。"

本章众解纷纭。粗略统计一下，对此言的解析有下列几种：

《论语集解》云："皇疏云：'攻，治也；异端，谓杂书也，言人若不学六籍正典而杂学于诸子百家，此则为害之深。'"

《四书集注》云："异端，非圣人之道，而别为一端，如杨墨是也。其率天下至于无父无君，专治而欲精之，为害甚矣！"

《论语通释》训"攻"为攻错之攻，训已为止，意谓与异端诸学，相互切磋而不执着于一端，那么其悖害就止绝了。

焦循注："盖异端者，各为一端，彼此互异，惟执持不能通则悖，悖则害矣。"

孙奕《示儿》云："攻，如攻人之恶之攻……已，止也，请攻其异端，使吾道明，则异端之害人者自止。"

李炳南译："偏执一端，或不能执两用中，则皆有害。"

钱穆解译："专向反对的一方用力，那就有害了。"

杨伯峻译："批判那些不正确的议论，祸害就可以消灭了。"

李泽厚译："攻击不同于你的异端邪说，那反而是有危害的。"

哪一种解释比较正确或比较符合孔子的意思呢？

关于"攻"字，何注、皇疏、朱熹集注都将这个"攻"字解释为"治"，可以解为批评、责备、批判，也可以训作研究、钻研。仅从字面去解，各种相互矛盾的解析都讲得通。我认为《四书集注》和《论语集解》的解释最合乎孔子原意。

各种异端外道，不论良性恶性，往往自成体系言之成理，具有程度不同的影响力或煽惑性。在建立正知、正见，正确的世界观、价值观之前，专门攻习它们，难免受到迷惑，误入歧途，若攻习的是恶性异端，更不得了，小则自误误人，大则害民害国。

孙奕、杨伯峻、李炳南的解释也可以成立，符合"言论问题言论解决"的现代文明规范。唯李泽厚大错。孔子宽容但不纵容，不会反对对异端邪说进行必要的批判。孔子说"鸟兽不可与同群"，孟子指斥杨墨"禽兽也"，都是严厉的批判。

十七、老老实实就是智

子曰："由，诲女知之乎？知之为知之，不知为不知，是知也。"（《为政》第十七章）

孔子说："仲由，我的教诲你明白吗？知道就是知道，不知道就是不知道，这是智慧。"

知之为知之，不要故作谦虚，明明知道也说不知道；不知为不知，有一分证据讲一分话，不轻言不懂得、没有把握的道理，不妄言不熟悉、不了解的事物，知一说一，知二说二。这是君子的品德要求。

在《论语·子路》中，子路不知道"正名"的重要性，认为孔子太迂腐了，孔子就批判并提示他："野哉由也！君子于其所不知，盖阙如也。"君子对自己不知道的事，该先存疑，不要乱说。可见子路这种人有"强不知以为知"的毛病。朱熹说：

"子路好勇，盖有强其所不知以为知者，故夫子告之曰：我教汝以知之之道乎！但所知者则以为知，所不知者则以为不知。如此则虽或不能尽知，而无自欺之蔽，亦不害其为知矣。况由此而求之，又有可知之理乎？"（《四书集注》）

《雪涛小说》中有一个"强不知以为知"的小故事：

北人生而不识菱者，仕于南方。席上啖菱，并壳入口。或曰："啖菱须去壳。"其人自护其短曰："我非不知，并壳者，欲以清热也。"问者曰："北土亦有此物否？"答曰："前山后山，何地不有！"夫菱生于水，而曰土产，此坐强不知以为知也。

这种不懂装懂的表现，在现实生活中颇有普遍性。故事主人公不懂装懂，是为了自护其短，发人一噱而已，但很多时候，不懂装懂、自欺欺人，会给他人和自己造成严重的后果。佛教戒妄语，言语不诚实，自欺欺人，叫做妄语。于圣道未得言得，未证言证，就是"强不知以为知"的典型表现，属于大妄语，罪业很重。

佛教强调，如来是真语者、实语者、如语者、不诳语者、不异语者。儒家圣贤君子更是如此，任何时候都为自己的言论负责。《中庸》说诚者天之道，诚之者人之道，不诚无物，将诚提到道体的地位。不妄语自是诚德题中应有之义。

值得注意的是，一些人喜欢引用孔子这句话来告诫为人为学要谦虚，要敢于承认自己的无知，但忽略了"不知为不知"前面一句是"知之为知之"，忽略了谦德之前还有诚德。明明知道却说不知道，不诚实，也是不智。

《荀子·儒效》："知之曰知之，不知曰不知，内不以自诬，外不以自欺。以是尊贤畏法而不敢怠傲，是雅儒者也。"此即夫子诲子路之义。

十八、言寡尤，行寡悔

子张学干禄。子曰："多闻阙疑，慎言其余，则寡尤。多见阙殆，慎行其余，则寡悔。言寡尤，行寡悔，禄在其中矣。"（《为政》第十八章）

子张问求仕的方法。孔子说："多听，保留可疑的地方，其余（可以肯定的地方）谨慎发言，就能少出差错；多看，避开没把握的事情，其余（有把握的事情）谨慎做好，就能减少后悔。说话少出错，做事少后悔，官禄就在其中了。"

阙疑，对于尚存疑虑的思想观点，不要急于发表意见；阙殆，对于没有把握的事情，不要急于付诸实施，都先放一放。即使无所疑、无所殆者，也应该慎言慎行之。言行谨慎，阙疑阙殆，寡尤寡悔，是干禄之法，也是为人之道，这是对他人、对社会负责，也是对自己的仕途和前途负责。

《王制》云："司马辨论官材，论进士之贤者，以告于王而定其论。论定然后官之，任官然后爵之，位定然后禄之。"周朝时采取"乡举里选"之法，选择、推举和任用行为学业优秀的贤良之士。"言寡尤，行寡悔"，容易得到人们的赞赏和推举，无异是最好的"求官之道"。

仁义道德属于天爵，权位官爵属于人爵。孟子说："古之人修其

天爵，而人爵从之；今之人修其天爵，以要人爵；既得人爵，而弃其天爵，则惑之甚者也，终亦必亡而已矣。"(《孟子·告子》)

古人不断提高道德修养，自然会有功名利禄；今人为了功名利禄，哪怕装装样子，也得"修其天爵"。得到人爵之后弃其天爵，人爵也将不保。可见孟子之时虽然礼崩乐坏，道德礼乐碎片尚存。

《孟子》说的"古"，应是指西周，乡举里选，德位相称，有天爵必有人爵随之。春秋之时，这种选举方式已废止，有其德未必有其位，所以"寡尤寡悔"不一定能够得到禄位。孔子要求"寡尤寡悔"，表示儒者干禄有道，至于得或不得，则"听天命"而已。

十九、何为则民服？

哀公问曰："何为则民服？"孔子对曰："举直错诸枉，则民服。举枉错诸直，则民不服。"(《为政》第十九章)

鲁哀公问："怎样做才能使国民服从呢？"孔子回答说："选拔正直的人置于不正直的人之上，国民就服从；选拔不正直的人置于正直的人之上，国民就不服从。"

直即正人君子，枉即邪人小人。举直错诸枉，政治正常化，德位相称，君子在位，以德服人，民众自然心服，社会才能和谐；举枉错诸直，就是政治反常，瓦釜雷鸣，小人得志，就是逆淘汰，自然民众不服，社会不稳。这是民之常情，政之常理。

举枉错诸直，不仅民不服，更是为虎添翼，率兽食人。《韩诗外传》记载了孔子一段话，强调君主及有司选用人才要特别慎重，勿用不肖之人。孔子说："士不信悫而又多知，譬之豺狼与，其难以身近也。《周书》曰：'无为虎傅翼，将飞入邑，择人而食。'夫置不肖之人于位，是为虎傅翼也。不亦殆乎？"

最远大的理想不能脱离现实，最高妙的道理不能违反常理，最伟大的感情不能悖逆常情。所以儒家政治通情达理，达于天理，通乎民情，合理合情，情理并重。孔子说："君子莅民，不可以不知民之性，达诸民之情。既知其性，又习其情，然后民乃从命矣。故世举则民亲之，政均则民无怨。"（《大戴礼记》）

又说："故君子莅民，不临以高，不导以远，不责民之所不为，不强民之所不能。廓之以明王之功，不因其情则民严而不迎；笃之以累年之业，不因其力，则民引而不从。若责民所不为，强民所不能，则民疾，疾则僻矣。"（《大戴礼记》）这是要求理想性与现实性高度统一，理想必须一步一个脚印，不能好高骛远，苛责于民。

要举直错诸枉，首先必须正确分辨何为直，何为枉。这就需要建立正知正见，建立正确的世界观、人生观和价值观，那样才能具有一双道眼。《四书集注》引谢氏曰：

"好直而恶枉，天下之至情也。顺之则服，逆之则去，必然之理也。然或无道以照之，则以直为枉，以枉为直者多矣。是以君子大居敬而贵穷理也。"

古今歪理邪说都善于颠倒是非，混淆黑白，世人或缺德、或缺智，也难免"以直为枉，以枉为直"。要明辨直枉和义利、是非、正邪、华夷、人禽之别，就必须"大居敬而贵穷理"，即以居敬为大，以穷理为贵。居敬有赖于"诚意正心"的功夫，穷理有赖于"格物致知"的努力。《中庸》说"博学、审问、慎思、明辨、笃行"，明辨就建立在"博学、审问、慎思"的基础上。

二十、提升民德的法门

季康子问："使民敬忠以劝，如之何？"子曰："临之以庄，则敬。孝慈，则忠。举善而教不能，则劝。"（《为政》第二十章）

季康子问:"要使国民恭敬、忠实而又勤勉,怎么办呢?"孔子说:"面对国民态度庄重,他们就会尊重;倡导孝道力行慈惠,他们就会忠实;选拔优秀者,教育能力差者,他们就会勤勉努力。"

要使国民恭敬、忠实而又勤勉,要做到三个方面:

一是临之以庄。庄重尊严,是道德的内涵,自重重人,自敬敬人,是礼制的准则。《礼记》首篇即题:"毋不敬,俨若思,安定辞,安民哉。"重心就在庄敬。君子能够做到"毋不敬,俨若思,安定辞",其效足以安民。一是孝于亲而慈于众,孝顺父母慈惠百姓,即亲亲仁民泛爱众;一是举善,包括举直、举贤和与能。

朱熹说:"临民以庄,则民敬于己。孝于亲,慈于众,则民忠于己。善者举之而不能者教之,则民有所劝而乐于为善。"(《集注》)这也是全面提升国民道德修养的重要方法。

提升民德,必须从提升官德开始,从领导阶级以身作则开始。孔子说草上之风必偃,领导阶级的文化道德风尚,对于广大国民的影响是决定性的。陆贾指出:"尧舜之民,可比屋而封;桀纣之民,可比屋而诛者,教化使然也。"(《新语·无为》)

《史记》记载:"舜耕历山,历山之人皆让畔。""西伯阴行善,诸侯皆来决平。于是虞、芮之人有狱不能决,乃如周。入界,耕者皆让畔,民俗皆让长。虞、芮之人未见西伯,皆惭,相谓曰:'吾所争,周人所耻,何往为,只取辱耳。遂还,俱让而去。"舜帝文王德化的影响何其大。因此,儒家强调"正君心"和"君子之德",杜甫希望"致君尧舜上,再使风俗淳"。

马培路说:"季氏是说:用敬我、忠我来劝勉民,从而使用民,怎么样?孔子答说:劝民敬、忠于己,不若己临民以庄,则民自然敬己;己孝亲慈众,则民自然忠己;举用善民而教化不能者,则民自然被劝勉行善。一者,季氏要民敬、忠于己,是求诸民,而孔子之答:临之以庄、孝慈、举善而教不能,是要季氏求诸己。"

二十一、孝友与政治贯通

或谓孔子曰:"子奚不为政?"子曰:"《书》云:'孝乎惟孝,友于兄弟,施于有政。'是亦为政,奚其为为政?"(《为政》第二十一章)

有人对孔子说:"你为什么不为政呢?"孔子答:"《尚书》说:'孝乎惟孝,友于兄弟,推广到政事去。'这也是为政,为什么非出仕才算为政呢?"

为政,执政、从政、参政。君陈是周公之子,伯禽之弟,周王朝之重臣。书指《尚书》,这里引用的三句见于《尚书·君陈》。"孝乎惟孝,友于兄弟,施于有政。"意谓孝敬父母,友爱兄弟,把孝悌的道理推广到政治方面。

三句圣经将孝悌与政治、私德和公德贯通起来了。注意,贯通并非等同,孝友是"施于"有政而非等同政治。施是推广、延及、影响之意,说明政治或文化人物的私德与其公德密切相关,对公域会产生重大影响。圣经行文落字何其准确,可谓一字不苟。

或问:孝敬父母是公是私。答:孝敬父母属于私域私德,但与公域公德密切相关。孟子说"亲亲而仁民",《礼记》说"门内之治恩掩义,门外之治义断恩。"《大学》说"齐家治国",孝敬属于"亲亲""齐家"和"门内之治"。然复须知,公域私域、公德私德,即有所区别又密切联系,故孔子有"是亦为政"说。

鲁定公初年,孔子没有出来为官,所以有人如是发问,或有希望孔子出来为政之意。孔子如是说,或有托词拒绝的意思,不过道理也是这样。朱熹说:

"定公初年,孔子不仕,故或人疑其不为政也……书言君陈能孝于亲，友于兄弟，又能推广此心，以为一家之政。孔子引之，言如此则是亦为政矣，何必居位乃为为政乎？盖孔子之不仕，有难以语或人者，故托此以告之，要之至理亦不外是。"（《四书集注》）

《论语正义》则认为本章问答发生在孔子自卫返鲁之后：

"夫子以司寇去鲁，故反鲁犹从大夫之后，且亦与闻国政，但不出仕居位而为之，故或人有不为政之问。弟子记此章，在哀公、季康子问孔子两章之后，当亦以进相次。夫子定《五经》以张治本，而首重孝友。孝友者，齐家之要，政之所其先焉者也。有子言孝弟为为仁之本，其为人也孝弟，不好犯上，必不好作乱，故孝弟之道明，而天下后世之乱臣贼子胥受治矣。夫子表章《五经》，又述其义为《孝经》。《孝经》者，夫子所已施之教也，故曰行在孝经。"

二十二、人而无信行不通

子曰："人而无信，不知其可也。大车无輗，小车无軏，其何以行之哉？"（《为政》第二十二章）

孔子说："人若没有诚信，怎么可以呢。大车没有輗，小车没有軏，它怎么行进呢？"

輗和軏，分别为古代大车和小车车辕前面横木上揳嵌的起关联、固定作用的榫头。大车无輗、小车无軏，就不能运行。信德之重要性，也是如此。信为五常道之一。人无信不行，人不人；民无信不立，国不国。社会建立不起来，立起来也会崩溃掉。

信是儒家一切道德礼仪规范的精神基础之一，同时信德的个体建立、社会普及和全面促进，又有赖于礼法的不断完善和教化的不断深化。

信字在儒学中，有浅深两种涵义，作何解释，须依文而定。一般意义上的信，指"表现在外"的信用，说话算数。"有诸己之谓信"的信就深些了，指的是人对自性良知的尊重，是性德，上诚于天，外信于人，自信于心。诚信，是对他人、对社会负责，更是对自己负责，归根结底是对自己负责。

诸子百家都很重视信德的作用。"假仁假义"的管晏派法家说："诚信者，天下之结也。"（《管子》）认为诚实守信是治理好天下的关键。明确反道德、一味法术势的商韩派法家，表面上也很讲政治信用。韩非子说："小信成则大信立，故明主积于信。赏罚不信则禁令不行。"意谓讲小信用，就能建立大信用，所以英明的君主不断积累信用。如果赏罚不讲信用，法令禁规就无法推行。

商鞅"徙木立信"的故事众所周知，其实是效兵家吴起的故事。《韩非子》介绍了吴起立表取信、北门徙辕的故事。故事说，吴起为西河太守时，为取信于民，将一车辕置于北门外，下令说谁能把这根辕从北门移道南门，就赐他良田。开始大家不信，后来有人照做了，立即得到了封赏。（《韩非子·内储说上》）

当然，对于兵家法家来说，讲信用是因为信用有用，有工具价值。欺诈才是它们的本色，兵不厌诈，政不厌诈。如吴起杀妻求将，商鞅卖友求荣，李斯为了保权，背叛秦始皇遗命害死扶苏，有什么诚信可言。这些人虽然辉煌一时，无不走上绝路，下场悲惨。人而无信不知其可，终究行不通啊。

二十三、礼制因时而异，原则万古不易

子张问："十世可知也？"子曰："殷因于夏礼，所损益可知也；周因于殷礼，所损益可知也。其或继周者，虽百世可知也。"（《为政》第二十三章）

子张问："十代以后（的礼制）可以预知吗？"孔子说："商朝

继承了夏朝的礼制，有所加减是可以考知的。周朝继承了商期的礼制，有所加减是可以考知的。将来有继周朝而起的王朝，即使百代之久，也是可以预知的。"

儒家的礼，有不可变有可变，礼的精神即仁义原则，万古不易，外王学大师董仲舒说："王者有改制之名，无易道之实。"礼的具体内容则因时代不同而可以有所损益，既有继承也有发展和变化。比如，夏尚忠，商尚质，周尚文，这就是礼之变。

《礼运》曰："变而从时"；《礼器》曰："礼，时为大。尧授舜，舜授禹，汤放桀，武王伐纣，时也。"可见礼经是以改制为随时之宜的。《大易》有《随卦》与《鼎革》二卦。《随卦》曰："随时之义大矣哉"；《杂卦》曰："革，去故也，鼎，取新也"，说的都是随时革故鼎新之义。

儒家外王学就是关于制度建设和创新的学说。董仲舒说："圣王之继乱世也，扫除其迹而悉去之。"又说："为政而不行，甚者必变而更化之，乃可理也。"对于乱世的恶制，必须"扫除其迹而悉去之"。对于前代和传统的礼制，儒家"更化"的时候则比较慎重，不会彻底扫除、全部推倒重来，而是在继承的基础上创新，在汲取精华的前提下发展。某些人伦道理、风俗习惯则不必改，不宜干涉。

或以儒家为复古主义，大误会也。制度考文，制礼作乐，时王之职。三代不同礼，古今异宜，岂能刻舟求剑？孔子是复古主义的坚决反对者，他说："愚而好自用，贱而好自专，生乎今之世，反古之道，如此者灾及其身者也。"

史上最大伪君子王莽，就是复古主义的第一典型。此人弄权有术，治国无能，抱残守缺，迂腐不堪，僵硬地照搬古礼，恰恰乖悖了古道，把国家和自家都弄得一团糟。而且，君主时代，君非暴君，政非暴政，王莽作为重臣，不去努力"正君心"，而玩弄阴谋权术，趁机篡位，岂仅不道德，是犯罪也。

"返本开新"四个字是儒家政治精神的最佳写照：开新不忘返

本，返本不忘开新；返本是保证道统的纯粹，开新是适应世界的变化；返本是坚持原则的保守，开新是与时俱进的先进和通权达变的灵活。变与不变，辩证统一。返民本之本，开制度之新；返文化之本，开文明之新；返孔孟之本，开时代之新。

如果返本不能开新，必是对儒家之本、孔孟之道把握不足，未能消除"意必固我"的习气，病在迂腐顽固，不能通权达变。晚清徐桐等保守派就是迂腐顽固的典型；张之洞等洋务派以君主制为体，虽知"达变"，终究有限，未能开新，主观原因都是"返本"不到位。

二十四、祭非其鬼与见义不为

子曰："非其鬼而祭之，谄也。见义不为，无勇也。"（《为政》第二十四章）

孔子说："不是当祭的鬼却去祭祀它，是谄媚。遇到正义的事而不作为，是没有勇气。"

本章所举两件事，表面上似乎互不相干，但都直指人心之病，祭非其鬼与见义不为都是其心有病，故有内在联系。谄于鬼就是不义之举，这种人必不能勇于赴义。

首先，孔子变上古鬼神生命观为仁本生命观（《尚书》中的上帝，仅具象征意义），并对上古淫祀扫而荡之，唯保留并特别重视祖先祭祀。所谓淫祀，就是非所当祭而祭之，不是寄托哀思而是为了求福。《论语正义》说："非其祖考而祭之者，是谄求福。"

《礼记·祭法》规定："夫圣王之制祭祀也，法施于民则祀之，以死勤事则祀之，以劳定国则祀之，能御大菑则祀之，能捍大患则祀之。"可知除了祭祖，唯有功于国家、地方者，方得受祠祀之享。

祭祀不当祭的鬼神，妄滥之祭，不合礼制，属于淫祀。淫祀包含了越份之祭与未列入祀典之祭两种。如宋襄公祭次睢之社，其神不在祀典，如鲁季氏之旅泰山，越分而祭，都是淫祀。《礼记·曲礼》谓："非其所祭而祭之，名曰淫祀。淫祀无福。"

其次，儒家重视义德和勇德，倡导见义勇为。孔子说仁者必有勇，勇者不惧，将"勇德"列为三达德之一。孔子说："若臧武仲之知，公绰之不欲，卞庄子之勇，冉求之艺，文之以礼乐，亦可以为成人矣。"将勇视为成人的标准之一。朱熹说："知足以穷理，廉足以养心，勇足以力行，艺足以泛应。"

当然，儒家的勇德，必须"文之以礼乐"，有礼有节。勇而无礼则乱，没有礼的制约，勇敢就会沦为蛮勇，胡作非为乱了套。

第三章　八佾篇

《八佾》共二十六章,通前篇末二章,主要记述孔子论礼乐之事。礼乐是为学为政共同的要点,于《学而》与《为政》之后次以此篇,正好。

一、是可忍,孰不可忍

孔子谓季氏:"八佾舞于庭,是可忍也,孰不可忍也?"(《八佾》第一章)

孔子谈论季氏时说,在家庙大庭里僭用八佾之舞。这种事都忍心做,还有什么不忍做呢?

佾是行列。古代舞以八人为列。按周礼规定,天子八佾,六十四人。诸侯六佾,大夫四佾,士二佾,十六人。

鲁国国君可以使用天子的礼仪和乐舞,是周成王的特许。据《礼记·明堂位》称:"成王以周公为有勋劳于天下,是以封周公于曲阜,地方七百里,革车千乘,命鲁公世世祀周公以天子之礼乐。"《史记·鲁周公世家》说:"鲁有天子礼乐者,以褒周公之德也。"但季氏却没有这个特权。按其职位,只能用四佾,但他用了天子乐舞,是非常僭越、非礼的行为。

以现代眼光看,四佾八佾,歌舞娱乐而已,多几个人数行列,至于"是可忍也孰不可忍"吗?似乎孔子很迂腐,其实非也。礼尽管"时为大",可以因时制宜地进行变革,但在一定的历史阶段中,礼一旦"制"成，就有相应的严肃性，从天子到各国君主、贵族都必须严格遵守，即使礼的某些内容及形式过时了，需要改革，在改革之前也必须得到充分尊重。

另外，礼乐制度的建设和改革是非常慎重的天下大事，主持者必须德位双高。《中庸》说："虽有其位，苟无其德，不敢做礼乐焉，虽有其德，苟无其位，亦不敢作礼乐焉。"作礼乐者，必须是圣贤君子而有天子之位者。这是为了保证礼制的民本性、文明性和道德性。

本章及以下各章"相维辟公，天子穆穆，奚取于三家之堂""曾谓泰山不如林放乎？""禘自既灌而往者，吾不欲观之矣"及"不知也"等等言论，都表示了孔子对各国君主、贵族非礼劣行的反感，表示了孔子对礼崩乐坏状况的深痛。

本章所谓季氏，具体何人，各家所说不同。马融《论语训说》说："鲁以周公之故，受王者礼乐，有八佾之舞。季桓子僭于其家庙而舞之，故孔子讥之。"是以季氏为季桓子。《韩诗外传》云："季氏无道僭天子，舞八佾，旅泰山，以雍彻……然不亡者，以冉有季路为宰臣也。"是以季氏为季康子。《左传》《汉书·刘向传》和崔述则认为是季平子。

是可忍也：此忍字有两解。一、容忍，季孙氏以大夫而僭天子之礼，此事可容忍，何事不可忍。二、忍心，季氏八佾舞于庭，上僭天子，近蔑其君，此事尚忍为，何事不忍为。二义皆通。

二、最大的非礼是政治非礼

三家者以《雍》彻。子曰："'相维辟公，天子穆穆，'奚取于三家之堂？"（《八佾》第二章）

鲁大夫孟孙、叔孙、季孙三家在桓公庙祭毕撤馔，让乐工唱着《雍》诗。孔子说："(《雍》诗中说)：相维辟公，天子穆穆。这在三家堂上歌唱是不可取的。"

春秋后期，孟孙氏（即仲孙氏）、叔孙氏、季孙氏三家贵族掌握了鲁国政权。他们是鲁桓公之子仲庆父（亦称孟氏）、叔牙、季友的后裔，又称"三桓"。三家中，以季孙氏势力最大。因为三家同出鲁桓公后，于季氏家立桓公庙，遇祭，三家同此一庙。前章言季氏之庭，此章占三家之堂，都指此庙。

《雍》是《诗经·周颂》中的一篇。天子祭祀宗庙的仪式举行完毕后，在撤去祭品、收拾礼器的时候唱这首诗。"相维"是《周颂·雍》中的句子，意谓四方诸侯都来助祭，天子主祭，那样庄严肃穆。辟，指君王。公，二王之后称公。天子大祭，同姓异姓诸侯皆来助祭，故统言辟公。穆穆，庄严肃静。天子行祭礼，诸侯来助祭，天子穆穆然，至美至敬。

本章和前章都是孔子批判当时鲁三家的政治僭越和非礼。

历史有局限性，文明有相对性。不能以现代标准衡量封建礼制的优劣。等级制度固然不适用于现代，但在古代特别是人类社会幼稚期，儒家的良性等级制有其相当合理性，比西方教主制和法家奴隶制进步多多。基督教并不因为拥护过奴隶制、制造过中世纪黑暗，就一无可取，何况缔造了数千年文明辉煌的儒家呢。

非礼有个体性和政治性的不同，政治非礼是最大的非礼，危害特别大，后果特别严重。

三、道德与政治的关系

子曰："人而不仁，如礼何？人而不仁，如乐何？"（《八佾》第三章）

孔子说："人如不仁，何以为礼？人如不仁，何以为乐？"

仁是道德原则，礼乐是政治制度。仁与礼（礼乐）相辅相成：仁为体，为礼的根本依据；礼为用，为仁的政治体现。仁偏于内圣，礼属于外王；仁开展为礼，礼归本于仁。不仁，礼不得其体，就会形式化；无礼，仁不得其用，就会空洞化。好仁求仁，礼在其中矣，此为立其大者；学礼守礼，力学近乎仁，可望下学上达。

人而不仁，礼就得不到正当的运用，或伪或僭，无所不至。鲁三家僭礼，就是不仁的表现。《集注》引游氏曰："人而不仁，则人心亡矣，其如礼乐何哉？言虽欲用之，而礼乐不为之用也。"程子曰："仁者天下之正理。失正理，则无序而不和。"李氏曰："礼乐待人而后行，苟非其人，则虽玉帛交错，钟鼓铿锵，亦将如之何哉？"

《论语新解》说："孔子言礼必兼言乐，礼主敬，乐主和。礼不兼乐，偏近于拘束。乐不兼礼，偏近于流放。二者兼融，乃可表达人心到一恰好处。"

仁与礼的关系，就是道德与政治的关系。儒家文化系统中，道德与政治关系特别密切，仿佛鸟之双翼，车之双轮。道德具有政治性，追求政治化；政治具有道德性，追求道德化。道德政治化和政治道德化的程度，与政治社会之文明程度同步。

道统高于政统，也意味着道德高于政治，政治必须接受道德的制约，以德服人，以德养人。为政以德，就是将一切制度、法律、政令、政策、方针、措施都建基和归旨于道德，道德之外无政治可言。"古之御天下者，以六官总治焉。冢宰之官以成道，司徒之官以成德，宗伯之官以成仁，司马之官以成圣，司寇之官以成义，司空之官以成礼。"（《大戴礼记》）

孟子说："徒善不足以为政，徒法不能以自行。"（《孟子·离娄》）政指政务，法为法令，可以引申为政治和制度。那么，这句话可以解释为：道德必须落实到政治和制度中去，政治和制度又必须以道德为基础。那样，才能相辅相成、相得益彰。

传世界知名大学宾夕法尼亚大学的校训是"法无德不立"，与孟子之言不谋而合，相映成辉。可见文明到了一定的高度，本质和道理都是相通的。陆九渊将此概括为"东海西海，心同理同，人同此心，心同此理"。然哉。

四、礼制的根本

林放问礼之本。子曰："大哉问！礼，与其奢也，宁俭。丧，与其易也，宁戚。"（《八佾》第四章）

林放问礼的根本。孔子说："大问题啊！礼，与其奢侈，宁可节俭；丧礼，与其讲究仪式，宁可真心哀戚。"

易，本义是把土地整治得平坦，这里指周全地治办丧葬仪式。

礼有体用、本末和文质，内在精神为体为本为质，外在规范为用为末为文。人而不仁，外在规范就失去了意义。林放见世之为礼者，繁文缛节，疑其本不在此，故发此问。

就礼而言，俭戚与奢易，虽然同为礼的表现，但俭戚更有本质性，所以也可以说俭戚为礼之本。朱熹说："礼贵得中，奢易则过于文，俭戚则不及而质，二者皆未合礼。然凡物之理，必先有质而后有文，则质乃礼之本也。"（《四书集注》）

其实奢易与俭戚都不得礼之"中"，奢是"敬不足而礼有余"，易是"哀不足而礼有余"，俭戚也是"礼不足"，没有达到体用一如、本末圆满、文质彬彬的境界。只是相对而言，俭戚比奢易好。所以，与其奢易，宁可俭戚。

强调本质，当然也不能执本贱末。没有一定的外在礼仪规范，仁的精神也就无所寄托。道家就有执本贱末、执体废用之弊，只讲道德，不讲仁义礼制，殊不知，没有了仁义礼制，道德就被架空了虚置了。

林放问礼之本，孔子尽管称赞林放的问题意义重大，却不予直接回答，仍从礼的表现层面答之，应有深意在焉。

《大戴礼记》和荀子以天地、先祖、君师为"礼之三本"。《大戴礼记》说："礼上事天、下事地，宗事先祖，而宠君师，是礼之三本也。"《荀子·礼论》说："礼有三本：天地者，生之本也；先祖者，类之本也；君师者，治之本也。无天地，恶生？无先祖，恶出？无君师，恶治？三者偏亡焉，无安人。故礼，上事天，下事地，尊先祖而隆君师，是礼之三本也。"

天地、先祖、君师，即天地亲君师，又可以归结为仁。天地之本为乾元，道体也；亲君师之本为良知，道心也。归根结底，天人合一的仁才是礼之本，孔子回答礼之本，实际上亦是在指点仁。孔子举丧礼之戚，不过仁之一例。

五、夷狄有君不如无

子曰："夷狄之有君，不如诸夏之亡也。"（《八佾》第五章）

孔子说："野蛮部族有君主，不如华夏各国没有君主呢。"

夷为古代东方少数民族，狄为古代北方少数民族，统指未开化的野蛮部族。诸夏指当时黄河流域，华夏族居住的各个诸侯国，代表文明。孔子此言相当于说，野蛮国家有政府、有领导，不如文明社会无政府、无领导。《论语正义》里说："言夷狄虽有君长而无礼义，中国虽偶无君，若周、召共和之年而礼义不废。"

夷夏之辨又称华夷之辨，是儒家重要思想。华夷之辨的主要内容就是贵华夏、贱夷狄，以华夏文明为贵，以蒙昧未除的夷狄为贱。

历史上夏商周文明程度较高，其他民族则处在不火食、不粒食、披发左衽、断发文身、父子无别、同室而居、以臣妾为殉等等落后状态。故孔子赞曰："周监于二代，郁郁乎文哉！吾从周。"管仲、齐桓公"以尊王攘夷"为号召，受到孔子高度评价。

华夷之辨开始或含有种族地域等因素，后来便以文化和文明程度为主要标准。以文化、文明和道德之优劣来区分华夷，崇尚仁义道德的就是华夏，不遵循礼义德行的就是蛮夷。华夷之辨实质上是文明与野蛮的区分，而政治文明则是华夷之辨的核心。

在《春秋》中，孔子站在道德立场上对华夷进行了评判，有德之国进为华夏，无道之邦退为夷狄。因此，华夷的地位可以互换，夷狄可以进为华夏，华夏可以退为夷狄。晚明瞿太素在《职方外纪小言》中写道："其人而忠信也，明哲焉，虽远在殊方，诸夏也。若夫汶汶焉，汩汩焉，寡廉鲜耻焉，虽近于比肩，戎狄也。"

雍正在《大义觉迷录》中说："舜为东夷之人，文王为西夷之人，曾何损于圣德乎？"但后来的清政府却视西方各国为夷狄。对西方文化有一定认识的郭嵩焘尖锐指出：

"是所谓戎狄者，但据礼乐政教所及言之。其不服中国礼乐政教而以寇抄为事，谓之夷狄，为其倏盛倏衰，环起以立国者，宜以中国为宗也，非谓尽地球纵横九万里皆为夷狄，犹中土一隅，不问其政教风俗何若，可以凌驾而出其上也。"（《郭嵩焘诗文集》）。

郭嵩焘还说，三代以前，独中国有教化耳，故有要服、荒服之名，一皆远之于中国而名曰夷狄。自中国教化日益微灭，而政教风俗，欧洲各国乃独擅其胜，其视中国，亦犹三代盛时之视夷狄也。对此东海颇有同感。

六、季氏敢僭窃，冉有不能救

季氏旅于泰山。子谓冉有曰："女弗能救与？"对曰："不能。"子曰："呜呼！曾谓泰山不如林放乎？"（《八佾》第六章）

季氏要祭祀泰山。孔子对冉有说："你不能劝阻吗？"回答说：

"不能。"孔子说:"唉!难道泰山之神还不如林放吗?"

古代祭祀山川叫"旅"。按周礼规定,天子才有资格祭祀天下名山大川,诸侯只有资格祭祀在其封地境内的山川。季康子作为鲁国的大夫,却去祭祀泰山,是对鲁君和天子的双重僭越。对于这种严重非礼的行为,孔子希望当时为季氏家臣的弟子冉有设法补救匡正。

曾谓泰山不如林放乎?意谓林放尚知问礼,如果泰山有灵,莫非不如林放,会去接受季氏的非礼之祭吗?意谓非礼之旅,神所不享。《集注》引范氏曰:

"冉有从季氏,夫子岂不知其不可告也,然而圣人不轻绝人。尽己之心,安知冉有之不能救,季氏之不可谏也。既不能正,则美林放以明泰山之不可诬,是亦教诲之道也。"

七、君子无所争

子曰:"君子无所争。必也射乎?揖让而升,下而饮,其争也君子。"(《八佾》第七章)

孔子说:"君子没什么可争的。(如果有)一定是射箭比赛吧!互相作揖谦让,然后登堂;下堂后互相敬酒。这种争很君子。"

射,此指射礼,按周礼规定的射箭比赛。射礼有四种:(一)大射:天子、诸侯、卿、大夫,选属下善射之士升进使用。(二)宾射:贵族之间,朝见聘会时用。(三)燕射:贵族平时娱乐之用。(四)乡射:民间习射艺。朱熹说:

"揖让而升者,大射之礼,耦进三揖而后升堂也。下而饮,谓射毕揖降,以俟众耦皆降,胜者乃揖不胜者升,取觯立饮也。言君

子恭逊不与人争,惟于射而后有争。然其争也,雍容揖逊乃如此,则其争也君子,而非若小人之争矣。"(《集注》)

儒家强调温良恭俭让,反对不义无礼之争,反对争强斗胜。但对"君子无所争"不可僵化理解。儒家的让,要立足于"仁义礼智信"的基础上。在大是大非面前和原则性问题上,该争还是要争的。

君子不争,不争浮名,不争私利,不争闲是闲非,这叫能让就让;君子必争,争政治文明和社会公正,争大是大非,这是当仁不让。儒家宽恕,己所不欲勿施于人,小恩小怨一笑了之;儒家威严,勇于追究罪恶,报复大仇,"君父之仇必报"!

君子与君子之间也可能产生种种异议争执。但君子之争,既讲理又讲礼,绝不至于深文周纳、无限上纲,不至于造谣撒谎、栽赃诬陷,不至于"像秋风扫落叶一样残酷无情"。小人之争则无底线,无论为了什么起争,最后都会演变成人身攻击和谎谣陷害,甚至上升为你死我活的敌我矛盾。

《论语集释》引《松阳讲义》一段话说:

"世间有一等人,惟知隐默自守,不与人争,而是非可否亦置不论。此朱子所谓谨厚之士,非君子也。有一等人,惟知阉然媚世,将是非可否故意含糊,自谓无争。此夫子所谓乡愿,非君子也。又有一等人,激为高论,托于万物一体,谓在己在人,初无有异,无所容争。此是老庄之论,亦非君子也。"

这三等人,或是非不彰,或媚俗悦世,或故作旷达,貌似无争,皆非真正意义上的君子。

八、巧笑倩兮,美目盼兮

子夏问曰:"'巧笑倩兮,美目盼兮,素以为绚兮。'何谓也?"

子曰:"绘事后素。"曰:"礼后乎?"子曰:"起予者商也,始可与言《诗》已矣!"(《八佾》第八章)

子夏问道:"'美好笑容真好看啊,美丽眼睛溜溜转啊,粉白脸庞着色化妆绚丽多彩啊。'什么意思呀?"孔子说:"绘事以粉素为先,然后施布五采。"(子夏)说:"(这使我联想到)礼是后起吧?"孔子说:"能启发我的是卜商呀!这才可与他谈论《诗》了。"

"巧笑"二句见《诗·卫风·硕人》。"素以为绚兮",不见于现在通行的《毛诗》。朱熹认为是逸诗。三句诗意谓美女有巧笑之倩,美目之盼,加上素粉之饰,更增面容绚丽。子夏不明此三句诗意而问于孔子。

绘事后素,意谓绘事以粉素为先,后施五采。考工记曰"绘画之事后素功",谓先以粉地为质,而后施五采,犹人有美质,然后可加文饰。礼必以忠信为质,犹绘事必以粉素为先。

子夏因诗而悟,仁为人的本质,礼乃后起之文。礼如文饰加于仁之本质,仿佛五采加于素色而益增其美。

仁,表现在政治制度层面上,就是礼制。仁是礼的精神基础,礼是仁的制度表现,两者共同建构人类社会的美好。《集注》说:"礼必以忠信为质,犹绘事必以粉素为先。"以忠信为礼之质,也对,因为仁为众德之本,忠信本之于仁。

马培路说:"倩盼美质为素,有此美质,加饰后才如此美丽好看。无此美质而加饰,犹如东施效颦,不仅不美,反而更丑。诗强调的是质的重要性。绘画无素地,加采亦不显其美。礼无忠信之质诚敬之心,礼文亦其无益。故曰礼后乎。有礼文在其次之义。文质之判也。"

九、君子之言,信而有征

子曰:"夏礼,吾能言之,杞不足征也;殷礼,吾能言之,宋不

足征也。文献不足故也。足，则吾能征之矣。"(《八佾》第九章)

孔子说："夏朝的礼，我能说，（可惜）杞国不能提供足够的证明；殷代的礼，我能说，（可惜）宋国不能提供足够的证明。因为现存资料和贤人都不足。若足够，就能证明我之所言了。"

杞为夏之后，宋为殷之后，杞宋都是周的封国。周实行封建制，兴灭国，继绝世，故分封夏殷二代之后于杞宋。文献，文指典籍，献指贤人，古称德才兼备的贤人为献臣。孔子说，夏商两代的礼制，我能言之，只是二国文献不足取以为证。文献若足，那么我就能取来证明自己的话了。

孔子博学深思，好古敏求，于残篇断简之中，因流穷源，以微知著，举一反三，于夏殷之礼，能言其大概。但既无典籍可为依据，又少典故可以质证，无征不信，故发感慨。

钱穆说："即在自然科学中，亦时有不能遽获证明之发现。何况人文学科之渊深繁赜。则无怪孔子有虽能言之而证成不足之叹。"（《论语新解》）对此我心有戚戚焉。对宇宙与生命之起源，对"性与天道"，东海能言之；对于佛教的"十四无记"之类问题，东海能答之（详见《儒家大智慧》一书），却无法向世人证明我的正确。奈何，奈何！

《左传·昭公八年》："君子之言，信而有征，故怨远于其身；小人之言，僭而无征，故怨咎及之。"信为真实可靠，征为验证、证据。意谓君子说话必须确实可信，有凭有据。说话是否信而有征，是君子和小人的区别之一。

孔子曾说过"道听而途说，德之弃也"（《论语·阳货》），认为发言没有根据，就会被道德所抛弃；曾子说："可言而不信，宁无言也。"（《大戴礼记》）可见儒家对言论文字高度负责的态度。圣贤无戏言，圣经无戏言，此之谓也。孔子编书断自尧始，连诸子百家都认可的黄帝的资料也不敢收录，何其慎重乃尔。

十、禘祭的道理

子曰:"禘自既灌而往者,吾不欲观之矣。"(《八佾》第十章)

孔子说:"举行禘祭的典礼,从第一次献酒之后,我不愿再看下去了。"

《左传》说"国之大事,在祀与戎",祭祀和战事是国家两件头等大事。《中庸》说:"郊社之礼,所以事上帝也;宗庙之礼,所以祀乎其先也。明乎郊社之礼,禘尝之义,治国其如示诸掌乎。"郊社宗庙之礼,都是祭祀典礼。明白了祭祀天地的礼仪,明白了天子在夏秋两祭的含义,治国就像把东西放在手掌上来看一样明白。

禘是古代帝王、诸侯举行各种大祭的总名,包括在始祖庙里对祖先的盛大祭祀和宗庙四季祭祀。《礼记·大传》说:"礼,不王不禘。王者禘其祖之所自出,以其祖配之。"灌,是禘礼初始,即举行的献酒降神仪式。《集注》说:"禘,天子宗庙之大祭,追祭太祖之所自出于太庙,而以太祖配之也。"《集注》又引赵伯循曰:

"禘,王者之大祭也。王者既立始祖之庙,又推始祖所自出之帝,祀之于始祖之庙,而以始祖配之也。成王以周公有大勋劳,赐鲁重祭,故得禘于周公之庙,以文王为所出之帝,而周公配之,然非礼矣。"

鲁国是周公旦的封地。周公死后,他的侄儿周成王姬诵为追念周公的伟勋,特许周公后代在祭祀时,举行最高规格的禘礼,但朱熹认为毕竟是非礼的。更糟糕的是,在灌的仪式以后,鲁国君臣表现得懈怠而无诚意,孔子又不能纠正,眼不见为净,所以说"吾不欲观之矣"。

十一、禘祭的作用

或问禘之说。子曰："不知也。知其说者之于天下也，其如示诸斯乎。"指其掌。(《八佾篇》第十一章)

有人问禘祭的道理。孔子说："不知道呀。懂这种道理的人治理天下呀，就像摆东西在这里一样（明白容易）吧！"（孔子）指着自己的手掌。

示，同置，摆放义。一说，示同视。斯，这，指手掌。本章承上章来，孔子对鲁国禘祭不满，有人问起，他不欲深言，或为避讳，故推说不知。禘祭是天子之事，其道理也不必与一般人多言。

朱熹说："先王报本追远之意，莫深于禘。非仁孝诚敬之至，不足以与此，非或人之所及也。而不王不禘之法，又鲁之所当讳者，故以不知答之。示与视同，指其掌，弟子记夫子言此而自指其掌，言其明且易也。盖知禘之说，则理无不明，诚无不格，而治天下不难矣。圣人于此，岂真有所不知也哉？"（《论语集释》）

孔子似把禘祭的作用说得太厉害了，其实不难理解。因为禘祭之礼是天子孝道的重要表现。如果天子懂得慎终追远、以孝为治的重要性，慎终追远，自然民德归厚，治天下如示诸掌，非虚言也。《孝经》开头说："先王有至德要道，以顺天下，民用和睦，上下无怨。"讲的就是孝道的政治作用。《中庸》说："明乎郊社之礼，禘尝之义，治国其如示诸掌乎。"可为本章注脚。

孟子说："先王有不忍人之心，斯有不忍人之政矣。以不忍人之心，行不忍人之政，治天下可运诸掌。"又说："老吾老以及人之老，幼吾幼以及人之幼，天下可运于掌。"（《孟子》）苏洵说："义利、利义相为用，而天下运诸掌矣。"（《利者义之和论》）

孔子心目中的"知其说者"，也就是能够"行不忍人之政"的先王，是能够"老吾老以及人之老，幼吾幼以及人之幼"的人。这也是"仁者无敌"的另一种表述方式。梁惠王向孟子请教如何为政时，孟子回答说：如果施行仁政，就能天下无敌。（《孟子·梁惠王》）

或说"仁者无敌"论是一种政治浪漫主义。非也，这是儒家政治大义，也是六经义理。《易经》云："惟德动天，无远弗届""自天佑之，吉无不利。"孔子说，近悦远来，德风德草。这些圣言就是"仁者无敌"的不同表述。历代圣王明君的政治实践为此提供了大量事实证明。姑不论尧舜禹汤文武周公，秦汉以后历代儒朝的开国者，在当时群雄中也都相对仁义。

《尧典》开头就是对"仁者无敌"的形象描述："钦明文思安安，允恭克让，光被四表，格于上下。克明俊德，以亲九族。九族既睦，平章百姓。百姓昭明，协和万邦。"仁者在位，必然克己复礼，选贤与能，以直错枉，举措得宜，建设王道，何敌之有？

仁者无敌，实为王道为敌。王道政治有三大特征：一是允执厥中，坚持中道；二是制礼作乐，刑政健全；三是教学为先，化民成俗，道统高于政统而开为学统。至于尊重民权，重视民生，发展经济科技，加强武备，提高战力，知己知彼，深谋远虑，都是王道题中之义。

凡是势均力敌而被打败和消灭的政权，当家者必非仁者。战国七雄中，如果有一个国君是仁者，形成君子集团如尧舜汤武、刘秀、王阳明诸集团一般，秦国未必能统一，历史或有望改写。当然，仁者必须有施行仁政的权力和机会。如果有德无位，面对虎狼之秦，纵然孔孟在世，也是无奈之何。

十二、祭神如神在

祭如在，祭神如神在。子曰："吾不与祭，如不祭。"（《八佾》第十二章）

祭祖就如祖先在，祭神就如神在。孔子说："我若不临祭，就如同没有祭祀。"

本章表达孔子祭祀的真诚。祭祖祭神，其实是祭心，借助祭礼以表达内心的怀念和诚敬。祭如在，祭神如神在。这两句是孔子弟子平时默观孔子临祭时的情态而载记，表示孔子祭祀的诚意。或说此两句是古语。

吾不与祭如不祭，"言己当祭之时，或有故不得与，而使他人摄之，则不得致其如在之诚。故虽已祭，而此心缺然，如未尝祭也"。（《四书集注》）

孔子和儒家并未否定过鬼神的存在，经典中提及鬼神之处甚多。如《中庸》："鬼神之为德，其盛矣乎！"《左传·僖公五年》："鬼神非人实亲，惟德是依。"《礼运》："是故夫礼，必本于天，肴于地，列于鬼神。"《乐记》："明则有礼乐，幽则有鬼神。"《礼记》各篇中"鬼神"二字出现次数达四十二处。

《易经》也多次提及。如说大人"与鬼神合其吉凶""先天而天弗违，后天而奉天时。天且弗违，而况于人乎，况于鬼神乎""此所以成变化而行鬼神也""人谋鬼谋，百姓与能""鬼神害盈而福谦""精气为物，游魂为变，是故知鬼神之情状"等等。

但儒家并不以鬼神为宇宙生命之本，故与神本主义的宗教性质截然不同。儒家只是视鬼神为一种特殊现象，基本态度是敬而远之，置而不论，所谓"敬鬼神而远之""未能事人，焉能事鬼"。

儒家以道为本，即以道为最高真理和第一信仰。就宇宙而言，被称为道体、乾元、天道、天理等等，《尚书》中提到的昊天上帝，在儒家体系中也是道体的象征；就人身而言，被称为道心、仁性、良知、天命之性等等。道才是最神的，所以明德大明、道心圆满的圣人，就是人世间最大的奇迹。

孟子说："可欲之谓善，有诸己之谓信。充实之谓美，充实而有光辉之谓大，大而化之之谓圣，圣而不可知之之谓神。"这里的神，就是对圣人的形容，并非圣人之上还有神。而这个神圣的境界，是可以通过一系列道德践履功夫，循序渐进地抵达的。

十三、获罪于天无所祷

王孙贾问曰："'与其媚于奥，宁媚于灶。'何谓也？"子曰："不然。获罪于天，无所祷也。"（《八佾》第十三章）

王孙贾问："与其奉承奥神，不如奉承灶神。此话怎讲？"孔子说："不是那样的。如果得罪了天，向谁祈祷都没有用哦。"

王孙贾是卫灵公时卫国的大夫，权臣。奥，本义指室内的西南角，这里指屋内西南角的神。古时尊长居西南，所以奥神的地位比灶神尊贵些。灶，本义是炉灶，用来烹煮食物和烧水。夏代就以灶为神，称灶君，即老百姓所说的"灶王爷"。

灶神地位虽较低，但上可通天，决定人的祸福，故当时就有"宁媚于灶"的俗话。或说，王孙贾或许是故意借此俗话暗示孔子：与其指望君主，不如依附权臣。

"获罪于天"的"天"指天道、天命、天理。朱熹说："天，即理也；其尊无对，非奥灶之可比也。逆理，则获罪于天矣，岂媚于奥灶所能祷而免乎？言但当顺理，非特不当媚灶，亦不可媚于奥也。"（《集注》）

天命之谓性，人之本性，即良知仁性，就是天命——天之所命，所以良知和仁，有其形而上的超越性。"获罪于天"也就是得罪了良知，违背了仁性。人而不仁，背天逆理，获罪于天，难免天谴，无论媚于奥灶，还是祷于上天，都无济于事。所谓天谴，即良知之谴。

想起某寺庙一副无名氏的对联：唆人讼，淫人妻，破人婚姻，到此烧香也无益；忠于心，孝于亲，友于兄弟，见佛不拜又何妨。

又有人出了一副下联：孝于父母，亲于兄弟，和于邻里乡党，这般善人，见佛不拜又何妨。谁能对得出上联？

天谴反过来就是天佑。《易》曰："自天佑之，吉无不利。"子曰："佑者，助也。天之所助者，顺也。人之所助者，信也。履信思乎顺，又以尚贤也。是以自天佑之，吉无不利也。"（《易经·系辞》）

天佑就是天助。诚信者人助，顺天（顺从天命良知）者天助，履信思顺，尊重贤德，大吉大利。古人云："吉人自有天相。"英国有一句谚语："自助者天助。"英国著名作家、成功学开山鼻祖塞缪尔·斯迈尔斯有一本书书名就是《自助者天助》。

十四、礼制的典范

子曰："周监于二代，郁郁乎文哉！吾从周。"（《八佾》第十四章）

孔子说："周礼借鉴了夏商两代的礼制，多么文明辉煌啊！我尊从周礼。"

周公在革命成功之后制礼作乐，是总结、参考、借鉴了夏商二代之礼，加以斟酌损益而成。所以三代之礼，以周礼最为完美，文质兼备。郁郁乎文哉，形容西周礼制的堂皇和文明的辉煌。《论语正义》引《汉书·礼乐志》说：

"王者必因前王之礼，顺时施宜，有所损益，即民之心，稍稍制作，至太平而大备。周监于二代，礼文尤具，事为之制，曲为之防。故称礼经三百，威仪三千。于是教化浃洽，民用和睦，灾害不生，祸乱不作，囹圄空虚四十余年。孔子美之曰：'郁郁乎文哉，吾从周。'"

且不说别的，仅凭"囹圄空虚四十余年"这一句，就足以令人心向神往。在政治文明方面，现代西方亦望尘莫及。难怪孔子被周公和周礼情结深深纠缠了一生。

孔子致力于周礼的恢复，是合乎其时代之宜的。当时礼崩乐坏，但周礼的制度框架没有问题，恢复周礼是最好的选择。周王朝灭亡之后，再来恢复周礼，就是刻舟求剑，行不通了。

子曰："愚而好自用，贱而好自专，生乎今之世，反古之道，如此者，灾及其身者也。"（《中庸》）此言仿佛是为王莽量身定制的。王莽生活在汉朝，却试图恢复周礼，自用自专，果然"灾及其身"了。

世易时移，礼制的框架和规范，也应该与时俱进，所谓三代不同礼，何况现代？当然，礼制的精神，是仁义，是中道，那是万古不易的。

十五、子入太庙每事问

子入太庙，每事问。或曰："孰谓鄹人之子知礼乎？入太庙，每事问。"子闻之曰："是礼也。"（《八佾》第十五章）

孔子进入太庙，每件事都要问问。有人说："谁说那个鄹邑人的儿子知礼呀？进入太庙，每件事都要问。"孔子听到这话说："这就是礼啊。"

太庙，古代供奉祭祀君主祖先的庙。开国君主叫太祖，太祖的庙叫太庙。因周公姬旦是鲁国最初受封的君主，当时鲁国的太庙就是周公庙。鄹是春秋时鲁国的邑名。鄹人指叔梁纥，他是孔子的父亲，曾在鄹邑做过大夫。鄹人之子，指孔子，含轻视味。

这应是孔子初仕之时，进鲁太庙助祭。尽管孔子自小以知礼闻名，毕竟初入太庙，对于祭事中礼乐仪式及礼器所陈，对于祭礼的各种细节性内容有所不知，向专职人员请教，很正常。即使是已知的，再问清楚一点，确认印证一下，也是认真慎重的表现，礼当如此也。《正义》曰:"夫子不知故问,然云每事,容亦有所已知者,今犹复问于人,故为慎也。"

有人因此讥笑孔子不知礼。孔子回答说,这就是礼。不知为不知,学而不厌,谦虚好学,不耻下问,不是礼之精神吗?《泰伯》中曾子赞美他的朋友"以能问于不能,以多问于寡,有若无,实若虚"。

清刘开在《问说》中写道:

"君子学必好问。问与学,相辅而行者也,非学无以致疑,非问无以广识。好学而不勤问,非真能好学者也。理明矣,而或不达于事,识其大矣,而或不知其细,舍问,其奚决焉?

贤于己者,问焉以破其疑,所谓就有道而正也;不如己者,问焉以求一得,所谓以能问于不能,以多问于寡也;等于己者,问焉以资切磋,所谓交相问难,审问而明辨之也。《书》不云乎?'好问则裕。'孟子论'求放心',而并称曰'学问之道',学即继以问也。子思言'尊德性',而归于'道问学',问且先于学也。"

马培路附言:"祭乃大事,不可不谨。君子心境,履薄临深。体会其心境,可知为何要问。每夜雷雨大作,孔子必起坐,待其结束。是恐惧吗?勇者不惧,不能说孔子无勇,其实是一种心境,由此心境可深深体会该章。钱穆所说非也,东海所说适当,《集注》言简意赅。"

十六、贵在准确不在力

子曰:"射不主皮,为力不同科,古之道也。"(《八佾》第十六章)

孔子说:"射礼主要不在于射穿皮靶子,因为比武之射属于不同科目。这是古代的规则。"

射不主皮，周代仪制中有专门为演习礼乐而举行的射箭比赛，称射礼。《仪礼·乡射礼》："礼射不主皮。"郑玄注："礼射，谓以礼乐射也，大射、宾射、燕射是矣。不主皮者，贵其容体比于礼，其节比于乐，不待中为备也。"

这里的射即指礼射。射礼比赛，只比射箭的准确度，以"中的"为主，而不比力气大小，不在于是否把皮靶子射透。射礼与作战比武的"贯革之射"不同。朱熹说：

"古者射以观德，但主于中，而不主于贯革，盖以人之力有强弱，不同等也。记曰：'武王克商，散军郊射，而贯革之射息。'正谓此也。周衰，礼废，列国兵争，复尚贯革，故孔子叹之。"（《集注》）

十七、你爱羔羊我爱礼

子贡欲去告朔之饩羊。子曰："赐也，尔爱其羊，我爱其礼。"（《八佾》第十七章）

子贡主张去掉"告朔"的那头活羊。孔子说："赐呀！你爱惜那头羊，我爱惜那个礼。"

告朔，每月初一称朔。古代制度，诸侯每逢初一来到祖庙，杀一只活羊举行祭礼，表示每月听政的开始，称"告朔"。当时鲁国君主已不亲临祖庙行"告朔"礼了。

儒家强调节俭，节约民力和财物。但凡事有度，不能为了节俭而弃礼于不顾。钱穆说："子贡惜其无实枉杀，故欲去之。孔子则谓告朔之礼虽不行，而每朔犹杀羊送庙，则使人尚知有此礼。若惜羊不送，则此礼便忘，更可惜。"（《论语新解》）

礼，与其奢也宁俭，但不能过俭，俭到基本礼仪也荒废取消了。就像儒家主张轻徭薄赋，但税负也不是越低越好。孟子称"二十而取一"的低税为貉道，又称貊道，貉貊都是北方夷狄。落实各种礼乐典章制度，文化教育、科学研究、物质开发、国防军备等都有赖于一定的经济基础。税负太轻，办事不力，政府失职，夷狄之道也。

如元朝就是赋税畸轻。清范濂《云间据目抄》卷四："元入中国，定天下田税：上田每亩三升，中田二升五合，下田两升，水田五升。以此貉道治天下，赋虽轻，不足法也。"

赋税太轻是元朝亡国要因之一。谈迁在《国榷》卷一中引朱国桢话说："又其时赋税甚轻，徭役极省，侈汰狂惑，酿成臃肿之势，于是群盗叠起，几遍天下。"黄仁宇说元朝赋税明显低于宋朝，使得后世面临财政危机时，因不能改变忽必烈的成法，只好增发货币，造成通货膨胀这样就非礼了。

很多事情都需要一个度，很多好东西，一旦过度就会变坏。过犹不及，真理往前一步就是谬误，此之谓也。儒家对各种极端的言行都保持高度警惕，故强调中庸、时中原则和义德。义者，宜也，适宜，合宜，合乎时宜，当可之宜。儒家强调"允执厥中"，王道就是中道，中庸之道，无偏无倚，恰到好处，恰恰好。

十八、误会总是难免的

子曰："事君尽礼，人以为谄也。"（《八佾》第十八章）

孔子说："完全依礼侍奉君主，人以为谄媚呢。"

《集注》引黄氏曰："孔子于事君之礼，非有所加也，如是而后尽尔。时人不能，反以为谄。故孔子言之，以明礼之当然也。"《正义》说："当时君弱臣强，事君者多简傲无礼。"

《乡党》有几篇就是描述孔子是如何事君的。如"君赐食，必正席先尝之；君赐腥，必熟而荐之；君赐生，必畜之。侍食于君，君祭，先饭。"国君赐来食物，孔子必定正席而坐，先品尝一下；国君赐生肉,则定要烹熟之后,献祭祖先;国君赐来牲畜,定要饲养起来。陪国君吃饭,在国君饭前行祭礼时,要先品尝饭食。

又:"疾,君视之,东首,加朝服,拖绅。"生病卧床,国君前来慰问,孔子会头朝东而卧,身上盖着朝服,再拖上一条大带。又:"君命召,不俟驾行矣。"(《乡党》)国君有事召见,不等马车驾好就先步行起来。

这些都是事君尽礼的表现,至今仍饱受批评嘲弄,"人以为谄也",以为奴性也。殊不知,真正尽礼者,必然尽心尽性、大中至正,最富有仁性,最没有奴性。历代无忧无惑无惧、不移不淫不屈的大儒,多乎哉太多了。海瑞、方孝孺等大儒见到皇帝同样要跪拜。或可说他们智慧不足,所以处理问题不够妥当,但没有人敢说他们下跪是奴性十足吧。

误会是到处都有的,对圣贤的误会特别多。世人对包括孔子在内的历代圣贤的批判,往往是因为误读误解。但孔子不会因为"人以为谄"就不尽礼事君,儒家不会因为世人不能理解就不求仁不尽义。

十九、正常的君臣关系

定公问:"君使臣,臣事君,如之何?"孔子对曰:"君使臣以礼,臣事君以忠。"(《八佾》第十九章)

鲁定公问:"君主使唤臣子,臣子侍奉君主,该怎样呢?"孔子回答说:"君主依礼使唤臣子,臣子尽心侍奉君主。"

儒家忠君,但忠德并不限于对君,对一切人和事都要忠。尽心之谓忠,尽心尽性,把心放正,放在中庸之道上。

曾子曰:"君子不绝人之欢,不尽人之礼,来者不豫,往者不慎也,去之不谤,就之不赂,亦可谓忠矣。"(《大戴礼记·曾子立事》)

不妨碍别人的欢乐，不要求他人尽礼，得人拥护不特别高兴，有人离开也不因此忧虑，对离去的人不毁伤，对接近的人也不货贿，这也可以说是忠了。曾子将这些君子待人接物的品德都视为忠的表现。

儒家忠君，归根结底是忠于道义、忠于良知、忠于王道原则，所以反对愚忠。《孝经》记载，曾子问"子从父之令，可谓孝乎？"孔子回答：

是何言与？是何言与？昔者天子有争臣七人，虽无道，不失其天下；诸侯有争臣五人，虽无道，不失其国；大夫有争臣三人，虽无道，不失其家；士有争友，则身不离于令名；父有争子，则身不陷于不义。故当不义，则子不可以不争于父，臣不可以不争于君，故当不义则争之。从父之令，又焉得为孝乎。"（《孝经·谏诤》）

一味地顺从父亲，是愚孝，非孝也；同样，一味地顺从君主，是愚忠，或者别有用心，非忠也。如果父亲或君主有不合道义的思想行为，儿子或臣子就应该勇于谏诤——当然还要善于谏诤。

另外，忠君有其前提：君要遵守礼制，依礼而行。君以礼使臣，臣以道事君，这才是君臣大义。

礼制对君臣上下双方，都有责任义务之规定。君臣以义合，君君臣臣，意谓君要有君的样子，臣要有臣的样子，君要有君的道德，臣要尽臣的职责。《集释》引《皇疏》言："君若无礼，则臣亦不忠也。"君有过则谏，反复之而不听，可以离去，可以易位。对于暴君，甚至可以革命或诛杀——那不是弑君而是杀贼，杀独夫民贼，孟子说："闻诛一夫纣矣，未闻弑君也。"孟子说：

"君之视臣如手足，则臣视君如腹心；君之视臣如犬马，则臣视君如国人；君之视臣如土芥，则臣视君如寇仇。"（《孟子·离娄》）

二十、快乐悲哀都不过分

子曰:"《关雎》乐而不淫,哀而不伤。"(《八佾》第二十章)

孔子说:"《关雎》篇快乐而不放纵,悲哀而不伤痛。"

关雎是《诗经》首篇,因首句是"关关雎鸠,在河之洲",故名。雎鸠是古代的一种水鸟,关关是雎鸠的鸣叫声。古人常用这首诗作为婚礼的贺词。

孔子认为,文艺所表现的情感应该受到理智的节制,讲究适度平和,不能过于放纵和泛滥。《关雎》表达的正是中和之美,恰到好处。儒家是中道,中庸之道,情感也要健康中正,恰如其分,快乐和悲哀都不要过分。这里的淫是放纵、过甚之意。

对于七情六欲,儒佛道都保持警惕,但态度同中有异。佛道两家特别严厉,强调禁断,儒家则相对温和,主张节制引导。《中庸》说:"喜怒哀乐未发谓之中,发而皆中节谓之和。"喜怒哀乐无妨,但要发而中节。

当然,"中节"可不容易。世人喜怒哀乐一发,很容易过度。《中庸》曰:"人莫不饮食也,鲜能知味也。"东海学舌说:"人莫不有喜怒哀乐也,鲜能发而中节也。"不淫不伤,就是哀乐中节,得性情之正,所以孔子赞叹之。

二十一、成事不说,遂事不谏,既往不咎

哀公问社于宰我,宰我对曰:"夏后氏以松,殷人以柏,周人以栗,曰:'使民战栗。'"子闻之曰:"成事不说,遂事不谏,既往不咎。"(《八佾》第二十一章)

鲁哀公问宰我关于立社的事。宰我回答说:"夏朝用松树,商朝用柏树,周朝用栗树,说(用栗树是)让国民战栗。"孔子听到了,说:"已成之事不要再说,已行之事不必再劝,过去之事不要责备。"

夏商周时建国必立社,所以祀其地神,犹今俗有土地神。立社必树其地所宜之木为社主。亦有不为社主,即祀其树以为神之所凭依者。宰我,姓宰,名予,字子我,又称宰我,鲁国人,孔子早年弟子。夏后氏,禹的儿子启建立了我国历史上第一个朝代——夏朝。后世称夏朝人为夏后氏。

宰我既告哀公三代社树不同,又妄言周人所以用栗,乃欲使民战栗恐惧。这个说法牵强附会,且有导政于猛之嫌,有违于仁,夫子闻之,故加以反对。

古有"不用命,戮于社"的规定。或认为,当时哀公大权旁落,欲去三桓、张公室,问社于宰我,是动了杀机。而宰我则从"周人以栗"中引申出"使民战栗"之意,暗示哀公果断从严。

孔子认为,权去公室,政在大夫,由来已久,急切之间难以纠正。哀公匆促之间想借追究三桓的旧罪,收回丧失的权势,必不能行。即使能行,宰我"使民战栗"之讽示,也非所宜。孔子闻哀公与宰我之阴谋,乃以"成事不说,遂事不谏,既往不咎"劝阻之。

陆陇其指出:"战栗一言,盖见鲁以忠厚而衰微,须以严救之。后此申韩名法亦是欲救衰周之敝,然其效验亦可睹矣。夫子痛责宰我,防微杜渐,意至深远。"(《四书困勉录》)

关于战栗,有个小典故。萧琛有辩才,梁武帝未称帝时与他交好。某日,梁武帝用枣子投萧琛,萧琛也取了颗栗子回掷武帝,正中面部,武帝脸上变色,萧琛急忙解释说:"陛下投臣以赤心,臣不敢战栗于陛下。"事见《舌华录》。

马培路附言:"窃以为,成事不说者,古立木之本意未说明也;遂事不谏者,未顺遂哀公问社之机纳其谏言也;既往不咎者,答社之言已出,又启哀公杀伐之心,无法补救之也。三者均为孔子之评价，有深责宰我之意。今读东海点睛，再体会《集注》，觉东海试译亦合《集注》之意。不知何为夫子原意，何为《集注》之义。"

二十二、管仲小器

子曰："管仲之器小哉！"或曰："管仲俭乎？"曰："管氏有三归，官事不摄，焉得俭？""然则管仲知礼乎？"曰："邦君树塞门，管氏亦树塞门。邦君为两君之好，有反坫，管氏亦有反坫。管氏而知礼，孰不知礼？"（《八佾》第二十二章）

孔子说："管仲的器量褊浅啊！"有人问："管仲俭啬吗？"孔子说："管仲有三归之地，有大量专职管理人员，哪算俭啬呢？"（又问，）"那么管仲知礼吗？"孔子说："国君在宫殿大门前兴建萧墙，管仲在家门口也兴建萧墙；国君外交宴会，堂上有安放酒盅的台子，管仲也设置这样的台子。若说管仲知礼，谁不知礼？"

三归，或说是地名，以之为齐桓公赐予管仲的采邑；或说是贮藏泉布之府库别名；或说是一种税法，盖古有天财地利"民得其十，君得其三"之说，桓公既霸，即将此种一向归公所有的市租、常例赏予管仲。采邑是、府库说、税法说各有其理，兹不详辨。

树塞门，古代天子和诸侯，在宫殿大门口筑上一道短墙作为遮蔽物，以区别内外，也称萧墙。天子的塞门在大门之外，诸侯的塞门在大门之内。管仲在家门口也兴建萧墙，足见管仲之骄僭非礼，亦器小易盈之证。坫，古代设于堂中，供祭祀或宴会时放礼器和酒具的土台子。反坫，是诸侯宴会时的一种礼节。指君主招待别国国君，举行友好会见，献过酒之后，把空酒爵放回坫上。树塞门和有反坫，都是陪臣而僭国君之礼，孔子斥管仲不知礼，主要指此。

管仲，姓管名夷吾，字仲，齐国姬姓后人，春秋初期著名政治家，以"尊王攘夷"相号召，助齐桓公成就霸业。或许当时有人称赞管仲"大器",所以孔子站在中道立场予以批评,列举他"有三归""官事不摄""树塞门""有反坫"等表现,批评管子既不俭又不知礼。朱熹说:

"器小,言其不知圣贤大学之道,故局量褊浅,规模卑狭,不能正身修德,以致主于王道。"《集释》皇疏引孙绰云:"功有余而德不足,以道观之,得不曰小乎。"(《集注》)

孔子对管仲既有肯定又有否定,既称赞管仲"如其仁,如其仁",又批评管仲器小,不俭,不知礼,两者并不矛盾。孔子论其功则大之,论其器则小之,一分为二,实事求是,正是恰如其分的评价。孟子颇为不屑但承认管仲经世之才,荀子称管子为良臣和"野人",都体现儒家的中庸态度:如实如理,实事求是。

学术界习惯将管仲划为法家,但管仲与商韩派法家大不同。管仲强调礼义廉耻,重视道德作用。注意,管仲将道德工具化了,其重视的是道德的作用而非道德本身,与儒家的道德挂帅性质不同。

管仲常常说些似是而非的话,如"仓廪实而知礼节,衣食足而知荣辱"之类。儒家重视民生,强调富之,更要教之。否则,由于人欲无穷,仓廪实衣食足,民众不仅不会知礼节、知荣辱,反而更容易堕落败坏。

二十三、音乐的美妙

子语鲁大师乐,曰:"乐其可知也。始作,翕如也;从之。纯如也,皦如也,绎如也,以成。"(《八佾》第二十三章)

孔子与鲁国乐官论音乐,说:"奏乐可以知道呀:开始,很轻柔呀;展开她,很和谐啊,节奏分明又连绵不断呀,直到完成。"

儒家非常重视音乐的作用。《乐记》将礼、乐、刑、政作为实现王道的要素相提并论，礼乐相辅相成，儒家在政治上是礼教，亦是乐教。礼重秩序，乐重和谐。

《礼记》说："移风易俗，莫善于乐。"《乐记》说："乐在宗庙之中，君臣上下同听之则莫不和敬；在族长乡里之中，长幼同听之则莫不和顺；在闺门之内，父子兄弟同听之则莫不和亲。"又说："治世之音安以乐，其政和；乱世之音怨以怒，其政乖；亡国之音哀以思，其民困。声音之道，与政通矣。"

因此音乐具有强烈的政治色彩。乐者，所以致神祇、和邦国、谐百姓、安宾客、悦远人者。

快乐之乐与音乐之乐、礼乐之乐不同义，但有其内在关联性。孔子说："言而履之，礼也；行而乐之，乐也。"义理付诸实践，就是礼，快乐地实践，实践而快乐，就是乐。孔子主张寓教于乐，说"兴于诗，立于礼，成于乐"，以音乐来陶冶性情，修养人格，让人们相亲相爱，和睦融洽。

周代的音乐领导机构"大司乐"是世界上出现最早，规模最大的音乐教育与音乐表演机构。主要教授学员们学习六代乐舞与小舞。《周礼·春宫》中明确记载了最高乐官大司乐的职务要求："大司乐掌成均之法，以治建国之学政，而合国之子弟晋。"

周朝盛行的"六代之乐"及乐德、乐语、乐舞等内容本来记于《乐经》，可惜《乐经》"失于秦火"。儒家六经，乐经失传，实在是中华文化的巨大损失。好在不少乐制的内容可以在"三礼"中的礼仪制度中看到，而专述乐义的《乐记》也保存在《礼记》之中。

本章描述儒式音乐的优美和特征。《集注》引谢氏曰："五音六律不具，不足以为乐。翕如，言其合也。五音合矣，清浊高下，如五味之相济而后和，故曰纯如。合而和矣，欲其无相夺伦，故曰皦如，然岂宫自宫而商自商乎？不相反而相连，如贯珠可也，故曰绎如也，以成。"

二十四、天将以夫子为木铎

仪封人请见，曰："君子之至于斯也，吾未尝不得见也。"从者见之。出，曰："二三子何患于丧乎？天下之无道也久矣，天将以夫子为木铎。"（《八佾》第二十四章）

卫国仪地边防官请见孔子，说："贤人君子路过此地，我没有不见的。"随从孔子的弟子领他见孔子。出来后说："各位何必为夫子失位担忧呢？天下无道很久了啊，上天是要把夫子当木铎用。"

仪是地名，卫国的一个邑，封是边界，仪封人，指在仪这个地方镇守边界的官员。一说，封人仪姓。孔子本为鲁国的司寇，后离鲁适卫，又适陈，周游列国，在离开卫国前往陈国，路过仪邑。

木铎是一种金口木舌的大铃。天子发布政教，先振木铎以警众。《周礼·天官·小宰》："徇以木铎。"《周礼·地官·乡师》："凡四时之征令有常者，以木铎徇以市朝。"郑玄注："古者将有新令，必奋木铎以警众，使明听也……文事奋木铎，武事奋金铎。"

舜至于汤约百余岁，汤至于文王约五百余岁。孔子生于鲁襄公二十三年（公元前551年），上距殷武庚灭亡和周文王兴起，又逾五百岁。孔子出身底层，少小贫贱，但他好学不厌，终于获得了出类拔萃的学问和道德，时人以为"五百年必有圣者兴"的预言将应验在他身上。

弟子们对孔子的崇敬自然不在话下，当时的有识之士也给予很高评价。达巷党人曰："大哉孔子！博学而无所成名。"鲁国贵族孟僖子说："圣人之后，必有达者，今其将在孔子乎！"（孔子为殷宋公孙之嫡系），上面这个仪封人对孔子的评价最高，认为孔子仿佛是上天用来警醒世人的木铎。

如果说治国的人材、国家的宝器是国器，孔子就是"天器"——

上天的宝器。孔子出身底层,少能鄙事,长大后又饱经风霜,历经艰险,正体现了上天的厚爱。

孟子说得好:"天将降大任于斯人也,必先苦其心志,劳其筋骨,饿其体肤,空乏其身,行拂乱其所为,所以动心忍性,增益其所不能。"

孔子当然了不起,删诗书,定礼乐,作春秋,千秋万代,如木铎一般,警世醒众。仪封人也很了不起,一见孔子便深知其底蕴丰厚而高度推许。孔子不幸之中有其幸运:能自由地解惑、授业、传道育人,自由地周游列国,自由地向各国君主宣传政治主张,虽不见用,却颇受各国尊重,同时得到达巷党人、仪封人等底层人士的高度赞许。

二十五、尽美尽善的追求

子谓《韶》,"尽美矣,又尽善也。"谓《武》,"尽美矣,未尽善也。"(《八佾》第二十五章)

孔子说《韶》,"美极了,又善极了。"说《武》,"极美了,但没极善。"

韶也称大韶,上古虞舜时的乐舞。古解,韶就是绍(继承),舞乐表现了"舜绍尧之道德"。武也称大武,《诗·周颂》中有《武》篇,为武王克殷后作,是赞颂武王武功的乐舞歌词。

美,指声容之大盛;善,指本质之极好。舜继承尧的事业,达到天下大治,武王伐纣救民,应天顺人,其功一也,所以其音乐都尽美。不过,舜之德,性之也,以揖逊而有天下;武王之德,反之也,以征诛而得天下,所以有所不同。

即使是仁义之师,即使是为了天下百姓发动的正义战争,毕竟动用了武力,终究不够完美和理想。钱穆说:"舜以文德受尧之禅,武王以兵力革商之命。故孔子谓舜乐尽美又尽善,武乐虽尽美未尽

善。盖以兵力得天下，终非理想之最善者。"(《论语新解》)

《左传·襄公二十九年》记载，吴公子札"见舞《象箾》《南籥》者，曰：美哉！犹有憾。"《象箾》《南籥》，都是文王的乐舞。"犹有憾"就是"未尽善"。音乐未尽善，也就意味着政治未尽善。"以文王之德，百年而后崩，犹未洽于天下。"(《孟子·公孙丑》)这是文王未尽善；"武王克殷二年，天下未宁而崩。"(《史记·封禅书》)，这是武王未尽善。

谓《武》"尽美矣，未尽善也。"并非对《武》乐和武王的否定，正是体现了儒家音乐标准和王道标准之高，连《大韶》和武王都差了一点。儒家道德理想是圣境，上不封顶，好上加好；政治追求是王道，最高境界是大同，前无止境，精益求精。

"子贡曰：'如有博施于民而能济众，何如？可谓仁乎？'子曰：'何事于仁，必也圣乎！尧舜其犹病诸！'"即使达到尧舜境界，犹有所不足，只要一息尚存，就应该努力不懈，进取不止。

另外，这段话也强调了权位的重要性。要"博施于民而能济众"，必须是有权有位的圣王才行，非一般仁者所能及也。《韩诗外传》说："造父、天下之善御者矣，无车马，则无所见其能。羿，天下之善射者矣，无弓矢，则无所见其巧。彼大儒者，调一天下者也，无百里之地，则无所见其功。"

《中庸》说："赞天地之化育，与天地参"，"尽己之性，尽人之性，尽物之性"。《易经》说："知周乎万物而道济天下"，"范围天地之化而不过，曲成万物而不遗"。表达了儒家理想事业的伟大。同时"义""时"二德，又体现了儒家对现实的尊重。儒家是现实性和理想性的高度统一，既尊重现实，充满现实精神，又怀抱理想，高扬理想旗帜。

追求理想，但不会脱离现实空驰幻想，而是注意适宜性、时代性和现实的复杂性；尊重现实，但不是无条件地屈服于现实，沦为现实的俘虏和奴隶，而是"知不可为而为之"，以理想之光来照耀、批判、影响、引导、改良现实。

二十六、为人为政抓根本

子曰:"居上不宽,为礼不敬,临丧不哀,吾何以观之哉?"(《八佾》第二十六章)

孔子说:"居于上位不宽容,执行礼制不恭敬,参加丧礼不哀戚,我怎能看得上呢?"

朱熹解释说:"居上主于爱人,故以宽为本;为礼以敬为本,临丧以哀为本。既无其本,则以何者而观其所行之得失哉?"(《四书集注》)君子居上、为礼和临丧,都要从根本上做起,做一个有根有本的人,避免外重内轻和形式主义。

宽是宽容,宽恕。君子严于己而宽于人,己所不欲勿施于人,居于上位者更应该宽以待人,大肚能容。子张说:"君子尊贤而容众",表现了君子的宽容;《礼记·曲礼》说:"礼不下庶人",表现了政治的宽容。

礼主敬。《礼记》开篇就说:"毋不敬,俨若思,安定辞,安民哉。"朱熹说:"毋不敬,是统言主宰处。俨若思,敬者之貌也;安定辞,敬者之言也;安民哉,敬者之效也。"孔颖达说:"人君行礼,无有不敬,行五礼,皆须敬也。"人君行"吉凶军宾嘉"五礼,都要有恭敬之心。真德秀说:"《曲礼》一篇为《礼记》之首,而毋不敬一语为《曲礼》之首。盖敬者,礼之纲领也。"

为礼,包括对各种文物、典章、制度的遵守和履行状况,不仅指一般性的对人行礼。为礼,必须抱持一片恭敬、虔诚之心,各种国家行为及个人的视听言动都要依礼而行。丧礼以哀为本,重在表达哀戚之情。墨子说:"君子战虽有陈,而勇为本焉;丧虽有礼,而哀为本焉;士虽有学,而行为本焉。"这段话颇合儒义。

本章可以与"林放问礼之本"章共参。礼贵得中,过奢过俭、过易（繁文缛节）过戚，都不合礼，偏离中道了。但比较而言，俭和戚更为本质。俭者物之质，戚者心之诚，故为礼之本。所以孔子说："礼，与其奢也宁俭；丧，与其易也宁戚。"

钱穆说："苟无其本，则无可以观其所行之得失。故居上不宽，则其教令施为不足观；为礼不敬，则其威仪、进退之节不足观；临丧不哀，则其擗踊、哭泣之数不足观。"（《新解》）《大学》说："物有本末，事有终始，知所先后，则近道矣。""其本乱而其末治者，否已。"强调为人为政都要抓住根本。

第四章　里仁篇

《里仁》共二十六章,主要阐述仁道、仁理。礼乐制度随时而变,仁为基本原则,古今常道,是礼乐的内在精神,万古不易。故《论语》编者于《八佾》后次以《里仁》。本篇堪称《论语》一书的重心。

一、天下第一宅

子曰:"里仁为美。择不处仁,焉得知?"(《里仁》第一章)

孔子说:"居于仁里最美好。不择仁而居,哪算得智慧呢?"

儒家对物质生活包括居住条件,要求不高,子曰:"食无求饱,居无求安。"又曰:"士志于道,而耻恶衣恶食者,未足与议也。"又曰:"贤哉,回也!一箪食,一瓢饮,在陋巷,人不堪其忧,回也不改其乐。"

但是,儒家对居处的人文道德环境及邻里人际关系,则颇为重视。里仁为美,用现代的话说,就是选择有仁德的邻人、有仁风的社区居处才好,肯定了以仁为本、以礼相待的邻里风气和良好和谐的居住环境的重要性。

《左传》曰:"非宅是卜,唯邻是卜。"孟子有"居移气,养移体,大哉居乎!"之言,说的也是生活环境对人的身心气质的影响。广为人知的孟母三迁、千金买邻等故事,都可见古人对居住环境的慎重。南北朝时期,季雅为与学者吕僧珍结邻,斥资千金从吕的邻居手中购房。吕僧珍感叹花费太过,季雅回答说:"我是百金置宅,千金买邻。"

国人生活水平提高了，居住环境却普遍劣化。首先是生态环境的恶化，更为恶劣的是人文道德环境。当然，环境对于常人及小孩影响甚大，但对于少数上智、大人、君子、善知识而言，则没什么影响，因为他们是仁者教化者。所谓为仁由己，求仁得仁，我欲仁斯仁至矣。纵然是九夷之地、蛮貊之邦，"君子居之，何陋之有"（《子罕》）。

季氏乃当时权臣，为孔子所不喜，其家臣公山弗扰叛乱，召请孔子相助；赵国权臣赵简子家臣佛肸叛乱，也召请孔子相助。孔子开始都有意欲往，希望借机行仁政。子路以孔子说过的话"亲于其身为不善者，君子不入也"质疑和阻拦孔子，孔子说："不曰坚乎？磨而不磷；不曰白乎？涅而不缁。"意谓真正的坚固磨也磨不薄，真正的纯白染也染不黑，比喻真正的儒者意志坚定，任何时候都能坚持自我，不受不良环境的影响。

孟子曰："仁，人之安宅也。"孔子曰："志于道，据于德，依于仁，游于艺。""里仁"可以抽象地解释为：居于仁的境界。人若不能居于仁，修养不能达到仁的境界，就没有大智慧。这一种解释未必是孔子原意，但符合儒家义理。

二、安仁和利仁

子曰："不仁者，不可以久处约，不可以长处乐。仁者安仁，知者利仁。"（《里仁》第二章）

孔子说："不仁的人不能长久过俭约日子，不能长久过安逸日子。仁者以仁为安宅，智者以仁为利益。"

安仁，以仁为安宅，安居于仁境；利仁，以仁为利，以证入仁境为人生最大利益和幸福。本章可与《中庸》"或安而行之，或利而行之"并读。

不仁者久处约，内则生悲生愤，烦恼丛生，外则违规逾矩，为非作歹；不仁者长处乐，难免骄奢淫逸，乐极生悲。"小人穷斯滥矣"，富贵了可能更滥。所以，对于不仁者来说，贫困俭约的生活不好过，安乐富裕的生活也过不好。不论外在环境条件如何，都是可怜可悲的。

而且，不仁者也不可能长富、长贵、长安乐。《易经》说："德薄而位尊，知小而谋大，力少而任重，鲜不及矣。"孟子说："得道多助，失道寡助，寡助之至，亲戚畔之。"《中庸》说："货悖而入者，亦悖而出。"

唯有仁者，才能"素富贵行乎富贵，素贫贱行乎贫贱"，无入而不自得，无往而不快乐。仁者找到了生命本来面目，找到了安身立命之地。"君子固穷"，仁者安贫。像颜回，一箪食，一瓢饮，在陋巷，人不堪其忧，回也不改其乐。这就是安仁，如程颢诗所写：富贵不淫贫贱乐，男儿到此是豪雄。朱熹说：

"不仁之人，失其本心，久约必滥，久乐必淫。惟仁者则安其仁而无适不然，知者则利于仁而不易所守，盖虽深浅之不同，然皆非外物所能夺矣。"（《集注》）

仁者必有智，必能认识到仁的重要性、根本性和利益性。即使从功利角度看，做一个仁者也是很有利、"很合算"的。不识仁之重要、不知以仁为利者，即使有智也有限，也不大。

王船山说：

"圣人言'久'言'长'，言'约'言'乐'，字字皆有意味。今人说天下只有约、乐两境，又云只有富贵、贫贱两途，总孟浪语。约者，窘迫拘束不得自在之谓。乐者，在君子则须是'中天下而立，定四海之民'；在常人也须有志得意满、纵横皆适之事。以此思之，则非约非乐之境多矣。若鲍焦黔娄，则允为贫贱；如天子诸侯，则洵为富贵。至于孔孟之在当时，固不可云富贵，而又岂可谓之贫贱乎？则贫富之外自有不贫不富、贵贱之外自有不贵不贱之境也……想来，不仁者只恁平平地不约不乐，也还不见大败缺在。则他本领上无个主宰，而于所措施尽有安顿发付不得底，故既处约乐，便露乖张，待其长久，则益不自摄持，逢处皆破绽矣。"

三、爱所当爱，恶所当恶

子曰："唯仁者能好人，能恶人。"（《里仁》第三章）

孔子说："只有仁者，才能爱所当爱，恶所当恶。"

好恶之心，人皆有之。但是，一般人或为情绪所控，或为私欲所蔽，或缺知人之明，或乏公道之心，或抱嫉妒之意，或偏听偏信、人云亦云，或由于其他种种原因，容易好恶失当，爱憎失常，喜爱了不值得喜爱的人，厌恶了不应该厌恶的人。

唯有仁者才能好恶各得其宜。"众恶之，必察焉；众好之，必察焉。"（《卫灵公》）。司马迁说："夫《春秋》上明三王之道，下辨人事之纪，别嫌疑，明是非，定犹豫，善善恶恶，贤贤贱不肖，存亡国，继绝世，补敝起废，王道之大者也。"（《太史公自序》）王道之大者，首先必须爱所当爱、恶所当恶、贤所当贤，贱所当贱。

要让好恶保持正常，需要相当的德智能力配合。唯仁者能好人、能恶人，是因为仁者能够理智、公正地判别善恶，不偏不倚。朱熹说：

"盖无私心，然后好恶当于理，程子所谓得其公正是也。"引游氏语说："好善而恶恶，天下之同情，然人每失其正者，心有所系而不能自克也。惟仁者无私心，所以能好恶也。"（《四书集注》）

此章可与"乡愿，德之贼也"章并读。儒家虽追求雍容、祥和的精神境界，但反对无是非的"好好先生"。圣人未尝不怒，圣经未尝不恶人。如《诗经》中夏民愤恨夏桀说"时日曷丧，吾与汝偕亡"，周人骂褒姒"妇有长舌，唯厉之阶"，皆是义愤和公愤。

子曰："恶紫之夺朱也，恶郑声之乱雅乐也，恶利口之覆邦家者。"对这些紫色、郑声和利口的厌恶，亦非私仇。利口之人，颠倒黑白，指鹿为马，颠覆国家，自然会招致国民的厌憎。

钱穆对此章的解析最为中肯而深刻：

"此章语更浅而意更深。好人恶人，人孰不能？但不仁之人，心多私欲，因多谋求顾虑，遂使心之所好，不能真好。心之所恶，亦不能真恶。人心陷此弱点，故使恶人亦得攘臂自在于人群中，而得人欣羡，为人趋奉。善人转受冷落疏远，隐藏埋没。人群种种苦痛罪恶，胥由此起。究其根源，则由人之先自包藏有不仁之心始。若人人能安仁利仁，使仁道明行于人群间，则善人尽得人好，而善道光昌；恶人尽得人恶，而恶行匿迹。人人能真有其好恶，而此人群亦成为一正义快乐之人群。主要关键，在人心之能有其好恶，则人心所好自然得势，人心所恶自不能留存。此理甚切近，人人皆可反躬自问，我之于人，果能有真好真恶否？我心所好恶之表现在外者，果能一如我心内在之所真好真恶否？此事一经反省，各可自悟，而人道之安乐光昌，必由此始。此章陈义极亲切，又极宏远。极平易，又极深邃。人人能了解此义，人人能好恶人，则人道自臻光明，风俗自臻纯美。此即仁者必有勇之说。人心为私欲所障蔽，所缠缚，于是好恶失其正，有好之欲其生，恶之欲其死者，此又不能好之一征。惟仁者其心明通，乃始能好人恶人，此又仁者必有知之说。知勇之本皆在仁，不仁则无知无勇，恶能好恶？并好恶而不能，此真人道之至可悲矣。"（《论语新解》）

四、能志于仁自无恶

子曰："苟志于仁矣，无恶也。"（《里仁》第四章）

孔子说："若立志于求仁了，就不会有恶了。"

这里的"恶"字有两解。一为善恶之恶。有志于仁者，或仍难免喜怒哀乐发而不中节，难免说错话干错事，但不至于心怀恶意，更不至于故意作恶。如《集注》所解："其心诚在于仁，则必无为恶之事矣。杨氏曰：苟志于仁，未必无过举也，然而为恶则无矣。"

钱穆《新解》解为好恶之恶。无恶也，意谓对恶人只有悲悯之意，没有厌恶之心。钱穆之解不当，但有拔高之嫌，且与上一章龃龉。

儒家强调立志。"志于仁"即"志于道"。君子唯仁不唯利，谋道不谋食，忧道不忧贫。诸葛亮在《诫外甥书》中说得好：

"夫志当存高远，慕先贤，绝情欲，弃疑滞，使庶几之志，揭然有所存，恻然有所感；忍屈伸，去细碎，广咨问，除嫌吝，虽有淹留，何损于美趣，何患于不济。若志不强毅，意不慷慨，徒碌碌滞于俗，默默束于情，永窜伏于凡庸，不免于下流矣。"（《诸葛亮集》）

"吾十有五而志于学"，堪称"志于仁"的初级阶段，有志于学习、实践仁学；"三十而立"和"仁以为己任"，可谓"志于仁"的高级阶段，立定了仁性的信仰。

儒学为仁学，为最高人学和人格主义学说；儒者为仁者，儒言为仁言，儒政为仁政，儒志即仁志，仁性即天命。成仁即格致诚正、明明德，是自立自达，成己之性，属于内圣功夫，最高境界是圣境。古之学者为己，就是为了成就自己的仁性；治国平天下，明明德于天下，是立人达人，成人之性，属于外王事业，最高理想是大同。

"志于仁"的人多了，成仁的人多了，恶就少了；人人皆"志于仁"，人人皆有士君子之行，天下无恶，自无不平，自无黑暗、苦难和烦恼，那就是太平大同了，地球就成为仁国、良知国和光明世界了。

五、造次颠沛必于是

子曰:"富与贵,是人之所欲也,不以其道得之,不处也。贫与贱,是人之所恶也,不以其道得之,不去也。君子去仁,恶乎成名?君子无终食之间违仁,造次必于是,颠沛必于是。"(《里仁》第五章)

孔子说:"富与贵,是人们所欲求的,若不是用正当的途径获得,就不安处;贫与贱,是人们所厌恶的,若不是用正当的方法摆脱,就不逃避。君子离开仁,如何成名?君子一顿饭工夫也不违背仁,仓卒时一定依于仁,困顿时一定依于仁。"

终食之间,就是吃一顿饭的时间。造次,马融说急遽,郑玄说仓卒,造次就是"仓卒"二字的转音。邢疏说,急遽仓卒,皆是迫促不暇之意。颠沛,本义是跌倒,偃仆。引申为穷困,挫折,流离困顿。

孔子说过,君子疾没世而名不称也,可见君子于名,不仅不逃不避,不妨好之求之,但求之有道,必须遵循仁道,任何时候都不能违仁背义。名利富贵都是如此。

爱好富贵,厌恶贫贱,人之常情,理所当然,君子的特别之处,在于一切以仁为本。君子爱财,取之有道;君子恶贫,去之有道。如果违背了仁,纵然富贵,君子不取。此章可与"不义而富且贵,于我若浮云"章并读。

儒家以名利为"功德言"的副产品,君子疾没世而名不称,不是"疾"无名而是"疾"无功德言。功德言只要"立"得其一,就必有其名。同时,以名利为利人济世之具,名高利大,意味着责任更重大。到了圣贤境界,名利了不挂怀。

仁是儒家最高道德,至高无上。成仁就是成道,与道同在,道成肉身。这是人生最大的成功和幸福。造次颠沛也是成功,箪食瓢饮无碍幸福,无论贫富贵贱,无不自得其乐,乐在其中。君子固穷,安贫乐道,是因为与道同在,有道可乐。

仁性就是良知,良知大明者,其名必然会响亮起来,封也封不住,蔽也蔽不了。这种人"体悟天地万物一体之仁"的境界,吉凶与民同患,必然发真言、做正事、做大人。良知不灭,大人不死,杀害了他,只不过让他提前进入历史。

六、只要努力就有力

子曰:"我未见好仁者,恶不仁者。好仁者,无以尚之。恶不仁者,其为仁矣,不使不仁者加乎其身。有能一日用其力于仁矣乎?我未见力不足者。盖有之矣,我未之见也。"(《里仁》第六章)

孔子说:"我没见过喜好于仁的人,厌恶不仁的人。喜好于仁的人,会觉得世上没什么能超过仁的。厌恶不仁的人,他就是仁人了,不让不仁的行为发生在自己身上。有能一整天用力于仁的吗?我没见过力量不够的。或有这种情况,我没见过呀。"

好仁者无以尚之,尚是加、超过之意。无以尚之,有两解。一说:其心好仁,更无可以加在仁道之上之事物存其心中;一说:其心好仁,为德之最上,更无他行可以加之。总之,都是视仁为至高无上之意。

不使不仁者加乎其身,意谓不让不仁的行为发生在自己身上。看见他人不仁之处,既检查、警惕自己不要有相同的过失。

克己复礼,分属内圣、外王两个范畴,克己是更加根本的。复礼有待于一定的外在条件,克己则一无所倚,全靠自己。所以孔子强调"为仁由己"。儒者可以没有外在事业,不能没有内在修养。能否"不失其群"而为君,能否"天下归往"而为王,要看外部条件是否具备和成熟，能否成德成仁则完全取决于自己。

孟子说："待文王而后兴者，凡民也。若夫豪杰之士，虽无文王犹兴。"有赖于外在时势和环境才能奋发有为者，算不上是豪杰之士；真正的豪杰之士是任何环境中都可以奋发有为的人。

待文王而后兴，相当于"时势造英雄"；虽无文王犹兴，则相当于造时势的英雄。梁启超说得好：

"人特患不英不雄耳，果为英雄，则时势之艰难危险何有焉？暴雷烈风，群鸟戢翼恐惧，而蛟龙乘之飞行绝迹焉；惊涛骇浪，鯈鱼失所错愕，而鲸鲲御之一徒千里焉。故英雄之能事，以用时势为起点，以造时势为究竟。英雄与时势，互相为因，互相为果，造因不断，斯结果不断。"（《英雄与时势》）

当然，孟子所说的豪杰，包括立德立功立言，又侧重于文化道德方面成就，即成德成圣。

"有能一日用其力于仁矣乎？我未见力不足者。"不患力不足，患不肯用力于仁也。只要真能尽心，没有"力不足"的。"仁远乎哉？我欲仁，斯仁至矣。"夫子感叹人们不肯用力于仁。后面《卫灵公》里夫子感叹："吾未见好德如好色者也。"也是此意。孟子曰："夫道若大路然，岂难知哉？人病不求耳。"（《孟子·告子》）

七、观过知仁

子曰："人之过也，各于其党。观过，斯知仁矣。"（《里仁》第七章）

孔子说："人的过失呢，各有其类型。观察过失，就知道其人仁不仁了。"

党，古代五百家为党，引申为同类、种类。或引此章作观过斯知人，亦通，古时"仁"字通假"人"字。

观察一个人的优点可以了解其人，观察一个人的过失也可以了解其人。过失的性质，体现了一个人的个性、品质和人格特征。过失可以分为不同类型，程子说："君子常失于厚，小人常失于薄；君子过于爱，小人过于忍。"有时候，过错失误，更能够反映出一个人的品性。

人非圣贤，孰能无过。君子未抵达圣贤境界，也难免有过，儒门中也会发生非理的自赞毁他、非礼的排斥同仁之类现象。但君子之过与小人不同，有其底线和限度。如过于清高，过于谨慎，过于热情，急于求成，或过犹不及，或表达仁爱的方法不对，好心办坏事，诸如此类。虽然是过错，但都不是动机问题，不是心怀恶意图谋不轨。

《汉书·外戚孝昭上官后传》载："子路丧姊，期而不除，孔子非之。子路曰：由不幸寡兄弟，不忍除之。故曰观过知仁。"子路为姐姐服丧超过了一年，不合礼制规定，是过失，但"不忍除之"恰恰体现了子路的仁爱，所以说观过知仁。

《后汉书·吴佑传》记载，吴佑一个属吏挪用公款给父亲买衣服，其父责令他向吴佑自首。吴佑问明原委后，叹道："掾以亲故，受污秽之名，所谓观过斯知人矣。"这个属吏犯的就是君子的过错，行为不良，但动机良好，又能过而改之。

君子的过错，改正起来也不难。子曰："恭近礼，俭近仁，信近情，敬让以行，此虽有过，其不甚矣。夫恭寡过，情可信，俭易容也，以此失之者，不亦鲜乎？"（《礼记·表记》）恭敬近于礼，节俭近于仁，诚信近于事实，恭敬谦让而行动，这样即使有过失，也不会很严重。恭敬少过失，诚实值得信赖，节俭容易被容纳，这样的人犯过错，不是很少吗？

对待过错的态度，也表现了一个人品性。小人文过饰非，顽固不化，屡教不改；君子闻过则喜，知错必改，从过错中汲取经验教训和人生智慧。

八、朝闻夕死真无憾

子曰:"朝闻道,夕死可矣。"(《里仁》第八章)

孔子说:"早上得闻大道,晚上死去都可以了。"

朱熹解说:"道者,事物当然之理。苟得闻之,则生顺死安,无复遗恨矣。朝夕,所以甚言其时之近。"(《集注》)以"事物当然之理"解释这里的"道",过于浮泛肤浅。道是乾元道体,是天理良知,是仁之形而上。

道有超越性,不仅超越万物,而且超越生死。肉体身意识心皆无常,道心则是"恒久远""永流传"的常在不易之"物"。王阳明临终遗言"我心光明",说的就是此"物"。此是良知之光,明德之明,无相无迹,不可思议,难以言说。

此"物"人人皆有。区别在于,君子闻知之,圣贤实证之,小人不闻不问、不知不信。下学上达,就是要上达光明境。对此"物",有些人是"生而知之",如尧舜,天生就知道这一"天大的秘密"。但绝大多数人只能"学而知之",通过儒家经典的学习,逐步信之解之行之,最后证之。

死亡恐惧是人生最大的根本性的恐惧。生老病死,是肉体小生命之常;无相大光明,是良知大生命之恒,是每个人的本质、本性和本来面目。闻此妙道,明白良知不灭、仁性生生之理,此生不虚度,亦可以在一定程度上克服对死亡的恐惧而超越之。见自本心,识自本性,与道同在,生顺死安,了生脱死,这是人生最大的智慧和幸福。

听闻儒家正知见大道理,是一种机缘和幸运。能够"闻斯行之",有机会付诸人生、社会、政治实践,当然好;即使半信半疑,或不能够践履，或此生没机会践履，听闻了，也是好的，也在八识田中种下了道种子，终究是会生根发芽、开花结果的。最可怜是一生无缘闻道，或闻道而大笑的人。

朝闻道夕死可。可字下得准确。仁者惜生重死，并不乐死，可以不死，绝不轻死，可以不死的时候一死了之，对亲人、社会和自己都不负责任。但仁者不怕死，义所当死或不得不死的时候，坦然接受天命安排。子贡说："大哉死乎，君子息焉，小人休焉。"张载说："存吾顺事，没吾宁也。"以死为安息，视死如归去，体现了大儒对"正死"云淡风轻的超然态度。

因此，儒者不怕死，怕的是死得不是时候，没把意义和价值发挥到极致，怕的是生时没将心性尽到极致，死时没能成就良知的永恒光明。

有人学儒学成了个烦恼重重的"怨天派"，其实是白学了。儒学是快乐的哲学，朝闻道夕死可，生死都可以超越，何烦恼不可断？自勉三联：（一）朝闻夕死真无憾，厚载健行大有为；（二）明心自可超生死，闻道犹如快朵颐。（三）诗书满屋贫何碍，孔孟同心死不妨。

九、恶衣恶食又何妨

子曰："士志于道，而耻恶衣恶食者，未足与议也。"（《里仁》第九章）

孔子说："士有志于道，却以衣食粗劣为耻，不足与论道了。"

士志于道，就应以不能得道为耻，以不能行道为忧，而不该以恶衣恶食为耻，否则就谈不上"志于道"，而是志于衣食、志于利益、志于富贵了，那就不足道了。朱熹说："心欲求道，而以口体之奉不若人为耻，其识趣之卑陋甚矣，何足与议于道哉？程子曰：志于道

而心役乎外，何足与议也？"（《集注》）

孟子说："居天下之广居，立天下之正位，行天下之大道，得志与民由之，不得志独行其道。富贵不能淫，贫贱不能移，威武不能屈，此之谓大丈夫。"这样的大丈夫，当然不会以衣食粗劣为耻。天下有道，以道殉身，达则兼济天下；天下无道，以身殉道，穷则独善其身。贫富贵贱，衣食善恶，何足计较哉。

是道义挂帅，还是利益挂帅；是见利思义，还是见利忘义，是士和民的重大区别。孟子指出："无恒产而有恒心者，惟士为能。若民，则无恒产，因无恒心。苟无恒心，放辟邪侈，无不为己。"（《孟子·梁惠王》）道义挂帅，自有恒心，不会受制于外物，不会为了利益而违背道义放弃原则，自然不会以衣食粗劣为耻。

孔子逝世后，原宪隐居于草泽中。子贡做了卫国宰相，车马成群，前去看望原宪。原宪捉襟见肘而见子贡，子贡问："夫子岂病乎？"原宪回答说："吾闻之，无财者谓之贫，学道而不能行者谓之病。若宪，贫也，非病也。"子贡很惭愧，为自己说错了话终生羞耻。（《史记·仲尼弟子列传》）

在《子罕》第二十七章中，孔子称赞子路："衣敝缊袍，与衣狐貉者立，而不耻者，其由也与？"两章可以共参。

注意，儒家以德为本，以财为末，反对"心役乎外"，是反对心为物役，唯利是图，损人利己，并非反对物质利益而以穷为荣。只要大本确立良知作主，权力越大、地位越高、财富越多，越好，越有行道的机会和力量，就能"博施于民而能济众"。《尚书·大禹谟》说"正德，利用，厚生，惟和"，将正德放在第一位，利物之用、厚民之生就是政治的必需，也是道德题中应有之义。

十、无适无莫唯道义

子曰："君子之于天下也，无适也，无莫也，义之与比。"（《里仁》第十章）

孔子说："君子对于天下事，不一定适从，不一定反对，只求合于义德。"

无适无莫有三解：（一）适通敌，敌对，莫通慕，爱慕。无适无莫，即"无所为仇，无所欣慕"；（二）清初大儒俞曲园在其《春在堂随笔》中，引日本物茂卿所著《论语征》，考证"适莫"二字即是"亲疏"义，本章意为君子对于天下人，无亲无疏，惟义之所在，与相亲比而已。（三）适，主，专主，赞同，可以，如春秋传云"吾谁适从"。莫，不肯，反对。无适无莫，即无可无不可，没有一成不变。三解皆通，本书取第三解。

义之与比，与义靠近，也就是"与义比之"。比是靠近、亲近义。《左传·昭公二十八年》："择善而从之曰比。"正是本章的"比"。这和《为政》"君子周而不比"的"比"意义有别。

孔学核心是仁，义是仁的发挥。大仁必义，大义必仁。不仁之义，小义也，不义的仁，小仁也。仁义礼智信五常道，仁义为最高原则和标准，相当于五常委中两巨头。所有道德元素包括礼智信，都必须围绕着仁义转。言而有信、行而有果，本是好事，值得赞肯，但不能有违仁义，所以孔子说："言必行，行必果，硁硁然小人哉！"孟子说："大人者，言不必信，行不必果，惟义所在。"

就仁义二德而言，仁又居第一位，仁为义之体，义为仁之用。仁重在居心，义重在应务。仁是对义的主导，义是对仁的应用。

不一定适从，不一定反对，是一切以正义、大义为标准，合义则适从，不义则反对。朱熹指出："适，可也。莫，不可也。无可无不可，苟无道以主之，不几于猖狂自恣乎……于无可无不可之间，有义存焉。"（《四书集注》）

儒家有经有权，经权不二。唯义是从，就要懂得通权达变。孔子无意必固我，"可以仕则仕，可以止则止，可以久则久，可以速则速。"（《孟子》）被称为"圣之时者"。

义之与比，就要坚持时中原则，坚持正道，喜怒哀乐都要发而中节。故《大学》说："身有所忿懥，则不得其正；有所恐惧，则不得其正；有所好乐，则不得其正；有所忧患，则不得其正。"

十一、君子小人各有所怀

子曰："君子怀德，小人怀土；君子怀刑，小人怀惠。"（《里仁》第十一章）

孔子说："君子关心道德，小人关心乡土；君子关心法度，小人关心利益。"

怀，思，考虑，挂念，惦记。怀德，以德性为重，存其固有之德，类似于前面的安仁，不过怀德与安仁的境界相比仍有距离。怀土，以乡土为重，溺其所处之安。南怀瑾认为，土即土地，代表产业和财富。怀刑，畏法，尊法。一说，关心刑法之当否。或谓"刑"字通"型"，君子怀刑，意谓君子要做道德的表率。怀惠，贪利，贪图实惠。

四句经文，上二句就居处而言，下二句就行动着眼。君子小人品格不同，其日常考虑问题的重点和方向也不同。君子考虑的是进德修业，小人考虑的是求田问舍；君子考虑法度妥当与否，小人考虑于己有利与否。

心能转物，即是君子。心是良知，物为物欲，良知做得了主，能有效控制物欲，就是君子，反之则是小人。小人心随物转，良知被物欲所遮蔽，所夺权，其人物化了，被物欲牵着鼻子走了。这种人若缺乏外在刚性制约，必然胡作非为，轻则犯规（道德规范），重则犯法。所谓小人行险以侥幸，小人唯图小惠，不惜行险，不计后果。

不论环境好坏都是好人，这是君子；好的环境向好，坏的环境变坏，这是小人常态。有名家承认，只要没有硬性制约，他有了特权也会变坏。他这么说，或是为了强调制度重要，其实是自暴自弃，以小人自待了。

程树德说："此章言人人殊，窃谓当指趋向而言之。君子终日所思者，是如何进德修业，小人则求田问舍而已。君子安分守法，小人则唯利是图，虽蹈刑辟而不顾也。"（《论语集释》）

或说此章君子小人以位言，"君子者，人君也；小人者，民下也"。若上位之君子归于德（用德治），则下民各归其乡土。若在上者归于刑，则下民归于他邦慈惠之君。此解亦通，只是有增字作解之嫌。解"怀"为"归"，则有经典依据，如《诗经》"怀之好音"，"予怀明德"，"怀我好音"，毛郑皆注："怀，归也。"《公冶长》："少者怀之。"孔曰："怀，归也。"可见怀字可训为归。

十二、利益主义要不得

子曰："放于利而行，多怨。"（《里仁》第十二章）

孔子说："围绕利益而行，会招来许多怨恨。"

放，依仿，依照。放于利，谓行事皆依照利害计算；另解"放"为放任，放纵，意谓放纵自己在利益上，两解都通，都是利益挂帅，一切从利益出发、被利益牵着鼻子走，以利益为第一标准的意思，都是利益主义。

"多怨"亦有两解。钱穆解为"己心常常怨人。"钱穆说：

"唯《论语》教人，多从自己一面说。若专在利害上计算，我心对外将不免多所怨。孔子曰：求仁而得仁，又何怨。若行事能依仁道，则不论利害得失，己心皆可无怨。此怨字，当指己心对外言。放于利而行多怨，正与求仁得仁则无怨，其义对待相发。"（《论语新解》）

钱解亦通，只是有点深文周纳了，本书仍以旧解为准。旧解多解释为人之怨己，意谓凡事都为自己的利害计算，一己私利至上，会招来许多怨恨。二程说："心存乎利，取怨之道也，盖欲利于己，必损于人。""欲利己者必损人，欲利财者必敛怨。"朱熹说："欲利于己，必害于人，故多怨。"（《四书集注》）

利益主义者，必然从善如登，从恶如崩，利人不足，损人有余。物质主义、利己主义、享乐主义、极权主义等等，都是利益主义的近义词，都是为人为政"放于利而行"的必然结果。

利益主义者，轻则为小人，唯利是图，见利忘义；重则为恶人，损人利己，作恶犯罪，当然会招来许多怨恨，容易成为众矢之的，悖入悖出，得不偿失。利益主义社会，以他人为地狱，人非人，人吃人；利益主义政治，上下交征利，多怨而寡助，寡助之至，亲戚畔之。孟子说：

"为人臣者怀利以事其君，为人子者怀利以事其父，为人弟者怀利以事其兄，是君臣、父子、兄弟终去仁义，怀利以相接，然而不亡者，未之有也。"（《孟子·告子》）

利益主义的对立面是道德主义，道德挂帅，仁义至上，以仁本主义为指导思想，在个人层面指导言论行为，建设良好的人格；在政治层面指导制度建设和经济科技军事各方面工作，建设良好的国格。

放于利而行，多怨；依于义而行，少怨和无怨。依于义而行就是道德主义者，就是仁者，仁者爱人，爱人者人恒爱之，敬人者人恒敬之。道德主义之国就是仁国、君子国、理想国，人人相敬相爱，人人皆有士君子之行，人与人、人与社会、人与自然高度和谐，何怨之有？

十三、礼让为国

子曰："能以礼让为国乎，何有？不能以礼让为国，如礼何？"

(《里仁》第十三章)

孔子说:"能以礼让精神治理国家,有什么困难呢?不能以礼让精神治理国家,要礼干什么?"

礼让,礼兼双方,又兼敬和,知敬能和,则必有让,故礼有互让义。《集注》说:"让者,礼之实也。何有,言不难也。言有礼之实以为国,则何难之有,不然,则其礼文虽具,亦且无如之何矣,而况于为国乎?"

礼不仅是外在的形式规范,而且有其精神实质,实质之一就是让,所以朱熹说:"让者,礼之实也。"如果没有了"让"这个"礼之实",礼就成了形式主义空架子。

以礼治国,上下相敬,人人能和,相互谦让。礼让为国,就是为政以德,就是"依于义而行"的仁本主义政治。礼让是相互的,但就上下关系即统治者与被统治者、官长与民众之关系而言,则是让利让权、以上让下为主。政府切忌与民争利,官员切忌以权谋私。

周太王古公亶父让地于戎狄、古公亶父之子泰伯让位于弟弟、泰伯后人季札让位于兄长的故事,就是"礼让为国"的典型表现。

孔子说:"泰伯其可谓至德也已矣,三以天下让,民无得而称焉。"泰伯让出王位,到荆蛮之地建立了吴国。数代后,寿梦继承了吴国王位。其四子中以四子季札最贤,寿梦一直有意要传位给他。季札的兄长也都争相拥戴他,但季札坚持逊让,"弃其室而耕"。

"天下为公,选贤与能"的禅让制,堪称"礼让为国"的最高境界。《千字文》中"推位让国,有虞陶唐"。说的就是尧舜禅让的故事。陶唐指尧帝,因其封地在陶唐;有虞指舜帝,因其号有虞氏。禅让制是一种具有浓厚民主色彩的领导人产生方式:

四岳向天子举荐接班人,接班人通过天子考察,获得摄政地位,但新天子是否合格,还要取决于民意。舜之所以最终"践天子位",是因为"天下诸侯朝觐者,不之尧之子而之舜;讼狱者,不之尧之子而之舜；讴歌者，不讴歌尧之子而讴歌舜"（《孟子·万章》）舜得到民众推戴才正式奠基，意味着其天子的权力来自于民授，所谓"得乎丘民为天子"。禹也一样。

注意，礼让礼让，是依礼而让，并非一味无限度地纵容和退让。该让则让，不该让则不让，坚持仁义，见义勇为，当仁不让。

十四、做好你自己

子曰："不患无位，患所以立。不患莫己知，求为可知也。"（《里仁》第十四章）

孔子说："不担心没地位，担心自己怎样立身；不担心他人不了解自己，应求自己值得了解。"

一定的权位，是行道的平台，是实践民本思想、实现政治理想的必需，是立人达人、成人成物的重要工具。孟子说："士之仕也，犹农夫之耕也。"对于士君子来说，权位就像农夫手里的农具。孔孟栖栖遑遑，周游列国，就是为了寻求农具。

不患无位，不是不要位，而是先求"所以立乎其位者"（朱熹），这是更加根本的东西。权位为人爵，"所以立乎其位者"为天爵，即仁义道德。能否拥有人爵，要看政治社会条件如何；能否成就天爵，决定权完全在每个人自己，"我欲仁斯仁至矣"。

"所以立"即以所立，依靠什么而立。立身之道，做人的根本。建立良知信仰和基本人格属于立德，是立功立言的前提。孔子说"三十而立"，孟子强调"立乎其大者"，指的都是立德。

不患莫己知，不怕世人不了解自己，只怕自己没有建立君子品格，没有真本事真功夫，虚名惊世复何益。《学而》说："人不知而不愠，不亦君子乎？"《宪问》说："不患人之不己知，患其不能也。"可以共参。

儒家不像道家那样逃名避名。"君子疾没世而名不称也"，没世而名不称，说明一生碌碌，无足称道。名乃实之宾，自我修养才是实。不怕有实无名，只怕有名无实。

儒者视名位为道德智慧的副产品。君子尽其在我，古之学者为己。患所以立，求为可知，都是为己之事。对于儒者来说，做好自己，不断提高和完善自己，品性才是最重要的。宋儒钱时说：

"立与可知，指君子自治之实耳，非为外也。无位为患，则所以立者必荒。患莫己知，则所以可知者必略。立者，确乎不可拔之名。是所学实事即所谓可知者也。"（《融堂四书管见》）

因此，儒家是真正的、最大的贵族之家。儒学是人格主义之学，将人格的健全、道德的培养及智慧的开发视为人生第一要务。于政治，要求道统高于政统；于个人，倡导天爵高于人爵，仁义比权位更重要，道德良知的高贵是真正的高贵，至高无上，至贵无比。

当然，儒者在做好自己的前提下，也不妨向世人适当"推销"自己，让世人多多了解自己。要道援天下，首先必须争取让越来越多的人了解、理解吾道。古人云："好酒不怕巷子深"；今人云："好酒也怕巷子深"，各有其理。关键是酒要好。只要是好酒，人不知固不愠不患，人知之则可喜可乐。

十五、万法归一，一归万法

子曰："参乎！吾道一以贯之。"曾子曰："唯。"子出。门人问曰："何谓也？"曾子曰："夫子之道，忠恕而已矣。"（《里仁》第十五章）

孔子说："曾参啊！我的学说有一个根本宗旨来贯通它。"曾子说："是的。"孔子出去以后，门弟子问："什么意思呢？"曾子说："老师的学说，忠与恕罢了。"

此章是曾子阐述夫子学问的宗旨。夫子之道头绪繁多，或为礼、乐、射、御、书、数，或为诗、书、礼、乐、易、春秋，根本宗旨则是一个字可了："仁"。内而为圣，外而为王，形而上为乾元为天理，"形而内"为道心为良知。孔学、儒学可以称为仁学，即仁本主义学说。

　　孔子一以贯之的"一"，指的就是这个仁。这是原则之原则，核心之核心，根本之根本。儒家种种思想、学术和道德元素，无不归结于仁，统一于仁，此可谓万法归一；同时种种思想、学术和道德元素，都不许脱离于仁，都必须内蕴着仁，此可谓一归万法。"放之则弥六合，卷之则退藏于密。"此之谓也。

　　儒家所有道德元素，包括义礼智信和忠恕，都是仁的作用和表现。曾子用忠恕这两个概念解释孔子的"一"，没错。忠恕是为人为政的重要原则。《中庸》曰："忠恕违道不远。"曾子之言，虽不中亦不远矣。

　　忠者，心无二心，意无二意之谓；恕者，了己了人，明始明终之意。尽己之心以待人谓之忠，推己之心以及人谓之恕。忠是从积极的方面说，己欲立而立人，己欲达而达人，尽心尽力，立心中正；恕是从消极的方面说，推己及人，己所不欲，勿施于人。就字形而言，忠是中心，立心中正；恕是如心，将心比心。

　　但"忠恕"与"仁"毕竟不足以贯串夫子之道，不能完全画等号，仁者必能忠恕，忠恕未必尽仁。说夫子之道忠恕而已，只是浅而言之的说法，终究不够准确。东海学舌，也可以说，夫子之道，义礼而已矣，或者诚信而已矣。都没错，又都不够中肯。

　　用"忠""恕"来阐述孔子的一贯之道，很符合曾子的性格和学术特点。孔子说过"参也鲁"，意谓曾子资质较钝。看"吾日三省吾身"章，可见曾子平日为学极为谨慎笃实，临死之际尚战战兢兢，谓其门弟子"我知免夫"，其平日尽心谨慎之态度可见。加上曾子是孔门最年轻的弟子（孔子殁时曾子年仅二十九），对夫子之道形上层面的"性与天道"领悟不够，正常。

十六、义利之辨

子曰:"君子喻于义,小人喻于利。"(《里仁》第十六章)

孔子说:"君子明于道义,小人明于利益。"

君子必明辨是非,道义为主;小人只计较利害,利益至上。然复须知,义与利并不矛盾,而且相辅相成。义字本身就包含了正当适宜的利益因素在里面,合情合理的利就是义,公利公益更是大义。《易经》说:"利者,义之和也。"君子爱财,取之有道,在追求利益的时候要接受道德制约,符合仁义原则。

儒家义利观是:见利思义,先义后利,求利有道,义利并重。

道德是长远根本的利益。言行合理、为人正义,待人以诚,对友有信,求财有道,小则心安理得,大可悟道成仁,"透彻义利界,建立天地心",岂非大利乎?从事业角度看,仁者易受人亲,义者易受人敬,礼者易受人尊,智者易受人重,信者易受人信,岂非大利乎?

从天下国家的角度看,道义是一切利益的基础和根本,是最大的利益。仁者无敌、得道多助这些圣训,最清楚不过地说明了这个道理,世界各国的发展事实也充分证明了这个道理。

不论对个体和集体,民众和国家,儒家的义利观都是最为中正的。《资治通鉴》有这样一段关于义利的精彩议论:

"初,孟子师子思,尝问牧民之道何先。子思曰:'先利之。'孟子曰:'君子所以教民,亦仁义而已矣,何必利?'子思曰:'仁义固所以利之也。上不仁则下不得其所,上不义则下乐为诈也。此为不利大矣。故《易》曰:'利者,义之和也。'又曰:'利用安身,以崇德也,'此皆利之大者也。"臣光曰:'子思孟子之言,一也。夫唯仁者为知仁义之利，不仁者不知也。故孟子对梁王直以仁义而不及利者，所与言之人异故也。'"

孟子说何必曰利，其师子思说，仁义就要利益民众，仁义就是利之大者。司马迁认为，子思对孟子强调利益，孟子对梁王强调道义，是因人设教。孟子与子思的话，言辞不同而道理相同。

荀子说：

"义与利者，人之所两有也。虽尧舜不能去民之欲利，然而能使其欲利不克其好义也。虽桀纣亦不能去民之好义，然而能使其好义不胜其欲利也。故义胜利者为治世，利克义者为乱世。上重义则义克利，上重利则利克义。故天子不言多少，诸侯不言利害，大夫不言得丧，士不言通货财，有国之君不息牛羊，错质之臣不息鸡豚，冢卿不修币，大夫不为场圃。从士以上皆羞利而不与民争业，乐分施而耻积臧，然故民不困财，贫窭者有所窜其手。"（《荀子·大略》）

利益挂帅，"利克义"，就是乱世；道德挂帅，"义胜利"，就是治世。儒家社会，从士以上，都不能利益挂帅、与民争利。

十七、贤不贤都是我师

子曰："见贤思齐焉，见不贤而内自省也。"（《里仁》第十七章）

孔子说："遇见贤者就向他看齐，遇见不贤者就内心自我反省。"

无论见人贤不贤，善不善，都应该反诸其身。孔子说："三人行，必有我师焉。择其善者而从之，其不善者而改之。"见贤思齐，希望自己也有贤者之善,就是"择其善者而从之",就能从善如流,海纳百川;见不贤而内自省,担心自己也有不贤者之恶,故能"其不善者而改之"。

孔子说:"过而改之,善莫大焉。"又说:"丘也幸,苟有过,人必知之。"把别人知道并能够指出自己的过错看作一大幸事。

孟子说:"子路,人告之以有过,则喜。禹闻善言,则拜。大舜有大焉,善与人同,舍己从人,乐取于人以为善。自耕稼陶渔以至为帝,无非取于人者。取诸人以为善,是与人为善者也。故君子莫大乎与人为善。"(《孟子·公孙丑》)

子路在孔门,登堂而未能入室,但他有一个很大的优点,闻过则喜,听到别人给自己指出过错就高兴。夏禹也是这方面的模范,他听到善言,就行一个大礼。比起子路夏禹来,大舜更高一筹,别人有善处、长处、优点,就向人看齐,向人学习,顺从别人,吸取过来,为我所用。这就是"与人为善",取人为善,与别人一起为善。现在成语"与人为善"指善意帮助别人,与孟子的意思略有不同。

钱穆说:"此章见与人相处,无论其人贤不贤,于己皆有益。若见贤而忌惮之,见不贤而讥轻之,则唯害己德而已。又此章所指,不仅于同时人为然,读书见古人之贤,亦求与之齐。见其不贤,亦以自省。则触发更广,长进更易。"(《论语新解》)

本章适用于个人也适用于政治。儒家在政治及制度上也要"见好就收":见到别人优点好处就吸收来为我所用。政治制度法律之善,是大善,更应该"善与人同",更值得"乐取于人"。

《孟子·告子》记载,鲁国想让乐正子管理国家政事。孟子听说后,喜而不寐。公孙子问:"乐正子刚强吗?"答道:"不。""有智慧谋略吗?"答道:"不。""见多识广吗?"答道:"不。"公孙丑说:"既然这样,先生为什么高兴得睡不着呢?"孟子的回答是:"其为人也好善。""好善优于天下,而况鲁国乎?"

好善就是"乐取于人以为善"。只要好善,一切都好说,治理天下都绰绰有余,何况鲁国呢。因为,"夫苟好善,则四海之内,皆将轻千里而来告之以善"。如果好善,天下之人都愿意不远千里地赶来,告之以善。各种善言何愁不能落实,各种善事何愁不能奉行,各种善制善法何愁不能建设?

当今社会,君子难逢,小人成丛,见到恶者向他看齐,见到贤者向他拍砖。可发一叹。

十八、父母有错怎样劝

子曰:"事父母,几谏。见志不从,又敬不违,劳而不怨。"(《里仁》第十八章)

孔子说:"侍奉父母,要委婉劝说。见父母不听从自己意见,仍要恭敬不忤逆,操心但毫不埋怨。"

几是轻微、隐微义。几谏,委婉地劝说。所谓"色难",孝顺和劝谏父母,难在和颜悦色。《礼记·坊记》记载:"子云:从命不忿,微谏不倦,劳而不怨,可谓孝矣。"服从父母之命没有不情愿的样子,委婉地劝说不知疲倦,操劳而不埋怨,可以说是孝顺了。《坊记》所载与《论语》大致相同。

儒家强调孝顺,但孝顺并非一味顺从。《礼记·祭统》云:"生则养","养则观其顺也"。《祭统》对"顺"的解释是:"无所不顺者谓之备,言内尽于己,而外顺于道也。"顺要内尽于己,尽心尽性尽力;外顺于道,合乎伦理和礼制。父母有过,必须劝谏,挽回父母的过错,使之回归正道。

《孝经·谏诤》记载,孔子回答曾子的话时明确表示,子女不能无原则地"从父之令",认为"父有争子,则身不陷于不义。故当不义,则子不可以不争于父"云。不过,劝谏和纠正父母的过错,必须耐心细致,方法适当,懂得"几谏"。

《礼记·内则》规定："父母有过，下气怡色柔声以谏。谏若不入，起敬起孝，悦则复谏，不悦，与其得罪于乡党州闾，宁熟谏。父母怒不悦，而挞之流血，不敢疾怨，起敬起孝。"《礼记·曲礼》云："子之事亲也，三谏而不听，则号泣而随之。"

"下气怡色，柔声以谏"，要求态度婉转；"谏若不入，逸敬起孝，悦则复谏"，就是"见志不从，又敬不违"；"父母怒不悦，而挞之流血，不敢疾怨，起敬起孝"和"三谏而不听，则号泣而随之。"就是"劳而不怨"之意。孟子说："父母爱之，喜而不忘；父母恶之，劳而不怨。"忧心操劳而无怨。

孔颖达《疏》云："宁熟谏者，犯颜而谏。使父母不悦，其罪轻；畏惧不谏，使父母得罪于乡党州闾，其罪重。故二者之间，宁可熟谏。"熟谏，相当于反复地几谏。《疏》云："熟谏，谓纯熟殷勤而谏，若物之成熟然。"

荀子说："从道不从君，从义不从父，人之大行也。""故可以从而不从，是不子也；未可以从而从，是不衷也；明于从不从之义，而能致恭敬、忠信、端悫以慎行之，则可谓大孝矣。"（《荀子·子道》）可以说，"从义不从父"是儒家事亲的原则，"几谏"则是谏父母使之合义的方法。

"从道不从君，从义不从父"，态度相似而不完全相同。盖君臣以义合，父子是天伦，忠君有条件，谏而不从，可以离去，对于暴君还可以反抗甚至诛杀、革命。孝亲则无条件，任何情况下，对于父母都要敬不违和不怨。

十九、游必有方

子曰："父母在，不远游。游必有方。"（《里仁》第十九章）

孔子说："父母在世，不远游。出游必须有一定方向。"

古时交通不便，音讯难通，若父母急切有故，召之不得，将遗终天之恨，孝子顾虑及此，故不远游。出游则必须告知确切的方位，以便父母有事，容易找到。

《曲礼》："为人子之礼，出必告，反必面，所游必有常，所习必有业。"所游必有常，反过来就是所游无常，乱走乱跑，游踪不定，让父母无从寻找。

熊十力先生说：

"'父母在，不远游，游必有方'，玩下一语，仍非不可远游也。男子生而悬弧失，岂当守一邱之壑耶？孝之道广矣，年少力强，问学四方，真积力久，超然自得，将以'为天地立心，为生民立命，为往圣继绝学，为万世开太平'，非孝之至欤？"（《十力语要·答周生》）

地球村时代，天涯若比邻，"父母在不远游"的规定没必要坚持，即使去远方，只要有电话，一般就无妨。不过，那种不让父母忧虑的孝道精神，却是任何时代都应该坚持的。

游必有方的"方"字有多种解释。或释为典常，常道。方骥龄先生说："'所游必有常'，犹言所交游者，须择合乎常道之人，以免危辱父母，此孝道也，亦为仁之方也。"东海以为，上句已言不远游，下句之"游"，亦指出游可知，不宜释为交游。

或释为法和方法。明释智旭说："方，法也。为法故游，不为余事也。"意谓为了求法弘法，或求道弘道，就可以远游。南怀瑾说："我认为游必有方的方是指方法的方，父母老了没人照应，子女远游时必须有个安顿的方法，这是孝子之道。"也都不中肯。

还是释为方向和方位为妥。《礼记·玉藻》曰："亲老，出不易方，复不过时。"出游不改变方位，回复不超过时间。"游必有方"就是"出不易方"的意思。"游必有常"也应该解释为出游必须正常，有定向。朱熹说：

"远游，则去亲远而为日久，定省旷而音问疏，不惟己之思亲不置，亦恐亲之念我不忘也。游必有方，如已告云之东，即不敢更适西，欲亲必知己之所在而无忧，召己则必至而无失也。"(《集注》)

二十、父母年龄不可不知

子曰："三年无改于父之道，可谓孝矣。"(此章重出，已见《学而》。)

子曰："父母之年，不可不知也。一则以喜，一则以惧。"(《里仁》第二十一章)

孔子说："父母的年龄，不可不惦记呀。一是可喜，一是可忧。"

父母年龄大了，代表着寿考，所以可喜；又意味着衰老，所以可惧。一喜一惧，方为孝子。朱熹说："常知父母之年，则既喜其寿，又惧其衰，而于爱亲之诚，自有不能已者。"(《集注》)

以上四章都说孝道(其中第二十章重出，已见《学而》)。仁无局限，爱有差等，亲亲仁民爱物，以亲亲为先。孝是仁的基础性、第一位表现，是一切美德善行之本。孔子特别重视教孝，以孝道阐发仁道。

孝的内涵外延极为深大。

曾子说："居处不庄，非孝也；事君不忠，非孝也；莅官不敬，非孝也；朋友不信，非孝也；战阵无勇，非孝也。""断一树、杀一兽不以其时，非孝也。"(《礼记·祭义》)要尽孝道，就要居处能庄，事君能忠，莅官能敬，朋友有信，战阵有勇，不乱伐树木、乱杀禽兽。

孟子说："世俗所谓不孝者五：惰其四支，不顾父母之养，一不孝也；博弈好饮酒，不顾父母之养，二不孝也；好货财，私妻子，不顾父母之养，三不孝也；从(纵)耳目之欲，以为父母戮，四不孝也；好勇斗很(狠)，以危父母，五不孝也。"(《孟子·离娄》)

要尽孝道，就不能懒惰、好赌酗酒和好货财私妻子，以免影响对父母的孝养；就不能放纵声色，好勇斗狠，以免让父母羞辱和危及父母。

孝要"无违"，但不是"父叫子亡，子不敢不亡"。据《孝经·谏诤章》孔子认为：

愚孝非孝，尽孝必须合义。对父母之命不能无条件服从，对于父母的乱命，子应该不服从。荀子认为，在三种情况下，可以不服从父母之命。一是"从命亲危，不从命则亲安"，二是"从命则亲辱，不从命则亲荣"，三是"从命则禽兽，不从命则修饰"。在这三种情况下，子女应坚持"不从命"的态度。

荀子还指出：真正"善事父母"的"孝"是在父母有不义行为或不义命令时，做子女不仅不应该服从，而且应当极力劝阻谏诤，千方百计将父母导向正道。（《荀子·子道》）

二十一、躬行为贵

子曰："古者言之不出，耻躬之不逮也。"（《里仁》第二十二章）

孔子说："古人言语不轻易出口，是以行为跟不上言语为耻呀。"

言之匪艰，行之惟艰。行不及言，言过其实，言而无信，假大而空，都是可耻的。本章告诫学者要言行一致，说的能做到，说到能证到。能做到的是实话，能证到的是真理。躬之不逮，一是身不能到，不能躬行实践；二是心不能到，不能自我实证。

《集注》引范氏曰："君子之于言也，不得已而后出之，非言之难，而行之难也。人惟其不行也，是以轻言之。言之如其所行，行之如其所言，则出诸其口必不易矣。"

《礼记·缁衣》记载孔子的话说："言从而行之，则言不可饰也；行从而言之，则行不可饰也。故君子寡言而行以成其信，则民不得大其美而小其恶。诗云：白圭之玷，尚可磨也；斯言之玷，不可为也。"

大意是说，怎么说就怎么做，所说的话就无法掩饰了；怎么做就怎么说，所做的事就无法掩饰了。所以有为君子要少说多做，以成就他的信实。《诗经·大雅·抑》说：白玉之圭有污点，还可以磨平之；所说的话有失误，就不好办了。

当然，不可奢夸，也不可虚谦，假谦虚。明明能做到的事说不行，明明已懂得的理装作不懂，以沉默避责，以不言鸣高。这种人虽言之不出，又何足贵哉。

其实言之多寡不是问题，关键是要"言之如其所行，行之如其所言"，关键是要说真话、真相和真理。孔子诲人不倦，何尝寡言？因为言之皆真，千言万语，人不嫌其多。各种歪理邪说，三言两语都是多言。言如圣佛万卷少，话不投机半句多，此之谓也。

躬之不逮，不能实践实证之言，都属妄言。佛家五戒中有"妄语戒"，即禁止说一切虚假不实的话。不诚实的言语都是妄语。于圣道中，未得言得，未证言证，或说我受天龙鬼神的供养等语，以诳愚人以取利养，为大妄语，其罪很重。佛家以佛陀为"真语者、实语者、如语者、不诳语者"，儒者更应该如此。

以行为跟不上言语为耻，那种羞耻感何其敏锐。而今言行背离、言善行恶的现象司空见惯，甚至以真言实语为耻，以能诈擅骗为荣，知耻者寡矣，无耻之耻，无耻矣。

二十二、约束自己错误少

子曰："以约失之者，鲜矣！"（《里仁》第二十三章）

孔子说："因为约束节制而犯错误，是很少的。"

约，本义为缠束，引申为系缩、节制、省俭、约束等义，有不敢佗然自放之意。检束身心，约束自己，谨慎节制，谦卑自牧，谨言慎行，都是约。处财用为俭约，从事学问、事业为守约。约不一定是中道，但可以尽量避免过失，更不至于犯大错误。

《四书集注》："凡事约则鲜失，非止谓俭约也。"邢疏："得中合礼，为事乃善。设若奢俭俱不得中，奢则骄佚招祸，俭约无忧患，是以约致失者少也。"《论语稽》："言而约则不烦，动而约则不躁，用而约则不费，即有蹉跎，亦不过甚矣。"

约束自己，是一种修养和能力，也是一种福气。约而为泰，难乎有恒；泰而能约，自然可久。《礼记·表记》记载："子曰：恭近礼，俭近仁，信近情。敬让以行，此虽有过，其不甚矣。夫恭寡过，情可信，俭易容也，以此失之者，不亦鲜乎？"《曲礼》说："傲不可长，欲不可纵，志不可满，乐不可极。"讲的都是约的道理。

胜人者有力，自胜者强。能够自律才是真正的强者，是成为自强不息的君子的前提。但世人大多胜人容易自胜难，面对诱惑很难约束欲望，喜怒哀乐很难发而中节。小人穷斯滥矣，富了更滥，长傲纵欲，志得意满，乐极生悲，就是因为缺乏自我约束的内力所致。

因此，对于大多数人来说，是需要外在制约和规范的。若能约之以礼，那是最好。儒家的礼既规范政治社会和国家行为，又规范约束个人身心言行。孔子说"克己复礼，天下归仁焉"，能够多些克己的人，能够恢复礼制精神，天下就有望归于仁道了。如果礼崩乐坏，而又不能建起法治，那是国家的不幸，更是国民的不幸。

"以约失之者鲜矣"，反过来，"以侈自败者多矣"（司马光《训俭示康》）。侈者，侈慢、侈满、侈傲、侈邪、奢侈、放纵等等意思。这一个"侈"字，坑害了古今多少人，也败坏中外多少英雄。李商隐诗曰："历览前贤国与家，成由勤俭破由奢。"（《咏史》）。

二十三、发言要谨慎，行动要敏捷

子曰："君子欲讷于言而敏于行。"（《里仁》第二十四章）

孔子说:"君子要谨慎地说话而敏捷地行动。"

讷,本义是言语迟钝,这里指说话谨慎。君子于言无所苟,必须真真切切、实实在在,宁愿做到没说到,也别说到做不到。话语不妨迟缓,行动应该迅捷,应该脚踏实地。《集注》:"放言易,故欲讷;力行难,故欲敏。"《新解》:"敏讷虽若天资,亦由习。轻言矫之以讷,行缓励之以敏,此亦变化气质,君子成德之方。"

现代人正好相反,敏于言辞而拙于行动,善于承诺而拙于兑现,说起来天花乱坠,做起来捉襟见肘,好话滔滔,善行寥寥,话语的巨人,行动的矮子,所谓口头禅是也。古人云:"读书不见圣贤,为铅椠佣;居官不爱子民,为衣冠盗;讲学不尚躬行,为口头禅。"

就像武术典籍,如果光读不练,纵然倒背如流,只是舞书家而成不了武术家。儒佛都忌道德空谈,都重信解行证,真信正解和实行,是实证的前提。《论语》开篇"学而时习之,不亦说乎",习就是实行实践。王阳明说"从事上磨炼",古人云"道在伦常日用中",儒家是实践的学问,伦常日用,悠悠万事,都可以实践道德。

《论语》中类似教导有"敏于事而慎于言"(《学而》)、"慎言其余则寡悔"(《为政》)、"古者言之不出,耻躬之不逮也"(《里仁》)、"君子耻其言而过其行"(《宪问》)等等,均反映了孔子慎言重行的思想,可以参看。

然本章亦容易被断章取义,还容易被某些人作为自己不说真话的借口。"讷于言",要慎于发言,认真严肃地对待言论。同时君子还要勇于发言,勇于说真话,说真理。对于文化人来说,既要慎于发言,又要勇于发言,言说真话、传播真理本身就是一种行动。孔子诲人不倦,是言也是行。

荀子说:"言而非仁之中也,则其言不若其默也,其辩不若其讷也;言而仁之中也,则好言者上矣,不好言者下也。故仁言大矣。"(《荀子·非相》)意思是说,言论若不符合仁本中道,那么说话还不如沉默,能言善辩还不如笨口拙舌;言论如果符合仁本中道,那么喜好言说者为上等，而不喜好言说者为下等。所以仁义之言是伟大的。

二十四、德不孤

子曰："德不孤，必有邻。"（《里仁》第二十五章）

孔子说："有德者不会孤立，必然有他的同类。"

邻：邻人，邻居，有同类和亲近之义。《集注》：德不孤立，必以类应。故有德者，必有其类从之，如居之有邻也。

曾有学者将"德不孤，必有邻"翻译为"拥有德性不会让人感到孤单"。某网还开展了"有德性的人到底会不会感到孤单"的讨论。

此译有误。德不孤是"事实陈述"，加一"必"，是对"德不孤"的强调，不是感觉层面的问题。"拥有德性的人"自己感觉如何和让人感觉如何，都不重要，改变不了"德不孤"这一事实。仅从感觉层面去理解，未免肤浅。当今学者翻译论述经典时，每好增字作解或引申而释，甚是无谓。

有德性的人会不会孤单或感到孤单？因人因时而异，没有一定之规，泛泛而论没有意义。从道上着眼，德不孤起，有德者不会孤单；而从一时一地和世俗角度看，有德者常常难免孤单。

另外，如果有德性是得乎道，有孔颜之乐可享，有"天下万物一体之仁"之感，就不会感到孤单。如殷仲堪所说："推诚相与，则殊类可亲；以善接物，物亦不皆忘以善应之，是以德不孤焉，必有邻也。"如果有德性指一般的做人好，在一个道德沦丧的时代，可能会感到特别孤单呢。

钱穆译："有德之人决不会孤立，必然有来亲近他的人。"（《论语新解》）相对确切。然复须知，"必然有来亲近他的人"不是"德不孤必有邻"的唯一体现。与有德者比邻而居当然好，天涯若比邻也是好，只要知道"德不孤必有邻"这一事实，知道必有人与自己同道，就好。至于是等人来亲近，还是主动去亲近，不妨酌情而定。

杜甫有一首怀念李白的诗，写道："世人皆欲杀，吾意独怜才。"才华尚且有人怜惜，况真道大德乎？德不孤必有邻，即使丛林社会，大德之人，总会有理解、尊崇、共鸣和同道者。

钱穆说："有德之人纵处衰乱之世，亦不孤立，必有同声相应，同气相求之邻，如孔子之有七十二弟子。"不错，但意犹未尽。"德不孤必有邻"所阐述的不仅是"德"之事实特征，更不是一般意思上的"人以群分，物以类聚"的道理。本章更揭示了道的真实。"德不孤"是道心良知的必然规律。道心良知的普遍性决定了德的相通性与普适性。

得乎道之谓德，而道不会孤立地"德"于一个人。我能得，别人就能得，就有人能得。花开有迟早，但任何花朵必不独开。纵然少数枝头得风气之先，花开得早些，但不会长久地一花独开。孔子说过"十室之邑，必有忠信如丘者"。这是"德不孤"的另一种表述。

二十五、理当劝告勿啰嗦

子游曰："事君数，斯辱矣。朋友数，斯疏矣。"（《里仁》第二十六章）

子游说："侍奉君主常数落，就招辱了；对待朋友常数落，就疏远了。"

"数"字多义，或为屡次，多次，或为烦速，烦数。《尔雅》《说文》都释为"疾"，《广韵》《增韵》都解为"频频屡数"；或为亲昵细密，与疏相对，意谓列举，数落，数说。《儒行》："其过失可微辨而不可面数。"面数就是面数其过，当面指责。

或谓为骤。《小尔雅》《广雅诂三》都训骤为数。《左传·宣二年》"骤谏"服注《楚辞·悲回风》"骤谏君而不听兮"注并云："骤，数也。"诸义相通，这里统括诸义，解释为烦琐地提意见、反复劝谏。

君臣、朋友是五伦之中两大伦。非君主制时代，没有君臣关系了，可以转换为上下级关系。如果发现领导和朋友犯了错误，劝告是必要的。但如果劝不通，善不纳，就应该适可而止，不宜哓哓不休硬劝强阻。适可而止，不仅是一种礼节，也是一种智慧。仁者必有礼，必有智，待人接物恰到好处。朱熹说：

"事君谏不行，则当去；导友善不纳，则当止。至于烦渎，则言者轻，听者厌矣，是以求荣而反辱，求亲而反疏也。范氏曰：'君臣朋友，皆以义合，故其事同也。'"（《集注》）

于朋友，孔子说："忠告而善道之，不可则止。"于君主，《曲礼》说："为人臣之礼不显谏。"班固在《白虎通·德论》指出进谏的方法有五种，其一是讽谏，"讽谏者，智也，知祸患之萌，深睹其事，未彰而讽告焉。"是最为两全其美的进谏方式，其余还有顺谏，窥谏，指谏，陷谏等。孔子最欣赏讽谏，说："吾其从讽谏矣乎！"（《说苑·正谏》）

五伦之中，父子兄弟以天合，是天伦，夫妇之合，以人兼天，父子兄弟夫妇在家庭之间，虽烦琐而不觉。君臣朋友以义合，合则从，不合则去，烦琐纠缠，容易生厌。事君数，就有失不显谏之义；朋友数，就非"善道之"了，就难免取辱或疏远了。古人云："君子之交淡如水，小人之交甘若醴；君子淡以亲，小人甘以绝。"朋友之间如此，上司下属也如此。

第五章　公冶长篇

《公冶长》共二十八章，主要评点人物的贤否得失。所评既有孔子门徒，也有其他历史人物。钱穆说："孔门之教，重在所以为人，知人物之贤否，行事之得失，即所学之实证。"

一、坚守正道两君子

子谓公冶长，"可妻也。虽在缧绁之中，非其罪也。"以其子妻之。子谓南容，"邦有道，不废；邦无道，免于刑戮。"以其兄之子妻之。（《公冶长》第一章、第二章）

孔子谈论公冶长，"可以嫁给他。虽曾入监狱中，不是他的罪呀。"把女儿嫁给了他。孔子谈论南容，"国家有道，不被废弃；国家无道，免受刑罚。"把哥哥的女儿嫁给了他。

公冶长，姓公冶，名长，字子长、子芝，鲁国人（一说齐国人），孔子弟子和女婿，七十二贤之一，名列二十。勤俭好学，博通书礼，德才兼备，终生治学、教学而不仕，鲁君多次请他为大夫，皆不应。

南容，姓南宫，名适，一作括，又名绦，字子容，鲁国孟僖子之子，孟懿子之兄（一说弟），本名仲孙阅，因居于南宫，以之为姓，谥号敬叔，故也称南宫敬叔。公冶长、南容两人都是孔子弟子。

当政治无道、法律不公、赏罚不明之时，罚非其罪的现象在所难免。循良知行、尽其在我才是最重要的。公冶长虽然入过监狱，因为是行正获罪，仍然得到孔子赏识。朱熹说："夫有罪无罪，在我而已，岂以自外至者为荣辱哉？"（《四书集注》）。犯不犯法，受不受罚，乃"自外至者"，有罪无罪，则"在我而已"。君子必不作恶，必不犯法。君子犯法，必是司法或者法律出了问题。

而南容谨于言行，既能见用于治朝，又能免祸于乱世，同样得到孔子赏识。《先进》记载："南容三复白圭，孔子以其兄之子妻之。"白圭指《诗经·大雅·抑》篇。其中有云："白圭之玷，尚可磨也；斯言之玷，不可为也。"意为说话要谨慎。可见南容为人谨慎，明哲保身。

公冶长和南容，两种性格，两种遭遇和选择，都得到孔子赏识。可见，身在乱世，无论是"在缧绁之中"还是"免于刑戮"，只要有德，就值得肯定，于此可见儒门广大，标准多元。

面对殷纣王，微子逃离，箕子为奴，比干强谏而死，三人三种不同选择，孔子都加以高度赞美说："殷有三仁焉！"（《微子》）

伯夷、伊尹、柳下惠三人不同道，孟子都加以高度肯定。孟子说："居下位，不以贤事不肖者，伯夷也；五就汤，五就桀者，伊尹也；不恶污君，不辞小官者，柳下惠也。三子者不同道，其趋一也。一者何也？曰，仁也。君子亦仁而已矣，何必同？"（《孟子·告子》）

二、好个君子宓子贱

子谓子贱，"君子哉若人！鲁无君子者，斯焉取斯？"（《公冶长》第三章）

孔子谈论子贱，"真君子呀这个人！若鲁国无君子人，他从哪里取得这种品德呢？"

子贱，姓宓，名不齐，字子贱，鲁国人，七十二贤之一，少孔子三十岁。曾任单父宰，史称宓子贱："有才智，爱百姓，身不下堂，鸣琴而治。能尊师取友，以成其德。"

宓子贱担任单父宰，向孔子汇报说："此地有五个人以宓子贱为贤，并教以为政的道理。孔子感叹说：可惜不齐（宓子贱）治理的地方太小了，如果让他治理更大的地方，承担更大的责任，就好了呀！"（《史记·仲尼弟子列传》）可见宓子贱特别善于结交和取法贤人。朱熹说："上斯斯此人，下斯斯此德。子贱盖能尊贤取友以成其德者。故夫子既叹其贤，而又言若鲁无君子，则此人何所取以成此德乎？因以见鲁之多贤也。"（《四书集注》）

《孔子家语》介绍了宓子贱在单父的治绩与交游，说明"鲁之多贤"。子贱之贤与鲁之多贤有密切关系，盖贤人君子，相互切磋、学习和影响。而"鲁之多贤"又与鲁国独特的文化氛围有关。

在礼崩乐坏的春秋末期，鲁国仍保存了周朝建立之初周王室颁赐的《周礼》《誓命》《易》等重要资料，还修订了完整全面记录本国历史的《鲁春秋》。《左传》记载，鲁襄公二十九年，吴国公子季札访鲁，认为周朝礼乐完全保存在鲁国了；鲁昭公二年，晋国使臣韩宣子参观鲁国史官处，也发出了"周礼尽在鲁矣"的慨叹。

《吕氏春秋·察贤》记载，宓子贱治理单父时，弹琴自在，很少走出公堂，把单父治理得很好；巫马期治理单父时，披星戴月，日夜不得安宁，事事亲力亲为，也把单父治理得很好。巫马期询问宓子贱什么缘故。宓子贱说："我之谓任人，子之谓任力。任力者故劳，任人者故逸。"意谓我的办法是凭借众人的力量，你的办法是依靠自己的力量。依靠自己力量所以劳苦，依靠众人力量所以安逸。

宓子贱的地方行政政绩影响深远，直至明清两朝，知县处理一般民事案件的二堂又称为琴治堂，即取《吕氏春秋》中宓子贱"鸣琴而治"的典故。

三、瑚琏之器

子贡问曰："赐也何如？"子曰："女，器也。"曰："何器也？"

曰:"瑚琏也。"(《公冶长》第四章)

子贡问孔子:"我端木赐怎么样呢?"孔子说:"你,是器具。"问:"什么器具呢?"孔子说:"是瑚琏。"

瑚琏,古代一种以玉装饰的贵重华美的器具,夏代称瑚,殷代称琏,周代称簠簋,是天子诸侯祭祀时,用来盛粮食(黍稷)的祭器。在礼器中的地位仅次于象征天子权威的鼎。春秋时,簠簋也形容人有大才。

子贡在语言、外交、政治、商业等方面都具有非凡的才能。太史公在《史记》的《孔子世家》《仲尼弟子列传》《货殖列传》中对他有详细介绍。《孟子·公孙丑》《列子·仲尼》《论衡·知实》及《论语》中也有零星记述。

子贡见孔子以君子推许子贱,所以有此一问,而孔子以此告之。朱熹说:"子贡见孔子以君子许子贱,故以己为问,而孔子告之以此。然则子贡虽未至于不器,其亦器之贵者欤?"(《集注》)认为子贡在孔子心目中,虽没有达到"不器"的境界,却也是器之贵重者。钱穆认为:"读书有当会通说之者,有当仅就本文,不必牵引他说者。如此章,孔子告子贡,汝器也,便不当牵引君子不器章为说。"

从本篇各章可以看出,孔子不轻许人。孔子对子贡的评价虽高,却也不无保留。如《学而》:"子贡曰:'贫而无谄,富而无骄,何如?'子曰:'可也,未若贫而乐,富而好礼者也。'"可见子贡境界虽高,终究不尽如孔子之意。

又如:"子谓子贡曰:'女与回也,孰愈?'对曰:'赐也何敢望回?回也闻一以知十,赐也闻一以知二。'子曰:'弗如也,吾与女,弗如也。'"很明显,在孔子眼里,子贡不如颜回。又如:"子贡曰:'我不欲人之加诸我也,吾亦欲无加诸人。'子曰:'赐也,非尔所及也。'"明确指出子贡的不足。

《说苑·杂言》载:"孔子曰:'丘死之后,商也日益,赐也日损。

……商也好与贤己者处,赐也好悦不如己者。'"孔子预测自己死后,子夏(卜商)会喜欢与贤于己者交往,子贡(端木赐)则喜欢不如己者。子夏与子贡均在孔门"四科十哲"之列,但比较而言子夏确更优秀,七十二人中"唯子夏于诸经独有书"(洪迈《容斋随笔》),即只有子夏一人对"六经"进行了系统研究并著书。

四、何必定要好口才?

或曰:"雍也仁而不佞。"子曰:"焉用佞?御人以口给,屡憎于人。不知其仁,焉用佞?"(《公冶长》第五章)

有人说:"冉雍啊,有仁德而没口才。"孔子说:"何必定要好口才?靠伶牙俐齿对付人,只会常讨人厌。我不知冉雍是否达到了仁,何必定要好口才?"

冉雍,字仲弓,鲁国人,孔子弟子。佞,巧,有口才,古时佞字非贬义词,为中性字,为善敏捷是善佞,如祝鮀;为恶敏捷是恶佞,如远佞人的佞。御,抗拒,抵抗,对付。御人,这里指辩驳对方。口给,指嘴巧,利口,伶牙俐齿,应对敏捷,口中随时有供给,即佞的表现。

冉雍品学兼优,度量宽宏,孔子誉其"可使南面"(《雍也》)。后来荀子特别敬重他,在《荀子·十二子》中将他和舜禹孔子并提,称舜禹为"圣人之得势者",仲尼、子弓为"圣人之不得势者",又说"今夫仁人也,将何务哉?上则法舜禹之制,下则法仲尼、子弓之义"。又在《儒效》中说:"通则一天下,穷则独立贵名,天不能死,地不能埋,桀跖之世不能污,非大儒莫之能立,仲尼、子弓(即仲弓)是也。"

冉雍曾做过季氏邑宰,为政"居敬行简",主张"以德化民"。但在季氏"仕三月,待以礼貌,而谏不能尽行,言不能尽听,遂辞去,复从孔子。居则以处,行则以游,师文终身"。冉雍为人厚重、简默,而时人尚佞，以口才捷利为贤，所以美其优于德，而病其短于才。

孔子最重的是品德不是口才。德才兼备当然最好，品德好，口才欠佳也无妨。孔子称雍也简，又称回也如愚，参也鲁，可见三人皆不佞，但不影响他们为孔门高弟。

注意，儒家对言辩和口才也给予适当定位，孔子反对的是纯粹诉诸伶牙俐齿的"御人以口给"。另复须知，一般的德性，或短于口才，不擅言辩，"若仁与圣"则自然有文字般若，辩才无碍。

孔子不轻许弟子以仁。或说"雍也仁而不佞"，孔子回答"不知其仁"。冉雍虽然品德好，未达仁境。朱熹说：

"或疑仲弓之贤而夫子不许其仁，何也？曰：仁道至大，非全体而不息者，不足以当之。如颜子亚圣，犹不能无违于三月之后；况仲弓虽贤，未及颜子，圣人固不得而轻许之也。"（《集注》）

五、信心不足不出仕

子使漆雕开仕，对曰："吾斯之未能信。"子说。（《公冶长》第六章）

孔子让漆雕开出仕，（漆雕开）回答说："我对出仕还没有信心。"孔子很高兴。

漆雕开，姓漆雕，名开，字子开（一说字子若），蔡国人（一说鲁国人）。孔子弟子，小孔子十二岁。东周敬王七年、鲁昭公二十九年（公元前513年），三十九岁的孔子从齐国回到鲁国时，漆雕开从师入学，在孔门中以德行著称。

《孔子家语·弟子解》也说漆雕开"习尚书，不乐仕"。孔子说："子之齿可以仕矣，时将过。"他回答"吾斯之未能信"。

漆雕开刚正不阿，色不屈于人，目不避其敌，传他曾无罪受刑而致身残。《韩非子·显学》载:"漆雕之议,不色挠,不目逃。行曲则违于臧获,行直则怒于诸侯。"为孔子死后儒家八派之一"漆雕氏之儒"的代表人物。《汉书·艺文志》载,他著有《漆雕子》十三篇。

信德,有浅层义和深层义。浅层义是言而有信。孟子说:"有诸己之谓信。"张子说:"诚善于身之谓信。"这是深层义,意谓实有诸己的自信,是良知真实无妄地呈现的状态,是不移、不淫、不屈和不忧、不惧、不惑的坚定。

学而优则仕。子使漆雕开仕,其学问德才自有可观。然心术之微,有一毫之不自得,只能冷暖自知。漆雕开在自己对入仕信心不足的情况下不愿出仕,可见其诚实心和责任感。孔子是为此而高兴,并非以不求仕进为高。《皇疏》引范宁语曰:"孔子悦其志道之深,不汲汲于荣禄也。"

六、子路还有待裁剪

子曰:"道不行,乘桴浮于海。从我者,其由与?"子路闻之喜。子曰:"由也,好勇过我,无所取材。"(《公冶长》第七章)

孔子说:"道不能行,乘木筏流浪到海外去。跟随我的人大概是仲由吧?"子路听了这话很高兴。孔子说:"仲由啊,好勇超过了我,却不懂得取裁。"

取材,取是选择,材通假于裁,仲裁,裁度,裁剪。

古时材通裁。《易经·系辞》说:"象者,材也。"材也作裁决解释。或说"无所取材"是无所取桴材,为孔子调侃子路之词。孔子并非真想"乘桴浮于海",子路却信以为真,于是孔子调侃说没有地方获取制造桴的材料,暗示子路自己并非真的想要出海。郑玄最早提出此说,钱穆亦持此见。不当,今不从。

或将"无所取材"解为无所取才,或才无可取,更不当。孔子许子路已登堂,不至于过度贬低。孔子对子路既有肯定又有批评。勇是三达德之一,子路在孔门中最为勇敢,敢作敢为,富有道德勇气,很不错,可惜又有不足,少了智慧,过于鲁莽,失之偏激。这是不合中道的,所以孔子说他就像一块没经过裁剪的原木。

《史记·仲尼弟子列传》说:"子路性鄙,好勇力,志伉直,冠雄鸡,佩豭豚。"这段话将子路伉直、好勇之态,鲜活地描绘出来了。《集解》:"冠以雄鸡,佩以豭豚。二物皆勇,子路好勇,故冠之。"子路这个性格特点一直让孔子很担心,多次予以严厉批评,甚至预测子路有"不得其死"的可能。

孔子曾警示:"暴虎冯河,死而无悔者,吾不与也。必也临事而惧,好谋而成者也。""临事而惧"不是怯懦而是处理事情的认真和慎重。在战略上藐视敌人,在战术上重视敌人。"临事而惧"与"勇者不惧"是相辅相成的关系。临事而惧,是为了把事情干好,干成功,好谋而成。《集注》引程子说:

"浮海之叹,伤天下之无贤君也。子路勇于义,故谓其能从己,皆假设之言耳。子路以为实然,而喜夫子之与己,故夫子美其勇,而讥其不能裁度事理,以适于义也。"

只可惜子路未能听从孔子的教导,最后还是由于不明大义而"不得其死":仕于不值得出仕的国,助了不值得襄助的人,于孔悝之难中白白牺牲,死得没有价值和意义。

"道不行,乘桴浮于海"是孔子慨叹假设之词,并非真有此打算。

七、三君子各有千秋

孟武伯问:"子路仁乎?"子曰:"不知也。"又问,子曰:"由也,千乘之国,可使治其赋也,不知其仁也。""求也何如?"子曰:"求也,千室之邑,百乘之家,可使为之宰也,不知其仁也。""赤也何如?"子曰:"赤也,束带立于朝,可使与宾客言也,不知其仁也。"(《公冶长》第八章)

孟武伯问:"子路达到仁境了吗?"孔子说:"不知道呀。"又问,孔子说:"仲由啊,在千辆兵车的国度,可以让他掌握军政,不知他达到仁境没有。"孟武伯问:"冉求呢怎么样?"孔子说:"冉求啊,千户人家的公邑,百辆兵车的采邑,可以让他担任总管,不知他达到仁境没有。"孟武伯问:"公西赤呢怎么样?"孔子说:"公西赤啊,礼服袍带站在朝廷上,可以让他与宾客交流,不知他达到仁境没有。"

治其赋,古代以田赋地税出兵役,故称兵为赋,治赋即治军。邑,古代居民的聚居点,相当于后世的城镇。邑又可分为公邑、采邑,公邑是直辖于诸侯的领地,采邑是由诸侯分封给所属的卿、大夫的领地。百乘之家,指卿、大夫的采地食邑。其时诸侯车千乘,卿大夫家则百乘。

赤,姓公西,名赤,字子华,鲁国人,孔子弟子。束带立于朝,意谓穿着礼服立于朝廷。束带,古人平居则缓带,低在腰,遇有礼事,则束带在胸口,高而紧。

仁是孔学的核心,孔学既是仁学;仁境即圣德,是儒家道德最高境界,只有圣人才能达到。孔子自己也说:"若仁与圣则吾岂敢?"这话或有谦虚成分,却也可见仁境圣德难以抵达,不可轻许。

子路、冉求、公西赤和前面提到的冉雍等孔门高弟,文艺才能各有特长,道德造诣各有千秋,孔子对他们都有相当的肯定和称赞,但都不以仁许之。即使对生平最欣赏的弟子颜回,孔子也仅许以"其心三月不违仁"而已。《刘氏正义》引程瑶田《论学小记》曰:

"夫仁至重而至难者也。故曰仁以为己任,任之重也;死而后已,道之远也。如自以为及之,未死而先已,圣人之所不许也。故有人问仁于夫子者，则皆曰未知。盖曰吾未知及焉否也。"

八、颜回真高明，子贡也难得

子谓子贡曰："女与回也孰愈？"对曰："赐也何敢望回？回也闻一以知十，赐也闻一以知二。"子曰："弗如也，吾与女弗如也。"（《公冶长》第九章）

孔子问子贡："你与颜回谁更强些？"子贡回答说："我怎么敢同颜回比？颜回闻一而知十，我闻一而知二。"孔子说："是不如呀，我赞同你的说法，是不如呀。"

闻一以知十，十者数之全。颜渊闻其一节，能推其全体，由一而得全，窥一斑而知全豹，是觉悟之智，尽心尽性所得；闻一以知二，二者一之对。子贡闻此能推以至彼，由此以及彼，是推测之智，格物致知所得。《集注》："颜子明睿所照，即始而见终；子贡推测而知，因此而识彼。"

"吾与女弗如也"，此"与"字有两解：一是连词，我和你；一是动词，我赞许你、同意你。古注多取第一种解释，钱穆亦认同此解。东海以为，此解也讲得通，终不如第二解更准确。

按《论语》的一贯用法，"与"字是表扬用语。"吾与点耳。"意谓赞同曾皙；"暴虎冯河，死而无悔者。吾不与也。"不与就是不赞同之意。《集注》和《义疏》中秦道宾以与训许，赞许。"吾与女，弗如也"，这句话表示赞同子贡的说法，认为子贡的确不如颜回，说明了孔子对颜回的欣赏，当非孔子自谦不如颜回。朱熹《集释》引何治运《杂著》言，指出孔子不如颜回的具体两个方面，未免穿凿。

刘逢禄说："世视子贡贤于仲尼。子贡自谓不如颜渊，夫子亦自谓不如颜渊。圣人溥博如天，渊泉如渊也。若颜子自视，又将谓不如子贡矣。"（《论语述何》）

此说不当。世视子贡贤于仲尼，是世人妄言，做不得准；子贡自谓不如颜渊，虽然谦虚，并非虚谦；在《家语》中孔子曾自称不如子贡，特指言辩，而本章重在智慧；若颜子自视又将谓不如子贡矣，这是假设，未必然也。

颜回真高明，为德行科之首，子贡为言语科之冠，又有谦德，有自知之明，也很难得。同时，子贡谦虚中亦有自信在，闻一知二固然不如闻一知十，但也是相当厉害的，孔子曾赞许他为"告诸往而知来者"。梁章钜《论语旁证》引辅氏曰："闻一知十，不是闻一件限定知得十件，只是知得周遍，始终无遗。闻一知二，亦不是闻一件知得二件，只是知得通达，无所执泥。"

《尚书大传》中，孔子将颜回、子贡、子张、子路称为"四友"，颜回富有亲和力，能让门人更亲附，最为难得，被列为第一。这是德养深厚的表现，也是得到孔子特别欣赏的原因之一。其次是子贡，能使"远方之士日至"，然后子张能让老师"前有辉后有光"，子路能使"恶言不至于门"，各有所长。

九、听其言而观其行

宰予昼寝。子曰："朽木不可雕也，粪土之墙不可杇也。于予与何诛？"子曰："始吾于人也，听其言而信其行；今吾于人也，听其言而观其行。于予与改是。"（《公冶长》第十章）

宰予白天睡觉。孔子说："腐朽的木头不能雕刻了，粪土的墙壁不能粉刷了。对宰予何必谴责？"孔子说："起初我对人呢，听他的话语就相信他的行为；现在我对人呢，听他的话语还要观察他的行为。通过宰予我改变了看人方法。"

杇，同圬，本指抹墙的工具，这里是使动用法，指粉刷墙壁。诛，谴责，指责。宰予又名宰我，孔子弟子，利口辩辞，与子贡一起列于言语科，曾从孔子周游列国，游历期间常受孔子派遣，使于齐国楚国，可见其言辨高明。

宰予昼寝或是经常性的，屡教不改的，故受到孔子如此严厉的批评。《皇疏》引言云："宰我与孔子为教，故托迹受责也。"说宰予昼寝是故意做作，是托迹受责，以发起夫子之教，就像佛经中弟子故作疑问请释尊开示一样。此说不当。

《史记·仲尼弟子列传》载，宰予问五帝之德，孔子回答是："予非其人也。"很有些不可教也、不屑与言之意。孔子还说："吾以言取人，失之宰予；以貌取人，失之子羽。"宰予又疑三年之丧，被孔子批评"予之不仁也"，此事在《阳货》也有记载。《八佾》"哀公问社于宰我"中，宰我说周人立社用栗树，旨在"使民战栗"，受到孔子驳斥。

如此处处受夫子严厉谴责的弟子，在孔门中可谓绝无仅有。值得一提的是，尽管常挨老师讥笑、批评乃至痛斥，宰予始终敬重夫子不改。《孟子·公孙丑》中宰予赞夫子说："以予观于夫子，贤于尧舜远矣！"《孔丛子·记义》记载，宰我出使楚国，楚昭王要送一辆华丽的车子给孔子，宰我说孔子"言不离道，动不违仁……道行则乐其治，不行则乐其身。此所以为夫子也"。说孔子不会接受奢华之物，替孔子拒绝了，孔子得知后表示称赞。

《史记》载："宰我为临淄大夫，与田常作乱，以夷其族，孔子耻之。"说宰予后来当了临淄大夫，参与田常作乱而被陈恒族灭。但唐代司马贞疑此说是误把阚止（亦字子我）当宰予。作为"孔门十哲"之一，当不至于此。究竟如何，姑且存疑。根据宰予在《论语》中的表现，可以肯定的是，此人言行不一，行为逊于言辨。

十、无欲则刚

子曰："吾未见刚者。"或对曰："申枨。"子曰："枨也欲，焉得刚？"（《公冶长》第十一章）

孔子说:"我没见过刚强的人。"有人回答说:"申枨(刚强)。"孔子说:"申枨多欲呀,怎能刚强?"

申枨,字周,鲁国人,孔子弟子。一说,就是申党(见《史记·仲尼弟子列传》),又作申棠。枨也欲,焉得刚,欲是多欲,多私欲,多嗜欲;刚是刚强,刚健,刚正。刚与欲不相容,刚必不欲,欲必不刚。

孟子说:"吾善养吾浩然之气也,其为气者,至大至刚。"又说:"富贵不能淫,贫贱不能移,威武不能屈,此之谓大丈夫。"这样的大丈夫才是刚者,多欲则反是。林则徐有句名言:"海纳百川,有容乃大;壁立千仞,无欲则刚。"刚,就是战胜内心私欲和外在压力之后的浩然正气壁立千仞。

《集注》引谢氏曰:"刚与欲正相反。能胜物之谓刚,故常伸于万物之上;为物揜之谓欲,故常屈于万物之下。自古有志者少,无志者多,宜夫子之未见也。枨之欲不可知,其为人得非悻悻自好者乎?故或者疑以为刚,然不知此其所以为欲尔。"

儒家重刚。孔子说"刚毅木讷近仁"(《子路》)。"刚毅木讷"四种表现并不等于仁,但具备了仁的因素,做到刚毅木讷,离仁境就不远了。儒家的刚,必须有学问涵养。孔子在《阳货》曾针对性地告诫子路"六言六蔽",其中有"好刚不好学,其蔽也狂"之训。

刚健是乾元和君子之德。《易经》说:"大哉乾乎,刚健中正,纯粹精也。""天行健,君子以自强不息。"乾元道体,刚健中正,君子得乎道,刚健立身,自强不息。对刚的理解上升到这个高度,才完满了。

李中孚《四书反身录》中有一段话说得颇精彩,录此共赏:

"正大光明,坚强不屈之谓刚,乃天德也。全此德者,常伸乎万物之上。凡富贵贫贱,威武患难,一切毁誉利害,举无以动其心。欲则种种世情系恋,不能割绝,生来刚大之气,尽为所挠。心术既不光明，遇事鲜所执持。无论气质懦弱者多屈于物，即素贞血气之强者，亦不能不动于利害之私也。故从来刚者必无欲，欲者必不刚，不可一毫假借。"

十一、己所不欲勿施于人

子贡曰："我不欲人之加诸我也，吾亦欲无加诸人。"子曰："赐也，非尔所及也。"（《公冶长》第十二章）

子贡说："我不愿别人强加于我的事，我也不愿强加在别人身上。"孔子说："赐呀，这不是你所能做到的。"

本章表述恕道。在《卫灵公》中，子贡问："有一言而可以终身行之者乎？"孔子回答："其恕乎！己所不欲，勿施于人。"《中庸》说："忠恕为道不远。施诸己而不愿，亦勿施于人。"可以参看。

子贡富甲天下名动天下，慷慨好义、谦虚好学，也初步懂得恕道，但见到未行到，或初到未久安，还没有自然而然，还带有勉强色彩，因此孔子予以提醒，希望他再接再厉，精益求精。刘氏《正义》引瑶田《论学小记·进德》曰：

"仁者人之德也，恕者行仁之方也。尧舜之仁，终身恕焉而已矣。子贡曰我不欲人之加诸我也，吾亦欲无加诸人，此恕之说也。自以为及，将止而不进焉，故夫子以非尔所及警之。"（《四书集释》）

关于恕道，《荀子》记载了孔子的一段话："孔子曰：君子有三恕：有君不能事，有臣而求其使，非恕也；有亲不能孝，有子而求其报，非恕也；有兄不能敬，有弟而求其顺，非恕也。士能明于三恕之本，则可谓端身矣。"君臣父子兄弟之间，特别强调道德上以身作则，强调领导和父兄的榜样作用。要求下属、儿子和弟弟做到的，自己必须先做好。

"己所不欲，勿施于人"这条箴言，先后出现在法国1793年宪法和1795年宪法中，可见儒家文化在十八世纪对法国影响之大。

类似表述曾出现在多种宗教教义中。《圣经·新约·马太福音》记述耶稣的话："你们愿意人怎样对待你们，你们也要怎样对待人。"《圣经·后典·多比书》中，多比对他的儿子说："你不愿意别人如何对待你，你就不要以同样的手段去对待别人。"波斯祆教的教谕是："唯有不将于己不利之事施于他人，人性方可称善。"印度古代史诗《摩诃婆罗多》"和平篇"中说："绝不应该把自己不愿意受到的对待施加于他人。"

这条箴言所表述的思想具有高度普适性，被英国神学家托马斯·杰克逊（1579—1640）称为道德黄金律。

十二、性与天道的奥秘

子贡曰："夫子之文章，可得而闻也；夫子之言性与天道，不可得而闻也。"（《公冶长》第十三章）

子贡说："老师的学问文章，能有机会听到；老师说本性和天道，没有机会听到呀。"

文章，指六经和儒学。性与天道，性指人之本性，天命之性，道心；天道指天之本体，道体。性与天道，都是仁的形而上。道，于宇宙为本体，于生命为本性，于人身为本心，是一切道德的依据和根本。诗书礼乐、学问文章，则是道德的外现。朱熹说：

"文章，德之见乎外者，威仪文辞皆是也。性者，人所受之天理；天道者，天理自然之本体，其实一理也。言夫子之文章，日见乎外，固学者所共闻；至于性与天道，则夫子罕言之，而学者有不得闻者。

盖圣门教不躐等，子贡至是始得闻之，而叹其美也。"（《四书集注》）

程子说："此子贡闻夫子之至论而叹美之言也。"这是"增字"理解，没有必要。为什么夫子之言性与天道，不可得而闻？因为性与天道，微妙难言，孔子不直接阐述，而是将性与天道寓之于文章之中，借文章以言性与天道，让弟子门人通过"下学"以求"上达"。

或说，夫子自述五十知天命，天即天道，天命之谓性，可见夫子对于性与天道，五十才彻知。此言不无道理。不知为不知，故夫子五十之前不言性与天道。夫子五十学易赞易，始直言性与天道。六经中的《易经》主论性与天道，《刘氏正义》以诗书礼乐为文章，易和春秋为言性与天道。子贡"不可得而闻"之言，当是发于夫子赞易之前。

焦竑在其《笔乘》中说："性命之理，孔子罕言之，老子累言之，释氏则极言之……内典之多，至于充栋，大抵皆了义之谈也。古人谓暗室之一灯，苦海之三老，截疑网之宝剑，抉盲眼之金镞，故释氏之典一通，孔子之言立悟，无二理也。张商英曰：'吾学佛然后知儒。'诚为笃论……"又说："孔孟之学，尽性至命之学也。顾其言简指微，未尽阐晰，释氏诸经所发明，皆其理也。苟能发明此理，为吾性命之指南，则释氏诸经即孔孟之义疏也，又何病焉。"

儒佛道三家"心性学"，有同有异。读佛经，有助于对儒家"性与天道"的理解。焦氏此言，有见于儒佛两家之同，颇有道理。

十三、行者子路

子路有闻，未之能行，唯恐有闻。（《公冶长》第十四章）

子路听到什么义理，如果未能实践，唯恐又听到另一义理。

子路闻过则喜，勇于改过，闻善则行，勇于实践，不愧是儒家的勇者行者和道德实践家。"未之能行，唯恐有闻"，前有所闻，未及行之，恐复有闻，行之不给，形容子路不急于闻而急于行的用心。清·李二曲说：

"未行而恐有闻，子路急行之心，真是惟日不足，所以得到升堂地位。吾人平日非无所闻，往往徒闻而未曾见诸行，即行而未必如是之急，玩愒因循，孤负时日。读至此，不觉忸怩。"（《四书反身录》）

《先进》也记载了子路勇于必行的性格特点。他和冉有同样问"闻斯行诸"，孔子言传身教地作了不同的回答。冉有个性谦退，遇事容易畏缩，孔子要他在听到一件该做的事就立刻付之行动；子路性勇敢前，做事不免轻率，孔子要他在听到一件该做的事时最好先向父兄请教。

《弟子规》说："但力行，不学文，任己见，昧理真。"子路非不学，但不好学。《阳货》中，孔子曾专门告以"六言六蔽"："好仁不好学，其蔽也愚；好知不好学，其蔽也荡；好信不好学，其蔽也贼；好直不好学，其蔽也绞；好勇不好学，其蔽也乱；好刚不好学，其蔽也狂。"可谓切中子路之弊。

子路习有余学不足，力行有余思考不足，严重影响了他的上达，即对"性与天道"的领悟，能登堂不能入室，最后忠非其人，死于非命，原因都在此。

也有古注将"闻"解释为声闻，以有闻为有声誉，意谓子路有声闻，为人所称道，但担心自己行为跟不上而名不副实，所以特别低调，不求人知。录此聊备一说。韩愈就是这样理解的，其《知名箴》说："内不足者，急于人知；霈焉有余，厥闻四驰。今日告汝，知名之法：勿病无闻，病其晔晔。昔者子路，惟恐有闻，赫然千载，德誉愈尊。"

十四、孔文子为什么谥文

子贡问曰:"孔文子何以谓之'文'也?"子曰:"敏而好学,不耻下问,是以谓之'文'也。"(《公冶长》第十五章)

子贡问道:"孔文子为什么谥他为文呢?"孔子说:"敏捷而好学,不以向不如自己的人请教为耻,所以谥他为文呀。"

孔文子,姓孔,名圉,字仲叔,卫国的执政上卿,掌外交,执国政,善于应对,文是他的谥号。敏而好学,敏,疾速义,即孔子好古敏求的"敏"。不耻下问,以贵问于贱,以长问于少,以能问于不能,以多问于寡,皆称下问。孔安国注:"下问,问凡在己下者。"

据《左传》记载,哀公十一年(公元前484年)冬天,卫国太叔疾逃到宋国,娶宋国公子朝之女。公子朝逃亡,孔文子让太叔疾休妻,娶了自己的女儿。太叔疾又把前妻的妹妹引诱出来,安置在犁的地方,还修了一所宫殿。孔文子大怒,要攻打太叔疾,问在卫国的孔子,孔子不答。结果疾逃到了宋国,孔文子又将女儿嫁给了太叔疾的弟弟遗。

另外,孔文子之妻是卫灵公之子蒯聩的姐姐,生儿子悝。孔文子去世后,其仆人浑良夫与悝的母亲私通。公元前481年,蒯聩与浑良夫密谋,许诺悝母为其妻,要求他参与政变。这年闰十二月,蒯聩与浑良夫潜回卫国,胁迫孔悝召集群臣发动政变,蒯聩被立为君,即卫庄公。子路就死于这场政变中。

孔文子为人、为政都有不合礼的行为,如试图攻打国君以下乱上,随意将女儿嫁来嫁去,还不能齐家,死后却谥曰文,所以子贡有疑问。孔子说孔文子"敏而好学,不耻下问",也可以谥以文。孔子认为,文子虽有其他不善,但敏而好学不耻下问,就文之一字而论,有此二者,可以当之了。

谥法中也有以"勤学好问"为文的条款。《逸周书·谥法解》云：凡具经纬天地、道德博厚、勤学好问、慈惠爱民等多种品德之一者，皆可谥为文。朱熹说：

"凡人性敏者多不好学，位高者多耻下问。故谥法有以'勤学好问'为文者，盖亦人所难也。孔圉得谥为文，以此而已。"（《集释》）

谥法为先王所制，若死者有众善，取其善之大者以为谥；若死者善恶混杂，可以举其善而遗其恶。只有对无善可陈的恶者，才迫不得已地谥以幽厉之类字眼。这都体现了先王和儒家的仁恕厚道。

十五、子产具有四美德

子谓子产："有君子之道四焉：其行己也恭，其事上也敬，其养民也惠，其使民也义。"（《公冶长》第十六章）

孔子评论子产："具有四种君子的美德：他自己行为很谦恭，他侍奉君主很尊敬，他养护民众有恩惠，他治理民众很恰当。"

子产，郑大夫公孙侨，子产是他的字，担任过正卿。在郑国简定二公时代执政达二十二年。生年不详，卒于公元前522年。恭、敬、惠、义：恭，态度谦逊，恭谨；敬，谨恪，做事认真，毫不苟且；惠，爱人利人；义，恰当，使民义，使民能得其宜。如都鄙有章、上下有服、田有封洫、庐井有伍之类。

子产是春秋末期杰出政治家，当政期间举贤任能、富民化俗，获得了朝野上下的称颂。有歌谣赞美他："我有子弟，子产诲之。我有田畴，子产殖之。子产而死，谁其嗣之。"子产去世时，"郑人皆哭泣，悲之如亡亲戚。"孔子称他为仁人、惠人。"子产卒。仲尼闻之，出涕曰：古之遗爱也。"（《左传·昭公二十年》）

特别值得一提的是，子产对异议的开明态度。《左传·子产不毁乡校篇》载：

"郑人游于乡校，以论执政。"（郑国国民经常聚集乡校，议论政治，批评子产。有人建议子产"毁乡校"。）子产说："夫人朝夕退而游焉，以议执政之善否。其所善者吾则行之，其所恶者吾则改之，是吾师也，若之何毁之？"

子产尊重民意和维护言论自由的精神，得到孔子的高度赞赏。"仲尼闻是语也，曰：以是观之，人谓子产不仁，吾不信也。"

同时孔子对子产也有一定的批评。子曰："敬而不中礼，谓之野；恭而不中礼，谓之给；勇而不中礼，谓之逆。"子曰："给夺慈仁。"子曰："……子产犹众人之母也，能食之不能教也。"（《礼记·仲尼燕居》）

孔子将敬恭诸德都放在礼制规范下来审视，谦恭尊敬还要节之以礼。子产恭敬惠义，但不中礼，不合礼。野是缺乏礼制即制度文明，"给者，足恭便佞之貌"（陈澔）"给夺慈仁"，意谓巧言足恭会影响慈仁的本意。"能食之不能教"，意谓子产对民众能庶之富之，不能教之，不能对国民导之以德，齐之以礼。

孟子对子产也有批评。子产做郑国宰相，用他的车载行人渡河，孟子认为他"惠而不知为政"（《孟子·离娄》）。施政只知小惠而不识政治大体。诸葛亮说"治世以大德不以小惠"。政治家要有慈善心肠，但不要做慈善家。

十六、善与人交的晏平仲

子曰："晏平仲善与人交，久而敬之。"（《公冶长》第十七章）

孔子说："晏平仲善于与人交往，相处愈久对人愈恭敬。"

晏平仲，姓晏名婴，字仲，齐国大夫，历灵公、庄公、景公三世，曾任宰相，是当时著名政治家、思想家和外交家。生年不详，卒于公元前500年。死后谥号为平。传世有《晏子春秋》，系战国时人收集的晏婴言行大全。与管子同为管晏派法家的代表。

之，指代朋友。久而敬之，意谓晏婴与人交往越久对人越恭敬。《刘氏正义》引《周礼·天官·大宰》："二曰敬故。郑康成注：敬故，不慢旧也。晏平仲久而敬之。"程子说："人交久则敬衰，久而能敬，所以为善。"曾子说："晏子可谓知礼也已，恭敬之有也。"（《礼记·檀弓》）

一说"久而敬之"的"之"指晏婴，意谓晏婴与人交往越久，别人对他越尊敬。钱穆说：

"此之字有两解：一、人敬晏子。故一本作久而人敬之，谓是善交之验。然人敬晏子，当因晏子之贤，不当谓因晏子之善交。一、指晏子敬人。交友久则敬意衰，晏子于人，虽久而敬爱如新。此孔子称道晏子之德。孔门论人，常重其德之内蕴，尤过于其功效之外见。"（《论语新解》）

久而敬之，首先是晏子能敬，其次是对方可敬。所以久而敬之的前提是有一定的知人之明、识人之眼，不会轻易交上不值得交往和尊重的人物。这也是晏子善与人交的表现之一吧。《四书拾遗》引黄鹤溪《惠迪迩言》说：

"交际之间，其人实有可敬，而我不知敬，则失人。其人本无可敬，而我误敬之，则失己。失人失己，必贻后悔。故必由浅渐深，由疏渐亲，为时既久，灼见真知，然后用吾之敬，自可免失人失己之患，此其所以为善也。"

齐国叔向问晏子"正士之义、邪人之行何如？"即怎样界定君子和小人的行为区别。晏子关于正士"交友"的描述是："其交友也，论身义行，不为苟戚，不同则疏而不诽，不毁进于君，不以刻民尊于国。""论身义行"应为谕信行义，晓谕诚信、践履道义的意思。可见晏子确实是个善与人交的正人。

为人为事，善始善终不容易，交朋友也一样。隆始者易，克终者难。晏平仲能够久而敬之，很难得，君子风范也。小人与女子正好相反，开始或许很亲密，但维持不久，很快就会"近之则不逊，远之则怨"。

晚年胡适曾对秘书胡颂平说："久而敬之这句话，也可以作夫妇相处的格言。所谓敬，就是尊重。尊重对方的人格，才有永久的幸福。"

十七、臧文仲的不智之举

子曰："臧文仲居蔡，山节藻棁，何如其知也。"（《公冶长》第十八章）

孔子说："臧文仲为大龟盖房子，并雕梁画栋，他的智慧不怎地呀。"

臧文仲，鲁国大夫，姓臧孙，名辰，字仲，谥文，故死后又称臧文仲。春秋时鲁大夫，世袭司寇。居蔡，《淮南子·说山训》："大蔡神龟，出于沟壑。"蔡地出善龟，因名大龟为蔡。居，居处，这里作动词用。"居蔡"是指为大乌龟盖上房子藏起来以备占卜用。

山节藻棁，节，房柱子上的斗拱；山节，把斗拱雕刻成山形。藻是水草，作动词用，雕画的意思；棁是房子大梁上的短柱。藻棁，在短柱上绘花草图案。山节藻棁，如俗话说的雕梁画栋。《礼记·明堂位》说："山节藻棁，复庙重檐，刮楹达乡，反坫出尊，崇坫康圭，疏屏；天子之庙饰也。"山节藻棁，皆为天子之庙饰，而文仲以此施于藏龟之屋，故非礼，不智。

国之大事，唯祀与戎。祭祀和征伐都离不开占卜，所以占卜也是国家要务。占卜之龟有六种，《周礼》谓之六龟，各藏一屋，使龟人掌管之。

臧文仲历事鲁庄公、闵公、僖公、文公四君。当时齐桓始霸，齐鲁力量对比悬殊，臧文仲登上鲁国政治舞台时，负斡旋重任，充分显示了军事外交方面的才能，于国于民，尽职尽责。

如庄公二十八年（公元前666年），鲁国发生饥荒，文仲自告奋勇，"以鬯圭与玉磬如齐告籴。"言辞恳切，以礼动之，使"齐人归其玉而予以籴。"（《国语·鲁语》）鲁国上下因此顺利度过饥荒。

臧文仲的随从问臧文仲为什么主动要求差事，臧文仲回答说："贤者急病而让夷，居官者当事不避难，在位者恤民之患，是以国家无违。"意谓贤者应该急于国家要务而谦让平易的事务，当官者应该勇于任事而不避困难，在位者应该体恤百姓的忧患，这样国家才能安定。

如僖公二十一年（公元前639年）夏，鲁国大旱，文仲力阻僖公以"焚巫尪"（《左传·僖公二十一年》）为旱备的做法，说："巫尪何为？天欲杀之，则如勿生；若能为旱，焚之滋甚。"反对人祭，并提出了"修城郭，贬食省用，务穑劝分"等一系列抗旱保民的措施。

臧文仲无疑是个贤明能干、颇有作为的大夫。司马迁披阅史籍，看到孔子也曾"数称臧文仲"。本章孔子对臧文仲加以批评，是春秋责备贤者之意，当然也是实事求是的。"居蔡"是臧文仲的本职工作，无可非议，但用天子的庙饰来装饰藏龟之屋，为了媚神邀福，不惜违制越礼，是为不智之举。

十八、令尹子文够忠，陈文子够清

子张问曰："令尹子文三仕为令尹，无喜色；三已之，无愠色。旧令尹之政，必以告新令尹。何如？"子曰："忠矣。"曰："仁矣乎？"曰："未知。焉得仁？""崔子弑齐君，陈文子有马十乘，弃而违之，至于他邦，则曰：'犹吾大夫崔子也。'违之。之一邦，则又曰：'犹吾大夫崔子也。'违之。何如？"子曰："清矣。"曰："仁

矣乎？"曰："未知。焉得仁？"(《公冶长篇》第十九章)

子张问："令尹子文三次出任令尹，没有高兴的神色；三次罢职，没有怨恨的态度。一定把在位时的政务告诉新任令尹。怎样？"孔子说："够忠了。"（子张）问："够仁了吗？"（孔子）说："不知道。怎算是仁呢？"（子张又问：）"崔杼杀了齐庄公，陈文子拥有十辆马车，抛下离开齐国。到了另一国，就说：'（这里的执政者）像我国的大夫崔子一样。'又离开了。再到另一国，就又说：'（这里的执政者）像我国的大夫崔子一样。'又离开了。怎样？"孔子说："够清了。"（子张）问："够仁了吗？"（孔子）说："不知道。怎算是仁呢？"

令尹，楚国官职名，上卿执政者，相当于宰相。子文，姓斗名谷于菟，字子文，楚国著名贤相。崔子，指齐国大夫崔杼，他把齐庄公杀了。齐君即指齐庄公，姓姜名光。陈文子，齐国的大夫，名须无。崔杼杀死齐庄公时，陈文子离开齐国，两年后又返回。有马十乘，一乘为四匹马，十乘四十匹。《刘氏正义》引《曲礼》云："问大夫之富，数马以对。"

子文三起三落，得任要职无张扬之态，失去要职无气恼之色，并认真办好交接，知有其国而不知有其身，不以个人得失萦心，可以谓之忠；陈文子与齐国大夫崔杼同朝为官，崔杼作乱，他弃其禄位，义无反顾，且三去乱邦，因为他认为这些国家也有崔子这样的乱臣贼子。如此耿介高洁，清廉自守，可以谓之清。至于仁，都还谈不上。

仁为众德之本，为全方位修养和最高层境界，包括高度的智慧、巨大的勇气、坚定的信念、强烈的责任感以及相当的才干技能等，更重要的是对"性与天道"的圆满证悟。仁统摄一切德行，当然包括忠诚和清高，但忠诚清高不等于仁。朱熹说："今以他书考之，子文之相楚，所谋者无非僭王猾夏之事。文子之仕齐，既失正君讨贼之义，又不数岁而复反于齐焉，则其不仁亦可见矣。"可见，夫子不许令尹子文和陈文子以仁是对的。

十九、考虑两遍就可以

季文子三思而后行。子闻之，曰："再，斯可矣。"（《公冶长》第二十章）

季文子每件事都要考虑多次。孔子听了，说："两次那就可以了。"

季文子，鲁国大夫，姓季孙，名行父，谥文。季文子历仕鲁文公、鲁宣公，至鲁成公、鲁襄公时担任正卿，共执国政三十三年，忠贞守节，克勤于邦，克俭于家。《左传·襄公五年》说他去世时，"无衣帛之妾，厩无食粟之马，无藏金玉，无重器备，君子以是知季文子之忠于公室也。相三君矣，而无私积，可不为忠乎。"《史记·鲁世家》也有类似记载。《国语·鲁语》记载：

"季文子相宣成，无衣帛之妾，无食粟之马。仲孙它谏曰：'子为鲁上卿，相二君矣，妾不衣帛，马不食粟，人其以子为爱，且不华国乎！'文子曰：'吾亦愿之。然吾观国人，其父兄之食粗而衣恶者犹多矣，吾是以不敢。人之父兄食粗衣恶，而我美妾与马，无乃非相人者乎！且吾闻以德荣为国华，不闻以妾与马。'"

仲孙它劝谏季文子，身为国相，过于节俭，会让人以为吝啬，也让国家无光。季文子回答大意是：我当然也愿意穿绸衣骑良马，可是我看到国人父老兄弟，粗粮破衣的还很多，我因此不敢奢侈。国人父老兄弟，粗饭破衣，而我家里过分讲究，不是国相所为。而且我只听说道德荣誉才是国家的光荣，没说过美妾良马会给国家争光。

季文子把情况告诉孟献子，献子就把仲孙它禁闭了七天，从这以后，仲孙它也像季文子一样节俭。季文子知道后说："过而能改者，民之上也。"举荐他做了上大夫。

但季文子也有不足，为人过于优柔寡断。朱熹说他："每事必三思而后行，若使晋而求遭丧之礼以行，亦其一事也。"据《左传》记载，鲁文公六年（公元前621年），季文子将出使晋国，在准备好聘礼后，又让属下"使求遭丧之礼以行"，随从都不理解其中原因，季文子说："备豫不虞，古之善教也，求而无之，实难。过求何害。"可见季文子性格之一斑。

《集注》引程子的话："为恶之人，未尝知有思，有思则为善矣。然至于再则已审，三则私意起而反惑矣，故夫子讥之。"《论语稽》说："文子生平盖祸福利害之计太明，故其美恶两不相掩，皆三思之病也。其思之至三者，特以世故太深，过为谨慎；然其流弊将至利害徇一己之私矣。"钱穆也说："事有贵于刚决，多思转多私，无足称。"（《论语新解》）

激情冲动，有勇无谋，鲁莽灭裂，暴虎冯河，当然不好；过于谨小慎微，瞻前顾后，犹豫不决，却也不宜。可见儒家中道的可贵。

二十、宁武子愚不可及

子曰："宁武子，邦有道，则知；邦无道，则愚。其知可及也，其愚不可及也。"（《公冶长》第二十一章）

孔子说："宁武子，国家有道，就表现智慧；国家无道，就表现愚直。他的智慧别人可以赶得上，他的愚笨别人赶不上。"

宁武子，姓宁，名俞，谥武，卫国人，卫庄公之子，文公、成公时的大夫，两朝元老。

公元前632年，晋楚城濮之战，楚国战败，加盟楚国的卫成公，出奔楚国，命大夫元咺奉弟弟叔武处理卫国政事。晋文公顺道攻取了卫国，并与宋国共分其地，后来晋文公又让卫成公复国。

此时卫国形成了两派势力，一派是跟卫成公出奔的，一派是留在卫国听命于元咺的，卫国面临分裂。于是一直跟随在卫成公身边的宁武子出面"与卫人盟于宛濮"，立下盟誓，表示跟随国君出行的人，不要认为自己有功劳，留在国内的人也不用担心被追责。经过宁武子的斡旋，卫成公得以回到卫国继续为君。

出奔期间，有人向卫成公告发说元咺要改立叔武为君。当时元咺的儿子元角正跟着卫成公，卫成公就让人杀了元角。元咺将此事诉讼于霸主晋文公，诸侯会盟裁决卫成公败诉。晋文公建议周天子（周襄王）杀了卫成公，周襄王不同意。晋文公就想鸩杀卫成公。幸亏宁武子贿赂医生，让他在下药的时候减了剂量，卫成公逃过一劫。最后在鲁僖公的斡旋下，被晋文公释放了。朱熹说：

"按春秋传，武子仕卫，当文公、成公之时。文公有道，而武子无事可见，此其知之可及也。成公无道，至于失国，而武子周旋其间，尽心竭力，不避艰险。凡其所处，皆智巧之士所深避而不肯为者，而能卒保其身以济其君，此其愚之不可及也。"（《论语集注》）

卫文公时政治有道，宁武子没有什么突出表现，其智可及；卫成公时政治无道，甚至失国，宁武子在危难之际周旋其间，尽心竭力，一往无前，不避艰险。期间处境艰难，所作所为都是智巧之士所不愿意做的，宁武子挺身而为，勇于担当，至情至性，有似乎愚。

这里的愚有"愚直""愚忠"义。《国语》说："孔子之道主仁，不贵知巧，而重愚忠，宁武子之愚也，其心术之至仁也。"愚忠本是贬义词，指昧于事理的忠心，常指不管前因后果，不衡量利弊，没有自己的见解和判断，只知惟命是从。《国语》里的"愚忠"则含褒义，指老老实实、尽心效力。

宁武子和颜回都是愚不可及的人。当然不是真的愚昧。柳宗元

《愚溪诗序》说:"宁武子邦无道则愚,智而为愚者也;颜子终日不违如愚,睿而为愚者也,皆不得为真愚。"

二十一、我家乡的弟子们

子在陈,曰:"归与!归与!吾党之小子狂简,斐然成章,不知所以裁之!"(《公冶长》第二十二章)

孔子在陈国说:"回去吧!回去吧!我家乡的弟子们狂放粗率,文采斐然,只是还不知怎样裁剪呀!"

陈是春秋时的古国,妫姓。商殷灭亡后,周武王将舜的后代妫满封于陈。春秋末年,陈国被楚所灭。据《史记·孔子世家》载,孔子在陈思归,是在鲁哀公三年,时孔子年六十。吾党之小子,指留在鲁国的门人。古代五百家为一党,吾党即我的故乡。狂简,志大而略于事。狂指志向远大,气概豪迈;简是疏略,粗率,简单化。

《史记》记载,季桓子晚年重病时,曾经对其子季康子说:"当年鲁国差点就兴旺起来了,因为我获罪于孔子,所以丧失了兴旺的机会。我死后,你一定会做国相。你做国相。一定要召用仲尼。"几天后,季桓子死,季康子代立为相,要召孔子,被公之鱼借故劝阻了,建议召用冉求。于是派遣使者召冉求。《史记·孔子世家》记载:

"冉求将行,孔子曰:'鲁人召求,非小用之,将大用之也。'是日,孔子曰:'归乎!归乎!吾党之小子狂简,斐然成章,吾不知所以裁之。'子赣知孔子思归,送冉求,因诫:'即用,以孔子为招'"云。

当时鲁国季康子执政,欲召冉求回去协理政务。于是孔子说,回去吧,让冉求回去从政,也表达了自己思归的愿望。同时指出在鲁国的学生们既颇有可观,又存在问题,有待于进一步剪裁割正。

孔子说吾党之小子"不知所以裁之"，类似于说子路"无所取材"。

《集释》说："夫子初心，欲行其道于天下，至是而知其终不用也。于是始欲成就后学，以传道于来世。又不得中行之士而思其次，以为狂士志意高远，犹或可与进于道也。但恐其过中失正，而或陷于异端耳，故欲归而裁之也。"

《孟子》中也有类似本章的记载："万章问曰：'孔子在陈曰：盍归乎来！吾党之士，狂简进取，不忘其初。孔子在陈，何思鲁之狂士？'孟子曰：'孔子不得中道而与之，必也狂狷乎！狂者进取，狷者有所不为也。孔子岂不欲中道哉？不可必得，故思其次也。'"孟子所说的"狂狷"，与本章所说的"狂简"意思有所不同，但可相通。

东海回首当年，骄傲狂放，也是"不知所以裁之"。近年来反己内省，努力自裁，有诗《自嘲》，其一："骂鬼嘲天野气浮，与人与物似为仇。而今拜罢良知佛，自笑原来是泼猴。"其二："剑气纵横八面锋，十年赢得虎名红。反身天际回头看，不过没毛一大虫。"录此聊博一笑。反身天际，即反求诸己、反身而诚之意。天际，此处特指天性，即本性，也可说为天人之际，相当于"天与人的交界处"。

二十二、不念旧恶的伯夷叔齐

子曰："伯夷、叔齐不念旧恶，怨是用希。"(《公冶长》第二十三章)

孔子说："伯夷、叔齐不计较过去的怨仇，因此很少招致怨恨。"

伯夷、叔齐，是殷朝末年一个小国的国君孤竹君的两个儿子，姓墨胎，兄伯夷（一说，名允，字公信，夷是谥号），弟叔齐（一说，名智，字公达，齐是谥号）。孤竹君死后，兄弟二人互相让位，后来都逃到周文王的辖境。周武王兴兵伐纣时，他们曾拦车马进行劝阻。周灭殷后，他们耻食周粟，隐居首阳山，采薇为食，终于饿死。

怨是用希，钱穆认为应作"二子己心自不怨"解，乃"求仁而得仁，又何怨"之意。"人皆疑二子之怨，孔子独明其不怨，此亦微显阐幽之意。圣人之知人，即圣人之所以明道"，也说得通。不过，终究主观性太强。如心中无怨和不怨，何必用一"希"字？

所以，怨是用希的"怨"字，旧解更为妥帖，是"别人怨二子"意。伯夷叔齐清高狷介，恶恶贱不肖，本来容易招人忌恨，难为人容。可是，由于他们胸无城府，不念旧恶，别人也不怎么怨恨他们。这样理解更合情理。

《皇疏》："此美夷齐之德也。念，犹识录也。旧恶，故憾也。希，少也。人若录于故憾，则怨恨更多。唯夷齐豁然忘怀，若有人犯己，己不怨录之，所以与人怨少也。"邢疏："此章美伯夷叔齐二人之行。不念旧时之恶而欲报复，故希为人所怨恨也。"

孟子说："伯夷非其君不事，非其友不友，不立于恶人之朝，不与恶人言；立于恶人之朝，与恶人言，如以朝衣朝冠，坐于涂炭。推恶恶之心，思与乡人立，其冠不正，望望然去之，若将浼焉。是故，诸侯虽有善其辞命而至者，不受也；不受也者，是亦不屑就已。"（《孟子·公孙丑》）伯夷清高狷介、恶恶之严的表现，栩栩如生。

孟子又说："伯夷隘，柳下惠不恭，隘与不恭，君子不由也。"孔孟言各有当，两种评价没有矛盾。盖二子不念旧恶，是清者之量，值得肯定，但过于狷介，有狭隘之嫌，不予完全肯定。

赵匡胤堪称秦汉以后帝王中宽容大度、不念旧恶的典范。赵匡胤微时曾受到董遵晦的侮辱。后来登基为天子，不仅没有记恨报复，反而予以重用和厚待。赵匡胤厚待董遵晦之事，司马光的《涑水纪闻》和毕沅的《续资治通鉴》都有记录。

二十三、微生高不直

子曰："孰谓微生高直？或乞醯焉，乞诸其邻而与之。"（《公冶长》第二十四章）

孔子说:"谁说微生高直爽呀?有人向他要醋,他到邻居家去要来给人。"

微生高,姓微生,名高。《庄子》《战国策》中又称"尾生高"。鲁国人,以守信著名。直是直爽坦荡,不拐弯抹角。微生高素有直名。有人要点醋,微生高自己家里没有,就去邻居家转讨来给人。孔子通过这一小事,认为微生高不配称直。

或问,这是乐于助人,为什么反而不受孔子待见?助人为乐也要看怎么助,什么事,就像守信要看什么"信"怎么"守"一样。横竖不过一点醋而已,不是什么必不可少的东西,有就有,没有就没有,代人乞诸邻居,用意委屈,屈意徇物,毫无必要,多此一举。注意,本章只论直不直,不可误解为反对周急济难、帮助别人。

至于其抱柱而死,更是死得轻如鸿毛,毫无意义,不负责任,对自己对所约的女子都不负责任,而且愚蠢之至。不说别的,"水至",转移到安全地带不行吗?何必一定要"抱桥柱不去,溺死"。直和信本来是两种美德,但微生高式的直和信,则不为儒家所许可。

《新解》说:"人来乞醯,有则与之,无则辞之。今微生不直告以无,又转乞诸邻而与之,此似曲意徇物。微生素有直名,孔子从此微小处,断其非为直人。若微生果是尾生,彼又素有守信不渝之名,乃终以与一女子约而自殉其身,其信如此,其直可知。微生殆委曲世故,以博取人之称誉者。孔子最不喜此类人,所谓'乡愿难与入德'。此章亦观人于微,品德之高下,行为之是非,固不论于事之大小。"

《雪公讲要》说:"高有直名,如与女子约会于桥下,女子未至,大雨,水至,高守其信,抱桥柱不去,溺死。时人以为信既如是,直亦可知。孔子不以为然,举转乞醯而与或人之事,证其非直。古注或谓微生乞诸其邻,冒为己物以与人,然孔子只说直,未说其他。直心是德,直者真心。春秋卫大夫史鱼尸谏灵公,晋之史官董狐之笔,直书赵盾弑其君,皆是直。然有事不直而理直者,如父为子隐子为父隐，又如孔子不见阳货，择其他适而回访之，此皆是直，是权变之直，微生高不知也。"

二十四、四种表现很可耻

子曰："巧言令色足恭，左丘明耻之，丘亦耻之。匿怨而友其人，左丘明耻之，丘亦耻之。"（《公冶长》第二十四章）

孔子说："花巧的言语，伪善的表情，过度的恭敬，左丘明认为这些表现可耻，我也认为这些表现可耻；把怨恨藏在心里，表面上却与他友好，左丘明认为这种行为可耻，我也认为这种行为可耻。"

足恭一词有二解：一解，足，过分、过度的意思；一解，足，手足之足。足恭，从两足行动上取悦于人。两解皆通，第二解更为确当。《尚书·冏命》："巧言令色便僻。"孔传："便僻足恭。"《正义》："前却后仰，以足为恭也。"

以足为恭，也包含过度恭敬之意。恭敬是理所当然的美德，足恭则适人之适，曲媚于人，过犹不及，不合于礼。

《小戴礼记·表记》云："君子不失足于人，不失色于人，不失口于人。"足恭是失足于人，令色是失色于人，巧言是失口于人。又："足恭而口圣，君子勿与也。"亦以足恭口圣相对为文。口圣，口头上的圣人，也是巧言之意。

左丘明，春秋时鲁国太史（史官），与孔子生活在同一时代或略后于孔子。唐以前诸儒之论，都以左丘明为孔子弟子，对左氏特别尊崇。唐代祀周公为先圣，孔子为先师，以颜回、左丘明二人配享孔庙。宋儒多不认可。众说纷纭，迄无定论。

左氏曾为《春秋》作传（称为《左传》），又作《国语》。两书记录了大量西周、春秋重要史事，保存了具有很高价值的原始资料，被誉为"文宗史圣""经臣史祖"（也有学者认为，《左传》和《国语》

的作者并非一人，二书也并非左丘明所作）。

孔子与左氏同好恶，多次称其为君子。左丘明确实很君子。他说过："君子动则思礼，行则思义，不为利回，不为义疚。"（《左传·昭公三十一年》）意谓君子行动要遵循礼制，行为要合乎道义，不为利益所干扰，不有道义之内疚。

"或乞醯焉，乞诸其邻而与之"与"巧言令色足恭""匿怨而友其人"都是"不直"的表现，前者小而后者大。但小处不谨，终累大德。微生高之心发展下去，容易流于"巧言令色足恭"和"匿怨而友其人"。朱熹指出："若微生高之心，久之便做出此等可耻之事。"（《集释》）

杨雄《法言》说："友而不心，面友也，亦丘明之所耻。""匿怨而友其人"属于面友，巧言令色足恭属于"面人"，都是有口无心者，一切浮在表面上和脸上。

二十五、弟子们各言其志

> 颜渊、季路侍。子曰："盍各言尔志？"子路曰："愿车马，衣轻裘，与朋友共，敝之而无憾。"颜渊曰："愿无伐善，无施劳。"子路曰："愿闻子之志。"子曰："老者安之，朋友信之，少者怀之。"（《公冶长》第二十六章）

颜渊、子路侍立。孔子说："何不各自说说你们的志向？"子路说："愿意将车马衣服皮袍与朋友共享，损坏了也无惋惜。"颜渊说："愿有善德不夸耀，有功劳不张扬。"子路说："愿听您的志向。"孔子说："老年人得到安养，朋友们互相信任，下一代得到关怀。"

侍，侍立，在尊长身边陪站着。《论语》中，单用"侍"字，指孔子坐着，弟子站着。用"侍坐"，指孔子坐着，弟子也坐着。用"侍侧"，指弟子陪从孔子，或立或坐。

无施劳，有二解。一说，施，是施加给别人，无施劳指不把劳苦的事加在别人身上，劳事非己所欲，故亦不欲施之于人；一说，施亦张大义。易曰：劳而不伐，不表白自己的功劳。以第二说更切当。

恶恐人知，善欲人闻，是世俗常态。儒家不一样，"君子之过也如日月之食焉"，不遮不掩；好人好事则不欲人知，当然一般也没有刻意遮掩的必要。像颜回"无伐善，无施劳"表现最为正常。

从所言之志中，可见三人的性情和境界。子路颜渊皆有志于仁，但境界有差别。与朋友们福利共享，表现了子路慷慨、豪侠的性情，但圈子局限于朋友，不够大。颜渊的志向就大多了，希望自己能积善，于世有功劳，但不夸耀、不张扬。

与孔子比起来，颜渊侧重于自我角度考虑问题，还是从自己的修养出发考虑问题。孔子则己立而立人，己达而达人，让人人各得其所，真正体现了"曲成万物"的精神和"一体之仁"的境界。如果说颜渊侧重于"尽己之性"，孔子则是在"尽己之性"的基础上侧重于"尽人之性"。"老者安之，朋友信之，少者怀之"正是儒家的政治追求和社会理想。钱穆说：

"老者安之，朋友信之，少者怀之：此三之字，一说指人，老者我养之以安，朋友我交之以信，少者我怀之以恩也。另说，三之字指己，即孔子自指。己必孝敬，故老者安之。己必无欺，故朋友信之。己必有慈惠，故少者怀之。《论语》多言尽己工夫，少言在外之效验，则似第一说为是。然就如第一说，老者养之以安，此必老者安于我之养，而后可以谓之安。朋友交之以信，此必朋友信于我之交，而后可以谓之信。少者怀之以恩，亦必少者怀于我之恩，而后可以谓之怀。是从第一说，仍必进入第二说。盖工夫即在效验上，有此工夫，同时即有此效验。人我皆入于化境，不仅在我心中有人我一体之仁，即在人心中，亦更与我无隔阂。同此仁道，同此化境，圣人仁德之化，至是而可无憾。"（《论语新解》）

钱穆作此两可之言,貌似圆融,其实不确。盖本章言志,谈的是理想。安之信之怀之的"之",自然是指别人,不会是孔子自指。

或问:在子贡、子路、颜回、子夏和曾参几个孔门弟子中,你欣赏顺序怎样呢?答:夫子几位高徒各有优势,颜回最前,其次曾参,其次子夏,其次子贡,其次子路。曾参与子夏,生前影响以子夏为大,开西河学派;但曾参所学更纯正,开启思孟学派,对天下后世更重要。

二十六、自讼

子曰:"已矣乎!吾未见能见其过而内自讼者也。"(《公冶长》第二十七章)

孔子说:"罢了呀!我没见过能够看到自身错误而自我检讨的人。"

内自讼意谓自责、自咎、自我检讨。讼是责备、追究义。《集释》说:"内自讼者,口不言而心自咎也。人有过而能自知者鲜矣,知过而能内自讼者为尤鲜。能内自讼,则其悔悟深切而能改必矣。夫子自恐终不得见而叹之,其警学者深矣。"

天下有两种人,一种是自己的错也不知道,错了也认为是对的,这是不能"见其过";一种是明知自己错了,但因循苟且,将错就错,自暴自弃,错而不改,这是不能"内自讼"。能够认识又能够改正自己的错误者,多乎哉不多也,所以孔子有此感叹。

识英雄需要慧眼,辨佛魔需要法眼,要充分认识错误,需要一定的智。子路闻过则喜,能够内自讼,但未必能自见其过,就是因为智不足。要及时改正错误,需要一定的德。冉求能够自见其过,却不能内自讼,就是因为德不足。德的培养和智的开发都需要不断地学习。子路冉求都属于孔门十哲,却未能入孔子之室。子路忠于非人,死于非命,冉求助季氏聚敛,都是学养不足所致。

孔子感叹过五"未见":一是好仁恶不仁者,一是隐居以求其志、行义以达其道者;一是好色如好德者,一是刚者,还有就是本章"能见其过而内自讼者"者。其实孔门诸贤,拥有上述品德者还是不少的,孔子只是有感而发,感叹这些品德之难得而已。

《荀子·法行》记载:"曾子曰:同游而不见爱者,吾必不仁也;交而不见敬者,吾必不长也;临财而不见信者,吾必不信也。三者在身,曷怨人?怨人者穷,怨天者无识。失之己而反诸人,岂不亦迂哉?"《易经·系辞》记载:"子曰:颜氏之子其殆庶几乎?有不善未尝不知,知之未尝复行也。"

可见曾子、颜回都是"能见其过而内自讼"者,颜回的这一表现还直接受到孔子的称赞。或说此章殆似颜子已死,孔子叹好学之难遇。未知然否。

二十七、学习的重要性

子曰:"十室之邑,必有忠信如丘者焉,不如丘之好学也。"(《公冶长》第二十八章)

孔子说:"十户人家的小村,一定有像我孔丘一样忠信的人,不如我好学罢了。"

十室,十户人家。古时九夫为井,四井为邑,一邑共有三十二户人家。十室之邑,极言其小,指不满三十二家的小村。

忠是尽其心,信是言之实。但若不学,其心其言难免多失,成就有限。本质最好,亦有赖于学养的扩充和提升。儒家未有不好学之君子也。《集释》说:"十室,小邑也。忠信如圣人,生质之美者也。夫子生知而未尝不好学,故言此以勉人。言美质易得,至道难闻,学之至则可以为圣人,不学则不免为乡人而已。可不勉哉?"

孔子曾赞美颜回好学，曾说自己"十五有志于学"，曾以"学而不厌，诲人不倦"八个字自我写照。本章再说自己好学。

儒家君子都是学而知之者。儒佛道三家中，儒家特别重视知识学习，把知识视为通往智慧的桥梁，韩信将兵多多益善。

《大学》八条目以"格物致知"为先，《论语》一开头就强调"学而时习之"，又说"学而不思则罔，思而不学则殆"，又说"好学近乎知"；又说："生而知之者，上也；学而知之者，次也；困而学之，又其次也；困而不学，民斯为下矣。"又说："不学诗，无以言；不学礼，无以立；"又说"六言六蔽"，阐说不好学的后果，认为好学才能去除德行方面的六大障碍及缺陷。

知识包括文化道德知识和自然科学知识。儒家强调的善恶、义利、正邪、华夷、人禽、君子小人之辨，都需要一定的学力，要具备正确的文化道德知识。

有忠信之德，还要懂以道事君的正理和"有诸己之谓信"的道理，不能分辨正忠与愚忠、大信与小信，在实践中就很容易出问题，很可能误认昧于事理、效力暴君的愚忠为忠，误以硁硁然小人的"言必信"甚至"尾生抱柱信"为信。《论语》说"为人谋而不忠乎"，《孟子》称"教人以善谓之忠"。为人谋和教人善，都需要有学力，有知识和智慧。

又如孟子说："可以死，可以不死，死伤勇。"要正确判断什么时候可以死，什么时候可以不死，就非有相当学力不可。又如，对于物本与神本、利己与利他、集体与个人等各种"主义"，如果没有正确的认识，就不能明了它们的不足或错误、弊端或恶果。无知难免寡智，寡智必然少德。德不足，人格焉能健美哉。

因此，只有博学审问慎思，才能明辨笃行；只有学而时习之，才能成为知命的君子；只有好学，才能达到颜回那样"不迁怒、不贰过"的修养；只有下学，才能上达，才有机会进入"从心所欲不逾矩"的圣境。

第六章　雍也篇

《雍也》共三十章，主要记录孔子与弟子们的言行。自十六章以前，亦多讨论人物贤否得失，与上篇相同，十七章以下广论人生修养和道德真谛。

一、冉雍可当大领导

子曰："雍也可使南面。"仲弓问子桑伯子。子曰："可也，简。"仲弓曰："居敬而行简，以临其民，不亦可乎？居简而行简，无乃大简乎？"子曰："雍之言然。"（《雍也》第一章、第二章）

孔子说："冉雍啊，可以让他当领导。"冉雍问子桑伯子这个人怎么样。孔子说："可以呀，只是太简易。"冉雍说："居心敬重而办事简易，这样治理人民，不是挺好吗？居心简易而办事简易，岂不太简率了吗？"孔子说："冉雍的话很对。"

冉雍，字仲弓，在孔门中以德行著称，与冉耕（伯牛）、冉求（子有）皆在孔门十哲之列，世称"一门三贤"。《史记》记载："仲弓问政，孔子曰：'出门如接大宾，使民如承大祭……在邦无怨，在家无怨。'孔子以仲弓为有德行，曰：'雍也，可使南面。'"（《史记·仲尼弟子列传》）

南面，正面朝南，古以坐北朝南为正位、尊位、君位。包咸注："可使南面者，言任诸侯，可使治国政也。"《易经·说卦》："圣人南面而听天下，向明而治。"

或谓，颜渊为邦，是王天下之任；可使南面，是君一国之任。考诸经传，不独天子称"南面"，凡为诸侯、卿大夫，有土有爵者，亦即有治民之权者，皆得称为"南面"。引申其义，凡行政管理者，皆可南面而坐。总之都指"领导"。

为什么孔子认为"雍也可使南面"？冉雍出门做事像接待贵宾一样谦恭庄重，治理百姓像承办祭典一样谨慎郑重，不论在诸侯的封国还是在卿大夫的家邑里任职，都能妥当地待人接物处理事务，从不招人埋怨。因此，孔子认为冉雍有德行。从冉雍对子桑伯子"居简而行简"的批评，也可见冉雍德才兼备。鹿善继《四书说约》说：

"治民全在不扰，而省事本于劳心。居敬者，众寡小大无敢慢，此心日行天下几遍，洞察情形，而挈其纲领，所行处精神在焉，即所不行处，精神亦无不在。如此行简，民安可知。居简之简，一切放下，全无关摄。废事生弊，可胜言哉。"

被老庄玄学所熏陶，魏晋那些政治人物大多就有"居简而行简"之嫌。

唐玄宗刚登基时，晋陵尉杨相如上书说："法贵简而能禁，刑贵轻而必行。小过不察，则无烦苛；大罪不漏，则止奸慝。"王夫之很欣赏这段话，认为这个"简"字对于领导人特别重要。他说：

"夫曰宽，曰不忍，曰哀矜，皆帝王用法之精意，然疑于纵弛藏奸而不可专用。以要言之，唯简其至矣乎！八口之家不简，则妇子喧争；十姓之间不简，则胥役旁午；君天下，子万民，而与臣民治勃谿之怨，其亦陋矣。简者，宽仁之本也；敬以行简者，居正之原也。敬者，君子之自治，不以微疵累大德；简者，临民之上理，不以苛细起纷争。礼不下于庶人，不可以君子之修，论小人之刑辟；刑不上于大夫，不可以胥隶之禁，责君子以逡巡。早塞其严刻之源，在法者之善为斟酌而已。"

子桑伯子，人名，其身世不详。或以为是秦穆公时的子桑（公孙枝），或认为子桑伯子是鲁国人，即《庄子》中所说的子桑户，与孟子反、子琴张三人相与为友。皆无确考。《说苑》记载：

"孔子见子桑伯子，子桑伯子不衣冠而处。弟子曰：'夫子何为见此人乎？'曰：'其质美而无文，吾欲说而文之。'孔子去。子桑伯子门人不说，曰：'何为见孔子乎？'曰：'其质美而文繁，吾欲说而去其文。'故曰：文质修者，谓之君子；有质而无文，谓之易野。子桑伯子易野，欲同人道于牛马，故仲弓曰太简。"（《说苑·修文》）

子桑户脱略形骸，不穿衣冠，无礼无文，过于简率了。

二、颜回的两大道德特色

哀公问："弟子孰为好学？"孔子对曰："有颜回者好学，不迁怒，不贰过。不幸短命死矣。今也则亡，未闻好学者也。"（《雍也》第三章）

鲁哀公问："学生中谁最好学？"孔子回答说："有个叫颜回的好学，有怒气能不迁移，有过错能不重犯。不幸短命死了。现在就没有了，没听到有好学的人呀。"

不迁怒，《集注》："迁，移也。不移怒，怒于甲者，不移于乙。"一说，发怒之后，怒气延续升高，难以制止，是为迁怒。说文："迁，登也。"不贰过，《易经·系辞》："子曰：颜氏之子其殆庶几乎？有不善未尝不知，知之未尝复行也。"

对知识的态度，儒家最为中正，重视学习，强调格物致知、利用厚生和开物成务。知识是"下学"之事，但"好学近乎智"，可以上达智慧，进而上达天道"内达"本性。因此，只要态度端正，认识正确，就可以避免所知障，让知识成为通往"性与天道"的桥梁。

颜回是孔子最欣赏的学生，在《论语》中多次受到孔子夸奖。本章称颜回好学，特举其"不迁怒、不贰过"两件事。怒而不迁移，过而不重犯，人生大智慧，看似简单，真正做到却很难，多数人一辈子都难以企及。子曰："语之而不惰者，其回也与？"颜回生平好学，不惰不懈，故能至之。

人是一种善于迁怒的动物，怒于甲者移于乙，怒于人者移于物，怒于罪犯移于无辜，古今中外，各种迁怒表现无数无量。

人还是一种善于贰过的动物。很多人一次又一次被同一块石头绊倒，甚至一辈子都在犯着同样或类似的错误而不自知。不仅个人，一个组织一个社会也会那样。喜欢历史的人会发现，历史的各个阶段往往有很多相似的地方，许多错误总是不断地被人类重复。关于颜回何以能不贰过，韩愈说：

"夫圣人抱诚明之正性，根中庸之至德，苟发诸中形诸外者，不由思虑，莫非规矩，不善之心无自入焉，可择之行无自加焉，故惟圣人无过。所谓过者，非谓发于行、彰于言，人皆谓之过而后为过也。生于其心则为过矣，故颜子之过此类也。不贰者，盖能止之于始萌，绝之于未形，不贰之于言行也。"（《省试颜子不贰过论》）

"生于其心则为过"，喜怒哀乐发而不中节就是过，这是对本章引申、深化的理解。

关于颜回短命，是相对而言。《孔子家语》记载颜回"年二十九而发尽白，三十一早死"；《史记·仲尼弟子列传》中记载颜回小孔子三十岁，那么，颜回死时应是四十一岁。《史记》有具体年谱可考，可信度更高。未冠而死为短，颜回命不短。颜回清贫也是相对而言。他是鲁国贵族（父颜路为卿大夫），有郭外之田五十亩，郭内之圃十亩，衣食无忧，其穷与庶民的穷不同，苏秦说："且使我有雒阳负郭田二顷，吾岂能佩六国相印乎！"（《史记》）比起苏秦来，颜回不穷。

三、君子周急不继富

子华使于齐，冉子为其母请粟。子曰："与之釜。"请益。曰："与之庾。"冉子与之粟五秉。子曰："赤之适齐也，乘肥马，衣轻裘。吾闻之也，君子周急不继富。"原思为之宰，与之粟九百，辞。子曰："毋。以与尔邻里乡党乎？"（《雍也》第四章、第五章）

公西赤出使齐国，冉求为公西赤母亲请养米。孔子说："给她一釜。"冉求请增加些。孔子说："再加一庾。"冉求给了他小米五秉。孔子说："公西赤到齐国去，坐肥马，穿皮衣。我听说过，君子周济穷急，不增益富裕。"原思做孔子家总管，孔子给他俸米九百斛。原思推辞。孔子说："不要推辞。可拿去周济你邻里乡党嘛！"

子华，即公西赤。冉子，即冉求。粟，谷子或小米。釜，古代容量名，一釜当时合六斗四升。庾，古代容量名。一庾合当时二斗四升，一说一庾当时合十六斗。秉，古代容量名。一秉合十六斛，一斛合十斗。五秉就是八百斗（八十石）。周是周济，救济，补其不足；继是接济，增益，续其有余。

原思，姓原，名宪，字子思，鲁国人（一说，宋国人）。孔子在鲁国任司寇时，原思在孔子家做过总管（家臣）。孔子死后，原思退隐，居卫国。九百，九百斗，一说指九百斛，则是九百石，已不可确考。邻里乡党，古代以五家为邻，二十五家为里，五百家为党，一万二千五百家为乡。

子华出使，乘肥马衣轻裘，虽有母在家，不愁衣食，原不待别人给养。故冉求虽再请，孔子终不多与。冉求以私意多与，孔子告诉他：君子周急不继富。原思家贫，孔子则主动多与补助，少给不是吝啬，多予不是慷慨，唯求合情合理。义者宜也，儒者辞受取予之际各有其宜。

冉子为朋友之母请粟,代友尽孝,待友有义,本是好事。但冉子过分,孔子不以为然。不过孔子之言婉转得体,虽有批评,十分温和。《中庸》中说:"发而皆中节谓之和。"孔子可以当之。当然,并非一定要婉转温和才是"发而皆中节谓之和"。对冉求为季氏敛财事,孔子的批评就十分激烈:"非吾徒也。小子鸣鼓而攻之可也。"

君子周急,政府也一样。《孟子》说:"老而无妻曰鳏,老而无夫曰寡,老而无子曰独,幼而无父曰孤。此四者,天下之穷民而无告者。文王发政施仁,必斯四者。诗云:哿矣富人,哀此茕独!"治国行政优先考虑和照顾鳏寡孤独,这就是"周急",是儒家在财富分配上的中庸之道。

小人反是,继富而不周急。"小"政府也一样,不屑于雪中送炭,却热衷于锦上添花,对弱势群体、草根阶层雪中加冰,蚊子腿上割肉,"损不足而奉有余",却搞什么高薪养廉,这就是"继富不周急"的表现。

四、英雄不怕出身低

子谓仲弓曰:"犁牛之子骍且角,虽欲勿用,山川其舍诸?"(《雍也》第六章)

孔子对仲弓说:"耕牛生的小牛犊,毛色赤红而牛角端正,虽想不用,山川之神怎么会舍弃它呢?"

犁牛,杂色的耕牛,一说犁牛即耕牛。骍,赤色牛。周代崇尚赤色,祭祀用的牛,要求是长着红毛和长角端正的牛,不能用普通的耕牛来代替。这里以"犁牛之子"比喻冉雍(仲弓)。山川,指山川之神。周礼祭天,祭庙,祭四方山川,要用骍牲。虽欲勿用,山川其舍诸：即使不用作祭天祭庙，山川之祭宜可用。

英雄不怕出身低，这句话用在冉雍身上特别合适。孔门不少弟子属于草根阶层，但大都没有特意指出草根身份，《史记·仲尼弟子列传》特意说明冉雍父亲地位低下："仲弓父，贱人。"本章孔子做了个比喻，意在鼓励冉雍，门第出身怎样都不要紧，关键在于自己。或说，孔子认为冉雍可使从政，从政选才，应不论其家庭好不好，但论其人贤不贤。

一个人有没有出息，只取决于其品质和才干。真正的贵族，贵在德才兼备，贵在自强不息。多少英雄圣贤出身低下，但他们都有一种变坏事为好事、化压力为助力、化违缘为顺缘的特殊能力，如《易经·乾卦》所说："天行健，君子以自强不息"。自强不息就是《中庸》所说的"诚之"。《中庸》说：

"诚之者，择善而固执之者也。博学之，审问之，慎思之，明辨之，笃行之。有弗学，学之弗能，弗措也；有弗辩，辩之弗明，弗措也；有弗行，行之弗笃，弗措也。人一能之，己百之；人十能之，己千之。"

这就是自强不息的最好写照。注意，"君子以自强不息"的"以"字，是"因为"的意思，君子自强不息是因为天性的健动。天性者，良知也，明德也，致良知明明德，就自然而然会自强不息，就像天道的运行，不知其然而然。《孟子·告子》中说：

"舜发于畎亩之中，傅说举于版筑之间，胶鬲举于鱼盐之中，管夷吾举于士，孙叔敖举于海，百里奚举于市。故天将降大任于斯人也，必先苦其心志，劳其筋骨，饿其体肤，空乏其身，行拂乱其所为，所以动心忍性，增益其所不能。"

这段话不是肤泛的勉励之言，而是真理和天理。"苦其心志，劳其筋骨，饿其体肤，空乏其身"，对于有志之士来说，乃是天恩高厚。"子曰：德薄而位尊，知小而谋大，力小而任重，鲜不及矣！"（《易经》）程颐"三不幸"说，都从反面揭示了这一天理，可参看。

五、长住仁宅的颜回

子曰："回也，其心三月不违仁；其余则日月至焉而已矣。"（《雍也》第七章）

孔子说："颜回呀，他的心三个月不离开仁境，其余学生只能一天或一月抵达一下而已。"

颜回，字子渊，名回，生于鲁昭公二十九年（公元前521年），卒于鲁哀公十三年（公元前482年），享年三十九岁（《学统》熊赐履）。十四岁即拜孔子为师，终生师事之。在孔门诸弟子中最受孔子称赞。三月，泛指较长的时间。日月，一天和一月，泛指较短的时间。

仁境至高，为儒家最高人格理想。孔子从不许弟子、贤者和自己以仁。本章孔子对颜回的评价，是孔子对弟子也是对人最高的一次评价。

《颜渊》中，颜回问仁，孔子告以"克己复礼，天下归仁焉。"着眼于礼制和天下；《卫灵公》中，颜渊问为邦，孔子的回答是"行夏之时，乘殷之辂，服周之冕，乐则韶舞"云，议礼制度，制礼作乐，这都是天子、至少是天官冢宰之事。可见孔子对颜回寄托了多么大的希望。

颜回自视和志向也极高，以舜为志。《孟子·滕文公》记其语曰："舜何人也，予何人也；有为者亦若是！"颜回随孔子周游列国，过匡地遇乱及在陈蔡间遇险时，子路子贡等弟子都对孔子之道产生疑虑，唯颜回始终坚信不渝。颜回曰：

"夫子之道至大，故天下莫能容。虽然，夫子推而行之，不容何病，不容然后见君子！夫道之不修也，是吾丑也。夫道既已大修而不用，是有国者之丑也。不容何病，不容然后见君子！"

这段话充分表露了颜回的德养之深，正是他高于其他弟子的关键所在。难怪孔子听了欣然而笑说："有是哉，颜氏之子！使尔多财，吾为尔宰。"（《史记·孔子世家》）而后来颜回去世，孔子又是多么悲痛，发出"天丧予"的慨叹。

三月不违仁，长时间住在仁宅里；终身不违仁，就是一辈子住在仁宅里，就是从心所欲不逾矩的圣境。

或说颜子仅有三月之仁。这当然不合情理。这里的三月，应该是孔子自言观察颜回三月之久，结果发现这期间，颜回造次颠沛，无一不出于仁。其余诸弟子，于仁偶尔相即、忽尔又离，所以说日月至焉而已矣。《四书辩疑》引王滹南曰："岂有恰限三月辄一次违之之理？若三月之后，不复可保，何足为颜子乎？东坡云：夫子默而察之，阅三月之久，而造次颠沛无一不出于仁，知其终身弗畔也。"

好有一比：颜回是长期在家，偶尔出短门；其余学生是长期出门在外，偶尔回家一次。世俗之人是从不回家的流浪汉，甚至根本不知道自己有家。

《中庸》说："道也者，不可须臾离也。"不违仁，就是身不离道、身与道俱。闻一知十；不迁怒、不贰过；于孔子之言无所不悦，不违如愚；用之则行、舍之则藏；回也不改其乐……诸如此类道德特征，都是不违仁的表现。

六、子路、子贡和冉求

季康子问："仲由可使从政也与？"子曰："由也果，于从政乎何有？"曰："赐也可使从政也与？"曰："赐也达，于从政乎何有？"曰："求也可使从政也与？"曰："求也艺，于从政乎何有？"（《雍也》第八章）

季康子问："可以让仲由从政了吗？"孔子说："仲由刚毅果决，于从政有什么难呀？"说："可以让端木赐从政了吗？"孔子说："端木赐通达事理，于从政有什么难呀？"说："可以让冉求从政了吗？"孔子说："冉求多才多艺，于从政有什么难呀？"

季康子，季平子之孙，季桓子之子，季孙肥，康是其谥，公元前492年继其父任正卿，为季氏宗主，鲁国权臣。此时鲁国公室衰弱，以季氏为首的三桓强盛。

季康子有两件事值得一提。鲁哀公十一年，齐国入侵鲁国。季康子任用孔子的弟子冉有击退了齐人，这一战，孔子的弟子冉有和樊迟表现出众。冉有趁机要求季氏请孔子回国。哀公十一年，季康子派遣公华、公宾、公林以币迎孔子，使孔子得以回国，完成他晚年的文化事业。

季康子为权臣凌驾于公室之上，无礼，但也有可取之处，如能用冉有，能归夫子，能常常向孔子请教，还能观察吴国国运——知道吴国最终无法称霸，拒绝其太宰嚭的召见等等。可见此人颇为复杂，既不好也不坏，很难教好导良，又不是完全不可教导。

在季桓子、康子之世，有过不少孔门弟子为季氏做事。《论语》所记就有：季氏使子游为武城宰、子路使子羔为费宰、仲弓为季氏宰、子夏为莒父宰等等。唯冉求为季氏聚敛一事受到孔子严厉批评。

果是果决，有决断。达是通达，知事理。艺是有才能技艺。片言折狱，体现了子路之果；子贡一出，存鲁乱齐破吴强晋而霸越，表现了子贡之达；率左师抵抗入侵的齐军取得胜利，协助季氏聚敛，说明冉求富有军事和经济才能，表现了冉求之艺。

孔门弟子各有所长，孔子因材施教，领导人则可以因材任用。《集注》引程子曰："季康子问三子之才可以从政乎？夫子答以各有所长。非惟三子，人各有所长。能取其长，皆可用也。"

孔子自卫返鲁之时，子路、冉求已为季氏宰，子贡也已用于鲁，只是还没有为大夫。季康子此问，似有重用三人之意。但子路、冉求都限于家宰，毕竟没被重用，唯子贡为大夫，从政于鲁卫之间。

七、闵子骞辞官

季氏使闵子骞为费宰。闵子骞曰："善为我辞焉。如有复我者，则吾必在汶上矣。"（《雍也》第九章）

季氏派人请闵子骞担任费邑主管。闵子骞说："好好代我辞掉吧。如果有人再来请我，那我必定在汶河以北了。"

闵子骞，姓闵，名损，字子骞，鲁国人，孔子早年弟子，著名孝子，其德行与颜渊并称于世，被列为圣门十二哲之首，以孝著称，被后世奉为尽孝的典范。孔子赞扬他："孝哉闵子骞！人不间于其父母昆弟之言。"（《先进》）意谓他的父母兄弟称赞他的话，人们听了都没有异议。

费是季氏封邑，季氏不臣于鲁，而其邑宰亦屡叛季氏，所以他想请闵子骞去做费邑之宰。汶，今山东省大汶河。当时汶水在齐国南面，鲁国北面，流经齐鲁之间。在汶上，就是在汶水以北，暗指要离开鲁国到齐国去。

《论语》所载不欲仕者有漆彤开、闵子骞二人。漆彤开不仕而孔子悦，闵子骞辞费宰之事记录于《论语》，可见得到孔门的认同。《盐铁论·地广》称"闵子不以其仁易秦晋之富。"《史记·仲尼弟子列传》赞闵子骞："不仕大夫，不食污君之禄。"

但要注意，仕不仕大夫和季氏并非判断德性高低的标准。如朱熹《集注》所引谢氏之语，就很不妥当。谢氏说："学者能少知内外之分，皆可以乐道而忘人之势，况闵子得圣人为之依归，彼其视季氏不义之富贵不啻犬彘，又从而臣之岂其心哉？"

与闵子骞同列德行科的仲弓就为季氏宰，孔门中为季氏宰者不少，能说他们不知内外之分、不能忘人之势吗？"视季氏不义之富贵不啻犬彘"也是过激之言。

或谓闵子骞在季恒子时曾经担任过费宰，后来季康子再请则谢绝。又有记载说，季康子请闵子骞为费宰。闵子骞开始不同意，后来经孔子劝说还是上任了，并把家迁到东蒙之阳，村名闵子庄（今闵家寨），因看不惯季氏行为，又辞职了。具体究竟如何已不可考。

八、世事难免有例外

伯牛有疾。子问之，自牖执其手，曰："亡之，命矣夫！斯人也而有斯疾也，斯人也而有斯疾也！"（《雍也》第十章）

伯牛患病，孔子去探望他，从窗户握着伯牛的手，说："没有这个道理啊，命呀！这样的人竟会得这样的病啊，这样的人竟会得这样的病啊！"

伯牛，姓冉，名耕，字伯牛，鲁国人，孔子弟子，在七十二贤人中以德行称，与闵子颜渊并列为三。孟子弟子公孙丑高度赞美说："子夏子游子张，皆有圣人之一体；冉牛闵子颜渊，则具体而微。"（《孟子·公孙丑》）意谓冉伯牛与闵子、颜渊三人，大体具备了孔子的德性境界，只是规模略小罢了。

孔子任鲁国司寇时，冉伯牛继孔子任中都宰，以德惠民，"路无拾遗，器不雕伪"，"而四方之诸侯则焉"。后来又始终追随孔子周游列国。孔子自卫反鲁后不久，冉伯牛一病不起，先孔子而死。

亡之，有二解：一说，亡，丧也，其疾不治，将丧此人；一说，亡同无，无之，谓伯牛无得此病之道。杨三石《论语别解》将"之"解为"这个道理"，也就是"无得此病之道"的意思，解得新颖，特采之。《集注》引侯氏曰："伯牛以德行称，亚于颜闵。故其将死也，孔子尤痛惜之。"

事理有常有变,世事难免例外。伯牛以德行称,却患不治之症。孔子痛悼不已:没有这个道理啊,这是命呀!佛法强调前世,儒家唯论今生,故付之于命而不作解释。伯牛命运其实也不坏:身为孔子徒,官至中都宰,名与颜回并,子孙绵绵,万古尊崇,后福无穷。其患病原因很多,伯牛之病无关德行。《易经》有无妄卦有"无妄之灾""无妄之疾"语,意谓无过而受灾,无故而患病,正好用在伯牛身上。

孔子是关爱学生的楷模。他不仅在品德学业上关心学生进步,对子路、子贡、宰我等都曾有严厉的督促批评,而且在生活上对他们关怀备至。原宪家贫,孔子就给予物质上的照顾,使他能致力于学习。学生生病,孔子亲往探视……孔子对弟子们的关怀爱护,也赢得了学生对他发自内心的敬爱。诚如孟子所言:"以德服人者,中心悦而诚服也,如七十子之服孔子也。"

九、孔颜之乐的奥秘

子曰:"贤哉!回也。一箪食,一瓢饮,在陋巷。人不堪其忧,回也不改其乐。贤哉!回也。"(《雍也》第十一章)

孔子说:"贤德呀颜回!一竹筒饭,一瓢子水,住在陋巷。别人不堪其忧,颜回却不改其乐。贤德呀颜回!"

箪是古时盛饭食用的一种圆形竹器。箪食瓢饮居陋巷,物质生活清贫,颜回不改其乐,是有其深厚的内在依据的。"三月不违仁",常住仁宅里,这就是颜回的快乐之源。安贫乐道,儒家之道就是仁。

仁为本性,有常、乐、我、诚四德。常,即不易,良知恒久远,万劫永流传;乐,指超越世俗苦乐概念的至乐;我,人的肉体和意识都是无常，都会坏灭，仁性作为生命之本质和本质之生命，才是真常之我；诚，良知至真至诚。

仁性四德，常乐我诚，相通相合，密不可分。到了高处，任举其一，就包涵了其他三德，一个乐字，可摄常我诚三德。

孟子有一句名言可视为仁性四德的最好说明。他说："万物皆备于我矣。反身而诚，乐莫大焉。强恕而行，求仁莫近焉。"（《孟子·尽心》）这里的诚、乐、恕、仁都是儒家的核心概念。孟子没有明说常德，却不说而说。本心自性的我，全息着宇宙万物，万物皆备，至诚大乐，当然不会断灭，当然是常。

"诚者，天之道也"的诚具有本体的意义。"反身而诚"即"诚之"的努力到了极致，就是尽心尽性，就是"践形"。"形色，天性也，惟圣人然后可以践形。"（《孟子·尽心》）天性即天命之性，仁性；践形，就是让生命完全地体现仁性，让仁性扩充、落实到人生的每一个角落。

"乐莫大焉"，获得了超乎世俗的大乐，至乐无上。一切世俗之乐都是有所倚、有所依赖和凭借的，唯此大乐，本性圆具一无所倚，不受外在贫富、贵贱、荣辱、得失的影响，不是一切艰难险巇所能剥夺。孔子厄于陈蔡，弹琴自乐；阳明厄于龙场，"未尝一戚"，原因在此。

孔颜之乐是每个人心中自然、自有之乐，是人类生命本有的状态，是一种完全不假外求的无所倚之乐。

十、不要画地自限

冉求曰："非不说子之道，力不足也。"子曰："力不足者，中道而废。今女画。"（《雍也》第十二章）

冉求说："不是不喜欢您的学说，力量不够呀。"孔子说："力量不够的话，是半路停下来。现在你是画地自限。"

画，自限、自止的意思。本义为划分，划分界线。《说文》："画，界也，象田四界，聿所以画之。"引申为截止、停止义。何晏《集解》引孔安国曰："画，止也。力不足者，当中道而废。今女自止耳，非力极也。"扬雄《法言》说："百川学海而至于海，丘陵学山不至于山，是故恶夫画也。"李轨注："画，止。"

中道而废，此词与含有贬义的"半途而废"不同，半路上停止，力极而休息，喻勉力而行。《礼记·表记》："向道而行，中道而废，忘身之老也，不知年数之不足也，俛焉日有孳孳，毙而后已。"

冉求才能出众，长年服务于季氏，深为季氏所倚重。"冉求之艺"，也为其师孔子所称赞。但冉求"局于艺"，才艺有余，仁德不及。他帮助季氏征赋敛财，不尽力阻止季氏对附庸国发动战争，都曾受到孔子严厉责备。

在这里，孔子再一次批评冉求，没有使劲就说力不足，自己给自己划定了一个框框，裹足不前，画地为牢。孔子说过"我欲仁，仁斯至"，"有能一日用其力于仁矣乎，我未见力不足者。"冉求之所以不如颜回，常违于仁，非不能也，是不为也。

在《先进》中，子路和冉有向孔子请教的是同一个问题："闻斯行诸？"听到一个好主张，是否马上行动呢？孔子作出了不同的回答，对子路说：家里父兄在，你应该先征求他们的意见；对冉有则说：应当马上行动。公西华问孔子为什么同问不同答。孔子说："求也退，故进之；由也兼人，故退之。"退就是遇事退缩，不肯积极进取。这个字准确形象地概括了冉求的性格特点。

学无止境，道德上升、智慧开发无止境，故儒家强调尽心、尽力、尽人事。如果全力以赴了，资质所限，力不能继，欲进不能，可以理解，但不能像冉求那样，画而不进，还没努力尝试就宣称自己不行。钱穆说：

"孔子之道高且远，颜渊亦有末由也已之叹，然叹于既竭吾才之后。孔子犹曰：'吾见其进，未见其止。'又曰：'求也退，故进之。'

是冉颜之相异，正在一进一退之间。孔子曰：'有能一日用其力于仁矣乎，我未见力不足者。'此即孟子不为不能之辨，学者其细思之。"（《论语新解》）

十一、君子儒与小人儒

> 子谓子夏曰："女为君子儒，无为小人儒。"（《雍也》第十三章）

孔子对子夏说："你要做君子儒，不要做小人儒。"

君子小人，或以位言，或以德言，而本章君子儒小人儒，应是就度量规模的大小而言。后人评论子夏之学，谨密有余而宏大不足，固执有余而变通不足。盖子夏以文学著称，爱好人文典籍，精于章句训诂，或过于注重"应对进退"之下学，而于"性与天道"之上达有所忽略。

子夏在教学中或有重末轻本之弊，子游乃讥子夏之门人："当洒扫应对进退则可矣，抑末也。本之则无，如之何。"子游言过了，但也非空穴来风。

荀子高度推崇孔子、仲弓之学，却斥子张氏、子夏氏、子游氏之儒为"贱儒"，谈到"子夏氏之儒"时如是说："正其衣冠，齐其颜色，嗛然而终日不言，是子夏氏之贱儒也。"（《荀子·非十二子》）这个评判当然是极其过分、极不合理的。衣冠整齐、面色庄重、寡言少语怎么就下贱了呢？不过于此可见，子夏氏之儒规模欠大，严谨有余而潇洒不足。

小人儒也是真儒。《子路》说："言必信行必果，硁硁然小人哉。"所言小人，亦不失为士之次，有相当的肯定。本章孔子如此告诫，应非警示子夏别沦为小人，而是让他警惕某些方面的不足，有狭隘拘谨之嫌，从而进之以远大。钱穆说："推孔子之所谓小人儒者，不出两义：一则溺情典籍，而心忘世道；一则专务章句训诂，而忽于

义理。"(《论语新解》)

对君子儒、小人儒的解释，历代分歧较大，《安德义论语解读》中介绍了六种说法：

第一种说法："贤者识其大，不贤识其小"。这是从见识角度区分"君子儒"与"小人儒"。第二种："信近于义，言可复也。""言必信，信必果，硁硁然小人哉。"合义之信者是"君子儒"，不合义之信者是"小人儒"，这是从"信义"角度看。第三种："先进于礼乐，野人也；后进于礼乐，君子也。""野人"是"小人儒"，"后进于礼乐"是"君子儒"，这是从为学角度看。第四种："专务章句训诂文字，则褊浅卑狭，成就小者为小人儒，广大高明者为君子儒。"这是从度量角度看。第五种："君子儒为己，小人儒为人。"这是从为学目的角度看。

上引六种说法，虽有分歧，不乏相通处，录此供参考。

十二、澹台灭明的君子风

子游为武城宰。子曰："女得人焉耳乎？"曰："有澹台灭明者，行不由径，非公事，未尝至于偃之室也。"(《雍也》第十四章)

子游任武城县宰。孔子说："你在那里发现人才了吗？"子游说："有个叫澹台灭明的人，行动不抄小路，不是公事从不到我的居室来。"

焉耳，犹言"于此"。耳，同尔。径，小路，捷径，引申为小道、邪道。行动不抄小路，形容动必以正道，不肯投机取巧。偃即子游，姓言，名偃，字子游，这里是子游自称。子游以礼乐教化治理武城，受到孔子高度称赞，与他开玩笑说："割鸡焉用牛刀。"(《阳货》)

澹台灭明，姓澹台，名灭明，字子羽，武城人，为人公正，孔门七十二贤之一。传说澹台灭明状貌甚恶，孔子曾以为他才薄。澹台灭明受业修行，名闻于世，南游到了吴楚之地，跟从他的弟子有三百人，名闻诸侯。孔子叹说："吾以貌取人，失之子羽。"

《大戴礼记·卫将军文子》记载了一段子贡（端木赐）和孔子对澹台灭明的评价："贵之不喜，贱之不怒；苟于民利矣，廉于其事上也，以佑其下，是澹台灭明之行也。孔子曰：'独贵独富，君子耻之，夫也中之矣。'"

从中可以看出澹台灭明的修养和性格特征。他端方正直，勇于坚持原则，不为个人贵贱利害所动，有利民思想，主张损上益下，耻于独贵独富。"夫也中之矣"意谓澹台灭明得乎君子之道了。

为政以得人为先，故孔子以得人为问；取人和荐才则以德行为先。朱熹说："持身以灭明为法，则无苟贱之羞，取人以子游为法，则无邪媚之惑。"陆陇其说："这一章见圣门取人之正大。而学者持身之法亦可见矣。""灭明一径尚不肯，一偃之室尚不肯私谒。有一毫见小欲速之心，皆灭明所深鄙也，有一毫枉己徇人之念，皆灭明所深愧也。"（《松阳讲义》）

于此可见儒家德才观之中正。不抄捷径，不走后门，两件都是小事，却足以表现一个人的刚方廉正。澹台灭明这种"呆板"的人，为儒家所欣赏，放在当今中国，只怕被穿小鞋、放暗箭和逆淘汰将是他唯一的命运。当然，过于无道之世，澹台灭明未必现身。

十三、有功不居真厚德

子曰："孟之反不伐，奔而殿。将入门，策其马，曰：'非敢后也，马不进也。'"（《雍也》第十三章）

孔子说："孟之反不夸耀，败退时殿后。将进城门，鞭打他的马说：'不是我要落后，马不往前跑呀'。"

本章记载孔子对孟之反之谦德高风的赞赏。

孟之反，姓孟名侧，字之反，鲁国大夫，《左传》作孟之侧，《庄子·大宗师》里作孟子反，谓"子桑户、孟子反、琴张相与友"。《庄子·人间世》载孟子反、琴张吊子桑户歌云："嗟来桑户乎，嗟来桑户乎，尔已反其真，而我犹为人猗！"三人都是孔子时人，琴张见《孟子》，孟子反即孟之反，子桑户即子桑伯子，俱见《论语》。

鲁哀公十一年，齐国攻打鲁国。把持国政的季氏、孟氏、叔孙氏三家不愿出兵。冉求时为季氏家臣，主持家政，坚决主张抵抗，劝说季氏联合孟氏出兵，兵分左右两翼。先右翼战败撤退，孟之反主动殿后掩护大家。左翼部队则在冉求的率领下打败齐军，冉求、子路都在这一次抵抗齐军的战役中立了大功。

冲锋在前，败退殿后，安全撤退，皆大不易。孟之反有功受到赞扬，却诙谐而谦虚地说："不是我勇敢，是我的坐骑慢吞吞不肯走嘛！"朱熹说：

"战败而还，以后为功。反奔而殿，故以此言自掩其功也。事在哀公十一年。谢氏曰：人能操无欲上人之心，则人欲日消、天理日明，而凡可以矜己夸人者，皆无足道矣。然不知学者欲上人之心无时而忘也，若孟之反，可以为法矣。"（《集注》）

颜回说希望自己做到"无伐善，无施劳"，孟之反自掩其功，就是不伐善不施劳的表现。谦卦六爻皆吉，大吉大利，其卦辞说："劳谦君子，有终，吉。"孟之反不愧是劳谦君子。

《易经·系辞》记载孔子的话说："劳而不伐，有功而不德，厚之至也。语以其功下人者也，德言盛，礼言恭。谦也者，致恭以存其位者也。"《尚书·大禹谟》说"满招损，谦受益，时乃天道"。都是强调谦德的重要、赞美谦德的美好的。

刘邵《释争》开头写道："盖善以不伐为大，贤以自矜为损，是故舜让于德而显义登闻，汤降不迟而圣敬日跻。"结尾说："孟之反以不伐获圣人之誉，管叔以辞赏受嘉重之赐；夫岂诡遇以求之哉？乃纯德自然之所合也。"（《人物志》）还列举了虞舜、商汤、孟之反、管叔四人的谦德，说明谦让不仅体现了道德的美好，也有助于事业的成功。

十四、祝鮀之佞和宋朝之美

子曰："不有祝鮀之佞，而有宋朝之美，难乎免于今之世矣。"（《雍也》第十六章）

孔子说："没有祝鮀的才能，却有宋朝的美色，在当今之世是难以免害的了。"

佞，指口才好，有才华。《春秋左氏传》昭公二十一年载奋扬之言："臣不佞。"注曰："佞，才也。"有人说冉雍"仁而不佞"，孔子回答说"焉用佞"，可见当时风气好佞，以佞为美，不佞则是无才，是不足。祝，宗庙官名。

祝鮀，又称祝佗，字子鱼，卫国贤大夫，德才兼备，能言善辩，善于辞令。《左传·定公四年》记载，（公元前506年）三月，周王卿士刘文公在召陵会盟诸侯，谋划进攻楚国，开始拟将蔡国安排在卫国前面歃血。祝佗私下找到周王室的大夫苌弘，长篇大论，说明卫国应该安排在蔡国之前的理由，苌弘被深深打动，与刘文公和范献子商量，结盟时让卫灵公在蔡昭侯之前歃血。仅此一事可见祝鮀口才了得。

孔子对他相当欣赏。《宪问》记载，孔子说卫灵公无道，季康子问，那他为什么不灭亡呢？孔子说："仲叔圉治宾客，祝鮀治宗庙，王孙贾治军旅，夫如是，奚其丧？"卫灵公虽然不行，却能用贤才，故能维持卫国的局面。朱熹注说："能用此三人，犹足以保其国。"可见卫灵公无道，不能齐家治内，却懂得用人，也不是太无道。

宋朝，宋国公子，名朝，以貌美闻名于世。《左传》记载，宋朝为卫国大夫，与卫灵公嫡母襄夫人宣姜和夫人南子有染，又和齐豹、北宫喜、褚师圃一同作乱，把灵公赶出卫国。后来灵公复国，公子朝跟南子一起出逃。

定公十四年，卫灵公以母亲思念媳妇的理由将二人召回。一次卫国太子蒯聩献盂于齐，经过宋国，宋人向他唱道："既定尔娄猪，盍归吾艾豭？"（这就是成语"娄猪艾豭"的由来。娄猪，母猪，这里指南子。艾豭，老公猪，这里指宋朝，后借指面首或渔色之徒。）

蒯聩闻之大为羞愤，谋刺南子，不成而出逃。卫灵公死后，蒯聩之子蒯辄得立，即卫出公。上演了一出父子相争的闹剧。哀公十六年，蒯聩逐其子而为君。十八年逃亡至狄，被狄人杀死，谥庄公。

本章古今异解分歧，都不中肯。我以为孔子是以祝鮀来对比和反衬宋朝，意谓宋朝这类美人，没有才能，虚有其表，难有好下场。"人之生也直，罔之生也幸而免"。像宋朝这种人，只怕难免。可惜其下场史籍无载。南子则"未免"，还是被蒯聩杀了。

十五、走路就要走大路

子曰："谁能出不由户？何莫由斯道也？"（《雍也》第十七章）

孔子说："谁能外出不经过门？何不走这条大道呢？"

户，门。何莫，何不。一说，莫，非也，谓何非由此道，即谓人生日用行习无非道，特终身由之而不知。斯道，这条路，指仁义之道。

仁如宅室，礼如门户，修养于个人为仁宅，落实于政治为礼制。《礼记·礼器》云："经礼三百，曲礼三千，其致一也，未有入室而不由户也。"

"何莫由斯道"的道指的就是仁义之道。不论是个人还是社会，一旦行不由斯道，就会出问题，甚至走上邪路。非道远人，人自远道。《中庸》指出："道也者，不可须臾离也，可离非道也。"又说："道不远人，人之为道而远人，不可以为道。"可以远离而不出问题的就不是真正的道，那就是"道"有问题。

孔子的境界，人所难能；孔子的道路，人人可行。因为人人皆有良知，人人良知平等，每个人都是天生的儒家。所谓五常道，就是五种普适价值。仁义礼智信，谁能离得开，谁又缺得了？可惜人人知道出必由门，但很多人不知道行必由道，从而走上非正非常的小道和反经反常的邪道。

南怀瑾先生喻佛家为百货店，道家为药店，儒家为粮食店。粮食人人不可或缺，就像门户和道路不可或离一样。这个比喻的发明权应该是元儒孛术鲁翀。《南村辍耕录》记载：

"孛术鲁翀子翬公在翰林时，进讲罢，上（元文宗）问曰：'三教何者为贵？'对曰：'释如黄金，道如白璧，儒如五谷。'上曰：'若然，则儒贱邪？'对曰：'黄金白璧，无亦何妨？五谷于世岂可一日阙哉！'上大悦。"

纪晓岚也有类似比喻：

"盖儒如五谷，一日不食则饿，数日则必死。释道如药饵，死生得失之关，喜怒哀乐之感，用以解释冤怨、消除怫郁，较儒家为最捷；其祸福因果之说，用以悚动下愚，亦较儒家为易入。特中病则止，不可专服常服，致偏胜为患耳。"（《阅微草堂笔记》）

三人都把儒家喻为粮食，可谓英雄所见略同。"黄金白璧，无亦何妨"，百货乃至医药很重要，但终究不如粮食，是人类不可或缺之物。反儒等于反粮食，比不用百货不吃药，更危险，无异自绝生路。反儒，人就变成了文化道德饿鬼。

儒家是良知良能、常识常理、正知正见最大根据地，打倒正理，导致歪理泛滥；打倒君子，终将小人得志；打倒圣贤，难免盗贼横行；打倒良知，良制良法良风良俗何以可能？

十六、君子文质彬彬

子曰："质胜文则野，文胜质则史。文质彬彬，然后君子。"（《雍也》第十八章）

孔子说："道德胜过文章就会粗率，文章胜过道德就会浮华。文章与道德配合恰当，那样才君子。"

质，本质，内容，内在品德。文，形式，文采，外在礼仪。野，粗野。《礼记》：敬而不中礼谓之野。

史，本义是掌文书的官，这里略含贬义，长于文辞，表面文章。《仪礼·聘礼记》："辞多则史。"三代太史内史都掌策书，故辞多为文史。《韩非子·难言》云："繁于文采则见以为史，以质信言则见以为鄙。"彬彬，文质兼备相称的样子，文与质互相融和，配合恰当。

质文关系，即本质与现象、本体与作用的关系。用不足，质胜文；体不足，文胜质。文质彬彬，才是体大用宏，才是中庸之道。古人说道德文章，先道德而后文章，道德为本，文章为末。君子修养，有本有末，本末配套。

于政治，仁义为本，礼乐为末，同样以文质彬彬为上。《礼记·表记》记载："子曰：虞夏之质，殷周之文，至矣。虞夏之文，不胜其质；殷周之质，不胜其文；文质得中，岂易言哉？"意谓夏朝质胜文，殷周文胜质，没有完全达到"文质得中"的中道境界。刘逢禄《论语述何》说："殷革夏，救文以质，其敝也野；周革殷，救野以文，其敝也史。殷周之始，皆文质彬彬者也。"殷周开始的时候是文质彬彬的。

因为本末不二，文质都很重要，文胜质固然不行，质胜文同样不好。《左传·襄公二十五年》记载孔子之言说："《志》有之：言以足志，文以足言。不言，谁知其志？言之无文，行而不远。晋为伯，郑入陈，非文辞不为功。慎辞也！"

因为质本文末，本质更重要，与其文胜质，不如质胜文。《集注》引杨氏之言说："质之胜文，犹之甘可以受和，白可以受采也。文胜而至于灭质，则其本亡矣。虽有文，将安施乎？"如果有文无质，只剩形式没有内容，就更不行了。"人而不仁，如礼何？人而不仁，如乐何？"

马培路附言："《集注》曰：'史，掌文书，多闻习事，而诚或不足也。'"犹今办公室主任，每天接待客人，见人多听事广，谓之多闻；赔笑脸、言客套，谓之习事。久之，则精神发散于外而不能收。精神发散则内诚不足，孟子所谓放心也。巧言令色足恭，左丘明孔子所以耻之者在此。

十七、罔之生也幸而免

子曰："人之生也直，罔之生也幸而免。"（《雍也》第十九章）

孔子说："人的本性是正直的。扭曲了人性，免于灾祸是侥幸。"

罔字有二解。一为誷，诬誷，欺骗；二为柱字的假借，意为邪曲，不正直，这里作动词用。

本章两个生字，多数学者都作"生存"解，整句意为（具体文字因人而异，大概意思差不多）：正直的人才得以生存，邪曲的人如果生存，那是侥幸地免于祸害。

东海以为，这里的生作"本性"解更准确。生，古代与性字通用，如《尚书·君陈》："惟民生厚，因物有迁。"传："言人自然之生敦厚，因所见所习之物而有变迁。"《周礼·地官·大司徒》："以土会之法，辨五地之物生。"注："杜子春读生为性。"

《易经·系辞》说："夫乾，其静也专，其动也直，是以大生焉。"以直为乾元之德。刘氏《正义》："直者，诚也。"《中庸》以诚为"天之道"。乾之德，天之道，就是人之本性。盖人之本性，天之所命。人之生也直，意谓人的本性正直。直即是善，这句话就是儒家性善论的表达，相当于说，人之初性本善。

罔之生的性，其实是后天的不良习性。伊尹说："兹乃不义，习与性成。"（《尚书·太甲》）人性扭曲败坏了，人的生存和安全就得不到保障。君子居易以俟命，小人行险以侥幸。小人冒险行事，为非作歹，就会招灾惹祸，如触刑犯法、被人报复、遭遇各种意外等，没有人祸，也有天灾于人。如果免于灾祸，只是侥幸而已。《论语集释》引《荀悦论》说：

"疾病有不治能自瘳者，有治之则瘳者，有不治则不瘳者，有虽治而终身不可愈者。昔虢太子死，扁鹊治而生之。鹊曰：'我不能治死为生也，能使可生者生耳。'然太子不遇鹊，亦不生矣。若夫膏肓之疾，虽医和亦不能治矣。故孔子曰：'死生有节。'又曰：'不得其死然。'又曰：'幸而免。'死生有节，其正理也；不得其死，未可以死而死。幸而免者，可以死而不死。"（《汉纪·高后纪·荀悦论》）

死生有节，是正理，是人生之常；可以不死却死了，如子路，这是不得其死；可以死而不死，这是侥幸，幸而免，属于非正常现象。

十八、为学的三个层次

子曰："知之者不如好之者，好之者不如乐之者。"（《雍也》第

二十章)

孔子说:"知道她的人不如爱好她的人,爱好她的人不如乐在其中的人。"

本章讲的是为学的三个层次。知是一般了解;好是爱好,对它有兴趣;乐是以之为乐,乐在其中,是深层次的理解爱好。

为学有益,有的人是功利性的学,知道人要学习有出息,学,利在其中矣;有的人是爱好学习,然爱有深浅,以学为乐,乐在其中,才是深爱。《学而》说:"学而时习之,不亦说乎!"只有产生了不亦说乎的深层快乐感,才有"学而时习之"的持久动力。至于被人逼迫着学习,只会"不亦苦乎"。

朱熹《集注》引张敬夫语云:"譬之五谷,知者知其可食者也,好者食而嗜之者也,乐者嗜而饱者也,好之而未及于乐,则是好之未至也。此古之学者,所以自强而不息者欤。"

《集注》又引尹氏语:"知之者,知有此道也;好之者,好而未得也;乐之者,有所得而乐之也。"将"之"理解为道,也没错。儒家为学为道,有一致性。《说文》云:"学,觉悟也。《白虎通·辟雍》:'学为言觉,以觉所未知也。'"儒家下学上达,学习可以觉悟"性与天道"。学习的过程固然乐,学习的结果更是乐。

快乐、学问、道德三者成正比。值得一提的是,西方文化中也有道德高于一般幸福,道德是通往幸福的最佳途径、道德本身就是幸福等等观点。这一观点在西方以古希腊的斯多葛派和基督教伦理学为代表。塞涅卡反复强调"快乐不应是追求德性的目的,德性本身就是幸福"。

这些说法与儒家"仁者无忧""回也不改其乐"等圣言表达的快乐原则不谋而合。不过,比起斯多葛派和塞涅卡来,孔颜之乐更为圆满。在儒家,乐是学问之乐,更是心性之乐,还是实践之乐,道德实践和政治实践无不可乐。

孔子说："言而履之，礼也；行而乐之，乐也。"义理付诸实践，就是礼；快乐地实践，实践而快乐，就是乐。这才是礼乐制度的真义。快乐之乐与音乐之乐、礼乐之乐不同义，但有其内在关联性。

十九、上士、中士和下士

子曰："中人以上，可以语上也；中人以下，不可以语上也。"（《雍也》第二十一章）

孔子说："中等以上的人，可以对他讲授上乘道理；中等以下的人，难以对他讲授上乘道理。"

中人以上，上士也；中人以下，下士也。老子说过："上士闻道勤而行之，中士闻道若存若亡，下士闻道大笑之。"下士，智慧低下，对下士"语上"，只会招来嘲笑。孔子老氏共发感慨，东海也是深有体会。儒理特别殊胜，"骤而语之太高"，不能理解和接受是最正常不过的了。

孔子一生诲人不倦，弟子三千贤人七十二，真正彻悟大道之全的，几乎只颜子一个，遗憾又早夭了；释尊弟子遍天下，灵山会上论道论到高处，也只大迦叶一人得其心传。可见上根大智自古以来稀有，何况这个学久已绝、道久已丧的时代？能够发现或遇见一些中士，就已经很值得庆幸了。

古人又将上中下三种品识进一步细分为九种：上上、上中、上下、中上、中中、中下、下上、下中、下下，共九品。上上是生而知之，下下是下愚不移。

本章也是对教育方法的揭示。教学要因人制宜，因材施教，循循善诱，"不凌节而施"——这是《学记》提出的教学原则之一，"不凌节"就是不要超越学生的实际情况，既不要让大的、有才能的学生吃不饱，也不要对幼小和迟钝的学生教得太多太深奥，超越他们的接受能力。

《论语》中同样的问题，不同弟子所问，孔子回答不同，这就是量体裁衣的教育法。于"性与天道"，子贡不得而闻，于孔子之言无所不悦的颜回，自然得而闻之。

二十、对鬼神的态度

樊迟问知。子曰："务民之义，敬鬼神而远之，可谓知矣。"问仁。曰："仁者先难而后获，可谓仁矣。"（《雍也》第二十二章）

樊迟问什么是智，孔子说："致力于人道所宜，尊敬鬼神但远离它，可以说是智了。"问什么是仁，孔子说："仁者艰难的事情抢在人前，收获的时候退居人后，可以说是仁了。"

务，致力于。《说文》："务，趣也。"段玉裁《说文解字注》："趣者，急走也，务者，言其促疾于事也。"民，也是人，《集注》说："民，亦人也。"从政治角度，则用民字。《礼运》上说："何谓人义？父慈、子孝、兄良、弟悌、夫义、妇听、长惠、幼顺、君仁、臣忠十者谓之人义。"这十者，于儒家既是个人修养，又是政治追求。

务民之义，致力于人道之所宜，就是努力把这人道所必需的十个方面做好。

君子务本，本立而道生。仁为第一本，于个人层面为孝，君子要以孝为本；于政治领域为民，君子要以民为本。务民之义，在政治上，就是要坚持民本原则做好各项工作。同时在人神关系方面以人为本，所以要敬鬼神而远之。

儒家文化的历史超前性，在这里体现得相当充分。推动中华文化主流从神本主义向仁本主义转型，孔子功莫大焉。以仁为本的生命哲学是对以鬼神为中心的生命观的一次大跨越。梁漱溟说："不以宗教为中心的中国文化，端赖孔子而开之。"

世界各大民族都有过神本时代，我们先民也曾充满了对上帝的敬畏和信仰，到商朝依然流行怪力乱神。古文献中提及上帝，就是先民神本思想的残留。孔子集古文化之大成，虽然信而好古，并不唯古是从，而是对其中的神本思想进行了剔除和新解。从神本生命观到仁本生命观的历史性转向，正是儒家文化先进性和超前性的主要表现之一。

《易经》说："观天之神道，而四时不忒，圣人以神道设教，而天下服矣。"学者或解为圣人教人信神，或解为圣人以宗教方式教化天下，甚至解为圣人假托鬼神愚弄民众等，皆误。孔子明言敬鬼神而远之、不语怪力乱神，岂会出尔反尔，又岂能弄虚作假？

这里的神不是指神祇，而是形容天道的四时运行从无差错。神道设教，意谓以天道教化天下。孔颖达疏："微妙无方，理不可知目不可见，不知所以然而然，谓之神道。"马一浮说：《易》言神道者，皆指用也。如言显道神德行，谓其道至神耳。岂有圣人而假托鬼神之事以罔民哉？设教犹言敷教耳。绝非假设之意。"

孔子远鬼神，反对以神为本，但亦敬鬼神，倡导宗庙祖先祭祀。敬神祭祖，其实是敬天道，敬祖先。《礼记·檀弓》说："唯祭祀之礼，主人自尽焉耳，岂知神之所飨。"

二十一、仁者和智者

子曰："知者乐水，仁者乐山；知者动，仁者静；知者乐，仁者寿。"（《雍也》第二十三章）

孔子说："智者喜爱水，仁者喜爱山；智者活跃，仁者沉静；智者快乐，仁者长寿。"

《易经》有三原则：变易、不易和简易。智者通权达变，智慧仿佛水流动不滞，随岸赋形，知者乐水，切合变易原则；仁是最高原则,仁性有超越性和绝对性,仁者仿佛大山巍然,屹立而不动摇,仁者乐山,切合不易原则。

黄式三《论语后案》曰:"水缘理而行,经历险阻,必达乎海而后已;知者通天下事之道理,无拘执,无阻窒,故乐水。山安土而敦蓄育,取予于云雨,成万物,无所私;仁者敦厚无私,故乐山。"

智与仁,既有别又相通,且仁高于智。仁是至德,也是大智。智者不必有仁,仁者必有智,智慧到了最高处也成仁。因此,乐寿不二,动静不二,乐水乐山不二。也就是说,知者也乐山,仁者也乐水;知者也静,仁者也动;知者也寿,仁者也乐。

《孔子家语》中孔子对仁者为何长寿作了解释,并且加上了"智者寿"的说法。原文如下:

"哀公问于孔子曰:'智者寿乎?仁者寿乎?'孔子对曰:'然!人有三死,而非其命也,行己自取也。夫寝处不时,饮食不节,逸劳过度者,疾共杀之;居下位而上干其君,嗜欲无厌而求不止者,刑共杀之;以少犯众,以弱侮强,忿怒不类,动不量力者,兵共杀之。此三者,死非命也,人自取之。若夫智士仁人,将身有节,动静以义,喜怒以时,无害其性,虽得寿焉,不亦可乎?'"(《孔子家语·五仪解》)

孔子认为,智士仁人之所以长寿,是因为过的是道德的生活,行动有节制,行为合道义,喜怒适时,不易发生"病杀、刑杀、兵杀"等意外死于非命,不会让人之本性受到伤害。

关于仁者寿,《中庸》中孔子借着对舜帝的赞美再次强调了这个观点,而且加了个"必"字,态度更加"坚决"了。孔子说:

"舜其大孝也与!德为圣人,尊为天子,富有四海之内,宗庙飨之,子孙保之。故大德必得其位,必得其禄,必得其名,必得其寿。"(《中庸》)

注意，对《中庸》中这个"必"字不可僵化理解。在道德社会，大德之人得其位禄名寿的概率特别高，在反道德逆淘汰社会则不然。朱熹认为，大德之人是否得其位禄名寿，与"气运"相关。上古之时，"天地之气，其极清者，生为圣人，君临天下，安享富贵，又皆享上寿。"后世气运渐乖，如孔子就有德无位。不过，秦汉以后圣贤大儒的位禄名寿，相对而言还是普遍高于一般人。

二十二、齐逊于鲁，鲁离了道

子曰："齐一变，至于鲁；鲁一变，至于道。"（《雍也》第二十四章）

孔子说："齐国改良一下，可达到鲁国；鲁国改良一下，可达到王道。"

对当时各诸侯国，孔子最看重齐鲁，两国是周公、太公的封国，虽然"人亡政息"，尚存圣贤教化的流风余韵。

两国同中又有异。当时齐强鲁弱，但孔子认为，齐不如鲁。齐国虽强，齐桓行的是霸道，其俗急功利，其民喜夸诈，离王道较远。鲁国虽弱，也非王道，但较为重礼教崇信义，更接近王道些，更有复礼的希望。

"鲁昭公没于外，鲁再世仍无恙，而三桓之子孙微，民心知义故也。齐景公有马千驷，显名于诸侯，身死之后，国为陈氏，民不不知义故也。"（《四书翼注》）因此，齐国兴盛时已经不如鲁国，鲁国衰弱时依然胜过齐国。

齐变始能至鲁，鲁变可以至道，关键是能变。齐国自孔子之后也曾有所变，因孔子学生在齐国也不少，《论语》有齐论，《诗经》有齐诗，汉时齐鲁并称。不过，两国都没有实现真正的政治改良，没能"导之以德，齐之以礼"，都终归亡国。

《吕氏春秋》说：吕太公望封于齐，周公旦封于鲁。齐"尊贤上功"，贤能四方云集，日大日霸，二十四世为田氏所篡；鲁"亲亲上恩"，三家虽有僭乱，日削日弱，三十四世方为楚国所灭（《吕氏春秋·仲冬纪》）。孔子未见后事，但从齐鲁优劣，似已可判两国的结局。

《说苑》记载：

"齐之所以不如鲁者，太公之贤不如伯禽，伯禽与太公俱受封，而各之国三年，太公来朝，周公问曰：'何治之疾也？'对曰：'尊贤，先疏后亲，先义行仁也。'此霸者之迹也。周公曰：'太公之泽及五世'五年伯禽来朝，周公问曰：'何治之难？'对曰：'亲亲者，先内后外，先仁后义也。'此王者之迹也。周公曰：'鲁之泽及十世。'故鲁有王迹者，仁厚也；齐有霸迹者，武政也；齐之所以不如鲁也，太公之贤不如伯禽也。"（《说苑·政理》）

《说苑》说太公之贤不如伯禽，其实是太公之贤不如周公，盖伯禽是周公之子，秉持周公之训。姜太公虽也大贤，其政治也是德治礼制，但其治国思想"先疏后亲，先义行仁"，已有霸道的苗头和倾向。伯禽则坚持"先内后外，先仁后义"，所以周公判断鲁国国祚较齐国为长。

思想源头上的一点偏差和瑕疵，影响何其长远，后果如此严重，如果源头就错误，又将如何？

二十三、觚哉之叹的深沉

子曰："觚不觚，觚哉！觚哉！"（《雍也》第二十五章）

孔子说："觚不是觚了，觚呀！觚呀！"

觚，行礼的酒器。《集注》说："觚，棱也，或曰酒器，或曰木简，皆器之有棱者也。"

本章多解，或说：不觚者，盖当时失其制而不为棱也。觚哉觚哉，言不得为觚也。

或说：觚而失其形制，则非觚也。举一器，而天下之物莫不皆然。故君而失其君之道，则为不君；臣而失其臣之职，则为虚位；人而不仁则非人，国而不治则不国矣。

或说：取名觚者，寡少义，戒人贪饮。时俗沉湎于酒，虽持觚而饮，亦不寡少，故孔子叹之。

或说：觚有棱，时人破觚为圆，而仍称觚，故孔子叹之。饩羊之论，所以存名。觚哉之叹，所以惜实。其为忧世则一。

东海以为，这一章让人感到孔子觚哉感叹的深沉。至于具体感叹什么，由于缺乏详实的资料，不好猜测。孔子或许是感叹文化传统的败坏和礼乐精神的消失，或许是感叹王道政治的堕落和道德理想的破灭，或许是感叹君不君、臣不臣、父不父、子不子，世风日下的现状，或许其感慨是综合性、多层次、朦朦胧胧的，孔子自己也说不清楚。总之，没有必要在这里做过度的引申阐析。

二十四、君子不是好欺的

宰我问曰："仁者，虽告之曰：'井有仁焉。'其从之也？"子曰："何为其然也？君子可逝也，不可陷也；可欺也，不可罔也。"（《雍也》第二十六章）

宰我问道："对仁者，如果告诉他有人掉井里了，他会跳下去吗？"孔子说："怎么会那样呢？能让君子会前往井边（设法救人），不能让他跳下去；可以欺骗君子，不能让他迷昧。"

"井有仁焉"，或本"仁"下有"者"字；或说，此"仁"字当做"人"；或说，仁者志在救人，今有一救人机会在井中，即"井有仁也"，不言人而人可知。逝，往。陷，陷害。又，据学者王力先生《上古韵部及常用归部表》注解，上古"逝"与"折"皆入"月"部，互为假借字。逝有摧折、折辱之意。

《集释》引《论语或问》苏氏云："溺，仁者之所必为也；杀其身无益于人，仁者之所必不为也。"这话说得对极了。发现有人落水，仁者一定会救，但不会跳下井去救人，那是"杀其身无益于人"的愚蠢之举。君子或会被骗，但不会如此糊涂。

孟子也说过类似的话："君子可欺之以方，难罔以非其道。"在说这句话之前，孟子讲了一个"校人烹鱼"的故事：

"昔者有馈生鱼于郑子产，子产使校人畜之池。校人烹之，反命曰：'始舍之，圉圉焉，少则洋洋焉，悠然而逝。'子产曰：'得其所哉！'得其所哉！校人出曰：'孰谓子产智，予既烹而食之，曰"得其所哉！得其所哉！"'故君子可欺之以方，难罔以非其道。'"（《孟子·万章》）

校人是管理池沼的小吏。他把鱼做熟吃掉了，却欺骗子产说，已经奉命放生在水池中，还栩栩如生地描述了鱼被放生后活泼的情况。子产说得其所哉，小吏则自鸣得意。这就是君子可欺之以方的事例。

小吏说的合乎情理，又是微不足道的小事，所以子产"上当"了，但并不表示子产没有智慧。朱熹说："欺以其方，谓诳之以理之所有；罔以非其道，谓昧之以理之所无。"君子自有识人之明和择法之眼，或会小受欺骗，不会大事糊涂，不会被歪理邪说所欺罔，就像可以将仁者骗到井边，不可能让仁者自投井底去一样。吕端大事不糊涂，此之谓也。

《论语新解》说："本章问答，皆设喻。身在井上，乃可救井中之人。身入井中，则自陷，不复能救人。世有愚忠愚孝，然不闻有愚仁。盖忠孝有时仅凭一心，心可以愚。仁则本于心而成德，德无愚。故曰：'仁者必有知，知者不必有仁'，此见仁德之高。或说：宰我此章之问，或虑孔子罹于祸而微讽之。如子欲赴佛肸、公山弗扰之召，子路不悦。宰我在言语之科，故遇此等事，不直谏而婉辞以讽。"

二十五、博文约礼双重修养

子曰："君子博学于文，约之以礼，亦可以弗畔矣夫！"（《雍也》第二十七章）

孔子说："君子广泛学习文化，以礼来约束自己，也可以不违仁道了！"

文，指人文和诗书六艺之文，包括文化道德知识和各种礼乐刑政知识。

这个字又有深浅二义。"行有余力，则以学文"的文，偏重于知识性，为浅层义；《易传》曰："文明以止，人文也。"观乎人文以化成天下，所以孔子说："文王既没，文不在兹乎？"谥法"经天纬地曰文"，皆为深层义。

博文约礼，是君子修养的必须。君子学问应该广博，于文化无不考究；操守应该坚定，其行为必须守礼，视听言动都要接受礼的约束，如此才可以不违背仁道。

《子罕》中颜渊说："夫子循循然善诱人，博我以文，约我以礼。"博文约礼是儒家重要的教学方法，也是儒家与佛道两家的重要区别之一。

儒家特别重视各种文化知识的学习，包括道德知识和自然知识。《中庸》"博学审问慎思明辨笃行"，将博学审问放在前面，说"有弗学，学之弗能，弗措也。有弗问，问之弗知，弗措也。"《大学》八条目，以格物致知为基础。

史上著名的朱陆之争，争的是"道问学"与"尊德性"孰轻孰重的问题。朱子侧重"道问学"，主张"令人泛观博览而后归之约"；陆九渊侧重"尊德性"，强调为学当"先立乎其大者"，"欲先发明人之本心,而后使之博览"。

其实,在先秦儒家那里,道问学与尊德性的关系,就像博与约一样,两者相辅相成,并无孰轻孰重之分。《中庸》说:"君子尊德性而道问学,致广大而尽精微。"东海曾有《步朱陆鹅湖诗韵》一首,在和诗开头就用一句"广大精微俱所钦"概括并融解了朱陆之争。博学于文,是道问学,可以致广大;约之以礼,进一步尊德性,有助于尽精微。

二十六、子见南子又何妨

子见南子,子路不说。夫子矢之曰:"予所否者,天厌之!天厌之!"(《雍也》第二十八章)

孔子去见南子,子路不高兴。孔子对他发誓说:"我如有什么非礼行为,上天厌弃我!上天厌弃我!"

南子,宋国著名美女,卫灵公夫人,名声不好。当时卫灵公年老昏庸,南子实际上操纵卫国政权。她派人召见孔子,孔子起初辞谢,不得已而见之。矢通誓,孔子因子路不悦,指天而誓。

关于"子见南子"一事,《史记》载:

"灵公夫人有南子者,使人谓孔子曰:'四方之君子不辱欲与寡君为兄弟者,必见寡小君。寡小君愿见。'孔子辞谢,不得已而见之。夫人在帷中。孔子入门,北面稽首。夫人自帷中再拜,环佩玉声璆然。孔子曰:'吾乡为弗见,见之礼答焉。'子路不说。孔子矢之曰:'予所否者,天厌之!天厌之!'"(《孔子世家》)

这一小段情节,可以读出不少言外之意,如当时文化人的国际地位,儒家师生唯道是重、和而不同等,还可以读出有关人物形象的生动，如南子的知人之明和外交辞令的高明，让孔子无法推辞；她对孔子很尊重，一拜再拜，环佩玉声璆然。还有孔子"无可无不可"的中庸风范，子路正直狷介的个性及眼光智慧的不足等等，无不跃然纸上。下一章说中庸，或就是孔子有感而发。

子见南子，子路不说，外人误会和诋毁就更难免了，《吕氏春秋》《淮南子》《盐铁论》中都有孔子因弥子瑕以干卫君、诡道求仕之说。

坚持绝对不合作主义的荷蓧丈人们很高尚，周游列国推销仁道、无可无不可的孔子更高尚；多次反对或严厉质疑孔子的子路很正派，应南子之邀，又曾欲应佛肸和公山弗扰之邀的孔子，更加正派。此中道理，不仅世俗眼光难以理解，一些儒者也未必理解。孔子亦唯自行其是，自尽其心耳。

朱熹说："孔子至卫，南子请见，孔子辞谢，不得已而见之。盖古者仕于其国，有见其小君之礼。而子路以夫子见此淫乱之人为辱，故不悦。……圣人道大德全，无可无不可。其见恶人，固谓在我有可见之礼，则彼之不善，我何与焉。然此岂子路所能测哉？故重言以誓之，欲其姑信此而深思以得之也。"(《集注》)

元代儒者金履祥进一步开解："圣人道大德全，不绝人于善。其在恶人，固谓彼有愿见之心，而在我有可见之礼，则不咎其既往，或启其将来，未可知也。孔子居是邦，不非其大夫，况其君夫人乎？"(《集释》)

二十七、世间难得是中庸

子曰："中庸之为德也，其至矣乎！民鲜久矣。"(《雍也》第二十九章)

孔子说："中庸作为一种道德，那是高极了！世人缺乏很久了。"

中道由来已久。孔子之前一千七百多年，尧以"允执厥中"传之舜，舜以"人心唯危，道心唯微。唯精唯一，允执厥中"十六字真言传之禹，孔子加一庸字，称为"中庸之道"。

庸释为用，中庸就是"用中"意。《中庸》郑玄注："中庸者，以其记中和之为用也；庸，用也。"庸又寓平常、正常、恒常之意。真理不偏颇不怪诞，故平常、正常；大道永不变，故恒常。程子说："不偏之谓中，不易之谓庸。中者天下之正道，庸者天下之定理。"

中庸才能恰到好处。"子贡问：'师与商也孰贤？'子曰：'师也过，商也不及。'曰：'然则师愈欤？'子曰：'过犹不及。'"（《论语·先进》）；"道之不行也，我知之矣。知者过之，愚者不及也；道之不明也，我知之矣，贤者过之，不肖者不及也。人莫不饮食也，鲜能知味也。"（《中庸》）过与不及表现不同，都不符合中庸的要求。

中庸是方法论，是待人处事的方式方法，也是价值观，是智能和道德，即体即用，全体大用。所以掌握和坚持中庸之道，堪称世界上最难的事情。孔子说过："天下国家可均也，爵禄可辞也，白刃可蹈也，中庸不可能也。"（《中庸》）

儒学中"仿佛矛盾"的言论本来不少，如温良恭俭让的"让"与"当仁不让"，"君有命不俟驾而行"的尊君尽职与"民贵君轻"思想，"臣侍君以忠"与汤武革命，"人之患在好为人师"与"诲人不倦"，"人无信不立"与"大人言不必信"，"恭自厚而薄责于人"与"春秋责备于贤者"等等，都是矛盾的统一：统一于中庸之道。不懂中庸，就不易理解和领会它们假矛盾中的真统一和大圆融。

中庸之德在孔子时代就已"民鲜久矣"，到现时代更是踪迹难觅。现在不仅是礼崩乐坏，而是完全彻底的学绝道丧。东海文章常会被读者作离题万里的解读，令人哭笑不得，发"我欲无言"之叹。其实想想也不奇怪。孔孟圣言尚且饱受误会，况东海乎？

二十八、自立立人，自达达人

子贡曰："如有博施于民而能济众，何如？可谓仁乎？"子曰：

"何事于仁，必也圣乎！尧、舜其犹病诸。夫仁者，己欲立而立人，己欲达而达人。能近取譬，可谓仁之方也已。"(《雍也》第三十章)

子贡说："如果有人广泛施惠于民，能周济众人，怎么样？可以称为仁者吗？"孔子说："何止是仁者，那必定是圣王了！尧舜还怕有所不足呢。那仁者，自己想要成就就会帮助他人成就，自己想要通达就会帮助他人通达。凡事都能推己及人，可以说是践行仁的方法吧。"

何事于仁，何止是仁。事是"止"的假借字。据学者王力《上古韵部及常用字归部表》考证，"事"与"止"上古音皆入"之"部。一说，何事于仁当解为：怎样才能做到仁。病，忧虑，犯难，有所不足。《广雅释诂》："病，犹难也。"

能近取譬，能就自身打比方，推己及人，近指切近的生活，自身。

"何事于仁，必也圣乎"，孔子此言不是说博施济众非仁，而是指其事非仅仁者所能，仁者无位，不能博施济众，这只有得位的圣人才有可能。此处圣字做有德有位言，相当于圣王。但就算是尧舜那样德位双全的圣王，要博施济众，也可能会感到力不足。博施济众事无限量，只能尽力而为。

"己欲达而达人"的达，意谓通达道理和道德。《广雅释诂》："达，通也。"《抱朴子·刺骄》称："夫古人所谓通达者，谓通于道德、达于仁义耳。"《论语·雍也》孔子称："赐也达"，"己欲达而达人"，《宪问》中"君子上达""下学而上达"，《子路》中"《诗》三百授之以政不达"，《孟子·尽心》中"不成章不达"，《春秋左传·宣公四年》中"仁而不武无能达也"等等，其中的达，皆作如是解。

《左传·昭公七年》孟僖子曰："吾闻将有达者曰孔某，圣人之后也，臧孙纥有言曰：对人有明德者，若不当世，其后必有达人。今将在孔某乎？"达人这个概念出于此。此时孔子年三十五岁，被孟僖子称为达人。儒家穷达自有标准。《大戴礼记》记载：

"弟子问于曾子曰：'夫士何如则可以为达矣？'曾子曰：'不能则学，疑则问，欲行则比贤。虽有险道，循行达矣。今之弟子，病下人，不知事贤，耻不知而又不问，欲作则其知不足，是以惑暗。惑暗终其世而已矣，是谓穷民也。'"

"不能则学，疑则问，欲行则比贤"等等，是一般性的达，上达天道则是最高级别的达，是达的最高境界，圣人是最大的达人。

第七章　述而篇

《述而》共三十八章，主要讲孔子谦己诲人之辞及容貌行事之实。

一、述而不作，信而好古

子曰："述而不作，信而好古，窃比于我老彭。"（《述而》第一章）

孔子说："传述而不别创新说，笃信且喜爱传统文化，我私下把自己比作老彭。"

述，传述。《中庸》："仲尼祖述尧舜，宪章文武。"作，创作，创造，创新，兼有制作义，如周公制礼作乐。窃，私下，私自，第一人称的谦称。

老彭指彭祖，传说姓篯，名铿，是五帝之一颛顼之孙陆终氏的后裔，封于彭城，仕虞夏商三代，至殷王时已七百六十七岁，一说长寿达八百岁。彭祖是有名的贤大夫，自少爱恬静养生，观览古书，好述古事，见《神仙传》《列仙传》《庄子》诸书。老彭前加我，是表示对老彭的尊敬与亲切。一说老彭指老子和彭祖二人。

正因为信而好古，所以能述而不作。这个"作"如果理解为制礼作乐的具体制度建设，孔子有德无位，确不曾作；如果理解为撇开历代圣王相传的中道自创新说，孔子也确不曾作。孔子自称述而不作，是实事求是。

如果把这个作理解为一般性创作、创新和推陈出新，那么，孔子赞《易》作《春秋》就是作。述而不作就可视为孔子的谦辞。

《易经》本是卜筮之书，《易》理出自孔子，这已为出土的先秦典籍所证实。帛书《要》篇记载：

"子曰：《易》，我后其祝卜矣，我观其德义耳也。幽赞而达乎数，明数而达乎德……赞而不达于数，则其为之巫；数而不达于德，则其为之史。史巫之筮，乡之而未也，好之而非也。后世之士疑丘者，或以《易》乎？吾求其德而已，吾与史巫同途而殊归者也。君子德行焉求福，故祭祀而寡也；仁义焉求吉，故卜筮而希也。祝巫卜筮其后乎！"

孔子说出了自己与巫、史的本质区别：巫赞而不达于数，史达数而不达于德，孔子则唯德义是求。因此，后人将伏羲、文王、周公、孔子四圣都视为《易经》的作者。孔子的《易》对"性与天道"作了深入阐说，大大提升了仁学理论，为仁学体系坚定了形而上的依据。

关于《春秋》，孔子自己也说："其事则齐桓晋文，其文则史，其义则丘窃取之。"（《孟子》）意谓《春秋》仅借用了历史人物故事及史书的形式，另有义理。孔子既非史官更非天子，却在《春秋》中借用史笔的褒贬体现了天子的赏罚，故称"窃取"。

孟子说："《春秋》，天子之事也"，孔子是以《春秋》代行天子之事。历代公羊学家认为孔子以平民身份而行天子之权，是《春秋》中制法之王。本来天子才有"制度"和"贬退讨"的资格，孔子作为一介布衣这样做，从文化层面而言是尽自己责任，是大功，从政治角度看则是越俎代庖的僭越，是大罪。故孔子曰："知我者其惟《春秋》乎！罪我者其惟《春秋》乎！"（《孟子》）

"先孔子而生者，非孔子无以圣；后孔子而生者，非孔子无以明。"孔子不仅系统地整理了古代华夏文化和古代圣贤的经验智慧，集儒家之大成，而且返古开新，对儒家进行了全方位的发展和升级。

比如盛于殷商而流传不衰的鬼神崇拜和神本信仰，到孔子这里，就被仁本所取代。所以孔子实质上是述而又作的。梁漱溟先生评价说：

"周公及其所代表者，多半贡献在具体创造上，如礼乐制度之制作等。孔子似是于昔贤制作，大有所悟，从而推阐其理以教人。道理之创发，自是更根本之贡献，启迪后人于无穷。所以在后两千多年的影响上说，孔子又远大过周公。"

二、学而不厌，诲人不倦

子曰："默而识之，学而不厌，诲人不倦，何有于我哉？"（《述而》第二章）

孔子说："将所学的知识默记在心，学习永不满足，教人永不倦怠。此外我还有什么呢？"

识，记住，牢记。厌，通餍，本义是饱食，引申为满足，厌烦。诲：教诲，教导。

何有于我哉，即"于我何有哉"，有多解：（一）犹言我有什么呢？意谓除了"默而识之，学而不厌，诲人不倦"我别无所有。（二）何有，有何难，这三件事于我何难之有。（三）于字作如字解。还有谁像我这样的？意谓人无是行，唯我独有。（四）这是孔子的谦词，意思说：以上那几方面，我做到了哪些呢？

四种解释，以第一种最为切当。第二三解有近乎奢夸，第四解则谦虚过头。夫子多次以不厌不倦、自居自任，不会忽然这么"谦而又谦"起来。例如：本篇说："子曰：若圣与仁，则吾岂敢。抑为之不厌，诲人不倦，则可谓云尔已矣。公西华曰：正唯弟子不能学也。"《孟子·公孙丑》记载："昔者子贡问于孔子曰：夫子圣矣乎？孔子曰：圣则吾不能，我学不厌而教不倦也。"《吕氏春秋·尊师》

记载:"子贡问孔子曰:后世将何以称夫子?孔子曰:吾何足以称哉!勿已者,则好学而不厌,好教而不倦,其惟此邪!"

"学而不厌,诲人不倦"八个字,最能表现孔子求知求学的勤勉和文化启蒙的热忱。孔子自谦不是圣不配仁,不过做到了"学而不厌,诲人不倦"而已。其实要做到这八个字,大不易。

不厌不倦,说说容易,难在持久坚持。只有以学为乐,乐在其中,才能学而不厌;只有学而不厌,进德修业,温故知新,才具备诲人的资格。有了诲人的资格,还得有不倦的精神。就拿我自己来说,学而不厌,或许勉强,诲人不倦就做不到,没有那份热情和耐心,故每以龚定庵"只开风气不为师"自解。

马培路附言:"识虽训记,非今之记忆也。《集注》曰:'默识,谓不言而存诸心也。'读书方式有三:一者记住所读内容,以备考、引用、炫人,所谓今之学者为人也;一者带着自己的观点读书,从中选取所需内容,以为研究之用,亦其为人也;一者,读而以心体会,心能相应则乐,不能相应者存疑,是为默识。默识者,不在记忆,自然存诸心也。"

三、孔子之忧

子曰:"德之不修,学之不讲,闻义不能徙,不善不能改,是吾忧也。"(《述而》第三章)

孔子说:"道德不修养,学问不讲习,听闻义理不能践行,有了过错不能改正,这是我所忧惧的。"

徙,本义是迁移。这里指徙而从之。不善,不好,指各种缺点错误。

儒家道德挂帅,修德是本,讲学、徙义、改过是德目,即修养道德的方法。《集注》引尹氏曰:"德必修而后成,学必讲而后明,见善能徙，改过不吝，此四者日新之要也。苟未能之，圣人犹忧，况学者乎？"

德有赖于修，不修不成德；学有赖于讲，不讲不成学。孔子一生就是修德不止、讲学不休的榜样。礼乐不可斯须去身，所以孔子以学之不讲为忧，六艺和诗书礼乐为讲学的内容。史载，孔子适宋，与弟子习礼大树下；鲁国诸儒讲礼乡饮大射于孔子家，都是讲学。

《荀子·法行》记载孔子的话说："君子有三思，而不可不思也：少而不学，长无能也；老而不教，死无思也；有而不施，穷无与也。是故君子少思长则学，老思死则教，有思穷则施也。"老而不教死无思，意谓年龄大了不能教育讲学，死无追思，无人怀念。

《颜渊》中子张问崇德。孔子回答说："主忠信，徙义，崇德也。"意谓以忠诚信实为主，不断向义靠拢，就是崇德。何晏《集解》引包咸曰："徙义，见义则徙意而从之。"学问进步、道德上升的过程，"苟日新，又日新，日日新"的过程，就是不断徙义的过程。见得思义、见义勇为则是徙义的表现。

过而改之，善莫大焉；过而不改，是谓过矣。《易经·系辞》说："善不积不足以成名，恶不积不足以灭身。小人以小善为无益而弗为也，以小恶为无伤而弗去也，故恶积而不可掩，罪大而不可解。"以小恶为无伤而弗去，就是"不善不能改"，持续下去，就可能积小恶为大恶，想改都来不及了。

孟子说："君子有终身之忧，无一朝之患"（《孟子·离娄》）孔子"四忧"，就是君子之忧的典型。君子之忧、孔子之忧和小人之忧，天地悬殊。小人曰："权之不特，势之不大，横财不能发，美女不能泡，是吾忧也，呵呵。"

四、孔子闲居的时候

子之燕居，申申如也，夭夭如也。（《述而》第四章）

孔子闲居，一副舒展安详的样子，一副和悦轻松的样子。

燕居，燕通宴，安逸，闲适，燕居即闲居。申申，舒展安详的样子。夭夭，愉快轻松的样子。或说，申申象其容之舒，夭夭象其色之愉；或说，申申，整饬义，言其敬；夭夭，言其和。

上章写孔子之所忧，儒者先天下之忧而忧，忧道之不行，忧天下无道，这是天下之忧；忧德之不修，学之不讲，闻义不能徙，不善不能改，这是道德之忧，可谓君子有终身之忧。那么，孔子是不是整天愁眉苦脸、长吁短叹的呢？当然不是。所以这一章介绍孔子闲居时怡然自乐的样子。

孟子曰："君子所性，仁义礼智根于心，其生色也睟然，见于面，盎于背，施于四体，四体不言而喻。"仁义礼智根于心，就必然在形体、动作、神态、颜色上表露出来。《乐记》曰："情深而文明，气盛而化神，和顺积中而英华发外，唯乐不可以为伪。"孔子闲居时的神态气象，正是"和顺积中，英华发外"的表现。

钱穆说："本章乃所谓和顺积中，英华发外，弟子记孔子闲居时气象，申申，夭夭，似以树木生意作譬，此乃整个神态，不专指容色言。大树干条直上，申申也；嫩枝轻盈妙婉，夭夭也。兼此二者，不过严肃，亦不过松放，非其心之和畅轻安，焉得有此？"（《论语新解》）

马培路说："注释言容，侧重容体；言色，侧重表情。故申申如，容体舒展安详貌；夭夭如，表情愉悦轻松貌。东海点睛极是。前章言夫子忧己，忧己亦其忧道也；该章言夫子容舒色愉，无得失之患可知；下章言夫子体虑衰而志未酬之叹，亦其忧道之不能行也。故君子有终身之忧，而无得失之患。"

五、孔子久不见周公

子曰："甚矣吾衰也！久矣吾不复梦见周公。"（《述而》第五章）

孔子说："我好衰老呀！很久了我没再梦见周公。"

周公，姓姬名旦，周文王姬昌之子，周武王姬发之弟，周成王姬诵之叔，鲁国的始祖。周公曾辅助周文王发展，辅佐周武王革命，辅助周成王安天下并制礼作乐。

孔子生平以周公为榜样，欲行周公之道于天下。议礼考文作春秋，都是"天子之事"；他答颜回"为邦"之问，兼有四代之制，又说雍也可使南面，可见其自许之高和自任之重。

儒家外王学原是治国平天下之学，四书五经屡见不鲜。所以治国平天下，自任以天下之重，都是儒家题中应有之义。《大戴礼记》记载，在曾子一再追问之下，孔子剀切言说了"内修七教，外行三至"的明主之道，俨然以君主自居。

尧舜禹汤、文武周公时代，以德受命，德位相称，天子诸侯卿大夫之差，即道德之差。只要具有天子之道德，就有为天子的资格，舜帝就是匹夫而为天子的典型。

荀子认为只有圣人才有资格为王。他说：

"故天子唯其人，天下者至重也，非至强莫之能任；至大也，非至辨莫之能分；至众也，非至明莫之能和。此三至者，非圣人莫之能尽，故非圣人莫之能王，圣人备道全美者也，是悬天下之权称也。"（《荀子·正论》）

在三代和孔孟时代，匹夫而抱有天下之志，乃至天子之志，都是正常的事。孟子说："匹夫而有天下者，德必若舜禹，而又有天子荐之者，故仲尼不有天下。"《孟子·万章》易言之，德如孔子，若有天子荐之，就可以拥有天下。

不能救现实之难，成王道之功，那就借《春秋》而口诛笔伐，行褒贬之事和天子之事。孟子说："世衰道微，邪说暴行有作：臣弑其君者有之；子弑其父者有之。孔子惧，作《春秋》。《春秋》者，

天子之事也。是故孔子曰：知我者其唯《春秋》乎！罪我者其唯《春秋》乎！"（《孟子·滕文公》）

太史公指出："夫《春秋》，上明三王之道，下辨人事之纪，别嫌疑，明是非，定犹豫，善善恶恶，贤贤贱不肖，存亡国，继绝世，补敝起废，王道之大者也。"（《史记·太史公自序》）很显然，孔子作《春秋》就是以圣王自居，以继王者之迹和周公之志业。

梦有正梦、噩梦、思梦、寝梦、喜梦和惧梦等六种，孔子梦周公便属于思梦。孔子以前有东周之志，所以常常梦见周公。现在不再梦见周公了，意味着不再怀行道之望、做周公之梦。尽管燕居之时申申如、夭夭如，但想起年华老去而壮志未酬，难免感慨系之。

六、志道据德依仁游艺

子曰："志于道，据于德，依于仁，游于艺。"（《述而》第六章）

孔子说："志向着道，坚守着德，凭依着仁，游乐着艺。"

艺指六艺，其名始于《周礼·地官》：大司徒"以乡三物教万民而宾兴之，一曰六德，知、仁、圣、义、忠、和；二曰六行，孝、友、睦、姻、任、恤；三曰六艺，礼、乐、射、御、书、数。"六艺指礼、乐、射、御、书、数六种技艺学术。周官之法，教万民以艺，养国子以艺，党正之所校比，州长之所考劝，乡大夫之所察之宾兴，皆以艺。孔子也以六艺教学生。

本章是孔子生平的自我写照，也是对弟子门人的教导。道，于天为乾元，于人为本性，这里的道就是子贡所说不得而闻的"性与天道"。得乎道之谓德，对"性与天道"，君子笃信，贤人解悟，圣人圆证，都能程度不同地践履。另外，形上与形下统一，道德与六艺不二，六艺以道德为根基，道德借六艺而开现。

志、据、依、游四个字下得极为精准。志者，心之所之；据者，执而守之；依者，不违不离；游者，玩物适情。道为形而上，应为心之所向；德为"形而内"，理当固执坚守；仁则上下内外统一，乃大道之全体，众德之首要，是安身立命的终极皈依，不可违离；游乐六艺之中，正如游泳一般。《礼记·学记》曰：

"大学之教也，时教必有正业，退息必有居学。不学操缦，不能安弦；不学博依，不能安诗；不学杂服，不能安礼；不兴其艺，不能乐学。故君子之于学也，藏焉修焉，息焉游焉。"

这是对"游于艺"的最好解释，意谓大学的教育，按时令进行，有正式课业；休息的时候也有课外作业。不学杂乐难以把琴弹好，不学习音律难以学好诗文，不学洒扫应对难以学好礼仪。不从事各种艺术，就难以乐于的学习。所以君子对待学习，上课时要好好修习正科，休息则玩习各种艺术。

马培路说："志于道，先立乎其大者；据于德，伦常日用之间有得而不失也；依于仁，亲仁体仁而不违；游于艺，则六艺文法交养娴熟而精于义矣。与弟子章类似：孝弟谨信爱众，据德也；亲仁，犹依仁也；余力学文，游艺也。而志道，凡弟子皆所当知，而为师善导之者也。无论小学大学，皆下学上达。弟子章重伦常日用，小学也；该章志道为首，大学也。"

七、有教无类，诲人不倦

子曰："自行束修以上，吾未尝无诲焉。"（《述而》第七章）

孔子说："主动带着束修前来求教，我没有不予教诲的。"

束修一词有三解。一、修指干肉，束修，指捆在一起的一束干肉，每束十条。古代见面，执贽为礼，束修乃贽见薄物。二、古人年十五，可自束带修饰以见外傅。三、束修，意谓约束修持，束身修行。三种解释都通，兹取第一解，因为第一解最为准确，最符合经典原义，如《檀弓》束修之问，《谷梁传》束修之肉，《后汉书·第五伦传》束修之馈，说的都是大夫士出境聘问之礼。又如《孔从子》说："子思居贫……或致樽酒束修，子思弗为当也。"束修指一般馈贻；《北史·儒林传》："冯伟门徒束修，一毫不受。"直指束修为贽见老师的礼物。

《朱子语类》说到本章时颇有趣："古人空手硬不相见。束修是至不直（通值）钱底，羔雁是较直钱底。真宗时，讲筵说至此，云圣人教人也要钱。"

孔子之前，知识的教授、文化的传承皆由"官师"，孔子开创了"下逮于庶民"的民间私家讲学之风。本章说，只修薄礼来见，未尝不予教诲，虽贫如颜渊原思，亦得及门受业。《史记》载"孔子在鲁聚徒讲学，遂开私学之风，可谓发愤忘食，乐以忘忧，不知老之将至"（《孔子世家》）。

礼闻来学，不闻往教，好为人师，儒者所戒；依礼来学，不可不教，明德君子，诲人不倦。本章正是孔子诲人不倦的表现。朱熹说："盖人之有生，同具此理，故圣人之于人，无不欲其入于善。但不知来学，则无往教之礼，故苟以礼来，则无不有以教之也。"（《集注》）

儒家特别重视教育，以之为本分。孔子说君子有"三思"，其一是"老思死则教"，因为"老而不教，死无思也。"以老而不能教人为耻；孟子说"君子有三乐"，其一是"得天下英才而教育之"。

儒家被称为儒教，这个教，兼涵信仰（宗教性）、教化、教育诸义。儒家有三统：道统、政统、学统。学统又是基础性的一统，是传承和弘扬道统、建设和维护政统必不可缺的基础，而学统的延续有赖于教育的开展。《论语》第一篇"学而篇"，说的就是为学。用朱熹的话说：为学"乃入道之门、积德之基、学者之先务也。"儒家的思想路线就是依赖教育而展开的。

第七章　述而篇　｜　215

依礼来学，必予教诲，有教无类，来者不拒。有个叫南郭惠子的人问子贡，夫子的门下怎么那样混杂呢？子贡回答说："君子正身以俟，欲来者不距，欲去者不止，且夫良医之门多病人，隐栝之侧多枉木，是以杂也。"（《荀子·法行》）隐栝是一种矫正竹木的工具。子贡将孔子喻为治病救人的良医和改邪矫正的隐栝。

八、孔子的教育方法

子曰："不愤不启，不悱不发。举一隅不以三隅反，则不复也。"（《述而》第八章）

孔子说："不到他苦思不得的时候不去开导，不到他想说说不出的时候不去启发。例举一个角而不能由此推知另外三个角，就不重复了。"

愤，苦思冥想仍领会不了；悱，想说而说不出来。朱子曰："愤，心求通而未得之意，有其辞也；悱，口欲言而未能之貌，见其色也。程子曰：愤悱，诚意之见于色辞者也。"程朱之言可互相发明。启，启蒙，启示。隅，角，角落。举一隅以三隅反，比喻从已知的一点进行推论，由此及彼，触类旁通，成语"举一反三"和"启发"一词由此章而来。

上一章讲孔子诲人不倦，本章讲孔子善于诲人，为师以智，知人善教。教育要讲究方式方法，以收事半功倍之效。《礼记·学记》阐明了"教学相长""主次相辅""长善救失""启发诱导""预时孙摩"等著名教学原则，并论述了"讲解""问答""练习""类比"等教学方法。其中之一是善喻善导。《礼记·学记》说：

"道而弗牵，强而弗抑，开而弗达。道而弗牵则和，强而弗抑则易，开而弗达则思。和易以思，可谓善喻矣。"

意思是说，君子教育学生，善于引导而不强迫，严格要求而不压制,善于启发而不灌输。引导而不强迫,师生关系就融洽;严格而不压制,学生学习起来就轻松;启发而不灌输,学生就会勤于思考。做到这三点,就可以说是善于引导教育学生了。

"开而弗达"是要求教师给学生留有思考的余地,也就是《孟子·尽心》所谓:"君子引而不发,跃如也。"这是一种古典的启发式教学法。孔子"循循然善诱人",特别重视启发和感悟学生,力求使他们做到举一反三,闻一知十。本章说的就是孔子善于对学生采取启发式和诱导式教育。

九、恻隐之心的礼节表现

子食于有丧者之侧,未尝饱也。子于是日哭,则不歌。(《述而》第九章、第十章)

孔子在有丧事的人旁边吃饭,未曾吃饱过。孔子在那天哭丧过,就不再唱歌。

有丧者,有丧事的人,指刚刚死去亲人的人家。孔子在有丧事的人面前,因同情失去亲人的人,食欲不振,食之无味,故"未尝饱也"。这是恻隐之心的自然流露,也体现了孔子对送终之礼的重视。

"于是日哭,则不歌",可知孔子日常不废弦歌也。《集注》引谢氏曰:"学者于此二者,可见圣人情性之正也。能识圣人之情性,然后可以学道。"

《续资治通鉴》记载了一个故事:

"程颐在经筵,多用古礼。苏轼谓其不近人情,深疾之,每加玩侮。方司马光之卒也,明堂降赦,臣僚称贺讫,两省官欲往奠光,颐不可,曰:'子于是日哭则不歌。'座客有难之者曰:"孔子言哭则不歌，不言歌则不哭。"苏轼曰：'此乃枉死市叔孙通所制礼也。'众皆大笑，遂成嫌隙。"

程颐在经筵用古礼，苏轼持不同意见，可以批评，何必"深疾之"而且"每加玩侮"呢。司马光过世时，刚结束贺典的群臣欲往吊丧，程颐认为不合孔子"于是日哭则不歌"的规矩。苏轼不从，又加戏侮。

多本史籍记载了这件事，如《孙公谈圃》载：

"司马温公之薨，当明堂大享，朝臣以致斋不及奠；肆赦毕，苏子瞻率同辈以往，而程颐固争，引《论语》'子于是日哭，则不歌。'子瞻曰：'明堂乃吉礼，不可谓歌则不哭也。'颐又谕司马诸孤不得受吊，子瞻戏曰：'颐可谓鏖糟鄙俚叔孙通。'闻者笑之。"

说叔孙通为枉死市，不知何意，总之不是好话；鏖糟鄙俚则是乡野之意。苏轼这样拿正经事乱开玩笑，实在很不该，很非礼。一次国家忌日，程颐建议群臣吃素说："礼，居丧不饮酒食肉，忌日，丧之余也。"苏轼不但不愿意，还要求秦观、黄庭坚等人一起吃肉。

苏轼在《杭州召还乞郡状》中曾说："臣素疾程颐之奸，未尝假以辞色，故颐之党人无不侧目。"指斥程颐为奸，别的不说，无知人之明是肯定的。非程颐之奸，实乃苏轼不够忠厚耳。上述几件事就充分表现了苏轼那种文人的轻浮刻薄。

十、赞扬颜渊，批评子路

子谓颜渊曰："用之则行，舍之则藏，惟我与尔有是夫！"子路曰："子行三军，则谁与？"子曰："暴虎冯河，死而无悔者，吾不与也。必也临事而惧，好谋而成者也。"（《述而》第十章）

孔子对颜渊说："用到我就以身行道，不用我就藏道在身。只有我和你能这样吧！"子路说："您如果统帅三军，那么，会与谁在一起呢？"孔子说："徒手斗老虎，徒步涉大河，死了都不知后悔的人，我不与他在一起。（我要共事的人）必是遇事谨慎、善于筹划而争取成功的人。"

用之则行，舍之则藏：有用我者，则行此道于世；没有用我者，则藏此道在身。

子行三军则谁与：子路自审不如颜渊，而行军乃其所长，故以问。

暴虎冯河：暴，徒手搏虎，徒步涉水。暴虎冯河，比喻有勇无谋、冒险行事的行为。

儒家注重勇德，必要时不惜杀身成仁、舍生取义，但却反对无谓的冒险和牺牲，反对暴虎冯河、有勇无谋。这不是贪生怕死、懦弱退缩，而是明哲保身。

明哲保身语出《诗经·大雅·烝民》："既明且哲，以保其身。"孔颖达释："既能明晓善恶，且又是非辨知，以此明哲择安去危，而保全其身，不有祸败。"这里的"明"指"明晓善恶"，"哲"指"是非辨知"。意谓明达事理、洞察时势，善于择安避危保全其身。

应该死而不死，不死伤勇；可以死可以不死，死伤勇。明哲保身是智，杀身成仁是勇，一个仁者应该以勇节智，以智导勇，智勇双全。这是儒家对待生命和生死的中庸之道。至于怎样的情况"可以不死"、怎样的情况应该杀身，因时因地因人因事而异，具体情况具体分析。

孔子对子路因人施教，其言具有很强的针对性。子路武功第一又特别勇敢，失之于急躁鲁莽。孔子曾评之曰："由也好勇过我，无所取材"，意谓子路勇敢可嘉，可惜不知取舍，就像一块没经过裁剪的原木。

儒者大无畏，明知危险，义之所在，不计利害，虽千万人吾往矣，却也不可暴虎冯河。"往"之前做一些调查，知己知彼，做一些准备，顶盔冠甲，"往"之后迅速占据有利有"理"地形。那样，即使实力悬殊不能取胜，即使形势凶恶难以保身，也可将"阵亡"的意义价值扩到最大。

其次，这段话体现了儒家之勇的特色。孔子多次将智勇二德特别提出来，与最高的仁德相提并论（三达德），可见对勇德的重视。但是，勇，不能一味蛮干，更不能好勇斗狠。君子不立危墙之下，不是胆小而是避免不必要的牺牲。

"临事而惧"不是怯懦而是处理事情认真慎重。《诗经·小雅·小旻》："不敢暴虎，不敢冯河。人知其一，莫知其他。战战兢兢，如临深渊，如履薄冰。"《尚书·君牙》："心之忧危，若蹈虎尾，涉于春冰。""临事而惧"与"勇者不惧"是相辅相成的关系。临事、从政如此，面临生死关头也一样。当生则生，君子重生，岂能轻死？当死则死，君子取义，岂能苟活？

"用之则行，舍之则藏"，有学者解释为：用我我就干起来，不用我我就藏起来。这是不对的。如果仅仅用其人而不用其道，孔子是不干的。《季氏》："孔子曰：隐居以求其志，行义以达其道；吾闻其语矣，未见其人也。"行义以达其道，就是"用之则行"；隐居以求其志，就是"舍之则藏"。

孟子说："天下有道，以道殉身；天下无道，以身殉道。未闻以道殉乎人者也。"朱子解释道："殉，如殉葬之殉，以死随物之名也。身出则道在必行，道屈则身在必退，以死相从而不离也。"

"用之则行，舍之则藏"的随缘态度适用于任何时代。尽心尽力宣说儒学，是尽其在我，能否付诸政治实践则不能必，要听天由命。君主时代，得君方能行道，君主不用，勉强不来；民主时代，得民方能行道，民意不支持，强求不得。另外，诲人不倦，是针对好学乐学者，不能强教，否则就好为人师了。这都是随缘。

十一、对待富贵的态度

子曰:"富而可求也,虽执鞭之士,吾亦为之。如不可求,从吾所好。"(《述而》第十二章)

孔子说:"财富如果可求,就是执鞭的差使,我也去干。如果不可求,就顺从我的爱好。"

执鞭有二义:一、古代为天子、诸侯和官员出入时手执皮鞭开路者;二、《周礼·地官·司市》:"凡市入,则胥执鞭度守门",意谓凡进入市场进行交易,胥手拿鞭子守在市口。

儒家所重者义,所好者古人之道。对于富贵,既不排斥,也不贪恋,而是以道义为标准去衡量。富贵可不可求,要视其义不义。君子所爱,无论利益权位,取之皆有其道。所谓见利思义,如果不义,那就不屑,"不义而富且贵,于我如浮云。"

君子惟道是从,唯义是行。若合乎道义,自然越富越好,可以博施济众;越贵越好,可以行道保民。否则,不如安贫守道,守死善道。"邦有道,贫且贱焉,耻也;邦无道,富且贵焉,耻也。"违道干誉,违道而干富贵,君子耻之。

《孔子世家》记载:"定公五年……阳虎因囚桓子……季氏亦僭于公室,陪臣执国政,是以鲁自大夫以下皆僭离于正道。故孔子不仕,退而修诗书礼乐,弟子弥众,至自远方,莫不受业焉。"孔子不仕,为"不可求";退而修诗书礼乐,为"从吾所好"。

孟子成名后周游列国,车马随从甚众,诸侯盛情款待。他的弟子彭更怀疑这不符合儒家精神。孟子回答说:"非其道,则一箪食不可受于人;如其道,则舜受尧之天下,不以为泰。"(《孟子·滕文公》)有若违道,利益再小也不能接受;合乎义,权位再大也无妨,像舜那样接受尧的天下也不为大。

朱熹说："设言富若可求，则虽身为贱役以求之，亦所不辞。然有命焉，非求之可得也，则安于义理而已矣，何必徒取辱哉？"（《集注》）程颐说："富，人之所欲也。苟于义可求，虽屈己可也；如义不可求，宁贫贱以守其志也。非乐于贫贱，义不可去也。"（《二程集·经说·论语解》）

十二、孔子特别慎重的三件事

子之所慎：齐，战，疾。（《述而》第十三章）

孔子特别慎重的事：斋戒，战争，疾病。

齐同斋。古人祭前之斋，要求不酒、不荤、不与妻妾同房，沐浴净身等，清洁身心，以示虔诚。《中庸》说："齐明盛服，以承祭祀。"齐明，谓在祭祀前要斋戒、沐浴、静心、洁身。朱熹说：

"齐之为言齐也，将祭而齐其思虑之不齐者，以交于神明也。诚之至与不至，神之飨与不飨，皆决于此。战则众之死生、国之存亡系焉，疾又吾身之所以死生存亡者，皆不可以不谨也。尹氏曰：'夫子无所不谨，弟子记其大者耳。'"（《集注》）

斋戒，关系内心是否真诚清洁；战争，关系国家安危国民死伤；疾病，关系人类健康和生死。所以孔子特别慎重地看待这三件事。

《乡党》："齐，必有明衣，布。齐必变食，居必迁坐。"这是慎斋；本篇"子路曰：'子行三军则谁与？'子曰：'暴虎冯河，死而无悔者，吾不与也。必也临事而惧、好谋而成者也。'"这是慎战；《乡党》："康子馈药，拜而受之。曰：'丘未达，不敢尝。'"这是慎疾。

《礼记·礼器》说："是故君子之行礼也，不可不慎也，众之纪也，纪散而众乱。孔子曰：'我战则克，祭则受福。'盖得其道矣。"其中提到行礼、战和祭。《左传》说："唯祀与戎，国之大事。"在行祀与戎的大礼之前，必须认真斋戒。斋戒是慎于礼的表现之一。而礼又是"众之纪"，即大众的纪律。既慎于齐，又慎于礼，战争则可以取胜，祭祀则可以受福。这段话将齐、祭和战统一在一起了。

儒家慎战。《尚书·说命》云："惟甲胄起戎。"蔡沈释："甲胄，所以卫身也，轻动则有起戎之忧。"《尚书·大诰》云："允蠢鳏寡，哀哉！"意即劳师动众，扰动鳏寡，实可哀哉。

儒家对于战争的态度主要有二：一是反对穷兵黩武的不义之战，支持以战止战、吊民伐罪的正义战争。汤武革命就得到孟子的高度赞可。《尚书·武成》云："一戎衣，天下大定。"一次用兵而安定天下；其次主张"有文事者必有武备"，有抵抗侵略的力量和准备，包括教民习战。孔子说："以不教民战，是谓弃之。"（《子路》）孟子曰："不教民而用之，谓之殃民。殃民者，不容于尧舜之世。"（《孟子·告子》）孟子曰：

"有人曰，'我善为陈，我善为战。'大罪也。国君好仁，天下无敌焉。南面而征北狄怨，东面而征西夷怨，曰：'奚为后我？'武王之伐殷也，革车三百两，虎贲三千人。王曰：'无畏！宁尔也，非敌百姓也。'若崩厥角稽首。征之为言正也，各欲正己也，焉用战？"

孟子这段话最清楚不过地表明了儒家战争态度的中正。有人说我善于布阵我善于打仗，这是好战分子。商汤为民除害，故东征西夷怨，南征北狄怨；武王吊民伐罪，殷商百姓"若崩厥角稽首"。征就是正的意思。如果各国都能端正自己，哪还用得着打仗？关于"仁者无敌"的观点，《孟子》一书屡屡言之。

十三、音乐的境界

子在齐闻《韶》,三月不知肉味。曰:"不图为乐之至于斯也。"(《述而》第十四章)

孔子在齐国,听到《韶》乐,三月不知肉味,说:"想不到音乐之美竟能到这个地步。"

韶也称大韶,上古虞舜时的一组乐舞。古解,韶就是绍(继承),舞乐表现了"舜绍尧之道德"。《庄子·天下》说:"黄帝有《咸池》,尧有《大章》,舜有《大韶》,禹有《大夏》,汤有《大濩》。"这些都是治世之音的典型。

子谓《韶》"尽美矣,又尽善也。"谓《武》"尽美矣,未尽善也。"以《韶》乐为音乐的善中之善。舜继承尧的事业,达到天下大治,武王伐纣救民,其功一也,所以其音乐都尽美。不过,舜之德,性之也,又以揖逊而有天下;武王之德,反之也,又以征诛而得天下,所以有所不同。

《汉书·礼乐志》:"夫乐本情性,浃肌肤而臧(藏)骨髓,虽经乎千载,其遗风余烈尚犹不绝。至春秋时,陈公子完奔齐。陈,舜之后,《招》乐存焉。故孔子适齐闻《招》,三月不知肉味,曰:'不图为乐之至于斯!'美之甚也。"《招》即《韶》,陈公子完,即田敬仲。其奔齐事见《左传·庄公二十二年》。

《史记·孔子世家》载:"鲁乱,孔子适齐……与太师语乐,闻《韶》音,学之,三月不知肉味。"朱熹说:

"史记三月上有'学之'二字。不知肉味,盖心一于是而不及乎他也,曰:不意舜之作乐至于如此之美,则有以极其情文之备,而不觉其叹息之深也,盖非圣人不足以及此。范氏曰:'韶尽美又尽

善，乐之无以加此也。故学之三月，不知肉味，而叹美之如此。诚之至，感之深也。'"（《集注》）

儒家礼乐并称，礼乐并重。礼乐制度分礼和乐两个部分，两者相辅相成。礼为主，乐为辅，乐从属于礼。《礼记》曰："移风易俗，莫善于乐"，《乐记》说："乐在宗庙之中，君臣上下同听之则莫不和敬；在族长乡里之中，长幼同听之则莫不和顺；在闺门之内，父子兄弟同听之则莫不和亲。"

《乐记》将礼、乐、刑、政作为实现王道的要素相提并论，礼乐相辅相成，儒家在政治上是礼教，亦是乐教。礼重秩序，乐重和谐。东海曾经提出，儒家的现代责任和未来理想是：更新小康之礼制，追求乐教之大同。

因此在儒家，音乐也具有一定的道德性和政治性，或者说，也是道德和政治的一种表现形式，音乐具有强烈的政治色彩。乐者，所以致神祇、和邦国、谐百姓、安宾客、悦远人者。

十四、父子争位和兄弟让位

冉有曰："夫子为卫君乎？"子贡曰："诺。吾将问之。"入，曰："伯夷、叔齐何人也？"曰："古之贤人也。"曰："怨乎？"曰："求仁而得仁，又何怨。"出，曰："夫子不为也。"（《述而》第十五章）

冉有说："老师会帮助卫国君主吗？"子贡说："嗯，我要去问问他。"进屋，问："伯夷、叔齐是怎样的人呢？"孔子说："古代的贤人呀。"子贡问："他们有怨吗？"孔子说："追求仁而得到了仁，有什么好怨的呢？"子贡走出屋来说："老师不帮助（卫君）。"

为：赞成，帮助。卫君，指卫灵公的孙子卫出公，姓姬，名辄。公元前492年至公元前481年在位。

蒯聩其父为蒯聩，本是灵公所立的世子，因谋杀卫灵公的夫人南子未成，被灵公驱逐，逃到了晋国。卫灵公死后，蒯辄被立为国君。这时，晋国赵简子率军又把蒯聩送回卫国，上演了一出父子争位的丑剧。后来蒯聩以武力进攻其子蒯辄，蒯辄出奔。蒯聩得王位，为卫庄公。公元前478年，晋国攻卫，蒯聩出奔戎州，被戎州人所杀。蒯辄奔宋之后，卒于越。蒯聩、蒯辄父子皆非善类也。

本章这段对话发生在孔子居卫时，其弟子不知孔子是否赞成或帮助卫君蒯辄以子拒父的行为，子贡遂从侧面相问。孔子赞扬伯夷叔齐"礼让为国"，暗示对蒯聩蒯辄父子的不屑，自然不会相助蒯辄。

伯夷、叔齐是商末孤竹君的两个儿子。孤竹君遗命立次子叔齐为君。孤竹君死后，叔齐让位于伯夷，伯夷不受，叔齐也不愿登位，兄弟先后逃到西周。周武王伐纣，兄弟叩马谏阻。武王灭商后，他们耻食周粟，采薇于首阳山，最后饿死。伯夷、叔齐兄弟让位，与蒯聩、蒯辄父子争国形成了鲜明的对比。

在世人眼里，伯夷、叔齐宁愿出逃而不要王位，宁愿饿死也不食周粟，虽然是自主的选择，内心或许有怨气。孔子认为他们求仁而得仁，自当无怨无悔。

本章表达了孔子对伯夷兄弟的理解和赞赏，暗示了对蒯辄父子不屑，也反衬了子路智慧的不足。子路服务了不值得服务的对象，又好勇轻生，白白死于孔悝之难。孔悝是蒯辄的执政大臣，助子拒父，于理不明，及被蒯聩劫持，又无一善处之策，无勇无智，一介鄙夫而已。子路去食这等人的俸禄，虽然死得壮烈，却没什么意义。

十五、孔颜之乐乐无穷

子曰："饭疏食，饮水，曲肱而枕之，乐亦在其中矣。不义而富且贵，于我如浮云。"（《述而》第十六章）

孔子说："吃粗粮，喝白水，弯起胳膊当枕头，乐也就在其中了。

不义而富和贵,对于我如同浮云。"

疏食,指粗粮,粗糙的饭食。一说,疏同蔬,蔬菜。本章与《雍也》"一箪食,一瓢饮,在陋巷,人不堪其忧,回也不改其乐。"最能体现孔颜之乐。

"寻孔颜乐处"是宋明理学的重大课题。脍炙人口的《爱莲说》的作者周敦颐是二程的授业老师。程颢后来在回忆早年周敦颐对他的教诲时说:"昔受学于周茂叔,每令寻颜子仲尼乐处,所乐何事。"

对孔颜之乐,二程及其门下弟子时有讲论。《程氏外书》卷八载:"游酢初见伊川,伊川因谓:君子食无求饱,居无求安,颜子箪瓢陋巷不改其乐。箪瓢陋巷何足乐,盖别有所乐以胜耳。"程颢、程颐性情不同,一平易一严肃,但对于孔颜之乐都深有体会。

程颐早年颇为严肃,晚年趋于和易,气貌容色皆胜平日,自云:"大凡学者,学处患难贫贱。若富贵荣达,即不须学也。"在患难贫贱之中能够像孔子一样自得其乐,才是学问得力处,才是道德高境界。

朱熹说:"圣人之心,浑然天理,虽处困极,而乐亦无不在焉。其视不义之富贵,如浮云之无有,漠然无所动于其中也。"又引程子之言说:"非乐疏食饮水也,虽疏食饮水,不能改其乐也。不义之富贵,视之轻如浮云然。"(《集注》)

王阳明十分重视"乐"的境界和"乐"的工夫,认为"良知即是乐之本体"。他在写给弟子的信中说:"乐是心之本体。仁人之心,以天地万物为一体,欣合和畅,原无间断。"(《王阳明全集》)。

儒家饭疏饮水,乐在其中,并非乐于贫穷,而是乐在仁义。仁宅义路所在即是乐,富贵不能增,贫贱不能减,故能贫贱富贵一切顺其自然。对于历代圣贤来说,拒绝一切不义是理所当然的事。"行一不义杀一不辜而得天下,皆不为也。"(《孟子·公孙丑》)就是"天下",如果要通过"行一不义杀一不辜"而得之,儒家也是不屑为的,何况不义之富贵呢。

十六、孔子学《易》序《易》

子曰:"加我数年,五十以学《易》,可以无大过矣。"(《述而》第十七章)

孔子说:"给我几年时间,五十岁学好《易经》,可以没有大的过失了。"

本章有多种解释。朱熹认为:"盖是时,孔子年已几七十矣,五十字误无疑也。"但根据孔子"五十而知天命"的自述和《史记·孔子世家》的介绍,此时孔子应该不到五十才对。《史记·孔子世家》说:"孔子晚而喜易,序彖、系、象、说卦、文言。读易,韦编三绝。曰:假我数年,若是,我于易则彬彬矣。"《汉书·儒林传》说:"孔子盖晚而好易,读之韦编三绝,而为之传。"

关于《易经》的作者,有多种说法,我认同伏羲、文王、孔子三圣说,即伏羲制卦,文王系辞,孔子十翼。卦与系辞深奥难解,孔子加释以传,其次第是上彖、下彖、上象、下象、上系、下系、文言、序卦、说卦、杂卦等十篇,名为十翼。《汉书·艺文志》说:"孔氏为之彖、象、系、辞、文、言、序、卦之属十篇。"

孔子在帛书《易传·要》篇里说了这样一段话,相当充分地"暴露"了孔子作者的身份。

"子赣曰:'夫子亦信亓筮乎?'子曰:'吾百占而七十当。唯周梁山之占也,亦必从其多者而已矣。'子曰:《易》,我后其祝卜矣!我观其德义耳。幽赞而达乎数,明数而达乎德,又仁守者而义行之耳。赞而不达乎数,则其为之巫,数而不达于德,则亓为之史。史巫之筮,乡之而未也,好之而非也。后世之士疑丘者,或以《易》乎?吾求亓德而已。吾与史巫同涂而殊归者也。君子德行焉求福,

故祭祀而寡也；仁义焉求吉，故卜筮而希也。祝巫卜筮其后乎！'"（邓球柏《帛书周易校释增订本》）

它包含着两层内容：一是回答子赣（即子贡）信不信筮占的问题，二是阐述自己的易学立场和方法。孔子读《易》赞《易》的最高目的是"观其德义"，探索发明它的德义。德义即道德真谛。"幽赞而达乎数，明数而达乎德"，"仁守者而义行之"。孔子在这里把德义、仁义视为儒家易经智慧的前提基础和终极目的，也可以说是儒家的卜卦原则。

孔子说，对于《易》，我把占问吉凶看作是次要的，我所需要的是探明卦象的德义。学易的人应该通过筮占沟通神人的关系，赞助造化的德性，从而明了数的妙理，通过明了数理进而明了卦的德义。这样，在依据筮占结论作决策时，自觉服从卦象的德义，坚守于仁而符合于义。

孔子对史巫的筮占术，不以为然，但也没有否定，而是继承了史巫筮占易学的形式，加以改造，建立起一个新的易学体系，即在《易》中阐发德义，以之作为判断行为吉凶的基本标准和原则，以之为易智慧的前提基础和终极目的。

本章也可见，文化道德修养是一辈子的事。孔子都说五十以学《易》方可以无大过，五十学《易》之前，难免有过。如孔子在关于昭公知礼与否这个问题上，就说"丘也幸，苟有过，人必知之。"

人非圣贤，孰能无过，过而能改，善莫大焉。

十七、诗书执礼用雅言

子所雅言，《诗》《书》执礼，皆雅言也。(《述而》第十八章）

孔子用雅言，在诵《诗》《书》赞礼时，都是用雅言的。

执礼,即主持仪礼,当司仪。《周礼·春官宗伯》记载了"大史""小史"的赞礼职责,在朝廷举行祭祀、会同、朝觐、射事等活动时,由大史、小史协同主持仪式。"……凡射事,饰中,舍算,执其礼事。"《礼记·杂记》:"女虽未许嫁,年二十而笄,礼之。妇人执其礼。"

雅言,有两种解释。

西周的政治中心在今陕西地区,当时称以该地区语音为标准音的语言为雅言,又称正言,犹如今称"官话"或标准话,其他语言都属于方言俗语。《辞海·雅言》条说:"雅言,古时称共同语,同方言对称。"《尔雅》是中国最早的一部解释词义的书,是中国古代的词典。十三经之一《尔雅》,尔是接近,雅指雅言。"尔雅"就是使语言接近于官方规定的语言。《诗经》有风、雅、颂,王都之音最正,故名之为雅。

这是第一种解释,最为准确。本章意思是,孔子平时讲话用鲁语,在诵《诗》《书》和赞礼时则用雅言。《论语骈枝·释雅言》曰:"夫子诵诗、读书、执礼必正言其音。"

一说,雅是常、时常义。诗书礼,都为孔子经常所说。朱子《集注》说:"雅,常也。执,守也。诗以理情性,书以道政事,礼以谨节文,皆切于日用之实,故常言之。礼独言执者,以人所执守而言,非徒诵说而已也。程子曰:'孔子雅素之言,止于如此。若性与天道,则有不可得而闻者,要在默而识之也。'"也说得通,姑录此备参。

子所雅言,为什么不及《乐》《易》《春秋》呢?或谓,乐已包涵在诗和礼之中了。《孔子世家》说:"孔子以诗书礼乐教,弟子盖三千焉。"晚年对及门高弟,方教授《易》和《春秋》,故身通六艺者仅七十二人。可见《易》和《春秋》,孔子不轻以教人。

十八、孔子的自画像

叶公问孔子于子路,子路不对。子曰:"女奚不曰:其为人也,

发愤忘食,乐以忘忧,不知老之将至云尔。"(《述而》第十九章)

叶公向子路打听孔子,子路不回答。孔子说:"你为什么不说:他的为人哪,发愤努力时忘了吃饭,自得其乐而忘了忧愁,不知道自己老境将至,如此而已。"

叶公,芈姓,沈尹氏,名诸梁,字子高。叶公生于楚国王室之家,其曾祖父是春秋五霸之一楚庄王,其父沈尹戌在吴楚之战中屡立战功。他的封邑在楚国北疆重镇叶城,为叶尹,自称叶公。楚惠王时,楚国发生了白公胜叛乱,叶公从叶地起兵平息叛乱,救出惠王,重整朝纲,被楚惠王封为令尹与司马。但他不久就把令尹一职让给公孙宁,把司马一职让给公孙宽,史称叶公让贤。

楚昭王二十七年(公元前489年),孔子由蔡及叶,期间曾与叶公论政。"父为子隐,子为父隐"就是孔子回答叶公的话。本章叶公问子路心目中的孔子形象,子路没有回答,于是"夫子自道"如此。

后世解读者多将注意力集中于孔子的人生修养和为学精神,忽略了孔子自我肯定的态度和自我欣赏的真意。子路不答,是因为不能深知夫子,不知如何回答,不识圣道高妙,欲赞无词。"女奚不曰",为什么不这么说?似有言外之意在。我是怎样的人你就怎样说,扭扭捏捏干什么?

"发愤忘食,乐以忘忧,不知老之将至",这是孔子的自画像。乐以忘忧,就是仁者不忧。王阳明说:"发愤忘食,是圣人之志如此,真无有已时;乐以忘忧,是圣人之道如此,真无有戚时。"这里有儒家的真精神在。朱熹说:

"未得,则发愤而忘食;已得,则乐之而忘忧。以是二者俛焉日有孳孳,而不知年数之不足,但自言其好学之笃耳。然深味之,则见其全体至极、纯亦不已之妙,有非圣人不能及者。盖凡夫子之自

言类如此，学者宜致思焉。"（《集注》）

朱熹说的不错，唯以"发愤忘食"为未得，不当，发愤忘食也是已得。发愤忘食和乐而忘忧相辅相成，都是得道的表现。不难想象，孔子作春秋时就是即发愤又快乐的。吴楚滑夏，乱臣贼子接踵，不能无愤，同时"上明三王之道，下辨人事之纪，别嫌疑，明是非，定犹豫，善善恶恶，贤贤贱不肖，存亡国，继绝世，补敝起废"，阐明政治大义，从事王道之大，乐何如之。

十九、好古敏求即天才

子曰："我非生而知之者，好古，敏以求之者也。"（《述而》第二十章）

孔子说："我不是生来就知'道'的，是爱好古文化，勤奋地求到的呀。"

敏，勤捷，敏速。古，指先哲遗典，古代典章。这里的"之"，大多解作一般知识或文化。朱熹解释为义理。他说："盖生而可知者义理尔，若夫礼乐名物，古今事变，亦必待学而后有以验其实也。"也不准确。我以为这里的"之"应指"朝闻道夕死可"的道，即"性与天道"，即仁性道心。

科学自然知识和一般文化知识都不可能"生而知之"，只能学而知之。只有道心，古来极少数高智慧者，是可以生而知之的。人人皆有仁性道心，如孟子所说："仁义礼智，非外铄我也，我固有之也。"佛教有"独觉佛"，就是在没有佛法的时代无师自通地自行觉悟者。

儒家有"生而知之"的说法。《论语·季氏》："孔子曰：生而知之者，上也；学而知之者，次也；困而学之，又其次也；困而不学，民斯为下矣。"《中庸》："或生而知之，或学而知之，或困而知之。及其知之，一也。"

竹简《五行》："闻而知之，圣也，圣人知天道也。知而行之，义也。"说的明明白白，闻而知之的"之"就是指天道。孔子十五有志于学，是学道；三十而立，是树立了道信仰；四十不惑，是明道，这就是学而知之的最好证明。

儒家强调传承，文化的传承，道统的传承。孔子多次自称好学、好古，好学必然好古。即使开新，也要返古，在传统的基础上和道统的指导下开新，这样开出来的新才有根本，才有生命力。

儒家学说产生于原始社会，历代礼制自有其历史局限性。但儒学原则却具有至高无上的普适性。如四维八德、诚信中庸诸原则，父慈子孝、兄良弟悌等价值，普适于一切社会一切时代。

儒家五常道，即五种中华特色的普世价值。仁者，人也，人而不仁即非人；义者，宜也，人而不义即小人，不宜于他人更不宜于政治；不知礼无以立，人站不起来，社会无法成立；无智则愚昧，无信则奸诈，皆不成其为人。

二十、不语怪力乱神

子不语怪、力、乱、神。(《述而》第二十一章)

孔子不讲：怪异、暴力、悖乱、神道。

《集注》引谢氏曰："圣人语常而不语怪，语德而不语力，语治而不语乱，语人而不语神。"沈善增说："怪相对常，力相对德，乱相对义，神相对道。"

本章涉及一个重大问题，即儒家对鬼神的基本态度和原则。这句话传统的解释是：孔子不谈论怪异、强力、悖乱、鬼神之事。"不语"有不以为然的意思。这个解释与孔子"未能事人，焉能事鬼""敬鬼神而远之"等一贯主张是一致的。

儒家的天，或指自然之天，或指义理之天、或指形而上的道体。初民信仰中亦有人格之天（上帝），但孔子以仁本生命观取代神本生命观之后，人格之天便日趋消隐。熊十力在《答马格里尼》中写道："《诗经》中绝无神道思想。虽《二南》以外，亦间有上帝等名词，然所云天者，即谓自然之理。所云帝者，谓大化流行，若有主宰而已。非谓其超越万有之外，而为有意思有人格之神也。"（《熊十力文选》）

或谓《易经》说："圣人以神道设教"，认为圣人也会教人信神，或以宗教方式教化天下。大谬。孔子岂会出尔反尔？圣人岂能弄虚作假？这里的神不是指神祇，而是形容天道的四时运行从无差错。神道设教，意谓以天道教化天下。

《易经》原文："观天之神道，而四时不忒，圣人以神道设教，而天下服矣。"（《易》）孔颖达疏："微妙无方，理不可知目不可见，不知所以然而然，谓之神道。"马一浮说："《易》言神道者，皆指用也。如言显道神德行，谓其道至神耳。岂有圣人而假托鬼神之事以罔民哉？设教犹言敷教耳。绝非假设之意。"

《春秋》记载了大量灾异之事，董仲舒有天人感应说，又称灾异说，皆无关乎怪力乱神。盖灾异现象有其自然性和合理性，与宗教神迹大不同。《春秋经》所书灾异一百二十二，如日食三十六，陨石一，不雨七，无冰三，大雨震电一，雨雪三，大雪雷三，地震五，山崩二，大水九，大旱二，饥二，无麦苗一……诸如此类，没有任何怪力乱神。

天人感应则是正理，天人不二，自有感应。世愈乱灾异愈多，这就是天人感应。只不过灾异与人事的对应联系，未必如董仲舒"联想"的那样刻板。如定公元年冬十月《春秋》书曰"陨霜杀菽"。董氏说："菽，草之强者。天戒若曰加诛于强臣。言菽，以微见季氏之罚也。"说这个现象是上天提醒定公应该及早诛杀季氏。其然，岂其然乎。

二十一、三人行必有我师

子曰:"三人行,必有我师焉。择其善者而从之,其不善者而改之。"(《述而》第二十二章)

孔子说:"三人同行,一定有我的老师。选择其中的善人去学习他,其不好的人就反省自己加以改正。"

行字,有二解,一是同行,二是行列。《集注》:"三人同行,其一我也。彼二人者,一善一恶,则我从其善而改其恶焉,是二人者皆我师也。尹氏曰:'见贤思齐,见不贤而内自省,则善恶皆我之师,进善其有穷乎?'"

儒家谦虚好学永不满足,品德学问当然从善如流,好上求好,科学技术和政治制度各方面同样唯善是从,精益求精。总之,儒家对一切真善美的事物、一切好东西,都能尊重、爱好和学习之。这是孔子的精神,历代圣贤的精神。

这里的"师"是泛说,包括善者和不善者,不善者可以提醒、警惕自己,等于是反面教材、反面的老师,"见贤思齐焉,见不贤而内自省也。"《老子》也说过类似的话:"善人者,不善人之师;不善人者,善人之资。"

熊师十力在《答陈亚三》中说:

"论语云:三人行,必有我师焉,须与见贤思齐,见不贤而内自省参看。夫如是,则无往非吾师也。若谓遇得三个人,其中必有我师者,是焉得为通论乎?佛说天上地下唯我独尊,是全宇宙无一人可为吾师者,岂謷言乎?盖求师于外,则得师难矣;求师于内,则万物皆吾师也,万善皆吾师也,万恶皆吾师也,万丑皆吾师也。惟我独尊者,不自暴弃之谓也。此自得师之基也,岂妄自尊大之谓乎?

佛教徒解此者鲜矣！"(《十力语要》)

万物、万善、万恶、万丑皆可为师，此真言也，此真谦也。有志者当如是。

二十二、道德自信何其坚

子曰："天生德于予，桓魋其如予何！"(《述而》第二十三章)

孔子说："上天赋予道德，桓魋能把我怎么样！"

桓魋，宋国司马，本名向魋，因是宋桓公后裔，又称桓魋。《史记》载："孔子过宋，与弟子习礼大树下，桓魋伐其树，孔子去。弟子曰：'可以速矣。'子曰：'天生德于予，桓魋其如予何？'遂之郑。"

桓魋派人砍树，孔子躲开时，弟子们催促他快些走，他便说了这句话，意谓桓魋不能违背天意伤害自己。该躲还是要躲，但从容不迫。

虚怀若谷，不耻下问，同时又极具文化道德自信。本章就体现了这种自信。孔子厄于匡的时候，说过一句类似的话："文王既没，文不在兹乎？天之将丧斯文也，后死者不得与于斯文也。天之未丧斯文也，匡人其如予何！"正因为拥有这样的自信，孔子面对危难处之泰然，并且相信桓魋、匡人等都不能加害于自己。

略有不同的是，"文不在兹乎"重在文化自信，"天生德于予"重在道德自信。得乎道之谓德，德是文化的内在依据，文是文化形态及制度模式。德指性之德，即《大学》"明明德"的明德。性为天之命，是天所赋予，但性德的光明则有赖于后天的努力，需要加一番明明德、致良知的功夫。

孔孟和历代大儒都是极富这种自信的人，绝不假模假样假谦虚，推三推四推责任。

梁漱溟也具有这种自信。1941年日本军队袭入香港，梁漱溟九死一生逃脱虎口抵达国统区以后，在给儿子的信中写道：

"前人云：为往圣继绝学，为万世开太平，此正是我一生的使命。《人心与人生》等三本书要写成，我乃可以死得，现在则不能死。又今后的中国大局以至建国工作，亦正需要我，我不能死。我若死，天地将为之变色，历史将为之改辙，那是不可想象底，万不会有的事。"

这话遭到了当时许多人的讥评。梁漱溟回答说："狂则有之，疯则未也。"到20世纪80年代中期他最后一部著作《人心与人生》问世，依然相信"我的著作将为世界文化开新纪元。为期不在远，不出数十年也……"梁漱溟诚如他自己所言有点狂了，孔子的自信则是实实在在的。

二十三、夫子一切无隐瞒

子曰："二三子以我为隐乎？吾无隐乎尔。吾无行而不与二三子者，是丘也。"（《述而》第二十四章）

孔子说："诸位以为我有什么隐瞒吗？我没有隐瞒啊。我没有什么行为实践不是和诸位在一起的，这就是我孔丘了。"

二三子是孔子客气地称呼弟子们，二三表示约数。吾无隐乎尔，我于诸君无所隐匿。乎尔，语助词。或云，尔指二三子。与，和，同。一说，与，示，告诉。

孔子曾说"予欲无言"，或许是弟子们疑孔子有所隐，孔子便说，我与你们朝夕相处，有什么隐瞒？弟子们求之于言，而孔子示之以行，提醒学生们不要尽在言语上求高求远，而要从行事上求真求实。

孔子身与道俱，言行不二，表里一体，孔子之教，有言教，更有身教和行教。朱熹说："诸弟子以夫子之道高深不可几及，故疑其有隐，而不知圣人作止语默，无非教也，故夫子以此言晓之。"

"吾无行而不与二三子者"的行，就是行为表现和道德实践。孝悌谨信，爱众亲仁，都是行。"行有余力，则以学文。"《说苑》记载：

"公明宣学于曾子，三年不读书。曾子曰：'宣，而居参之门，三年不学，何也？'公明宣曰：'安敢不学？'宣见夫子居宫庭，亲在，叱咤之声未尝至于犬马，宣说（悦）之，学而未能；宣见夫子之应宾客，恭俭而不懈惰，宣说（悦）之，学而未能；宣见夫子之居朝廷，严临下而不毁伤，宣说（悦）之，学而未能。宣说此三者，学而未能，宣安敢不学而居夫子之门乎？曾子避席谢之曰：'参不及宣，其学而已。'"（《说苑·反质》）

曾子就是身教行教的典范，而公明宣则是躬行的榜样。不过，"三年不读书"，容易产生轻视学问文章的流弊。

蔡仁厚说："隐瞒藏私，是由于生命不莹澈、有隐曲。要把生命中的隐曲性化除净尽，就如同佛教之破无明。这对个人来说，乃是一个无限的实践过程。二三子以孔子为隐，正因为二三子中心尚未莹澈，还有隐曲。孔子说吾无隐乎尔，则表示他的生命莹澈明朗，廓然大公，直而无曲。"

如果更深一层讲，圣贤无隐，即良知无隐。冯友兰认为"良知是个假定"，熊公十力喝斥："这怎么可以说是假定。良知是真真实实的，而且是个呈现，这须要直下自觉，直下肯定。"冯氏听不进去，旁听者牟宗三却如闻霹雳："直是振聋发聩，把人的觉悟提升到宋明儒者的层次。"（牟宗三《我与熊十力先生》）

对于觉者来说，宇宙万物包括自己的肉体身意识心，都带有某种空幻性，唯独良知心，至真无假，至实无虚，是最真实的实体，实实在在，真真切切。一切现象都是生灭法，人有生老病死，物有成住坏空，唯良知永恒。于我的身心，她内在着，又超越着，还包罗着，更规范着。噫！妙不可言，不可思议。

二十四、孔门四教

> 子以四教：文，行，忠，信。（《述而》第二十五章）

孔子从四个方面教育学生：文学，德行，忠实，诚信。

文，文学也，诗书礼乐；行，德行也，道德实践；忠，忠实也，政事主忠；信，诚信也，言语主信。忠信也属于德行，因为特别重要，所以孔子单独列出来。文行忠信，可以说是孔子教学的四个重点和四大方针。《集注》引程子曰："教人以学文修行而存忠信也。忠信，本也。"

"文"字多义，因语境不同而异义。或指文采，如"其旨远，其辞文""言之无文，行之不远"；或指文化，统道统、礼制而言，如"文王既没，文不在兹乎？"这个文最为蕴深意广。本章和"行有余力，则以学文"的文，都指文化知识。孔子以诗、书、礼、易、乐、春秋为教材，六艺包括了道德、政治及自然各方面的知识。

知与行、理论与实践同等重要。就步骤而言，有正确的知识和理论，才能有正确的行为和实践，知是行的前提，明理是明明德的基础。要实践忠信之德，做一个忠信之士，首先要懂得何为正忠，何为正信，何为君子之忠信。

诚意正心的内在修养，有赖于道德知识的正确；齐家治国平天下的外在实践，有赖于政治知识的中正。所以在教学上，孔子将文学放在第一步。"知之者不如好之者，好之者不如乐之者。"但如果不知，就没有了好之和乐之的可能。

《先进》记载了孔门四科，德行言语政事文学，可以与本章对应，文即是文学，行即是德行，忠为正心尽心，代表政事，信是言而有信，代表言语。

但孔门四科与孔门四教，次序不同，盖四科是从教学成就而论，孔门十哲就是四科的成就次序。《左传》说："太上有立德，其次有立功，其次有立言。"德行就是立德立功，立言就是言语，之后才是政事和文学。四教则是就教学步骤而论，基础教育一定先从文开始学，学而时习，先学后习，习就是行，就是实践，在实践中不断表现和提升忠信之德。

孔门四科，以文学为末，是先本后末，立乎其大者；孔门四教，则以文学为首，是自博而约，先博之以文，再约之以礼。

二十五、难得见到有恒者

子曰："圣人，吾不得而见之矣，得见君子者，斯可矣。"子曰："善人，吾不得而见之矣，得见有恒者，斯可矣。亡而为有，虚而为盈，约而为泰，难乎有恒矣。"（《述而》第二十六章）

孔子说："圣人，我是不能见到了，能见到君子人，这就可以了。"孔子说："善人，我是不能见到了，能见到有恒心的人，这就可以了。没有却假装富有，空虚却假装充盈，穷迫却假装宽裕，是难以保持恒久的。"

本章讲到两大问题：一是实，一是恒。
真实和真诚是道德的基础，没有却装出富有的样子；空虚却装作饱满的样子，困顿却装作宽裕的样子，是难以持久的，也是不道德的。对于儒者来说，别人了不了解、认不认可、尊不尊重并不重要，靠各种面子工程赢得的尊重，意义是负面的，而且有后遗症。

道德来不得一点虚假浮夸。不论为了什么，弄虚作假都是不道德的。虚假的美好比真实的丑陋更丑陋，没有里子的面子，迟早要丢尽，难乎有恒矣。

道德自尊、文化自重不可无，能力自夸、才华自负不可有。涉及自己的时候，不增不减如实展示最好，万一功力不足没把握，宁减勿增，宁谦勿傲，宁示弱勿逞强，宁有实无名、人不我知，勿名不副实、虚有其名。借孔子的话说，与其亡而为有，不如有而为亡；与其虚而为盈，不如盈而为虚；与其约而为泰，不如泰而为约。

当然，这些道德要求，以之自律则可，以之责人则不宜。须知世人各有弱缺，"有恒者"难见，孔子时代就已经难得一见了。而"难乎有恒"者，只顾面子不要里子者，天下滔滔皆是。这类人物或有欺人之嫌，终无害人之意，修养不够而已，不妨体谅宽容。

《集注》："张敬夫曰：圣人、君子以学言，善人、有恒者以质言。愚谓有恒者之与圣人，高下固悬绝矣，然未有不自有恒而能至于圣者也。故章末申言有恒之义，其示人入德之门，可谓深切而著明矣。"

不实就不能恒。《韩诗外传》说："伪诈不可长，空虚不可守。朽木不可雕，情亡不可久。"情亡就是亡情，无实，不可久就是难乎有恒。

儒家特别重视恒心恒德。《易经》有恒卦，其象辞说："日月得天而能久照，四时变化而能久成，圣人久于其道而天下化成，观其所恒，而天地万物之情可见矣。"恒之义大矣哉。帛书《经法·道法》："天地有恒常，万民有恒事，贵贱有恒位，畜臣有恒道，使民有恒度。"帛书《经·三禁》："行非恒者，天禁之。"《尚书·汤诰》说："若有恒性，克绥厥猷惟后。"

道家也重恒。《庄子》说："人有修者，乃今有恒；有恒者，人舍之，天助之。人之所舍，谓之天民；天之所助，谓之天子。"(《庄子·庚桑楚》) 有修养就会有恒，有恒者，人们会亲近他，上天会佑助他。人们所亲近的人称天民，上天佑助的人称天子。天子就是敬天顺天、得乎天助者。

二十六、仁及禽兽何况人

子钓而不纲，弋不射宿。(《述而》第二十七章)

孔子钓鱼只用钓竿而不用网，射鸟不射巢中的鸟。

纲，本意是提网的大绳，这里指渔网。弋，用带绳的箭射鸟。宿，指栖止于巢中的鸟。仁者之心，从每一件小事上都可以体现出来。孔子钓而不纲，与商汤网开三面，可谓异代同工。《史记·殷本纪》记载：

"汤出，见野张网四面，祝曰：自天下四方，皆入吾网！汤曰：嘻，尽之矣！乃去其三面祝曰：欲左，左；欲右，右；不用命者，乃入吾网。诸侯闻之曰：汤德至矣，及禽兽。"

这个故事也见于《吕氏春秋·孟冬纪·异用》，并加评论说："汉南之国闻之曰：汤之德及禽兽矣！四十国归之。人置四面未必得鸟，汤去其三面，置其一面以网其四十国，非徒网鸟也。"

儒家仁爱无局限，亲亲仁民爱物，包括动物和草木。《诗经》《行苇》就是讲睦亲敬老、仁及草木，开篇说："敦彼行苇，牛羊勿践履。"意谓芦苇丛生成一堆，牛羊不要去乱踩。《毛诗序》云："《行苇》，忠厚也。周家忠厚，仁及草木，故能内睦九族，外尊事黄耇，养老乞言，以成其福禄焉。"汉鲁诗（见刘、王书）、齐诗（见班赋）、韩说（见赵书）三家更具体指出此诗专写公刘仁德。

周礼规定，田猎要遵守"时禁"和禁止滥杀，如不捕幼兽，不采鸟卵，不杀有孕之兽，不伤未长成的小兽，不破坏鸟巢。《周礼·地官》中有掌管狩猎事务的"迹人"，其职就是"禁麛卵者与其毒矢射者"，包括禁止猎取幼兽、怀孕的母兽，禁止攫取鸟卵、倾覆鸟巢和使用毒箭。这些规定是资于资源和生态的保护，也是仁心爱物的表现。

《礼记·乡饮酒义》说："东方者春，春之为言蠢也，产万物者圣也；南方者夏，夏之为言假也，养之，长之，假之，仁也。"内圣外王，总以仁及万物为言。贾谊说：

"礼，圣王之于禽兽也，见其生不忍见其死，闻其声不尝其肉，隐弗忍也。故远庖厨，仁之至也。不合围，不掩群，不射宿，不涸泽。豺不祭兽，不田猎；獭不祭鱼，不设网罟；鹰隼不鸷，眭而不逮，不出颖罗；草木不零落，斧斤不入山林；昆虫不蛰，不以火田；不麛，不卵，不刳胎，不殀夭，鱼肉不入庙门，鸟兽不成毫毛不登庖厨。取之有时，用之有节，则物蕃多。汤曰：'昔蛛蝥作罟，不高顺、不用命者，宁丁我网。'其悼害物也如是。诗曰：'王在灵囿，麀鹿攸伏，麀鹿濯濯，白鸟皜皜。王在灵沼，于牣鱼跃。'言德至也。圣主所在，鱼鳖禽兽犹得其所，况于人民乎。"（《新书·礼》）

对于动植物，尚且要怀有仁爱之心，不可任意伤害，让鱼鳖禽兽各得其所，是圣主王道的责任，何况人民呢？

钱穆说："此章乃游于艺之事，非依于仁之事。否则一鱼之与多鱼，飞鸟之与宿鸟，若所不忍，又何辨焉。"此言不对。儒家讲"利用厚生"，利物之用以厚民之生。对于物包括鱼和鸟，可以钓之射之，为人所用，但不能竭泽而渔和连巢尽毁。这不仅是"不忍之心"所致，也是保护自然环境和生态环境的必须。所以，一鱼之与多鱼，飞鸟之与宿鸟，还是大有可辨的。贾谊《新书·礼》曰："不合围，不掩群，不射宿，不涸泽。"是也。

二十七、择善而从，多见而识

子曰："盖有不知而作之者，我无是也。多闻，择其善者而从之，多见而识之。知之次也。"（《述而》第二十八章）

孔子说："可能有不知道创妄立新说的人，我没有这个毛病。多听闻，选择其中好的跟着学习。多发现而牢记在心里。这都是次一等的智慧。"

作,创作,创新。不知而作,以盲导盲,最是不负责任。识,记住。马培路认为,识有慎思明辨义,朱子常训识为记,意有不洽。就今"知识"言,知犹所记也,识则在知之基础上有所识见,即所谓辨义而有所明也。

知之次也,比"生而知之"次一等。朱明江认为,知之次也,理解为"知其次也"较妥,即知一反三,温故而知新。这样解释与全章合拍,是在讲如何求知、更进一步知新,而不要标新立异。录此备参。

"不知而作之者",古今中外何其多也。世间多少异端邪说,就是那些无知无畏者"作"出来的。《集注》说:"不知而作,不知其理而妄作也。孔子自言未尝妄作,盖亦谦辞,然亦可见其无所不知也。"

《新解》说:"作者之圣,必有创新,为古今人所未及。多闻多见,择善默识,此皆世所已有,人所已知,非有新创,然亦知之次。知者谓知道。若夫不知妄作,自谓知道,则孔子无之。"

二十八、与其进不与其退,与其洁不保其往

互乡难与言。童子见,门人惑。子曰:"与其进也,不与其退也,唯何甚!人洁己以进,与其洁也,不保其往也。"(《述而》第二十九章)

互乡人难与言善。有儿童受到孔子接见,门弟子疑惑不解。孔子说:"我赞许他进步,不是赞许他后退,这有什么过分呢?人家洁身要求进步,我赞许他洁身为善,不保他以往所行皆善。"

与,赞许,赞成,肯定。互乡,乡名。其乡风俗恶,难与言善。唯何甚,甚,过分。孟子曰"仲尼不为已甚",即此甚字义。

孔子说过:"不可与言而与之言,失言。"互乡这个地方的人,

习于不善，难与言善。见其童子，门人疑孔子是"不可与言而与之言"。孔子如是以答，也是"有教无类"的意思。

《孟子·尽心》曰："夫子之设科也，往者不追，来者不距。苟以是心至，斯受之而已矣。"说的也是这个意思。马培路说："有顽固不化者，往教与之言，则失言。有亲仁来学者，其向善之心可知矣。故只可来学，不可往教也。"

《论语新解》说："此章孔子对互乡童子，不追问其已往，不逆揣其将来，只就其当前求见之心而许之以教诲，较之自行束修以上章，更见孔门教育精神之伟大。"

《大戴礼记》记载曾子之言："存往者，在来者，朝有过夕改则与之，夕有过朝改则与之。"意谓对别人体恤往昔的过错，察看以后的行为，早晨有过失晚上改正就赞许他，晚上有过错次晨改正同样赞许他。

《后汉书·郭泰传》中描述了一个"与其进"的故事："贾淑，字子厚，林宗乡人也。虽世有冠冕，而性险害，邑里患之。林宗遭母忧，淑来修吊，既而钜鹿孙威直亦至。威直以林宗贤而受恶人吊，心怪之，不进而去。林宗追而谢之，曰：'贾子厚诚实凶德，然洗心向善，仲尼不逆互乡，故吾许其进也'。淑闻之，改过自厉，终成善士。乡里有忧患者，淑辄倾身营救，为州间所称。"

二十九、只要真想要，你就能得到

> 子曰："仁远乎哉？我欲仁，斯仁至矣。"（《述而》第三十章）

> 孔子说："仁很远吗？我想要仁，仁这就到了。"

仁的境界很高，却不是高不可攀的。真想求仁，没有求不到的。能不能成为一个仁人，完全取决于自己。最坏的环境中，只要下定决心做一个圣贤君子，就有机会做到。安顿身心的地方就在自己身上。为仁由己，此之谓也。

良知仁性，天之所命，人人皆具，求之于己即可。只要反求诸己，反身而诚，就能够自见仁性。怕只怕欲之不真、求之不力、持之不恒耳。朱熹说："仁者，心之德，非在外也。放而不求，故有以为远者；反而求之，则即此而在矣，夫岂远哉？程子曰：为仁由己，欲之则至，何远之有？"（《集注》）

本章强调仁之易得。仁之全体，圣人亦有所未至；仁之一端，凡愚亦当下即是。此诚如《中庸》说："夫妇之愚，可以与之焉；及其至也，虽圣人亦有所不知焉。夫妇之不肖，可以能行焉，及其至也，虽圣人亦有所不能焉。"

牟宗三先生说："此成德之过程是无穷无尽的。要说不圆满，永远不圆满，无人敢以圣人自居。然而要说圆满，则当体圆满，圣亦随时而至……圣不圣且无所谓，要者是在自觉地作道德实践，本其本心性体以彻底清澈其生命。此将是一无穷无尽之工作。"（《心体与性体》）

三十、孔子的庆幸

陈司败问："昭公知礼乎？"孔子曰："知礼。"孔子退，揖巫马期而进之曰："吾闻君子不党，君子亦党乎？君取于吴为同姓，谓之'吴孟子'。君而知礼，孰不知礼！"巫马期以告。子曰："丘也幸，苟有过，人必知之。"（《述而》第三十一章）

陈司败问："鲁昭公知礼吗？"孔子说："知礼。"孔子退后，陈司败作揖请巫马期进去说："我听说君子不偏袒，君子也偏袒吗？鲁君娶于吴国，是同姓之女，却称她为'吴孟子'。说鲁君知礼，谁不知礼？"巫马期把这些话告诉孔子。孔子说："我真幸运，如果有了过错，人家一定会知道。"

陈司败，陈国司寇，即主管司法的高级官员。一说，姓陈，名司败，齐国大夫。昭公，鲁国国君，姓姬，名裯，公元前541年至公元前510年在位，谥昭。揖，拱手行礼，作揖。巫马期，孔子弟子，姓巫马，名施，字子期，鲁国人。君取于吴为同姓，取同娶，礼不娶同姓，鲁吴皆姬姓。党，偏袒，包庇，有偏私。朱子注："相助匿非曰党。"

吴孟子，鲁昭公夫人。春秋时，国君夫人的称号，一般是用她出生的国名加上她的姓。吴孟子姓姬，便应称吴姬。但是，吴国与鲁国的国君都姓姬——吴国是周文王的伯父太伯的后代，鲁国是周文王的儿子周公姬旦的后代。按周礼规定，同姓不能通婚。为了掩人耳目，鲁昭公避讳，不称她为吴姬，而称吴孟子。孟，指她是长女；子，是宋国的姓。一说，孟子是昭公夫人的名字，见《左传·哀公十二年》。

鲁昭公是周公之后，吴姓是泰伯之后，泰伯是周公伯祖，故昭公与吴同姓，依周礼不能通婚。昭公娶吴女为夫人，违反了礼制。孔子说昭公知礼，说错了。古今学者都代孔子解释，说孔子并非不知道这一点，而是为鲁昭公讳，因为鲁为孔子父母之邦。但陈国司败（位如司寇）指出昭公之错后，孔子也不曲为之辨，而是直承己过，自称"丘也幸"。

《论语正义》说："孔子得巫马期之言，称己名云：是己幸受以为过。故云：苟有过，人必知之。所以然者，昭公不知礼，我答云知礼。若使司败不讥我，则千载之后，遂永信我言，以昭公所行为知礼，则乱礼之事，从我而始。今得司败见非而受以为过，则后人不谬，故我所以为幸也。"

其实鲁昭公不知礼、违礼之事多了，岂止"娶吴女为夫人"而已？"设两观，乘大路，朱干、玉戚、以舞《大夏》，八佾以舞《大武》，此皆天子之礼也。"鲁昭公都僭用，子家驹因此指责他"诸侯僭于天子"。但东海以为，孔子说鲁昭公知礼，应该是指另一件事。

据《公羊传》："齐侯唁公于野井，曰：'奈何君去鲁国之社稷？'

昭公曰：'丧人不佞，失守鲁国之社稷，执事以羞。'再拜颡……昭公于是曒然而哭，诸大夫皆哭。既哭以人为菑，以币为席，以鞍为几，以遇礼相见。孔子曰：'其礼与其辞足观矣！'"

鲁昭公被季氏逐，出奔齐国，齐侯唁公于野井（吊失国曰唁。齐侯哀吊鲁昭公有国难投也）。在与齐侯的宾主应答中，鲁昭公表现优秀，礼节和言辞都颇可观，所以孔子赞许他"知礼"。但陈司败说鲁昭公不知礼，也没错。因为鲁昭公其他方面的表现，实在不咋地。故孔子不为之辨，唯承认自己错误。

总之，不论孔子说昭公知礼是有心为鲁君讳、还是无意之误，或者忘了昭公"无礼"之事，或者另有所指，"丘也幸，苟有过，人必知之"这句话，都活生生地体现了孔子闻过则喜、知过必改的态度。这是儒家一贯的精神。《孟子·公孙丑》曰："子路，人告之以有过，则喜。禹闻善言，则拜"；田宝发题济宁子路祠联曰："允矣圣人之徒，闻善则行闻过则喜；大哉夫子之勇，见危必拯见义必为"，都对子路闻过则喜大加称赏。

魏文帝曹丕曰："暗于自见，谓己为贤。"（《典论论文》）人们习惯对自己的过失错误视而不见，儒家则认为自省和改过是不断进步和提高之必须，强调"见贤思齐""见不贤而内自省""毋意，毋必，毋固，毋我""过则毋惮改""三人行，必有我师焉。择其善者而从之，其不善者而改之"等等。如果别人指出自己的错误，那更是求之不得的事，就像拣了个大便宜一样。

三十一、唱好歌和好唱歌

子与人歌而善，必使反之，而后和之。（《述而》第三十二章）

孔子同别人一起唱歌，如果别人唱得好，定让他再唱一遍，然后自己应和他。

反，反复，再一次。和，应和，唱和。孔子喜欢唱歌，喜欢欣赏好歌和与人唱和。《集注》说：

"必使复歌者，欲得其详而取其善也。而后和之者，喜得其详而与其善也。此见圣人气象从容，诚意恳至，而其谦逊审密，不掩人善又如此。盖一事之微，而众善之集，有不可胜既者焉，读者宜详味之。"

孔子会鼓瑟，善吹笙，能击磬，擅音乐，好唱歌。他在音乐上曾向鲁国乐官师襄子、周朝大夫苌弘和齐国太师挚等学习和请教过。《史记·孔子世家》中详细记载了孔子向鲁国乐官师襄子学琴的情况：

"孔子学鼓琴师襄子，十日不进。师襄子曰：'可以益矣。'孔子曰：'丘已习其曲矣，未得其数也。'有间，曰：'已习其数，可以益矣。'孔子曰：'丘未得其志也。'有间，曰：'已习其志，可以益矣。'孔子曰：'丘未得其为人也。'有间，有所穆然深思焉，有所怡然高望而远志焉。曰：'丘得其为人，黯然而黑，几然而长，眼如望羊，如王四国，非文王其谁能为此也！'师襄子辟席再拜，曰：'师盖云《文王操》也。'"

师襄子给了一首不具名的曲子让孔子练习，孔子练习该曲达数月之久，从了解乐曲的结构开始，进而体会其思想情感，进而想象乐曲作者的形象，最终了解乐曲作者的为人、性情、志向等，最后得出这首乐曲的作者是周文王的结论。这让师襄子十分佩服，因为师襄子他演奏的这首曲子正是《文王操》。

"子于是日哭，则不歌"。反过来推论，是日不哭，则歌。可见孔子经常唱歌。《史记·孔子世家》说："三百五篇孔子皆弦歌之，以求合韶武雅颂之音。"诗三百都是可以唱的。合韶武雅颂之音的歌，自然是很美善的，比起《武乐》来，《韶乐》更是尽善尽美。

孔子习惯用音乐和歌曲表达思想感情。当他困于陈蔡之间，断粮断炊数日，"从者病，莫能兴。孔子讲诵弦歌不衰。"（《史记·孔子世家》）在宋国时他被匡简子误当成阳虎，带兵围困孔子的居舍。子路愤怒，准备奋戟开打。孔子阻止了他，师徒俩唱起歌来，"子路歌，孔子和之，三终而围罢。"以音乐化解干戈。（《韩诗外传》）

去世前七日，孔子还对远道赶来探病的子贡唱了一首歌："太山坏乎，梁柱摧乎，哲人萎乎！"

三十二、自憾无缘行王道

子曰："文，莫吾犹人也。躬行君子，则吾未之有得。"（《述而》第三十三章）

孔子说："论文辞，大概我与人差不多。亲身实践君子之道，则我没什么收获。"

莫，推测之词，大概，或者，也许。文，莫吾犹人也，句意是，文或犹人，行则不逮。一说，"文莫"连读，是忞慔之假借。《说文》：忞，强也；慔，勉也。句意是：在奋勉努力方面，我和别人差不多。两说均通，都是孔子自谦之词。今从前解。

孔子自称在实践方面做得不够，古今学者都认为这是孔子自谦，我以为，孔子作为儒学的集大成者和创派大宗师，一生在道德上身体力行，终于抵达圣境，但在政治实践方面，由于种种客观条件所限，确实是未之有得，不如人意。这里的君子，是就位而言。躬行君子，意谓在政治上亲自实践仁道。

孔子栖栖遑遑周游列国，根本目的无非是寻求"躬行君子"的机会。这方面未之有得，应该是他生平最大的遗憾。连公山弗扰和佛肸的邀请，他都差点动心，或说："如有用我者，吾其为东周乎！"

或说:"吾岂匏瓜也哉?焉能系而不食?"可想而知,其用世和救世之心是何等急切。

子曰:"苟有用我者,期月而已可也,三年有成。"他表示,如果有人能够采纳他的政治主张,一年就可上轨道,三年就会有成效。可见孔子是何等自信。

孔子的自信并不盲目。《史记·孔子世家》记载:孔子五十六岁时,以大司寇之职摄行相事,与闻国政三月,就使鲁国出现了政通人和的可喜局面,司马迁描述道:"粥羔豚者弗饰贾(价),男女行者别于涂(途),涂不拾遗;四方之客至乎邑者,不求有司,皆予之以归。"治鲁三月,就有如此成效,可谓政治奇迹。

可惜好景不长,中道而废。由于"齐归女乐",鲁君受之"三日不朝",孔子遂离开了鲁国。在长达十四年的时间里,孔子率其弟子游历了宋、卫、郑、陈、晋、楚等国,到处碰壁,壮志难酬,于六十八岁时返鲁。困于陈蔡时,孔子发出"吾道非也,吾何为此"之叹,颜渊说:

"夫子之道至大,故天下莫能容。虽然,夫子推而行之,不容何病,不容然后见君子!夫道之不修也,是吾之丑也,夫道既已大修而不用,是有国者之丑也。"(《史记·孔子世家》)

德继尧舜、法述三王而没有实践机会,"是有国者之丑",也是时代的悲哀,民族的悲哀。

三十三、八字真言

子曰:"若圣与仁,则吾岂敢!抑为之不厌,诲人不倦,则可谓云尔已矣。"公西华曰:"正唯弟子不能学也!"(《述而》第三十四章)

孔子说："如果说圣与仁，那我怎么敢当！只不过追求从不满足，教人不知疲倦，那还算可以这样说吧。"公西华说："这正是弟子学不到的。"

抑，转折语气词。然则，抑或。云尔，这样，如此。《雍也》中孔子说："何事于仁，必也圣乎！"博施济众，夫子以为是圣王之事，圣德而有位。类而推之，这里的圣或指圣王，圣人而有位者；仁是仁者，圣人而无位者，不需要外在条件的配合，故孔子说"吾欲仁则仁至"。

仁与圣，相当于内圣外王。应该是当时有称夫子圣与仁者，夫子辞之，唯以为之不厌、诲人不倦自居。为之不厌，比学而不厌覆盖面更广。为之是为学，更是为道和为己。不厌不倦则是有恒，持之以恒。公西赤自叹弗如。

公西赤，字子华，亦称公西华，七十二贤人之一，在孔子弟子中，以长于祭祀之礼、宾客之礼著称，颇有外交才能。曾自言其志说："宗庙之事，如会同，端章甫，愿为小相焉。"孟武伯曾向孔子问起公西赤，孔子回答说："赤也，束带立于朝，可与宾客言也。"

圣与仁都是儒家最高道德境界。这个境界对于肉体生命而言是永无止境的永远进行时。本章不仅是孔子的自谦，也是孔子对弟子的勉励和指示。为之不厌，死而后已，这是对圣境的追求；诲人不倦，启人之蒙，这是对仁道的宣传。

也可以说，为之不厌，诲人不倦，本身就是圣与仁相当程度的表现。《孟子·公孙丑》曰："昔者子贡问于孔子曰：'夫子圣矣乎？'孔子曰：'圣则吾不能，我学不厌而教不倦也。'子贡曰：'学不厌，智也；教不倦，仁也。仁且智，夫子既圣矣。'"

三十四、孔子的祝祷

子疾病，子路请祷。子曰："有诸？"子路对曰："有之。《诔》曰：

'祷尔于上下神祇。'"子曰:"丘之祷久矣。"(《述而》第三十五章)

孔子大病,子路请为祈祷。孔子说:"有这种事吗?"子路回答说:"有的。《诔》文上说:为你向天地上下的神灵祈祷。"孔子说:"我已祷告很久了。"

疾病,疾甚曰病。祷,向天地鬼神祝告,请求福佑。诔,一种对死者表示哀悼的文章。这里当作讄,指古代为生者向鬼神祈福的祷文。神祇,古代称天神为神,地神为祇。有诸,有之乎,问辞。或说,问有此事否,或说,问有此理否。钱穆说:"此语应是问有代祷之事是否。如周公金滕,即代祷也,然未尝先告武王,又命祝史使不敢言。今子路以此为请,故孔子问之。"(《新解》)

《尚书·金滕》记载了周公代祷的故事:武王革命后二年,武王得了重病。周公亲自祷于太王、王季和文王之庙,请求让自己代替武王去死。祝告的册书收藏在金滕之匮中。

武王死后,成王年幼,周公代理政事,管叔、蔡叔放出流言说周公将不利于成王。导致成王怀疑周公,君臣和骨肉之间发生了隔阂。后来因一次偶然的天灾,成王打开金滕之匮,发现了周公请求代替武王去死的册书,深受感动,消除了隔阂。

礼书有疾病祭祷五祀的规定,如《士丧礼》说:"疾病祷于五祀",上博藏楚竹书《内豊》说"时昧攻祡,行祝于五祀,岂必有益?君子以成其孝。"意谓祭祷不一定有益于疾病的康复,但尽孝子之情,以成孝道而已。

孔子大病,子路请为祈祷,是为了尽一份尊师之心。孔子没有直接拒绝子路的好意,只是告以用不着祝祷之意,表示自己祝祷已久——平时敬天顺天,日常言行达乎仁义,合乎神明,不也是一种祝祷吗?《论衡·感虚》说:"圣人修身正行,素祷之日久,天地鬼神知其无罪,故曰祷久矣。"马培路说:"祷告之理,告天地说,己若有过,非有意为之,请天地福佑也。而孔子平时谨言慎行,履薄临深,无非防言行之过,以合于神明,是为祷也。故子曰:'丘之祷久矣。'"

《八佾》中孔子说:"获罪于天,无所祷也。"如果得罪了天,祝祷也没有用,那么反过来也可以说,无违于天,仰不愧于天,俯不愧于地,就用不着祝祷。

三十五、两害相权取其轻

子曰:"奢则不孙,俭则固。与其不孙也,宁固。"(《述而》第三十六章)

孔子说:"奢华就会不逊,俭约就会固陋。与其不逊呢,宁可固陋。"

奢,奢华,奢侈。孙,同逊,恭顺,谦让。固,固陋,鄙陋。奢与俭,不逊与固,都不好。但是,两害相权取其轻,与其不孙也宁固。《集注》:"奢俭俱失中,而奢之害大。晁氏曰:不得已而救时之弊也。"

固陋病在于己,不逊则侵凌他人,横行霸道,欺下凌上。季氏八佾舞于庭,三家者以《雍》彻,都是不逊无礼之事。《说苑·权谋》曰:"夫不逊者必侮上,侮上者,逆之道也。"比较而言,不逊更不好。所以孔子说:"与其不孙也,宁固。"

孔子说:"管仲镂簋而朱纮,旅树而反坫,山节藻棁,贤大夫也,而难为上也。晏平仲祀其先人,豚肩不掩豆,贤大夫也,而难为下也。君子上不僭上,下不偪下。"(《礼记·杂记》)

礼制规定:"天子朱,诸侯青,大夫、士缁。"管仲作为大夫却用朱纮作为冕的饰物,违背了礼制对于冕饰的规定;而他的宫室雕刻山形斗拱,画彩色水藻于短柱间,也是够奢僭行为。

相反,晏子作为大夫,在祭祀先祖时,却没有用大夫的礼,"大夫祭用少牢，不合用豚肩，在俎不在豆。"晏子只用豚肩，还没能掩住豆器，这种过度节俭，会使他的下属无所适从。管仲失之奢，晏子则失之俭。

《盐铁·论通有》说："昔孙叔敖相楚，妻不衣帛，马不秣粟。孔子曰："不可。太俭偪下，此《蟋蟀》所为作也。"孙叔敖是楚国贤相，个人修养和政治能力都不错，为相三月，施教于民，吏无奸邪，盗贼不兴，三得相位无喜色，三罢相位无忧色。但他与晏子一样失之俭。《国风·唐风·蟋蟀》主张"好乐无荒"，适当娱乐，不要过度沉溺就好。《毛诗序》说："刺晋僖公也。俭不中礼，故作是诗以闵（悯）之，欲其及时以礼自虞（娱）乐也"。

儒家"节奢刺俭"，过度奢侈需要节制，过度俭朴也被讥刺。不过，两相比较，与其奢也，宁俭。马培路说："亦可从文质上说：奢者文过，文胜质则史；俭者质胜，质胜文则野。文质彬彬，然后君子。但比较而言，与其文胜，不如质胜。文胜，复本逆而难；质胜，复本顺而易。东海点睛极好。"

三十六、坦荡荡和长戚戚

子曰："君子坦荡荡，小人长戚戚。"（《述而》第三十六章）

孔子说："君子开朗坦荡，小人总是局促不安。"

坦，安闲，开朗。荡荡，宽广，辽阔。长，常，总是。戚戚，即诗经之"慼慼"，缩小之貌，迫促、局促之义，可以引申为忧愁、哀伤。《集注》："坦，平也。荡荡，宽广貌。程子曰：君子循理，故常舒泰；小人役于物，故多忧戚。"

君子仁宅义路，循良知而行，心胸阔达，内省不疚，俯仰无愧，乐天知命，达则兼济，穷则独善，自然坦荡荡。

孟子说："居天下之广居，立天下之正位，行天下之大道。得志与民由之，不得志独行其道。富贵不能淫，贫贱不能移，威武不能屈，此之谓大丈夫。"(《孟子·滕文公》)这种大丈夫精神就是君子坦荡荡的写照。佛教说，得失随缘，心无增减；俗话说，心广体胖；又说，为人不做亏心事，半夜敲门心不惊，也都是一种坦荡荡。

小人身为物役，成了物质和利益的奴隶，斤斤计较，心胸狭隘，出门俱有碍，难免长戚戚。孔子说："鄙夫可与事君也与哉？其未得之也，患得之；既得之，患失之。苟患失之，无所不至矣！"(《阳货》)这种狗苟蝇营、患得患失的鄙夫，就是长戚戚的小人典型。

小人都是物化者。《乐记》指出："夫物之感人无穷，而人之好恶无节，则是物至而人化物也，人化物也者，灭天理而穷人欲者也。"在树立君子人格之前，人是很容易"物至而人化物"的。物化则丧心，丧失道德自律的能力，故物化者必是物质主义、利益主义和利己主义者，"灭天理而穷人欲"者。物欲无穷而物质有限，故物化者永无满足幸福之时，无论贫富贵贱都不满足不幸福。

君子不惧不惑不忧，小人多惧多惑多忧。《荀子》记载："子路问于孔子曰：'君子亦有忧乎？'孔子曰：'君子，其未得也，则乐其意；既已得之，又乐其治。是以有终身之乐，无一日之忧。小人者，其未得也，则忧不得；既已得之，又恐失之。是以有终身之忧，无一日之乐也。'"(《荀子·子道》)孙齐鲁说："宜辩乎私忧与公忧，私忧者，一己利益之忧也，公忧者，忧道之忧，先天下之忧而忧也。"

下一章说孔子"恭而安"，这个"安"字，也是坦荡荡的表现。理得而心安，容颜自安详。心不得义不能乐，体不得和不能安，身心和谐方能安。

三十七、孔子的神态

子温而厉，威而不猛，恭而安。(《述而》第三十八章)

孔子温和而严肃，威严而不凶猛，恭谨而安详。

一般人温则不厉，厉则不温，威则必猛，不猛则不威，恭则不安，安则不恭，能够温而厉，威而不猛，恭而安者，非君子之大者莫属。孔子可谓全体浑然，阴阳合德，"至和之调，五味不形；大成之乐，五声不分。中和备质，五材无名。"（皇侃《义疏》）子夏说："君子有三变：望之俨然，即之也温，听其言也厉。"（《子张》）也包含了温、厉、威三种因素。

孟子说："仁，人之安宅也；义，人之正路也。"行乎义路，安于仁宅，自然有安详之态，也自然可以温而厉，威而不猛，一切自然而然，毫无勉强。

《吕刑》说："德威为威，德明为明。"真正的威严是德威，是自然而然的光明流露，不是摆出来、装出来、作出来的。子夏说："君子正其衣冠，尊其瞻视，俨然人望而畏之，斯不亦威而不猛乎？"威、俨然，皆威严义。此章与燕居章并读，最见圣人践形之气象。孔子的容貌神态，就是中华圣贤君子典型的容貌神态。

《礼记》记载："子言之：归乎！君子隐而显，不矜而庄，不厉而威，不言而信。子曰：'君子不失足于人，不失色于人，不失口于人。是故君子貌足畏也，色足惮也，言足信也。'《甫刑》曰：'敬忌而罔有择言在躬。'"（《礼记·表记》）

孔子说："回去吧！君子身虽幽隐而道德显达，不矜持而自然庄重，不严厉而自有威望，不多言而得到信任。"这是因为举动、神色、言论不会有过失，所以仪容足以让人敬仰，神色足以让人敬畏，言论足以让人信任。《尚书·甫刑》说："外表恭敬，内心戒惧，身上没有让人挑剔的毛病。"

"不厉而威"就是"威而不猛"之意。"温而厉"的"厉"字，是严肃义，"不厉而威"的"厉"字，是严厉义。孔子严肃，但不严厉，不凶猛。君子不失色于人，也意味着因人因时而制宜，该温和就温和，该严肃就严肃，该恭谨就恭谨。

第八章　泰伯篇

《泰伯》共二十一章,主要介绍孔子、曾子的言论及对古人的评赞。

一、泰伯三以天下让

子曰:"泰伯,其可谓至德也已矣,三以天下让,民无得而称焉。"(《泰伯》第一章)

孔子说:"泰伯他可以称是道德至高了,三次以天下相让,人民不知道怎么称道他。"

泰伯,周朝祖先古公亶父(周太王)的长子,两个弟弟为仲雍和季历,季历的儿子为姬昌。周太王预见姬昌有圣德,想把君位通过季历传给姬昌。泰伯为尊重父亲的意愿,便与仲雍一起出走到荆蛮之地。泰伯后来成为周代吴国始祖。太王死后,季历继承王位,后传位给姬昌,即周文王。

泰伯出走,一让天下;太王死后不回来奔丧,以便让季历顺利继承王位,二让天下;季历死后也不回来,让姬昌顺利继承王位,三让天下。孔子认为,三让天下是至高无上的品德。朱熹说:"德让迹既隐,当时人民不觉,故无能称其让德者也。"(《集解》)古之让天下者,莫难于泰伯,莫大于尧舜,禹之天子位,也是让于益。所以《论语》本篇以论泰伯始,以论尧舜禹终。南怀瑾说:

"一个人道德修养，真要做到君子坦荡荡，必须修养到什么程度呢？要做到'弃天下如敝屣，薄帝王将相而不为'。把皇帝的位置丢掉像丢掉破鞋子一样：为了道德，为了自己终身的信仰，人格的建立，皇帝可以不当，出将入相富贵功名可以不要。孔子所标榜的人格的修养，到了这地步，那自然会真正坦荡荡。"（《论语别裁》）

不过，撇开泰伯的特殊情况不论，"弃天下如敝屣，薄帝王将相而不为"境界虽高，并非最高。内圣修养若不能发而为外王追求，就不圆满。如果有机会、有能力却满足于独善其身而不愿兼济天下，也是责任心不足。能够弃天下，还要能够"取"天下；能够薄帝王将相而不为，还要能够"厚"帝王将相而为之。如果具备"弃天下如敝屣"这种人格修养之后，百尺竿头更进一步，在必要的时候放天下在肩，任天下之重，那才是人生最高境界。

"弃天下如敝屣，薄帝王将相而不为"这种话，清高之态有余，责任之心不足，道家会说，儒家不会说。儒家只会说："行一不义、杀一不辜而得天下，不为也。"（《孟子》）反过来，为了保护无辜，就应当仁不让。从政治层面去体现对生命的尊重，以制度方式去维护生命的尊严，那才是最难的——当然这一外王追求还要有外缘的配合，不必刻意，不能强求。朱熹说得好："圣人救世之心虽切，然得做便做，做不得便休。"

二、恭慎勇都要礼配合

子曰："恭而无礼则劳，慎而无礼则葸，勇而无礼则乱，直而无礼则绞。君子笃于亲，则民兴于仁。故旧不遗，则民不偷。"（《泰伯》第二章）

孔子说："恭敬而无礼就会劳扰；谨慎而无礼就会畏缩；勇敢而无礼就会乱来；直率而无礼就会急切。君子厚待亲族，民众就会兴起仁德；不遗故旧，民众就不会薄情。"

葸，畏惧之貌，胆怯懦弱。绞，急切刻薄之貌。笃，笃厚。遗，忘弃。偷，薄，薄情寡义。君子，这里就地位言，谓在上之人。《集注》："无礼则无节文，故有四者之弊。张子曰：'人道知所先后，则恭不劳、慎不葸、勇不乱、直不绞，民化而德厚矣。'"

礼是各种文物典章制度的总称，是种种外在的规范和节制。恭敬、谨慎、勇敢、直率都是美德，然而，它们都必须合乎礼制，否则就会有所失。恭慎诸德，都是人的某种真实心态，具有个人主观性，倘不以客观社会化的礼来规范引导，则难以发而中节。孔子又说："敬而不中礼谓之野，恭而不中礼谓之给，勇而不中礼谓之逆。"（《礼记·仲尼燕居》）

"不学礼，无以立"，没有礼，个人和国家都立不起来。不能体现为礼制规范，道德仁义就会空洞化。《曲礼》说："道德仁义，非礼不成；教训正俗，非礼不备；分争辩讼，非礼不决；君臣上下父子兄弟，非礼不定；宦学事师，非礼不亲；班朝治军，莅官行法，非礼威严不行；祷祠祭祀，供给鬼神，非礼不诚不庄。是以君子恭敬撙节退让以明礼。"

因此，礼要体现到政治生活中去。孔子说："礼者何也？即事之治也。君子有其事必有其治。治国而无礼，譬犹瞽之无相与，伥伥乎其何之！譬如终夜有求于幽室之中，非烛何见？"（《礼记·仲尼燕居》）治国无礼，就像瞎子没有人扶持，就像黑夜黑屋子里找东西而没有烛照。

儒家之礼，责上从严，道德要求与政治地位水涨船高。"君子之德风，小人之德草"。从社会、政治层面讲，只有上位者笃于亲，不遗故旧，才能民兴仁风，民德归厚。同时，上位者只有笃于亲和不遗故旧，才能仁于民。一个勇于灭亲、惯于弃故的领导，是不可能真正亲民爱民的。

《毛诗小雅序》说："《伐木》，燕朋友故旧也。自天子至于庶人，未有不须友以成者。亲亲以睦，友贤不弃，不遗故旧，则民德归厚矣。"《荀子·宥坐》说："孔子说：'吾有耻也，去其故乡，事君而达，卒遇故人，曾无旧言，吾耻之。'"这些经典言论都与本章有关，可以参看。

三、而今而后可以免了

曾子有疾，召门弟子曰："启予足，启予手！《诗》云：'战战兢兢，如临深渊，如履薄冰。'而今而后，吾知免夫，小子！"（《泰伯》第三章）

曾子得了重病，召集门下弟子说："看看我的脚，看看我的手。《诗经》说：战战兢兢，如临深渊，如履薄冰。从今以后，我知道我可以避免毁伤了，弟子们！"

曾子，曾参，孔子弟子，是思孟学派开创者。《论语》成书时，后世门生记其言行，尊称为子。启，开，这里指掀开被子看。一说，启是瞥视义，使弟子视其手足。"战战兢兢"句：引自《诗·小雅·小旻》篇。曾参借用这句话，表明自己一生小心谨慎，避免身体受损伤，以尽孝道。孔子曾对曾参说："身体发肤受之父母，不敢毁伤，孝之始也。"（《孝经》）

履，本义是单底鞋，泛指鞋。这里作动词用，走，踩，步行。小子，门人，称弟子们。这里说完一番话之后再呼弟子们，表示反复叮咛。吾知免夫，免，避免身体毁伤。古者墨、劓、刖、宫等肉刑，都会毁伤身体。孔子称赞南容说："邦无道，免于刑戮。"《大戴礼·曾子大孝》，乐正子春引曾子说："父母全而生之，子全而归之，可谓孝矣。"全而归之，也就是避免毁伤的意思。

特殊情况下需要杀身舍生，一般情况则理当明哲保身。杀身舍生与明哲保身、邦无道免于刑戮等等教导，义各有当。

人身是仁性最重要的"产品"和"寓所",一般情况应尽量避免身体受到毁伤。不过,与肉体相比,作为生命本质和本质生命的仁性更加重要,必要的时候,为了成就仁性,又应杀身舍生。两种选择"一是皆以修身为本"。

儒家乐生安死,视死如归,就像回家和休息。张载说:"存,吾幸事;没,吾宁也。"(《西铭》)活着,是我的幸事;死亡,我得到了安宁。

《礼记·檀弓》记载:"子张病,召申祥而语之,曰:'君子曰终,小人曰死,吾今日其庶几乎!'"子张的态度与曾子差不多。吾今日其庶几乎,而今而后吾知免夫,都有松了一口气的感觉。

《礼记·檀弓》记载了曾子的临终状况,表现得从容而有尊严,值得现代人欣赏:

曾子卧病,病得很重。乐正子春坐在床下,曾元、曾申坐在脚旁,童子坐在墙角举着蜡烛。童子说:"好漂亮光滑的席子,是大夫用的垫席吧?"子春说:"别出声!"曾子听到了,猛然惊醒,吁了一口气。童子又说:"好漂亮光滑的席子,是大夫用的垫席吧?"曾子说:"是的。这是季孙氏的礼物,我没能换掉它。元儿,扶起我换掉它。"曾元说:"老人家的病很危急了,不能够移动。希望等到早上,再允许我恭敬地换掉它。"曾子说:"你爱我还不如那个童子。君子爱人以德,小人爱人靠姑息。我还有什么要求呢?我能够按照礼制而死就罢了。"大家抬起曾子,帮他换掉席子。放回席子时还没放平稳就断气了。

"君子之爱人也以德,细人之爱人也以姑息。"这句曾子临终之言,成了关于爱的名言。仁者爱人,是立人达人,导人以德,引人向道。

四、曾子临终之言

曾子有疾,孟敬子问之。曾子言曰:"鸟之将死,其鸣也哀;人之将死,其言也善。君子所贵乎道者三:动容貌,斯远暴慢矣;正颜色,斯近信矣;出辞气,斯远鄙倍矣。笾豆之事,则有司存。"(《泰伯》第四章)

曾子得了重病,孟敬子去探望他。曾子说:"鸟快要死时,它的鸣叫声很哀伤;人快要死时,他说出话很真实和善。君子应当重视三方面的道德:留意容貌,这就可以远离暴慢了;端正颜色,这就可以接近诚信了;注意言词口气,这就可以远离粗野悖逆了。至于祭祀和仪式之事,自有主管的官吏在。"

孟敬子,姓仲孙,名捷,武伯之子,鲁国大夫。问,看望,探视,问候。君子所贵乎道者三,此君子以位言。暴,粗厉。慢,放肆。鄙,粗野,凡陋。倍,同背,背理,悖逆。笾豆,古代祭祀和典礼中的用具。

笾豆之事,指祭祀或礼仪方面的事务。有司,古代指主管某一方面事务的官吏,这里具体指管理祭祀或仪礼的官吏。《礼记·乐记》:"铺筵席,陈尊俎,列笾豆,以升降为礼者,礼之末节也;故有司掌之。"

关于曾子的临终之言,《说苑》中也有类似记载:

"曾子有疾,孟仪往问之。曾子曰:'鸟之将死,必有悲声;君子集大辟,必有顺辞。礼有三仪,知之乎?'对曰:'不识也。'曾子曰:'坐!吾语汝。君子修礼以立志,则贪欲之心不来;君子思礼以修身,则怠惰慢易之节不至;君子修礼以仁义,则忿争暴乱之辞远。若夫置樽俎,列笾豆,此有司之事也。君子虽勿能可也。'"(《说苑·修文》)

《说苑》与《论语》传述有异,大意相同。《论语》记载更简易。人与人交往,先见容貌,次观颜色,再交言语,儒家对这三方面都有一定的要求。子夏说:"君子有三变:望之俨然,即之也温,听其言也厉。"就分别指容貌、颜色、言论而言。《礼记》中对此说的更详细。《礼记·冠义》说:"礼义之始,在于正容体,齐颜色,顺辞命。容体正,颜色齐,辞令顺,而后礼义备。"

《玉藻》说:"君子之容舒迟,见所尊者齐。足容重,手容恭,目容端,口容止,声容静,头容直,气容肃,立容德,色容庄,坐如尸,燕居告温温。"《表记》说:"子曰:'君子不失足于人,不失色于人,不失口于人。是故君子貌足畏也,色足惮也,言足信也。'"

"三不失"值得深长思。动容貌则不失足,正颜色则不失色,出辞气则不失口。失口即失言,不可与言而与之言,是失言;非礼之言,无理之语,没有依据的虚话,没有意义的闲话,不能实践的空话,说出来,都是失言。失言多了,言不足信,就难以取信于人,难以获得信任和尊重。

五、曾子之友

曾子曰:"以能问于不能,以多问于寡,有若无,实若虚,犯而不校。昔者吾友尝从事于斯矣。"(《泰伯》第五章)

曾子说:"以有才能向没有才能的询问,以知识多向知识少的询问,有仿佛没有,充实仿佛空虚,受到冒犯而不计较。从前我有朋友曾在这上面下过工夫。"

曾子说他有个朋友具有三种优点,其一是好问。《诗经》和《尚书》都强调好问的重要,《诗经》说:"我言维服,勿用为笑,先民有言,询于刍荛。"(《诗·大雅板》),《尚书》说:"好问则裕,自用则小。"(《尚书·仲虺之诰》)荀子则提示"不问"的严重后果说:"迷者不问路,溺者不问遂,亡人好独。"(《荀子·大略》)

其二是谦德,有若无,实若虚。《易经》有谦卦,专门讲谦之德用，强调"人道恶盈而好谦"。咸卦象辞又说："君子以虚受人。"《大戴礼记·曾子制言》说："良贾深藏如虚，君子有盛教如无。"

《大戴礼记·卫将军文子》中子贡解释曾子说："满而不漏，实如虚，过之如不及，是曾参之行也。"可见曾子自己也在这些方面下过工夫。

其三是犯而不校。《孟子·离娄》说："有人于此，其待我以横遂，则君子必自反也：我必不仁也，必无礼也，此物奚宜至我？其自反而仁矣，自反而有礼矣，其横逆由是也，君子曰：'此亦妄人也已矣。如此则与禽兽奚择哉？于禽兽又何难焉？'"这是孟子的"犯而不校"。

《韩诗外传》记载：

子路曰："人善我，我亦善之；人不善我，我不善之。"子贡曰："人善我，我亦善之；人不善我，我则引之进退而已耳。"颜回曰："人善我，我亦善之；人不善我，我亦善之。"三子所持各异，问于夫子，夫子曰："由之所言，蛮貊之言也；赐之所言，朋友之言也；回之所言，亲属之言也。"

"人善我，我亦善之"，子路子贡都能做到；"人不善我，我亦善之。"唯颜回能之，这就是犯而不校的表现。据此，先儒多以为曾子说的"吾友"就是颜子。

马培路附言：此处引经典佐证，极好，能开学者之意也。《八佾》："子入太庙，每事问。"《集注》引尹氏曰："礼者，敬而已矣。虽知亦问，谨之至也。"《公冶长》：孔文子不耻下问。《集注》曰："凡人性敏者多不好学，位高者多耻下问。"该章："以能问于不能，以多问于寡。"《集注》引谢氏曰："不知有余在己，不足在人；不必得为在己，失为在人，非几于无我者不能也。"（为，犹行也。）敬谨而问，不耻下问，多能下问，相参体会，其味深矣。

六、好大的君子人

曾子曰："可以托六尺之孤，可以寄百里之命，临大节而不可夺也。君子人与？君子人也。"（《泰伯》第六章）

曾子说："可以托付年少的孤儿，可以寄托国家的命运，面临重大考验不会动摇。是君子人吗？是君子人啊。"

古人以七尺指成年。六尺，十五岁以下，指未成年人。无父的孩子叫孤。寄，寄托，委托。百里，指方圆百里的诸侯国。命，指国家或政权的命运。

"可以托六尺之孤，可以寄百里之命，临大节而不可夺也"，能够受人之托，受人之寄，既要有临大节而不可夺的操守，还要有相当的智慧和能力。《集释》引《反身录》："不遇盘根错节，无以别利器；不遇重大关节，无以别操守。居恒谈节义，论成败，人孰不能？一遇小小利害，神移色沮，陨其生平者多矣。唯遇大投艰，百折不回，既济厥事，又全所守，非才品兼优之君子其孰能之？"

这般德才兼优的君子人，可谓贤者和君子之大者。如伊尹、周公就做得非常好，诸葛亮也不错。文天祥史可法就差了一些，他们虽尽心竭力继之以死，终于国亡家破，虽是时数之不济，究于可托可寄之义有亏。《集注》："其才可以辅幼君、摄国政，其节至于死生之际而不可夺，可谓君子矣。"

历史上托孤的故事很多，有三个很著名，一是赵氏婴儿的故事，载于《史记·赵世家》；一是"鲁孝义保"的故事，载于《列女传·节义传》；一是王成的故事，载于《后汉书·李固传》。故事颇为曲折，略介绍如下：

李固被梁冀捕杀，第一、二子也被汉中郡功曹赵子贱杀害，李固第三子李燮，时年十三岁，由姐姐李文姬托孤于李固门生王成。

王成领着李燮改换姓名入徐州，王成卖卜于市，李燮为酒家帮工。李燮随王成学经。酒家看重李燮，以女妻之。梁冀被诛灭后，朝廷访求李固等冤死大臣后裔。李燮乃以本末告酒家，还乡里。

赵子贱怕李燮为二兄报仇，便收买杀手欲刺杀李燮，李燮察觉，告发子贱，汉中郡守杀子贱。当初赵子贱杀李固二子时，也曾买杀手刺杀李燮，其妻韩树南曾苦劝不从。及子贱正法，韩树南愧恨自杀。后来李燮被朝廷拜为议郎，清廉刚直，颇有父风。

临大节而不可夺，更是儒家家风。所谓万变不离其宗，对于儒者来说，这个宗，就是仁，就是天理良知。这个大本一旦确立，那就乾坤定矣。贫贱不移，富贵不淫，威武不屈，自是仁本题中应有之义。

七、君子当如是

曾子曰："士不可以不弘毅，任重而道远。仁以为己任，不亦重乎？死而后已，不亦远乎？"（《泰伯》第七章）

曾子说："士君子，不可以不弘大坚毅，任务重大而道路长远。把弘扬仁义当作自己的责任，不是很重吗？到死才停止，不是很远吗？"

弘，广大，开阔，宽广。毅，坚强，果敢，刚毅。非弘不能胜其重，非毅无以致其远。"仁以"句，是"以仁为己任"的倒装句。把"仁"看作是自己的任务。

本章和前章最见儒者刚健、弘毅之德。以天下为己任，以弘道为己任，自强不息，学习不止，追求不懈，死而后已。这是君子最重要的品格特色。《荀子·劝学》曰：

"学恶乎始？恶乎终？"曰："其数，则始乎诵经，终乎读礼；

其义,则始乎为士,终乎为圣人。真积力久则入,学至乎没而后止也。故学数有终,若其义,则不可须臾舍也。"

大意是说,学习的科目,以读经开始,以读礼结束;学习的意义,以做一个士起始,以成为圣人为目的。诚心积累长期努力就能深入,学到老死才停止。所以学习的科目有尽头,就学习的目的来说,片刻也不能舍弃。

《韩诗外传》记载(《荀子·大略》也有类似记载):

孔子燕居,子贡摄齐而前曰:"弟子事夫子有年矣,才竭而智罢,倦于学问,不能复进,请一休焉。"孔子曰:"赐也欲焉休乎?"曰:"赐欲休于事君。"孔子曰:"《诗》云:'夙夜匪懈,以事一人。'为之若此其不易也,若之何其休也?"曰:"赐欲休于事父母。"孔子曰:"《诗》云:'孝子不匮,永锡尔类。'为之若此其不易也,如之何其休也?"曰:"赐欲休于事兄弟。"孔子曰:"《诗》云:'妻子好合,如鼓瑟琴,兄弟既翕,和乐且耽。'为之若此其不易也,如之何其休也?"曰:"赐欲休于耕田。"孔子曰:"《诗》云:'昼尔于茅,宵尔索绹,亟其乘屋,其始播百谷。'为之若此其不易也,若之何其休也?"子贡曰:"君子亦有休乎?"孔子曰:"阖棺兮乃止播兮,不知其时之易迁兮,此之谓君子所休也。"故学而不已,阖棺乃止。

学而不已,阖棺乃止。为学为道,何等的坚忍不拔、坚定不移。《论语新解》说:"本章以前共五章,皆记曾子语。首记曾子临终所示毕生战兢危惧之心。次及病革所举,注意日常容貌、颜色、辞气之微。再记称述吾友之希贤而希圣。以能问于不能,是弘。大节不可夺,是毅。合此五章观之,心弥小而德弥恢,行弥谨而守弥固。以临深履薄为基,以仁为己任为量。曾子之学,大体如是。后两章直似孟子气象,于此可见学脉。"

孙齐鲁说:"玄德托孤于诸葛武侯,诸葛亮夙兴夜寐,任重道远,且《出师表》有谓鞠躬尽瘁,死而后已之说,人言其法家,实亦儒家道德之风犹存矣。"

八、诗起礼立乐完成

子曰:"兴于《诗》,立于礼,成于乐。"(《泰伯》第八章)

孔子说:"兴起于诗歌,立定于礼制,完成于音乐。"

兴是兴起,产生兴趣;立是立定,站稳脚跟;成是完成,成就德性。《论语传注》说:

"《诗》之为义,有兴而感触,有比而肖似,有赋而直陈,有风而曲写人情,有雅而正陈道义,有颂而形容功德。说之故言之,言之不足,故长言之;长言之不足,故嗟叹之。学之而振奋之心,勉进之行油然兴矣,是兴于《诗》。恭敬辞让,礼之实也。动容周旋,礼之文也。朝庙、家庭、车舆、衣服、宫室、饮食、冠昏、丧祭,礼之事也。事有宜适,物有节文,学之而德性以定,身世有准,可执可行,无所摇夺,是立于礼。"

《阳货》说"诗,可以兴",诗可以将人的思想感情鼓舞起来,激发起来。而为了避免泛滥无度,违规逾矩,又需要有礼制的规范和约束。二程说"诗发于人情,止于礼义,言近而易知,故人之学,兴起于诗"。(《二程集·程氏经说》)

《季氏》和《尧曰》都说:"不学礼,无以立。"《左传·昭公七年》记载,孟僖子将死,召其大夫说:"礼,人之干也。无礼,无以立。"立,包括立德于自己和立足于社会。

对于无礼之徒,《诗经》严厉指斥:"相鼠有皮,人而无仪。人而无仪,不死何为!相鼠有齿,人而无止。人而无止,不死何俟!

相鼠有体,人而无礼。人而无礼,胡不遄死!"(《诗经·墉风·相鼠》)

人而无礼人非人,国而无礼国非国。人格和国格,都需要通过礼来建立。荀子指出:"人无礼则不生,事无礼则不成,国家无礼则不宁。"(《荀子·修身》)无礼,人就不能好好生活,事就不能顺利成功,国家就不得稳定安宁。

有礼了,建立了基本人格,还应该进一步好礼乐道,乐在其中。快乐之乐与音乐之乐义虽不同而又相通。《乐记》指出:"礼乐不可斯须去身。致乐以治心,则易直子谅之心油然生矣。易直子谅之心生则乐,乐则安,安则久,久则天,天则神。"子谅,《韩诗外传》写作"慈良"。

这段话大意是说,礼乐时刻不能离开身心。推广音乐的功用,疏导内心的性情,平易、正直、慈祥、诚实的道德情感油然而生。如此就得快乐,快乐就得安宁,安宁就能恒久,恒久就会像天,像天就会达到神明的境界。

礼与乐相辅相成,交互为用,人与人、人与社会和个人身心才能高度和谐。

本章所言,是为学的次第,也是教化的次序。儒家既是诗教,又是礼教和乐教。个人和社会都需要借诗以兴,仗礼而立,依乐而成。诗重性情培养,礼重秩序建设,乐重和谐熏陶。儒家的现代责任是更新小康之礼制,未来理想是追求乐教之大同。

九、民可使由之,不可使知之

子曰:"民可使由之,不可使知之。"(《泰伯》第九章)

孔子说:"可以让民众遵守礼乐制度,不易让他们理解礼乐精神。"

由，从，顺从，听从，沿着（道路）。之，指仁义之道和礼乐制度。

近人多以本章为孔子主张愚民的证据，大谬。康有为改句读为："民可，使由之；不可，使知之"，也不易行通。在相当长的历史阶段里，很难让民众普遍理解礼乐制度的精神实质，领悟道德精义和天道奥义。故孔子有"中人以下不可以语上"之叹。

《易经》说："仁者见之谓之仁，知者见之谓之知，百姓日用而不知，故君子之道鲜矣。"（《易经·系辞》）孟子说："行之而不著焉，习矣而不察焉，终身由之而不知其道者，众也。"（《孟子·尽心》）百姓、众和民指的都是民众，《易经》和孟子的话，正是"不可使知之"的确解。

什么东西是"百姓日用而不知"与"终身由之而不知"的？"性与天道"也，礼乐制度的形而上依据。各种文物典章制度的具体内容，中人以下不难了解，但往往知其然而不知其所以然。要让民众百姓普遍地知其所以然，即使"大道之行天下为公"的王道社会亦未必能够。

民众的智慧开发和道德提升是一个漫长的历史过程。执政者在制礼作乐、制定良好的制度的同时，既要对庶民加强文化道德启蒙，又无法强求他们都明白制度背后的道德精神。《易传》云："通其变，使民不倦。神而化之，使民宜之。亦为民之不可使知，而谋求其可由，乃有此变通神化之用。"

孔子又说："中人以上可以语上也，中人以下不可以语上也。"百姓日用而不知的百姓，就是"中人以下"者。老子也说："上士闻道，勤而行之；中士闻道，若存若亡；下士闻道大笑之，不笑不足以为道。"都可与本章参看。

"民可使由之，不可使知之。"还蕴藏着另一层意思：政治文明和制度建设，为国民提供良制良法，是文化人和政治家的责任，与民众素质如何关系不大。所谓《春秋》责备贤者，不能苛求普通民众，不能因为民众不理解、不支持就无所作为。

由于眼光、信息和智慧的局限，民众对于某些良好的政策措施的认识和认同，需要一定的时间。《左传·襄公三十年》记载：

"子产使都鄙有章，上下有服，田有封洫，庐井有伍。大人之忠俭者从而与之，泰侈者因而毙之。……从政一年，舆人诵之曰：取我衣冠而褚之，取我田畴而伍之。孰杀子产，吾其与之。及三年，又诵之曰：我有子弟，子产诲之。我有田畴，子产殖之。子产而死，谁其嗣之。"

子产为政一年，国人恨之入骨；三年以后，国人感激不尽。

孙齐鲁按："郭店楚简的出土，为此章的解读提供了新思路。据竹简《尊德义》云：'行矣而无违，养心于慈良，忠心日益而不自知也。民可使道之，不可使知之。'据此，可由不可知，是接着就'增益道德心而不自知也'而言，即使指道德教化的过程而言，意谓增益道德心不是让人民知晓何者为善来实现，而是引导他们在行中不知不觉地潜移默化来实现。——见陈来《史料困境的突破与儒家系谱的重建——郭店楚简与先秦儒学研究》一文。"

十、掌握一个度

子曰："好勇疾贫，乱也。人而不仁，疾之已甚，乱也。"（《泰伯》第十章）

孔子说："好勇而厌恶贫穷，会作乱；对不仁的人憎恨过头，会激出祸乱。"

疾，厌恶，憎恨。已甚，太过分。正人疾邪，善人疾恶，理所当然，否则就不够正大。但凡事都有个度，疾之应该，切莫已甚。疾之已甚，迫之过分，激小人为恶，激恶人作乱，反而制造不安定因素。古今中外由一些正人君子激起来的乱事祸事可不少。

《集注》说:"好勇而不安分,则必作乱;恶不仁之人而使之无所容,则必致乱。二者之心,善恶虽殊,然其生乱则一也。"又引郑注:"不仁之人,当以风化之。若疾之甚,是益使为乱也。孔注:疾恶太甚,亦使其为乱。"

"疾之已甚,乱也。"与穷寇莫追是同样的道理。疾恶是一种美德,但疾之已甚则有违中庸,容易沦为狭隘道德主义。过犹莫及,真理多走一步就是谬误。"仲尼不为已甚",这是圣人的悲悯和智慧。

曾子说:"君子好人之为善,而弗趣也;恶人之为不善,而弗疾也。疾其过而不补也,饰其美而不伐也,伐则不益,补则不改矣。"(《大戴礼记·曾子立事》)这都是不为已甚的表现。就心性而言,良知本性人人等同。不仁之人也是人,也应对之应抱有一定的尊重和悲悯。"圣人于物无畔援,虽佛肸、南子,苟以是心至,教之在我尔,不为已甚也如是"。

在相当漫长的历史阶段,人之不仁是一种普遍的现象。对于不仁之人,疾之批之棒喝之,是文化人的责任,但疾批是为了挽救和觉悟之,而不是图自己一时之快,逼对方破罐破摔,故也应适可而止,留有余地。"季氏八佾舞于庭",孔子言"是可忍,孰不可忍"(《八佾》),忍无可忍又如何?辨明是非表明态度,转身离去,如此而已。东海有诗曰:

疾恶能容善必从,但能中道自从容。

莫叹风紧霜犹烈,我已心花耀九重。(《戊子杂诗》)

另外,儒者对于彬彬君子,固当恭而敬之;对于无礼之徒不仁之人,也应该以礼相待。荀子说:"仁者必敬人。凡人非贤则案不肖也。人贤而不敬,则是禽兽也;人不肖而不敬,则是狎虎也。禽兽则乱,狎虎则危,灾及其身矣。"意谓仁者一定能够尊重人,大凡一个人要么贤要么不肖。不尊重贤人是禽兽,不尊重不肖者是玩虎,禽兽会乱来,玩虎则有危险,会殃及其身。

荀子又说:"敬人有道:贤者则贵而敬之,不肖者则畏而敬之;贤者则亲而敬之,不肖者则疏而敬之。其敬一也,其情二也。若夫忠信端悫而不害伤，则无接而不然，是仁人之质也。"（《荀子·臣道》）对待贤者和不肖者有不同的尊重法，或推崇或慎重，或亲近或疏远，但仁人的本质是不变的，那就是忠实诚信端正厚道，绝不伤害别人。

十一、千万不要骄傲和鄙吝

子曰："如有周公之才之美，使骄且吝，其馀不足观也已。"（《泰伯》第十一章）

孔子说："假如有人具有周公那样的美才，只要骄傲而且鄙吝，余下的也就不值得欣赏了。"

才美，指智能技艺之美，有才无德，便易骄吝。骄是骄傲、傲慢、骄奢；吝是鄙吝、悭啬，也有狭隘义。敛财不知足，为富不能仁，心胸不能广，都是吝。骄者恃其才而凌人，吝者私其才不以及人。非其才不美，乃德之不美，大本丧失，哪怕"有周公之才之美"，也是不足观的。非骄即吝，其才也就无法正常发挥。

君子文质彬彬，德才兼备，周公正是德才兼备的典范。《尚书·金滕》中周公以"多才多艺"自称，《逸周书·寤儆》记载周公之言说："不骄不吝，时乃无敌。"

周武王去世后，成王年幼，周公摄天子之位七年，期间政绩被《尚书大传》概括为："一年救乱，二年克殷，三年践奄，四年建侯卫，五年营成周，六年制礼乐，七年致政成王。"同时勤奋俭朴，谦诚下士，吸引和重用了大量的贤才。《说苑》记载，周公之子伯禽被周成王封国于鲁，周公告诫说：

"往矣！子无以鲁国骄士！吾，文王之子，武王之弟，成王之叔父也，又相天子，吾于天下亦不轻矣。然一沐三握发，一饭三吐哺，犹恐失天下之士。吾闻：德行宽裕，守之以恭者荣；土地广大，守之以恭者安；禄位尊盛，守之以卑者贵；人众兵强，守之以畏者胜；聪明睿知，守之以愚者善；博文强记，守之以浅者智。夫此六者，皆谦德也。"（《说苑·敬慎》）

一沐三握发，一饭三吐哺，意谓洗一次头、吃一顿饭要停顿三次，形容为延揽贤才忙碌。曹操诗句"周公吐哺，天下归心"用的就是这个典故。"德行宽裕"就是不吝。德行宽裕、土地广大、禄位尊盛、人众兵强、聪明睿知、博文强记，而能守之以恭、卑、畏、愚、浅，就是不骄，就是谦德。

在晋祠对面一座亭子上看到一联，很喜欢，联曰：水能善下方成海，山不矜高自及天。这副对联是对儒家谦德的最好注解，也是对自己的一种提醒。唯有谦而又谦，才有望成就山的敦厚凝重、海的深沉广大。

《易经》谦卦，六爻皆吉。谦的卦象是山在地下，地中有山，正是不骄的最佳写照。最值得一提的是，谦德还利于征伐。谦卦六五、上六的爻辞说："不富以其邻，利用侵伐，无不利。"又说"鸣谦，利用行师，征邑国。"君子谦谦，绝非没态度没是非没原则。君子之谦，果于遏恶，如周公协助武王伐纣，又荡平管蔡叛乱，东征西伐，不碍其谦也。

十二、不把心思转到俸禄上

子曰："三年学，不至于谷，不易得也。"（《泰伯》第十二章）

孔子说："学了三年，心思不到俸禄上去，难得啊。"

谷，谷子，小米。古代以谷子计算俸禄，这里以谷代指做官及俸禄。至，去到。古时以学求仕，三年之期已久，如果向学之心不转到谷禄上,不容易了。一说"至"应为志,不至于谷即不立志于俸禄,这个解释不可取。不至于谷,难能可贵,"至于谷"勉强可理解。如果志于谷,则太小人了。

学而优,可以仕,但仕不仕,不可必,学不是为了仕,求学或入仕,归根结底都而是为了成就自己,所以说古之学者为己。朱熹说:"为学之久,而不求禄,如此之人,不易得也。杨氏曰:'虽子张之贤,犹以干禄为问,况其下者乎?然则三年学而不至于谷,宜不易得也。'"(《集注》)

康有为说:"盖学者之大患,在志于利禄。一有此心,则终身务外欲速,其志趣卑污,德心不广,举念皆温饱,萦情皆富贵,成就抑可知矣,而人情多为禄而学,此圣人所由叹也。"(《论语注》)

学者可以仕,不能志于仕。学者之志应该始终放在学问和道业上。对于因"吾斯之未能信"而拒绝出仕的漆雕开,不愿为费宰的闵子骞,孔子都很称赞。所以下一章接着强调笃信好学和守死善道。

《孟子·离娄》恰好有一个相反的例子。孟子谓乐正子曰:"子之从于子敖来,徒哺啜也。我不意子学古之道,而以哺啜也。"孟子对乐正子说:"你这次跟随王子敖前来,只是为了吃喝。我不希望你学习古人之道只是为了吃喝。"

关于三年学,《周礼》乡大夫职责是:"三年则大比,考其德行道艺,而兴贤者能者。"又"使民与贤,出使长之,使民与能,入使治之。"州长和遂大夫的职责也近似。可见当时三年学习有成,经过考试,就有机会为底层官吏而得俸禄了。不过,这是安于小成者。

《学记》说:"比年入学,中年考校,一年视离经辨志,三年视敬业乐群,五年视博习亲师,七年视论学取友,谓之小成;九年知类通达,强立而不反,谓之大成。夫然后足以化民易俗,近者说服,而远者怀之。此大学之道也。"

这段话的大意是,每年新生入学,每隔一年考试一次。第一年考查分析经文的能力和辨别志向所趋;第三年考察敬业乐群的情况;

第五年考察是否广学博览、亲近师长；第七年考察学术见解和择友标准，称为"小成"；第九年考察能否触类旁通、知识通达和立场坚定，称为"大成"。

根据《学记》的标准，三年学成，连小成都谈不上，只能算小小成。

十三、儒者的出处行藏

子曰："笃信好学，守死善道。危邦不入，乱邦不居。天下有道则见，无道则隐。邦有道，贫且贱焉，耻也；邦无道，富且贵焉，耻也。"（《泰伯》第十三章）

孔子说："信念坚定热爱学习，坚守到死完善仁道。危险的国家不进入，混乱的国家不定居。天下有道就出现，天下无道就隐退。国家有道，贫而贱，是耻辱；国家无道，富而贵，是耻辱。"

见，同现，出现，表现。危，有危险了，是将乱的征兆；乱，已经混乱，如臣弑其君，子弑其父，就是乱邦和乱世。

《大戴礼记》关于危乱的标准有所不同，可以参看："官属不理，分职不明，法政不一，百事失纪，曰乱也；地宜不殖，财物不蕃，万民饥寒，教训失道，风俗淫僻，百姓流亡，人民散败，曰危也。"（《盛德》）大意是说，官吏归属无条理，职分不明确，刑法政令不一致，各种事务没有头绪，这是乱；土地不得耕种，财物不得增置，百姓饥饿寒冷，教化训令不得推行，风俗放纵邪僻，百姓流离失所，这是危。

本章说的是儒者出处仕隐的原则和标准。《论语》中另有类似言论："邦有道，谷。邦无道，谷，耻也。"（《宪问》）"邦有道则仕，邦无道则卷而怀之。"（《卫灵公》）孟子也说："穷则独善其身，达则兼济天下。"

"天下有道则见，无道则隐"这句话，曾被某些学者如柏杨，曲解为见风转舵的圆滑。天下太平，出来当官招摇；天下大乱则脚底抹油，不是老滑头是什么，不是鼓吹机会主义、犬儒主义、乌龟哲学是什么？这样的解法，忽略了前面"笃信好学，守死善道"的前提，典型的断章取义。

张岱的解释准确："笃信的人，又要好学，圆融而不拘执也；守死的人，又要善道，中正而不偏枯也。所以能危不入，乱不居，有道见，无道隐。此都从道力、学力来，不然便为可耻。在有学守者，为隐、见；在无学守者，为富贵、贫贱。贫贱算不得隐，富贵算不得见。上下骨节都通。"（《四书遇》）

儒家身与道俱。无道则隐，危邦不入，乱邦不居等等，既是道德尊严和不屑同流合污的不合作精神的体现，也可以更好地把道统和文明的血脉完善地保存起来，传承下去，可谓保身守道两不误。在世人昧于真理正见、对儒家普遍误会反对的时代，守死善道是儒者的宿命。

对于真君子来说，权力之所以可欲，是因为她是阻止罪恶、改良恶制、救世济民、积德行善的最好工具。这是权力的价值和意义所在。不能做善人善事、建良制良法的权力，毫无意义，只有动物化的物人才会对这种权力感兴趣。君子只有鄙视厌弃。无道则隐，就是不愿受到这种龌龊物的污染。就像远离魔鬼、远离瘟疫、远离巫蛊和瘴气一样。一般情况下，罪恶不是强制性的。

或说：无道则隐是一种人性的归位，但是失去了人生的价值。答：人性归位就是最大的人生价值。在无道之世守死善道，自有文化道德价值和政治社会意义，是一种正面示范和导向。邦有道，道德挂帅，以德取人，贫贱是耻辱，那意味着德才低下；邦无道则富贵为耻辱，那意味着同流合污。

反过来，有道之士隐退贫贱，就说明天下无道邦无道。如屈原所叹："世溷浊而不清，蝉翼为重，千钧为轻；黄钟毁弃，瓦釜雷鸣；谗人高张，贤士无名。"（《楚辞·卜居》）不过，屈原也好孔子也好，遇到的还是一般的野蛮。野蛮到了极致，贤士就不仅是贫贱无名而已，甚至言论权、沉默权、生存权都有可能丧失。

十四、在什么山上唱什么歌

子曰："不在其位，不谋其政。"（《泰伯》第十四章）

孔子说："不在那个职位上，就不要去谋划那个职位范围内的事。"

不在其位，不谋其政，意谓不担任某个职务，就不要去谋划其职务范围内的事。主旨在于"欲各专一于其职"（《论语正义》）。《集注》引程子言："不在其位，则不任其事也，若君大夫问而告者则有矣。"

政治地位、社会分工不同，不同地位管辖范围不同，不同角色承担不同责任，各种职位各司其职，理所当然。陈平不去了解具体钱谷数字，吉丙路遇死者不闻不问（而为老牛喘气担忧），都是"不在其位，不谋其政"的表现。宰相自有宰相的职责，路上的死者和钱谷的数字自有相关官员专管。

《孟子·万章》中孟子说："孔子尝为委吏矣，曰：'会计当而已矣。'尝为乘田矣，曰：'牛羊茁壮长而已矣。'位卑而言高，罪也；立乎人之本朝，而道不行，耻也。"这就是不在其位不谋其政的表现。《孟子·离娄》还接受了曾子和子思面对贼寇来犯的不同对待：

曾子居武城，有越寇。或曰："寇至，盍去诸？"曰："无寓人于我室，毁伤其薪木。"寇退，则曰："修我墙屋，我将反。"寇退，曾子反。左右曰："待先生如此其忠且敬也。寇至，则先去以为民望，寇退，则反，殆于不可。"沈犹行曰："是非汝所知也。昔沈犹有负刍之祸，从先生者七十人，未有与焉。"

子思居于卫，有齐寇。或曰："寇至，盍去诸？"子思曰："如伋去，君谁与守？"

孟子曰:"曾子、子思同道。曾子,师也,父兄也。子思,臣也,微也。曾子、子思易地则皆然。"

子思在其位,曾子不在其位,所以处理的方式不同,子思曾子,易地则皆然。

《中庸》说:"君子素其位而行,不愿乎其外。"《易象传》说:"君子以思不出其位",《宪问》:"君子思不出其位",意思相近。道家也有类似观点:"庖人虽不治庖,尸祝不越樽俎而代之矣。"(《庄子·逍遥游》)。

不在其位,不谋其政。反过来,在其位就要谋其政。荀子说:"君子进,则能益上之誉而损下之忧。不能而居之,诬也;无益而厚受之,窃也。"(《荀子·大略》)君子进入仕途,就能增加君主荣誉而减少民众忧患。没有能力而有其位,是欺骗;没有裨益而享受优厚俸禄,是盗窃。

《礼记·杂记》说:"君子有五耻:居其位,无其言,君子耻之;有其言,无其行,君之耻之;既得之而又失之,君子耻之;地有余而民不足,君子耻之;众寡均而倍焉,君子耻之。"

大意是说,有位者有五种耻辱:一是身居其位而没有相应言论;二是有言论而没有相应实践;三是得位后无能失位;四是土地很广而百姓贫困;五是众人所得寡少而平均,自己却数倍于他们。

注意,不谋其政,不是不议其政,不讲其理,不是不考虑政治之事,不关心天下大事和民生疾苦。另外,特殊情况可以特殊处理,如弦高是郑国商人,一般情况下无权代表郑国也不能冒充郑吏犒秦,但他在国家面临危险的时候这么做,是非常正确的。如果弦高以不在其位而不谋,就冷血了。

十五、音乐的盛宴

子曰:"师挚之始,《关雎》之乱,洋洋乎盈耳哉!"(《泰伯》

第十五章）

孔子说:"从太师挚的序曲,到《关雎》的尾声,多么美盛啊那充满耳朵的乐曲!"

师挚,鲁国的乐师名挚,为太师,因擅长弹琴,又称"琴挚"。朱熹认为,本章是孔子自卫反鲁而正乐(整理音乐)的时候所说,当时师挚正担任鲁国乐师。《微子》有"太师挚适齐"之说,或是同一个人。

始,乐曲的开端,即序曲。古代奏乐,开端叫升歌,一般由太师演奏,故说师挚之始。乱,曲终之合奏。乱字有结束义,《尔雅》"正绝流曰乱",邢疏:"谓横绝其流而直渡名曰乱。"《诗经·大雅·公刘》"涉渭为乱"、《尚书·禹贡》"乱于河"皆此义,故乐曲结尾亦可称为乱。《礼记·乐记》言:"始奏以文,复乱以武。"

洋洋,美好丰盛之意。

《关雎》被派作曲终合奏之用,自有其深意。孔子曾称赞"《关雎》乐而不淫,哀而不伤"(《八佾》),将其列为《诗经》首篇,可见其重视程度。司马迁有"四始"说,"《关雎》之乱以为《风》始"云。(《史记·孔子世家》)

在儒家,音乐具有强烈的政治色彩。儒家是礼教也是乐教,儒家制度称"礼乐制度"。礼与乐有不同的政治作用和社会影响,但关系非常密切。《礼记·乐记》认为,礼与乐相辅相成,交互为用。二者一个强调同、一个强调异:"乐者为同,礼者为异。同则相亲,异则相敬。"一个讲和,一个讲序:"乐者,天地之和也;礼者,天地之序也。和,故百物皆化;序,故群物皆别。"乐者,所以致神祇、和邦国、谐百姓、安宾客、悦远人者。

《汉书·艺文志》说:"《易》曰'先王作乐崇德,殷荐之上帝,以享祖考。'故自黄帝下至三代,乐各有名。孔子曰'安上治民,莫善于礼,移风易俗,莫善于乐。'二者相与并行。"《豫卦·象辞》

认为,《乐》的起源是先王观察"雷出地奋"之象而创作了音乐,以之提升人的道德境界,以盛大的典礼奉献给昊天上帝,配享于祖先。自轩辕黄帝至夏商周三代,各有其乐。它对移风易俗有着重大作用。

儒家六经,乐经失传,实在是中华文化的巨大损失。

十六、孔子讨厌三种人

子曰:"狂而不直,侗而不愿,悾悾而不信,吾不知之矣。"(《泰伯》第十六章)

孔子说:"狂放却不正直,幼稚却不老实,悫直却无信用,我真不知道这样的人了。"

侗,幼稚无知。皇侃疏:"侗谓笼侗,未成器之人也。"《庄子·山木》:"侗乎其无识。"释文:无知貌。愿,谨慎,谨厚,老实。悾悾:诚恳悫直貌,《广韵》:"悾,诚也,信也,悫也。"一说无能的样子。吾不知之矣,不屑教诲、深深摒绝的意思。

狂放的人往往比较直率,幼稚的人往往比较老实,悫直的人往往比较可信。狂而直,侗而愿,悾悾而信,这是三组相反相成的品行,所谓缺点和优点同在。如果不然,那就一无可取,不可交往。

《集注》引苏氏言:"天之生物,气质不齐。其中材以下,有是德则有是病。有是病必有是德,故马之蹄啮者必善走,其不善者必驯。有是病而无是德,则天下之弃才也。"

马培路说:"侗而不愿,貌似无知,懵懵懂懂,而实无忠厚之心;悾悾而不信,貌似无能,唯唯诺诺,而实无守信之行,皆虚伪也。想想周围确有这等人。孔子深绝之,而今有欣赏其谦卑者,悲夫。"

十七、仿佛赶不及，又怕丢失了

子曰："学如不及，犹恐失之。"（《泰伯》第十七章）

孔子说："学习就像赶不及似的，犹怕失去机会。"

本章形容学习的紧迫感，是孔子的亲身感受，也是对学者的教诫。《集注》说："言人之为学，既如有所不及矣，而其心犹竦然，惟恐其或失之，警学者当如是也。"

大道难求，仁性难觉，不可不学，非学不可。学，才能尽早地觉悟仁性，更好地求仁成仁。因此，君子自强不息，学习不懈，仿佛赶不及，迫不及待，不迟疑，不等待；生怕丢失，不放弃，不错过。

儒者无不好学。孔子自己就是好学的典范，孔门诸贤和历代大儒都是好学上瘾。子夏说："日知其所亡，月无忘其所能，可谓好学也已矣。"（《子张》）曾子说："君子爱日以学，及时以行。难者弗辟，易者弗从，唯义所在，日旦就业，夕而自省思，以殁其身，亦可谓守业矣。"（《大戴礼记·曾子立事》）

同时，人身珍贵，人生短暂，志士惜年，贤人惜日，圣人惜时。古人云："明日复明日，明日何其多？我生待明日，万事成蹉跎。"荀子说："道虽迩，不行不至；事虽小，不为不成。其为人也多暇日者，其出人不远矣。"（《荀子·修身》）那些空闲时间很多的人，就是有成就也不会超出常人多远。

杨雄说："辰乎辰，曷来之迟、去之速也。君子竞诸。諕言败俗，諕好败则，姑息败德。君子谨于言，慎于好，亟于时。"（《法言·问明》）

大意是：时间呀时间，怎么来得这样迟缓，去得这样快速呀，君子及时努力吧。虚妄言论，败坏风俗；不良嗜好，败坏法度；苟且偷安，败坏德性。君子要谨慎言论，慎重爱好，抓紧时间。

十八、伟大的舜禹

子曰："巍巍乎，舜、禹之有天下也，而不与焉。"(《泰伯》第十八章)

孔子说："伟大啊，舜禹拥有天下，就像与自己无关似的。"

巍巍，本是形容山的高大，这里是赞美舜禹的伟大。"不与"有两种解释。一是不亲与政事，无为而治。《王莽传》引孔子此言，颜师古注："言舜禹之治天下，委任贤臣，以成其功，而不身亲其事。"历代儒者和注家大多采用这种解释。孟子说：

"尧以不得舜为己忧，舜以不得禹、皋陶为己忧。夫以百亩之不易为己忧者，农夫也。分人以财谓之惠，教人以善谓之忠，为天下得人者谓之仁。是故以天下与人易，为天下得人难，孔子曰：大哉尧之为君！惟天为大，惟尧则之，荡荡乎民无能名焉！君哉舜也！巍巍乎有天下而不与焉！尧舜之治天下，岂无所用其心哉？亦不用于耕耳。"(《孟子·滕文公》)

尧最大的忧虑是得不到舜，舜最大的忧虑是得不到禹和皋陶。把天下让给别人容易，为天下找到大贤却很难。"为天下得人"是帝王最大的责任，最需要费心的事。尧既得舜，舜既得禹、皋陶，自己就可以无为而治，不用亲与其事了。得人之后，尧舜没必要费心于具体政务，就像不用把心思放在耕种上一样。

晋刘寔《崇让论》中说："舜禹之有天下而不与焉，无为而化者其舜也欤。贤人相让于朝，大才之人恒在大官，小人不争于野，天下无事矣。以贤才化无事，至道兴矣。已仰其成，复何与焉！故可以歌《南风》之诗，弹五弦之琴也。"

王充《论衡》说："周公曰上帝引佚。上帝谓舜禹也。舜禹承安继治，任贤使能，恭己无为而天下治。舜禹承尧之安，尧则天而行，不作功邀名，无为之化自成，故曰荡荡乎民无能名焉。"

"不与"的另一种解释，意谓与自己无关，形容舜禹不以拥有天下而得意，处之泰然，其心邈然若无预。孟子说："君子有三乐，而王天下不与存焉。"又说："反身而诚，乐莫大焉。"舜禹有天下，孟子无权位，都自有可乐，不改其乐，不以天子之位为重。朱熹说："不与，犹言不相关，言其不以位为乐也。"

两种解释都通，都符合儒家大义。

十九、伟大的尧帝

子曰："大哉！尧之为君也。巍巍乎！唯天为大，唯尧则之。荡荡乎！民无能名焉。巍巍乎！其有成功也。焕乎！其有文章。"（《泰伯》第十九章）

孔子说："伟大呀！尧作为君主。高大啊！只有天最为高大，只有尧能效法它。功德多么广大！民众都不知道怎样称赞呢。崇高啊！他所成就的功业。光辉啊！他创造的文明。"

则，效法，取法。荡荡，广大，广远，广博无边。焕，光辉，光明。文章，指文化文明和礼乐制度。《集注》："言物之高大，莫有过于天者，而独尧之德能与之准。故其德之广远，亦如天之不可以言语形容也。"

"荡荡乎民无能名焉"，可谓政治最高境界，相当于老子的"太上"境界。老子说："太上，不知有之。其次亲之，誉之。其次畏之，其次侮之。故信不足焉有不信。犹兮其贵言，功成事遂，百姓皆谓我自然。"（《道德经》）

上古圣君替天行道，所行皆合乎人情天理，人民顺其自然，各随所安，互不相扰自然祥和，所谓"帝力于我何有哉"，几乎感觉不到帝王权力的存在，更不知道怎么歌功颂德了。《论衡·艺增》引《传》曰："有年五十击壤于路者，观者曰：'大哉尧德乎！'击壤者曰：'吾日出而作，日入而息，凿井而饮，耕田而食，尧何等力？'"这可以为"荡荡乎民无能名焉"的注脚。

帝尧确实当得起孔子的称赞。天下为公，选贤与能，尧都做到了。《史记·五帝纪》记载：

"尧立七十年，得舜，二十年而老，令舜摄行天子之政，荐之于天，尧辟位凡二十八年而崩。尧知子丹朱之不肖，不足授天下，于是乃权授舜。授舜则天下得其利而丹朱病，授丹朱则天下病而丹朱得其利。尧曰：'终不以天下之病而利一人。'而卒授舜以天下。"

尧知道儿子丹朱不贤，不足以传天下，于是就把天下传给了舜。传天下给舜，全天下得利，只是丹朱痛苦；传天下给丹朱，全天下痛苦，只有丹朱得利。尧说："总不能拿天下的痛苦去造福一个人。"就把天下传给了舜。

《说苑·至公》说："《书》曰不偏不党，王道荡荡，言至公也。古有行大公者，帝尧是也。贵为天子，富有天下，得舜而传之，不私于其子孙也。去天下若遗，于天下犹然，况其细于天下乎！非帝尧孰能行之？"

值得一提的是，尧帝去世以后，舜主动避让于南河之南。只是诸侯朝觐者不之丹朱而之舜，狱讼者不之丹朱而之舜，讴歌者不讴歌丹朱而讴歌舜。然后，舜才回到都城正式践天子位。

《礼记·表记》还载了孔子对虞舜全方位的赞美：

"后世虽有作者，虞帝弗可及也已矣。君天下，生无私，死不厚其子；子民如父母，有憯怛之爱，有忠利之教；亲而尊，安而敬，威而爱，富而有礼，惠而能散；其君子尊仁畏义，耻费轻实，忠而不犯，义而顺，文而静，宽而有辨。《甫刑》曰：'德威惟威，德明惟明。'非虞帝其孰能为此乎？"

二十、圣贤君子集团

舜有臣五人而天下治。武王曰："予有乱臣十人。"孔子曰："才难，不其然乎？唐、虞之际，于斯为盛，有妇人焉，九人而已。三分天下有其二，以服事殷。周之德，其可谓至德也已矣。"（《泰伯》第二十章）

舜有大臣五人而天下大治。周武王说："我有治国之臣十人。"孔子说："人才难得，不正是这样么？唐尧虞舜之外，周武王时人才最盛，然十人中一人是妇女，实际上只有九人。"周文王拥有三分之二的天下，仍向纣王称臣。周朝的道德可说是最高道德了。

舜有臣五人，舜有五位贤臣，分别是：禹，稷，契，皋陶，伯益。乱臣十人，乱，又可训为治，治理的意思。乱臣，指治国之臣。十人乱臣是周公旦，召公奭，太公望，毕公，荣公，太颠，闳夭，散宜生，南宫适。这个南宫适与孔子弟子南宫适不是一人，武王曾命他"散鹿台之财，发钜桥之粟，以赈贫弱"，另有一名妇女是邑姜，周武王夫人，专管内务。唐虞之际，尧舜之后。唐是尧的封国，虞是舜的封国。斯，代词，指周武王时代。

三分天下有其二，商纣时天下九州，归附文王的已有六个州（荆、梁、雍、豫、徐、扬），只有青、兖、冀三州属纣王。《左传·襄公四年》记载："韩献子曰：文王帅殷之畔国以事纣。"《集注》引范氏曰："文王之德，足以代商。天与之，人归之，乃不取而服事焉，所以为至德也。孔子因武王之言而及文王之德，且与泰伯，皆以至德称之，其旨微矣。"

《尚书·太誓》："纣有亿兆夷人，离心离德；余有乱臣十人，同心同德。"唐尧虞舜之后，周武王时期是人才最盛的，却也不过十人而已，而且其中有一位还是妇人。孔子之时或之前就有"才难"的说法，孔子乃有"不其然乎"之叹。

当然，孔子所叹的人才难得，不是一般性的人才，而是指那种信解仁本、通达治道的大贤。圣王贤臣，形影相附，有圣王必有圣贤集团，君子得位必有君子集团。

东海曾经列举历史上最优秀，并具有代表性的十大儒家群体：尧舜禹集团（可三）、汤伊集团、文武集团、孔子集团、刘秀集团、程朱集团（可二）、王阳明集团、曾国藩集团、康有为集团、熊十力集团。

其中刘秀集团最典型。秦后有三个出身儒家的开国帝王，刘秀是其中最优秀的，自小在长安学习《尚书》，东征西战时，常常"投戈讲艺，息马论道"，统一天下后，又"数引公卿朗将讲论经理"。刘秀集团也是秦后最优秀的儒家政治集团，其大多数文臣武将，都是富有经学修养的儒者或具儒家气象者。

二十一、无可挑剔的大禹

子曰："禹，吾无间然矣。菲饮食而致孝乎鬼神，恶衣服而致美乎黻冕，卑宫室而尽力乎沟洫。禹，吾无间然矣！"（《泰伯》第二十一章）

孔子说："对禹，我是无可挑剔了。饮食菲薄但致敬鬼神的祭品尽量丰洁，衣服简朴却尽量讲究礼服之美，宫室低矮却尽力兴修水利。对于禹，我是无可挑剔了。"

间，本意指空隙，罅隙，引申为瑕疵。这里用作动词，含有挑剔、批评、非议等意思。菲，菲薄。致，致力，努力去做。衣服，常服。黻冕，祭祀穿的礼服叫黻，官职在大夫以上的人戴的礼帽叫冕。卑，低矮。沟洫，田间水道，起正疆界、备旱涝的作用。

禹，姓姒，名文命，史称大禹、帝禹，因是夏后氏首领，又称夏禹。他最卓著的功绩是治理洪水，又划定九州。帝舜在位三十三年，把天子位禅让给禹。十七年以后，舜在南巡中逝世。三年治丧结束，禹避居夏地阳城，让帝位给舜之子商均，但天下的诸侯都去朝见禹。在诸侯的拥戴下，禹正式即位。分封丹朱于唐，分封商均于虞。

菲饮食，恶衣服，卑宫室，个人生活节约简朴，所谓食无求饱，居无求安；孝鬼神，美黻冕，祭祀和典礼庄重大方；尽力沟洫则是勤劳民事、关重民生。大哉禹，大哉上古中华领导人。

《集注》说："致孝鬼神，谓享祀丰洁。或丰或俭，各适其宜，所以无罅隙之可议也，故再言以深美之。杨氏曰：'薄于自奉，而所勤者民之事，所致饰者宗庙朝廷之礼，所谓有天下而不与也，夫何间然之有。'"

茅茨土阶更增帝尧的伟大，卑宫陋室更添禹的光荣。而内心越猥琐阴暗，越依赖于人造的堂皇与表象的辉煌。中外大盗都喜欢和擅长大动作，如人山人海的场面，雄伟壮观的建筑。若缺乏法眼之明和内心之强，很容易被镇住。

墨家也尊禹，然所尊角度和宗旨与儒家有所不同。墨子以夏禹否定周礼，割裂了大禹和西周的中道共同性，同时忽略了大禹政治道德和民本原则的整体，一味强调其俭朴和苦行，忽略了大禹致孝乎鬼神、致美乎黻冕的大方。

西周之末，衣食宫室越来越逾越礼制，失之于奢；墨家则过度尚俭，失之于俭。《史记》说："墨者俭而难遵，要其强本节用，则人人给家足之道也。"节俭何尝非好事？嫌其过犹不及耳。

第九章　子罕篇

《子罕》共三十一章。上篇谈尧、舜、禹、文王、武王、周公等先圣的事迹，本篇谈孔子的学问德行和勉人立志。

一、利风不可长，仁性不可轻

子罕言利，与命，与仁。（《子罕》第一章）

孔子很少谈论利益，赞肯天命，赞肯仁道。

罕，稀少。利不可不言，而言利之风不可长，故少言之。与，赞与，肯定。一说，与是连词"和"，此句意为：孔子很少言利、命和仁。《集注》引程子言："计利则害义，命之理微，仁之道大，皆夫子所罕言也。"《史记·外戚世家》说："孔子罕称命，盖难言之矣。非通幽明之变，恶能识乎性命哉？"

这个理解不对。孔子关于命和仁的道理，讲得多了。这两个字可以说是儒家的核心字眼，在五经和《论语》中出现频率挺高，仁字在《论语》中就有一百多个，出现尤为频繁。

仁是人之本性，是天之所命。命与仁是一而二、二而一的，角度不同而已。《论语》言仁最多，但都是具体而言，对于仁的形而上层面"性与天道"则确实罕言之，弟子们也罕闻之。或者说，孔子是通过伦理道德、政治文化等具体问题的阐述间接地指示通往"性与天道"的路径，所谓下学上达。这方面老子累言之，释尊极言之，佛教千经万论，所言无非都是这个。这是儒佛道三家的重大不同点。

"罕言利"是儒家共同特点。孟子谒见梁惠王时也说过"何必曰利？亦有仁义而已矣。"这不是反对和否定利益，而是要以仁义道德来统率、指导利益追求。公众利益、社会利益、天下国家的利益，都已涵于仁义之中。

儒家强调义利之辨，在言利的时候，必将道德放在第一位。《大禹谟》说："正德，利用，厚生，惟和。"正德是第一位的。"孔子言义，不多言利，故云子罕言利，若言利则必与命并言之，与仁并言之。"(《论语补疏》)

荀子说："义胜利者为治世，利克义者为乱世。上重义则义克利，上重利则利克义。"(《荀子·大略》)"义胜利"是道义占上风，利益居下位，是治世的特征；"利克义"是利益第一位，道义靠边站，是乱世的共性。领导层重视利益，利益就胜过道义；领导层重视道义，道义就胜过利益。这与孔子"德风德草"章同义。

关于义利，董仲舒有一句名言："正其义不谋其利，明其道不计其功。"东海曾拟改之为：正其义再谋其利，明其道后计其功。其实没有必要，因为儒家讲道义，并非排斥利益和事功，而是见利思义，以义导利，道明义正，利功自在其中矣。

董仲舒在《春秋繁露》多次言及义利之辨，例如："正也者，正于天之为人性命也。天之为人性命，使行仁义而羞可耻。非若鸟兽然，苟为生、苟为利而已。"(《竹林》)仁义之性即人的天命之性，即天性，是人之为人的本质所在。正其义，就是"正于天之为人性命也"，就是《大禹谟》所说的"正德"，否则就像禽兽，只为活着而活着，只为利益而活着。

二、达巷党人的赞美

达巷党人曰："大哉孔子！博学而无所成名。"子闻之，谓门弟子曰："吾何执？执御乎？执射乎？吾执御矣。"(《子罕》第二章)

达巷党人说:"伟大的孔子啊!学问广博而不以什么专长成名。"孔子听到这话,对门下弟子说:"我专业什么好呢?专业驾车吗?专业射箭吗?我专业驾车吧!"

达巷党人,达巷那个地方的人,姓名不传。达巷,地名,党名。党,古代五百家为一党。一说,达是地名,巷党二字连读,里巷的意思。《礼记·曾子问》有"余从老聃助葬于巷党"之言。达巷党,指达地的一条里巷。

《史记·孔子世家》在"达巷党人"之下有"童子"二字,或谓此童子即项橐。古有"项橐七岁为孔子师"之说。董仲舒《上汉武帝疏》曰:"臣闻良玉不琢,资质润美,不待刻琢,此亡异于达巷党人不学而自知者也。"注:"孟康曰:人,项橐也。"皇甫谧《高士传》:"达巷党人,姓项名橐。"姑且存疑。

博学而无所成名,非一技可名之。《郑注》:"此党人之美孔子博学道艺,不成一名也。"《皇疏》:"孔子广学,道艺周徧,不可一一而称,故云无所成名。"执,专做,专门从事。御,驭马驾车。射,射箭。射御皆为六艺。

孔子道全德备,学问广博,多才多艺,很难用某一方面的专长来概括,或者有些本事没有机会施展。朱熹说:"博学无所成名,盖美其学之博而惜其不成一艺之名也。执,专执也。射御皆一艺,而御为人仆,所执尤卑。言欲使我何所执以成名乎?然则吾将执御矣。闻人誉己,承之以谦也。"(《集注》)

在执御与执射两者的选择上,孔子选择了执御而非执射,其中意味值得深长思,并非只是谦虚而已。盖射侧重于攻击性,御意味着道路的选择和方向的引领。孔子或有深意吧。

上一篇《泰伯》结尾孔子赞美尧、舜、禹的伟大,说大哉尧,本章达巷党人赞美大哉孔子,都赞得如理如实。尧、舜、禹和孔子都经得起"大哉"的赞美。孔子赞美尧"民无能名",达巷党人赞美孔子"无所成名"。孔子学无常师,但学问的根本是尧、舜、禹、汤、文、武、周公历代圣王相传的中道,孔子之学也就是尧舜之学。

三、从众和违众

子曰:"麻冕,礼也,今也纯,俭,吾从众。拜下,礼也,今拜乎上,泰也。虽违众,吾从下。"(《子罕》第三章)

孔子说:"以麻为冕是古礼,而今改用丝绸,节俭,我赞成众人。(臣见君)堂下跪拜是古礼,而今在堂上拜,这是轻慢。虽不合众,我还是赞成在堂下行礼。"

麻冕,用麻布制成的礼帽。依礼,绩麻为冕须用二千四百缕经线。由于麻质粗,故须织得细密方可成匹,故不如用丝织的俭省。纯,黑色的丝绸。俭,节俭,俭省。拜下,按照古礼,臣见君,再拜稽首于堂下。泰,轻慢,倨傲。

孔子认为,礼帽的材料改麻布为丝绸,比较节俭,可以戒奢,可从;臣见君的礼,从堂下行改为堂上行,这是轻慢,难免长骄,不可从。《仪礼》记臣与君行礼,都是堂下再拜稽首。

"礼,时为大",礼制有其时代性。礼制精神自当万古不易,礼仪规范应该与时偕宜。世易时移之后,依旧合适的,就应该遵守,落后了则可以改良。择其善者而从之,其不善者而改之,一味守古或一味循今都不对。《集注》引程子言:"君子处世,事之无害于义者,从俗可也;害于义,则不可从也。"

《礼记·檀弓》:"殷既封而吊,周反哭而吊。孔子曰:'殷已悫,吾从周。'"丧礼上,殷礼是下葬后慰问孝子,周礼是葬后回家号哭时才慰问孝子。孔子认为殷礼过于质朴,以周礼为优。《坊记》有类似记载:"殷人吊于圹,周人吊于家,示民不偝也。子云:'死,民之卒事也。吾从周。'"这是孔子在丧礼上择善而从的事例。

引申之,在各种具体政务中,对于民众意见,正确的就应该从之，不正确的则不妨违之。儒家对于民意也应作如是观，既重民意，又不唯民意，应从则从，该违则违。既坚持以民为本，又反对惟民是从。政府既要权为民所授，权为民所用，又有责任对民众进行文化教育、道德教化和政治管理，导之以德，齐之以礼，禁之以刑。

不仅礼制，西式民主制也不是惟民是从、民意至上的——那是民粹主义的做法。

四、孔子杜绝四种病

> 子绝四：毋意，毋必，毋固，毋我。（《子罕》第四章）

孔子杜绝四种毛病：不乱臆断，不绝对，不顽固，不自我中心。

意，同臆，推测、臆测、臆断之义。段玉裁引此章注云："意之训为测度。"《礼记·少仪》曰："毋测未至。"注云：测，意度也。这个意字与《先进》"亿则屡中"、《卫灵公》"不亿不信"的亿字义同，都是意度、推测的意思。我认为也可解为"意见"的意。意见，意气之见也。陆九渊说："此道与溺于利欲之人言犹易，与溺于意见之人言却难。"朱熹训为私意。

必，绝对，如"言必信，行必果，硁硁然小人哉。"这就是必。钱穆说："此必字有两解。一、固必义。如言必信，行必果，事之已往，必望其常此而不改。一、期必义。事之未来，必望其如此而无误。两说均通。如用之则行，舍之则藏，即毋必。"（《论语新解》）

固，固执，顽固，执滞。四围蔽塞，专守一端，不知变通。《宪问》中，微生亩问孔子："丘何为是栖栖者与，无乃为佞乎。"孔子答复说："非敢为佞也，疾固也。"疾固就是毋固，毋固才能闻过则喜，从善如流，"善与人同，舍己从人，乐取于人以为善。"注意，毋固是建立在仁宅义路、择善固执的基础上的，只有贞固，才能毋固。

我，我私我慢的我，小我的我，自我中心的意思。《集注》："我，私我也。"只有觉悟大我，觉悟"万物皆备于我"的我，才能毋我。

《史记·孔子世家》："孔子在位听讼，文辞有可与人共者，弗独有也。"孔子在担任鲁国司寇审理案件的时候，文辞上有可以与人共商的地方，从不专断。《春秋繁露·相生》也有类似记载："孔子为鲁司寇，断狱屯屯，与众共之。"（屯屯，很恳诚的样子，与肫肫、忳忳、敦敦义并同。）这就是毋我的表现。

《里仁》说："君子之于天下也，无适也，无莫也，义之与比。"《微子》说："我则异于是，无可无不可。"《孟子·公孙丑》说："可以仕则仕，可以止则止，可以久则久，可以速则速，孔子也。"又《万章》说："孔子之仕于鲁也，鲁人猎较，孔子亦猎较。"讲的都是"毋必，毋固，毋我"的道理，可与本章参看。

儒家有经权论，守经达权，把原则性与灵活性圆融地统一到一起。守经是对原则的担当和坚持，达权则是在不违反原则的前提下灵活权变。朝闻道夕死可，杀身成仁，君子务本，"四勿"等都是守经，毋必、毋固则属于权道。

五、孔子的文化自信

子畏于匡。曰："文王既没，文不在兹乎？天之将丧斯文也，后死者不得与于斯文也。天之未丧斯文也，匡人其如予何？"（《子罕》第五章）

孔子在匡地受到围困，说："周文王过世了，文化不在我这里吗？上天要毁灭这种文化，我就不可能掌握这种文化了；上天不要毁灭这种文化，匡人能把我怎样呢？"

畏，受到威胁，被拘禁。匡，地名，今河南省长垣县西南十五里有匡城，疑即此地。文王，姓姬，名昌，周武王姬发之父。文，文化和礼乐。《集注》:"道之显者谓之文,盖礼乐制度之谓。"兹,此,这里是孔子自指。后死者,孔子自指。与,参与,引申为掌握,了解。一说,通举,兴起。如予何,拿我怎么样。

子畏于匡之事,《史记·孔子世家》记载如下:"或谮孔子于卫灵公,孔子去卫。将适陈,过匡,颜刻为仆,以其策指之曰:昔吾入此,由彼缺也。匡人闻之,以为鲁之阳虎,阳虎尝暴匡人,匡人于是遂止孔子,孔子状类阳虎,拘焉。"

孔子容貌与阳虎有点儿像,孔子弟子颜克又曾与阳虎同行。匡人与阳虎有仇,见到孔子误以为是阳虎,就把孔子围困起来了。此事除了《论语》,《史记》《韩诗外传》《说苑》《家语》《庄子》都有记载。

孔子平时虽很谦虚,但到了危难关头,其强烈的文化道德自信就凸现出来了,天之未丧斯文也,匡人其如予何?类似的话,孔子在遭遇桓魋之难的时候也说过。这里,孔子显然是以礼乐制度和中华文化的传承者自居的,真正的铁肩担道义,妙手著文章。

天下无道,难免多灾多难多凶险,但孔子深信自己有天生之德和天命之责,只要斯文不丧,天下不亡,自己就不至于死于非命。《集注》引马氏言:"文王既没,故孔子自谓后死者。言天若欲丧此文,则必不使我得与于此文;今我既得与于此文,则是天未欲丧此文也。天既未欲丧此文,则匡人其奈我何?言必不能违天害己也。"《论语或问》说:

"圣贤之临患难,有为不自必之辞者,有为自必之辞者。为不自必之辞,孔子之于公伯寮、孟子之于臧仓是也;其为自必之辞,则孔子之于桓魋、匡人是也。故彼曰其如命何,此曰其如予何。曰:圣人之自必如此,而又微服过宋何也?盖圣人虽知其不能害己,然避患亦未尝不深;避患虽深,而处之未尝不间暇也。"(《论语集释》)

这一章被《白虎通》用来作为"圣人生前自知是圣人"的证据

之一。《白虎通》认为，孔子以"文不在兹乎"的自许，可见他生前知道自己是圣人。另外，孟子"五百年必有王者兴"和"舍我其谁"，亦自知为圣人。

六、天纵之将圣

太宰问于子贡曰："夫子圣者与？何其多能也！"子贡曰："固天纵之将圣，又多能也。"子闻之，曰："太宰知我乎？吾少也贱，故多能鄙事。君子多乎哉？不多也。"牢曰："子云：'吾不试，故艺。'"（《子罕》第六章、第七章）

太宰问子贡道："孔夫子是圣人吧？怎么这样多才多艺呢！"子贡说："这是上天让他成为大圣人，又多才多艺的。"孔子听到后，说："太宰知道我吗？我少年时贫贱，所以会许多下等的事。有地位者会这么多技艺吗？不会这么多啊。"琴牢说："夫子说过：我没有为官，所以会许多技艺。"

太宰，周代掌管宫廷事务的官员。当时，吴宋二国的上大夫也称太宰。一说，这人就是吴国的太宰伯嚭，不可确考。

纵，让，使，意味着圣境永无止境、没有限量之义。将，大之义。《尔雅》：将，大也。《诗经》中"我受命溥将""有娀方将"的将，都解释为大。孔安国说："天固纵大圣之德"，以大训将。《荀子·尧问》："然则孙卿怀将圣之心"，亦谓大圣。

鄙事，低下、下等的事，贱役。孔子年轻时曾从事过农业劳动，放过羊，赶过车，当过仓库保管员等。牢，有人认为是孔子的弟子琴牢。姓琴，字子开，一字子张，或称琴张，卫国人。试，用，引申为被任用，做官。

圣字作为一种德目，原非最高。《洪范》言五事，肃、乂、哲、谋、圣并列，《周礼》六德：智、仁、圣、义、忠、和，《春秋传》称臧武仲为圣,《礼记·乡饮酒义》说:"俎豆有数曰圣,圣立而将之以敬曰礼。"自孔子推阐之后,圣字之义才开始高大起来,代表最高道德境界。

太宰以多能为圣,子贡以德高为圣。多能者未必是圣人,是圣人一定多能,有德者必有智慧和能力也。孔子多能,不仅"多能鄙事"而已。孔子身材高大,力气也极大。《淮南子·主术》说:"孔子之通,智过于苌弘,勇服于孟贲,足蹑效菟,力招城关,能亦多矣。然而勇力不闻,伎巧不知,专行教道,以成素王,事亦鲜矣。"足蹑效菟(狡兔)是善跑,力招城关是一人就能把闩城门的木杠举起来。

孔子博学多能而无所成名,精通礼、乐、射、御、书、数六艺,更通达作为儒家经典的《易》《书》《诗》《礼》《乐》《春秋》六艺,"专行教道"。

七、中庸之道的运用

子曰:"吾有知乎哉?无知也。有鄙夫问于我,空空如也,我叩其两端而竭焉。"(《子罕》第七章)

孔子说:"我有知识吗?没有知识呀。有乡下人咨询于我,态度很诚恳,我就其问题的两个方面进行考查,就了如指掌了。"

鄙夫,这里指乡村的人。周制,以五百家为鄙,后也称小邑、边邑为鄙。空空如也:空空即悾悾,诚恳貌。此指鄙夫来问者。一说为孔子自言心中空空,或于鄙夫所问之事一无所知。叩,询问。两端,两头,指事情(问题)的正反、始终、本末等两个方面。竭,完全,穷尽。

《中庸》中孔子赞美舜帝:"舜其大知也与!舜好问而好察迩言,隐恶而扬善,执其两端,用其中于民。其斯以为舜乎!""执其两端用其中"，"叩其两端而竭焉"，都是中庸之道的运用。问题或有别，对象或不同，方法却一样。

"中"不是一个静态的概念，更不是模棱两可的折中主义以及和稀泥的调和论，而是动态的"时中"，是通过"叩其两端而竭"得到的中。叩其两端，是从问题的始终、本末、正反两面去分析，是儒家认识事物、获取知识和解疑释惑的一种方法。孔子在遇上具体问题时，不胡乱揣测，不独断绝对，不拘泥固执，不唯私唯我，即前面的"四毋"。

"吾有知乎哉，无知也"，此言与苏格拉底之言"我是最有学问的人，因为我一无所知。"有异曲同工之妙。知识可以通往智慧但不等于智慧，有时所知成障，两者反而可能成反比。知识分子一大毛病是固执己见和死守成见，成了知识的奴隶和有知识的愚民。被誉为"西方孔子"的苏格拉底的这句格言，正表明他对知识的清醒认识和超越态度。佛祖教人"莫信己意"，老子也说："知不知，尚矣；不知知，病矣。"

苏格拉底和孔子的话都体现了他们对知识的有限性的自觉。但这并不影响他们对知识的追求。另外，苏格拉底自承无知还是一种独特的辩论方法：首先表示自己对某个问题一无所知，让对方说出对这个问题的看法，然后通过不断诘问揭露对方的矛盾，使对方不得不否定原观点，承认对这个问题无知——以自承无知始，以让人自承无知终。

八、深沉的叹息

子曰："凤鸟不至，河不出图，吾已矣夫！"（《子罕》第九章）

孔子说："凤鸟不来，河图不出，我没有希望了！"

凤鸟，祥瑞之禽，百鸟之王。凤鸟的出现，象征着圣王出世，行道有望。史籍记载，凤凰舜时来仪，文王时鸣于岐山，黄帝时、少昊时、周成王时都来过。《尚书·益稷》说："箫韶九成，凤凰来仪。击石拊石，百兽率舞。"疏曰："箫韶之乐，作之九成，以至凤凰来而有容仪也。"箫韶是虞舜之乐。箫韶之曲连续演奏九章，凤凰也随乐声翩翩起舞。

《白虎通》说："凤凰者，禽之长也，上有明王，太平，乃来居广都之野。"又云："黄帝时，凤凰蔽日，而至止于东园，终日不去。"张尚瑗《三传折诸·左传折诸》："凤鸟适至"注引《中候握河纪》云："尧即政七十年，凤凰止庭。伯禹拜曰：昔帝轩提象，凤巢阿阁。"

凤凰来仪为圣王出现的标志，关此，纬书中广有记载。如《尚书·中候》："黄帝时天气休通五行期化，凤凰巢阿阁谨于树。"又说："周公归政于成王，天下太平，制礼作乐，凤凰翔庭。"《春秋纬》："黄帝坐于扈阁，凤凰衔书致帝前，其中得五始之文焉。"《乐纬》说："是以清和上升，天下乐其风俗，凤凰来仪，百兽率舞，神龙升降，灵龟晏宁。"《乐纬·稽耀嘉》说："国安，其主好文，则凤凰来翔。"

图指河图，其出现是圣人受命而王的预兆。传上古伏羲时代，黄河中有龙马背上驮着八卦图出现。《易经·系辞》："河出图，洛出书，圣人则之。"《礼记·礼运》："河出马图。"《尚书·周书·顾命》记载，康王登基的时候，"大玉、夷玉、天球、河图，在东序"。河图与大玉、夷玉、天球等放置在东边。孔安国传："伏羲王天下，龙马出河，遂则其以画八卦，谓之河图。"

《四书释地》说，河图不必定伏羲时出现，黄帝时也出，尧舜禹时叠出，成王周公时又出，载诸史志。

孔子以凤图之说，表达言不得用、身不得位、道不能行的悲哀和无奈。吾已矣夫，意谓我没有希望了，我没有办法了，我见不到文明盛世了。董仲舒对策说："孔子曰：'凤鸟不至，河不出图，吾已矣夫！'自悲可致此物而身卑贱不得致也。"（《汉书·董仲舒传》）《集注》引张子言："凤至图出，文明之祥。伏羲、舜、文之瑞不至，则夫子之文章，知其已矣。"

《史记·孔子世家》记载:"鲁哀公十四年春,狩大野,叔孙氏车子商获兽,以为不祥。仲尼视之,曰:'麟也,取之。'曰:'河不出图,雒不出书,吾已矣夫!'"

夫子"吾已矣夫"的深沉叹息,透过两千五百多年的时光,让我共鸣而潸然。民智不开,天下无道,吾已矣夫;"上弗援,下弗推,谗谄之民,有比党而危之者。"(《礼记·儒行》)吾已矣夫。

九、细节之中见大德

子见齐衰者、冕衣裳者与瞽者,见之,虽少,必作;过之,必趋。(《子罕》第十章)

孔子遇见穿丧服的人,戴礼帽穿礼服的人和盲人,见到他们,即使是年轻人,一定站起身,经过他们身旁时一定小步快走。

齐衰,古代用麻布做的丧服。衰,同缞,丧服。齐,缝缉。冕衣裳,贵者之盛服。《说文》:"冕,大夫以上冠也。"瞽,双目失明,盲人。作,站起身来,表示同情或敬意。趋:迈小步快走,表示恭敬。

《乡党》也有类似记载:"见齐衰者,虽狎,必变。见冕者与瞽者,虽亵,必以貌。"

得之于内必形之于外,得之于大必形之于细。德到盛大时,小事细节都体现出来,随时随地会流露出来,洒扫应对进退诸般小事,皆可上达。德到大处,无微不至,如孔子,日常言行举止,无不中节。《集注》引范氏言:"圣人之心,哀有丧,尊有爵,矜不成人。其作与趋,盖有不期然而然者。"

子夏说:"大德不逾闲,小德出入可也。"不错。然复须知,真正德到大处,日常生活中必然礼节周到,彬彬有礼,连小德细节也罕有出入。当然,这是高境界,高山仰止,心向往之。《宋元学案》中有一个小故事很有意思:

谢上蔡监京西竹木场，朱子发自太学与弟子权往谒。坐定，子发曰："震愿见先生久矣，今日之来，无以发问，乞先生教之。"上蔡曰："好，待与贤说一部论语。"子发私念日刻如此，何由亲款其讲说？已而具饮酒五行，只说他话。茶罢，乃掀髯曰："听说论语。"首举"子见齐衰者"一章，又举"师冕见"一章，曰："圣人之道，无微显，无内外，由洒扫应对进退而上达天道，一以贯之。一部论语，只恁地看。"

谢上蔡即谢良佐，与游酢、杨时、吕大临并称程门四大弟子。因是河南上蔡人，学者称上蔡先生。元丰八年登进士第，历仕州县。宋徽宗建中靖国初，官京师，上殿面君，英宗有意用之。见"上意不诚"，乃求监局，得监京西竹木场。朱子发即朱震，时为大学博士，前往请教学问。

谢良佐表示要讲说一部论语，朱震怀疑在短时间内怎么能讲完一部《论语》？谢良佐在酒饭之后，解说了《论语》"见齐衰章""见师冕章"两章，说，圣人之道不分显微内外，下到打扫卫生、接待宾客等小事，上到天道，是一以贯之的。下学上达，此之谓也。

十、颜回的赞叹

颜渊喟然叹曰："仰之弥高，钻之弥坚，瞻之在前，忽焉在后！夫子循循然善诱人，博我以文，约我以礼，欲罢不能。既竭吾才，如有所立卓尔。虽欲从之，末由也已！"（《子罕》第十一章）

颜渊深深叹气说："仰望他越望越高，钻研他越钻越深，看着他好像在前，忽而又感觉在后。老师循序渐进善于诱导人，用文化丰富我，用礼制约束我，欲罢不能，即使竭尽我的才力，他仍然好像高峻卓绝地矗立在那里，虽想攀登上去，没有办法可上。"

循循然，有次序貌。《说文》："循，顺行也。"卓尔，高大直立貌，意谓高绝不可跻攀。末由，无由。

《庄子·田子方》记载："颜渊曰：'夫子步亦步，夫子趋亦趋，夫子驰亦驰，夫子奔逸绝尘，而回瞠若乎后矣。'"可以与本章参看。

孔子之道，平易有序，体现于性情之间，动容之际，体现于饮食起居、交接应酬之务，体现于君臣父子、夫妇兄弟之常和出处去就、辞受取舍之间，体现于政事之设施、礼乐文章之讲贯。同时又有超越性的一面，无穷尽无方体，恍惚不可为象。可谓既高深又平易，蕴高深于平易。

博文约礼，是孔子教育的次序和内容。博文，格物致知也；约礼，克己复礼也。宋儒将"礼"理解为"理"，约礼即约理，由分殊会归于理一。那么，博文是穷理，约礼就是"尽性以至于命"。

尽性至命是形而上事，要在自悟自证。孔子施教的文与礼，应该都是有具体可见的内容和要求的。《雍也》中孔子说："君子博学于文，约之以礼，亦可以弗畔矣夫。"博文约礼，仅可以弗畔，可见不是很高的境界，还谈不到"上达"。

圣无局限，高而又高；学无止境，精益求精。孔子和颜回，一个善教一个善学，可谓师师生生的千古典范，佛教中释尊和大迦叶师徒差堪仿佛。杨雄说："'颜不孔，虽得天下，不足以为乐。''然亦有苦乎？'曰：'颜苦孔之卓之至也。'或人瞿然曰：'兹苦也，只其所以为乐也与！'"（《法言·学行》）

杨雄可谓善解颜回之意。颜回以学习孔子之道为人生至乐。如果没有孔子，颜回就是得到天下，也不足以快乐。其苦恼在于欲罢不能和末由也已。而这种苦恼，恰恰又是一种快乐。

十一、子路好心办坏事

子疾病，子路使门人为臣。病间，曰："久矣哉，由之行诈也！无臣而为有臣，吾谁欺？欺天乎？且予与其死于臣之手也，无宁死

于二三子之手乎！且予纵不得大葬，予死于道路乎？"（《子罕》第十二章）

孔子病重，子路让学生做预备丧事的小臣。孔子病势略缓，说："好久了吧，仲由行诈呀！没有小臣却伪为有小臣，我欺骗谁呢？欺骗上天吗？况且我与其死在小臣的手里，不宁愿死在诸位手里吗！而且我即使不用隆重的葬礼，我会死在路上吗？"

臣，指小臣。旧注多释为"家臣"。或释为"君臣"之臣，意谓子路拟以葬君之礼治孔子之丧。《四书稗》以为，按《周礼》有小臣之职掌诸侯之丧，而大夫、士之丧则无小臣执掌，孔子为大夫，无小臣，所以下文孔子自云"无臣"。孔子是大夫，若治丧用小臣，就是僭用诸侯之礼。

间，本指间隙，这里指病势稍缓。由，子路姓仲名由，字子路。二三子，犹言诸位，是孔子对弟子们的亲密称呼。大葬，《马注》《集注》皆谓以君臣礼葬。《正义》谓以大夫礼葬。

孔子得了大病，几近死亡。子路于是安排孔子的门生，按照诸侯的规格准备后事，受到孔子严厉批评。子路本意是表示对夫子的爱戴和尊重，可惜学问不足，私智自用，陷于行诈而不知，可谓好心办坏事，于此也可见学问之重要。《集注》引范氏言：

"曾子将死，起而易箦，曰吾得正而毙焉，斯已矣。子路欲尊夫子，而不知无臣之不可为有臣，是以陷于行诈，罪至欺天。君子之于言动，虽微不可不谨。夫子深惩子路，所以警学者也。"

子夏说："大德不逾闲，小德出入可也"。《集注》说："君子之于言动，虽微不可不谨"。言各有当。子夏强调大德的重要，《集注》则提醒，小节也要尽量注意，前面"子见齐衰者"章，就是"谨于微"的一种表现。而且，《集注》之言更圆满，更合乎《尚书》教导。

《尚书·旅獒》说:"不矜细行,终累大德。为山九仞,功亏一篑。"小德细节会影响道德成就,并可能对事业造成重大危害。对于有地位者,小德出入,细节不谨,可能关乎大局。王夫之《读通鉴论》中举了欧阳永叔、陶穀、李晟为例,详析了小节不慎的后果。

十二、孔子等待识货者

子贡曰:"有美玉于斯,韫椟而藏诸?求善贾而沽诸?"子曰:"沽之哉!沽之哉!我待贾者也!"(《子罕》第十三章)

子贡说:"有美玉在这里,是装入柜子藏好它呢?还是找识货的商人卖掉它呢?"孔子说:"卖掉它吧,卖掉它吧。我正等着卖哩。"

韫椟,韫,收藏。椟,柜子。后以"韫椟"表示怀才未用。贾,商人。古代称行商为商,坐商为贾。善贾,贾有两读,商人,则"善贾"意谓识其价值之商人;同价,犹云善价,高价。两说皆通。沽,卖,买。

本章对话,充分展示了孔门师生的风趣幽默,也可见子贡善问。卫君之事,以夷齐为问(见《述而》);孔子之事,以美玉为言,都是子贡善于语言的表现。

一些学者因此嘲笑孔子市侩,是没有读懂其比喻。孔子"卖"的不是人更不是灵魂,而是他的仁本王道思想,他找的不是荣华富贵而是一个行道的机会。当然,为了行道,必须有相当的权力和地位,这在那个时代就需要一个识货的君主。朱熹说:

"子贡以孔子有道不仕,故设此二端以问也。孔子言固当卖之,但当待贾,而不当求之耳。范氏曰:'君子未尝不欲仕也,又恶不由其道。士之待礼,犹玉之待贾也。若伊尹之耕于野,伯夷、太公之居于海滨,世无成汤文王,则终焉而已,必不枉道以从人,衒玉而

求售也。'"(《集注》)

某种意义上说，东海也是一种待卖品，等待一个识货者和好价钱。我要求也很高：对方须有一双慧眼，一颗尊儒重道、为民为国的大心，大人之心。对于没有大心者，我就是非卖品，也只能是非卖品，就像孔孟一样，不会枉尺直寻。吕坤说："小屈以求大伸，圣贤不为。吾道必大行之日然后见，便是抱关击柝，自有不可枉之道。松柏生来便直，士君子穷居便正。"(《呻吟语》)

时机不熟，大多数政治人都识不了儒家真货，更拿不出大人真心。东海难以"卖"出是必然的——当然我不会不能也不许降价处理。因为，东海所"卖"的是道，是社会长治久安和人民安身立命之道。卖出去，是为了更好地疗国民之疾，援天下之溺，故必须绝对保证其原则性和高质量。以道殉身、以身殉道都可以，唯独不许以道殉人。天之所命，良知之命，不敢违也。

"卖"不出去，于我个人会很遗憾，但忧天下之忧并不影响乐吾道之乐，一切逆缘逆境、危难魔障，都是道德文章的营养。古代大修行人包括释尊都曾主动自找各种苦头来吃，不用找，"苦头"就自动登门，岂非天恩高厚？呵呵。自题一联曰：不容然后见君子，可乐而今识本来。

十三、君子所居自无陋

子欲居九夷。或曰："陋，如之何！"子曰："君子居之，何陋之有？"(《子罕》第十四章)

孔子想移居到夷族地区去。有人说："那里简陋，怎么办呢？"孔子说："君子居住的地方，有什么简陋的呢？"

九夷，我国古代称东部少数民族为夷。九夷，或说指九个不同的部族，或说是对东部夷族地区的总称；或说指"淮夷"，散居于淮水泗水间的一个部族，不可确考。陋，简陋，可引申为经济、文化的落后闭塞。子欲居九夷和乘桴浮于海，或是孔子因为道不能行的一种感慨，并非真那样打算。

"君子居之，何陋之有"句，多数注者理解为，君子可以化导其俗，使合于礼义。《马注》："君子所居则化。"《皇疏》引孙绰："九夷所以为陋者，以无礼义也。君子所居者化，则陋有泰也。"《集注》："君子所居则化，何陋之有？"《论衡·问孔》："孔子疾道不行于中国，恚恨失意，故欲之九夷也。君子居之，何陋之有？言以君子之道居而教之，何为陋乎？"

上述注解都认定孔子想移居九夷，是抱了化夷为夏之志。这样理解略嫌呆板，应该不是孔子的原意。孔子自小居鲁，后来又周游列国，居过不少国家，那些地方还不是照样鄙陋落后。

"君子所居则化"需要一定的条件，也有一定的过程，泛泛而言，难免有奢夸之嫌。孟子说："达则兼济天下，穷则独善其身。"君子若能达，所居无不化；君子若贫贱，只能守死善道。孔子不免叹息："凤鸟不至，河不出图，吾已矣夫！"

这里的"君子居之，何陋之有"，意谓君子有着美好的德行，故能居于陋处而不觉其陋，所谓"斯是陋室，唯吾德馨"——刘禹锡《陋室铭》的理解才是正确的。

或谓九夷指朝鲜，君子指箕子，录此聊备一说。

九夷跟海有关，古书中有"命九夷，狩于海，获大鱼"的记载。"殷道衰，箕子去之朝鲜，教其民以礼义，田蚕织作"（《汉书·地理志》），使朝鲜成为海外君子国。《说文解字·羊部》说："唯东夷从大，大，人也。夷俗仁，仁者寿，有君子不死之国。"《淮南子》也说"东方有君子之国"。故班固、颜师古都将孔子的"乘桴浮海"，与箕子"适东夷"相联系。刘宝楠《论语正义》说："子欲居九夷，与乘桴浮海，皆谓朝鲜。夫子不见用于中夏，乃欲行道于外域，则以其国有仁贤之化故也。"

十四、雅颂各得其所

子曰:"吾自卫反鲁,然后乐正,《雅》《颂》各得其所。"(《子罕》第十五章)

孔子说:"我自卫国返回鲁国,然后乐章得到了订正,雅与颂各得其所。"

自卫反鲁,反,同返。公元前484年(鲁哀公十一年)冬,因卫国发生内乱,孔子返回鲁国,结束了十四年来周游列国的生涯,时孔子六十八岁。雅颂,《诗经》分《风》《雅》《颂》三大类。奏于朝曰《雅》,奏于庙曰《颂》。

《雅》包括《大雅》三十一篇,《小雅》七十四篇;《颂》包括《周颂》三十一篇,《商颂》五篇,《鲁颂》四篇。这些诗篇原来都可以传唱,都有歌曲。《雅》是王畿之乐,这个地区周人称之为夏,雅和夏通用。雅又有正的意思,当时把王畿之乐看作是正声,所谓正声雅乐。《雅》分为《大雅》和《小雅》。《颂》是专门用于宗庙祭祀的音乐,内容多是祈祷赞颂神明和歌颂先王功业。

《雅》《颂》各得其所,意谓《雅》《颂》的乐章内容和曲谱都得到了孔子的整理订正。朱熹说:"鲁哀公十一年冬,孔子自卫反鲁。是时周礼在鲁,然诗乐亦颇残阙失次。孔子周流四方,参互考订,以知其说。晚知道终不行,故归而正之。"(《集注》)

《阳货》孔子说:"恶郑声之乱雅乐也",《卫灵公》孔子答"颜渊问为邦"中说到要"放郑声,远佞人"。清除混入雅乐的郑声,或是孔子"正乐"的内容之一。

《史记·孔子世家》记载:"古者《诗》三千余篇,及至孔子,去其重,取可施于礼义,上采契后稷,中述殷周之盛,至幽厉之缺,始于衽席。故曰《关雎》之乱以为风始,《鹿鸣》为《小雅》始,《文王》为《大雅》始,《清庙》为《颂》始。三百五篇,孔子皆弦歌之,以求合《韶》《武》《雅》《颂》之音,礼乐自此可得而述,以备王道,成六艺。"

《汉书·礼乐志》说:"周道始缺,怨刺之诗起;王泽既竭,而诗不能作;王官失业,《雅》《颂》相错,孔子论而定之。故曰:'吾自卫反鲁,然后乐正,《雅》《颂》各得其所。'"

十五、孔子的谦诚

子曰:"出则事公卿,入则事父兄,丧事不敢不勉,不为酒困,何有于我哉?"(《子罕》第十六章)

孔子说:"出外侍奉公卿,在家侍奉父兄,办理丧事不敢不勤勉,不为酒困,我有哪件事做好了呀?"

困,《马注》:"困,乱也。"不为酒困,谓饮酒不失礼。《皇疏》谓"不为酒困"指"出""入""丧事"三者皆不为酒困。

"何有于我哉"此句有歧解,或解作自述之词,"何有"为"不难有"之意,言此数事,于我无难;或解作自谦之词,意为"我何能行此三事",这个解释比较准确。论及事公卿、事父兄和为父母治丧等事情,孔子或有所憾,认为自己没能做好。《春秋》责备贤者,君子责备自己,这是君子对自己的苛刻。

《中庸》记载:"子曰:君子之道四,丘未能一焉。所求乎子以事父,未能也;所求乎臣以事君,未能也;所求乎弟以事兄,未能也;所求乎朋友先施之,未能也。"可见孔子确实认为自己于"事公卿父兄"方面有所未能。其实对于圣贤君子来说,很多事不是德智能力问题,而是机会和条件问题。

孔子三岁丧父,不知父亲的葬处,十七岁母死,因不知父墓而不能以礼合葬父母,后来"陬人挽父之母诲孔子父墓",孔子才将父母合葬于防。孔子若自感遗憾,也是可以理解的。

马培路说:"何有于我,谦词也。朱子曰:'言何者能有于我也'。孔子周游列国十四年,未能出事公卿,亦未能入事父兄。父死时,孔子三岁;母死时,虽已十七岁,因不知父墓处而殡于五父之衢,其有憾焉。《乡党》说孔子唯酒无量。虽人不以为困,责己以为困乎?可见孔子不敢当之义。"

帝王中宋太祖好酒而颇能注意摆脱"酒困"。《续资治通鉴》记载,宋太祖一次射宴酒酣之后,与前凤翔节度使临清王彦超开玩笑:"卿曩在复州,朕往依卿,卿何不纳我?"(当年我来投奔你,你为什么不肯收容我?)王彦超降阶顿首回答:"当时臣一刺史耳,勺水岂可容神龙乎!使臣纳陛下,陛下安有今日!"宋太祖大笑而罢。

王彦超还是害怕,上表待罪。宋太祖遣使慰抚,并深感后悔,痛责自己说:"沉湎于酒,何以为人!朕或因宴会至醉,经宿未尝不悔也。"他认为自己不应该与王彦超开这个玩笑,是酒后失言而为酒所困了。

十六、逝者如斯夫

子在川上曰:"逝者如斯夫,不舍昼夜。"(《子罕》第十七章)

孔子在河边说:"时光就像这河水一样,日日夜夜流不停。"

逝者,指逝去的岁月。斯,这,这里指河水。夫,语气助词。舍,止,停留。

本篇多有孔子晚年语,如凤鸟章,美玉章,九夷章等。身不得用,道不能行,日月不居,年华老去,难免临水伤感。本章本意或是夫子自伤迟暮。孙绰:"川流不息,年逝不停,时已晏矣,而道犹不兴,所以忧叹。"或含有劝勉学者爱惜光阴之意。

孟子认为孔子此言是形容为学有本。"徐子曰:仲尼亟称于水,曰水哉水哉！何取于水也？孟子曰：源泉混混，不舍昼夜。盈科而后进，放乎四海，有本者如是，是之取尔。苟为无本，七八月之间雨集，沟浍皆盈；其涸也，可立而待也。故声闻过情，君子耻之。"（《孟子·离娄》）

孟子之言大意是：源泉滚滚涌出，日夜不停，注满洼坑后继续前进，直到流入大海。有本源的事物都这样，孔子就取水的这一点特征作比喻。如果没有本源，像七八月间的雨水，虽下得集中，大小沟渠都积满，但它们很快就会干涸。所以，声望超过了实情，君子以之为耻。

《荀子·宥坐》中，孔子对"水德"又作了进一步的发挥：

"孔子观于东流之水，子贡问于孔子曰：'君子之所以见大水必观焉者，是何？'孔子曰：'夫水，大遍与诸生而无为也，似德；其流也埤下，裾拘必循其理，似义；其洸洸乎不淈尽，似道；若有决行之，其应佚若声响，其赴百仞之谷不惧，似勇；主量必平，似法；盈不求概，似正；淖约微达，似察；以出以入，以就鲜洁，似善化；其万折也必东，似志。是故君子见大水必观焉。'"（《大戴礼记·劝学》《说苑·杂言》文同。）

孔子之言大意是，那流水浩大，普遍施与各种生物而无所为，好像德；它向着低下的地方流动，弯弯曲曲一定遵循向下流动的规律，好像义；它浩浩荡荡没有穷尽，好像道；如果有人掘开堵塞物而使它通行，它随即奔腾向前，其应如响，它奔赴上百丈深的山谷毫不畏惧，好像勇；注入量器时一定很平，好像法；注满量器后不需要用刮板刮平，好像公正；柔软地到达所有细微的地方，好像明察；各种东西在水里出来进去地淘洗，便渐趋鲜美洁净，好像善于教化；它千曲万折而一定向东流去，好像志。所以君子看见浩大的流水一定观赏它。

这篇流水赞，《孔子家语》《说苑》《韩诗外传》都有记载。水，似德，似义，似道，似勇，似法，似正，似察，似善化，似志，可谓众德皆备。董仲舒在《春秋繁露·山川颂》中对水德也有相近的描述，说它似力者，似察者，似知者，似知命者，似善化者，似勇者，似武者，似有德者。

后儒越拔越高。宋儒以道体释此章，认为孔子是在借水喻道，比喻道体的生生不息，也很圆通，熊十力亦持此说。仁者见仁智者见智，孔子不必然，读者不必不然。

十七、好色原不妨，好德最难得

子曰："吾未见好德如好色者也。"（《子罕》第十八章）

孔子说："我没见过爱好德行像爱好美色一般的人。"

《史记·孔子世家》记载："居卫月余，灵公与夫人同车，宦者雍渠参乘出，使孔子为次乘，招摇市过之。孔子曰：'吾未见好德如好色也。'于是丑之，去卫。"可见本章之言，是孔子发于居卫期间，且是"子见南子"之后。

好色乃人之常情，人之好德则每不如好色之诚。厚于色而薄于德，古今皆然。孔子不是反对人之常情，而是希望人们能够像好色一样真诚地好德。《集注》引谢氏曰："好好色，恶恶臭，诚也。好德如好色，斯诚好德矣，然民鲜能之。"

《大学》说："所谓诚其意者，毋自欺也。如恶恶臭，如好好色，此之谓自谦。"这里的谦同慊，满足、惬意之义。自谦是一种内在的自我满足和快乐，是像好色一样真诚地爱好学问道德的结果。

孔子这句话常常为后人引用。《后汉书·宋弘传》记载了一个有趣的小故事：

"弘当宴见，御坐新屏风图画列女，帝数顾视之。弘正容言曰：

'未见好德如好色者。'帝即为彻之。笑谓弘曰:'闻义则服,可乎?'对曰:'陛下进德,臣不胜其喜。'"

故事表现了宋弘的直言敢谏和光武帝的从善如流。宋弘是东汉初名臣,为人正直,做官清廉,甚为光武帝信任和器重,曾任太中大夫和大司空,最后被封为宣平侯。他先后为汉室推荐和选拔贤能之士三十多人,有的官至相位。湖阳公主寡,欲嫁宋弘,宋弘辞以"糟糠之妻不下堂"。

宋弘曾经荐举桓谭。桓谭爱好音律,善鼓琴,博学多通。光武帝爱桓谭琴技,每次宴会都令桓谭鼓琴,好其繁声。宋弘很不高兴,批评桓谭说:"吾所以荐子者,欲令辅国家以道德也,而今数进郑声以乱《雅》《颂》,非忠正者也。能自改邪?将令相举以法乎?"又对光武帝说:"臣所以荐谭者,望能以忠正导主,而令朝廷耽悦郑声,臣之罪也。"光武帝正色改容表示感谢。(《后汉书·宋弘传》)

十八、命运掌握在你手上

子曰:"譬如为山,未成一篑,止,吾止也!譬如平地,虽覆一篑,进,吾往也!"(《子罕》第十九章)

孔子说:"比如堆山,只差一筐土便成,停止了,是我自己停止的!比如在平地上(堆土成山),虽然才倒下一筐土,继续着,是我自己继续的!"

篑,装土用的笼子。覆,倾倒。

学业德业,皆无止境,停止或继续,责任都在自己而不在别人。《尚书·旅獒》说:"不矜细行,终累大德。为山九仞,功亏一篑。"小节不慎重会导致大德受连累,就像堆积九仞高的山,差一筐土就不能大功告成。

《荀子·宥坐》记载:"孔子曰:'如垤而进,吾与之;如丘而止,吾已矣。'"即与本章同义而异文。垤是小土丘,很小。丘是丘陵,较大。孔子说:学问像小土堆那么低,仍继续进取,这种人我赞与;学问像丘陵那么高,若自满停止,这种人就算了。

孟子说:"有为者辟若掘井,掘井九轫而不及泉,犹为弃井也。"(《孟子·尽心》)做事情好比挖井,即使挖得很深,没见到泉水就抛弃,仍是一口废井。

中道而止,前功尽弃;自强不息,积久功成。是止是进,决定权在每个人自己。进而言之,也可以说,命运掌握在每个人自己手上。

十九、说不尽的理,听不厌的话

子曰:"语之而不惰者,其回也与!"(《子罕》第二十章)

孔子说:"对他讲话而从不懈怠的,或只有颜回吧!"

惰,懈怠。"不惰"有二解。一指"语之者",即孔子不惰于与颜回语。《集解》:"颜渊解,故语之而不惰,余人不解,故有惰语之时。"二指听者,指颜回不惰。《皇疏》云:"余人不能解,故闻孔子语而有疲懈"。应该是第二种解释更准确。

《先进》:"子曰:'回也,非助我者也,于吾言无所不说。'"颜渊于夫子之言无所不说,自然百听不厌,没有懈怠的时候。《集注》引范氏言:"颜子闻夫子之言,而心解力行,造次颠沛未尝违之。如万物得时雨之润,发荣滋长,何有于惰,此群弟子所不及也。"

钱穆说:"本章承上章。然读者易于重视'不惰'二字,而忽了'语之'二字。盖答问多因其所疑,语则教其所未至。闻所语而不得于心,故惰。独颜子于孔子之言,触类旁通,心解力行,自然不懈。此见颜子之高。"(《论语新解》)马培路说:"后句是前句'者'之所指,可见不惰者乃颜回。《集注》、钱穆及东海所言是也。"

颜渊于孔子之言无所不悦,永远听不厌。反过来,孔子对颜渊也是无所不说,永远说不完。儒家道理,卷之则一个"仁"字就说尽了,无可复加了;放之则弥六合,可以高远到无极限,妙不可言,言不可穷。

司马迁之父司马谈曾说:"夫儒者,以六艺为法,六艺经传以千万数,累世不能通其学,当年不能究其礼。"可见先秦儒学经传丰富,义理如海。《老残游记》中形容王小玉的唱腔一样,有一段妙文,不妨借来形容儒家的义理:

"那王小玉启朱唇,发皓齿,唱了几句书儿。声音初不甚大,只觉入耳有说不出来的妙境:五脏六腑里,像熨斗熨过,无一处不伏贴;三万六千个毛孔,像吃了人参果,无一个毛孔不畅快。唱了十数句之后,渐渐的越唱越高,忽然拔了一个尖儿,像一线钢丝抛入天际,不禁暗暗叫绝。那知他于那极高的地方,尚能回环转折。几啭之后,又高一层,接连有三四叠,节节高起。恍如由傲来峰西面攀登泰山的景象:初看傲来峰削壁千仞,以为上与天通;及至翻到傲来峰顶,才见扇子崖更在傲来峰上;及至翻到扇子崖,又见南天门更在扇子崖上:愈翻愈险,愈险愈奇……"

注意,儒理"极高明而道中庸",无论怎样高妙奇绝,都建立在常道之上,绝不违反常识常理,绝不故弄玄虚,索隐行怪。

二十、孔子对颜回的痛惜

子谓颜渊,曰:"惜乎,吾见其进也,未见其止也!"(《子罕》第二十章)

孔子谈到颜渊,说:"太可惜了,我只见他不断进步,没见他停止过呀。"

颜回为七十二贤之首，孔门德行第一。自汉代起，有时祭孔独以颜回配享。颜回先孔子而去世，孔子对他的早逝感到极为悲痛，哀叹说："噫！天丧予！天丧予！"《皇疏》说："颜渊死，孔子有此叹也。"马培路说："意谓前见其进而不止，今死矣，不得不止，故惜之。"

关于颜回之死，《史记·仲尼弟子列传》记载："回年二十九，发尽白，蚤死。孔子哭之恸，曰：'自吾有回，门人益亲。'"关于颜回死时的年龄，不少学者认为司马迁弄错了。《史记·仲尼弟子列传》中记载颜回小孔子三十岁，照此推算，颜回死时应是四十一岁。熊赐履《学统》认为是颜回享年四十岁。

至于颜回的死因，或谓劳累而死，或谓病死。电影《孔子》把颜回演成为了抢救经书而死，纯属瞎编。孔子在，就是一部活经典。颜回不可能不知道他如果先死，会给孔子造成怎样巨大的打击。孔子畏于匡的时候，曾与颜回失散，被围困五天后见到颜回说："吾以汝为死矣。"颜回回答："子在，回何敢死！"

但是天不如人愿，颜回还是先孔子而死了。《史记·孔子世家》说颜回死于鲁哀公十四年春天，第二年子路死，第三年春天七十三岁的孔子病逝。

或问：孔子说仁者寿，颜回仁之大者，何以不寿？这个问题，西汉杨雄就有过回答："或问：'寿可益乎？'曰：'德。'曰：'回、牛之行德矣，曷寿之不益也？'曰：'德，故尔。如回之残，牛之贼也，焉得尔？'曰：'残贼或寿。'曰：'彼妄也，君子不妄也。'"（《法言·君子》）

杨雄认为，颜回正因为德高，才能有这样的寿命。意思是颜回身体素质不好，能够活到中年已经很不错了。我以为颜回不长命，或有后天的原因：生活贫困导致营养不良。

为什么有的人道德败坏寿命却很长？杨雄认为，那些无知妄为的人能长寿是侥幸，君子是不会心存侥幸而无知妄为的。这个回答正确，《雍也》中孔子说过："人之生也直，罔之生也幸而免。"扭曲了人性者，免于灾祸或得到长寿，是一种侥幸。

二十一、苗而不秀，秀而不实

子曰："苗而不秀者有矣夫，秀而不实者有矣夫！"（《子罕》第二十一章）

孔子说："有的呀是发苗却不开花，有的呀是开花却不结实！"

苗，《仓颉》："苗，禾之未秀者也。"
本章的感叹从前三章相承而来。就像仁者不寿一样，苗而不秀、秀而不实也是一种非常态，非正常状况，特殊情况。《论语稽》说：

"此盖举事理之变者言之也。有矣夫者，见不恒有也。喻人于苗，若揠而助长，是自作之孽而不可活。然天下之事，万有不齐，亦有顺生理之常而不秀不实，不能以常理测者。盖承上章论颜子而言也。"

汉唐人都认为，此章是孔子痛惜颜渊早死而发。如牟融《理惑论》说："颜渊有不幸短命之记，苗而不秀之喻。"祢衡《颜子碑》说："亚圣德，蹈高踪，秀不实，振芳风。"李轨《法言》注："仲尼悼颜渊苗而不秀，子云伤童乌育而不苗。"《文心雕龙》说："苗而不秀，千古斯恸。"《汉沛相范君墓碣》："茂而不实，颜氏暴颠。"唐玄宗《颜子赞》："秀而不实，得无恸焉。"

以上都是以"苗而不秀者，秀而不实"为惋惜颜回。《世说新语》谓王戎之子万子"有大成之风，苗而不秀。"《梁书》徐勉因子悱卒，为客喻云："秀而不实，尼父为之叹息"，都是借颜子以言其短折之可惜。

此章虽未明言"苗而不秀者"指颜渊,但自汉至齐梁,相沿如此,当时必有依据。《集释》说:"式三谓拟颜子为不实,未免不伦,然以此为痛惜之辞,亦备一义也。"

另一种解释是,像那样颜回不惰不止者,世所罕见。世间学者,或苗而不秀,或秀而不实,中途而废甚至功亏一篑。朱熹说:"谷之始生曰苗,吐华曰秀,成谷曰实。盖学而不至于成,有如此者,是以君子贵自勉也。"(《集注》)

二十二、后生可畏

子曰:"后生可畏,焉知来者之不如今也?四十、五十而无闻焉,斯亦不足畏也已!"(《子罕》第二十三章)

孔子说:"后生可畏,怎知道将来的他们不如现在的人们呢?到了四十、五十岁还默默无闻,那也不足畏了。"

古今中外,少年才子、少年英雄、可畏的后生太多了。《新序杂事》中引用孔子此言,记载了一个闾丘邛的故事:

齐有闾丘邛,年十八,道遮宣王曰:"家贫亲老,愿得小仕。"宣王曰:"子年尚稚,未可也。"闾丘邛对曰:"不然,昔有颛顼,行年十二而治天下,秦项橐七岁为圣人师。由此观之,邛不肖耳,年不稚也。"宣王曰:"未有呍角骏驹而能服重致远者也。由此观之,夫士亦华发堕颠而后可用耳。"闾丘邛曰:"不然。夫尺有所短,寸有所长。骅骝騄骥,天下之俊马也,使之与狸鼬试于釜灶之间,其疾未必能过狸鼬也;黄鹄白鹤,一举千里,使之与燕服翼试之堂庑之下,庐室之间,其便未必能过燕服翼也。辟间巨阙,天下之利器也,击石不缺,刺石不锉,使之与管槀决目出眯,其便未必能过管槀也。由此观之，华发堕颠与邛，何以异哉？"宣王曰："善。子有善言，何见寡人之晚也。"遂载与之俱归而用焉。

后生是否可畏，在于后生是否努力。如果四十、五十依然无闻，那也就不足畏了。古代养老从五十开始。人到五十，步入老境，纵然努力，进境有限。《王制》说"五十始衰"，又说"六十不亲学"。五十无闻，六十就更无望了。

《大戴礼记·曾子立事》也有类似说法："三十、四十之间而无艺，即无艺矣；五十而不以善闻，则无闻矣。"《集注》引尹氏言："少而不勉，老而无闻，则亦已矣。自少而进者，安知其不至于极乎？是可畏也。"

"无闻"有两解：一谓无闻于道，一指无声闻于世，默默无闻。两解都通，后一解当更符合本意。后生年富力强，足以积学而有待，所以可畏。但如果不能自勉，四十五十依然默默无闻，那也就不足畏了。朱熹钱穆都采前解，钱穆说："古人四十曰强仕，五十而爵，四十五十，乃德立名彰之时，故孔子据以为说。"（《论语新解》）

儒家不求名，但不排斥名，而是以名望声闻为德行的副产品。孔子说，君子疾没世而名不称焉。一个人如果到死依然无闻，可见其德功言皆无所立，归根结底是德行无足称道。

二十三、法言和巽言

子曰："法语之言，能无从乎？改之为贵。巽与之言，能无说乎？绎之为贵。说而不绎，从而不改，吾末如之何也已矣！"（《子罕》第二十四章）

孔子说："用正义之言来告诫，能不听从吗？要真实改正才好。用恭顺之辞来赞许，能不高兴吗？要仔细分析为好。只顾高兴而不加分析，只表服从而不真改正，那我就无奈他何了。"

法，法则，规则。语，告诫。法语之言，即正义之辞，正言相规。巽通"逊"，谦逊，恭顺。与，赞许，称赞。说同悦。绎，本义是抽丝，引申为寻究事理。

能够理解法语，却不能依之而改；乐于听闻巽言，却不能仔细分析，那么，即使圣人也拿他没办法。朱熹说：

"法语者，正言之也。巽言者，婉而导之也。绎，寻其绪也。法言人所敬惮，故必从；然不改，则面从而已。巽言无所乖忤，故必说；然不绎，则又不足以知其微意之所在也。"（《集注》）

法语之言，面从心不从，顺从而不改，终究不足道。不过，能够表面尊重，也需要一定修养。对于正义批评和正言告诫，古今暴君不是改不改、从不从的问题，而是防之如贼，报之以恶法和暴力。

子曰："主忠信，毋友不如己者，过则勿惮改。"（《子罕》第二十五章）

此章与《学而》第八章略同。或曰："圣人应于物作教，一事时或再言，弟子重师之训，故又书而存焉。"

二十四、坚定的意志

子曰："三军可夺帅也，匹夫不可夺志也。"（《子罕》第二十六章）

孔子说："三军可以被夺去主帅，匹夫却不可被夺去意志。"

三军，古制，一万二千五百人为一军。周朝，一个大诸侯国可拥有三军。匹夫,普通人。《尚书·尧典》疏:"士大夫已上,则有妾媵,庶人无妾媵,惟夫妻相匹。其名既定,虽单亦通谓之匹夫匹妇。"《皇疏》:"谓为匹夫者,言其贱,但夫妇相配匹而已也。"

从子在川上章起,到此十章,都是勉人为学的。然学莫先于立志。有志则进,无志则止。志者,士心也。东海自题《大良知学纲要》自述士心曰:

其一,十年风雨不寻常,不赶潮流气自昂。魔难几经成铁汉,士心一立胜金刚。其二,一时荣辱枉相争,穷达不移大士心。虽万千人吾往矣,愿将妙道觉斯民。

本章将儒家的坚强意志、孔子的崇高人格形象鲜明地投射了出来。《礼记·缁衣》记载:"子曰:言有物而行有格也,是以生则不可夺志,死则不可夺名。"《集注》引侯氏言:"三军之勇在人,匹夫之志在己。故帅可夺而志不可夺,如可夺,则亦不足谓之志矣。"

《儒行》说:"儒有今人与居,古人与稽;今世行之,后世以为楷;适弗逢世,上弗援,下弗推,谗谄之民,有比党而危之者。身可危也,而志不可夺也。"看看《儒行》中那些儒者的表现,那才是有志之士。

儒是人类之家,仁是人格之本。从根本上说,儒学即仁学,是一种人格主义学说,致力于圣贤君子人格的培养。士心扩展即君子心,扩到大处,即为圣贤心。程颐说:"欲趋道,舍儒者之学不可。"儒学是成德成圣最重要也最方便的筏子或桥梁。

或问:中国文化重群体,西方文化重个体,对吗?东海答:这种说法广为流传,实是一种似是而非的皮相之见。西方文化重个体,中国文化更重个体,只不过两者所重的着力点不一样。西方文化重的是个体的政治权利、社会自由,中国文化重的是个体的心性修养、道德自由。西方文化是个人主义、人本主义哲学,中国文化则是人格主义、仁本主义哲学。

西方人本主义以人为本,强调个人价值,把人看作万物的尺度。仁本主义以仁为本,强调仁的价值,把仁看作万物的尺度,以人的本性、仁的无限性和人间道义为主题。

仁本主义在重视人的现象生命基础上，进一步重视人的本质生命，在注重外部政治、社会之自由的同时，更加致力于人的内在精神、道德之自由，强调内能立志，外能知礼。三十而立，若不志学，不知礼，则无以立。

儒家内圣外王一体，圣德，是最高的人格理想；王道，则是最高的社会理想。内圣是外王的道德基础，外王是内圣的政治表现，内圣外王同归于仁。因此，仁本涵盖人本而又高于人本。以人为本，强调个人价值，维护人的自由、权利和尊严，是王道政治题中应有之义。

儒家重个体，但不是个人主义，重群体，又不是集体主义。个体与群体，利己与利他，在儒家文化中圆满一致，圆融一体。

二十五、没有它不行，仅有它不够

子曰："衣敝缊袍，与衣狐貉者立，而不耻者，其由也与！'不忮不求，何用不臧？'"子路终身诵之。子曰："是道也，何足以臧？"（《子罕》第二十六章）

孔子说："穿着破旧的棉絮袍，同穿着狐裘的人站在一起，而不觉羞耻的，大概只有仲由吧？《诗》说：不嫉妒不贪求，怎么会不善呢？"子路经常背诵这两句诗。孔子说："这个修养，何足以为善呢？"

衣敝缊袍：衣，做动词用，穿。敝，破。缊，旧棉絮，全句指穿着旧棉絮做的袍子。衣狐貉者，穿着狐狸皮貉皮袍子的人，指富贵者。貉似狸，毛皮珍贵。"不忮"二句出自《诗·邶风·雄雉》篇。忮，嫉妒。求，贪求。何用，何为。臧，好，善。

古人云："贫与富交，强者必忮，弱者必求。"子路不耻恶衣恶食，能够不忮不求，比起一般人来，当然优秀得多。但这是儒者理当做到的，不应该以此自足，不值得终身诵之。也就是说，这个"不忮不求"修养，没有是不行的，仅此是不够的。

《集注》引谢氏言："耻恶衣恶食，学者之大病。善心不存，盖由于此。子路之志如此，其过人远矣。然以众人而能此，则可以为善矣；子路之贤，宜不止此。而终身诵之，则非所以进于日新也，故激而进之。"

君子所性，大行不加，穷居不损，不充诎于富贵，不陨获于贫贱，富贵不足为荣，贫贱不足为辱。是衣狐貉还是衣敝缊袍，更是不足以挂心了。《里仁》说："士志于道而耻恶衣恶食者，未足与议也。"儒者都有这种"大行不加，穷居不损"的精神。《史记》记载：

孔子卒，原宪遂亡在草泽中。子贡相卫，而结驷连骑，排藜藿入穷阎，过谢原宪。宪摄敝衣冠见子贡。子贡耻之，曰："夫子岂病乎？"原宪曰："吾闻之，无财者谓之贫，学道而不能行者谓之病。若宪，贫也，非病也。"子贡惭，不怿而去，终身耻其言之过也。(《仲尼弟子列传》)

原宪曾为孔子家臣，孔子给其粟几百，他要辞退，孔子让他送给家乡的穷人，才肯接受。孔子去世后，原宪隐居卫国，安贫乐道。《韩诗外传》说他："楮冠黎杖而应门，正冠则缨绝，振襟则肘见，纳履则踵决。"捉襟见肘的成语就出自这里。他对子贡关于贫与病的说法，让子贡为自己出言不当而终身惭愧。

二十六、儒家的圣树

子曰："岁寒，然后知松柏之后凋也。"(《子罕》第二十八章)

孔子说："寒冷时节，才知道松柏是最后凋落的。"

凋，凋零，萎谢，草木花叶脱落。士穷见节义，板荡识忠臣，岁寒知松柏。《集解》说："大寒之岁，众木皆死，然后知松柏少凋伤也。"后凋，坚持和奋斗到最后。

自古豪杰圣贤都不是温室里成长起来的。能否行道，有赖于外，特别是政治社会环境；能否成仁（成就仁德），取决于内，完全靠自己的努力，所谓为仁由己。环境之恶，反而会成为有志之士成仁的助力和品格的衬托，所谓松柏后凋。东海诗曰：旷古风霜莫逞凶，人间自有岁寒松。花花草草摧残遍，浩气凌霄贯始终。

荀子说："君子隘穷而不失，劳倦而不苟，临患难而不忘细席之言。岁不寒，无以知松柏；事不难，无以知君子无日不在是。"（《荀子·大略》）意谓君子穷困而不失志，劳累疲倦而不苟且，患难临头不忘平时说过的话。气候不寒，不知松柏的品格，事不艰难，不知君子没有一天不这样。

《庄子·让王》中孔子说："君子通于道之谓通，穷于道之谓穷。今丘抱仁义之道以遭乱世之患，其何穷之为。故内省而不穷于道，临难而不失其德，天寒既至，霜雪既降，吾是以知松柏之茂也。陈蔡之隘，于丘其幸乎！"在《庄子德充符》中，孔子又说："受命于地，唯松柏独也在冬夏青青；受命于天，唯舜独也正，幸能正生，以正众生。"《庄子》多寓言，其事多不真，但这段话却充满儒家精神，与本章也有密切联系，特录此备参。

本章以松柏象征仁人志士的坚强不屈。经过孔子的观照，松柏的生命力从自然延伸入人文，二千余年来葱茏于中国文化的动脉和仁人志士的热血之中，而且还将永远流传和蓬勃下去。

松柏与其他植物一样，有着独特的生物属性。但这种生物属性是否能引起人类的共鸣，或与不同民族的文化有关。在中国，常以松柏比喻高尚的人格，与孔子此言有关。这是经典名言将"自然人化"的显例。孔子可谓松柏第一知己，而松柏又可谓儒家和中华的圣树。东海有《孤松》一诗，录此与儒友们共勉。诗曰：

危崖绝壁自从容,寸寸河山入望中。
立志无私能耐冷,主心有骨不随风。
孤身夜战寒云黑,铁臂朝悬杲日红。
养得浩然真气旺,千霜万雪亦葱茏。

二十七、不惑不忧不惧

子曰:"知者不惑,仁者不忧,勇者不惧。"(《子罕》第二十九章)

孔子说:"智慧的人不迷惑,仁德的人不忧愁,勇敢的人不畏惧。"

智者通晓事理,故不迷惑;仁者德性充沛,故不忧愁;勇者力量具足,故不畏惧。

《集注》说:"明足以烛理,故不惑;理足以胜私,故不忧;气足以配道义,故不惧。此学之序也。"《新解》说:"本章知仁勇三德,知以明之,仁以守之,勇以行之,皆达德。学者能以此自反而加体验,则此心广大高明,希圣希贤,自能循序日进矣。"

智勇二德,有其一便了不起,双全就更了不起了,但还不一定是儒者。仁才是第一位的,智勇皆统之于仁。拿救人来说,无勇不敢救,无智不懂救,不仁,则缺乏勃勃不容已的救人之心,有智勇也使不出来。同时,不仁者纵有智勇也有限,甚至智流于邪智,勇沦为蛮夫。

仁智勇三达德,以仁为主。智者勇者不一定仁,仁者一定大智大勇。仁者彻悟天地万物一体之妙理,其心广大,民胞物与,悲天悯人,先天下之忧而忧,同时又乐天知命,乐无所倚,仁者不忧,当然亦不惑不惧。仁智勇是一切假恶丑现象和势力的克星。

恶者缺仁,也缺真正的勇和智。随着恶化程度的提高,其智慧及智力会急遽衰退。古今各种邪教大腕,到后来几乎无不弱智化,甚至昧于自身处境的危险。如商鞅，得罪了包括太子在内的所有秦贵族，孝公死，太子即位，其下场不卜可知，可商鞅始终浑浑噩噩、毫无准备，与等死无异。

荀子将勇德分为上中下三等：

"有上勇者，有中勇者，有下勇者。天下有中，敢直其身；先王有道，敢行其意；上不循于乱世之君，下不俗于乱世之民；仁之所在无贫穷，仁之所亡无富贵；天下知之，则欲与天下同苦乐之；天下不知之，则傀然独立天地之间而不畏，是上勇也。礼恭而意俭，大齐信焉而轻货财；贤者敢推而尚之，不肖者敢援而废之，是中勇也。轻身而重货，恬祸而广解，苟免，不恤是非、然不然之情，以期胜人为意，是下勇也。"（《荀子·性恶》）

天下有道，敢于挺身而出；先王有道，勇于付诸实践；对上不因循于乱世之君，对下不随俗于乱世之民；仁之所在，不在乎贫穷；仁之所亡，无所谓富贵；天下人了解自己，便与天下人同甘共苦；天下人不了解自己，则岿然独立于天地之间而无所畏惧，这种表现就是上勇。

荀子在《荣辱》中又提出狗彘之勇、贾盗之勇、小人之勇、士君子之勇。其描述士君子之勇说："义之所在，不倾于权，不顾其利，举国而与之不为改视，重死持义而不桡，是士君子之勇也。"意谓，正义所在，不屈服于权势，不考虑利益，把整个国家给他也不能改变他的看法，珍惜生命但能坚持正义而不弯曲。

上勇和士君子之勇，都相当于孔子的仁者之勇。

二十八、儒家的权道

子曰："可与共学，未可与适道；可与适道，未可与立；可与立，未可与权。"（《子罕》第三十章）

孔子说:"可与共同学习,不可与共同向道;可与共同向道,不可与并立;可与并立,不可与权变。"

适,往。这里含有达到、学到的意思。权,本义是秤锤,引申为权衡,随宜而变。详见东海《经权论》。

本章所言为进学阶程和层次。同窗共学的,未必都心向仁道;向道的,未必能立定脚跟;立定脚跟的,未必懂得权道。可立可权,能够通经达权,儒家大事、人生大事毕矣。

儒家的经权论解决的是原则与变通的问题。经者,常道也,基本原则、普遍规定也;权者,权宜变通方便善巧也,随机应变通权达变也。权是对经的灵活运用。《易经》说:"穷思变,变则通,通乃久。"讲的就是权道。易经的易,有变易、不易(不变)、简易三义。其中不易与变易,就相当于经与权的关系。《孔子世家》载:

"孔子去陈。过蒲,会公叔氏以蒲畔,蒲人止孔子。弟子有公良孺者,以私车五乘从孔子。其为人长贤,有勇力,谓曰:'吾昔从夫子遇难于匡,今又遇难于此,命也已。吾与夫子再罹难,宁斗而死。'斗甚疾。蒲人惧,谓孔子曰:'苟毋适卫,吾出子。'与之盟,出孔子东门。孔子遂适卫。子贡曰:'盟可负邪?'孔子曰:'要盟也,神不听。'"

在被胁迫的情况下订立的盟誓无须遵守,故孔子不遵守与蒲人所立的盟誓,不算失信。这就是孔子对权道的运用。《孟子·离娄》:"男女授受不亲,礼与;嫂溺,援之以手者,权也。"这是对经权关系的形象说明。孟子对许穆夫人"非礼"行为的肯定,也充分说明了孟子对权道的重视。

经是权之体,权是经之用。权必受经的制约,经可借权以实施,权不违经,经不碍权,经权有别而又不二,经权不二而又有别,充分体现了儒家道德原则性与灵活性的统一。

儒学经权论由孔子发端，孟荀发展，在以董仲舒为代表的西汉公羊学家手中完备。董仲舒说："春秋有经礼，有变礼。为如安性平心者、经礼也；至有于性虽不安，于心虽不平，于道无以易之，此变礼也。"

礼的精神不可变，一些具体礼仪规定则可随情况发生变化而随机应变，应时而变。变的前提是不损害基本原则。董仲舒又说："明乎经变之事，然后知轻重之分"，"得其处，则皆是也；失其处，则皆非也。春秋固有常义，又有应变。"（《春秋繁露》）

明朝首辅高拱把经比作秤之衡，把权比作秤之锤，"常相为用，而不得以相离""经乃有定之权，权乃无定之经"。他在《程士集》中强调经权的统一性，"夫物各有则，经之谓也；称物而使当其则，权之谓也"，"经也者，立本者也"，"权也者，趋时者也，经以权为用"。

在儒家，就仁礼关系而言，仁是经，礼是权，礼要以仁为核心；就礼法而言，礼是经，法是权，法要体现礼的精神。孟子说："徒善不足以为政，徒法不足以自行。"政治道德必须体现在一定的制度法律之中，法律制度则要遵循道德原则。

权而无经，就会沦为权术，走上邪道；经而无权，就易脱离时代，脱离现实。古人云：菩萨心肠，霹雳手段。菩萨心肠是经，霹雳手段是权。霹雳手段不能违仁，这叫权不违经；菩萨心肠有时不妨借霹雳手段去体现，这叫经不碍权。政治家不能玩权术但不能不通权道。

儒法都讲权，区别在于是否守经，即坚持道义原则。法家讲权术，有术无道，有权无经，唯权是图；儒家讲权道，先经后权，权不离经，经权结合。但儒家毕竟充满理想色彩和道德精神，在立身处世的原则问题上是绝不苟且的。

"嫂溺叔援，权也"，枉尺直寻就不是权道。孟子子弟陈代为孟子出了一个以屈求伸的主意：先对诸侯有所迎合，等时机成熟再慢慢实施自己的思想主张，孟子坚决不同意，因为"枉己者，未有能直人者也"。这正是孟子与苏秦、张仪等纵横家的本质区别。

二十九、何远之有

"唐棣之华，偏其反而。岂不尔思，室是远而。"子曰："未之思也，夫何远之有？"(《子罕》第三十一章)

"唐棣树的花，在风中摇摇摆摆。难道我不想你吗？你住的太远了。"孔子说："这是没有真想啊，有什么远不远的呢？"

"唐棣"四句：古诗，出处不可确考。诗意是借唐棣花起兴，表达希望与情人、友人或贤人聚合的心情。"毛传"说：唐棣，思贤也。苏东坡也以为是思贤不得之辞。那么，孔子说未之思也，就是好贤之心不虔诚的意思。

唐棣又作棠棣、常棣，树木名，生于南山谷中，一名杉，也叫郁李，属蔷薇科，落叶灌木。《诗经·小雅·常棣》有句："常棣之华，鄂不韡韡。"大意说，常棣树的花啊，花萼光明，鲜鲜亮亮。借棠棣的花与萼相依相托，比喻亲密关系或互相友爱。偏其反而，此言唐棣之花在风中翩飞舞。偏同翩，疾飞，随风摇摆。反，翻动。岂不尔思即岂不思尔。尔，你。室，居住之处。

《集解》以本章与上一章合并，谓孔子借此诗言不知权变之人离道远，故解"偏其反而""华反而后合"，即唐棣之花开放时，花瓣反背，后乃合，以喻当知权变。这样解释太僵了。《集注》另分一章，今从之。

《集注》说："子曰：未之思也，夫何远之有？盖前篇仁远乎哉之意。程子曰：圣人未尝言易以骄人之志，亦未尝言难以阻人之进。但曰未之思也，夫何远之有？此言极有涵蓄，意思深远。"

未之思也，何远之有？子惠思我，褰裳涉溱；念念不忘，必有回响；天下无难事，只怕有心人。正如唐太宗《大唐三藏圣教序》

中说:"诚重劳轻,求深愿达。"真诚之至,任何辛劳都不足道;深入追求,生平愿望就有望达成。

本章之义与"道不远人""我欲仁斯人至"相通。《盐铁论》引《孟子》说:"尧舜之道非远人也,人不思之耳。"(今《孟子》书无此语)钱穆说:

"此章言好学,言求道,言思贤,言爱人,无指不可。中国诗妙在比兴,空灵活泼,义譬无方,读者可以随所求而各自得。而孔子之说此诗,可谓深而切,远而近矣。仁远乎哉,道不远人,思则得之,皆是也。此章罕譬而喻,神思绵邈,引人入胜。"(《论语新解》)

第十章　乡党篇

《乡党》共二十七章，主要记录孔子平素的举止言谈、衣食住行、生活习惯及应事接物，以见仁德"不离乎日用之间"。

一、在乡在朝表现不同

孔子于乡党，恂恂如也，似不能言者。其在宗庙、朝廷，便便言，唯谨尔。(《乡党》第一章)

孔子在家乡，温和恭顺的样子，似乎是不善讲话的人。他在宗庙和朝廷上，能言擅辩，只是很严谨罢了。

吕大临说：

"'孔子于乡党'至'訚訚如也'，言孔子言语之变。自'君在踧踖如也'至'私觌愉愉如也'，言孔子容貌之变。自'君子不以绀緅'至'必有明衣'，言孔子衣服之变。自'齐必变食'至'必齐如也'，言孔子饮食之变。自'席不正不坐'至'不亲指'，言孔子应世接物之变。"(《四书辨证》)

乡党，指家乡，古代一万二千五百户为一乡，五百户为一党。孔子生于陬邑，后迁于阙里。这里的乡党，或兼两地而言。恂恂，或谓恭顺貌，或谓信实貌，温恭信实的样子。便便，善于辞令，或说闲雅貌。

《集注》:"恂恂,信实之貌,似不能言者,谦卑逊顺,不以贤知先人也。乡党,父兄宗族之所在,故孔子居之,其容貌辞气如此。便便,辩也。宗庙,礼法之所在;朝廷,政事之所出,言不可以不明辨。故必详问而极言之,但谨而不放尔。"

在亲族乡邻面前,谦卑逊顺为宜,寡言少语为佳;在宗庙朝廷上,事关公众利益和国家大事,则应该直言谠论,无妨侃侃而谈,同时如实如理,非常严谨。遗憾现在知识分子的表现往往相反,在亲族乡邻面前能言擅辩善于表现,涉及公共事务则谦卑逊顺吞吞吐吐,"似不能言者"。

曾子曰:"君子多知而择焉,博学而算焉,多言而慎焉。"(《大戴礼记·曾子立事》)

多言而慎,就是"便便言,唯谨尔"。在儒家,多言与慎言不矛盾。该说的话必须说,宣传真理、弘扬正道、坚持原则、主持正义的时候,有德必有言,沉默不是金。

张湛是东汉大臣,为人端庄,为政崇礼。光武帝建武初,为左冯翊。"在郡修典礼,设条教,政化大行。"后来告归,望到故乡平陵县门,就下车步行。主簿进言说:"您位尊德重,不应怎样轻视自己。"张湛就引用了"下公门,轼辂马"的礼制规定和本章之言说:"父母之国,所宜尽礼,何谓轻哉?"

但是,张湛在朝廷上,直言敢谏,毫不客气。建武五年,他被拜为光禄勋。光武帝临朝,有时有疲倦懈怠的表现,张湛都会陈谏其失。张湛常乘白马,光武帝每见到,就说:"白马生且复谏矣"。(《后汉书》)张湛的表现就是学习孔子的。

二、说话神态看对象

朝,与下大夫言,侃侃如也;与上大夫言,訚訚如也。君在,踧踖如也,与与如也。(《乡党》第二章)

在朝廷上，与下大夫说话，直言从容；与上大夫说话，和悦中正。君主临朝时，恭敬谨慎而威仪中适。

下大夫，周代诸侯以下是大夫，大夫的最高一级称卿，即上大夫；地位低于上大夫的称下大夫。孔子当时位属大夫。《礼记·王制》："王者之制禄爵，公、侯、伯、子、男，凡五等。诸侯之上大夫卿、下大夫、上士、中士、下士，凡五等。"

侃侃，说话理直气壮又从容不迫的样子。誾誾，中正直言的样子。踧踖，恭敬不宁的样子。与与，犹徐徐，威仪中适的样子。单言踧踖，若有不宁，故合言之。君在，君视朝时。

本章接着讲述孔子待人接物因地制宜和言语容色因人而异。"君在，踧踖如也，与与如也。"踧踖是恭敬而不安的神态。孔子面对君主，恭敬是必然的，但不会不宁不安，所以要加上"与与如也"以校正，表示孔子威仪中适。

"誾誾如也"，朱熹注云：和悦而诤。这四个字值得深长思。既直言又和悦，既讲理又讲礼，理直而出之以婉，气壮而出之以和。这是很高的修养。盖小人或不能和悦又不能诤，或能和悦而不能诤，有些正人则诤直有余而和悦不足，为人狷介方严清高自是，为文声高色厉盛气凌人。尽管用心不为不仁，但有傲慢骄躁的毛病——这也是东海的惯病，暴露了自己涵养的不足。

直言真语可以也应该和颜悦色地发出来，浩然正气不需要表现为凶形恶状。吕坤说："圣人之道太和而已，故万物皆育。便是秋冬不害其为太和，况太和又未尝不在秋冬宇宙间哉！余性褊，无弘度平心温容巽语，愿从事于太和之道以自广焉。"（《呻吟语》）

东海亦愿与吕坤先生一样"从事于太和之道以自广焉"，在"大其心容天下之物，虚其心受天下之善，平其心论天下之事，潜其心观天下之理，定其心应天下之变"外再加一句：温其言对天下之人。

三、接待外宾的表现

> 君召使摈,色勃如也,足躩如也。揖所与立,左右手,衣前后,襜如也。趋进,翼如也。宾退,必复命曰:"宾不顾矣。"(《乡党》第三章)

国君召孔子令接待宾客,(孔子)脸色立刻庄重起来,脚步加快起来。向与他站在一起的摈相作揖,左右拱手,衣服前后摆动,整齐不乱。快步向前时,姿态像鸟儿展翅似的。宾客走了以后,一定回报国君,说:"宾客已不再回头了。"

摈,同傧,负责接待外宾的官员。《仪礼·聘礼》:"卿为上摈,大夫为承摈,士为绍摈。"《周礼》规定:摈的数量,公五人,侯伯四人,子男三人。鲁国是侯国,其摈当用四人。孔子为大夫,当为承摈。

勃如,变色庄矜的样子,端正容貌之意。躩如,碎步疾行的样子。所与立,指同为摈者。襜如,衣服整齐飘动的样子,襜,整齐义。翼如,像鸟儿张开翅膀。不顾,不回头看,意谓客人走远了。

《仪礼·聘礼》记述了诸侯之间相互聘问的礼仪。周代聘礼宾主之间的礼仪和馈赠大致如下程序:谒关、郊劳、聘享、私觌、归饔饩、飨宾、致馆设飧、还玉、返前郊劳等。

在郊劳、飨宾、返前郊劳的仪式中,主国都需要大夫出面,或代表其君对宾赠币,或劳宾和劳其随从。如其中有一段是:"摈者出请事。宾出,大夫送于外门外,再拜。宾不顾。摈者退,大夫拜辱。"(《仪礼·聘礼》)

本章描述了孔子接待国宾时的表现,高质量地完成国君交待的任务。具体的礼仪规范因时而异,但这种认真负责、善始善终的精神,适合于任何时代。

四、恭恭敬敬入公门

入公门，鞠躬如也，如不容。立不中门，行不履阈。过位，色勃如也，足躩如也，其言似不足者。摄齐升堂，鞠躬如也，屏气似不息者。出降一等，逞颜色，怡怡如也。没阶，趋进，翼如也。复其位，踧踖如也。（《乡党》第四章）

走进国君的大门，谨敬的样子，好像大门容不下身子似的。站立时不在门中间，行走时不踩到门槛。过国君席位时，脸色庄重，脚步加快，说话像气力不足的样子。提起衣服下摆向大堂走，谨敬的样子，屏住气像没有呼吸似的。出来走下一级台阶，才舒展脸色，显出轻松的样子。走完台阶，快步向前，姿态像鸟儿展翅。再经过国君席位时，仍现出恭敬不安的样子。

鞠躬如也，颜师古注："鞠躬，谨敬貌。"《论语新解》："鞠躬，一说，曲身义。一说，当读为鞠穷，谨敬自敛之状。鞠穷踧踖皆双声复语。若言曲身，依文法不得再加一如字，今从后说。"如不容，公门高大，若不容，言其谨敬自敛之至。

行不履阈，阈，门限。行当跨限而过，若践其上，则污限，并将污跨者之衣。立不中门，行不履阈，都是表示恭敬。《礼记·曲礼》说："为人子者，居不主奥，坐不中席，行不中道，立不中门。"作为子女，居处不占据尊位，坐时不坐在席子中间，行走时不走在路中间，站立时不站在门中间。又说："大夫士出入君门，由闑右，不践阈。"

过位，按照古代礼节，君王上朝与群臣相见时，前殿正中门屏之间的位置是君王所立之位。到议论政事进入内殿时，群臣都要经过前殿君王所立的位子，这时君王不在，只是一个虚位，但大夫们经过时，态度仍须恭敬严肃。

言似不足,说话时声音低微,好像气力不足的样子。一说,同朝者要尽量少说话,不得不应对时,也要答而不详,言似不足,都是为了表示恭敬。摄齐,摄,提起,抠起。齐,衣服的下襟,下摆,下缝。朝臣升堂时,一般要双手提起官服的下襟,离地一尺左右,以恐前后踩着衣襟或倾跌失礼。

屏气,屏,抑制,强忍住,屏气就是憋住一口气。息,呼吸。降一等,从台阶走下一级。逞颜色,指舒展开脸色,放松一口气。怡怡如,轻松愉快的样子。没阶,走完台阶。没,尽,终。复位,谓又过初入时所过君之空位。

本章说的是孔子面君时的礼节。不同时代有不同时代的礼仪规范,礼,要合乎时宜,要与时俱进。但在一定的历史时间里,礼又有相当的严肃性,一旦制定,就必须严格遵守。君主时代,事君尽礼正是尽心尽责、奉公守法的表现。希望读者不要用现代标准去衡量君主时代,不要用二十一世纪的眼光去苛察公元前六世纪的礼仪规范。

五、不同场合不同表现

执圭,鞠躬如也,如不胜。上如揖,下如授。勃如战色,足蹜蹜,如有循。享礼,有容色。私觌,愉愉如也。(《乡党》第五章)

举着圭,谨敬的样子,好像不胜其重。向上好像作揖,向下好像递物给人。脸色庄重矜持,步子又小又快好像沿着一条线往前走。赠送礼品时,和颜悦色。私人相见时,满脸愉悦的容色。

圭,玉器。举行朝聘、祭祀、丧葬等大典时,帝王、诸侯、大夫手里都要拿着这种玉器。依不同的地位身份,所拿的圭各有不同。这里指大夫出使时,手里拿着代表本国君主的圭作为信物。

不胜,担当不起、承受不住的样子。上如揖,下如授:执圭与胸齐，上不过揖，下不过授，过高过卑，皆是不敬。战色，战战兢兢之色，表示庄矜。

蹜蹜，脚步细密，小步快走。如有循，如脚下有物，循之而前。《礼记·玉藻》："执龟玉，举前曳踵，蹜蹜如也。"陈澔注释："举足之前而曳其后跟，则行不离地，如有所循也。蹜蹜，促狭之貌。龟玉皆重器，故敬谨如此。"

享，献。享礼，向对方贡献礼品的仪式。有容色，言和气满容，不复有勃战之色。觌，见面，会见。私觌，行聘享公礼已毕，非正式见面。愉愉，快乐，心情舒畅露出笑容。

《仪礼·聘礼》有类似规定："执圭，入门，鞠躬焉，如恐失之。及享，发气焉，盈容。众介北面，跄焉。私觌，愉愉焉。出，如舒雁。"

在朝廷上，在赠礼仪式上，在私下会见时，孔子的举止容色都有所不同。正式场合，自当恭敬谨慎，非正式场合，不妨适度放松。礼节古今有异，道理古今无异。

六、穿衣有学问

君子不以绀緅饰，红紫不以为亵服。当暑，袗絺绤，必表而出之。缁衣羔裘，素衣麑裘，黄衣狐裘。亵裘长，短右袂。必有寝衣，长一身有半。狐貉之厚以居。去丧无所不佩。非帷裳，必杀之。羔裘玄冠不以吊。吉月，必朝服而朝。（《乡党》第六章）

君子不用天青色或铁灰色的布做镶边，不用红色紫色做日常便服。在夏天，在室内穿麻布单衣，出外必加上衣。（冬天）黑色罩衣配黑羊羔皮袍，白色罩衣配白鹿皮袍；黄色罩衣配狐狸皮袍。在家穿的皮袍要长一些，右边的袖子短一些。一定有睡衣，长一身半。要用毛长的狐貉皮制作坐垫。服丧期满可以佩戴各种装饰品。如非礼服，必须加以剪裁以去掉多余的布。不要穿黑羊羔皮袍、戴黑色礼帽去吊丧。每月初一，一定要穿朝服去上朝。

君子，此君子应指孔子。上文各节记容貌，由中达外，非学养深者不能为，此节记冠服，人人易以取法，若非属一人之事，故改言君子。

绀，天青色，一说深青透红的颜色，古时斋戒服装所用的颜色。緅，铁灰色，一说黑中透红的颜色，古时丧服所用的颜色。饰，服装上的装饰，这里指衣服领子、袖子上的镶边等。亵服，平常在家穿的便服，贴身穿的内衣也称亵服。因为红紫色是制做礼服的庄重的颜色，所以，亵服不能用红紫色。袗絺绤，袗，单衣。絺，细麻布，葛布。绤，粗麻布。袗絺绤，指穿细麻布或粗麻布做的单衣。

"必表"句：一定把麻布单衣穿在外表，而里面还要衬上内衣。一说，表，上衣，是套在外表的衣服。古人不论冬夏，出门时都要外加上衣。缁，黑色。羔裘，黑色羊羔皮做的皮袍。素，白色。麑裘，指用小鹿皮做的皮袍。麑，白色幼鹿。短右袂，指右手的袖子做得短一些，便于做事。

袂，袖子。"狐貉"句，用厚毛的狐貉皮制作成坐垫。以，用。居，坐。

"去丧无所不佩"，意谓非丧礼和非守丧期间，都要佩玉。《礼记·玉藻》："凡带必有佩玉，唯丧否。佩玉有冲牙。君子无故玉不去身。君子于玉比德焉。"

帷裳，朝拜和祭祀时穿的礼服。古时规定，要用整幅的布来做礼服，多余的布不裁掉，而要折叠起来缝上。杀，消除，这里指剪裁掉。如果不是制作礼服，必须加以剪裁，去掉多余的布。玄冠，黑色的礼帽。吉月，阴历每月初一。也称作朔月。一说只指每年正月岁首。

体用不二，儒家反对形式主义，不是不讲究形式，而是追求内容形式的一致。《呻吟语》中有一段问答甚佳，录供读者参考：

"或问：'孔子缁衣羔裘，素衣麑裘，黄衣狐裘，无乃非俭素之义与？'曰：'公此问甚好。慎修君子，宁失之俭素不妨。若论大中至正之道，得之为，有财却俭不中礼，与无财不得为而侈然自奉者相去虽远，而失中则均。圣贤不讳奢之名，不贪俭之美，只要道理上恰好耳。'"

七、斋戒的注意事项

齐，必有明衣，布。齐必变食，居必迁坐。（《乡党》第七章）

斋戒时，必须有干净内衣，布做的。斋戒必须改变饮食，住处必须从卧室迁出。

齐，同斋，斋戒。斋字于古经传中与"齐"字通用，取其"虔笃专注、齐一意志"之义。明衣，指斋戒期间沐浴后所换穿的贴身衣服。明者，像明水明火，取其明洁之意。

变食，改变平常的饮食习惯。《周礼·膳夫》："王日一举。王齐，日三举。"杀牲盛馔称为举，"日一举"意谓早上做好全天的饭菜。斋日三举，斋戒期间为了表示清洁，一日三餐每顿饭菜都新做。一说，变食指斋戒期间不饮酒、不吃肉等。

居必迁坐，古代从天子到士的居室都有正寝和燕寝。《礼记·檀弓》："君子非致齐也，非疾也，不昼夜居于内。"郑注："内，正寝之中。"正寝是正性情之处，唯斋戒和生病时用。天子、诸侯的正寝称为路寝。《春秋》宣公十八年有"公薨于路寝"的记载，就是说鲁宣公死于正寝。

斋，必有明衣必变食迁坐，都是为了清净身心，以示尊重和诚敬。《集注》："齐，必有明衣，布。齐，必沐浴，浴竟，即着明衣，所以明洁其体也，以布为之。齐，必变食，居必迁坐。变食，谓不饮酒、不茹荤。迁坐，易常处也。此一节，记孔子谨齐之事。"

儒家自古有斋戒的规定。每逢祭祀大典，都要斋戒沐浴，《礼记

·曲礼》说:"斋戒以告鬼神。"《礼记·祭义》说:"致斋于内,散斋于外;斋之日,思其居处,思其笑语,思其志意,思其所乐,思其所嗜。"《易经·系辞》注云:"洗心曰斋,防患曰戒。"《孟子·离娄》:"斋戒沐浴,则可以祀上帝。"

八、饮食的注意事项

食不厌精,脍不厌细。食饐而餲,鱼馁而肉败,不食。色恶,不食。臭恶,不食。失饪,不食。不时,不食。割不正,不食。不得其酱,不食。肉虽多,不使胜食气。唯酒无量,不及乱。沽酒,市脯,不食。不撤姜食。不多食。祭于公,不宿肉。祭肉不出三日。出三日,不食之矣。食不语,寝不言。虽疏食菜羹,必祭,必齐如也。(《乡党》第八、九、十、十一章)

米饭越精越好,肉脍越细越好。粮食变质变味了,鱼烂了,肉腐了,不吃。食物的颜色变坏了,不吃。味坏了,不吃。烹煮失当,不吃。不到用餐的时候,不吃。不按规定宰杀的肉,不吃。酱醋作料放得不适当,不吃。肉品虽多,吃的分量不要超过主食。唯独酒无限量,但不能喝到昏醉的程度。刚做一夜的酒,街市上卖的肉脯,不吃。吃完了,姜碟不撤,也不多吃。参加祭祀典礼,分到的祭肉,不过夜。自家的祭肉不超过三天。超过三天,就不吃它了。吃饭时不交谈,睡觉时不说话。即使是粗米饭、蔬菜汤,也必须先要祭一祭祖,必须像斋戒那样恭敬严肃。

食,饭。脍,细切的鱼肉。《礼记·少仪》:"牛与羊鱼之腥,聂而切之为脍。"又《内则》:"肉腥细者为脍,大者为轩。"

食不厌精、脍不厌细已成为名言,指精心制作饭脍。朱熹解作:"食精则能养人,脍粗则能害人,不厌,言以是为善,非谓必欲如是也。"食精脍细,卫生营养有助健康,在条件允许的情况下,当然食越精越好肉越细越好，尽量让食物的"可吃性"高一些。或说，厌乃餍足之意，不厌即是不饱食，不大吃大喝，亦通。

"食不厌精脍不厌细"与"食无求饱居无求安"没有冲突。前者是于食物和居处不奢不求，顺其自然；后者是讲究和重视饮食，在现有基础上尽量做好，在既定的物质条件下精制细做。

饐，食物久放变质。餲，食物久放变味。餒，鱼烂曰餒。败，肉腐称败。臭恶，不食，《周礼·天官·内饔》："辨腥、臊、膻、香之不可食者。牛夜鸣则庮。羊泠毛而毳，膻。犬赤股而躁，臊。鸟皫色而沙鸣，狸。豕盲视而交睫，腥。马黑脊而般臂，蝼。"这都是古人辨别食物品质的方法。郑注云：皆臭味也。司农云：庮，朽木臭也。蝼，蝼蛄臭也。

饪，烹调，煮熟。不时，不到吃饭的时候。指吃饭定时。一说，不吃过时、不鲜的蔬菜。一说，不到成熟期的粮食果菜不能吃，吃了会伤人。

割不正，不按规定宰杀的肉。张南轩曰："解牲不以其制也。"一作"割肉不方正者不食"解，似过迂，不从。《墨子·非儒》："哀公迎孔子，割不正，弗食。"

气，同饩，粮食。不及乱，不至于喝醉而神志昏乱。脯，熟肉干，干肉。不多食，不多吃，不要吃得过饱而伤肠胃。另说，与"不撤姜食"相连，指每餐都要吃点姜，但也不要多吃姜。

祭于公，参加国君举行的祭祀典礼。不宿肉，肉指胙肉，祭祀所用的肉。胙肉一般由祭祀当天清晨特意宰杀的牲畜肉充任，到第二天祭礼完全结束后，再分赐给助祭者。故这种胙肉拿回家，已是宰杀后的两三天了，不宜再放过夜。祭肉，指自家祭祀所用的肉。

疏食，粗食。羹，浓汤。必，底本作"瓜"，据《鲁论语》改。陆氏曰："鲁论瓜作必。"祭，指吃饭前把席上的各种饭菜分别拿出一点，另摆在食器之间，以祭祀祖先。

《礼记·杂记》："孔子曰：吾食于少施氏而饱，少施氏食我以礼。吾祭，作而辞曰：疏食不足祭也。吾飧，作而辞曰：疏食也，不敢以伤吾子。"

本章介绍了孔子在饮食方面的注意事项。《集注》引谢氏言:"圣人饮食如此,非极口腹之欲,盖养气体,不以伤生,当如此。然圣人之所不食,穷口腹者或反食之,欲心胜而不暇择也。"

九、坐席要端正

席不正,不坐。(《乡党》第十二章)

席子不端正,不就座。

席,坐席,在地上铺上席子以为坐具。《礼记·曲礼》:"主人跪正席,客跪,抚席而辞。"《史记·孔子世家》述此句在"割不正,不食"下,应该是孔子斋戒期间的饮食起居之节。

《集注》引谢氏言:"圣人心安于正,故于位之不正者,虽小不处。"《集释》引《刘氏正义》言:"下文云:'君赐食,必正席先尝之。'《曲礼》云:'主人跪正席,客跪抚席而辞。'可知凡坐时皆有正席之礼。夫子于席之不正者,必正之而后坐也。"

《新序节士》说:"县名为胜母,曾子不入;邑号朝歌,墨子回车。故孔子席不正不坐,割不正不食,不饮盗泉之水,积正也。"积正,相当于孟子说的"集义"。

孔门弟子中,子夏属于比较不拘小节的人物,所以子夏曰:"大德不逾闲,小德出入可也。"但如果能够做到大德不逾闲、小节也不出入,就更好了。

十、孔子参加乡礼

乡人饮酒,杖者出,斯出矣。乡人傩,朝服而立于阼阶。(《乡党》第十三章、第十四章)

举行乡饮酒礼后，老年人先出去，这才出去。在乡里举行驱疫逐鬼仪式时，穿着朝服站在东边的台阶上。

乡人饮酒，指举行乡饮酒礼，是周代仪礼的一种，可参看《仪礼·乡饮酒礼》及《礼记·乡饮酒义》。杖者，拄拐杖的人，即老年人。《周礼》："五十杖于家，六十杖于乡，七十杖于国，八十杖于朝。九十者，天子欲有问焉，则就于其家。"

傩，古代在腊月里举行的驱疫逐鬼仪式。《礼记·月令》有季冬之月"命国难"的规定。难，就是傩字。又《郊特牲》说："乡人祃，孔子朝服立于阼，存室神也。"

阼，大堂前面东边的台阶，主人站立以欢迎客人的地方。《集注》："傩，所以逐疫，周礼方相氏掌之。"阼阶，东阶也。傩虽古礼而近于戏，亦必朝服而临之者，无所不用其诚敬也。

儒家温良恭让，长幼有序，敬人尊老，彬彬有礼。本章体现了孔子尊老的美德。《孟子》说："天下有达尊三：爵一，齿一，德一。朝廷莫如爵，乡党莫如齿，辅世长民莫如德。"将乡党之齿（年齿，老龄）与朝廷之爵、辅世长民之德并列，可见重视的程度。尊老本身就是一种美德。

顺及，养老是尊老的基础性表现。真尊老，不能不养老。晚辈要养老，政府更要养老。养老是政府的责任，这个工作做得好不好，是衡量政治品质的重要标准。

孟子说："天下有善养老，则仁人以为己归矣。"居北海之滨的伯夷和居东海之滨的太公，不约而同归向周文王，最后革命成功，天下归心，"西伯善养老""文王之民无冻馁之老者"是要因之一。

十一、与人交往之诚

问人于他邦，再拜而送之。康子馈药，拜而受之，曰："丘未达，不敢尝。"（《乡党》第十五章、第十六章）

请使者向他邦友人问好,下拜两次礼送使者。季康子赠药,(孔子)拜谢而接受,说:"我还不了解药性,不敢品尝。"

问人于他邦,孔子周游列国,皆交其名卿大夫。问,问候,这里指托别人代为致意。再拜而送之,拜送使者,表示尊重所问候之人。再拜者,以手据地,首俯而不至手,如是者再,为再拜。《礼记·少仪》:"凡膳告于君子,主人展之,以授使者于阼阶之南,南面再拜稽首送。"

马培路说:"古者席地而坐,起则跪立,双手据地,首深俯两次,为再拜。再拜而送之,寄托其敬意也。"

康子,即季康子。参阅《为政》第二十章。馈,赠送。达,了解,通达。《左传·哀公三年》:"秋,季孙有疾,命正常曰:'无死,南孺子之子男也,则以告而立之;女也,则肥也可。'"(康子名肥)季孙卒,康子即位。"

季孙斯即季桓子,正常是季孙的宠臣。肥是季康子的名。这段话意思是,季孙斯患了重病,对他的家臣正常说:"你不要死,南孺子要是生下男孩,就去告诉君主把他立了;若是女孩,就立了肥吧。"季孙斯死后,季康子即位。

本章记述了孔子与人相交的诚意。接受食物馈赠,必须当面品尝,这是当时的礼仪要求。药品广义上也属于食品,受到大夫的馈赠,礼当品尝。但药终究有其特殊性,不宜乱尝。所以孔子依礼拜受后,直诚地告诉对方:"丘未达,不敢尝。"这是对自己的身体和生命负责。

这种处理方式就很圆通,而且更合礼。首先,直诚也是礼的精神之一;其次,礼的根本目的是为了沿着仁义之道生活得更好而不是相反。可见,对于具体的礼仪规范,既要十分尊重,尽量遵守,又不能教条主义。

十二、以人为本

厩焚。子退朝,曰:"伤人乎?"不问马。(《乡党》第十七章)

马棚失火。孔子退朝回来，问："伤人了吗？"不问马。

厩，马棚，马房，后也泛指牲口房。《礼记·杂记》："厩焚，孔子拜。乡人为火来者，拜之，士一，大夫再，亦相吊之道也。"《集注》："非不爱马，然恐伤人之意多，故未暇问。盖贵人贱畜，理当如此。"

这是《论语》非常重要的一章，虽一桩小事，却是对仁者爱人思想最好的事实说明，是儒家人道主义精神的形象展示。孔子的伟大，正体现在对人的关心和对人的价值的肯定上。《盐铁论·刑德》中记载：

"文学曰：仁者，爱之效也；义者，事之宜也。故君子爱人以及物，治近以及远。《传》曰：'凡生之物，莫贵于人；人主之所贵，莫重于人。'故天之生万物，以奉人也；主爱人，以顺天也。闻以六畜禽兽养人，未闻以所养害人者也。鲁厩焚，孔子罢朝，问人不问马，贱畜而重人也。"

有人认为圣人不仅仁于人，也爱于马。以人为重，先问人，人未受伤，再问马，故标点应为："伤人乎？不！问马。"此说亦通，贴近儒家"亲亲仁民爱物"的思想。不过，灾难关头，以人为重，没虑及马，也很正常。这不是贵人贱畜，而是重人命轻财产。《反身录》说：

"伤人乎？不问马，盖仓卒之间，以人为急，偶未遑问马耳，非真贱畜，置马于度外，以为不足恤而不问也。畜固贱物，然亦有性命，圣人仁民爱物，无所不至，见一物之摧伤，犹恻然伤感，况马乎？必不然也。学者慎勿泥贵人贱畜之句，遂轻视物命而不恤夫物。必物物咸慈而后心无不仁，庶不轻伤物命。"

可悲的是，在两千五百多年之后的今天，人贱于畜的现象，"问马"不"问人"的现象仍时有发生。人本当是目的，却常被当作手段。

说明一下，管理马棚和养马者并非奴隶身份，当时鲁国无奴隶。马培路说："执御养畜虽其位卑下，与卖身之奴隶完全不同。盖在鲁国几无奴隶。《家语》载，当时鲁国有规定，凡在国外遇到鲁国国籍之奴隶，当赎回，而后到鲁国君处拿赎金。鲁国偶尔在外有奴隶，国君尚且赎身，何况鲁国国内？可见当时鲁无奴隶也。"

十三、事君之礼

君赐食，必正席先尝之。君赐腥，必熟而荐之。君赐生，必畜之。侍食于君，君祭先饭。疾，君视之，东首，加朝服拖绅。君命召，不俟驾行矣。(《乡党》第十八、十九、二十章)

国君赏赐食物，必定摆正坐席先尝尝它。国君赏赐生肉，必定煮熟了先供奉祖先。国君赏赐活的牲畜，必定把它饲养起来。陪同国君一起吃饭，国君饭前行祭礼时，自己先吃饭。患病，国君来看望，(躺在床上)头朝东，把朝服加盖在身上，拖着大束带。国君命令召见，不等马车驾好，就先徒步而行了。

腥，生肉。荐，供奉，进献，这里指煮熟了肉先放在祖先灵位前上供。君祭先饭，古者临食之前必祭。君赐食则不祭。于君祭时先自食饭，若为君尝食然，亦表敬意。君赐食时，《仪礼》和《礼记》中都有相关规定。

《仪礼·士相见礼》说："君赐之食，则君祭先饭，遍尝膳饮而俟。君命之食，然后食。若有将食者，则俟君之食然后食。"《礼记·玉藻》说："若赐之食而君客之，则命之祭然后祭。先饭，辨尝羞，饮而俟。若有尝羞者，则俟君之食然后食，饭饮而俟。"

视，探视，看望。东首，指头朝东。古制室中尊西，君入室，背西面东，病者首在东卧，正面对于君。绅，束在腰间的大带子。孔子因病卧床，不能穿朝服束腰，故把朝服加盖在身上，把绅放在朝服上，拖下带子去，表示对国君的尊敬与迎接。

依礼，卿大夫士患病，君主都要表示慰问。《礼记·丧大记》："君于大夫疾，三问之；士疾，一问之。"《荀子·大略》："君于大夫，三问其疾，三临其丧；于士，一问一临。"《礼记·杂记》："卿大夫疾，君问之无算；士，一问之。"

俟，等待。驾，套上马车。君命召不俟驾行，是礼制的规定。《礼记·玉藻》："凡君召，以三节，二节以走，一节以趋。在官不俟屦，在外不俟车。"《孟子·公孙丑》："礼曰：父召无诺；君命召，不俟驾。"又《万章》："万章曰：孔子君命召，不俟驾而行，然则孔子非与？曰：孔子当仕有官职，而以其官召之也。"

《荀子·大略》："诸侯召其臣，臣不俟驾，颠倒衣裳而走，礼也。诗曰：颠之倒之，自公召之。"

本章记述孔子事君之礼。儒家以道事君。"君命召，不俟驾而行"，是指有官职在身的时候，君主有召即行，这是忠于职守的表现。

君主时代，君是国家的象征，与国民利益、国家利益有一致性，正常情况下，尊君忠君有其必要，而且得君方能行道。《孟子》引《传》言："孔子三月无君，则皇皇如也。"因为行道必须出仕，"士之仕也，犹农夫之耕也"（《孟子》），权位是行道的必要条件，相当于农夫的工具。无君即失位，意味着道不能行，故皇皇如也。很多人以此嘲笑孔子奴性十足，实属无知。

入太庙，每事问。（《乡党》第二十一章）

此章与《八佾》第十五章文字相似，可参阅。

十四、交友之道

朋友死，无所归，曰："于我殡。"朋友之馈，虽车马，非祭肉不拜。(《乡党》第二十二章、第二十三章)

朋友死了，没人料理后事。(孔子)说："由我负责停丧。"朋友的馈赠，即使是车马，不是祭肉不下拜。

归，归宿，这里指后事的安排，如装殓，发丧，安葬等。于我殡，死者殓在棺，暂停宅内以待葬，其柩名曰殡，谓以宾相待。

《礼记·檀弓》："宾客至，无所馆。夫子曰：'生于我乎馆，死于我乎殡。'"意谓朋友来了，没有宾馆就住我处，死了就殡我处。本章说"朋友"，指死者与孔子有交情；《檀弓》说"宾客"，指死者来自他乡。

《白虎通·三纲六纪》："朋友者，何谓也？朋者，党也。友者，有也。《礼记》曰：'同门曰朋，同志曰友。'朋友之交，近则谤其言，远则不相讪；一人有善，其心好之，一人有恶，其心痛之；货则通而不计，共忧患而相救，生不属，死不托。故《论语》曰：'朋友无所归，生于我乎馆，死于我乎殡。'"

朋友为五伦之一伦，朋友比于兄弟。《白虎通》这段话对友道作了全面表述。朋友在一起时，发现缺点要相互批评；不在一起时不要相互诋毁。朋友做了善事为之高兴，做了恶事为之痛心。朋友有困难，要真心相助。货则，应为货财之误。《诗经》说："岂曰无衣，与子同袍。"子路说："愿车马衣轻裘与朋友共，敝之而无憾"，都是"货财通而不计"的表现。

祭肉，祭祀祖先的胙肉。为了表示对朋友的祖先像对自己的祖先那样尊敬，在接受祭肉时要礼拜。在古代，车马是财富和地位的象征，用来馈赠，是非常贵重的礼物。朋友馈赠车马，可以不拜，送来一块祭肉，却要隆重拜谢。

孔子把祭肉看得比车马还重要。这是因为祭肉具有重大象征意义。祭肉则拜，表示对朋友祖先的敬意。朋友有通财之义，礼物虽重，不必拜。《礼记·玉藻》说："君赐车马，乘以拜。"朋友馈车马，可以不拜，君赏赐车马则要拜谢。区别对待。

《礼记·坊记》："父母在，馈献不及车马。"父母亲在世的时候，不能把车马馈献出去，可见亲没之后，可以车马为馈。

《白虎通·三纲六纪》："朋友之道，亲存不得行者二：不得许友以其身，不得专通财之恩。友饥则白之于父兄，父兄许之，乃称父兄与之，不听则止。故曰：友饥为之减餐，友寒为之不重裘。"虽然朋友有通财之义，但父母在世的时候，儿女对家庭财产不能自作主张。要救朋友之急，也得证得父母同意。

十五、道在伦常日用中

寝不尸，居不客。见齐衰者，虽狎必变。见冕者与瞽者，虽亵必以貌。凶服者式之。式负版者。有盛馔，必变色而作。迅雷风烈必变。(《乡党》第二十四章、第二十五章)

睡觉时不要"祭尸"样（那样恭敬），居家时不要做客样（那样严肃）。见到穿孝服的人，即使关系亲密也必须正容。见到穿礼服的人和盲人，即使身份卑下也必须礼貌。（乘车时）遇到穿丧服的人，要伏在车前的横木上。遇上背着国家图籍资料的人，要伏在车前的横木上。对丰盛的筵席，一定改变神色并站起来。遇上迅急的雷电和猛烈的大风，一定变色。

尸：《说文》："尸，陈也，象卧之形。"本义，祭祀时代表死者受祭的人，即由活人扮演的祭主。《仪礼·士虞礼》注："尸，主也。孝子之祭不见亲之形，象心无所系，立尸而主意焉。又，男，男尸；女，女尸，必使异姓，不使贱者。"《论语训》："尸，必宿斋居内寝。"《诗·小雅·楚茨》："神具醉止，皇尸载起。鼓钟送尸，神保聿归。"

客，宾客，这里作动词用，意谓像做客或接待客人那样郑重。这一句有的版本为"居不容"。意思则成为，平日居家可以随便一点，不必像祭祀或接待宾客时那样拘谨严肃。

齐衰，孝服。狎，亲近，亲密。冕者，穿礼服、官服的人。瞽者，盲人。亵，亲近。这里指平日里常见面的、熟悉的人，或卑贱的人。凶服，丧服，也指死人的衣物。式，同轼，车前做扶手用的横木。这里指身子向前微俯，伏在横木上，表示同情或尊敬。这是当时一种礼节。

寝不尸，居不客。睡觉时和平时家居时轻松，从容，自在。所谓"子之燕居，申申如也，夭夭如也。"（《述而》）但见到穿孝服的人、穿礼服的人以及盲人，都应该庄重严肃有礼貌。否则就是失礼。

负版，负，背负。版，指国家的图籍（疆域地图，田亩、户口名册等）。一说：负版当作负贩，承上凶服者式之言，谓其人虽负贩之贱亦式之。盛馔，丰盛的筵席。馔，饮食。作，起立，站起身来。

"有盛馔，必变色而作。"有人因此说孔子势利，这当然是歪解。主人对客人特别尊重，为设盛馔，客人也理当郑重致谢。这是人情之常。礼不外乎人情也。《礼记·曲礼》规定："食至，起。"

迅雷风烈必变，敬畏天道的一种表现。《礼记·玉藻》："若有疾风迅雷甚雨，则必变；虽夜，必兴，衣服冠而坐。"《论衡·雷虚》"天之与人犹父子，有父为之变，子安能忽？故天变已亦宜变，顺天时，示己不违也。人闻犬声于外，莫不惊骇，竦身侧耳以审听之，况闻天变异常之声，轩辕迅疾之音乎？"又《感类》："迅雷风烈，孔子必变。礼，君子闻雷，虽夜，衣冠而坐，所以敬雷，惧激气也。圣人君子于道无嫌，然犹顺天变动，况成王有周公之疑，闻雷雨之变，安能不振惧乎？"

儒家对礼与情关系的认识和处理最为正确。《礼记·坊记》说："礼者，因人之情而为之节文。"礼的两大特点，首先是因人之情，礼缘情而起，其次是为之节文，"体其义而节文之"。义者宜也，要根据情之所宜予以节制文饰。礼，缘于情，不唯情，本于义，主于敬。

《诗序》说："发乎情，止乎礼义。发乎情，民之性也。止乎礼义，先王之泽也。"郭店楚简说："礼作于情，或兴之也，当事因方而制之。其先后之叙则义道也。或叙为之则节度也。至宗庙，所以度节也。君子美其情，贵其义，善其节，好其容，乐其道，悦其教，是以敬焉。"这是对礼学理路的精到表述和礼情关系的准确说明。

十六、注意坐车安全

升车，必正立执绥。车中不内顾，不疾言，不亲指。（《乡党》第二十六章）

上车必定正了身子站着，挽住扶手上的索带。在车上不回头看，不高声说话，不用手乱指。

绥，挽以上车的绳索。不亲指，不用手乱指。亲疑妄字之误。《曲礼》："车上不妄指。"

关于坐车的注意事项，《白虎通·车旂》："车所以立乘者何？制车以步，故立乘。车中不内顾何？仰即观天，俯即察地，前闻和鸾之声，旁见四方之运，此车教之道。"《贾子·容经》说："坐乘以经坐之容，手抚式，视五旒，欲无顾，顾不过毂。立乘以经立之容，左持绥而左臂诎。"

这一章相当于安全驾驶注意事项。这一章，《论语集注》范氏理解为"君子庄敬无所不在"，没错。登车、开车当然也要注意仪容，出行时姿态端正也是一种礼仪风度。从安全角度考虑，这些规定也很好。

上车不执绥，车上内顾、疾言和妄指，多危险哪。即使不是驾车者，坐在车上这么做，也会对驾车者造成"不良影响"。马培路说得好："见圣人之行，敬事之义即见，安全就在敬事之中矣。"

《左传·宣公十二年》记载了一个与乘车有关的小故事："逢大夫与其二子乘，谓其二子无顾。顾曰：'赵傁在后'。怒之使下。指木曰：'尸女于是。'授赵旃绥以免。明日以表尸之，皆重获在木下。"

逢大夫带着两个儿子乘车败逃。逢大夫叫他的两个儿子别回头。然而两个儿子不听话回头看了说：赵旃还在后面。逢大夫生气了，让儿子下车去，指着旁边的树说："我来这里给你收尸！"于是把绳索给赵旃，赵旃因此免于难，而逢大夫两个儿子重叠着的尸体，第二天就在树下发现。

故事背景是晋楚邲之战，晋军大败。晋军大将赵旃在败逃中，把自己的两匹良马让给哥哥和叔叔，自己躲进树林。这时，逢大夫和他的两个儿子驾车经过，于是要儿子别回头看。逢大夫看见了赵旃，本来想装着没看见赵旃，那样他就可以与孩子一起逃脱。没想到两个孩子不懂事，逼着他不得不救赵旃。因为战车坐不下四人，要救赵旃，只能把孩子赶下。

十七、时之义大矣哉

色斯举矣，翔而后集。曰："山梁雌雉，时哉！时哉！"子路共之，三嗅而作。（《乡党》第二十七章）

（一群野鸡在地上啄食，见到孔子走来）神色惊动而飞起，回翔后又落下来。（孔子）说："山梁上那雌野鸡，知时呀，知时呀！"子路向野鸡拱了拱手，野鸡们受了惊，三次张翅跳跃后飞走了。

雉，野鸡。共，同拱，拱手，致敬。三嗅，嗅本作臭，当是狊字，从目从犬，乃犬视貌。借作鸟之惊视。雉见子路上拱其手，疑将篡己，遂三嗅而起飞。言三嗅者，惊疑之甚，此即所谓见几而作。或说：子路投以粮，雉三嗅之，不敢食而起飞。

《论语》共二十篇，以前十篇为上论，终之以《乡党》篇。对这一章文字的理解诠释，历来众说纷纭，朱熹以为"必有阙文"，东海之译也是强为之译。马培路说：

"此见孔子色善，鸟而不惧，故翔而后集。孔子之语，善其鸟之得时而食也。子路好勇，色貌刚强，鸟惧而飞。喻指该篇所记，皆孔子圣德礼貌，故能群聚弟子，犹如鸟而下止；倘若非此，犹如子路，则不能也。时哉之语，亦有叹己不得其时之义。"

本篇详细记述了孔子在乡党宗庙朝廷言貌的不同，在朝廷事上接下的不同，介绍了孔子为君摈相之容，在朝之容以及为君聘于邻国之礼，还有孔子的衣服之制、谨斋之事、饮食之节、居乡之事、与人交往之诚、事君之礼、交友之义、升车之容等。孔子对各种礼仪规范的尊重和遵守，值得现代人好好学习。

礼是各种文物典章制度的总称，包括各种国家制度和社会规范及个人容色、言动、衣食住行等等的规定要求。道德良知应该也必然在社会政治层面表现为各种良好的制度道德规范，而良制良规又会反过来促进道德的提升和良知的开发。

"时哉时哉"，正是礼的精神。"礼，时为大"，不同的时代有不同的礼，世易时移，很多古礼的具体内容早已过时，不再适合现代社会，但礼制精神是永远不会过时的。另外，说礼的内容应该与时俱进，是从历史的高度来说的。在一定的时间段内，礼一旦制定，就有相当的严肃性，不能随意变更。

时之义大矣哉。不仅礼要与时偕宜，人之行藏出处也应该应时而异。《易经·艮卦》象辞曰："时止则止，时行则行，动静不失其时，其道光明。"孟子称孔子为圣之时者："可以仕则仕，可以止则止，可以久则久，可以速则速。"

《集注》引杨氏言："圣人之所谓道者，不离乎日用之间也。"又引尹氏言："甚矣孔门诸子之嗜学也！于圣人之容色言动，无不谨书而备录之，以贻后世。今读其书，即其事，宛然如圣人之在目也。虽然，圣人岂拘拘而为之者哉？盖盛德之至，动容周旋，自中乎礼耳。学者欲潜心于圣人，宜于此求焉。"

说得好哇。道德必然从"日用之间"不期然而然地表现出来。孔子对各种礼仪规范的尊重和遵守，并非"拘拘而为之"，相反，那是一种道德自由的表现，"盖盛德之至，动容周旋，自中乎礼耳。"所谓从心所欲不逾矩，说的就是这个道理。陆九渊说"动容周旋中礼，此盛德之至"。

本篇记述孔子平素的举止言谈、衣食住行、生活习惯及应事接物无不合礼。本章结尾"时哉时哉"之叹，可谓深得"礼"意。

致力于中国人的教育改革和文化重建

立 品 图 书·自觉·觉他
www.tobebooks.net
出 品

东海先生作品集 01

論語點睛（下）

自立立人的知命之学

余东海 著

中国友谊出版公司

第十一章　先进篇

《先进》共二十五章，主要是孔子对弟子贤否的评论。

一、先进和后进

子曰："先进于礼乐，野人也；后进于礼乐，君子也。如用之，则吾从先进。"（《先进》第一章）

孔子说："先前学习礼乐的，多是普通人；后来学习礼乐的，多是富贵者。如果礼乐为世所用，那我愿意依从先前一辈。"

先进，指先入门者，即下一章说的"从我于陈蔡者"。《史记·孔子世家》记载，哀公四年，楚使人聘孔子，孔子将往，而陈蔡两国大夫担心孔子被楚任用后对他们不利，于是派徒役包围孔子，致使孔子和他的弟子断粮多日。

其时相从者，皆孔门的前一辈弟子，先进人物。如后面提到的颜渊、闵子骞、冉伯牛、仲弓、宰我、子贡、冉有、季路等，都是先进弟子。诸弟子，其时皆不出仕，与陈蔡诸大夫皆无交际，所以孟子说："君子之厄于陈蔡之间，无上下之交也。"孔子厄于陈蔡时年六十一，此章和下章之叹，应该在七十后，相从于陈蔡的弟子都不在身边，所以孔子思念他们。

后进，指后来入门者，后来接受礼乐教育者，孔门后一辈弟子。他们大多有一定政治社会地位，故称之为君子。这里的君子是就社会地位而言。

或说,"野"指质朴,先进一辈的弟子特别质朴,质胜于文,时人视为"野";后进一辈的弟子,文过于质,时人视为"君子"。野人君子,比较而言,各有所长,又都不够中庸。然而,与其文过,不如质胜,所以孔子说"如用之,则吾从先进",有借质以矫"文之过"的意思。"从"字,表示对先进一辈的尊重。

朱熹说:"先进后进,犹言前辈后辈。野人,谓郊外之民;君子,谓贤士大夫也。程子曰:'先进于礼乐,文质得宜,今反谓之质朴,而以为野人。后进之于礼乐,文过其质,今反谓之彬彬,而以为君子。盖周末文胜,故时人之言如此,不自知其过于文也。用之,谓用礼乐。孔子既述时人之言,又自言其如此,盖欲损过以就中也。'"(《四书集注》)

钱穆说:"先进后进,犹言前辈后辈,皆指孔子弟子。先进如颜、闵、仲弓、子路,下章前三科诸人。后进如下章后一科,子游、子夏。本章乃孔子分别其门弟子先后不同。"(《论语新解》)

二、孔门四科

子曰:"从我于陈、蔡者,皆不及门也。"德行:颜渊,闵子骞,冉伯牛,仲弓。言语:宰我,子贡。政事:冉有,季路。文学:子游,子夏。(《先进》第二章)

孔子说:"跟从我在陈蔡之间的弟子,都不在门了。"优于德行的有颜渊、闵子骞、冉伯牛、仲弓;擅于辞令的有宰我、子贡;长于政事的有冉有、季路;以文学取胜的有:子游、子夏。

不及门,门,指学习、教学的场所。不及门,指不在门。

鲁哀公四年(公元前491年),六十一岁的孔子与弟子们从陈国去蔡国,途中绝粮七天。《卫灵公》有"在陈绝粮,从者病,莫能兴"

的记载。当时随从孔子的弟子有子路、子贡、颜回等。公元前484年，孔子返鲁后，那些在艰危中跟随他的弟子都已死散殆尽，孔子时常思念他们。朱熹说：

"孔子尝厄于陈、蔡之间，弟子多从之者，此时皆不在门。故孔子思之，盖不忘其相从于患难之中也。弟子因孔子之言，记此十人，而并目其所长，分为四科。孔子教人各因其材，于此可见。程子曰：'四科乃从夫子于陈蔡者尔，门人之贤者固不止此，曾子传道而不与焉，故知十哲，世俗论也。'"（《集注》）

曾参未列十哲之中，盖当时曾参年龄很小，孔子七十一岁时，他才二十四岁。孔子对他的评价是"参也鲁"。孔安国注："鲁，钝也。曾子迟钝。"后来，这个有点"鲁"的年轻人上承孔子之道，下启思孟学派，俨然与孔子、孟子、颜回、子思比肩，有五大圣人之称。《韩诗外传》说曾参五十岁时，"齐聘以相，楚迎以令尹，晋迎以上卿，皆不应命"。六十岁时与子夏、段干木等设教于西河一带。

德行、言语、政事、文学是孔门四科，也是为学次第。文学，诗书礼乐诸经典的学习，是打基础；学而优则仕，学问通达，可以从事行政管理工作了；实践政治，明于人事，有了经验，可以进一步办理外交及发为言论了。《易经》说"拟之而后言，议之而后动"，拟议以成其变化，则非政事所能限。

德行与文学侧重于修养，一为道德修养，一为文化乐修养；言语与政事侧重于能力，一为修辞与语言运用的能力，一为政治能力。真德秀《论语集编》卷六引程子语："或问四科之目何也？曰：'德行者，潜心体道，默契于为国治民之事者也。文学者，学于诗书礼乐之文，而能言其意者也。'"

孔门四科之一的言语，可不是一般性语言。《诗·墉风·定之方中》说"卜云其吉"，毛传："建邦能命龟，田能施命，作器能铭，使能造命，升高能赋，师旅能誓，山川能说，丧纪能诔，祭祀能语，君子能此九者，可谓有德音，可以为大夫。"此九种能力都属于言语的范畴。

《孟子·公孙丑》说："宰我、子贡善为说辞，冉牛、闵子、颜渊善言德行。孔子兼之，曰：'我于辞命则不能也。'"据此，孔门言语可分为说辞、言语、善言德行、辞命等内容，并以辞命为重，孔子甚至自谦"我于辞命则不能"。

德行科最高，超乎言语的境界。《易经》说："默而识之，故存乎德行。"言语、政事、文学各有所长又相辅相成，学到高处，统归于德行。言语、政事、文学都以德行为本，而德行圆满者，也必擅言语、善政事、能文学。

江谦说："德行以修己，政事以安人，言语以为法于天下，文学以流传于后世。圣门具此四科，而木铎之全体大用全矣。四者兼之则孔子也。四科皆德行所摄，故颜渊称具体而微。"（《四书蕅益解》江谦补注）

三、德智第一的颜回

子曰："回也非助我者也，于吾言无所不说。"（《先进》第三章）

孔子说："颜回啊，不是有助于我的人，对我所说的话没有不悦服的。"

说，同悦。颜回于孔子之言，默识心通，无所疑问，受到孔子高度称赞。其辞若有憾焉，其实则深喜之。孔子在众弟子中表扬颜回最多，赞他不违、不惰、不迁怒、不贰过、不违仁、不改其乐等等。《为政》中孔子说："吾与回言终日，不违如愚。"正是因为"于吾言无所不说"。

颜回于孔门德行第一，智慧也第一。《中论·智行》说："仲尼亦奇颜渊之有盛才也，故曰回也非助我者也，于吾言无所不说。颜渊达于圣人之情，故无穷难之辞，是以能独获亹亹之誉，为七十子之冠。曾参虽质孝，原宪虽体清，仲尼未甚叹也。"

不过，"回也非助我者也"这句话，从教育角度看，也不无道理。教学相长，因疑问而有以相长也。佛经多为问答体，在回答弟子的提问质疑中，将佛理全方位多层次地传达出来。问难愈多，佛法精微愈显，天下后世皆蒙其益，所以佛祖在回答问题之前，往往先赞美弟子提问的巨大功德。

儒家也如此。子夏之徒，多疑好问，是帮助夫子，以增晓导。孔子说："起予者商也，始可与言诗已矣。"《集释》引《皇疏》言："圣人为教，须贤启发。游参之徒，闻言辄问，是帮助于我，以增晓导。而颜渊默识，闻言即解，不曾日谘，于我教化无益，故云非助我者也，于吾言无所不说也。"

或问阳明先生："孔子曰'回也非助我者也'，是圣人果以相助望门弟子否？"阳明先生回答："亦是实话。此道本无穷尽，问难愈多，则精微愈显。圣人之言，本自周遍，但有问难的人胸中窒碍，圣人被他一难，发挥得越加精神，若颜子闻一知十，胸中了然，如何得问难？故圣人亦寂然不动，无所发挥，故曰非助。"（《王阳明全集》）

张载说："洪钟未尝有声，由扣乃有声；圣人未尝有知，由问乃有知。"（《正蒙》）如果孔门弟子都像颜回一样，于孔子之言无所不悦从无疑问，如果佛门弟子都像大迦叶那样，佛祖一拈花就明白了，那就没有《论语》，没有佛经了。当然，这种假设不可能成立，在儒佛两家，颜回和大迦叶，千古一人而已。

四、孝道典范闵子骞

子曰："孝哉闵子骞！人不间于其父母昆弟之言。"（《先进》第四章）

孔子说："孝顺啊闵子骞！人们对他的父母兄弟都没有非议的话。"

闵子骞，姓闵名损，字子骞。为人恭谨端正，沉静寡言，但发言水平很高，孔子赞他"夫人不言，言必有中"。以孝著称，被后世奉为尽孝的典范，其孝行事迹被后人编入《二十四孝》。《亢仓子·顺道》记载："闵子骞问孝于仲尼，退而事之于家，三年，人无间于父母昆弟之言。"间，挑剔，非议，找毛病，如"禹吾无间然矣"的"间"。昆，兄。

父母慈爱而子女孝顺，乃人情之常，不足道也。父母不慈而照样孝顺，就不容易了。如虞舜，父与弟一再合谋要置舜于死地，舜照孝不误。闵子骞是后母问题。《韩诗外传》载："子骞早丧母，父娶后妻，生二子，疾恶子骞，以芦花衣之，父察之，欲逐后母。子骞曰：'母在一子寒，母去三子单。'父善之而止，母悔改之，遂成慈母。"《说苑》也有类似记载。

《集注》引胡氏言："父母兄弟称其孝友，人皆信之无异辞者，盖其孝友之实，有以积于中而著于外，故夫子叹而美之。"

《毛诗·素冠传》记载：

子夏三年之丧毕，见于夫子，援琴而弦，衎衎而乐，作而曰："先王制礼，不敢不及。"夫子曰："君子也。"闵子骞三年之丧毕，见于夫子，援琴而弦，切切而哀，作而曰："先王制礼，不敢过也。"夫子曰："君子也。"子路曰："敢问何谓也？"夫子曰："子夏哀已尽，能引而致之于礼，故曰君子也；闵子骞哀未尽，能自割以礼，故曰君子也。夫三年之丧，贤者之所轻，不肖者之所勉。"

《说苑·修文》和《孔子家语·六本第十五》也有类似记载，问话者变成子贡，孔子的话也略异。孔子回答说："闵子哀未忘，能断之以礼；子夏哀已尽，能引之及礼。虽均之君子，不亦可乎？"三年之丧结束后，子夏哀思已尽，但他按照礼制来延长孝思；闵子骞哀思难忘，但他按照礼制来截断哀思。所以两人都受到孔子的肯定和赞扬。《礼记·檀弓》也有类似记载，但主角变成了子夏和子张。

孟子说："冉伯牛、闵子善言德行。"(《孟子·公孙丑》)可见闵子骞富有道德理论、道德知识，善于为人阐说。人类知识无数无量，概乎言之有三种：一是自然科学知识，一是政治社会知识，三是道德知识，关于宇宙本体、生命本质，关于世界观、人生观和价值观的知识——这是儒家的核心知识。

昧于道德是最大的愚昧，解悟道德是最大的智慧。信解行证，相辅相成。解是理论，行是实践。善言德行，是能解，对道德奥秘有深刻正确的理解，其次善于表达。闵子骞孝行第一，良有以也。

五、明哲谨慎南宫适

南容三复白圭，孔子以其兄之子妻之。(《先进》第五章)

南容反复诵读白圭之诗，孔子把侄女嫁给了他。

南容，姓南宫名适，一作括，又名绦，参阅《公冶长》第二章注解。《宪问》中，孔子称赞南宫适："君子哉若人！尚德哉若人！"

三复，多次重复。三是虚数，指在一日之内多次诵读。白圭，指《诗经·大雅·抑》篇。其中有云："白圭之玷，尚可磨也；斯言之玷，不可为也。"白玉有瑕，还可以磨掉；说话有误，就没法补救了。告诫"慎尔出话"，说话要谨慎。妻，作动词用，以女嫁之。

南容重复吟诵《诗经·大雅·抑》的"白圭"诗，意味着谨言慎语，"邦无道，危行言孙"。南容也确实为人谨慎，能够明哲保身，"邦有道不废，邦无道免于刑戮。""世清不废，世浊不污。"这样的人必然善于保护自己和家人，所以孔子把侄女嫁给他。

在政治黑暗的乱世，要免于天灾人祸和政治灾难，免遭各种意外，除了运气，还要有相当的谨慎和智慧。特别是对"世浊不污"者来说，尤为不易。

慎言，就要知言，不失言。"子曰：君子不失足于人，不失色于

人,不失口于人,是故君子貌足畏也,色足惮也,言足信也。《甫刑》曰:敬忌,罔有择言在躬。"(《礼记·表记》)

不失足,指举止得体;不失色,指仪表庄重;不失口,指言语慎重,三者相辅相成。君子外貌足以使人敬畏,仪表足以使人感到有威严,言语足以让人信服。《甫刑》中的原话是"敬忌,罔有择言在身"。意谓敬其职事,忌其过失,不说不对的话。择,败也。择言指败言、坏话。

慎言、不失言并不意味着寡言和不言,而是发言要如理如实,正确正义,合乎仁义。子贡向卫文子这样介绍南容:"独居思仁,公言言义,其闻之诗也,一日三复白圭之玷,是南宫绦之行也。夫子信其仁,以为异姓。"(《大戴礼记·卫将军文子》)独居的时候思考仁道,公共场所和公共事务发表义言,南宫适最喜欢白圭之诗,夫子信任他的仁德,把侄女嫁给他。卢注:"异姓,谓以兄之子妻之。"公言言义,言之有理,就是慎言的表现。

六、颜回好学,不幸早亡

季康子问:"弟子孰为好学?"孔子对曰:"有颜回者好学,不幸短命死矣,今也则亡。"(《先进》第六章)

季康子问:"您弟子中谁最为好学?"孔子回答说:"有个颜回很好学,不幸短命死了,如今就没有了。"

亡,同无。本章文字与《雍也》第三章略同,可参阅。儒者学而时习之,学的内容主要是六经及六艺,是成德成圣的君子之道。《论语》开头说"学而时习之",结尾说"不知命无以为君子",学习的最终目的,就是成为知命君子。程颐说:"颜子所独好学者,何学也?学以至圣人之道也。"(《颜子所好何学论》)

颜回特别好学,是因为得乎其道,乐在其中。扬雄说:"纡朱怀金者之乐,不如颜氏子之乐。颜氏子之乐也内,纡朱怀金者之乐也外。"(《法言·学行》)意谓位高多金者的快乐不如颜回的快乐,颜回的快乐是内在的,位高多金者的快乐是外在的。

儒家下学上达,学习的过程固然快乐,学习的结果更是快乐。知天命,那是人生最大的成功和快乐。《说文》云:"学,觉悟也。"《白虎通·辟雍》:"学为言觉,以觉所未知也。"《学而篇》古注云:"学之为言效也。人性皆善,而觉有先后,后觉者必效先觉之所为,乃可以明善而复其初也。"

儒家寓教于乐,以乐为教。孔子说:"兴于诗,立于礼,成于乐",以音乐来陶冶性情修养人格,让人们相亲相爱和睦融洽。《乐记》将礼乐刑政作为实现王道的要素相提并论,礼乐相辅相成,儒家在政治上是礼教更是乐教。

快乐之乐与音乐之乐、礼乐之乐不同义,但有其内在关联性。孔子说:"言而履之,礼也;行而乐之,乐也。"义理付诸实践,就是礼;快乐地实践,实践而快乐,就是乐。这才是礼乐制度内蕴的真义。

孔子是以颜回为自己事业的第一继承人的,或许还曾将恢复礼乐、实践王道的心愿寄托在这个弟子身上。诸弟子问仁,孔子的回答都不同,例如,对司马牛的回答是针对其缺点,对仲弓,孔子的回答眼界至家邦,对颜回是"克己复礼,天下归仁",这是圣王境界,是儒家最高道德和政治理想。

"弟子孰为好学"这个问题,哀公也问过。孔子答哀公多出"不迁怒,不贰过"一句,孔子答季康子便简略了。《大戴礼记·虞戴德》:"子曰:丘于君唯无言,言必尽,于他人则否。"对于君主,要么不说,要说就把话说尽,对别人则不一定。《集注》引范氏曰:"哀公、康子问同而对有详略者,臣之告君,不可不尽。若康子者,必待其能问乃告之,此教诲之道也。"

季康子专横,孔子对其提问不愿多答,又不能不答,故问一答一,不多言。同样季康子问"使民敬,忠以劝",哀公问"何为则民服"，孔子所答亦不一样。

七、对待非礼的请求

颜渊死，颜路请子之车以为之椁。子曰："才不才，亦各言其子也。鲤也死，有棺而无椁。吾不徒行以为之椁。以吾从大夫之后，不可徒行也。"（《先进》第七章）

颜渊去世，颜路请求孔子卖了车子替颜渊买个外椁。孔子说："有才华没才华，说来都是各人的儿子。孔鲤死时，只有棺而没有椁。我不能徒步行走（意谓卖掉车子）而为他买椁，因为我跟从在大夫之后，不可以步行的。"

颜路，姓颜，名无繇，字路，颜回之父。颜路是孔子早年在故乡阙里教学时所收的第一批弟子，比孔子小六岁。椁，古代有地位者，棺材有两层，内层直接装殓尸体，叫棺，有底；外面套着一层套棺，叫椁，无底，合称棺椁。鲤，孔鲤，孔子儿子，字伯鱼。孔鲤50岁死时孔子70岁。

才不才，亦各言其子也，意谓孔鲤之才虽不及颜渊，但从自己与颜路的立场看去，他们同样都是儿子。从大夫之后，跟从在大夫们后面，谦辞。孔子反鲁，鲁君待之以大夫之礼。按礼制，大夫出门要乘车。《礼记·王制》说："君子耆老不徒行。"

颜渊是孔子最得意的门生，受到孔子高度称赞。颜渊英年早逝，孔子悲痛欲绝。可是，其父亲颜路请孔子卖掉自己的车子给颜渊买椁，孔子却一口回绝。反儒者借此事批斥孔子虚伪无情。其实不是孔子无情，而是颜路的请求属于不情之请和非礼之求。

历时久远，资料匮乏，本章所述，大概而已。一些具体情节，难以一一了解。如钱穆所说：

"本章极多疑者。谓颜氏家贫，孔子何不能为办一椁？颜路请孔子助椁，何为独指明欲卖孔子之车？孔子不欲卖车徒行，岂更无他长物可卖？且孔子之车，当是诸侯赐命之车，岂可卖之于市？而颜路请之。孔子在卫，曾脱骖以赠旧馆人之丧，至是必别买有骖，颜路何不以卖骖请？窃谓孔子距今逾两千五百年，此等细节，岂可一一知之。所知者，伯鱼卒，孔子已年七十，不为办椁。翌年，颜渊死，孔子亦不为办椁，此则明白可知者。若上举诸疑，琐碎已甚，岂能必求答案。有志于学者，不宜在微末处骋才辨，滋枝节。"（《论语新解》）

可以确定的是，颜路的要求在当时论情、论理、论礼，皆非所宜，孔子拒之，合情合理合礼。从亲疏关系说，孔子的儿子死了，有棺而无椁，孔子自不能为颜渊卖车买椁。从礼制角度说，"以吾从大夫之后，不可徒行也"。礼有历史性，不能以现代标准去衡量古代的礼；礼有严肃性，不能随意违反。孔子对颜路的回绝，正是对礼制的遵守。

另据下第十章推断，因颜路家贫，办丧铺张不宜；按颜渊身份，厚葬于礼不合。这应该是孔子拒绝颜路的主要原因。儒家不禁厚葬，但一须"称家之有无"，二须合乎其人身份。这也是礼。对于不情之请和非礼之求，虽来自亲近之人也拒绝之，反映了孔子待人接物的一种态度，可就可，不可就不可，直言相告。

八、颜回死了

颜渊死。子曰："噫！天丧予！天丧予！"（《先进》第八章）

颜渊去世。孔子说："唉！上天亡我！上天亡我！"

孔子曾说："文王既没，文不在兹乎？"是以王道事业和道统继承人自任，又以颜回为事业的第一辅佐和道统的第一传人，师徒俩同心同德，可谓人世间第一命运共同体。所以颜回过早去世，孔子特别悲伤。

据《公羊传》及《史记·孔子世家》，颜回之死应是在鲁哀公十四年春狩获麟前后，而颜回、子路相继去世。《春秋经》写到这一年为止，所谓"春秋绝笔于泣麟"也。《春秋·哀公十四年》："西狩获麟。十四年春，西狩于大野，叔孙氏之车子鉏商获麟，以为不祥，以赐虞人。仲尼观之，曰：麟也。然后取之。"

《公羊传》说："麟者，仁兽也。有王者则至，无王者则不至。有以告者曰：有麕而角者。孔子曰：孰为来哉！孰为来哉！反袂拭面涕沾袍。颜渊死，子曰：噫！天丧予。子路死，子曰：噫！天祝予。西狩获麟，孔子曰：吾道穷矣。"

麒麟是仁兽，天下有道才出现，现在天下无道而出现，出非其时，且被微贱之人猎获和伤害，孔子因而伤感不已。《孔丛子》记载，孔子说："麟出而死，吾道穷矣。"作歌道："唐虞世兮麟凤游，今非其时来何求，麟兮麟兮我心忧。"《兖州府志·圣里志》载，获麟的叔孙氏家臣鉏商"折其左足"，把麒麟的左脚打断了。孔子闻之而泣。"子贡问曰：夫子何泣也！孔子曰：麟之至为明王也，出非其时而见害，吾是以伤之。"

麟出而死，颜回之死，这两件事对孔子的精神打击特别沉重。这时孔子71岁。再过两年，孔子也去世了。《集注》："悼道无传，若天丧己也。"

《汉书·董仲舒传》："向子歆（刘向之子刘歆）以为，伊吕乃圣人之耦，王者不得则不兴。故颜渊死，孔子曰'噫！天丧余。'唯此一人为能当之，自宰我、子赣、子游、子夏不与焉。"伊吕指伊尹和吕尚，伊尹辅商汤，吕尚佐周武王。这是将伊吕比颜回，比之为圣人之辅，王者之佐。

圣人将起，天与之辅。孔子于颜回寄以传道之望，或亦望身后，颜回有行道的机会。颜回去世，意味着道统第一传人的丧失及王道事业的无望，所以孔子发出"天丧予"之叹。这个叹息，只有颜回当得起、配得上。

九、孔子哭了

颜渊死，子哭之恸。从者曰："子恸矣！"曰："有恸乎？非夫人之为恸而谁为？"（《先进》第九章）

颜渊去世，孔子哭得很悲痛。随从的人说："夫子您过于悲痛了！"孔子说："有过于悲痛吗？不为这样的人悲痛还为谁呢？"

恸，极度哀痛，悲伤。"非夫人"句，即"非为夫人恸而为谁"的倒装。夫，指示代词，代指死者颜渊。之是虚词，这里是为了在语法上起到帮助倒装的作用。

以上两章记录了孔子对颜渊之死的巨大悲痛之情。这是师生情深，更有道不能行的绝望和对大道失传的深忧。儒家强调"哀而不伤"，但孔子为颜渊悲恸欲绝，不失情性之正。《集注》："恸，哀过也。哀伤之至，不自知也。夫人，谓颜渊。言其死可惜，哭之宜恸，非他人之比也。"

颜回死，《仲尼弟子列传》说："孔子哭之恸，曰：自吾有回，门人益亲。"可见颜回很有凝聚力和向心力，让孔子门下弟子们更加亲密和团结在孔子周围了。

深于《庄子》的郭象于本章疏引说："人哭亦哭，人恸亦恸，盖无情者与物化也。"其在《庄子·大宗师》"而我犹为人猗"句下注说："人哭亦哭，俗内之迹也；齐生死，忘哀乐，临尸能歌，方外之至也。"这样站在道家立场上解释儒经，完全不靠谱。孔子岂是无情者？孔子哭之恸，岂是人恸亦恸？遵礼尽心，俗内之人原不俗；非礼反常，方外之行不足训！

仁义和礼（包括丧礼）是本质和形式的关系，本质为主形式为辅,两者既有区别又有联系,形式主义不行,蔑弃形式也不行。道家就有这个毛病。东海当年好老庄学说,喜魏晋风度,颇有名士做派。如爷爷去世,伤痛无限,私下大醉嚎啕,但临丧就是不哭。皈儒后始知自己非礼。

儒道两家异中有同,同中有异。儒家是人生政治之中道,道家为道德智慧之偏门。儒主道辅是最佳组合,若掉过头来,道家为主,就乱套了,如魏晋南朝,老庄主流,天下大乱,世道人心大坏。苏东坡说,庄子句句讥孔子其实句句赞孔子,非究竟之言也。

道家的正经是《道德经》和《南华经》,也尊崇《易经》,但对易理的领会有限,得其阴而遗其阳,如康有为所说,道家只窃得易经半部。因此,道家既有相当的真理性,又有一定的偏颇阙漏,有助于修养心性,不足以齐家治国。魏晋南朝政治黑暗的文化根因,就是老庄之学压倒了孔孟之道。梁武帝在关于"置《五经》博士"的诏书中说:"二汉登贤,莫非经术,服膺雅道,名立行成。魏晋浮荡,儒教沦歇,风节罔树,抑此之由。"说得很正确。

佛教中人说儒也难中肯。蕅益大师说:"朝闻夕死,夫复何憾,只是借此以显道脉失传,杜后儒之冒认源流耳,若作孔子真如此哭,则呆矣。"(《论语点睛》)好像孔子哭之恸是假哭,表演给人看的。岂有此理!

十、反对厚葬颜回

颜渊死,门人欲厚葬之。子曰:"不可。"门人厚葬之。子曰:"回也,视予犹父也,予不得视犹子也。非我也,夫二三子也。"(《先进》第十章)

颜渊去世,弟子们要厚葬他。孔子说:"不可以。"弟子们仍然厚葬了颜渊。孔子说:"颜回看待我像父亲一样,我却不能(在葬礼方面)像儿子一样对待他。不是我要这样,是那些弟子们呀。"

关于颜渊之死共四章,"天丧"和"恸哭"是情的宣泄,"请车"和"厚葬"是礼的约束。情与礼,既有同,又有别。葬礼属于礼的范畴,不能任情而越礼。"礼,与其奢也,宁俭;丧,与其易也,宁戚。"孔子的态度正是这句话的最好注脚。

葬礼的厚薄,应与其家庭的经济状况相称,可厚则厚,该薄则薄。《礼记·檀弓》记载:

"子游问丧具,夫子曰:称家之有亡。子游曰:有亡恶乎齐?夫子曰:有,毋过礼。苟亡矣,敛首足形。还,县棺而封。人岂有非之者哉!?"

亡即无,称是适合义。称家之有亡,就是要与家庭经济状况相符,其基本标准是,家有财富,也不要超过礼的规定。如果家计艰难,只要能够掩盖头脚形体,立即下葬,用手拉着绳子下棺。只要尽力而为,就没有人会非议。

孔子的态度很明确,即使家富,丧事也要合度;如果家贫,简陋也无妨。墨家批判儒家提倡厚葬,其实是误会。

子曰不可,门人依然厚葬。这里可以看出,孔子虽说不同意,态度当不坚决。门人厚葬颜回,是同门情谊深重,虽然表达得不够合适,属于君子之过,可以理解,不宜深责。钱穆说:"孔子门人于颜子皆所尊亲,朋友有通财之义,故请于孔子而欲厚葬之。孔子不可其请,孔子之亲颜子,一如伯鱼。而门人终厚葬之,此亦门人亲颜子之意,孔子所不得而止。仲尼不为已甚,若孔子固不许门人之厚葬颜子,斯已甚矣,孔子不为也。"(《论语新解》)

孔颜师徒,情同父子。不仅颜回,其他弟子也多拿孔子当父亲看待,只是颜回于孔子特别理解和亲近。《礼记·檀弓》记载,孔子的丧事,门人们为是否穿正服犹疑不决。子贡说:"昔者夫子之丧颜渊,若丧子而无服;丧子路亦然。请丧夫子,若丧父而无服。"颜回死,孔子如同丧子一样悲痛而不穿正服,子路办丧事的时候也是这样。

儒家师徒关系最接近父子关系，有"事师之犹事父"之说。《吕氏春秋·劝学》说：

> 曾子曰："君子行于道路，其有父者可知也，其有师者可知也。夫无父而无师者，余若夫何哉！"此言事师之犹事父也。曾点使曾参，过期而不至，人皆见曾点曰："无乃畏邪？"曾点曰："彼虽畏，我存，夫安敢畏？"孔子畏于匡，颜渊后，孔子曰："吾以汝为死矣。"颜渊曰："子在，回何敢死？"颜回之于孔子也，犹曾参之事父也。古之贤者，与其尊师若此，故师尽智竭道以教。

曾点派他的儿子曾参外出，过了约定日期没有回来，人们都来看望曾点说："莫非有难了吧。"曾点说："即使他有难，我还活着，他怎么敢遭难！"孔子被围困在匡地，颜渊最后才到，孔子说："我以为你死了。"颜渊说："您还活着，我怎么敢死！"颜回对待孔子如同曾参侍奉父亲一样。古时的贤人，如此尊重老师，所以老师也尽心竭力地教诲。

十一、关于人神关系

> 季路问事鬼神。子曰："未能事人，焉能事鬼？"："敢问死。"曰："未知生，焉知死？"（《先进》第十一章）

子路问怎么侍奉鬼神。孔子说："不能侍奉人，哪能侍奉鬼？"（子路又说：）"我大胆请问死是怎么回事？"孔子说："不知生，哪知死？"

儒家立足于人道，立足于此生。众圣所传，六经所载，都不外乎仁义道德之教、人伦彝则之间，都是人生日用须臾不可离者。对于鬼神敬而远之。

"务民之义",事人之道;"敬鬼神而远之",事鬼之道。祭祀之事,表达对祖先的怀念或对天地山川的尊重,根本目的仍是为了自诚其心、自尽其性。儒家的一切,无非旨在尽人事、尽心性。

道心仁性,是生命的本来面目,既有潜在性又有超越性,超越色身识心,超越生老病死。"气有聚散,理无聚散;形有生死,性无加损。"性无加损,即良知永恒。东海有良知七律,其中之七即良知不灭律。人的肉体身、意识心都属于现象,都有生灭,唯良知不灭。就内在性而言,良知是自性神;就超越性而言,良知是依他神。熊十力说:

"夫神之为义,可析言以二:曰依他与自性。但二者虽可分说,而究不可分;不可分,而又不妨分说,其妙在此,其难穷在此,其不可思议在此。印度外道之以天神为作者,与西洋受自希伯来之一神教,皆于依他与自性二义,可说而不可分、不可分而又不妨分说处,未能透悟,故不免差毫厘而谬千里。彼等以超越感盛扬依他,而忘却超越万有之一神为吾所依之他者,乃即是吾之自性,原非外在,吾人更不可以拟人之观念测神也。孟子言尽心则知性知天,彼等不悟也。"(《十力语要初续——新论平章儒佛诸大问题之申述》)

借用佛教的话说,作为生命现象的肉体是化身,作为生命本质的良知则是法身。与佛教真如法身不同的是,良知不灭而生生,是无为与无不为的统一。儒家不是宗教而有宗教性,原因在此。未知生焉知死,既知生便知死。尽人事才能尽心性,尽心性就能自识本来面目,自然就明白上述道理。

生死不二。未知生,焉知死;若知生,自知死。知生,即是知生之所以然,即是知性,证得良知仁性,证悟了"性与天道"的奥秘,一切迎刃而解,生死洞若观火。

十二、孔门弟子各有气象

闵子侍侧，訚訚如也。子路，行行如也。冉有、子贡，侃侃如也。子乐。"若由也，不得其死然。"（《先进》第十二章）

闵子骞侍立在孔子身边，一派中正气象；子路，一副刚强之态；冉有、子贡，从容和乐的样子。孔子很高兴，但又担心地说："像仲由这样，恐怕不保天年哪。"

訚訚，中正貌。行行，刚强貌。侃侃如，和乐而从容貌。

子乐，乐得英才而教育之，使各尽其性。皇侃义疏本，乐下有曰字。孟子三乐，其中之一是"得天下英才而教育之"。孔子眼见弟子们各有所长，各有所成，各有气象，其乐何如。唯对子路，孔子喜其刚勇，又担心他过于刚勇而取祸危身，所以曾说子路"好勇过我，无所取材"，这里又发言警戒，正是为了裁剪他呢。

不得其死，不得善终，不以寿终。子路后来做了卫国大夫孔悝的邑宰，死于孔悝之乱。卫国蒯聩（卫庄公）、蒯辄（卫出公）父子争国，孔悝是蒯辄的表哥和宠臣，却又反叛了表弟蒯辄，投靠了舅舅蒯聩，导致表弟卫出公出逃。子路却赶回都城，要求蒯聩诛杀孔悝，被蒯聩命人攻击而死。关于子路之死，《史记》记载：

出公立十二年，其父蒯聩居外，不得入。子路为卫大夫孔悝之邑宰。蒯聩乃与孔悝作乱，谋入孔悝家，遂与其徒袭攻出公。出公奔鲁，而蒯聩入立，是为庄公。方孔悝作乱，子路在外，闻之而驰往。遇子羔出卫城门，谓子路曰："出公去矣，而门已闭，子可还矣，毋空受其祸。"子路曰："食其食者不避其难。"子羔卒去。有使者入城，城门开，子路随而入。造蒯聩，蒯聩与孔悝登台。子路曰："君焉用孔悝？请得而杀之。"蒯聩弗听。于是子路欲燔台，蒯聩惧，乃

下石乞、壶黡攻子路，击断子路之缨。子路曰："君子死而冠不免。"遂结缨而死。（《仲尼弟子列传》）

十三、不说则已，一说就准

鲁人为长府。闵子骞曰："仍旧贯，如之何？何必改作？"子曰："夫人不言，言必有中。"（《先进》第十三章）

鲁国执政者要改建国库。闵子骞说："仍旧沿袭老样子，怎么样？何必改建？"孔子说："这个人不说则已，一说话就很中肯。"

鲁人，鲁国当权者。为，建设、建筑义，这里指改建。长府，藏财货、兵器等的仓库叫府，长府是鲁国的国库名。何晏《集解》引郑玄曰："长府，藏名也，藏财货曰府。"刘宝楠《正义》："（鲁之长府）为兵器货贿所藏。"旧贯，旧例，老样子。夫人，犹言彼人，指闵子骞。中，这里指说话合理或正中要害。中指当理。

鲁人为什么要改建长府，历代注家众说纷纭，概括起来主要有三种：其一，长府是鲁公所居，与季氏家近，鲁公欲改建长府做伐季氏的准备；其二，长府是鲁公据以伐季氏之别馆。鲁公伐季氏失败，季氏对长府加以改造，使后世鲁公不能再据此伐季氏；其三，以长府为公馆之属，鲁公改造长府，以壮观瞻，是为劳民，所以闵子婉言讽之。包慎言《温故录》和朱熹《集注》都主此说。

由于历时古远而资料匮乏，鲁人指鲁昭公还是指季氏或三家，鲁人为什么要"为长府"，已不可确考。闵子骞婉言反对改作，除了担心劳民伤财，应该还有反对"变古易常"的深意，这才当得起夫子"言必有中"的称赞。

《春秋经》于新筑作多讥之，即采取批判态度。如《春秋·僖二十年》经曰："春，新作南门。"传曰："何以书？讥。何讥尔？门有古常也。""讥新作"与"仍旧贯"是一个意思。门有古常，古是古制，常是常规。包括长府和门在内的各种建筑物，动辄新作或改建，不仅劳民伤财，而且有违古常。

儒家反对改变和违反常道，也反对轻率地改变古制。《逸周书》说："文王曰：'吾闻之，无变古，无易常，无阴谋，无擅制，无更创，为此则不祥。'"（《逸周书·逸文》）又说："好变故易常者，亡。昔阳氏之君，自伐而好变，事无故业，官无定位，民运于下，阳氏以亡。"（《逸周书》史记解）

变古易常，属于乱政，不祥，会导致灭亡，还会招来天灾。《公羊·宣公十五年传》："冬，蝝生……上变古易常，应是而有天灾。"蝝即虫众，即蝗虫。《传》说宣公变古易常，天应之而有灾。如果不作机械僵化的理解，天人感应自是真理，自然生态环境的好坏，与人类政治环境和道德环境的优劣密切相关。

十四、已经登堂，尚未入室

子曰："由之瑟奚为于丘之门！"门人不敬子路。子曰："由也升堂矣，未入于室也。"（《先进》第十四章）

孔子说："仲由的瑟为什么在我门里弹？"弟子们不尊重子路。孔子说："仲由是升堂了，还没入室罢了。"

瑟是一种乐器。《白虎通·礼乐》论"五声八音"说："瑟者，啬也、闲也，所以惩忿窒欲，正人之德也。"弹瑟时，宜心平气和，现闲啬之义，发雅颂之音。或说瑟是古代一种拨弦乐，二十五弦或五十弦。

升堂入室，堂是正厅，室指内室，从入门到升堂再到入室，孔子用以借喻音乐、学问的修养次第。《孔子家语》说："子路鼓瑟，有北鄙杀伐之声。"子路气质刚猛，鼓瑟发声，有杀伐之声，有失和平中正，所以孔子批评之，期其深入，领悟雅颂正音的奥妙。《史记·乐书》:"乐之雅颂,犹礼之威仪。威仪以养身,雅颂以养心。声应相保,细大不逾,使人听之,而志意得广、心气和平者,皆雅颂也。"

回首当年,东海枭鸣不已,多秋杀而少春温,虽心良气正,然气势凶猛、语言粗鄙而面目可憎,孔子有知,必会像责备子路一样责备东海说:枭之声奚为于儒之门?可惜世无孔子,东海只能依靠经典,不断自我校正纠偏。

门人因为孔子之言而不敬子路,所以孔子又加以解释。其实升堂又何尝容易?片言折狱,闻过则喜,未之能行唯恐有闻,治蒲三年牛刀小试,孔子三称其善……子路虽有缺点,但优点多多,可敬可重,非一般人所能及。夫子因材施教,批评弟子,皆有特指,只有在特定的语境中去理解孔子的话,才不会犯"不敬子路"的错误。

或曰:这一章孔子谈论的只是弹瑟技巧和音乐修养问题,没有论及子路学问境界深浅。不错,孔子在这里没有直接论及子路的境界,或许也不是有意要谈论这个问题,但要知道,在儒门中,音乐修养与学问程度和修道次第也是密切相关的。在修道次第上,"由也升堂矣,未入于室也"的论断,符合子路的实际。

十五、过犹不及

子贡问:"师与商也孰贤?"子曰:"师也过,商也不及。"曰:"然则师愈与?"子曰:"过犹不及。"(《先进》第十五章)

子贡问:"子张和子夏谁贤德?"孔子说:"子张过了,子夏不够。"子贡说:"那么是子张更贤德吗?"孔子说:"过分和不够差不多。"

师,子张。姓颛孙名师,字子张。商,即子夏。姓卜名商,字子夏。愈，胜，更好。

过与不及都不好。《二程遗书》言："天下善恶皆天理，谓之恶者非本恶，但或过或不及便如此，如杨墨之类。"儒家自爱爱人，自他不二。杨朱为我，是爱己太过，利己主义，目无他人；墨翟兼爱，是爱人太过，利他主义。两种学说都不正常，不中庸。孟子辟杨墨，体现了儒家的中庸。

中庸之道不仅反对一切不道德的"东西"，对各种道德元素及规范本身也保持相当的警惕，很多美德讲究个度，过了度就有过失。《中庸》说："道之不行也，我知之矣。知者过之，愚者不及也。道之不明也，我知之矣。贤者过之，不肖者不及也。"

《易经·小过》象辞说："小过，君子以行过乎恭，丧过乎哀，用过乎俭。"欧阳修认为，过恭过哀过俭，于个人为过失，于政治就会患生乱起。三者"是施于行己，虽有过焉，无害也。若施于治人者，必合乎大中，不可以小过也。盖仁过乎爱，患之所生也；刑过乎威，乱之所起也。推是可以知之矣"（《易童子问》）。

《容斋随笔》论万事不可过："天下万事不可过，岂特此也？虽造化阴阳亦然。雨泽所以膏润四海，然过则为霖淫；阳舒所以发育万物，然过则为燠亢。赏以劝善，过则为僭；刑以惩恶，过则为滥。仁之过则为兼爱无父，义之过则为为我无君，执礼之过反邻于谄，尚直之过至于证父，是皆偏而不举之弊。"

荀子讲过一个孔子的故事：

孔子观于鲁桓公之庙，有欹器焉。孔子问于守庙者曰："此为何器？"守庙者曰："此盖为宥坐之器。"孔子曰："吾闻宥坐之器者，虚则欹，中则正，满则覆。"孔子顾谓弟子曰："注水焉！"弟子挹水而注之。中而正，满而覆，虚而欹。（《荀子·宥坐》）

宥坐之器，满是过，虚是不及，虚与满都不行，都会倾斜和倒覆，只有中才能正。

什么是中正的标准？礼。礼以制中，折中于礼。《礼记·仲尼燕居》记载："子曰："师，尔过，而商也不及。子贡越席而对曰：敢问将何以为此中者也？子曰：礼乎礼，夫礼所以制中也。"

十六、冉求非吾徒

季氏富于周公，而求也为之聚敛而附益之。子曰："非吾徒也，小子鸣鼓而攻之可也。"（《先进》第十六章）

季氏比周公更富有，而冉求还帮他聚敛使他财富更增。孔子说："冉求不是我的弟子了，你们可以大张旗鼓地声讨他。"

周公，这里应是指周公旦次子世袭爵位而留于周王朝者，如周公黑肩、周公阅等。或说，周公，泛指周朝的公卿。

求，即冉有。聚敛，聚积，收集，搜刮钱财。冉有善理财，为季氏多方聚敛而使季氏财富更增了。鲁国本按"丘"（古代田地、区域的划分单位，四"邑"为一"丘"）征收军赋。鲁哀公十二年即前483年，季康子改为按每一户的田亩数来征收，这就大大增加了赋税收入。冉求为季氏家臣，曾参与其事。

季氏就是季康子。鲁国三家权臣，季氏权力最大，也拥有最多的土地和财富。孔子的弟子冉求为其家宰，助其聚敛。《孟子·离娄》载："求也为季氏宰，无能改于其德，而赋粟倍他日。"季氏准备增加赋税前，曾派冉求征求孔子的意见，事见《左传·哀公十一年》：

季氏欲以田赋，使冉有访诸仲尼。仲尼曰："丘不识也。"三发，卒曰："子为国老，待子而行，若之何子之不言也？"仲尼不对，而私于冉有曰："君子之行也，度于礼，施取其厚，事举其中，敛从其薄。如是则以丘亦足矣。若不度于礼，而贪冒无厌，则虽以田赋，将又不足。且子季孙若欲行而法，则周公之典在，若欲苟而行，又何访焉？"弗听。

孔子主张"施取其厚，事举其中，敛从其薄"，结果季氏没有听从，仍旧在冉求帮助下修改赋制，大肆聚敛。在这件事上，季氏当然是主谋，但冉求作为季氏家宰，不能让季氏改于其德，反而"赋粟倍他日"，也要负相当责任，因此遭到孔子严厉批评。

所谓聚敛，用现代的话说，就是强化财政征收能力。这种行为最为儒家所恶，认为聚敛之臣比贪官污吏更坏。《礼记·大学》说："百乘之家，不畜聚敛之臣。与其有聚敛之臣，宁有盗臣。"《韩诗外诗》说："故聚敛以招谷，积财以肥敌，危身亡国之道也。"

荀子说："多积财而羞无有，重民任而诛不能，此邪行之所以起，刑罚之所以多也。"（《荀子·大略》）多积财就是好聚敛，必然加重国民负担，加上羞无有（以贫穷为耻）的导向和诛不能（惩处不堪重负者）的苛政，能不刑罚繁多而民生凋敝乎？

十七、四君子的弱点

柴也愚，参也鲁，师也辟，由也喭。（《先进》第十七章）

高柴愚直，曾参迟钝，子张偏僻，子路粗莽。

柴，高柴，字子羔，齐国人，比孔子小三十岁，为人耿直，不知变通。孔子说他愚，同时也有相当肯定。《大戴礼记·卫将军文子》说："自见孔子，入户未尝越屦，往来过人不履影；开蛰不杀，方长不折；执亲之丧，未尝见齿，是高柴之行也。孔子曰：'高柴执亲之丧则难能也，开蛰不杀则天道也，方长不折则恕也，恕则仁也，汤恭以恕，是以日跻也。'"

师，颛孙师，名师，字子张。

辟，盘辟，古代行礼时盘旋进退的动作仪态，有文饰、形式义。

《汉书·儒林传·毛公》："鲁徐生善为颂。"颜师古注引三国魏苏林曰："徐氏后有张氏，不知经，但能盘辟为礼容。"《汉书·何武传》："坐举方正所举者召见盘辟雅拜。"颜师古注："盘辟犹言盘旋也。"王弼说："僻，饰过差也。"皇侃说："子张好文其过，故云僻也。"朱熹说："辟，便辟也，谓习于容止，少诚实也。"《大戴礼记·五帝德》："孔子曰：吾欲以容貌取人，于师也改之。"意谓颛孙师过于注重外表修饰而忽略内在修养。

一说，辟，通僻，偏也，有偏僻、偏爱义。黄式三《后案》说："辟，偏也，以其志过高，而流于一偏也。"

《韩诗外传》卷九记载子张与子夏辩论："二子相与论，终日不决。"子张主张议论时应当"徐言阖阖，威仪翼翼，后言先默，得之推让，巍巍乎，荡荡乎"，可见子张注重威仪容止，而"子夏辞气甚隘，颜色甚变"，被子张称为"小人之论"，可见二者性格气质的差异。朱熹说："子张才高意广而好为苟难，故常过中；子夏笃信谨守而规模狭隘，故常不及。"（《集注》）

子张的思想侧重于为政。在《论语》中，子张问孔子的，如"学干禄""问十世可知""问令尹子文陈简子""问善人之道""问高宗谅阴""问崇德辨惑""问政""问士何如斯可谓之达""问行""问仁""问从政"，在《孔子家语》中，亦有"问入官"的记载，多与"为政"有关，可见其僻于何处和偏之所在。

子张是才华有余而内养不足，文胜质，偏于外，曾子说他"堂堂乎张也，难与并为仁矣"。曾子则是质朴有余而文采不足，质胜文，比较内向，被孔子批评为迟钝。《礼记·表记》记载："子曰：'虞夏之质，殷周之文，至矣。虞夏之文不胜其质，殷周之质不胜其文。'"借用孔子之言，我们也可以说，子张之质不胜其文，曾子之文不胜其质。不过，子张之文，曾子之质，各有优势，颇为可观。

高柴厚道有余而智慧不足，所以愚直；子路刚猛有余而温和不足，所以粗莽。皇侃《论语义疏》引王弼云："愚，好仁过也。鲁，质胜文也。僻，饰过差也。喭，刚猛也。"（《集释》）喭，刚猛，也有莽撞之义。

孔门其他弟子气质大多各有所偏。所谓优点就是缺点，缺点就是优点，只要因材施教，加以陶冶，因其优点而去其缺点，就有希望达到中庸境界。正如《四书诠义》所说："有其病则有其善，愚者必厚重，鲁者必诚朴，辟者才必高，喭者性必直，此皆圣门气质有偏而未为习染所坏者。愚者充以学问，鲁者励以敏求，辟者敛以忠信，喭者文以礼乐，只因其好处，克去其偏处，便可至于中庸，故语之使知自励也。"

十八、颜回屡空和子贡屡中

子曰："回也其庶乎，屡空。赐不受命而货殖焉，亿则屡中。"（《先进》第十八章）

孔子说："颜回差不多完善了呀，只是贫穷空乏；端木赐不受禄命而去经商发财呢，预料行情总能料中。"

庶，庶几，这里指颜回学问道德近于完善，庶几得圣道。《易经·系辞》："子曰：'颜氏之子，其殆庶几乎？有不善未尝不知，知之未尝复行也。'"

屡空，空，空匮，贫穷。孟子说"空乏其身"，《诗经·小雅》说"小东大东，杼柚其空"，陶渊明"短褐穿结，箪瓢屡空"。屡空即《诗经·北门》"终窭且贫"之义。《汉书》"屡"皆作"娄"，颜师古注："娄，古屡字。"《经》《传》"屡"皆作"娄"，后人加"尸"。清人王先谦《诗三家义集疏》卷三说：

《释文》："窭，谓贫无可为礼。"案此言既窭无可为礼，且至贫无以自给也。《说文解字》："窭，无礼居也。"马瑞辰云："娄，空也，窭为娄声，故为无礼居。"愚案：所居窭陋，无以为礼也。《仓颉》云：

"无财曰贫,无财备礼曰窭。"

或说,空就心而言,心唯空虚,是以近道。虚心,心空,终非儒家得道最高特征,不从。孔子虽有"有鄙夫问于我,空空如也"之说,仅是回答问题时不带成见之意。亿,同臆,估计,猜测。

"不受命",古来有三种解释。其一,不安天命,不听从命运安排;其二,不遵诲命。子贡作为智商极高之士,不"受命"于孔子,没有真正用心继承孔子的内圣之学,而颜回早死,道统难传。孙齐鲁即主此说。其三,不受禄命,即没有受命于公家,不为贵族所御用,自由经商。当时官府占有工商业并进行垄断性经营。《国语·晋语四》说"工商食官"。韦昭注:"工,百工;商,官贾也。《周礼》府藏皆有贾人以知物价,食,官廪之。"可见西周商贾多世袭食于官者。后来礼崩乐坏,个体自由经商者渐渐多起来。钱穆在《国史大纲》中说:"如范蠡、段干木、白圭诸人,类皆赖政府上之地位(惟非贵族)而干商贩之新事业。"

不论作何解释,"不受命"都有贬义。《史记·货殖列传》说:

子贡既学于仲尼,退而仕卫,发贮鬻财曹鲁之间。七十子之徒,赐最为饶,而颜渊箪食瓢饮,在于陋巷。子贡结驷连骑,束帛之币,聘享诸侯,所至,国君无不分庭与之抗礼。然孔子贤颜回而讥子贡,曰:"回也其庶乎,屡空。赐不受命而货殖焉,亿则屡中。"

司马迁说本章"贤颜回而讥子贡"是有道理的,孔子虽未明讥子贡,确是更贤颜回。两位高徒,一个安贫乐道,一个亿则屡中,各有特长。不过,颜回贫而乐,子贡富而无骄;颜回闻一知十,子贡闻一知二;颜回三月不违仁,子贡则连恕道尚不能及。依儒家标准,颜回无疑高于子贡。孔子也曾直接对子贡说:"吾与女,弗如也。"

十九、也不错，很不够

子张问善人之道。子曰："不践迹，亦不入于室。"（《先进》第十九章）

子张请问善人的境界。孔子说："不能遵循圣人的足迹，也不能入于圣人的内室。"

践迹，依据成法，效法圣贤，踩着古圣先贤的脚印走。践，踩，实践。迹，脚印。孔子"祖述尧舜，宪章文武"，"好古敏求，多见而识"，颜回说"博之以文，约之以礼"，孟子说"服尧之服，诵尧之言，行尧之行"（《孟子·告子》），《尚书·说命》说"学于古训"，《康诰》说"绍闻衣德言"，都是践迹。

善人本质好，行事一本天性，不至于走上邪路。然而仅仅质美，终究不够。如果不能好古敏求，学而时习，纵有成就，也难入室。入室，比喻学问道德进入高境界。

《集注》说："善人，质美而未学者也。程子曰：'践迹，如言循途守辙。善人虽不必践旧迹而自不为恶，然亦不能入圣人之室也。'张子曰：'善人欲仁而未志于学者也。欲仁，故虽不践成法，亦不蹈于恶，有诸己也。由不学，故无自而入圣人之室也。'"

当然，践迹也未必入室，孔门弟子三千，入室者也不多。但至少，能够践迹，入室的机会更多，概率更大。善人而不践迹，就永远停留在室外了。

孔子说过："如有王者，必世而后仁。善人为邦百年，亦可以胜残去杀矣。"王者，指圣人而有位者，是入室者。王者制礼作乐道援天下，三十年可实现王道，达致太平；善人治国百年，才去除刑罚杀戮而已，不能制礼作乐，政治成就终究有限。

关于先王之迹，道家持否定态度。《庄子·天运》记载：

孔子谓老聃曰："丘治《诗》《书》《礼》《乐》《易》《春秋》六经，自以为久矣，孰知其故矣；以奸者七十二君，论先王之道而明周召之迹，一君无所钩用。甚矣夫，人之难说也，道之难明邪！"老子曰："幸矣，子之不遇治世之君也！夫六经，先王之陈迹也，岂其所以迹哉！今子之所言，犹迹也。夫迹，履之所出，而迹岂履哉！"

先王之道即中道，周召之迹即周礼。老子说，六经都是先王的陈迹，陈旧的历史遗迹，陈陈相因的东西，没有用。老子之言，似是而非，混淆了礼制精神和具体规范的区别，将六经统统视为陈迹而加以否定了，殊不知这样一来，也就否定了道家所崇的《易经》，否定了中道。

儒家是"变易与不易"的统一。礼制形式可以变易，因时制宜；礼制精神始终一贯，万古不易。由尧舜禹汤、文武周公、孔孟程朱，历代相传，由儒家经典和圣人代表的中道，万古不易。"天不变，道亦不变"，此之谓也。元成宗在尊孔子为大成至圣文宣王的圣旨中写道："盖闻先孔子而圣者，非孔子无以明；后孔子而圣者，非孔子无以法。"

无论对元朝和元成宗如何评价，其言堪称万古不易之言。而《庄子》中老子对六经的否定对孔子的贬低，倒是很不合适的。注意，《庄子》中关于孔子的记载，大多是寓言或有虚夸成分，不能当真。

二十、别被表象所迷惑

子曰："论笃是与，君子者乎？色庄者乎？"（《先进》第二十章）

孔子说："但凭言论笃实就肯定一个人，是真正的君子呢？还是表面庄重的人呢。"

论笃是与，等于"与论笃"。与，赞许，肯定。论笃，言论诚恳笃实，口无虚言。是，在这里标志宾语前置的助词。色庄，神色庄重，这里指做出一副庄重的样子。色庄者，没有实际践履者。

本章应是不可以言举人、以貌取人的意思。《集注》说："言但以其言论笃实而与之，则未知其为君子者乎？为色庄者乎？言不可以言貌取人也。"

不过，既然知道对方言论笃实，又怀疑对方表面庄重而已，似有多疑和不够厚道之嫌。《易传·系辞》说："将叛者其辞惭，中心疑者其辞枝，吉人之辞寡，躁人之辞多，诬善之人其辞游，失其守者其辞屈。"倘非君子，岂能论笃又色庄呢？孔子此言或是有感而发，或有针对性。《集释》陈树德按语认为，本章不知所谓，是后人伪托。姑留疑于此。

对此前人亦有与东海同感者，《集释》引《四书辨疑》说：

君子不以言举人，谓不专信其言，听言未得其实，而又必观其行也。不知言，无以知人也，正患不能辨其言之真伪耳。果知其言虚伪不情，则当待为小人而不取；果知其言笃实无妄，则当待为君子而取之。今既明知言论笃实，而乃又有色庄之疑。语言虚伪者既不取，言论笃实者亦不取，则天下之言皆不足信。圣人教人以知言，亦为无用之虚语矣。况言论出于口，颜色在于面，言色两处，各不相关，今疑口中言论笃实，恐是面上颜色庄严，亦不可晓。

二十一、因材施教，应病与药

子路问："闻斯行诸？"子曰："有父兄在，如之何其闻斯行之？"冉有问："闻斯行诸？"子曰："闻斯行之。"公西华曰："由也问'闻斯行诸'，子曰'有父兄在'；求也问'闻斯行诸'，子曰'闻斯行之'。赤也惑，敢问。"子曰："求也退，故进之；由也兼人，故退之。"（《先进》第二十一章）

子路问："听到义理就立即实践吗？"孔子说："有父兄在，怎么能听到义理就立即实践呢？"冉有问："听到义理就立即实践吗？"孔子说："听到义理就立即实践。"公西华说："仲由问听到义理就立即实践吗，老师说有父兄在；冉求问听到义理就立即实践吗，老师说听到了就立即实践。我疑惑了，大胆请问。"孔子说："冉求是退缩，所以鼓励他快进；仲由是一个顶俩，所以约束他退后些。"

闻斯行，闻义即行。兼人，胜人，一个顶俩。

有父兄在，子弟不能自专，即使是好人好事，也要征得父兄同意。《礼记·曲礼》："父母在，不许友以死，不有私财。"《礼记·坊记》："曰：'父母在，不敢有其身、不敢私其财，示民有上下也；父母在，馈献不及车马，示民不敢专也。'"《檀弓》："未仕者不敢税人。如税人，则以父兄之命。"

《白虎通·谏诤》说："朋友之道，亲存不得行者二：不得许友以其身，不得专通财之恩。友饥，则白之于父兄，父兄许之，乃称父兄与之，不听即止。故《论语》曰：'有父兄在，如之何其闻斯行之也？'"

本章是孔子"因材施教"的典型范例。子路猛进，所以孔子劝他多多征求父兄意见；冉求退缩，《雍也》中冉求说："非不悦子之道，力不足也。"这就是退缩的表现。所以孔子对他说"闻斯行之"。

《礼记·学记》说："学者有四失，教者必知之：人之学也，或失则多，或失则寡，或失则易，或失则止。此四者，心之莫同也。知其心，然后能救其失也。教也者，长善而救其失者也。"学者四失，有的在贪多，有的在求少，有的在简略，有的在不求进取。子路所失在易，冉求所失在止。孔子对他们同样的问题给予不同回答，正是旨在长善救失。

《集注》引张敬夫言："闻义固当勇为，然有父兄在，则有不可得而专者。若不禀命而行，则反伤于义矣。子路有闻，未之能行，唯恐有闻。则于所当为，不患其不能为矣，特患为之之意或过，而于所当禀命者有阙耳。若冉求之资禀失之弱，不患其不禀命也，患其于所当为者逡巡畏缩，而为之不勇耳。圣人一进之，一退之，所以约之于义理之中，而使之无过不及之患也。"

二十二、师徒情深

子畏于匡，颜渊后。子曰："吾以女为死矣。"曰："子在，回何敢死！"（《先进》第二十二章）

孔子被困于匡地，颜渊后面到来。孔子说："我以为你死了呢。"（颜渊）说："夫子您在，我怎么敢死呢？"

畏，被围困或被威胁。

颜渊后，或释为颜渊最后逃出来，但据《史记·孔子世家》记载："孔子状类阳虎，拘焉五日，颜渊后，子曰：'吾以汝为死矣'。颜渊曰：'子在，回何敢死！'匡人拘孔子益急，弟子惧。孔子曰：'文王既没，文不在兹乎？天之将丧斯文也，后死者不得与于斯文也。天之未丧斯文也，匡人其如予何！'孔子使从者为宁武子臣于卫，然后得去。"这里"颜渊后"，应该是颜回与孔子行，忽遇匡人之难，相失在后，后面才找到孔子。当时孔子还没有脱困。

读这一章，不由得想起电影《孔子》中颜回"以身殉书"一事，编得太不靠谱了。不符合历史事实倒也罢了，关键是那样死法，不合颜子身份和儒家义理。儒家不宜以身殉物也，即使这个物是载道的经书也没必要，只闻道屈则身在必退，未闻书溺则身陪之葬。何况有孔子这部活经典在。颜回不会不知道自己在孔子心目中的重要性，他不会忍心让孔子伤心的。电影《孔子》把这么个死法强加给颜子，是诬陷其于不智不义。钱穆说得好：

"子在，回何敢死。"何敢死，言不敢轻身赴斗。孔子尚在，明道传道之责任大，不敢轻死，一也。弟子事师如事父，父母在，子不敢轻死，二也。颜子虽失在后，然明知孔子之不轻死，故己亦不敢轻身赴斗，三也。曾子曰：'任重而道远，死而后已。重其任，故亦重其死。'"（《论语新解》）

释氏割肉喂鹰、以身饲虎，则有以身殉物之嫌。有学者将释氏的做法与孔孟的杀身成仁、舍生取义之说相提并论，大谬。儒佛两家固可相通，亦有大异。儒家仁义并重，义者宜也，合情合理，中庸之道，恰恰好。以身饲虎，大不义，不义则不仁，所谓过犹不及。

儒家仁爱无限而有序，无限为仁，有序为义。仁民爱物，先人后物，对各种动物的爱有个边界和前提，不能对人类造成伤害。以身饲虎，以身殉书，都未免轻生而重物。

二十三、大臣和具臣的区别

季子然问："仲由、冉求可谓大臣与？"子曰："吾以子为异之问，曾由与求之问。所谓大臣者，以道事君，不可则止。今由与求也，可谓具臣矣。"曰："然则从之者与？"子曰："弑父与君，亦不从也。"（《先进》第二十三章）

季子然问："仲由、冉求可以称为大臣吗？"孔子说："我以为您是想问别的事，竟然是问仲由和冉求。所谓大臣，以道义侍奉君主，若不可就不干。现在仲由和冉求，可以算是具臣了。"季子然说："那么他们是顺从的臣子吗？"孔子说："要杀父弑君，他们也是不会顺从的。"

季子然，姓季孙，名平子，字子然，乃季孙意如之子，鲁国季氏的同族。因季氏任用子路、冉有为臣，所以，季子然向孔子提出了这一问题。曾，乃，原来是。具臣，相当于能臣。具，才具，能力。

一说，具臣，犹云备位充数之臣。

大臣德才俱高，具臣则才具或有余，德行则不足，原则性不强，唯君主之命是从，不过，也有一定底线，"弑父与君，亦不从也"。具臣，朱熹与钱穆都解作"备位充数之臣"。季氏旅于泰山而冉有不能救，孔子批评帮助季氏做事的子路和冉有，"远人不服而不能来也，邦分崩离析而不能守也，而谋动干戈于邦内"，"危而不持，颠而不扶"。朱熹认为，这里"轻"子路和冉有，是为了"抑"季子然。

大臣风范是以道事君，以道制势，以仁义中庸之道侍奉君主，谏君之恶，导君于善，导君向正道。如果因种种原因办不到，那就走开去，不干。君君臣臣，君待臣以礼，臣事君以忠。如果政治非礼，君主无礼，君不君，臣自然就不臣。孟子说："君有过则谏，反复之而不听，则去。"《礼记·内则》说："道合则服从，不可则去。"《曲礼》说："为人臣之礼，不显谏，三谏而不听，则逃之。"

《公羊传·庄公二十四年》记载："戎将侵曹，曹羁谏曰：'戎众以无义，君请勿自敌也。'曹伯曰：'不可。'三谏不从，遂去之，故君子以为得君臣之义也。"何休注引孔子曰："所谓大臣者以道事君，不可则止，此之谓也。"泄冶死谏陈灵公被杀，曹羁三谏不从则去，《春秋经》俱贤之，但认为曹羁更合礼。

君主时代，君主是国家的象征，敬君忠君，理所当然，也是礼所必然，但敬忠有条件。《白虎通·谏诤》说："诸侯之臣，诤不从得去何？以屈尊伸卑，孤恶君也。"如果诤谏不听，诸侯之臣就可以去，那样规定是为了伸臣之卑，屈君之尊，孤立恶君。

这种大臣风范，非具臣所能及也。具臣也可能会劝谏，但缺乏以道事君、不可则止的尊严。《礼记·表记》说："事君三违而不出境，则利禄矣。"具臣终究是利禄之人。孟子说："有事君人者，事是君则为容悦者也；有安社稷臣者，以安社稷为悦者也。"事君人者与具臣差不多，安社稷臣相当于大臣。

二十四、学而优，才能仕

子路使子羔为费宰。子曰："贼夫人之子。"子路曰："有民人焉，有社稷焉，何必读书然后为学？"子曰："是故恶夫佞者。"（《先进》第二十四章）

子路荐子羔担任费宰。孔子说："害了那个年轻人。"子路说："那儿有人民，有社稷，何必一定要读书才算是学呢？"孔子说："因此我讨厌狡辩的人。"

高柴，字子羔，孔子弟子，比孔子小三十岁。贼，害，毁坏，坑害。孔子认为子羔品质虽美，学业未成，过早从政，有害无益。社稷，社，土地神；稷，谷神，二者共祀一坛。恶，讨厌。佞，巧言。佞者利口善辩、恃才强辩。

子路的话，似乎振振有词，治理民众，祭祀社稷，难道不也是为学吗？何必一定要读书才算是学呢？其实纯属狡辩。学业未成，自身不修，管不好自己，何以治理民众？自立立人，自达达人。不能自立自达，何以立人达人？可笑的是，这种子路式的狡言至今仍然时髦，换成现代的话，叫"在实践中学习"。

学而优则仕是出仕的正道。《韩诗外传》记载："哀公问于子夏曰：'必学然后可以安国保民乎？'子夏曰：'不学而能安国保民者，未之有也。'"子夏之言，正是本章孔子之意。《左传》记载：

子皮欲使尹何为邑。子产曰："少，未知可否。"子皮曰："愿吾爱之，不吾叛也。使夫往而学焉，夫亦愈知治矣。"子产曰："不可。人之爱人，求利之也。今吾子爱人则以政，犹未能操刀而使割也，其伤实多。子之爱人，伤之而已，其谁敢求爱于子？子于郑国，栋也。栋折榱崩，侨将厌焉，敢不尽言？子有美锦，不使人学制焉。

大官大邑,身之所庇也,而使学者制焉,其为美锦,不亦多乎?侨闻学而后入政,未闻以政学者也。若果行此,必有所害。譬如田猎射御,贯则能获禽,若未尝登车射御,则败绩厌覆是惧,何暇思获?"(《左传·襄公三十一年》)

子产即公孙侨,郑国大夫。子皮,郑国大夫,名罕虎。尹何是子皮的家臣。子皮非常宠爱年轻的尹何,想让尹何治理自己的一个采邑,认为尹何没有学问不懂治理不要紧,可以边干边学。子产提醒,这样做不是爱尹何而是害了他,就像未能操刀而使割锦一样有害,又如不会驾马车拉弓箭就让他去打猎一样危险。

本文记述了郑国的上卿子皮和继任子产的一段对话,表现了子产的远见卓识和知无不言的坦诚态度。子皮听了子产的分析,从善如流,完全听从,把郑国的政事委托给他。

二十五、四门生各言其志

子路、曾皙、冉有、公西华侍坐。子曰:"以吾一日长乎尔,毋吾以也。居则曰'不吾知也'!如或知尔,则何以哉?"子路率尔而对曰:"千乘之国,摄乎大国之间,加之以师旅,因之以饥馑,由也为之,比及三年,可使有勇,且知方也。"夫子哂之。"求,尔何如?"对曰:"方六七十,如五六十,求也为之,比及三年,可使足民。如其礼乐,以俟君子。""赤,尔何如?"对曰:"非曰能之,愿学焉。宗庙之事,如会同,端章甫,愿为小相焉。""点,尔何如?"鼓瑟希,铿尔,舍瑟而作,对曰:"异乎三子者之撰。"子曰:"何伤乎?亦各言其志也。"曰:"莫春者,春服既成,冠者五六人,童子六七人,浴乎沂,风乎舞雩,咏而归。"夫子喟然叹曰:"吾与点也!"三子者出,曾皙后。曾皙曰:"夫三子者之言何如?"子曰:"亦各言其志也已矣。"曰:"夫子何哂由也?"曰:"为国以礼,其言不让,是故哂之。""唯求则非邦也与?""安见方六七十,如五六十,而

非邦也者?""唯赤则非邦也与?""宗庙会同,非诸侯而何,赤也为之小,孰能为之大?"(《先进》第二十五章)

子路、曾晳、冉有、公西华陪侍孔子坐着。孔子说:"因我比你们年长一些,不要因此而拘束。你们平时总说:'人家不了解我啊!'假如有人了解你们,那么打算怎样做呢?"子路直率地对答说:"一个千辆兵车的国家,夹在大国之间,受别国军队的侵犯,再遇上凶年饥荒,让我去治理它,只要有三年,可以使国民勇敢,并且趋向礼义。"孔子哂笑他。孔子又问:"冉求,你怎样?"回答说:"一个纵横六七十里,或者五六十里的地方,我去治理它,只要三年,可以让国民富足。至于礼乐方面,要另等君子去教化。"孔子又问:"公西赤,你怎样呢?"回答说:"不敢说能够做到什么,愿意学习吧。在宗庙祭祀的事务上,或者与别的国家的盟会中,我穿上礼服,戴上礼帽,愿意做一个小小的赞礼人。"孔子又问:"曾点,你怎样呢?"曾晳弹瑟,声音渐稀,铿的一声停了,放下瑟站起来,回答说:"不同于他们三位所说。"孔子说:"何妨呢,也就是各人谈谈自己的志向吧!"曾晳说:"暮春时节,春天的夹服已穿好了,成年人五六人,少年六七人,沂河里洗洗澡,舞雩台上吹吹风,唱着歌回来。"孔子长叹了一声说:"我赞成曾点哪。"三人出去了,曾晳留在最后。曾晳说:"这三位说的话怎样?"孔子说:"也就是各人谈谈自己的志向罢了。"曾晳说:"老师为何笑仲由呢?"孔子说:"治理国家要讲礼让,他说的不礼让,所以笑他。"曾晳又问:"难道冉求所讲的不是邦国之事吗?"孔子说:"哪里见得纵横六七十里、或者五六十里的地方就不是国家呢?"曾晳又问:"难道公西赤所讲的不是邦国之事吗?"孔子说:"有宗庙及同别国的盟会,那不是诸侯国又是什么呢?如果公西赤只能做一个小相,谁还能做大相呢?"

曾晳,姓曾名点,字子晳,曾参的父亲,南武城人,孔子弟子。毋吾以,不要因我而拘束,而停止发言。毋,不,不要。以,同已,停止。居，平时，平素。率尔，直率地。摄，局促，迫蹙。摄乎大国之间，犹言夹在大国之间。师旅，古代军队组织，五人为伍，五伍为两，四两为卒（100人），五卒为旅（500人），五旅为师（2500人），五师为军。"加之以师旅"，犹言发生战争，受别国军队的侵犯。饥馑，荒年，灾荒，凶年。《尔雅·释天》："谷不熟为饥，蔬不熟为馑。"

比及，等到，到了。知方，《集注》曰："谓向义也"。哂，微笑。俟，等待。赤，即公西华，参阅《公冶长》第八章注。会同，诸侯会盟。两诸侯相见，叫会；许多诸侯一起相见，叫同。端章甫，端，也写作褍，周代的一种礼服，也叫玄端。章甫，一种礼帽，这里泛指穿着礼服。相，在祭祀、会同时，行赞礼的人员。也叫傧相，有不同的职位等级，故文中有小相大相之说。

希，通稀，稀疏（文中指节奏速度放慢）。铿尔，铿的一声，形容乐声有节奏而响亮。一说，曲终拨动瑟弦的余音。作，起立。三子，三位，子是对学生的尊称。撰，同譔，陈述的事，说的话。一说当作僎，读为诠，犹言善。曾点谓所言不能如三人之善。何伤乎，无妨呀。伤，害，妨碍。

莫春者，三月近末，莫同暮。春服，指春天穿的夹衣。冠者，成年人。古代男子二十岁举行冠礼，束发加冠，表示已成年。沂，水名，发源于山东省邹城市东北，经曲阜市南及苏北，流入黄海。风，作动词用，吹风，乘凉。雩，古代求雨的祭坛，因人们乞雨必舞，故称舞雩，这里指鲁国祭天求雨的台子，在今曲阜市南，有坛有树。北魏郦道元《水经注》称："沂水北对稷门，一名高门，一名雩门。南隔水有雩坛，坛高三丈，即曾点所欲风处也。"

孔子"吾与点也"，是赞叹曾点所描绘的仿佛礼乐之治下和谐社会的景象。至于曾皙个人，根据现有材料，其才其学都不如子路、冉有、公西华三人，在孔门中无所表现。孔子笑子路，是笑他所言不礼让，不是笑他的志向，并非如宋儒所说"三子皆欲得国而治之，故夫子不取"。

关于此章，清代儒者张履祥在《备忘录》中说得好："四子侍坐，固各言其志，然于治道亦有次第。祸乱戡定，而后可施政教，初时师旅饥馑，子路之使有勇知方，所以戡定祸乱也。乱之既定，则宜阜俗，冉有之足民，所以阜俗也。俗之既阜，则宜继以教化，子华之宗庙会同，所以化民成俗也。化行俗美，民生和乐，熙熙然游于唐虞三代之世矣，曾晳之春风沂水，有其象矣。夫子志夫三代之矣，能不喟然长叹！"

第十二章　颜渊篇

《颜渊》共二十四章，主要讲孔子教育弟子如何为仁、为政、处世，以弟子问、先生答为主，也有他人问弟子答，弟子问弟子答的，堪称孔门教学篇。

一、克己复礼天下仁

颜渊问仁。子曰："克己复礼为仁。一日克己复礼，天下归仁焉。为仁由己，而由人乎哉？"颜渊曰："请问其目。"子曰："非礼勿视，非礼勿听，非礼勿言，非礼勿动。"颜渊曰："回虽不敏，请事斯语矣。"（《颜渊》第一章）

颜渊问仁。孔子说："约束自己、恢复礼乐就是仁。有一天能够约束自己、恢复礼乐，天下就回归仁道了。践行仁道依靠自己，哪能依靠别人呢？"颜渊说："请问践行仁道的条目。"孔子说："不合礼的不看，不合礼的不听，不合礼的不说，不合礼的不做。"颜渊说："我虽不聪敏，请让我按照这个话去做吧。"

克己，约束自己。克，约束，抑制。（一说，克，肩也，任也。克己复礼，以身肩任礼，即尽自己的责任恢复礼乐制度，也通。只是下文"四勿"，作为约束自己的条目，明显不是"肩任"之意。）习惯上将克己解作"克去己私"（宋儒皆作此解），将己解为私欲。然下文为仁由己，都指己身，将先后的两个己字作不同理解，终觉不妥。目，纲目，条目，具体要点。事，从事，实行，实践。

或问:"孔子说:'一日克己复礼,天下归仁焉。'这也说得太玄乎了。克己复礼有那么大的神通吗?你一克己复礼,天下就纷纷归仁了。如果这么简单,咱请一个大儒来克一下己,行一下礼,天下就太平了,岂不是好。"

儒家极高明而道中庸,何至于这么幼稚儿戏又玄乎搞怪。礼,是各种文物典章制度的总称,统括政治社会道德规范,包括祭祀、军旅、冠婚、丧葬、朝聘、会盟等等方面的仪式。克己是内圣学,复礼是外王学,恢复礼乐制度,重建王道政治。孔子这句话集内圣外王之全,是儒家文化的总括和纲要。如果文化人、政治家能够严格要求和约束自己,努力恢复礼乐制度,就有希望天下重归仁道,再获升平。

周礼是小康之礼的最高形式。在大道不行、大同渺茫的时代,小康不失为一种比较现实而值得追求的社会理想,故孔子对周礼颇崇尚,在《论语》中多次谈到。《八佾》:"子曰:'周监乎二代,郁郁乎文哉,吾从周。'"《泰伯》:"周之德,其可谓至德也。"《阳货》:"如有用我者,吾其为东周乎!"《述而》:"甚矣吾衰也,久矣吾不复梦见周公。"等等。

克己是道德修养,复礼是政治实践;克己是独善其身,复礼是兼善天下。克己是为了成己之性,成就自己的仁德,复礼是为了成人之性,曲成万物,仁及天下国家。克己是复礼的内在基础,复礼是克己的外王实践。克己可以为复礼提供道德力量,复礼的努力可以让克己更加到位。

克己复礼一体同仁,而克己是更加根本性的,是外王的基础,仁道的根本。复礼有待于一定的外在条件,克己则无所倚,一切全靠自己。所以孔子接着强调"为仁由己"。

注意,礼虽属于外王范畴,也是内圣追求的重要条目和辅助工具,具有约束自己的功能,所谓"博学于文,约之以礼"。所以接下去孔子告颜渊以"四勿"(非礼勿视等)。"四勿"属于克己功夫。

二、己所不欲勿施于人

仲弓问仁。子曰:"出门如见大宾,使民如承大祭。己所不欲,勿施于人。在邦无怨,在家无怨。"仲弓曰:"雍虽不敏,请事斯语矣。"(《颜渊》第二章)

仲弓问仁。孔子说:"出门如同接待贵宾,差遣国民如同承当重大祭祀。自己不愿意接受的,不施加给别人。在邦国没有怨,在家族没有怨。"仲弓说:"我虽不聪敏,请让我按照这话去做吧。"

仲弓,冉雍,字仲弓。参阅《公冶长》第五章注。颜渊、仲弓同样问仁,孔子回答颜渊时范围是天下,回答仲弓时指向的是家邦,可见他们的造诣和境界有所不同,孔子对他们的期望也有所不同。

"己所不欲,勿施于人"体现的是恕道,是儒家处理人际关系及政治关系的重要原则。仁,积极方面表现为立人达人,消极方面表现为推己及人。恕,如心也,可以概括为四个字:将心比心。

《大学》说:"所恶于上,毋以使下;所恶于下,毋以事上;所恶于前,毋以先后;所恶于后,毋以从前;所恶于右,毋以交于左;所恶于左,毋以交于右。此之谓絜矩之道。"这也是恕的表现。

政治更要讲恕道。孟子说:"得天下有道:得其民,斯得天下矣;得其民有道:得其心,斯得民矣;得其心有道:所欲与之聚之,所恶勿施尔也。"(《孟子·离娄上》)又说:"古之人所以大过人者,无他焉,善推其所为而已矣。"(《孟子·梁惠王上》)"所欲与之聚之",即是"推其所欲以及于人",忠德也;"所恶勿施尔也",即是"推其所不欲而勿施于人",恕道也。

《韩诗外传》说:"昔者不出户而知天下,不窥牖而见天道,非目能视乎千里之前,非耳能闻乎千里之外,以己之情量之也。己恶饥寒焉，则知天下之欲衣食也；己恶劳苦焉，则知天下之欲富足也。知此三者，圣王之所以不降席而匡天下。故君子之道，忠恕而已矣。"

在政治上，最好的道路，也要有民意的合法性，即尊重民意，取得国民的基本认可和一定授权。国民普遍欢迎，应该当仁不让，否则就独善其身，尽我所能地说法传道，以培养人才、启迪民智为己任。

恕道强调尊重他人的自由和权利，强调宽容。然复须知，恕道不是无条件的，它以中道为基础，与"以直报怨"和"大复仇"义理并列。若连灭国杀父大仇也宽容之、饶恕之，放弃理所当然和天下公认的赔偿，甚至亲人和国民尸骨未寒便急着向宿敌示好，那可与恕道毫不相干。

仁必有恕，不仁必无恕，恶人恶势力不可能真正讲恕道。所以恶发展到极致或者后来，不仅会将善良逼得走投无路，恶与恶之间也会自相残杀。这也是"恶必败"定律的要因之一。古今中外恶人之间恶势力内部，从来是相互利用的关系，没有真正的宽容团结可言。

三、仁者说话特慎重

司马牛问仁。子曰："仁者其言也讱。"曰："其言也讱，斯谓之仁矣乎？"子曰："为之难，言之得无讱乎？"（《颜渊》第三章）

司马牛问仁。孔子说："仁人说话特慎重。"司马牛说："说话特慎重，这就叫做仁了吗？"孔子说："事做起来难，说起来能不慎重吗？"

司马牛，姓司马，名耕，一名犁，字子牛，宋国大夫桓魋的弟弟，孔子弟子。讱，言语钝讷，引申为说话慎重。《集注》："讱，忍也，难也。仁者心存而不放，故其言若有所忍而不易发，盖其德之一端也。"

其言也讱就是讷于言。孔子说："君子欲讷于言而敏于行"（《里仁》）。又说："庸德之行，庸言之谨，有所不足，不敢不勉，有余不敢尽。言顾行，行顾言，君子胡不慥慥尔。"（《中庸》）这也是讱言的表现。

讱言与辩才不矛盾。如果借孔子之言批评好辩擅辩的孟子其言不讱，就缠夹了。仁者既慎于言，深思熟虑，言不妄发；又勇于言，摧邪显正，弘传真理。在此基础上尽量善于言。

《史记·仲尼弟子列传》说司马牛"多言而躁"，可见孔子这一段话具有针对性。朱熹说："夫子以牛多言而躁，故告之以此。使其于此而谨之，则所以为仁之方，不外是矣。牛意仁道至大，不但如夫子之所言，故夫子又告之以此。盖心常存，故事不苟；事不苟，故其言自有不得而易者，非强闭之而不出也。"（《集注》）

东海有联自勉曰：君子于言无所苟，大人处世要全真。

四、不忧不惧真君子

司马牛问君子。子曰："君子不忧不惧。"曰："不忧不惧，斯谓之君子已乎？"子曰："内省不疚，夫何忧何惧？"（《颜渊》第四章）

司马牛问怎样是君子。孔子说："君子不忧愁，不畏惧。"（司马牛）说："不忧愁不畏惧，这就是君子了吗？"孔子说："自我反省而问心无愧，还忧什么惧什么？"

省，检查，反省，检讨。疚，惭愧，痛苦不安。

宋司马向魋，又名桓魋。桓氏在宋为公族元士，其兄弟向巢、子颀、子车、司马牛等都有爵禄。唯司马牛独贤，来鲁国学于孔子。

桓魋有宠于宋景公而为害于国，其势有覆宗绝祀之祸，司马牛以为忧，问孔子何以自处。孔子告以"君子不忧不惧"。下章司马牛对子夏叹"人皆有兄弟，我独亡"，也是为此。桓魋欲弑杀景公，危害孔子，丧心病狂，又有其兄弟向巢、子颀、子车等同恶相济，故司马牛有此痛心之语。孔子劝慰司马牛，只要内省不疚，就没什么好担心的。略去背景，孔子之言适用于所有的人。

自我反省是修德成德的重要途径。"吾日三省吾身：与人谋而不忠乎？与朋友交而不信乎？传不习乎？""见贤思齐焉，见不贤而内自省也。"如果内省有疚，那就要勇于改正，"过则勿惮改"，不断完善自己，直到"内省不疚"。自我反省，就是一个徙义改善的过程，一个正视自我、改正旧我、发展新我的过程。

儒者忧政治不明、道不能行，故孟子曰"君子有终身之忧"。从个人角度着眼，则"君子坦荡荡"，"仁者无忧，智者无惧"，"君子不忧不惧"。并非生活、工作、事业中没有可忧可惧之事，而是君子具备了良好的心理和精神状态，恰似俗话说的：为人不做亏心事，不怕半夜鬼敲门。

一个人如果听从良知的指挥，做我应该做的，能够做到"问心无愧"四个字，自然胸怀坦荡气雄胆壮。《集释》引《松阳讲义》曰：

君子所以异于人者，以其心常泰然。世间可忧可惧之事最多，而不能以累君子之心。处平常之时，有得失之可忧惧也，君子则得失当前，不忧不惧；处变故之时，有利害之可忧惧也，君子则利害当前，不忧不惧。或以不忧惧而听天下之纷纭，或更以不忧惧而消天下之祸变，故恒人终身扰扰于忧惧中者，君子止见其坦荡荡而已。君子这个地位岂是可容易到得的？此夫子知牛在忧患中，而示以处忧患之道。虽未指其事而言之，而其教之也至矣。内省不疚一语，意味深长。

五、四海之内皆兄弟

司马牛忧曰："人皆有兄弟，我独亡。"子夏曰："商闻之矣：'死生有命，富贵在天。君子敬而无失，与人恭而有礼，四海之内皆兄

弟也。'君子何患乎无兄弟也？"（《颜渊》第五章）

司马牛忧愁地说："人家都有兄弟，唯独我没有。"子夏说："我听说过了：'死生有命，富贵在天。君子谨敬而无过失，对人恭敬而有礼，四海之内都是兄弟。'君子何必担心没有兄弟呢？"

司马牛之兄桓魋，多行不义，素称凶恶，试图作乱，早晚必亡。司马牛劝谏不了，忧惧不已，因此发出这样的叹息，认为自己虽有兄弟而不如无。司马牛的忧惧是有道理的。桓魋作乱，如果成功，弑君祸国，将不容于天下；如果失败，必招致灭族之祸。

子夏宽慰司马牛，意谓四海之内的人都可以是兄弟，或有劝他见机而作、早日避祸出走的意思。敬而无失，恭而有礼，则是示之以涉世之道，即孔子所说："言忠信，行笃敬，虽蛮貊之邦行矣。"

司马牛或许有所系恋，难以决断，直到向魋作乱失败，他才匆匆将自己的采邑还给国君，离开宋国到齐国。当向魋辗转来到齐国后，他又离开齐国到了吴国。可是吴人很厌恶他，司马牛不得已，又欲返回宋国，其间赵简子邀请他去晋国，陈成子也请他去齐国。司马牛在途经鲁国时，客死在鲁国国都城门之外。（事见《左传·哀公十四年》）

《说苑》记载："夫子曰：'敏其行，修其礼，千里之外亲如兄弟，若行不敏，礼不合，对门不通矣。'"曾子也说过类似"四海之内皆兄弟"的话。《大戴礼记·曾子制言》记载：

曾子门弟子或将之晋，曰："吾无知焉。"曾子曰："何必然，往矣！有知焉谓之友，无知焉谓之主。且夫君子执仁立志，先行后言，千里之外皆为兄弟。苟是之不为，则虽汝亲，庸孰能亲汝乎？"

曾子门下弟子将要到晋国去，担心自己在晋国没有相识。曾子说："何必这样多虑，去吧。相识的称为朋友，不相识的也可以是主人（与客人相对）。何况君子择仁固执，立志坚定，先做后说，千里之外都会有兄弟。假如你不这样做，那么即使你的亲人，又有谁肯亲近你呢。"

六、浸润之谮，肤受之愬

子张问明。子曰："浸润之谮，肤受之愬，不行焉，可谓明也已矣。浸润之谮，肤受之愬，不行焉，可谓远也已矣。"（《颜渊》第六章）

子张问怎样是明智。孔子说："流水浸润般的谗言，切肤之痛般的诽谤，对他行不通，可以说是明智了；流水浸润般的谗言，切肤之痛般的诽谤，对他行不通，可以说是看得远了。"

浸润之谮，浸润，液体逐渐渗透。谮，谗言，说人的坏话。浸润之谮，似水浸润的中伤。愬，诬告。《正义》说："愬亦谮也，变其文耳。"

《逸周书·谥法解》："谮愬不行曰明。"不行，行不通，这里指不为谗言所迷惑。远，古语："远则明之至也。"《尚书·太甲》"视远惟明"，可见"远"及上句中的"明"均指看得明白，看得远。

人人本心相同，故人心可以相通。但可以相通并非一定相通，相通的程度也因人而异，因为习心千殊万异。在现实层面，人与人之间充满隔阂或误会。本心不明，亲朋好友兄弟父子之间都会产生种种隔阂误会。母亲对儿子应是最了解、最相信的，但也有信不过的时候。

李白诗说"曾参岂是杀人者，谗言三及慈母惊"，典出《新序》：曾参在郑国居住的时候，有一个和他同姓名的人杀了人。有人告诉曾母曾参杀人了，曾母自信地说她的儿子不会杀人，并泰然自若地织她的布。过了一会，又有人来报告曾参杀了人。曾母仍不相信，顾自织布。过一会又有人来报曾参杀了人，曾母遂扔下机杼跳墙逃走了。

这个故事说明了谣言之可畏，众口可铄金。《新序·杂事》："夫以曾参之贤，与其母信之也，然三人疑之，其母惧焉。"连大儒贤母都可能被迷惑，何况其余？同时说明了人心相通之难，说明诬陷、中伤、谣言、谎话的可怕力量。

能够抗拒这种力量，让浸润之谮、肤受之愬行不通，当然是心明察之清、眼亮看得远的人了。《集释》引《论语意原》说："形容小人之形状，无若圣人之言。凡谮愬者，使其正言之，人人皆能识之矣。惟如水之浸润不暴而易深、肤之受垢无形而易入。于此不行焉，可谓明矣。明不足言也，可谓远矣。"

七、民无信不立

子贡问政。子曰："足食，足兵，民信之矣。"子贡曰："必不得已而去，于斯三者何先？"曰："去兵。"子贡曰："必不得已而去，于斯二者何先？"曰："去食。自古皆有死，民无信不立。"(《颜渊》第七章)

子贡问为政之道。孔子说："充足粮食，充足军备，让人民有诚信。"子贡说："不得已必须去掉一项，在这三项中先去掉什么呢？"孔子说："去掉军备。"子贡说："不得已必须去掉一项，在剩下的两项中先去掉什么呢？"孔子说："去掉粮食。自古以来人都要死，人民没有诚信就站不起来。"

兵，兵器，武器，指军备。

足食足兵好理解。对"民信之矣"这一句，歧解纷呈，或说是"民众对政府诚信"，或说是"政府对民众讲诚信"，或说是"使民众信任政府"，或说是"使民众有自信"，都不正确，都不无道理。于丹解为"老百姓对国家的信仰"，则谬以千里。怎能把国家上升为信仰呢？那是国家主义的观点。

儒家有哲学性，内圣学即中华特色的形而上学；有政治性，外王学关注政治制度建设；有宗教性，以性与天道为最高信仰……于丹们将这一切全砍掉，将内蕴深厚、内力雄厚的儒家道德，熬成淡乎寡味的心灵鸡汤，甚至掺杂了思想毒素。例如，把国家上升为信仰，就成了毒品。

国当然要爱，但爱不等于信仰，就像君子亲亲不等于信仰亲人，爱物不等于信仰物质一样。要说信仰，儒家只信仰天道良知。王阳明说得好："夫学贵得之心。求之于心而非也，虽其言之出于孔子，不敢以为是也，而况其未及孔子者乎？求之于心而是也，虽其言之出于庸常，不敢以为非也，而况其出于孔子者乎？"（《答罗整庵少宰书》）。此其所谓当仁不让于师也。

关于本章的"信"，熊十力先生的阐释最为切当。他说：

信者，诚信。孟子曰："诚者，天之道也；思诚者，人之道也。"民皆尽其诚信而远于狡变、猜疑、凶暴等等恶德，则人极立而太平之休可致也。以民信言于足食足兵之后者，仓廪实而武备修，然后教化可行，所以异乎后世迂儒之论。朱子《集注》释民信，以民信于君上为言，此则帝制思想误之。下文自古皆有死，民无信不立，则信乃人之所以立，即谓人必存其诚信，始得树立为人，否则不成为人。此立字与《雍也》篇"仁者己欲立而立人"之"立"同，朱注殊失圣意。夫曰自古皆有死，民无信不立，则是以诚信立国，而与以强立国根本截异。以诚信立国，则不待以民力立强。刑措弗用，民力充实，无待驱策，更无可劫持，民皆自由于诚信之中。食足而将导养其灵性于美善的创造，非可沦溺于食之中以厚自利而食人也。兵足则以御强暴侵略，非以杀人而动兵也。故以诚信立国者，将率人类而皆畅其天性。（《十力语要》）

徐复观先生有《释〈论语〉"民无信不立"》一文，也可资参考。

文中引用了孔安国和郑康成的注解："何晏《论语集解》引孔安国注曰：'死者古今常道，人皆有之，治邦不可失信。'郑康成注则曰：'言人所特急者，食也。自古皆有死，必不得已，食又可去也。民无信不立，言民所最急者，信也。'"

徐因此认为，孔注是就统治者自身说的，意指"统治者宁可自己饿死而不可失信于民"，而郑注却是就人民本身说的，意指"人民宁可饿死而不可无信"。此处的信不是指一种德性品位，而是指政治上的一种条件，"这种信是对统治者提出的要求，而不是对人民提出的要求"，故统治者宁死也不可失信于民，最能得孔子的原意。徐文并引宋王若虚《论语辨惑》中"夫民信之者，为民所信也。民无信者，不为民信也"的解释，以证成其说。

八、本质与现象的关系

棘子成曰："君子质而已矣，何以文为？"子贡曰："惜乎！夫子之说君子也，驷不及舌。文犹质也，质犹文也。虎豹之鞟，犹犬羊之鞟。"（《颜渊》第八章）

棘子成说："君子本质好就行了，要文采干什么？"子贡说："可惜呀！先生这么说君子，四匹马车也追不回此言之失。文犹如质，质犹如文。虎豹皮去掉花纹，犹如犬羊的皮。"

棘子成，卫国大夫。质，质朴，内在的品质。文，花纹，文采，引申为诗书礼乐。夫子，这里指棘子成，当时称大夫皆曰夫子。驷不及舌，驷，四匹马驾的车。话一说出口，四马追不上。《说苑·说丛》："一言而非，四马不能追；一言而急，四马不能及。"鞟，同鞹，去掉了毛的兽皮。

质文关系，即体与用、本与末、本质与现象的关系。质是文的内在基础，文是质的外在表现。体用本末不二，相辅相成。

棘子成认为，有质就好，不需要文。子贡予以批评，并作了个比喻：虎豹皮与犬羊皮的区别，正在于毛色花纹不同。如果去掉毛色花纹，则虎豹皮与犬羊皮无别。《易》曰："大人虎变，其文炳也。君子豹变，其文蔚也。"子贡认为，君子、小人之所以不同，正在于君子多文。所以说质犹文也，文犹质也，二者同等重要。

棘子成的说法固然错误，子贡的观点也不够妥当。因为他忽略了体用本末的主次关系，把质与文完全等同起来了。质与文两者虽然都不可缺，但仍有主次、本末之别，视文与质同等重要，就有"轻质"之弊，故朱熹说："夫棘子成矫当时之弊，固失之过；而子贡矫子成之弊，又无本末轻重之差，胥失之矣。"（《论语集注》）

质文不二而又有别。要质不要文，也就丢了质；子贡比较高明，质文都要。但他将质文完全等同起来，质文不分，也会影响对质的把握，非究竟之言也。正确的做法是：质主文辅，先质后文，质文并重。还是孔子之言圆满："质胜文则野，文胜质则史。文质彬彬，然后君子。"

关于质文关系，董仲舒说：

志为质，物为文，文著于质。质不居文，文安施质？质文两备，然后其礼成。文质偏行，不得有我尔之名。俱不能备而偏行之，宁有质而无文，虽弗予能礼，尚少善之，介葛卢来是也。有文无质，非直不子，乃少恶之，谓州公寔来是也。然则《春秋》之序道也，先质而后文，右志而左物。（《春秋繁露·玉杯》）

偏向于质或偏向于文，都不符合礼的要求。但如果二者难以齐备，那么宁有质无文，那样虽不能认同"能礼"，毕竟还有可取之处，比有文无质好一些。孔子说："礼，与其奢也，宁俭；丧，与其易也，宁戚。"也是这个意思。

文质难以兼备，宁有质无文，就像迫不得已宁要信而去兵去食一样，并非兵食不重要，这与棘子成只要质不要文之意大不同。

九、小河有水大河满

哀公问于有若曰："年饥，用不足，如之何？"有若对曰："盍彻乎？"曰："二，吾犹不足，如之何其彻也？"对曰："百姓足，君孰与不足？百姓不足，君孰与足？"（《颜渊》第九章）

鲁哀公向有若发问："年有饥荒，财用不足，怎么办？"有若回答说："何不实行十抽一的田税呢？"哀公说："十抽其二我还不够用，怎么能抽一呢？"有若说："百姓富足了，国君怎么会不富足？百姓不富足，国君怎么会富足？"

有若，姓有，名若，字子有，后人尊称有子。参阅《学而》第二章注。盍，何不。彻，西周田税制度，国家抽取十分之一税。《孟子·滕文公》："夏后氏五十而贡，殷人七十而助，周人百亩而彻，其实皆什一也。"二，指抽取十分之二田税。鲁国自宣公十五年（前594年）起，不再实行彻法，而是以"二"抽税。

儒家主张轻税薄赋，强调与民同利，富之教之。《易传·益·彖辞》说："损上益下，民说无疆，自上下下，其道大光。"有若希望鲁哀公恢复彻法，就是主张损上益下。

《说苑·理政》记载：

鲁哀公问政于孔子，对曰："政有使民富且寿。"哀公曰："何谓也？"孔子曰："薄赋敛则民富，无事则远罪，远罪则民寿。"公曰："若是则寡人贫矣。"孔子曰："诗云：'凯悌君子，民之父母。'未见其子富而父母贫者也。"

鲁哀公问于孔子，问于有若，倒是挺好问的，可是问而不听，等于没问。《左传》记载，哀公十二年及第二年，皆有虫灾，又连年用兵于邾，又有齐警，故年饥。鲁哀公不忧国民饿殍，而忧财用不足；不是"安其居节，丑其衣服，卑其宫室，车不雕几，器不刻镂，食不贰味，以与民同利"，反而"求实无厌"，"多欲奢纵而不恤民"，违君道，反礼制。

春秋礼崩乐坏，各国君主不受制约久矣。

有若说"百姓足，君孰与不足"，孔子说"未见其子富而父母贫者"，都是主张藏富于民，这是王道政治的一大特征。《说苑·政理》说："王国富民，霸国富士，仅存之国富大夫，亡道之国富仓府。"

藏富于民，就是俗话说的，小河有水大河满，这是政治正理，也是自然界的正常情况。而"大河有水小河满"的说法，其实是违反常理的。

很多人盲目以为集体主义是好东西，殊不知所谓集体主义，就是将"集体"本位化、神圣化、偶像化。集体主义是个人主义的对立面，以危害个体始，以危害集体终。个人主义是不够好，集体主义则绝对坏，有百弊而无一利。仁本主义最好，个人、集体并重，既可以破集体主义之恶，又可以纠个人主义之偏。

十、怎样崇德辨惑

子张问崇德辨惑。子曰："主忠信，徙义，崇德也。爱之欲其生，恶之欲其死，既欲其生又欲其死，是惑也。'诚不以富，亦只以异'。"（《颜渊》第十章）

子张问怎样尊崇道德，辨明迷惑。孔子说："以忠诚信实为主，趋向仁义，就是尊崇道德。喜爱一个人时希望他好好活，厌恶一个人时恨不得他死了，既要他活又要他死，这就是迷惑。《诗》说：'确不足以致富，只足以立异。'"

崇德，以德为崇。辨惑，惑，心有所昏昧不明，辨惑，辨其不明。

徙义，向义靠拢，依义而为。徙，迁移。

"诚不"句，出自《诗·小雅·我行其野》。孔子在此引这两句诗的意思，现已难测。程颐认为是错简，说这一句应属《季氏》齐景公"有马千驷"章。

主忠信是立本，徙义是日新。《周易·益卦》象辞："风雷益。君子以见善则迁，有过则改。"徙义就是迁善。《述而》说："德之不修，学之不讲，闻义不能徙，不善不能改，是吾忧也。"

崇德相当于《中庸》的"尊德性"。辨惑则有赖于《中庸》的"道问学"，有赖于学问的培养和智慧的提高，崇德与辨惑是相辅相成的关系：只有崇德，才能更好地辨惑；只有辨惑，才能更好地崇德。

人生在世，迷惑重重。"爱之欲其生，恶之欲其死，既欲其生，又欲其死"，爱恶反复无常，为人颠倒不明，一任习性作主、情绪作怪，乃惑之大者也，这是被自己的习性、情绪迷惑了。根本原因，在于不能主忠信，不能徙义。

《礼记·檀弓》记载子思对鲁穆公说："古之君子，进人以礼，退人以礼；今之君子，进人若将加诸膝，退人若将坠诸渊。"进人若将加诸膝，退人若将坠诸渊，没有原则，爱憎无常，好恶任情，这是无礼，也是惑；进人以礼，退人以礼，爱人以礼，则是不惑。仁者不惑，所以唯仁者能好人能恶人，不会任由不良情绪和习性牵着鼻子走。子思这里说的君子，是就位而言，指君主。

《三国志·魏志·邴原传》注引《原别传》记载了一个小故事：

孔融为郡守，曾非常赞赏身边一人，当儿子一样看待，要推举他为孝廉，后来又生气要杀他。旁人苦劝，只有邴原不劝，孔融问，邴原就引用了孔子"爱之欲其生，恶之欲其死"之言，说孔融"爱之则引而方之于子，憎之则推之欲危其身"。那个人还是那个人，爱之则举之为孝廉，视之为国士，憎之则要杀之。"举之若是，则杀之非也；若杀之是，则举之非也。"孔融被说得不好意思，大笑说自己是戏言，邴原又说："君子于其言，出乎身，加乎民；言行，君子之枢机也。安有欲杀人而可以为戏者哉？"孔融哑口无言。

十一、君臣父子

齐景公问政于孔子。孔子对曰:"君君,臣臣,父父,子子。"公曰:"善哉!信如君不君,臣不臣,父不父,子不子,虽有粟,吾得而食诸?"(《颜渊》第十一章)

齐景公问孔子为政之道。孔子回答说:"君要像君的样子,臣要像臣的样子,父要像父的样子,子要像子的样子。"齐景公说:"说得好啊!果真君不像君,臣不像臣,父不像父,子不像子,虽有粮食,我能得到而吃吗?"

齐景公,姓姜名杵臼,齐庄公异母弟,前547—前490年在位。鲁昭公末年,孔子到齐国时,齐大夫陈氏权势日重,而齐景公爱奢侈,多内嬖,厚赋敛,施重刑,不立太子,不听从晏婴劝谏,政治秩序混乱。当齐景公问政时,孔子作了以上回答。景公虽然口头赞许,却未能采纳实行,后来齐国终被陈氏篡夺。

儒家讲君君臣臣父父子子,君臣父子各有责任,各尽其责。《孟子》说:"欲为君,尽君道;欲为臣,尽臣道。二者皆法尧舜而已矣。不以舜之所以事尧事君,不敬其君者也;不以尧之所以治民治民,贼其民者也。"这就是君君臣臣。

臣臣,即尽臣道,"以舜之所以事尧事君",即以道事君。儒家忠君有条件。孔子说:"君使臣以礼,臣事君以忠。"君如果依礼而行,臣便应尽心办事。君不走正道,臣可以不服从,可以辞去,甚至可以诛杀——那不是杀君而是杀贼、杀独夫民贼,"闻诛一夫纣矣,未闻弑君也"。君君,即尽君道,"以尧之所以治民治民",导之以德,齐之以礼,实行王道。

《大学》说:"为人君止于仁,为人臣止于敬,为人子止于孝,为人父止于慈,与国人交,止于信。"这就是君君、臣臣、父父、子子的表现。

君父责任重大，要以身作则；臣子则要尽忠尽孝。同时，儒家反对愚忠愚孝。孔子说："昔者天子有争臣七人，虽无道不失其天下；诸侯有争臣五人，虽无道不失其国；大夫有争臣三人，虽无道不失其家。士有争友，则身不离于令名；父有争子，则身不陷于不义。故当不义，则子不可以不争于父，臣不可以不争于君，故当不义则争之。从父之令，又焉得为孝乎。"（《孝经·谏诤》）

君不君，臣不臣，自然国不国；父不父，子不子，难免家不家。现在中国忤逆现象频发，主要罪责或在儿女，但做父母的也值得反思。儿女品德恶劣，与政治社会环境和文化教育导向有关，与家庭环境和教育也脱不了干系。父母对儿女人格的形成影响很大。若父母势利刻薄、唯利是图，儿女也容易变得无情无义、见利忘孝。

君臣关系和父子关系同中有异。君臣以义合，不合则离。同时，随着君主制的告别，应该与时俱进地进行现代转换，构建新的君臣关系。父子是天伦，任何时候都必须不离不弃，父慈子孝的道德要求普适于所有时代和社会。

十二、片言折狱无宿诺

子曰："片言可以折狱者，其由也与！"子路无宿诺。（《颜渊》第十二章）

孔子说："片言只语就能判明案件的，大概只有仲由吧。"子路没有隔夜的诺言。

片言，简单、精练的言辞，犹如片言只语。折，断，判断，区别是非曲直。狱，讼事，案件。片言折狱，意谓子路言简而中肯在理，使人不得不服。

片言，或解为单方面的话，即诉讼双方中一方的片面之词。片言折狱，意谓子路仅凭一面之词即可判明案件，让人信服。这样解释不妥。纵然智慧高绝，断狱时也必须兼听两造。只听一面之词，不论能否让人信服，至少有不认真、不负责任之嫌。孔子也不会认同和称赞子路这样做。子路三年治蒲，孔子"三称其善"，其中之一就称赞他"明察以断"。显然，"片言折狱"是孔子对子路明断的赞誉。只听单方一词，岂能明察以断？

朱熹说："子路忠信明决，故言出而人信服之，不待其辞之毕也。子路无宿诺。宿，留也，犹宿怨之宿。急于践言，不留其诺也。记者因夫子之言而记此，以见子路之所以取信于人者，由其养之有素也。"（《集注》）

无宿诺，答应的事立马就办，绝不拖延。《大戴礼记·五帝德》说"宰我无宿问"，《说苑·理政》说"文王无宿善"，都是不迟滞、不拖延的意思。

子路诚信素著，天下驰名。《左传·哀公十四年》有一个小故事，可以说明他的信誉好到什么程度：

小邾射以句绎来奔，曰："使季路要我，吾无盟矣。"使子路，子路辞。季康子使冉有谓之曰："千乘之国，不信其盟，而信子之言，子何辱焉？"对曰："鲁有事于小邾，不敢问故，死其城下可也。彼不臣而济其言，是义之也。由弗能。"

小邾即小邾国。射，小邾大夫。句绎，地名，是射的封地。射大夫投奔于鲁国，但又信不过鲁国执政者，信不过与鲁国的盟誓，而要子路出来说句话，但子路拒绝了。季康子让冉有传话说，射大夫不信千乘之国，而信子路一言，子路应该引以为荣，不应拒绝与之言约。子路说自己可以为国牺牲，不愿被不义之人利用。

推子路的意思，鲁准备攻伐小邾，自己禁止不了，若与小邾射言约，有失信的危险，所以不可与小邾射约。不能答应的事绝不答应，没有把握兑现的事绝不承诺，子路无宿诺的前提是不轻诺，故能够季路一言，重于泰山，取信于天下。另外，射是窃地叛臣，如果子路与之相要约，便是以射为义。子路耻与不义者交好，故辞不能。

十三、认真审理案件，追求无讼境界

子曰："听讼，吾犹人也。必也使无讼乎！"（《颜渊》第十三章）

孔子说："审理案件，我也如别人一样。必须没有诉讼才是最好啊！"

听讼，处理诉讼，听其讼辞以判曲直。听，判断，审理。《集注》引杨氏曰："子路片言可以折狱，而不知以礼逊为国，则未能使民无讼者也。故又记孔子之言，以见圣人不以听讼为难，而以使民无讼为贵。"

《大学》引用了孔子"听讼吾犹人也，必也使无讼乎"之言后，接着说"无情者不得尽其辞，大畏民志，此谓知本"。学界惯例认为是解释前言，而非孔子之言。此言关于审案而发。孔子最高司法理想是"无讼"，要达到"无讼"，则需"无情者不得尽其辞"，意谓使当事人实话实说，不敢肆意巧言狡辩，使人从内心里畏服。这便称得上知本。这里的情是实情的意思。"无讼"的关键在于政治有道，领导有方。《韩诗外传》记载：

传曰：鲁有父子讼者，康子欲杀之。孔子曰："未可杀也，夫民不知父子讼之为不义久矣，是则上失其道。上有道，是人亡矣。"讼者闻之，请无讼。

鲁国有父子二人打官司，季康子想要杀了这对父子。孔子制止说："不能杀，民众已长时间不知道父子打官司是不义的行为，这是政治无道造成的。如果施政者能够以身作则加以引导，这种现象就会消失了。"这对父子听说后，就撤销了诉讼。

这个故事在《荀子·宥坐》和《孔子家语·始诛》都有记载。

《汉书·韩延寿传》记载，韩延寿巡行所管辖之县，到高陵，民有昆弟相与讼田，延寿大为感伤，引咎自责，移病不听事，入卧传舍，闭阁思过。于是县里令丞、啬夫、三老无不自系待罪。两昆弟深感自悔，愿以田相让，终死不敢复争。"延寿恩信周遍二十四县，莫复以辞讼自言者。推其至诚，吏民不忍欺绐。"这就是无讼，这就是大畏民志。

正确处理诉讼案件，是现代法治题中应有之义，也是儒家司法的基本要求。这一点古今相通。但仅靠法治是达不到"无讼"的效果和境界的，只有德治礼制才有望达到。礼制包括礼乐刑政，刑政"禁于已然之后"，礼乐"禁于将然之前"。《大戴礼记·礼察》说礼的作用是"贵绝恶于未萌而起信于微眇，使民日从善远罪而不自知也"。让民众在不知不觉中远离罪恶趋向善良，最后达到"无讼"的效果。

儒家的德治是德主刑辅，明德慎刑，包括导之以德，齐之以礼，和之以乐，禁之以法。舜明五刑，夏作禹刑，殷作汤刑，周作九刑，都是中国法制史上的盛事。唐杜佑《刑法典》序引《前志》曰："鞭扑无弛于家，刑罚无废于国，征伐无偃于天下；但用之有本末，行之有次第尔。"又说："历观前躅，善用则治，不善用则乱。在乎无私绝滥，不在乎宽之与峻。"无私绝滥，就是刑罚要公平，不能徇私；要有度，不能滥用。

法律公平，执法公正，原是德治题中应有之义。法治与德治（礼制）的关系，可以借此作一定位：德治为法治的高阶，法治为德治的基础。

十四、居之无倦，行之以忠

子张问政。子曰："居之无倦，行之以忠。"（《颜渊》第十四章）

子张问怎样为政。孔子说:"对待工作不懈怠,推行政事要忠实。"

俗话说,一个人做一件好事并不难,难的是一辈子做好事。任何事都不难一时认真,难在持之以恒。学习、诲人都不难,一辈子"学而不厌,诲人不倦",就大不易。为学为师如此,为政也一样,难在无倦。

《诗经》说:"靡不有初,鲜克有终。"魏征说:"善始者实繁,克终者盖寡。"无倦就是不懈有终。很多事业,不难开始,难在坚持。无倦方可有终,才能克终。

行政者仅仅无倦还不够,还需要行之以忠。忠,把心放中正了,忠于民,忠于事,忠于良知。马一浮说:"政是正己以正人,治是修己以治人,此乃政治真义。"正己修己,是儒家政治之本。存心始终如一,修己也;有此心然后发于事,表里如一,正己也。《集注》:"居,谓存诸心。无倦,则始终如一。行,谓发于事。以忠,则表里如一。"

子路问政,孔子说:"先之,劳之,无倦。"先之劳之,就是行之以忠。《四书通》说:"子张堂堂,子路行行,皆易锐于始而怠于终,故答其问政,皆以无倦告之。"朱熹注:"勇者喜于有为而不能持久,故以此告之。"

古来太监多是贪图权势财富、爱好享乐并厌儒反儒的,但也有例外,刘承规就是一个,在太监这个特殊群体中,堪称"居之无倦,行之以忠"的模范。

此人自宋初为宦官,"事三朝,以精力闻,乐较簿领,孜孜无倦"。掌管内藏三十年,多才多艺,曾详定宋朝权衡法,典领编修《太宗实录》及《册府元龟》等史,参与平定土民动乱和防备契丹等事件。史称其精力充沛,廉洁奉公,喜藏书,好儒学,间接文士,质访故实,其有名于朝者多见礼待,或密为延荐。

刘承规虽是宦官,但在军事、政治、经济、文化等方面多有贡献,为朝廷所倚重。宋代宦官中,第一个死后被加谥号、塑像于宋太宗像的侧旁，同飨祭祀，这也非常罕见。值得一提的是，其子刘从愿，为西染院使。

子曰："博学于文，约之以礼，亦可以弗畔矣夫！"（《颜渊》第十五章）

本章与《雍也》第二十七章文字略同，可参阅。

十五、成人之美与成人之恶

子曰："君子成人之美，不成人之恶。小人反是。"（《颜渊》第十六章）

孔子说："君子成全别人的美德，不助成别人的恶行。小人与此相反。"

成人之美，成全别人的好事善事，成就别人的美行美德。成人之恶则相反，为别人的恶行推波助澜。长君之恶和逢君之恶，就是成人之恶的政治表现。《集注》说："成者，诱掖奖劝以成其事也。君子小人，所存既有厚薄之殊，而其所好又有善恶之异。故其用心不同如此。"

严于律己，宽于责人，与人为善，成人之美，是儒家君子的共同点。曾子说："君子己善，亦乐人之善也；己能，亦乐人之能也；己虽不能，亦不以援人。君子好人之为善而弗趣也，恶人之为不善而弗疾也，疾其过而不补也，饰其美而不伐也。伐则不益，补则不改矣。"又说："君子不先人以恶，不疑人以不信，不说人之过，成人之美。存往者，在来者，朝有过，夕改则与之；夕有过，朝改则与之。"（《大戴礼记·曾子立事》）

《春秋·穀梁传》根据成人之美的春秋精神，对鲁隐公颇有肯定，同时又有严厉批评，认为鲁隐公让位的打算"不正"，是"成父之恶"，是"小道"，不上道（蹈道则未也）。因《春秋·隐公元年》在"元年春王正月"后没有接着写下"公即位"，《穀梁传》展开分析说：

公何以不言即位？成公志也。焉成之？言君之不取为公也。君之不取为公何也？将以让桓也。让桓正乎？曰不正。《春秋》成人之美，不成人之恶。隐不正而成之，何也？将以恶桓也。其恶桓何也？隐将让而桓弑之，则桓恶矣。桓弑而隐让，则隐善矣。善则其不正焉何也？《春秋》贵义而不贵惠，信道而不信邪。孝子扬父之美，不扬父之恶。先君之欲与桓，非正也，邪也。虽然，既胜其邪心以与隐矣，已探先君之邪志而遂以与桓，则是成父之恶也。兄弟，天伦也。为子受之父，为诸侯受之君，已废天伦而忘君父以行小惠，曰小道也。若隐者可谓轻千乘之国，蹈道则未也。

孔子《春秋》起于鲁隐公元年（前722年）。鲁隐公是鲁国第十四代国君。是鲁惠公的庶长子，惠公死时太子允还太小，于是隐公摄政，掌国君位。等到太子允长大成人，鲁隐公有心让位，还没等付诸实施，却因谗言和误会被太子允先杀了。

谥法"不尸其位曰隐"。谥之为隐，就是说他的优点是没有野心。《春秋·穀梁传》对他有褒有贬，颇有精义，大意如下：

问："为什么不记载鲁隐公即位的事？"答："为了成全隐公的心愿。"问："《春秋》是怎样成全隐公心愿的？"答："《春秋》表明隐公没有要正式为君。"问："那隐公为什么不打算正式为君？"答："因为他想让桓公为君。"问："让桓公为君，这样做对吗？"答："隐公这样是不对的。"问："春秋成人之美，不成人之恶。既然隐公的做法是不对的，《春秋》又为什么要肯定他？"答："肯定隐公，是为了贬斥桓公。"问："为什么要贬斥桓公？"答："因为隐公摄政一段时间后要让位给桓公，桓公却把隐公谋杀了，显示了桓公之恶。

而隐公有让位之心，可见隐公之善。"问："既然隐公让位是善，为什么又说他的做法不对？"答："《春秋》推崇的是大义而不是小恩惠，伸张的是正道而不是邪道。作为孝子，应该扬父之美，不扬父之恶。当初前任国君（鲁惠公）拟传位给桓公，不是正道，是错误的。尽管如此，他终于还是克制了自己不正当的想法而传国于隐公。隐公早知道父亲有立桓公之心，想把君位让给桓公，可这么做就等于成全了父亲的恶。哥哥优先，弟弟靠后，这是天然的伦常秩序。隐公作为人子，已经受命于父亲；作为诸侯，又受命于周天子。可他违反了兄弟伦常，又辜负了君父的委任，行小惠让位给弟弟，这是小道。像隐公这样的人，可以说他有着不把千乘之国的君位放在眼里的胸怀，但要说合道，他还不够格。"

在鲁隐公问题上，《公羊传》强调"立嫡以长不以贤，立子以贵不以长"，"子以母贵，母以子贵"的等级秩序，《穀梁传》则侧重"孝子扬父之美，不扬父之恶"的人伦精神。这段评论否定中有肯定，肯定中有否定，而以否定为主。具体褒贬可以不论，但其中两句话充分体现了儒家精神，具有高度的普适性，值得作为座右铭。其一："成人之美，不成人之恶。"其二："贵义而不贵惠，信道而不信邪，孝子扬父之美，不扬父之恶。"

十六、从上梁正起

季康子问政于孔子。孔子对曰："政者，正也。子帅以正，孰敢不正？"（《颜渊》第十七章）

季康子向孔子问怎样为政。孔子回答说："政就是正。您率先走正道，谁敢不走正道？"

鲁国自中叶以来，君不君、臣不臣，政由大夫，大夫的家臣又上行下效，据邑背叛。

所以孔子利用季康子咨询的机会，希望他以身作则，以正自克。可惜季康子不能听从。"子帅以正，孰敢不正？"反之，不能正己，焉能正人？《尚书·君牙》有句类似的话："尔身克正，罔敢弗正。"

《孟子》说："人不足与适也，政不足间也。惟大人为能格君心之非。君仁莫不仁，君义莫不义，君正莫不正，一正君而国定矣。"

"惟大人为能格君心之非"，意谓只有大人才能纠正君主的思想错误。大人，大在思想，更大在人格；大在智慧，更大在道德，故大人之言比较有力和有效。反过来，小人就不能格君心之非。如果自身道德低下，批评就没有力量。不少人说："我有权了也会变坏和腐败的。"似乎有权了就应该和必须变坏腐败，似乎权力就意味着腐败变坏。话很老实，却是"老实的小人"，真小人。这种人就缺乏格正君心、格正政治的力量。

东海接着孟子的话说：唯正人能复政治之正，唯君子能发理想之光，唯豪杰能建制度之良，唯儒家能成王道之盛。

《大戴礼记·王言》："上者，民之表也，表正则何物不正？是故君先立于仁，则大夫忠而士信、民敦、工璞、商悫、女憧、妇空空，七者教之志也。"表，表率。璞，通朴。悫，诚实不欺。憧，无知貌。空空，无识貌。

政是正己以正人。政治的政字，由正与文组成。正，公正、中正、正义、正道；文，文雅、文明、文化。两者有别而又相通：正治必是文明之治，文明政治和政治文明必然是充满正气、符合正道的。政治乃正治和文治。

或说："政是正攵，不是文。九经字样作攴，今依石经作攵，与文别。"其实这不影响东海的解释。《诗·大雅·皇矣》曰："其政不获。"释文："政，政教也。"政与文教、教化密切相关。政与教皆有攵。《说文解字》："攴，小击也。""攵"是执以教导人者，有"正人"义，可以引申为教化、文化的意思。

对某些文字的解释别出心裁是儒家习惯。就像王，甲骨文为斧钺形，斧钺为礼器，象征王者权威，此象形；本作"士"，指独立任事者，加一横表示在"士"之上，即最高统治者，此会意。董仲舒之解最有外王特色："古之造字者，三画而连其中谓之王。三者天地人也，而参通之者，王也。孔子曰：'一贯三为王。'"

《左传·襄公二十一年》记载的一个小故事，为本章提供了很好的反面证明。当时邾国大夫庶其带着漆、闾丘二邑投奔鲁国。季孙（这个季孙应该是季武子，是季康子的曾祖父）把襄公的姑姊嫁给他为妻，对他的随从人员都有赏赐。

于是鲁国盗贼纷起。季孙问担任司寇的臧武仲为什么不整治盗贼？臧武仲说没法治理这些盗贼，季孙指责臧武仲："你身为司寇，怎么能不负责任？"臧武仲的理由让季孙哑口无言。他说："你季武子身为鲁国正卿，却召来邾国大盗庶其厚礼相待，把国君的姑母嫁给他，还赏赐许多财物给他的随从。这么做肯定会引起许多人效法，叫我如何去治理盗贼呢？你一边赏盗一边叫我禁盗，行得通吗？"臧武仲的这段话非常精彩，值得原文照录（纥是臧武仲的名，文中以之自称）：

武仲曰："子召外盗而大礼焉，何以止吾盗？子为正卿，而来外盗；使纥去之，将何以能？庶其窃邑于邾以来，子以姬氏妻之，而与之邑，其从者皆有赐焉。若大盗，礼焉以君之姑姊，与其大邑，其次皂牧舆马，其小者衣裳剑带，是赏盗也。赏而去之，其或难焉。纥也闻之，在上位者，洒濯其心，壹以待人，轨度其信，可明征也，而后可以治人。夫上之所为，民之归也。上所不为而民或为之，是以加刑罚焉，而莫敢不惩。若上之所为而民亦为之，乃其所也，又可禁乎？"（《左传·襄公二十一年》）

十七、天下有道则天下无贼

季康子患盗，问于孔子。孔子对曰："苟子之不欲，虽赏之不窃。"（《颜渊》第十八章）

季康子担忧盗贼多，向孔子咨询。孔子回答说："只要您没有贪欲，即使予以奖励，也没有人去盗窃。"

儒家道德矛头所指首先在于执政者。上有所好，下必甚焉。盗贼生于贪欲，执政者贪婪无度，就难免盗贼蜂起。如果在上者克己复礼，教化大行，民自然以窃为耻，虽赏之不肯为。"苟子之不欲，虽赏之不窃"，即是上一章"子帅以正，孰敢不正"的形象化表述。《集注》引胡氏言说："季氏窃柄，康子夺嫡，民之为盗，固其所也。盍亦反其本耶？孔子以不欲启之，其旨深矣。"

《说苑·贵德篇》说："天子好利则诸侯贪，诸侯贪则大夫鄙，大夫鄙则庶人盗。上之变下，犹风之靡草也。"

《集释》引李中孚《四书反身录》说："苟子之不欲，虽赏之不窃，此拨乱反治之大机，涸瘵之民获苏，各安其居，谁复思乱？左传曰：'国家之败，由官邪也；官之失德，宠赂章也。'而近代辛复元亦云：'仕途贿赂公行，所以民间盗贼蜂起。'从古如斯，三复二说，盍胜太息！岳武穆有言：'文官不爱钱，武官不怕死，天下自然太平矣。'确哉言乎！图治者尚其鉴于斯。"李中孚之言深得本章意蕴。

邦无道则国多盗。先秦古籍《古文琐语》中记载了一个非常精彩的小故事，录此共赏：

鲁国多盗，季康子治之，获一人焉。诘之曰："汝胡以盗？"对曰："此犹之蚁膻也，慕膻而附，宁可已邪？大夫为政，不能不盗，何以诘吾盗？柳下跖，鲁之民盗也，啸聚其徒数千人，骊山之阳，抉人肝而食之，享年九十。而邑宰不得问也。子大夫陪臣阳货，鲁之家盗也。国命出其手，叛费，囚桓子，以意行国中自如。宝玉大弓，谁非先王所遗？子孙世守之谓，何今阳货偃然窃以遁也，而子大夫不得问也？子大夫之家，鲁之国盗也。名则鲁臣，实鲁君焉。国政为家事，国赋为家赋，藐然鲁国如无有焉，而鲁君不得问也。鲁君，鲁之大夫也，干侯之难，亦惟季孙意如之故，不得正其终。鲁君腼然不斥季孙之立而以为身，则鲁何以有王章也？逐一君，复易一君，而周天子不得问也。吾侪小人，其何知，知则于人而已矣。子大夫与吾侪小人，其俱负羇以谋朝夕耳，诘安用之？"康子曰："辨哉盗也！"去之，絷于狱中。(《玉函山房辑佚书》卷六十三《史编·杂史类》之《古文琐语》，上海古籍出版社 1990 年 12 月影印本，第 2393 ~ 2394 页）

这个故事精彩的是盗贼的一番话，季康子听了无言以对，只说了一句："好一个能言善辩的盗贼。"将他囚禁于狱中。

十八、德风德草

季康子问政于孔子，曰："如杀无道，以就有道，何如？"孔子对曰："子为政，焉用杀？子欲善而民善矣。君子之德，风；小人之德，草；草，上之风必偃。"(《颜渊》第十九章)

季康子问孔子怎样为政，说："如果杀掉坏人而去亲近好人，怎样？"孔子回答说："您作为主政者，哪里要用杀人的手段呢？您想善，民众就向善了。主政者的德行就像风，老百姓的德行就像草，风加在草上，草必然倒下。"

就，亲近。一说，就，成就，康子意欲以锄恶成就善道。草上之风，风吹到草上。上，或作尚，加的意思。偃，仆倒，倒下。

上行下效；上有所好，下必甚焉；楚王好细腰，宫中多饿死。故为政先正己，依循正道而行。钱穆认为，孔子这里所提出的是政治上的责任应该谁负的问题。社会上一切不正，照政治责任论，全由行政者之不正所导致，所以应该由行政者负其责。

前面"季康子问政于孔子"，孔子的回答是："政者，正也。子帅以正，孰敢不正。"《礼记·缁衣》中孔子说："上好仁，则下之为仁争先人。故长民者，章志，贞教，尊仁，以子爱百姓，民致行己以说其上矣。"教导为政者应彰明自己的意志，实行贞正之教，具有父母之心。荀子说：

上好羞，则民暗饰矣；上好富，则民死利矣。二者，乱之衢也。民语曰：欲富乎？忍耻矣，倾绝矣，绝故旧矣，与义分背矣。上好富，则人民之行如此，安得不乱？（《荀子·大略》）

这里的羞，当为义字（王念孙说）。荀子认为，君主好义，民众就会暗自整饬；君主好利，民众就为利而死。这两点是治和乱的岔道。民间俗语说："想富吗？忍着耻辱吧，败德丧心吧，断绝故旧吧，与道义背道而驰吧。"君主好利，人民的行为就这样，怎么能不乱？

陆贾说："尧舜之民可比屋而封；桀纣之民可比屋而诛者，教化使然也。"（《新语·无为》）民众素质低，归根结底是文化、政治、制度不良和领导阶级素质低劣造成的，两者是风与草、上梁与下梁的关系。

如果撇开风和上梁不论，谥以"民族劣根性"，那是对整个民族的污蔑栽赃，是一种负民族主义。聚焦国民性，亦转移了人们对风和上梁的拷问，为极权暴政提供了思想依据。

"为政焉用杀"之言体现了儒家的政治宽容。当然，这句话不能僵化理解。孔子反对的是不教而诛，并非反对义刑义杀。"无道"是否该杀，须依刑法而定。法家唯重法术，儒家则先礼后法，礼法并重。当上位者"帅以正"并且"教之"以后，如果有人仍然犯法，自当绳之以法。"不教而诛谓之虐"，反对不教而诛，不是反对教而后诛和依法而诛。

在《韩诗外传》中，季康子问政于孔子一事还有个附带故事：民间父子打官司，季康子不问青红皂白要将他们父子都杀掉，孔子坚决反对。父子打官司，子不孝，父不慈，无道也。季康子要将他们父子一块杀掉，就更无道了。儒家礼乐刑政，多管齐下，导之以德，齐之以礼，禁之以法。

十九、闻人与达人

子张问："士，何如斯可谓之达矣？"子曰："何哉，尔所谓达者？"子张对曰："在邦必闻，在家必闻。"子曰："是闻也，非达也。夫达也者，质直而好义，察言而观色，虑以下人，在邦必达，在家必达。夫闻也者，色取仁而行违，居之不疑，在邦必闻，在家必闻。"（《颜渊》第二十章）

子张问："士人怎么样可称为达呢？"孔子说："你所说的达是什么意思呢？"子张回答说："在邦国一定有名望，在乡党一定有名望。"孔子说："这只是闻，不是达呢。所谓达人，要质朴正直，爱好仁义，懂得察言观色，谦逊能下于人。这样的人，在邦国一定通达，在乡党一定通达。至于闻人，表面上装点仁德但行动上违背，自以为是，在邦国一定有名望，在乡党一定有名望。"

达，通达，显达。闻，名誉著闻。闻与达，表面相似而实质不同。孔子认为，闻者虽有名望，却虚有其名，名实不符。达者必须质直好义，具有仁德与智慧，名实相符。子张之学不够务实，故孔子告之以闻达之别。

曾子的弟子问："夫士，何如则可以为达矣？"曾子的回答是："不能则学，疑则问，欲行则比贤，虽有险道，循行达矣。"（《大戴礼记·曾子制言》）不能就学，有疑就问，行为实践就仿照贤人，即使有道路不平坦，沿着这个方法去做就没有不达的。

朱熹认为，闻达之别主要在于诚伪之异。朱熹说："闻伪，外求虚名，欺世盗名，善其颜色以取于仁，而行实背之，又自以为是而无所忌惮。此不务实而专务求名者，故虚誉虽隆而实德则病矣；达诚，内主忠信，而所行合宜，审于接物而卑以自牧，皆自修于内，不求人知之事。然德修于己而人信之，则所行自无窒碍矣。"

闻者务名，达者务实；闻者矫饰，达者直诚；闻者为人，达者为己。马培路说："质直，仁见于外也；好义，勇于行义也；察言而观色，智也；虑以下人，礼也。仁义礼智诚乎中，如夫子所言成于外，是士君子之达也。"儒者应该争取做达人，而不要只想做闻人。

闻者相当于伪君子，王莽就是典型。《汉书·王莽传》说："王莽始起外戚，折节力行，以要名誉。宗族称孝，师友归仁。及其居位辅政，成哀之际，勤劳国家，直道而行，动见称述，岂所谓在家必闻，在国必闻、色取仁而行违者耶？"

达者自然是真君子，是能够"下学上达"者，是"己欲达而达人"的仁者。上达是内圣之德，达人是外王追求。儒家自立立人自达达人，内圣重在自立自达，外王致力立人达人。明明德是内圣，新民是外王，齐治平，包括文化启蒙、道德教化、制度引导、刑法制约等等工作，都属于外王范畴和新民工作。

二十、崇德修慝辨惑

樊迟从游于舞雩之下，曰："敢问崇德修慝辨惑。"子曰："善哉问！先事后得，非崇德与？攻其恶，无攻人之恶，非修慝与？一朝之忿，忘其身以及其亲，非惑与？"（《颜渊》第二十一章）

樊迟陪从孔子游于舞雩台下，说："请问怎样提高品德，消除邪思，辨清迷惑？"孔子说："问得好啊！先努力做事再考虑收获，不就是提高品德吗？攻击自己的错误，不攻击别人的错误，不就是消除邪思吗？因一时的气愤，忘掉自身安危甚至连累自己的亲人，不就是迷惑吗？"

修慝，整治、消除不良之念。《集注》引胡氏曰："慝之字从心从匿,盖恶之匿于心者。修者,治而去之。"

前面子张问崇德辨惑,樊迟多了修慝。孔子指出了崇德、修慝、辨惑的三大注意事项。一是先事耕耘,再论收获,即《雍也》所说的"先难后获",不要还没开始做事就忙着考虑利益了。

其次是要攻其恶无攻人之恶,不要自己恶疾缠身还一味挑剔别人的毛病。所谓躬自厚而薄责于人,责己从严,责人从宽,简称严己宽人,这是儒家道德的三大特征之一。其余两大特征是:(一)《春秋》责备贤者,礼不下庶人,责官从严,责民从宽,简称严上宽下;(二)严于本国宽于异国,对于蛮夷,耀德不观兵,简称严内宽外。

曾子说:"君子攻其恶,求其过,强其所不能,去私欲,从事于义,可谓学矣。"(《大戴礼记·曾子立事》)君子要祛除自己的不良习性,查找自己的过失,增强自己的薄弱环节,去掉私欲,努力于义举义行,可称得上好学了。

第三,要有宽广的胸襟、冷静的头脑和保身的明哲,戒之在斗,不要为了一点小事和一时之愤不顾身家性命。《荀子·不苟》说:

"斗者,忘其身者也,忘其亲者也,忘其君者也。行其少顷之怒,而丧终身之躯,然且为之,是忘其身也;室家立残,亲戚不免乎刑戮,然且为之,是忘其亲也;君上之所恶也,刑法之所大禁也,然且为之,是忘其君也。忧忘其身,内忘其亲,上忘其君,是刑法之所不舍也,圣王之所不畜也。乳彘不触虎,乳狗不远游,不忘其亲也。人也,忧忘其身,内忘其亲,上忘其君,则是人也,而曾狗彘之不若也。"

凡好斗者,必是不懂得自我反省而好攻人之恶者。为一朝之忿,忘身忘亲,害人害己,人生之惑,莫大于此。荀子说,哺乳的母猪不会去触犯老虎,喂奶的母狗不会到远处游逛,是不忘其亲。因为一时的忧愤而不顾一切的人,连猪狗也不如。

本章的提醒极富现实意义呀。

二十一、仁者爱人，智者知人

樊迟问仁。子曰："爱人。"问知，子曰："知人。"樊迟未达。子曰："举直错诸枉，能使枉者直。"樊迟退，见子夏曰："乡也，吾见于夫子而问知，子曰：'举直错诸枉，能使枉者直。'何谓也？"子夏曰："富哉言乎！舜有天下，选于众，举皋陶，不仁者远矣；汤有天下，选于众，举伊尹，不仁者远矣。"（《颜渊》第二十二章）

樊迟问怎样是仁。孔子说："爱人。"又问怎样是智，孔子说："识人。"樊迟不明白。孔子说："选拔正直的人安排在枉曲的人之上，能使枉曲的人转化为正直。"樊迟退出来，见子夏说："刚才我见到老师问什么是智，老师说：'选拔正直的人安排在枉曲的人之上，能使枉曲的人转化为正直。'什么意思呀？"子夏说："涵义好丰富的话啊！舜有了天下，从众中选人，推举皋陶，不仁的人就远去了；汤有了天下，从众中选人，推举伊尹，不仁的人就远去了。"

知，通智。未达，没明白，没理解。乡，通向，从前，此犹说"刚才"。皋陶，舜时大臣，任士师，掌管刑法。汤，商朝开国帝王，名履，灭夏桀而得天下。伊尹，名挚，汤的阿衡（即宰相），辅助汤灭夏兴商。

仁者爱人，智者知人，爱要普遍，而智有所选择，樊迟或疑两者相悖，故一问于老师，再问于同学。仁与智虽有别，实相通。举直错诸枉，是仁之事，爱人的表现；也是智之事，要能够正确分辨何者为直，为君子；何者为枉，为小人。仁者必有智，智极必能仁，举直错诸枉，不仁者远矣，所以子夏赞叹"富哉言乎"。

《论语》论仁，不及形而上层面，都是就仁的作用和表现而论。"克己复礼"、"非礼勿视，非礼勿听，非礼勿言，非礼勿动。""仁者其言也讱。""出门如见大宾，使民如承大祭。""己所不欲，勿施于人。""在邦无怨，在家无怨。"等等，包括本章的爱人知人，都是仁的作用，是仁在不同领域和层面的表现。

仁者爱人堪称儒家最高"教条"。仁爱有各种层次，如家庭之爱、朋友之爱、民胞之爱及自然万物之爱。仁爱有各种表现方式，礼是体现仁爱的最重要的政治形式。孟子说达则兼济天下，仁者达了，有了地位和机会，就应该将仁爱落实到政治和制度中去。

爱要有根，仁为爱之根，唯仁者才能爱人，包括利人、立人和达人。仁者爱人，就是道德上的仁本位和政治上的人本位。仁者爱人，以人为本，进而爱家爱国爱社会。

仁者爱人，包括所有的人。仁爱君子理所当然，仁爱小人乃至恶人，启其愚蒙，开其智慧，化之以文，导之以德，也是仁者分所当为。儒家深深知道，无论恶习如何深重，任何人的本心都是天之所命，与圣贤同等珍贵和庄严。唤醒和觉悟他们，是先知先觉者和良知之士的责任。

很多人分不清妇人之仁和大仁、江湖义气和大义的区别，以为仁义只能对好人讲，不能对坏人、敌人及恐怖分子讲。殊不知仁爱无疆，仁义普适，儒家对任何人都要讲仁义。义刑义杀义战，以直报怨、春秋大复仇和汤武革命，无不归本于仁，都是大仁大爱的表现。

二十二、交友之道

子贡问友。子曰："忠告而善道之，不可则止，毋自辱焉。"(《颜渊》第二十三章)

子贡问交友之道。孔子说："(朋友有不是处)，忠告并好好开导他，若不听从就停止，不要自取侮辱。"

道，同导，引导，诱导。

儒家以朋友为五伦之一。五伦中双方都要遵守一定的道德规范。孟子说："父子有亲，君臣有义，夫妇有别，长幼有序，朋友有信。"（《孟子·滕文公》）朋友之间，信义为准。本章的忠告善道和下章的辅仁，都是信义的表现。

《孔子家语·六本》记载孔子曰："不知其子，视其父；不知其人，视其友；不知其君，视其所使；不知其地，视其草木。故曰与善人居，如入芝兰之室，久而不闻其香，即与之化矣；与不善人居，如入鲍鱼之肆，久而不闻其臭，亦与之化矣。丹之所藏者赤，漆之所藏者黑。是以君子必慎其所与处者焉。"当然，这是一般情况。到了一定境界，道德就不会退了。所以孔子说："不曰坚乎？磨而不磷；不曰白乎？涅而不缁。"（《阳货》）

除了潜移默化的影响，朋友还有责善之义。"责善，朋友之道也。父子责善，贼恩之大者"（《孟子·离娄》），孟子这句话指出了朋友关系和父子关系不同。责善就是辅仁。朋友有不对的地方，要"忠告而善道之"，这是尽朋友之责，尽辅仁之义。

不过要注意，若朋友不肯听从，则不要勉强，不要哓哓不休，更不要苛责。孟子说，仲尼不为已甚，在为朋友提供忠告方面，也应该适可而止。《里仁》子游说："事君数，斯辱矣；朋友数，斯疏矣。"与本章意近。

这句话很通俗，看过无数次也自以为做到了，一向对现实中的朋友不苛求，相互有异议有不投机的话题，或尽量避开，或浅谈辄止。昨夜临睡前乱翻书，这句话闯入眼帘，忽心神大震，如触电然。对朋友理当如此，对网友及一般网民，对广大官民，何尝不当如此？

痛斥冷嘲狮吼棒喝，作为一种特殊教诲方式，自有其特定作用，但旦旦如此，将禅门某些法门当作家法，得理不饶人，动辄盛气凌人，就过了。儒家败落久矣，其复兴和弘传有一个过程，急不得，急之无益。霹雳闪电只能偶一为之，春风化雨温良恭让才是儒家家法。"忠告而善道之，不可则止"，这不仅是交友之道，也应是教育、教诲、教化之道。特录圣言以自警!

君臣朋友,皆以义合,所以对待君主和对待朋友类似。"为人臣之礼,不显谏。三谏而不听,则逃之。"以道事君,不可则止,合则留不合则去。"子曰:君三违而不出境,则利禄也。"(《礼记》)"君有过则谏,反复之而不听,则去。"(《孟子》)"(曹羁)三谏不从,遂去之。故君子以为得君臣之义也。"(《公羊传》)

对待父亲则不同。"子之事亲也,三谏而不听,则号泣而随之。"事亲之道和为臣之礼不同。父子是天伦。君主有错,三谏不听,可以逃离。父母有错,三谏不听,不离不弃,号泣而随。"亲有过,谏使更,怡吾色,柔吾声。谏不入,悦复谏,号泣随,挞无怨"(《弟子规》)。

二十三、以文会友,以友辅仁

曾子曰:"君子以文会友,以友辅仁。"(《颜渊》第二十四章)

曾子说:"君子以文章结交朋友,以朋友辅进仁德。"

朋友这一伦与其他人伦和修身成仁密切相关。孟子说:"居下位而不获于上,民不可得而治也。获于上有道,不信于友,弗获于上矣;信于友有道,事亲弗悦,弗信于友矣;悦亲有道,反身不诚,不悦于亲矣;诚身有道,不明乎善,不诚其身矣。"取信于朋友与获得领导信任、得到亲人悦纳有直接关系,诚身是悦亲、信友、获上的道德基础。诚于身,就是明明德致良知,成就仁性。

朋友可以分为益友与损友,良友与不良之友。孔子说益者三友,损者三友。荀子说:"得贤师而事之,则所闻者尧舜禹汤之道也;得良友而友之,则所见者忠信敬让之行也。身进于仁义而不自知者,靡使然也。今与不善人处,则所闻者欺诬诈伪也,所见者污漫淫邪贪利之行也,身且加于刑戮而不自知者,靡使然也。"(《荀子·性

恶》)

人的品质、行为很容易受到师友的熏陶影响，所以选择良友与选择贤师一样必要。

与良友结交，所见到的都是忠信敬让的行为。一天天不知不觉接近仁义，这是环境的力量所造成的。这也是朋友辅仁的功效。相反，与坏人为友，不但不会长进，甚至连身家性命也会丢掉。

其实损友和不良之友，非真朋友。因为朋友意味着志同道合。《学而》："有朋自远方来，不亦乐乎？"郑康成注："同门曰朋，同志曰友"，朱熹《集注》注："朋，同类也。"荀子说："友者，所以相有也。道不同，何以相有也。"（《荀子·大略》）

《韩诗外传》中有一个小故事说明了益友和良友的重要性：

楚有善相人者，所言无遗，美闻于国中。庄王召见而问焉，对曰："臣非能相人也，能相人之友者也。观布衣者，其友皆孝悌笃谨，畏令如此者，家必日盛，而身日安，此所谓吉人者也；观事君者，其友皆诚信有行，好善如此者，措事日益，官职日进，此所谓吉臣者也；人主朝臣多贤，左右多忠，主有失败，皆交争正谏如此者，国日安，主日尊，名声日显，此所谓吉主者也。臣非能相人也，观友者也。"王曰："善！"

无论平民、官员还是君主，朋友中正人君子多了，大吉大利。这就是朋友的辅仁之功。这位楚国相士通过察友来推测人的前程和命运，很有道理。

儒家最重道德文章，与朋友相交，以文章为媒介，以进德为目的，相互切磋砥砺。现代人往往相反，以财会友，以友辅利，相互"促退"，共同堕落。《集注》说："讲学以会友，则道益明；取善以辅仁，则德日进。"马培路说："《论语点睛》传与人看，以文会友也；得我点评，好则好，不则不，以友辅仁也。"

第十三章　子路篇

《子路》共三十章，主要讲孔子教育弟子怎样为人为政，与前《颜渊》篇类似。颜回入室，故置于先，子路升堂，故以为次。

一、先之劳之而无倦

子路问政。子曰："先之劳之。"请益。曰："无倦。"(《子路》第一章)

子路问怎样为政。孔子说："示范给他们，勤勉他们。"请补充。孔子说："不要懈怠。"

先之，指为政者身体力行，凡事以身作则，率先垂范。之，指百姓。

《大戴礼记·子张问入官》引孔子言："故君子欲言之见信也者，莫若先虚其内也；欲政之速行也者，莫若以身先之也；欲民之速服也者，莫若以道御之也。故不先以身，虽行必邻矣。"为政之道，如果不能以身作则，"以身先之"，即使执行了，也不会长久。陆贾《新语·无为》引孔子言："移风易俗，岂家至之哉，先之于身而已矣。"

《晏子杂篇》记载："齐人甚好毂击，相犯以为乐，禁之不止。晏子患之，乃为新车良马，出与人相犯也，曰：'毂击者不祥，臣其祭祀不顺，居处不敬乎！'下车，弃去之。然后国人乃不为。故曰，禁之以制而身不先行，民不能止。故化其心莫若教也。"

毂击就是用车轮突出的轴相撞。齐人在大街上驾车，相遇不让，彼此撞击，以此为乐。官府禁而不止。晏子对这种情况很忧虑，就制作了一辆新车用骏马拉着，出去与别人相撞，然后说："撞击车轮的人不吉祥。我是祭祀神灵不谨慎，还是起居不恭敬呀？"抛弃新车而去。从这以后，齐人就不再相撞了。

"劳之"有两解，一谓"凡民之事以身劳之"，为民勤劳。《集注》引苏氏曰："凡民之行，以身先之，则不令而行。凡民之事，以身劳之，则虽勤不怨。"是也。禹王治水，跋山涉水泥行，艰苦备尝，即是以身劳之，这也是使民勤劳的前提。

一谓劳民，教民勤劳。教民勤劳、使民勤劳也是儒家的一贯主张。《子张》中子夏说："信而后劳其民。"《尧曰》：子张问于孔子曰："何如斯可以从政矣？"子曰："劳而不怨。择可劳而劳之，又谁怨？"《礼记·礼运》说："力恶其不出于身也，不必为己。"《鲁语》敬姜说："昔圣王之处民也，择瘠土而处之，劳其民而用之，故长王天下。夫民劳则思，思则善生；逸则淫，淫则忘善，忘善则恶心生。沃土之民不材，淫也；瘠土之民，莫不向义，劳也。"

后面子夏曰："君子信而后劳其民；未信，则以为厉己也。"都是"使民勤劳"之意。当然，儒家"劳民"不是无度役使，劳民伤财。一要"先之"，二要"信而后劳其民"，三要"以时"，合情合理，劳逸结合。

两种解释都通，都符合儒家义理。"劳"还有"慰劳"义，指慰劳辛苦的人。如《诗经·魏风·硕鼠》："莫我肯劳。"《孟子·滕文公》："劳之来之，匡之直之，辅之翼之。"这里解为慰劳，最为合适。

二、为政三要

仲弓为季氏宰，问政。子曰："先有司，赦小过，举贤才。"曰："焉知贤才而举之？"子曰："举尔所知。尔所不知，人其舍诸？"（《子路》第二章）

仲弓担任季氏宰，问怎样为政。孔子说："凡政事先责成管理人员，宽恕小过失，推举贤才。"仲弓说："怎知是贤才而推举他们呢？"孔子说："推举你所知道的。你所不知道的，别人会舍弃他们吗？"

舍，舍弃，放弃，这里指不推举。过，失误，小过错。《集注》："有司，众职也。宰兼众职，然事必先之于彼，而后考其成功，则己不劳而事毕举矣。过，失误也。大者于事或有所害，不得不惩；小者赦之，则刑不滥而人心悦矣。贤，有德者。才，有能者。举而用之，则有司皆得其人而政益修矣。"

先有司，让有关职司各尽其职，体现了领导工作和具体事务的不同；赦小过，不求全责备；举贤才，举直错诸枉，举能错诸不能。三件事都是为政要道。做好家宰，也要做到这三点。

关于赦小过，诸注以赦小过为赦有司之小过。李炳南以为，赦小过是指"人民有小过失，可以饶恕"。也通。《大戴礼记·子张问入官》说："民有小罪，必以其善以赦其过。"

《孔子集语·论政》引《尚书大传》说："子曰：'古之听民者，察贫穷，哀孤独，矜寡，宥老幼不肖无告，有过必赦，小罪勿增，大罪勿累，老弱不受刑，有过不受罚。'"这段话中将"贫穷"、"孤独矜寡"与"老幼不肖无告"并列，"有过必赦"应该是针对提到的所有人而言。

不论是管理人员还是一般民众，偶有小过失，知道了，都不妨宽恕之。为政者不宜察察为明。赦小过，说明不赦大过。对于重大错误，特别是管理人员、领导干部的重大错误，必须追究责任，赏罚分明。

关于举贤才，《大学》说："见贤而不能举，举而不能先，命也；见不善而不能退，退而不能远，过也。"郑注云：命读为慢。发现贤人而不能推荐，推荐了而不放在前列，是怠慢；发现不良者而不能罢黜，罢黜而不能远远驱逐，是错误。

马培路附言："先有司者，事必先安排给有司也。《集注》曰：'事必先之于彼，而后考其成功，则已不劳而事毕举矣。'东海曰：凡事先责成有关管理人员，是也。宰为总管，事颇繁琐，而各事均有职分，到时安排给具体有司，然后考其成，则已不劳而事毕举矣。凡事亲劳，所谓事必躬亲，乃总管之大病，故孔子告之。先有司，能也；赦小过，仁也；举贤才，智也。三者具备，则宰职可尽矣。"

三、正名的重要

子路曰："卫君待子而为政，子将奚先？"子曰："必也正名乎！"子路曰："有是哉，子之迂也。奚其正？"子曰："野哉由也！君子于其所不知，盖阙如也。名不正则言不顺，言不顺则事不成，事不成则礼乐不兴，礼乐不兴则刑罚不中，刑罚不中则民无所措手足。故君子名之必可言也，言之必可行也。君子于其言，无所苟而已矣。"（《子路》第三章）

子路说："如果卫国国君让您去治理国家，您将先做什么事？"孔子说："必须先正名吧。"子路说："有这样做的吗？您太迂腐了。为什么要正名呢？"孔子说："真愚鲁啊仲由。君子对自己不知道的事，该先存疑。名义不正言论就不顺，言论不顺事情就办不成，事情办不成礼乐制度就不能兴建，礼乐制度不能兴建刑罚就不恰当，刑罚不恰当国民就手足失措。所以君子确定的名义定可发于言论，发于言论的定可付诸实践。君子对自己所说的话，是不能马虎的呀。"

卫君，指卫出公蒯辄，其父蒯聩亡在外，卫人立辄而拒之。迂，迂腐，拘泥，不切实际。阙如，存疑，不武断，不妄说，不下判断。中，得当，恰当，适合。错，同措，放置，安排，处置。苟，苟且，随便，马虎。

正名，君君臣臣父父子子，必先正其名，以维护人伦道德和礼乐制度的严肃性。撇开卫君父子的具体情境，正名也是政治通义，通用于各种时代和社会。

儒家政治很重视正名，被称为名教，认为正名比具体政事更加重要，正名是一切理论建设、政治活动的出发点。董仲舒说："治国之端在正名。"名，名分也，"招牌"也，旗帜也，主义也，指导思想也，意识形态也。

名与实，意识形态与政治实践有别，最正的"名"也可能在实践中出偏差，但"名"若大中至正，纵然出偏，终究有限，不至于一偏到底铸成大错。儒家要求循名责实，名实合一，故纠偏能力特别强。

名不正，言必不顺，道理讲不通畅，理论搞不起来，实践中必然问题重重错误累累，事不成、礼乐不兴、刑罚不中、民无所措手足等等现象就是逻辑的必然。

孔子还提出了"言无所苟"的要求。对不了解、不明白、不熟悉的事物、人物和道理，轻易下判断作结论，是世人通病，已经登堂的子路尚且不免。子路一听孔子"正名"之言，马上指责孔子迂腐，够"野"的，不挨老师批评才怪。（此事也可见孔门师生之间多么直言无忌）。

君子对于所不知道的事物，要认真学习考察，博学审问慎思明辨，不要乱说话乱下结论。这种谦虚谨慎如实如理的态度值得学习。得一联曰：君子于言无所苟，大人处世要全真。苟言苟语，误人误己，造种种恶业结种种恶果，于社会于自身都是有百害而无一利。奈何世间苟言何其多，特别是五四以来的知识群体，往往"于其所不知"而妄批妄断，充斥着曲解误解邪知邪见。

四、在位君子焉用稼

樊迟请学稼。子曰："吾不如老农。"请学为圃。曰："吾不如老圃。"樊迟出。子曰:"小人哉,樊须也!上好礼,则民莫敢不敬;上好义,则民莫敢不服;上好信,则民莫敢不用情。夫如是,则四方之民襁负其子而至矣,焉用稼!"(《子路》第四章)

樊迟请学稼穑。孔子说:"我不如老农民。"请学种菜。〔孔子〕说:"我不如老菜农。"樊迟出去了。孔子说:"真是野小子呀,樊须。在上者重礼,民众就不敢不恭敬;在上者重义,民众就不敢不服从;在上者重信,民众就不敢不诚信。如果做到这样,四方的民众会背着小孩前来投奔了,哪里要自己种庄稼?"

樊迟,姓樊名须,字子迟。圃,菜地,菜园。小人,小人君子,或以德言,或以位言,这里小人即庶民,细民,孟子所谓小人之事者也。襁,背婴儿的背带、布兜。

本章樊迟所问应是为政之事,当不是要学农圃以谋生。或说,樊迟以为世好文治,民不信从,不如以本治治之,如后稷教民稼穑,思以稼穑教民治民。或以为在孔子时,政治不好,礼乐行不通,樊迟请学稼圃,意思是在讽劝孔子教民稼穑,这样对于民生也有益处。

不论樊迟请学稼圃动机何在,孔子借樊迟之问所告诉我们的是政治的正道。为政之道要以礼义信为先。孟子说:"劳心者治人,劳力者治于人。"为政侧重于劳心。孔子自称不如老农老圃,反对儒者从事"小人之事",也不难理解。重视生产与亲自学习稼圃从事农耕是两回事。战国时有农家叫许行,为神农之言,孟子辞而辟之,也是本章孔子之意。

仁智勇为三达德,礼义信堪称政治三达道。三者既有别又相通。《礼记》说"礼,时为大",礼要合乎时宜,与时俱进,这是要求礼符合义德。又说"礼以义起",可以根据实际情况和时代需要制定。只有合乎义、本乎义的礼,才可取信于民。

孔子说"举直错诸枉则民服",举直错诸枉就是好义的表现之一。《韩非子》中有一个故事,可以很好地说明"上好义则民服"

的道理。文中子皋即子羔,孔子弟子高柴的字。韩非子作为法家集大成者,赞誉孔门弟子子皋如此,可知不是过誉。故事写道:

  孔子相卫,弟子子皋为狱吏,刖人足,所刖者守门。人有恶孔子于卫君者,曰:"尼欲作乱。"卫君欲执孔子,孔子走,弟子皆逃,子皋从。出门,刖危引之而逃之门下室中。吏追之不得。夜半,子皋问刖危曰:"吾不能亏主之法令而亲刖子之足,是子报仇之时也,而子何故乃肯逃我?我何以得此于子?"刖危曰:"吾断足也,固吾罪当之,不可奈何。然方公之欲治臣也,公倾侧法令先后臣以言,欲臣之免也甚,而臣知之。及狱决罪定,公憱然不悦,形于颜色,臣见,又知之,非私臣而然也。夫天性仁心固然也,此臣之所以悦而德公也。"

这个故事也从侧面证明了孟子的一句话:"以生道杀民,虽死不怨杀者。"意谓以"求其生"的态度谨慎审理死刑案件,确系死罪,求其生而不得,不得已而依法处其死,死者不会怨恨。

五、《诗经》的作用

  子曰:"诵《诗》三百,授之以政,不达;使于四方,不能专对,虽多亦奚以为?"(《子路》第五章)

  孔子说:"诵读《诗经》三百篇,授权他处理政事,不会妥善处理;派遣他外交,不能独立应对,读得再多又有什么用呢?"

  《诗经》兼具文学性、道德性和政治性,是文学,更是伦理学、政治学和外交学。
  《论语新解》说:"其言治闺门之道者在二南,言农事富民之道在《豳风》,平天下、接诸侯、待群臣之道在大小雅,《颂》乃政成治定后始作,而得失治乱之情,则变风变雅悉之。故求通上下之情,制礼作乐以治国而安民者，其大纲要旨备于诗。诵此三百首，便当达于为政。"

达，通达，通晓。专对，即根据具体情况随机应变，独立处理外交事务。外交使臣在处理对外交涉事务时，因不可能时时事事都向本国请示，所以须有专对的能力。古注举《庄公十九年公羊传》说："聘礼：大夫受命，不受辞，出竟，有可以安社稷、利国家者，则专之可也。"

当时在外交上往往以背诵《诗》中章句来委婉地进行提问和回答，故"诵诗三百"是外交人才的必备条件。朱熹说："诗本人情，赅物理，可以验风俗之盛衰，见政治之得失。其言温厚和平，长于风谕。故诵之者，必达于政而能言也。程子曰：'穷经将以致用也。世之诵诗者，果能从政而专对乎？然则其所学者，章句之末耳，此学者之大患也。'"（《集注》）

儒家主张学以致用，通经致用。学诗，就要得到诗之用。诗可以用于行政。毛诗序说："先王以是经夫妇，成孝敬，厚人伦，美教化，移风俗。"《汉书·艺文志》说："古有采诗之官，王者所以观风俗，知得失，自考正也。"这都说明诗能通达政事的道理。

诗可以用于外交。孔子说："不学诗，无以言。"（《季氏》）学诗便须能言，用于外交，有助于提高专对能力，以完成外交使命。

《左传》襄公二十七年、昭公七年、昭公十五年，分别记载了赵孟和子木不能对、孟僖子不能相仪和答郊劳、籍谈数典忘祖之事，都是不能专对的表现，都属于重大的外交无能和失误。《左传》中擅于专对和利用《诗经》进行专对的事例就更多了，这里姑不介绍，且介绍《韩诗外传》中的一个专对故事：

齐景公使人于楚，楚王与之上九重之台，顾使者曰："齐有台若此乎？"使者曰："吾君有治位之坐，土阶三等，茅茨不翦，朴橡不斲者，犹以谓为之者劳，居之者泰。吾君恶有台若此者。"使者可谓不辱君命，其能专对矣。

"土阶三等，茅茨不翦，采椽不斲"，形容简朴，是尧舜禹的德行。《韩非子·五蠹》说："尧之王天下也，茅茨不翦，采椽不斲。"《史记·太史公自序》说："墨者亦尚尧舜道，言其德行曰：堂高三尺，土阶三等，茅茨不翦，采椽不斲。"

这个齐景公的使者，以此反击楚王对九重之台的炫耀，可谓有力。这就是擅于专对的表现。

六、领导者的表率作用

子曰："其身正，不令而行。其身不正，虽令不从。"（《子路》第六章）

孔子说："本身品行端正，就是不发命令，国民也会照着做。本身品行不正，即使发布命令，国民也不会听从。"

德治，首先是对执政者的道德要求，自立方能立人，自正方能正人，执政者以身作则，方能令民众服。《皇疏》云："其身正，如直形而影自直。其身不正，如曲表而求直影，影终不直也。"

《颜渊》："政者正也，子帅以正，孰敢不正。"本篇下章又云："苟正其身矣，于从政乎何有？不能正其身，如正人何？"与本章同义。孔子必曾屡屡言及，而为门弟子所屡记，可见孔门对此义的重视度和执政者本身"身正"的重要性。

类似说法和观点，为儒家经典和传统古籍所常见。《大学》说："尧舜帅天下以仁而民从之，桀纣帅天下以暴而民从之，其所令反其所好而民不从。是故君子有诸己而后求诸人，无诸己而后非诸人。所藏乎身不恕而能喻诸人者，未之有也。"

孟子说："身不行道，不行于妻子；使人不以道，不能行于妻子。"《论语正义》曰："孟子言人自身不履行其道德，虽妻子之间且有所不行，以其无所效法者也。使人如不以道理，虽妻子且有不顺，况能行于民乎？"

《吕氏春秋·先己》记载：

孔子见鲁哀公，哀公曰："有语寡人曰：'为国家者，为之堂上而已矣。'寡人以为迂言也。"孔子曰："此非迂言也。丘闻之，得之于身者得之人，失之于身者失之人。不出于门户而天下治者，其惟知反于己身者乎。"

"为国家者为之堂上而已"，即"不出于门户而天下治"，即垂拱而治之义，如理如实。鲁哀公认为这种说法迂，是因为他自己愚。

《新序·杂事》记载：

"鲁有沈犹氏者，旦饮羊饱之，以欺市人；公慎氏有妻而淫，慎溃氏奢侈骄佚，鲁民之鬻牛马者善豫贾。孔子将为鲁司寇，沈犹氏不敢朝饮其羊，公慎氏出其妻，慎溃氏逾境而徙，鲁之鬻马牛不豫贾，布正以待之也。既为司寇，季孟堕郈费之城，齐人归所侵鲁之地，由积正之所致也。故曰其身正，不令而行。"

大意是，鲁国有沈犹氏，天天早上把羊的肚子灌满水，欺骗买羊人；公慎氏的妻子淫滥；慎溃氏仗着有钱骄傲放肆，鲁国牛马贩子喜欢搞小动作。孔子将担任司寇的消息传开，沈犹氏不敢再往羊肚子里灌水了，公慎氏把妻子休了，慎溃氏离开鲁国迁徙到别处，鲁国的牛马贩子按质论价。这是孔子以自己的端方来影响人们行为。孔子当了大司寇后，季、孟两家堕了郈、费的城墙，齐国归还了所侵占的领土，这是孔子以积累的正义所得到的成果。

七、鲁卫之政如兄弟

子曰："鲁卫之政，兄弟也。"（《子路》第七章）

孔子说:"鲁卫两国的政治,是兄弟呀。"

鲁国是周公(姬旦)的封地,卫国是周公的弟弟康叔的封地。在周公兄弟九人中,康叔与周公最亲密,《左传·定公六年》,卫公叔文子说:"大姒之子,唯周公、康叔为相睦也。"

鲁卫两国政治传统亦特别相近。鲁为周公之后,继承伯禽的政教传统,亲亲尊尊;卫为康叔之后,奉行文王、武王的政教,明德慎罚。中原文物,两国为首。春秋之末,时移世易,两国衰乱也相似。朱熹说:"鲁,周公之后。卫,康叔之后。本兄弟之国,而是时衰乱,政亦相似,故孔子叹之。"(《集注》)

苏轼说:"是时鲁哀公七年、卫出公五年也。卫之政,父不父,子不子;鲁之政,君不君,臣不臣。卒之哀公孙邾而死于越,出公奔宋而亦死于越,其不相远如此。"(《论语解》)

不过,尽管衰乱,比较而言,两国政俗依然贤于他国。孔子说:"齐一变,至于鲁;鲁一变,至于道。"

孔子周游列国十四年中,曾经五次往返卫国,不仅因其弟子多人仕卫,也是因为其国多君子贤者。《论语》中受到孔子称赞的卫公子荆、史鱼、蘧伯玉、孔文子、宁武子、仲叔圉、祝鮀、王孙贾等等,还有与文子同升为大夫的公叔文子之臣大夫僎、高度赞美孔子的仪封人,都是卫国人。

《左传》:襄公二十九年,吴公子季札适卫,感叹说:"卫多君子,未有患也。"这也是传统政教的流风余韵。陆陇其《四书困勉录》说:"鲁秉周礼,卫多君子,尽有好处,可惜无人振起。有望之之意,有惜之之意。"

孔子在卫国,虽不被重用,未有事权,却颇受礼遇。《史记·孔子世家》载:"卫灵公问孔子:'居鲁得禄几何?'对曰:'奉粟六万。'卫人亦致粟六万。"故《孟子》说:"孔子有际可之仕,于卫灵公,际可之仕也。于卫孝公,公养之仕也。"

赵岐《孟子注》云:"卫灵公接遇孔子以礼,故见之也;卫孝公以国君养贤者之礼养孔子，故宿留以答之矣。"卫灵公、卫孝公皆无道，对孔子却不乏一定的尊重礼貌，此亦卫国"文采风流今尚存"之征。

八、知足的卫公子荆

子谓卫公子荆善居室。始有，曰："苟合矣。"少有，曰："苟完矣。"富有，曰："苟美矣。"（《子路》第八章）

孔子说卫国公子荆善于治理家室。开始有些财货器用，（公子荆）说："确实合适了。"稍增加些，说："确实充足了。"到富足时，说："确实很完美了。"

公子荆，卫国大夫，名荆，字南楚，卫献公之子，故称公子荆。后来鲁哀公时，鲁国也有个公子荆，因此，这里用一卫字来区别。传卫公子荆十五岁就代理宰相，处理国事。能随时知足，不奢侈。

鲁襄公二十九年，吴国的公子札到各国去访问。在卫国，他见到了蘧瑗、史狗、史鰌、公子荆、公叔发、公子朝等人，谈得很投机，称赞卫国多君子（见《左传·襄公二十九年》）。这卫公子荆就是君子之一。几十年后孔子也对他作出了积极评价。

善居室，善于治理家室和经营财务器物。苟，诚，确实。一说作但字解，也通。如《易经·系辞》说："苟错诸地而可矣。"《左传·襄公二十八年》："小适大，苟舍而已，焉用坛。"其中的苟字都作但字解，表示如此即可的意思。苟合矣，确实满足了。合，满足之意，依俞氏《群经平议》，合字与给字通用，给的意义是足。

孔子疏水曲肱，乐在其中；颜子陋巷箪瓢，不改其乐。卫公子荆生活上随遇而安，物质上适可而止，知足常乐，颇有孔颜之风。《集注》引杨氏曰："务为全美，则累物而骄吝之心生。公子荆皆曰苟而已，则不以外物为心，其欲易足故也。"

《颜氏家训》专辟《止足》,讲知止知足的重要性,强调少欲知足是安身立命、保全门户的重要方法。开头就引用《礼记》"欲不可纵,志不可满"的教导。

道家物质方面的节俭和知足精神,与儒家相通。老子说:"知足不辱,知止不殆,可以长久。"又说:"祸莫大于不知足,咎莫大于欲得,故知足之足常足矣。"

古人有一首"不知足诗",流传甚广,虽俗,颇能切中世人通病,录此共赏。诗曰:

"终日奔波只为饥,才方一饱便思衣。衣食两般皆具足,又想娇容美貌妻。取得美妻生下子,恨无田地少根基。买得田园多广阔,出入无轿少马骑。槽头结了骡和马,叹无官职被人欺。县丞主簿还嫌小,又要朝中挂紫衣。若要世人心里足,除是南柯梦一西。"

九、庶之富之教之

子适卫,冉有仆。子曰:"庶矣哉!"冉有曰:"既庶矣,又何加焉?"曰:"富之。"曰:"既富矣,又何加焉?"曰:"教之。"(《子路》第九章)

孔子到卫国去,冉有驾车。孔子说:"人真多啊!"冉有说:"已经人多了,进一步干什么呢?"(孔子)说:"让他们富裕起来。"(冉有)说:"已经富裕了,又进一步干什么呢?"(孔子)说:"教化他们。"

适,往,到,去。仆,驾车。《诗·小雅·出车》:"召彼仆夫。"仆夫即驾车者。庶,众多,这里指人口众多。何加,即"加何",增加什么,进一步干什么、办什么。教,教育,教化。

富之是民生社会保障,教之是文化道德启蒙,富之教之是儒家自古不变的为政要旨。

《孟子》书中多处谈到黎民百姓要有"五亩之宅""百亩之田"的生活保障,并强调要保证五十岁以上的人有丝棉袄穿,七十岁以上的人有肉吃。孟子指出:鳏寡孤独"此四者,天下之穷民而无告者。文王发政施仁,必先斯四者"(《孟子·梁惠王》)。

孟子说:"是故明君制民之产,必使仰足以事父母,俯足以畜妻子,乐岁终身饱,凶年免于死亡。然后驱而之善,故民之从之也轻。今也制民之产,仰不足以事父母,俯不足以畜妻子。乐岁终身苦,凶年不免于死亡。此惟救死而恐不赡,奚暇治礼义哉?"(《孟子·梁惠王》)

必须使老百姓有产业有收入,保证他们的有一定收入,好年成,丰衣足食;坏年成,不饥不寒不致饿死。这是开展文化教育的前提。

《礼记·王制》中规定,对鳏寡孤独有"常饩"即经常性的粮食救济,对于聋哑及肢体有残疾障碍者则有供养制度。《王制》中保留了上古"五十养于乡,六十养于国,七十养于学"的养老制度。

荀子《大略》:"不富无以养民情,不教无以理民性,故家五亩宅,百亩田,务其业而勿夺其时,所以富之也;立大学,设庠序,修六礼,明十教,所以道之也。诗曰:'饮之食之,教之诲之。'王事毕矣。"可与此章之义相发明。

《尚书》五福,以富为始。富之,"制田里,薄赋敛",让民众基本生活得到保障,然后教之,"立学校,明礼义",施行教化,"驱而之善"。先富后教,次第不同,重点不同,但不能割裂开来,不是说在"富之"阶段就放弃教育,更不允许纵容一部分人违反基本的道德规范"先富起来"。

孙齐鲁说:"儒家重修身,并以道德理想主义标榜、自律,主要是诉诸统治阶层,至少也是有志之士的,彼对广大百姓,一定是先富之而后教之,绝对不能倒过来,因为'无恒产而有恒心者,惟士为能'。夫子此言可见,民国诸子以为仁义道德杀人,势要打倒孔家店,完全搞错了对象。"

值得一提的是"庶之"。儒家以人口众多为荣,以子孙昌盛为福。

孟子说：不孝有三，无后为大，把无后视为最大的不孝。孔子将人口众多与物质、文化生活并列，也意味着一定的人口密度，可以与富裕度和文化程度成正比。历史上，人数越多的王朝，人口密度越大的地方，文明程度也水涨船高。

十、孔子一年而可，三年有成

子曰："苟有用我者，朞月而已可也，三年有成。"（《子路》第十章）

孔子说："如有用我的人，一周年初具规模，三年有成效。"

苟，如果，假如。朞月，一周年。朞又作期，周。《集注》："期月，谓周一岁之月也。可者，言纲纪布也。有成，治功成也。"

人类恶习深重，社会问题重重，最好的领导和最好的文化、政治、制度和教育，也不可能一蹴而就，圆满地解决一切问题。

孔子说"善人为邦百年，可以胜残去杀"，善人为政百年才能感化残暴，废除死刑。"如有王者，必世而后仁。"圣王来干，三十年可以建成仁国。王者意味着道德、文化和政治都第一流，善之善者也，比一般善人强多了，政治特别文明，效果特别好。

"苟有用我者，期月而已可也，三年有成。"此言充分体现了孔子的文化和政治信心之充足。若受到重用，一年就不错，三年见成效。持之以恒坚持下去，自然可以建成王道仁国。设想孔子有机会为君一方或为天子于天下，又当如何？

《荀子·大略》引孔子对父子相讼的处理后说："故先王既陈之以道，上先服之；若不可，尚贤以綦之；若不可，废不能以单之。綦三年而百姓从风矣。邪民不从，然后俟之以刑，则民知罪矣。"綦通"傡"，教导。或谓綦通綦，劝教。单通"惮"，警惧。

荀子强调，为政治民要德治礼教，先教后刑。先要尊崇道统，以身作则以示范之,然后崇尚贤者以引导之,然后罢黜不贤者以警戒之。这样三年下来,老百姓随风起伏、从善如流矣。如果仍有犯罪现象,则施用必要的刑罚。

《荀子·致士》又说:"临事接民而以义,变应宽裕而多容,恭敬以先之,政之始也;然后中和察断以辅之,政之隆也;然后进退诛赏之,政之终也。故一年与之始,三年与之终。"意谓施政要分三个步骤,一年与民更始,三年达标。

《意林》引《风俗通》曰:"《尚书》有考绩。孔子曰:'如有用我者,期月而已,三年有成。'郑子产从政二年,民乃歌之。圣贤尚须渐进,况中才乎?"即使圣贤为政,也有个循序渐进的过程。子产贤人也,从政一年,民众恨之;二年,民众歌之;及三年,颂声大起。

《史记·孔子世家》说:"卫灵公老,怠于政,不用孔子。孔子喟然叹曰:'苟有用我者,期月而已,三年有成。'"本章为卫灵公不能用而发。或说,本章是孔子为门人释疑。当时有佛肸及公山不狃之召,孔子皆欲往,而门人疑之,所以孔子这么说。

十一、善人为邦百年

子曰:"'善人为邦百年,亦可以胜残去杀矣。'诚哉是言也!"(《子路》第十一章)

孔子说:"'善人主持国政一百年,也可以化去残贼、免除刑杀了。'这话真对啊!"

是言,此言。是,代词,这,此。残,残贼,贼义者谓之残,用残字,都有伤害之意。杀,杀戮,刑杀。

"善人为邦百年,亦可以胜残去杀矣。"这句话是别人或古人所说,孔子表示认同。《集注》:"为邦百年,言相继而久也。胜残,化残暴之人，使不为恶也。去杀，谓民化于善，可以不用刑杀也。盖古有是言，而夫子称之。"

善人品质善良，但"不践迹，亦不入于室"。不学无术，修身不法圣道，为政不法先王，所以事倍功半。陆贾说："自人君至于庶人，未有不法圣道而为贤者也。"东海曰，儒佛道对道体的认证，同中有异，儒家所得最为全面中正，故儒家道理最圆，最能抓住宇宙生命之根本，最能代表中华文化之真理。沿着内圣外王之道去努力，个体所能成就的境界、社会所能抵达的文明都是最高的，速度也将是最快的。

胜残去杀，很了不起。唯善人为之，要百年时间，耗时太久。若圣王为之，就可以大大加速了。《汉书·刑法志》说："如有王者，必世而后仁。善人为国百年，可以胜残去杀矣。言圣王承衰拨乱而起，被民以德教，变而化之，必世然后仁道成焉。至于善人，不入于室，然犹百年胜残去杀矣。此为国者之程序也。"

荀子说："天下者，至重也，非至强莫之能胜；至大也，非至辨莫之能分；至众也，非至明莫之能和。此三至者，非圣人莫之能尽，故非圣人莫之能王。圣人备道全美者也，是县天下之权称也。"（《荀子·正论》）

大意是，治理天下，责任极其繁重，不是最强劲的人不能够担负；范围极其广大，不是最明辨的人不能够分辨；人民极其众多，不是最英明的人不能协调。这三个最，不是圣人不能具备，所以不是圣人就没有王天下的能力。圣人是道德完美的人，就像挂在天下的一杆秤。权称，这里用来喻指辨明轻重、平衡天下的标准。

本章与上章和下章互参，可见孔子政治上何等自信。善人为邦百年，而后胜残去杀；王者为邦三十年，可以仁道大行；苟有用我者，期月而可，三年有成。孔子的这种自信，无疑源于对仁本主义文化、道德的高度信仰解悟。

马培路说："善人不践迹，亦不入于室。善人与圣人治国之差异，主要在圣人能法先圣昔贤，而善人仅凭质美之性化民。儒家修君子，君子学经典，经典记先圣昔贤之法言法行，此所以儒家君子能治国平天下，此所以文质彬彬然后君子也。"

十二、王者世而后仁

子曰："如有王者，必世而后仁。"（《子路》第十二章）

孔子说："如有王者兴，三十年一定实现仁政。"

世，三十年为一世。仁，指仁政，健全的礼乐制度。王者，圣王，圣贤而得位者。有王者，必能建设礼制和成就王道，其政治兼具天道、传统、民意三重合法性。

"王"字从春秋开始贬值，秦汉以后乱套。春秋时某些诸侯开始称王，战国时诸侯普遍称王，秦汉以下凡诸侯皆称王，天子伯叔兄弟分封于外者亦曰王。《六书故》："有天下曰王，帝与王一也。周衰，列国皆僭号自王。秦有天下，遂自尊为皇帝。汉有天下，因秦制称帝，封同姓为王，名始乱矣。"

但在先秦话语系统中，"王"字有深意在焉。《礼记·谥法》说："仁义所在称王。"《白虎通》说："王者往也，天下所归往。"《艺文类聚》引春秋考耀文曰："王者往也，神所输向，人所乐归。"

董仲舒说："深察王号之大意，其中有五科：皇科、方科、匡科、黄科、往科。合此五科以一言谓之王。王者皇也，王者方也，王者匡也，王者黄也，王者往也。"意谓"王"这个名号的要义有五：皇、方、匡、黄、往，综合五义。

董仲舒进一步指出："是故王意不普大而皇，则道不能正直而方；道不能正直而方，则德不能匡运周遍；德不能匡运周遍，则美不能黄；美不能黄，则四方不能往；四方不能往，则不全于王。故曰：'天覆无外，地载兼爱，风行令而一其威，雨布施而均其德。'王术之谓也。"又说："古之造字者，三画而连其中谓之王。三者天地人

也,而参通之者,王也。孔子曰:'一贯三为王。'"(《春秋繁露》)

王者的"世而后仁"比"百年胜残去杀"高明多了,也快多了,与孔子的"三年有成"则是一致的。王者起,三年可以大有成效,但要仁风普及,化成天下,则须三十年为期。《集解》孔安国注:"三十年曰世。如有受命王者,必三十年仁政乃成。"《集注》:"王者谓圣人受命而兴也。三十年为一世。仁,谓教化浃也。"

西周从文王、武王到成王,礼乐制度健全,刑措四十余年而不用。这就是"世而后仁"的典型史例。程子说:"三年有成,谓法度纪纲有成而化行也。渐民以仁,摩民以义,使之浃于肌肤,沦于骨髓,而礼乐可兴,所谓仁也。此非积久,何以能致?"

十三、正人先正己

子曰:"苟正其身矣,于从政乎何有?不能正其身,如正人何?"(《子路》第十三章)

孔子说:"如果端正了自身,于从事政治何难之有?不能端正自身,怎能端正别人?"

皇疏:"苟,诚也。诚能正其本身,则从事政治,何难之有。"

政者正也,政治,重在正气、正义、正道、正常,领导者自正其身,所谓治人先治己,正人先正己。修身是齐家治国平天下的基础工作和基本要求。如果执政者与从政者多是正人君子,君子之德风,民众自然向风。

不能自正其身,是因为不诚。《韩诗外传》说:

勇士一呼而三军皆避,出之诚也。昔者楚熊渠子夜行,见寝石以为伏虎,弯弓而射之,没金饮羽,下视知其石也,因复射之,矢跃无迹。熊渠子见其诚心,金石为之开,而况人乎?夫倡而不和,动而不愤，中心有不合者矣。夫不降席而匡天下者，求之己也。孔子曰："其身正，不令而行；其身不正，虽令不从。"先王之所以拱揖指麾而四海宾服者，诚德之至也，色以形于外也。《诗》曰："王猷允塞，徐方既来。"

楚熊渠子射石的故事，后来也发生在李广身上。"不降席而匡天下"，即垂拱而治之意。"王猷允塞，徐方既来"句出自《诗经·大雅·常武》，句意是，王的谋略很实在，徐国特地来朝觐。允，信，诚，确实。塞，实，指谋略不落空。

精诚所至，金石为开；王道诚信，远人自服；诚德之至，四海宾服，诚之用大矣哉，领导者正身之用大矣哉。《晏子春秋》记载：

灵公好妇人而丈夫饰者，国人尽服之。公使吏禁之，曰："女子而男子饰者，裂其衣，断其带。"裂衣断带相望而不止。晏子见，公问曰："寡人使吏禁女子而男子饰者，裂断其衣带，相望而不止者，何也？"晏子对曰："君使服之于内而禁之于外，犹悬牛首于门而卖马肉于内也。公何以不使内勿服，则外莫敢为也。"公曰："善。"使内勿服，逾月而国人莫之服。

灵公喜欢宫女女扮男装，全国都流行女扮男装。灵公下令禁止，却怎么也禁不住。问晏子为什么。晏子提醒他，宫内流行男人服饰，却在宫外禁止它，就如挂牛头卖马肉。这就是"不能正其身，如正人何"的道理。

马培路说："儒家君子之道，修己而已矣。修己以安人，修己以安百姓。为邦、为政、为民、为君、为仁、为礼，凡事反求诸己。"

十四、政务与事务的区别

冉子退朝。子曰："何晏也？"对曰："有政。"子曰："其事也？

如有政，虽不吾以，吾其与闻之。"(《子路》第十四章）

冉求退朝回。孔子说："为何这么晚呢？"回答说："有政务。"孔子说："是事务吧？如果是政务，我虽不在任上，我也该有所闻的。"

晏，晚，迟。吾以：用我。以，用。与闻，参与其闻，谓有所闻也。哀公十一年，孔子自卫反鲁，鲁君待之以大夫之礼。冉求所议，实为政务，只是议于"季氏之私朝"，故为孔子所讥。国家政务，必须"议于公朝"。孔子虽不见任用，没有事权，既然挂名大夫，自当与闻。

"公事不私议"是礼制的要求，是儒家政治的一大特色。政治是公众之事，要有相当的公开性和透明度。用现代话说，季氏有违政务公开原则，"独与家臣谋于私室"，政务成了事务，公务成了家务。

西周天子、诸侯和公卿都有内、外朝制度。内朝又称燕朝，据郑玄《周礼·夏官·太仆》注，太仆处所为"路寝"，其职司为王或诸侯治理宗族人伦之事。外朝有广义与狭义之分，狭义的"外朝"指中门（天子应门、诸侯雉门）之外、外门（天子皋门、诸侯库门）之内的治所，广义的"外朝"包括路门之外、中门之内天子或诸侯与公卿大夫治世理政的处所。

《国语·鲁语》记载，公父文伯之母谓季康子："天子及诸侯合民事于外朝，合神事于内朝。自公卿以下，合官职于外朝，合家事于内朝。寝门之内，妇人治其业焉，上下同之。夫外朝，子将业君之官职焉；内朝，子将庀季氏之政焉。"韦注云："外朝，君之公朝也。内朝，家朝也。"

公父文伯是鲁国大夫，其母即敬姜，齐侯之女，姜姓，谥敬，是历史上著名的贤母。"内朝，子将庀季氏之政焉"，在这段话中，庀是治理义。冉求是季氏家臣，在季氏的家朝与季氏商讨决策问题，无论内容是什么，即使是国家大事，也是"季氏之政"，家政。

孔子说过"天下有道则政不在大夫"，而此时鲁政逮于大夫已经四世，季氏僭权专制久矣。季康子与冉求商量的或是国家政事，所以冉求回答孔子说"有政"，不知道自己无意中失言了。孔子指出"其事也"，含有正名分、讥季氏、教冉求等意。

十五、一言兴邦，一言丧邦

定公问："一言而可以兴邦，有诸？"孔子对曰："言不可以若是，其几也。人之言曰：'为君难，为臣不易。'如知为君之难也，不几乎一言而兴邦乎？"曰："一言而丧邦，有诸？"孔子对曰："言不可以若是，其几也，人之言曰：'予无乐乎为君，唯其言而莫予违也。'如其善而莫之违也，不亦善乎？如不善而莫之违也，不几乎一言而丧邦乎？"（《子路》第十五章）

鲁定公问："一句话就可以振兴国家，有吗？"孔子回答说："话不可以这样说，但有与这接近的。有人说：'做君主难，做臣子不容易。'如果知道做君主难，这岂不接近于'一句话就可以振兴国家'吗？"（鲁定公）说："一句话就可以丧亡国家，有吗？"孔子回答说："话不可以这样说，但有与这接近的。有人说：'我做君主没什么可乐的，只是我的话没人违抗。'如果君主的话正确而没人违抗，不是很好吗？如果话不正确而没人违抗，岂不接近于'一句话就可以丧亡国家'吗？"

其几也，几，接近。言不可以若是，其几也，意谓未必如此（一言而可以兴邦），但是一句有道理的话可与"一言兴邦"接近。一说，几，期望，言不可以若是其几也，意谓一言之间不可以如此而必期其效，即不能这般去期待语言。亦通。

一言兴邦，应是当时有此成语，定公拿来问孔子，或有贪图捷径之意。孔子的回答很巧妙。没有如此灵妙之言，可以一言而兴邦，但如果君主知道为君之难，是大有利于兴邦的。"为君难为臣不易"不也是一句话吗？"一言丧邦"也是如此。如果君主以"唯其言而莫予违也"为乐，迟早要败国丧邦。"唯其言而莫予违也"不也是一句话吗？

《淮南子·齐俗》说："晋平公出言不当，师旷举琴而撞之，跌衽宫壁，左右欲涂之，平公曰：'舍之，以此为寡人失。'孔子闻之，曰：'平公非不痛其体也，欲其谏者也。'"据《韩非子·外储说》，晋平公说的就是："莫乐为人君，惟其言而莫之违。"晋平公遭师旷琴撞，自知出言不当，并能引以为戒，倒也可敬。

马培路说："《大学》曰：一言偾事，一人定国。《左传》《资治通鉴》中，一言兴邦，一言丧邦的例子皆是也。所以发其言，有发言者之德性在，所谓诚于中方能形于外。可见在上位，德性之重要，言语之重要。亦可见所以要君子在位，而君子所以要谨其言，亦可见儒家为何修君子之道。"

知为君之难，可以兴邦矣。赵匡胤陈桥兵变，即位为天子，尊其母为皇太后。赵母曾引用本章之言警示儿子，可谓教子有方。《续资治通鉴》记载："太祖拜太后于堂上，众皆贺。太后愀然不乐，左右进曰：'臣闻母以子贵，今子为天子，胡为不乐？'太后曰：'吾闻为君难。天子置身兆庶之上，若治得其道，则此位可尊；苟或失驭，求为匹夫不可得，是吾所以忧也。'太祖再拜曰：谨受教。"

十六、近悦远来

叶公问政。子曰："近者说，远者来。"（《子路》第十六章）

叶公问政治。孔子说："近者欢悦，远者归附。"

叶公，姓沈名诸梁，楚国大夫。叶原为一小国，后归属于楚。

或说，此时楚国几次侵伐蔡国，又与吴国争战，外犯其邻，内疲其民，故孔子此言有感而发，"讽以恤小爱邻之仁"。或说，叶都大而国小，民有背心，所以孔子如是提醒。(《韩非子》)

不论背景如何，孔子所言在当时是否有针对性，"近者说，远者来"这句话，都是古今为政通义。《书·舜典》："柔远能迩，惇德允元。"《诗·大雅·民劳》："柔远能迩，以定我王。"爱有差等，人之常情，先内后外，政之常道。近悦方能远来、远敬和远服。远近有其次第，近者悦是基础和根本。王道政治，推己及人，由内及外。朱熹说："被其泽则悦，闻其风则来。然必近者悦，而后远者来也。"(《集注》)

近者不悦，远者必不来，近者怨声载道，远者闻风齿冷也。曾子说："亲戚不悦，不敢外交；近者不亲，不敢求远；小者不审，不敢言大。"(《大戴礼记·曾子疾病》)

是近悦远来还是近怨远厌，是衡量一个国家政治文明度的简单而重要的标准，古今中外都一样。民众争着入籍的国家，政治一定不坏；国民以逃离为荣、以外移为梦的地方，制度必然恶劣。这叫近怨远癞：近者怨愤重重，远者视之如癞，如麻风病国。移民，是民众用脚投票。

我在《儒城——一个儒者的中国梦》中说过："评判儒城好坏、实验成败可以有很多标准，最大的标准是民意。天视自我民视，天听自我民听，此之谓也。儒城是自由城，如果近悦远来，社会和谐度、居民幸福度不断提升，入籍者越来越多，就说明成功；反之，如果社会怨气重重，居民纷纷逃离，自然失败无疑。"

儒家越受尊重，地位越高，国家文明度、制度优越度、法律公正度、社会和谐度、国民幸福度都会水涨船高。道统若高于政统，道德自上而下，容易上行下效，从而广泛普及和深入。一个高度文明而强大的中国，近悦远来是意料中事。人向高处走，政治越文明，社会越自由，就越吸引人，越受欢迎。远人和一切好东西包括人才、财富和技术，会源源不断地向文明国家流动和汇聚。这是古代中国成为儒家文化圈的宗主国的第一因。

另复须知，霸道政治也能在一定程度上做到"近治远服"。史书说到齐桓晋文，也常有"国内大治，诸侯畏服"字样，虽是套话，实为真理。

十七、为政两大忌

子夏为莒父宰，问政。子曰："无欲速，无见小利。欲速则不达，见小利则大事不成。"（《子路》第十七章）

子夏担任莒父邑宰，问为政之道。孔子说："不要求速成，不要只见到小利。求速成就达不到目的，只见到小利就成不了大事。"

莒父，鲁国城邑名，在今山东省莒县境内，一说在高密县东南。

很多事急不得，一要与时俱进，不能超越历史和现有条件；二要循序渐进，不能躐等越级，妄图一蹴而就。一万年固然太久，只争朝夕更会坏事，欲速反退，甚至翻车。例如，善人为邦百年，才能胜残去杀；善人教民七年，才可以即戎。有王者兴，也得世而后仁；孔子得用，三年方能有成。这就是最快的速度了，再也不能加速了。

连革命都不能欲速，而要耐心等待条件的成熟。《吕氏春秋》有一个小故事很有意思：

武王使人候殷，反报岐周曰："殷其乱矣！"武王曰："其乱焉至？"对曰："谗慝胜良。"武王曰："尚未也。"又复往，反报曰："其乱加矣！"武王曰："焉至？"对曰："贤者出走矣。"武王曰："尚未也。"又往，反报曰："其乱甚矣！"武王曰："焉至？"对曰："百姓不敢诽怨矣。"武王曰："嘻！"遽告太公，太公对曰："谗慝胜良，命曰戮；贤者出走，命曰崩；百姓不敢诽怨，命曰刑胜。其乱至矣，不

可以驾矣。"(《吕氏春秋·慎大览·贵因》)

干大事不能贪图小便宜。《大戴礼记·四代》记载孔子之言："好见小利妨于政。"《论语正义》引荀子言："利谓便国益民也。为政者见有大利，必宜兴行，但不可见小耳。"《吕氏春秋》和《韩非子》都说过"小利，大利之残也"的话。晋国假虞伐虢，虞公贪图晋国的贿赂，被晋国顺手灭了，这就是顾小利而残大利的典型。

儒家不反对利益，但强调利益必须合乎道义，而道义则是最大的利益。凡不义之财不义之利，在儒家眼里都属于小利。唯利是图，见利忘义，其实图的无非外物，却草菅和危害了自己的真身、仁身、良知。草菅人命固然是悲剧，草菅自己同样是悲剧。

本章堪称为政者的宝鉴和洪钟。历史和现实多少事实雄辩地证明了孔子所说的理是多么真！赶英超美，一天等于二十年，不就是欲速吗？岂但不达，还让历史的车轮狠狠地倒退了一把；只因贪图一时之利或一己之利，毁了多少人，坏了多少事，多少事关国家民族的大事。《集注》："欲事之速成，则急遽无序，而反不达。见小者之为利，则所就者小，而所失者大矣。"

欲速和见小利，是为政为人的两大忌，却是小人不约而同的常态和难以救药的通病。或想一口吃成胖子，或惑于小利而忘大害，这是小人和小人政治走不了远路、干不成大事的两大原因。

十八、父子互隐亦直道

叶公语孔子曰："吾党有直躬者，其父攘羊而子证之。"孔子曰："吾党之直者异于是，父为子隐，子为父隐，直在其中矣。"(《子路》第十八章)

叶公对孔子说："我家乡有个直道而行的人，他父亲偷了羊他去告发。"孔子说："我家乡的直道和你所说的不一样：父为子隐，子为父隐,直道就在其中了。"

直躬者,直身、直道而行者。攘,偷,窃,抢。证,作证,引申为检举、告发。

这一章涉及伦理与法律的关系问题,也是孔子最为法治主义者诟病的地方。孔子认为,"父为子隐,子为父隐"本身就具有直的品格。《皇疏》说:"父子天性率由自然至情。若不知相隐,则人伦之义绝矣。"《集注》说:"父子相隐,天理人情之至也。故不求为直,而直在其中。"又引谢氏曰:"顺理为直。"

东海曰,发乎本性、顺乎良知谓之直,父子之间真实情感的自然流露就是直。儒家将直道纳入"亲亲"的范畴之中。父子以义合,父慈子孝是人与生俱来的最真实的情感。父子之间,直道要从孝和慈中体现。

"亲亲相隐"这一思想当时就为一些诸侯国采纳并贯彻于司法实践中。出人意料的是,最早将这一思想提升入法的是秦律:"子告父母,臣妾告主,非公室,勿听,而行告,告者罪。"这被认为是中国早期"亲亲相隐"制度形成的重要标志。至汉代,"亲亲相隐"被赋予了更广泛的内容,并且在制度上进一步明确和规范。汉宣帝曾下诏:

"父子之亲,夫妇之道,天性也。虽有祸患,尤蒙死而存之。自今子匿父母,妻匿夫,孙匿大父母,皆勿坐。其父母匿子,夫匿妻,大父母匿孙,罪特死,皆上请廷尉以闻。"

这一诏令首次从人类亲情本性出发解释了容隐制度,首次用允许隐匿的形式肯定了妻、子、孙为夫、父、祖隐的行为的法律正当性。以后历代王朝均承袭沿用了这一规定,在一定条件下允许伦理高于法律,或曰伦理等同于法律。

"亲亲相隐"也是现代西方法律普遍确定的个人权利和政府

必须遵守的法律准则。有个发生于澳大利亚的经典司法案例：父亲贩毒，女儿知晓父亲毒品藏处，警方逼女儿交代未果，以包庇罪对其女儿起诉，法官却判决无罪。理由是，一个社会人伦和亲情受到伤害，其危害性远大于刑事犯罪。至于警方，可以借助其他刑侦手段获取证据。当然，亲亲相隐有度，可以适当为亲人隐，像那个澳大利亚案例中的女儿那样，但不能"发展"为制造伪证。

值得一提的是，叶公与他家乡的"直躬者"也都与孔子一样以"直"为一种正面评价和道德标准，只是道德知识有误，导致实践结果的不道德，于此可见正知正见的重要。关于直德，王夫之有一段话说得颇为透彻，录此共赏。王夫之说：

唯直之一字最易蒙昧，不察则引人入禽兽。故直情径行，礼之所斥也。证父攘羊，欲直而不知直，堕此者多矣。子曰："父为子隐，子为父隐。"隐字切难体会。隐非诬也，但默而不言，非以无作有，以皂作白，故左其说以相欺罔也，则又何害于道哉！岂独父子为然乎！待天下人，论天下事，可不言者隐而不言，又何尝枉曲直邪！父而攘羊不可证，固不待言，即令他人攘羊，亦自有证之者，假令无证之者，亦无大损，总不以天下之曲直是非搅之于己，而违其坦然自遂，付物之是非于天下公论之心。即至莅官听讼，亦以不得已之心应之。吾尽吾道，不为人情爱憎起一波澜曲折，此之谓直。隐即直也，隐而是非曲直原不于我一人而废天下之公，则直在其中矣。（《俟解》）

十九、仁德的三种表现

樊迟问仁。子曰："居处恭，执事敬，与人忠。虽之夷狄，不可弃也。"（《子路》第十九章）

樊迟问仁德。孔子说："居家恭敬，办事认真，对人忠实。即使到了夷狄之地，也不可抛弃（这三种品德）。"

前篇颜渊问仁，孔子答：克己复礼为仁，而为仁的条目则是"四勿"：非礼勿视，非礼勿听，非礼勿言，非礼勿动。这些条目践行较难，而且充满政治性。对樊迟则有针对性地说恭敬忠，这三条可学性更强，学好了，就是仁。

《集注》说："恭主容，敬主事。恭见于外，敬主乎中。之夷狄不可弃，勉其固守而勿失也。程子曰：'此是彻上彻下语。'圣人初无二语也，充之则睟面盎背；推而达之，则笃恭而天下平矣。"

夷狄意味着无礼野蛮。但仁德君子到了夷狄之地，照样要恭敬；对待夷狄之人，照样要忠实。

祭肜是云台二十八将之中的征房将军颍阳侯祭遵的弟弟，守辽东近30年，《后汉书·祭肜传》记载了祭肜"抚夷狄以恩信"的故事，祭肜对待北边各个异族恩威并施，信义并重，合情合理，有礼有节。武败匈奴，威服鲜卑，各族入贡，边境平安。

祭肜去世后，"乌桓、鲜卑追思肜无已，每朝贺京师，常过冢拜谒，仰天号泣乃去。辽东吏人为立祠，四时奉祭焉"。这种效果，是单纯的武力达不到的，更是穷兵黩武的政权所难以想象的。

《后汉书》作者范晔对祭肜给予极高评价："祭肜武节刚方，动用安重，虽条侯、穰苴之伦，不能过也。且临守偏海，政移犷俗，徼人请符以立信，胡貊数级于效下，至乃卧鼓边亭，灭烽幽障者将三十年。古所谓必世而后仁，岂不然哉！"

二十、最差的士，不错的人

子贡问曰："何如斯可谓之士矣？"子曰："行己有耻，使于四方，不辱君命，可谓士矣。"曰："敢问其次。"曰："宗族称孝焉，乡党称弟焉。"曰："敢问其次。"曰："言必信，行必果，硁硁然小人哉，

抑亦可以为次矣。"曰："今之从政者何如？"子曰："噫！斗筲之人，何足算也！"（《子路》第二十章）

子贡问道："怎样才可以称为士呢？"孔子说："对自己行为有耻心，出使他国，不辜负君主的委命，可以称为士了。"（子贡）说："敢问次一等的士。"（孔子）说："宗族称赞他孝顺父母，乡党称赞他敬爱兄长。"（子贡）说："敢问再次一等的士。"（孔子）说："说话绝对守信，行动绝对果决。浅薄固执有点小人的样子，不过也可以算是最次的士了。"（子贡）说："如今那些从政的人怎样？"孔子说："咳！小器小量的人，算得了什么！"

硁硁然：硁，小石坚确貌，形容浅薄固执。斗筲，筲，盛饭用的小竹器，饭筐。斗筲容量都不大，一斗容十升，一筲只容五升，一说容一斗二升，形容见识短浅，器量狭小。

信是五常道之一，修齐治平，皆不可缺。《论语》中不少章节论及信德。《学而》说"谨而信"。朱子解释："谨者行之有常，信者言之有实。"又说："信近于义，言可复也。"朱子解释说："信，约信也。义者，事之宜也。复，践言也。"就是说言行一致，实践所言才能称为信。《为政》说："人而无信，不知其可也。"把信视作立身为政的基本品质。《颜渊》说"民无信不立"，孔子认为信比兵和食更重要，将诚信看作政治的基本准则，信之义大矣哉。

孟子以信为朋友交往最重要的原则，"父子有亲，君臣有义，夫妇有别，长幼有序，朋友有信"。并视之为天爵之一，"有天爵者，有人爵者。仁义忠信，乐善不倦，此天爵也；公卿大夫，此人爵也"。

然而，孟子又主张言不必信。孟子曰："大人者，言不必信，行不必果，惟义所在。"（《孟子·离娄》）这种说法似乎自相矛盾，也成了一些反儒派的重型武器。尊儒者对此大多有苦难言，或避而不谈，或断章取义，只取孔子"言必信，行必果"六字以证明诚信为儒家美德。

其实不矛盾。儒家仁义礼智信并举，但"五常"又以仁义为核心，其他道德元素都要围绕仁义原则展开，信德也不例外。"信"和"言不必信"是普遍性和特殊性的关系，相反相成，矛盾统一。当信德与仁义发生冲突，那就要坚持基本原则，弃小信而取大义，"惟义所在"了。这也是经与权、原则与变通的关系。孔子非常重视权道，被孟子称为圣之时者。儒家经典中许多仿佛自相矛盾的思想言论，用经权论观照之，无不奂然而解。《孔子世家》记载：

孔子去陈。过蒲，会公叔氏以蒲畔，蒲人止孔子。弟子有公良孺者，以私车五乘从孔子。其为人长贤，有勇力，谓曰："吾昔从夫子遇难于匡，今又遇难于此，命也已。吾与夫子再罹难，宁斗而死。"斗甚疾。蒲人惧，谓孔子曰："苟毋适卫，吾出子。"与之盟，出孔子东门，孔子遂适卫。子贡曰："盟可负邪？"孔子曰："要盟也，神不听。"

孔子不遵守与蒲人的誓约，因为是在受要挟胁迫而盟，"要盟也，神不听"。违背仁义的诺言需要修正，被胁迫订立的盟约无须遵守，如果这种情况下仍"必信必果"，就"硁硁然小人哉"了。有一个著名的故事：尾生与一女子相约桥下见面，女子未能按时赴约，尾生抱住桥柱傻等，水涨不走，被活活淹死。这种迂执不化的守信，毫无意义，不负责任也不道德。

朱子对"言不必信"的解释很中肯："大人言行，不先期于信果，但义之所在，则必从之，卒亦未尝不信果也。尹氏云：'主于义，则信果在其中矣；主于信果，则未必合义。'王勉曰：'若不合于义而不信不果，则妄人尔。'"（《集注》）吕坤说："有杀之为仁，生之为不仁者；有取之为义，与之为不义者；有卑之为礼，尊之为非礼者；有不知为智，知之为不智者；有违言为信，践言为非信者。"（《呻吟语》）

注意，孔子对"言必信，行必果"并不完全否定。本章中，孔子把士分为三等,"言必信,行必果"为第三等的士,最差的士也是士。

二十一、退而求其次

子曰:"不得中行而与之,必也狂狷乎!狂者进取,狷者有所不为也。"(《子路》第二十一章)

孔子说:"找不到中道之士相与,那只好选狂狷之士了。狂者敢作敢为,狷者有所不为。"

中行,合乎中道的行为。与,相与,交往,来往。孙齐鲁认为,"与"字的对象未必实指什么人,而是指一种修为境界。孔子这段话的意思是:如果无法达到中行之境,那就退而求其次,宁可狂狷而不与世俗同流合污。

狂狷,狂者志向高远,敢作敢为;狷者洁身自好,有所不为。《集注》说:"狂者,志极高而行不掩。狷者,知未及而守有余。盖圣人本欲得中道之人而教之,然既不可得,而徒得谨厚之人,则未必能自振拔而有为也。故不若得此狂狷之人,犹可因其志节,而激厉裁抑之以进于道,非与其终于此而已也。"

兼有狂狷二者之长的中行者,是最理想之人格,最好,恰恰好,但太难得。狂者太过,狷者不及,但退而求其次,能狂能狷也不错。孟子说:"孔子岂不欲中道哉,不可必得,故思其次也。狂者其志嘐嘐然,曰:古之人,古之人。夷考其行而不掩焉者也。狂者又不可得,欲得不屑不洁之士而与之,是狷也,又其次也。"(《孟子·尽心》)

狂狷的对立面是乡愿。乡愿,通常解释为一乡都称之为好人的人,即好好先生。孔子认为,"乡人皆好之"的人不是好人,真正的好人是"乡人之善者好之,其不善者恶之"(《子路》)。可见孔子虽宽容谦让,大是大非,原则问题,自有分寸。

乡愿虚伪矫饰,表面上忠厚廉洁,实际上没有原则,此亦一是非，彼亦一是非，和稀泥。孟子为乡愿作了具体画像："言不顾行，行不顾言……阉然媚于世也者，是乡愿也""非之无举也，刺之无刺也。同乎流俗，合乎污世。居之似忠信，行之似廉洁。众皆悦之，自以为是，而不可与入尧舜之道，故曰德之贼也。"（《孟子·尽心》）

狂狷与乡愿之辨，是阳明心学的内容之一。王阳明说："乡愿以忠信廉洁见取于君子，以同流合污无忤于小人，故非之无举，刺之无刺。然究其心，乃知忠信廉洁，所以媚君子也；同流合污，所以媚小人也。其心已破坏矣，故不可与入尧舜之道。狂者志存古人，一切纷嚣俗染，举不足以累其心，真有凤凰翔于千仞之意。一克念，即圣人矣。惟不克念，故阔略事情，而行常不掩；惟其不掩，故心尚未坏，而庶可与裁。"（《王阳明全集》）

尽管"狂者胸次"与"圣贤气象"有别，尚非儒家理想人格，但狂者远超常人，距圣人不远，"一克念即圣矣。"

二十二、没有恒心，啥都不成

子曰："南人有言曰：'人而无恒，不可以作巫医。'善夫！'不恒其德，或承之羞。'"子曰："不占而已矣。"（《子路》第二十二章）

孔子说："南方人有句话说：'人如果没恒心，不可以做巫医。'说得好啊！《易》说：'德行不能长久，难免遭受羞辱。'"孔子说："（没恒心的人）不用占卜了。"

巫医，有两种解释：（一）《皇疏》以巫为接事鬼神者，医是医生。（二）毛西河、俞曲园等认为应据《礼记·缁衣》，巫医当作卜筮讲，可与下文"不占"意思相贯。

《礼记·缁衣》记载："子曰：'南人有言曰，人而无恒，不可以为卜筮，古之遗言与？龟筮犹不能知也，而况于人乎？'《诗》云：'我龟既厌，不我告犹。'《兑命》曰：'爵无及恶德，民立而正事，纯（烦）而祭祀,是为不敬。事烦则乱,事神则难。'《易》曰:'不恒其德,或承之羞。恒其德,侦（贞）。妇人吉,夫子凶。'"

"人而无恒,不可以作巫医"是南国古人遗留下来的格言。那种人的命运,龟筮也不能预知,何况人呢?《诗经·小雅》说:"我的神龟已厌烦,谋划吉凶它不言。"《尚书·说命》说:"爵位不要赐给德性不良的人,若赐爵,立之为卿大夫,要取有恒心行正道的人。无德之人常常求神问卦,是很不敬的。事情繁杂就会扰乱,就难以侍奉神灵。"

"不恒"二句,为《易经·恒卦》九三爻辞。《集解》孔安国注:"此易恒卦之辞,言德无常,则羞辱承之。"不占而已矣,《集解》郑注:"易经所以占吉凶,无恒之人,易所不占。"占,占卜,算卦。

本章强调恒心恒德的重要。巫要有恒,才能沟通天人,医要有恒,才能治疗疾病,执政者要有恒,才能兴国安民。不恒其德的人,不用占卜了,占了也没用,不占就知道,故易学界有"易为君子谋,不为小人占"之说。

不恒其德即二三其德。《诗经·卫风·氓》:"士也罔极,二三其德。"《小雅·白华》:"之子无良,二三其德。"意谓其人没有准则,反复无常,德行不专。

恒德即恒心。孟子指出,民无恒产斯无恒心,既无恒心,放诞邪侈无不为已。唯有士君子群体,才能超越物质,不论有产无产,都是有德阶级,都能保持为善的恒心。普通民众是很难做到"无恒产而有恒心"的。

《周礼》司巫司医皆由士大夫为之。朱熹《集注》称巫医为贱役,应该是春秋以后,一些诸侯国的巫医地位大大降低了。

二十三、和而不同君子风

子曰:"君子和而不同,小人同而不和。"(《子路》第二十三章)

孔子说:"君子和谐但不同一,小人同一但不和谐。"

和而不同,就是承认不同,差别共存,在不同的基础上达到和谐,和平共处。《礼运》言:"连而不相及,动而不相害。"大家有联系而互不干犯,有互动而互不伤害。《中庸》说"道并行而不悖",就是和而不同。

《尚书·舜典》说:"诗言志,歌永言,声依永,律和声,八音克谐,无相夺伦,神人以和。"以和谐为音乐本质和道德境界。《周易·乾·彖》说:"乾道变化,各正性命,保合大和,乃利贞。"大和即太和,为和谐之极致、之最高境界。

《国语·郑语》中,史伯以"和"的思想为指导,给郑伯友分析王朝之弊,并指出周幽王的要害是"去和而取同",断言其不出三年必亡。关于和同,他说:"夫和实生物,同则不继。以他平他谓之和,故能丰长而物归之;若以同裨同,尽乃弃矣。"

史伯认为,"和"能生成万物,如悦耳的音乐是"和六律"的结果,可口的佳肴是"和五味"的结果。"同"则无法发展继续,所谓"声一无听,物一无文,味一无果,物一无文"。如果政治上"去和取同",就会排斥异己独断专行,离灭亡就不远了。

齐景公问晏子和、同有什么差别,晏子给予了详细解释说:

"和如羹焉,水火醯醢盐梅以烹鱼肉,燀之以薪,宰夫和之,齐之以味,济其不及,以泄其过,君子食之,以平其心。君臣亦然,君所谓可,而有否焉,臣献其否,以成其可;君所谓否,而有可焉,臣献其可,以去其否。是以政平而不干,民无争心。故《诗》曰:'亦有和羹,既戒既平。鬷嘏无言,时靡有争。'先王之济五味,和五声也,以平其心,成其政也。声亦如味,清浊、小大、短长、疾徐、哀乐、刚柔、迟速、高下、出入、周疏以相济也。君子听之,以平其心,心平德和。故《诗》曰:'"德音不瑕'"。(《左传·昭公二十年》)

大意是，和就像做肉羹，用水、火、醋、酱、盐、梅来烹调鱼肉，用柴火烧煮。厨工调配味道，使各种味道恰到好处，味道不够就增加调料，味道太重就减少调料。君子吃了这种羹，可以平和心性。君臣关系也是这样。国君对的，其中或有不对，臣下指出不对，使对的更对；国君不对的，其中或有对的，臣下指出对的，去掉不对的。因此政事公平合理，百姓没有争心。所以《诗》说：还有调和的羹汤，五味皆备适中。敬献神明来享用，上下和睦不相争。先王使五味调和，使五声和谐，用来平和心性，成就政事。音乐之理也像味道一样，由清浊、小大、短长、疾徐、哀乐、刚柔、迟速、高下、出入、周疏各方面调节而成。君子听了，可以平和心性，心性平则德行协调。所以《诗》说："美好音乐没有瑕疵。"

和如五味调和，五声相成；同则单调，只是一声一味之同，不与他声他味相调和。如此，食之无味，听之无趣。晏子这段话以食味和音乐比喻政治，强调和而不同的重要性，非常精彩，录此共赏。史伯和晏子之言，可以作为本章的两个注脚。

关于和而不同，王夫之有一段精到的解释。他说：

德成而骄，非其德矣；道广而同，非其道矣。"泰而不骄，和而不同"，君子之守也。"惟精惟一，允执其中"，至矣，而申之以"无稽之言勿听，弗询之谋勿庸"。酌行四代之礼乐，盛矣，而申之以"放郑声，远佞人"。圣人洗心退藏而与民同患，邪说佞人，移易心志，凡民之公患也，圣人不敢不以为患。若庞然自大，谓道无不容，三教百家，可合而为一冶，亦无忌惮矣哉！（《思问·录内》）

或以为，儒家主张和而不同，又追求大同，是自相矛盾。殊不知大同即是太和，是建立在和谐基础上的"和而不同"的"大同"，是多样性的统一，仁本主义一元化思想指导下的多样和多元。

作为儒家最高社会理想，大同是人类普遍良知光明而水到渠成。那时，政治高度文明，社会高度和谐，科学高度发达，物质高度繁荣，教化高度深入，人人皆有士君子之行，罪恶基本绝迹。法度高度完善，只是备患而已。这个理想只能通过仁道主义的方式去达成，绝不允许也绝不可能采取违背仁本道德和民本政治的手段。

二十四、两种公论

子贡问曰："乡人皆好之，何如？"子曰："未可也。""乡人皆恶之，何如？"子曰："未可也。不如乡人之善者好之，其不善者恶之。"（《子路》第二十四章）

子贡问道："全乡都喜欢的人，怎样？"孔子说："未必可以。"（子贡又问）："全乡都厌恶的人，怎样？"孔子说："未必可以，不如乡人中的善人喜欢他，其中不善的人讨厌他。"

《卫灵公》："子曰：'众好之，必察焉；众恶之，必察焉。'"《论衡·定贤》在引用了孔子这段话后接着说："夫如是，称誉多而小大皆言善者，非贤也。善人称之，恶人毁之，毁誉者半，乃可有贤。"

《集注》说："一乡之人，宜有公论矣，然其间亦各以类自为好恶也。故善者好之而恶者不恶，则必其有苟合之行。恶者恶之而善者不好，则必其无可好之实。"

一乡之人都喜欢，原因很多，未必真好；一乡之人都讨厌，原因也很多，未必真坏。比如，出类拔萃过于优秀，不善于处理人际关系，都可能让多数人讨厌。只有好人说好，坏人说坏，才是真的好。

孔子说："唯仁者能好人，能恶人。"（《里仁》）在漫长的历史阶段中，仁者毕竟是少数，大多数人好恶不得其中、不得其正。《大学》指出："人之其所亲爱而辟焉，之其所贱恶而辟焉，之其所畏敬而辟焉，之其所哀矜而辟焉，之其所敖惰而辟焉。故好而知其恶，恶而知其美者，天下鲜矣！故谚有之曰：'人莫知其子之恶，莫知其苗之硕。'"

意思是说，人们对于亲爱的人会有偏爱，对于敬畏的人会有偏向，对于厌恶的人会有偏恨，对于同情的人会有偏心，对于轻蔑的人会有偏见。喜爱某人又能看到那人缺点，厌恶某人又能看到那人优点，这样的人天下难得。所以有谚语说："人都不知道自己孩子的坏，人都不满足自己庄稼的好。"

"孤特则积毁所归，比周则积誉斯信"，"周公恐惧流言后，王莽谦恭未篡时"。世人往往缺乏知人之明和公道之心，或道听途说，或价值观不正确，或受不良情绪影响，或者偏听偏信，人云亦云，瞎赞瞎骂，苟誉苟毁。故众人之言未必可作准。

公论有两种：一种是公众之论，一种是公正之论，两者未必一致，公众之论未必公正，公正之论未必为公众认可。

吕坤说："宇宙有三纲，虽智巧者不能逃也。一王法，二天理，三公论。"三纲之中，又以天理为第一。法度若违天理，便非王法；言论若违天理，便非公论。天理高于王法，体现为道统高于政统；天理高于公论，意味着公论要以中道为标准。

二十五、两种类型的领导

子曰："君子易事而难说也。说之不以道，不说也。及其使人也，器之。小人难事而易说也。说之虽不以道，说也。及其使人也，求备焉。"（《子路》第二十五章）

孔子说："给君子做事容易，却难以讨他喜欢。不以正道讨他喜欢，他不喜欢。等他使用人时，量才器用。给小人做事很难，却容易讨他喜欢。即使不以正道去讨他喜欢，他也喜欢。等他用人时，求全责备。"

易事，给他做事容易。难说，难以取悦，难让他欢喜。取悦君子而不合道理，君子不悦。说同悦。

对于君子型领导或上司，你只要做好本职工作就行了，不必动什么心思去讨好他。如果想讨好他却不走正道，反而有负面作用。他有功则赏，有过则罚，功过分明。当然，万一不慎出了差错犯了小过也不要紧。他会"赦小过"。他不会求全责备，苛责部属。"周公谓鲁公曰：'无求备于一人。'"（《论语·微子》）曾子说："夫子见人之一善而忘其百非，是夫子之易事也。"（《说苑·杂言》）

不管是政界还是别的什么单位，碰上一个君子型领导或上司，那是一种福分和幸运。

器之，君子贵重人才，因其材器所宜而使用之，人尽其才，物尽其用。《集注》说："器之，谓随其材器而使之也。"《淮南子·主术》说：

"是故贤主之用人也，犹巧工之制木也，大者以为舟航柱梁，小者以为楫楔，修者以为榱榱，短者以为朱儒枅栌。无小大修短，各得其所宜；规矩方圆，各有所施。天下之物，莫凶于鸡毒，然而良医橐而藏之，有所用也。是故林莽之材，犹无可弃者，而况人乎！"

这段话是对"器之"的最佳解释，大意是，贤明的君主任用人才，就像高明的工匠裁取木料：大的用来做舟船柱梁，小的拿来做船桨楔子，长的用来做屋檐椽条，短的拿来做短柱斗拱。无论大小长短，都派上用场，规矩方圆都恰到好处。天下毒物，没有比乌头更毒的了，然而良医将它装在袋里收藏起来，因为有用得着它的时候和地方。所以莽莽森林中的野草树木，尚且没有弃物，何况人呢！

二十六、君子小人风度异

子曰："君子泰而不骄，小人骄而不泰。"（《子路》第二十六章）

孔子说："君子舒泰而不骄矜，小人骄矜而不舒泰。"

泰，通泰，安舒；骄，骄傲，矜肆。李塨《论语传注》说："君子无众寡，无小大，无敢慢，何其舒泰而安得骄。小人矜已傲物，惟恐失尊，何其骄侈而安得泰。"皇侃《义疏》："君子坦荡荡，心貌怡平，是泰而不为骄慢也；小人性好轻凌，而心恒戚戚，是骄而不泰也。"（《论语集释》）

有什么样的境界就有什么样的气度。小人无主心骨，表现骄矜张扬，有傲气而无傲骨。当然，小人未必都骄矜，失意的时候，往往表现卑琐。无论得意失意，都一样不泰。君子士心已立，做人做事，合情合理，尽心尽力，问心无愧，自然气定神闲，泰然自若。

有什么样的境界就有什么样的世界。小人常戚戚，心事重重，纵然富贵，难言幸福；君子坦荡荡，心光灿灿，即使清贫，自得其乐。纵入地狱，不碍佛心光明；置身乱世，不碍我心和平。

市井小人和富家子弟，最容易骄而不泰，骄侈成性。曾国藩手书家训中特别强调戒骄戒侈："位不期骄，禄不期侈，凡贵家之子弟，其矜骄流于不自觉，势为之也。欲求家运绵长，子弟无傲慢之容，房室无暴殄之物，则庶几矣。"

仁者多寿，德可润身。内在道德充实，必然有相应的外在表现。孟子说："君子所性，仁义礼智根于心，其生色也，睟然见于面，盎于背，施于四体，四体不言而喻。"（《孟子·尽心》）

甚至通过眼睛都可以观察一个人的内心世界，觉察其人心胸是否中正。孟子说："存乎人者，莫良于眸子。眸子不能掩其恶，胸中正，则眸子瞭焉；胸中不正，则眸子眊焉。听其言也，观其眸子，人焉廋哉？"眼睛是心灵的窗口，美学史上有"传神写照，正在阿堵之中"之说和"以形写神"之法，与孟子之言一脉相承。

真正的威严不是摆出来、装出来、作出来的，而是自然而然的流露。《论语》说孔子"温而厉，威而不猛，恭而安"，《礼记正义》说孔子"不矜而庄，不厉而威"。前一"厉"字，严肃义；后一"厉"

字,严厉义。子夏说:"君子正其衣冠,尊其瞻视,俨然人望而畏之,斯不亦威而不猛乎?"威、俨然,皆威严义。

英雄气概,不在形骸。魏武将见匈奴使,自以形陋,不足雄远国,使崔季珪代,帝自捉刀立床头。既毕,令间谍问曰:"魏王何如?"匈奴使答曰:"魏王雅望非常,然床头捉刀人,此乃英雄也。"(《世说新语·容止》)

君子风范神态同样超越形骸。泰而不骄,是自足于内、坦坦荡荡的表现。这种风范源于君子人格,而君子人格有赖于后天严格的文化教育和道德培养,而且需要相当的时间,要持之以恒。或有天生的君子,那是非常罕见的。孔子自称十有五而志于学,三十而立。经过十五年的儒家学习和实践,才建立起君子人格。

二十七、接近仁境四条路

子曰:"刚毅木讷,近仁。"(《子路》第二十七章)

孔子说:"刚强,坚毅,质朴,谨言,接近于仁。"

刚,刚强,坚强,不屈挠,包括不屈于物欲,无欲则刚。毅,果决,果断,不游移。木,朴实,质朴无华,憨厚老实。讷,讷于言,言语迟钝,仁者其言也讱。

仁道极高明极广大而尽精微,学之大不易。刚、毅、木、讷四德,虽非仁,但近于仁,是通往仁境的四种品德四条路线,是成仁的捷径。前篇孔子说"巧言令色鲜矣仁",刚毅木讷,正好相反,刚毅必无令色,木讷必不巧言。《集注》引杨氏曰:"刚毅则不屈于物欲,木讷则不至于外驰,故近仁。"

刚毅木讷,刚又是第一位的,这是勇者、强者和大丈夫之德。孔子说:"勇者不惧。"《中庸》说:"故君子和而不流,强哉矫!中立而不倚,强哉矫!国有道,不变塞焉,强哉矫!国无道,至死不变，强哉矫！"又说："发强刚毅，足以有执也。"孟子说："富贵不能淫，贫贱不能移，威武不能屈。"这都是刚德。

儒家的"刚"并非一味刚猛，而是阳刚，阳主阴辅，阴阳合一；刚主柔辅，刚柔相济。故孔子赞美刚毅，这是儒家与道家最大的不同点。《易经》谦卦开宗明义："天行健，君子以自强不息。"天行者，天性也。健动不已，生生不息，是乾元天性，也是生命本性的特征。君子之所以自强不息，乃是天性的必然。易言之，觉悟天道者，不可能不君子，不可能不自强不息。只有自强不息，才能立人达人，成人成物。

乾元，天道也，主乎健。刚德通乎乾元，故近乎仁。当然，说近仁，就是还没有达到仁境和刚柔相济的境界。坤元，地道也主乎顺，道家得乎地道，故以阴柔为贵，强调柔弱。老子说："人之生也柔弱，其死也坚强。草木之生也柔脆，其死也枯槁。故坚强者死之徒，柔弱者生之徒。是以兵强则灭，木强则折。强大处下，柔弱处上。"

道家证得坤元之妙，得乎道体之半，其高明在此，不足也在此。相比物本和神本学说，其真理性很高，但毕竟未能证明"至诚无息""天行健"之天理，相比仁本主义又大为逊色。道家的局限根源于坤元的之逊于乾元。

二十八、士的两大特征

子路问曰："何如斯可谓之士矣？"子曰："切切偲偲，怡怡如也，可谓士矣。朋友切切偲偲，兄弟怡怡。"（《子路》第二十八章）

子路问道："怎样才配称为士呢？"孔子说："相互切磋劝勉，亲切和气，可以称为士了。朋友之间相互切磋劝勉，兄弟之间亲切和气。"

切切偲偲，相切责之貌，恳切告诫，相互勉励和督促。怡怡，和顺，安适，愉快。《集释》引《毛诗·小雅·常棣传》："兄弟尚恩，熙熙然。朋友以义，切切节节然。"孔颖达疏："切切节节，皆切磋勉励之貌。孔氏以熙熙当论语怡怡，节节当论语偲偲。"刘宝楠《论语正义》说："朋友以义合，兄弟以恩合。处之各有所宜，此尽伦理之事，非凡民不学者所能，故如此乃可称士也。"

兄弟朋友之间都应该亲切和睦，都可以互相勉励，不使为非。但兄弟属天伦，朋友以义合，同中有异。朋友切切偲偲，以相勉于学为主；兄弟怡怡如也，以手足亲情为重。作为士人，就要正确恰当地处理好两者的关系。

孟子说："父子不责善。责善，朋友之道也。父子责善，贼恩之大者。"依次类推，兄弟之间也不宜过多责善，至少侧重点不在此。

曾子说："宫中雍雍，外焉肃肃，兄弟憘憘，朋友切切，远者以貌，近者以情，友以立其所能，而远其所不能。苟无失其所守，亦可与终身矣。"（《大戴礼记·曾子立事》）憘憘就是怡怡如也。在家和谐，在外恭敬，兄弟之间和乐，朋友之间互相劝勉，对待远方的人恭敬礼貌，对待近处的人实实在在。这是曾子倡导的士君子风范。

二十九、有文事必有武备

子曰："善人教民七年，亦可以即戎矣。"（《子路》第二十九章）

孔子说："善人教化民众七年，也可以使他们作战了。"

即，靠近，从事，参加。戎，军队，战争。即戎，参加作战。教，包括文化道德教育和军事培训。儒家仁政，庶之富之教之，教，包括文化和军事两种教育。既教以孝悌忠信之行，也教以务农讲武之法。《周官·大司马》说："中春，教振旅，遂以蒐田。中夏教茇舍，遂以苗田。中秋教治兵，遂以狝田。中冬教大阅，遂以狩田。"师出谓治兵，师入谓振旅，都是教民习战。

《集注》说："教民者，教之孝悌忠信之行，务农讲武之法。民知亲其上，死其长，故可以即戎。"孔子说"有文事者，必有武备"，教民讲武之法，就是武备的重要内容。

孟子也强调教民的重要性。鲁欲使慎子为将军。孟子曰："不教民而用之，谓之殃民。殃民者，不容于尧舜之世。一战胜齐，遂有南阳，然且不可。"（《孟子·告子》）鲁国想让慎子担任将军。孟子说："不教育国民就用他们打仗，这叫坑害百姓。坑害百姓的人，在尧舜时代是不容许存身的。现在即使鲁国一仗打赢了齐国，收回了南阳，这样也还是不行。"孟子又说："王如施仁政于民，可挞秦楚。"

教民，包括导之以德和习之以战。成德则有正义感，能战则可以即戎，以抵抗侵略或吊民伐罪，除暴安良。《韩诗外传》记载：

晋灵公之时，宋人杀昭公。赵宣子请师于灵公而救之。灵公曰："非晋国之急也。"宣子曰："不然。夫大者天地，其次君臣，所以为顺也。今杀其君，所以反天地、逆人道也，天必加灾焉。晋为盟主而不救，天罚惧及矣。诗云：'凡民有丧，匍匐救之。'而况国君乎！"于是灵公乃与师而从之。宋人闻之，俨然感说，而晋国日昌。何则？以其诛逆存顺。诗曰："凡民有丧，匍匐救之。"赵宣子之谓也。

晋国作为盟主，要具备诛逆存顺的能力，非教民战不可。

马培路说："善人，质美者也。质美，则孝弟忠信本之于心。善人在位，则上行孝弟忠信矣。上行下效，则民亦行孝弟忠信矣。孝弟忠信行，则民知亲其上，死其长。来犯之敌侮尊亲长上，有此德性之民则不能忍，同仇敌忾，可以即戎抗敌矣。抗敌关键在人心向背，人心向长上，则死而捍卫之；人心不向，则敌来以为解放，商民盼武王之来是也。"

三十、以不教民战，是抛弃他们

子曰："以不教民战，是谓弃之。"（《子路》第三十章）

孔子说："用没有经过教化训练的人民去打仗，这叫抛弃他们。"

不教民，即"不教之民"，没有经过基本文化教育及作战训练的人。把不教之民送上战场，无异于抛弃他们，让他们送死。《皇疏》："民命可重，故孔子慎战，所以教至七年，犹曰亦可，若不经教战而使之战，是谓弃掷民也。"江熙曰："善人教民如斯，乃可即戎，况乎不及善人，而驰驱不习之民战，以肉馁虎，徒弃而已也。"《集注》："以，用也。言用不教之民以战，必有败亡之祸，是弃其民也。"

教民的内容主要是文德，即文化道德。《左传·僖公二十七年》云：

晋侯始入而教其民。二年，欲用之。子犯曰："民未知义，未安其居。"于是乎出定襄王，入务利民，民怀生矣。将用之，子犯曰："民未知信，未宣其用。"于是乎伐原以示之信。民易资者，不求丰焉，明征其辞。公曰："可矣乎？"子犯曰："民未知礼，未生其共。"于是乎大蒐以示之礼，作执秩以正其官。民听不惑而后用之，出毂戍，释宋围，一战而霸，文之教也。

晋侯霸道，不乏德政，也能在一定程度上以义、信、礼教民，所以得到了《左传》的肯定。明年（战城濮）《传》说："君子谓于是役也，能以德攻。"《注》说："以文德教民而后用之，谓此役也。"

本章承上章"善人教民七年，亦可以即戎矣"而来。在礼崩乐坏的时代，"庶之、富之、教之"之后，必要时为了保家卫国，以民即戎,礼所当然。

值得一提的是,礼制之下,连战争都可以进行得相当文明。《礼记·檀弓》说:"古之侵伐者,不斩祀,不杀厉,不获二毛。"意谓古人侵伐他国时,不破坏祭祀场所,不杀害疫病患者,不俘获鬓发斑白者。这需要有多么好的军纪、官兵、风气和政治环境呀。《淮南子》说:"古之伐国,不杀黄口,不获二毛。于古为义,于今为笑。"呜呼。

第十四章　宪问篇

《宪问》共四十七章，主要记孔子及其弟子论修身做人之道，兼对历史人物的评价。

一、原宪的风度

宪问耻。子曰："邦有道，谷。邦无道，谷，耻也。"（《宪问》第一章）

原宪问何为耻。孔子说："国家有道，食禄。国家无道，食禄，是可耻的。"宪，原思之名。本章不书姓，直书名，疑为宪之自记。

本章讲的是儒家进退出处的原则，政治清明，应该出仕。国家无道，就不应该出仕，否则是可耻的。君子出处行藏，应该与道同在，邦有道，该富贵就富贵，以道殉身；邦无道，该贫贱就贫贱，以身殉道。《泰伯》说："笃信好学，守死善道。危邦不入，乱邦不居。天下有道则见，无道则隐。""邦有道，贫且贱，耻也；邦无道，富且贵，耻焉。"意思相近，可以共参。

《集释》引《集解》孔安国注："谷，禄也。邦有道，当食其禄也。君无道而在其朝，食其禄，是耻辱也。"《诗经》说："彼君子兮，不素餐兮。"邦无道而谷，就是素餐。

在无道之国，富贵与高贵正好成反比。无道则隐，是为了远耻。远耻的前提是知耻。蒙耻不可怕，怕的是丧失是非心，以臭为香以耻为荣，那就无可救药了。如何远耻？拂袖而去，洁身自好，奉行不合作主义。当然，如果有助于改变无道的局面，也不妨留下来。

对于儒者来说，权力之所以可欲，是因为它是救世济民、安邦定国和积德行善的最好工具。这是权力的价值和意义所在。不能做善人善事，建良制良法的权力毫无意义，只有动物化的"物人"才会对这种权力感兴趣，君子只有鄙视厌弃。无道则隐，就是不愿受到这种龌龊物的污染。

我说过，儒者需要的权力，是主持正义、惩罚邪恶、建设良制的权力。如果有权只意味着有贪污受贿作恶犯罪之便利，有不如无。生命太珍贵了，不能畜生化。邦无道，守死善道就是儒者的命运和君子的荣幸。

原宪非常严格地执行了孔子的教导。《史记·仲尼弟子列传》记载：

> 孔子卒，原宪遂亡在草泽中。子贡相卫，而结驷连骑，排藜藿入穷阎，过谢原宪。宪摄敝衣冠见子贡。子贡耻之，曰："夫子岂病乎？"原宪曰："吾闻之，无财者谓之贫，学道而不能行者谓之病。若宪，贫也，非病也。"子贡惭，不怿而去，终身耻其言之过也。

《史记·游侠列传》又说："及若季次、原宪，闾巷人也，读书怀独行君子之德，义不苟合当世，当世亦笑之。故季次、原宪终身空室蓬户，褐衣疏食不厌。死而已四百余年，而弟子志之不倦。"

这里提到的季次，是孔子弟子公皙哀的字，与原宪性情相投，都是特别能够安贫乐道者。两位去世四百余年后，弟子志之不倦，受到高度推崇，可谓孔门一大宗了。《仲尼弟子列传》说："公皙哀字季次。孔子曰：'天下无行，多为家臣，仕于都，唯季次未尝仕。'"

二、"四个不行"不容易

"克、伐、怨、欲不行焉，可以为仁矣？"子曰："可以为难矣，

仁则吾不知也。"(《宪问》第二章)

"争强、夸耀、怨恨、贪欲都能克制住，可以是仁者了吧？"孔子说："可以说很难了，仁否我不知道。"

《史记》引"子思曰"，合上文为一章，即本章也是原宪问、孔子答。《集注考证》："章首无起语，盖冒上宪问字，一时并记二问。"

克，争强好胜。伐，自我夸耀。怨，怨恨烦恼。欲，贪求多欲。士君子温良恭俭让，克伐怨欲自然不行。但是，"克伐怨欲不行"，未必就达到了仁的境界。《集释》引阮元"论仁篇"云："此但能无损于人，不能有益于人，未能立人达人，所以孔子不许为仁。"

《集注》说："此亦原宪以其所能而问也。克，好胜。伐，自矜。怨，忿恨。欲，贪欲。有是四者而能制之，使不得行，可谓难矣。仁则天理浑然，自无四者之累，不行不足以言之也。程子曰：'人而无克、伐、怨、欲，惟仁者能之。有之而能制其情使不行，斯亦难能也。谓之仁则未也。此圣人开示之深，惜乎宪之不能再问也。'"

仁者必不伐，故颜回"无伐善"；但不伐未必仁，不伐只是美德的一种，一些人虽然没有抵达仁境，也具有不伐之德，如孟之反不伐。怨欲也一样，如夷齐之不怨，公绰之不欲，都很不错，都没有抵达仁境。

世人都有好胜自夸、怨恨贪欲等毛病，能将这四者克制住不让表现出来，很不容易。然而，制之不动，遏之不发，终究病根仍在，不好胜、不自夸、不怨恨、不贪欲，克己立己、功夫小有所成而已，离复礼和立人境界尚远。"四不"是消极的，立人达人、成人成物才是积极的。

满足于克伐怨欲不行，还容易出偏。焦循《雕菰集》说："孟子称公刘好货，太王好色，与百姓同之，便有积仓而无怨旷，此伏羲、神农、黄帝、尧舜以来，修己安天下之大道。若必屏妃妾，减服食，而于百姓之饥寒仳离，漠不关心，是克伐怨欲不行、苦心洁身之士，孔子所谓难而非仁者也。绝己之欲，不能通天下之志，物不可格矣。"

三、士莫怀居

子曰："士而怀居，不足以为士矣。"（《宪问》第三章）

孔子说："士若贪恋安居，就不足以为士了。"

怀居，怀恋安居的生活。怀居贪安，贪恋外物，是不能怀德、德性不足的表现。《里仁》说："君子怀德，小人怀土。"又说："士志于道，而耻恶衣恶食者，未足与议也。"意思相近，都是强调士不要太在乎外在的物质生活环境，应该顺其自然，不妨随遇而安。《集注》说："怀德，谓存其固有之善。怀土，谓溺其所处之安。"

《左传·僖公二十三年》说："怀与安，实败名。"意谓怀恋安逸，安于享乐，会毁坏功名。这是晋国公子重耳的妻子姜氏劝夫励志之言。重耳因家国之乱，流亡到齐国，齐桓公给他娶妻姜氏，送给他20辆马车。重耳安于逸乐，忘了复国大志。随从们便设计劝重耳回归晋国。姜氏也以上面的话劝重耳，并同重耳的随臣一起把重耳灌醉，送出了齐国的都城。

怀与安，不仅败名，还容易败德丧志，无德无志，不足以为士。因此，士君子不能怀居怀土。《礼记·内则》说："射人以桑弧蓬矢六，射天地四方。"《礼记·射义》说："故男子生，桑弧蓬矢六，以射天地四方。天地四方者，男子之所有事也。故必先有志于其所有事，然后敢用谷也。"古代男子出生，用桑木做的弓，蓬草做的箭，射天地四方，表示志向远大、志在四方的意思。

或说安贫才能乐道，正好说反了。能够安贫，是因为与道同在，有道可乐，乐在道中，乐无所倚。君子得乎道，故能不器，有天爵，故能超越，超乎身心，超乎万物，更超乎人爵。

佛教有绝缘之嫌，世人尽攀缘之俗，唯儒家得随缘之妙，在尽心尽力前提下听天由命，对于"无可奈何"的事，安之若素；对于外在的一切和"命运的安排"，无可无不可。有权有位，可以更好地救世济民，固好，否则自由自在独善其身，何尝不好？

《易经》曰："善易者不占。"易学家云："大君子不卜。"善易者即大君子，善易即知义，义之所在即是吉。富贵可以更好地济世救人，吉；贫贱时，人不堪其忧，回也不改其乐，吉；艰难困苦玉汝于成，吉；必要时舍生成仁杀身取义，也是吉。故大君子无入而不自得，无往而不自在。

物质生活更是顺其自然。对物质，格物爱物而不役于物；对欲望，以文化化之，以道德导之，节之而不禁之；对名，人不知而不愠，也不以"人不知"而鸣高；对利，先义后利，以义导利，君子爱财，取之有道。对富贵，素富贵行乎富贵，素贫贱行乎贫贱，该富贵就富贵，该贫贱就贫贱，不义而富且贵，于我如浮云。

超越不是排斥。孟子说："舜之饭糗茹草也，若将终身焉；及其为天子也，被袗衣，鼓琴，二女果，若固有之。"正可谓：高车轩马若固有，恶衣恶食又何妨。

四、有话好好说

子曰："邦有道，危言危行。邦无道，危行言孙。"(《宪问》第四章)

孔子说："国家有道，言辞正直行为正直。国家无道，行为正直言辞谦逊。"

危言危行，危，有严厉、高峻、方正诸义。据《广雅》，这里作"正"字解为优。孙，同逊，谦逊，恭顺义。

黑暗时代，儒者行为应该正直，但说话应该谦逊些。《集释》

引《四书诠义》说:"言逊非畏祸也,贾祸而无益,则君子不为矣。知进退存亡而不失其正,亦时中之道也。"《集注》引尹氏曰:"君子之持身不可变也,至于言则有时而不敢尽,以避祸也。然则为国者使士言孙,岂不殆哉?"

曾子说:"天下有道,则君子欣然以交同;天下无道,则衡言不革。"(《大戴礼记·曾子制言》)衡言,平和之言,也就是言逊的意思。不革,不变。态度虽然谦逊,行为依然正直,原则并无动摇,如果有话要说,依然合理合道。《中庸》说:"国无道,至死不变。"

其实,任何时候都应该有话好好说,谦虚地说。即使邦有道,也不妨危行言孙,敢言敢怒终究不如敢言不怒。另外,儒者对无理非礼之人乃至恶人,都不妨有话好好说,没必要大喊大叫,不应该粗言秽语,那是耐心不够、厚道不够、修养不够和不成熟的表现。至于狮吼棒喝,作为一种特殊教育方法,不宜施诸外人和普通人,在针对门生弟子时也要特别慎重。

中国礼仪之邦沦为无礼之国久矣,政治、社会、家庭、学校充斥大量非礼现象,人与人之间的生活交往、问题讨论和思想争鸣,总是充满火药味,像吃了炸药或冤家相遇似的。微博上不少人,对不同意见和立场者怒气勃勃,动辄出言不逊甚至恣意诬蔑。为什么不能"有话好好说"呢?尊重他人就是尊重自己。儒家重礼,对同道朋友固应有礼,对非同道非朋友也不可失礼。即使大仇大敌,何妨先礼后兵?

东海以前有不少不良习性,如好诗好酒好怒好骂。骂虽没恶意,甚至是好意,毕竟表达有问题。归儒以后不知不觉改了许多,一般都能有话好好说了,但偶尔醉后还会旧病复发。伊尹说"习与性成",习惯即成习性,习性一深便不易改呀。

注意,有个前提:行为正直。这是君子人任何时候都必须坚持的,言辞的谦逊不能影响行为的正直。言逊不是阿谀奉承低三下四。《荀子·臣道》说:"事圣君者,有听从,无谏争;事中君者,有谏争,无谄谀;事暴君者,有补削,无挢拂。迫胁于乱时,穷居于暴国,而无所避之，则崇其美，扬其善，违其恶，隐其败，言其所长，不称其所短，以为成俗。"

这种态度就过于阴柔，涉嫌谄媚了。侍奉圣君和中君，荀子所说不错；事暴君，则不是"有补削，无挢拂"（有弥补修改，没有矫正辅弼）的问题，而是根本不该为臣侍奉之。没有让他改邪归正、改暴归善的可能，那就避开。如果无所逃避，那就沉默是金，不应"崇其美、扬其善和言其所长"，暴君有什么美善长处可言？纵然有，也是微不足道，不值得称赞的。对于暴君，保持沉默的是底线。

五、有德者必有言

子曰："有德者必有言，有言者不必有德。仁者必有勇，勇者不必有仁。"（《宪问》第五章）

孔子说："有德者一定有言论，有言者不一定有道德。仁者一定勇敢，勇者不一定有仁德。"

"有德者必有言，有言者不必有德。"这是孔子对德言关系的定位，是最正确的定位。德为言之根，言为德之叶。朱熹说："道者，文之根本；文者，道之枝叶。维其根本乎道，所以发之于文，皆道也。三代圣贤之章，皆从此心写出，文便是道。"（《朱子语类》）与老子"知者不言，言者不知"观点针锋相对，是佛道两家的一大差异。

智者不言，其智欠高；勇者不言，其勇欠大；仁者不言，其仁欠广。立人达人，文以化人道援天下，都离不开言。言之用大矣哉。真正领悟了真理，明见了仁性，就不能不言，不忍不言，就不满足于自我品尝享受，"独乐乐，何如众乐乐？"抨击罪恶，启蒙愚昧，启迪迷茫，批判邪知邪见，都是仁心之发勃勃不容已。

孔子一再强调正确言论的重要，说"忠告而善道之"，说"言不顺则事不成"，说"可与言而不与之言，失人"等。孔子和他的弟子们，身教言传并重，诲人不倦，离不开大量的言论。司马迁之父说"六艺经传以千万数"（《史记·太史公自序》），可见先秦儒家经典之丰富。

曾子说："其少不讽诵，其壮不论议，其老不教诲，亦可谓无业之人矣。"（《大戴礼记·曾子立事》）讽诵是学习圣经和圣人之言，议论和教诲都需要言。

孟子是夫子好辩，荀子说君子必辩。《荀子·非相》说：

"凡言不合先王，不顺礼义，谓之奸言；虽辩，君子不听。法先王，顺礼义，党学者，然而不好言，不乐言，则必非诚士也。故君子之于言也，志好之，行安之，乐言之。故君子必辩。凡人莫不好言其所善，而君子为甚。故赠人以言，重于金石珠玉；观人以言，美于黼黻文章；听人以言，乐于钟鼓琴瑟。故君子之于言无厌。鄙夫反是，好其实不恤其文，是以终身不免埤污佣俗。故易曰：'括囊无咎无誉。'腐儒之谓也。"

荀子认为，善于发表意见是君子的美德，是其不同于腐儒的地方，而合乎仁义之道的言论是非常重要的。这段话是对论辩的本质内涵与言论的必要性的重要论述。

孙齐鲁说："仁非但是众德之首，亦是众德之全体。仁体既得，则众德随之，当恻隐则恻隐，当孝悌则孝悌。知与勇虽重，然毕竟是仁之一端。故仁可兼知与勇，知与勇则不必尽仁也。"

六、尚德君子南宫适

南宫适问于孔子曰："羿善射，奡荡舟，俱不得其死然。禹稷躬稼而有天下。"夫子不答。南宫适出，子曰："君子哉若人！尚德哉

若人！"（《宪问》第六章）

南宫适问孔子道："羿善于射箭，奡善于水战，都不得好死。禹和稷亲自种庄稼而拥有了天下。"孔子没回答。南宫适出去了，孔子说："真君子啊这个人，真尊崇道德啊这个人！"

南宫适，即南宫子容，《公冶长》里的南容，孔子弟子。适，本又作括。荡舟，摇船，划船。顾炎武《日知录》说，古人以左右冲杀为荡。这里便可理解为水战，即以舟师冲杀。《竹书纪年》曾记："奡伐斟鄩，大战于淮。覆其舟，灭之。"

稷，帝喾之子，名弃，善农耕，尧举为农师。至舜时，受封于邰（今陕西省武功县西南），号曰后稷，别姓姬氏，是周朝祖先。后世又被奉为谷神。《孟子·滕文公上》说："禹疏九河，瀹济漯而注诸海，决汝汉、排淮泗而注之江，然后中国可得而食也。""后稷教民稼穑，树艺五谷，五谷熟而民人育。"

羿，上古有三个羿，都是善射者。一是唐尧时的射手，传尧时十日并出，晒得大地河干草枯，羿射掉九日以解救民困；二是帝喾时的射师；三是夏时有穷国的君主，曾一度篡夺了夏的政权，代理夏政后荒淫喜猎，把朝政交给亲信家臣寒浞管理。寒浞觊觎羿的地位及美妻，收买了羿的家奴逄蒙，乘羿打猎回来毫无防备，将其杀害。本章中的羿即指有穷国的羿。

奡，一作浇，寒浞的儿子，大力士，善于水战，又能"陆地行舟"（在陆地上推着船走），后来被夏朝中兴之主少康所杀。

尚德，不是不要力，而是以德导力，不以力为"上"，不恃力妄为。有德者必有力，一是符合道义原则的各种力量，二是道义本身的力量。"禹稷躬稼而有天下"，就充分体现了道德的力量。有力者不一定有德，缺乏道德约束的力，或无利有害，或小利大害，最终害人害己，自取败亡，"羿善射，奡荡舟，俱不得其死然"就是最好的例子。

《易经》说："善不积不足以成名，恶不积不足以亡身。小人以小善为无益而弗为也，以小恶为无伤而弗去也，故恶积而不可掩，罪大而不可解。"禹稷积善成名，善有善报也；羿奡不得其死，积恶亡身也。善有善报，恶有恶报，这是人类社会常态。罔之生也幸而免，小人行险而侥幸平安，属于非常态。君子道其常，小人道其怪。

或谓南宫适是以禹稷比孔子，不论是不是，知道尚德不尚力和缺德之力的危害，就很了不起。

七、你的仁德成熟否

子曰："君子而不仁者有矣夫，未有小人而仁者也。"（《宪问》第七章）

孔子说："君子或有不仁的时候，没有小人而能仁的。"

仁，有成不成熟之分。《孟子·告子》说："夫仁亦在乎熟之而已矣。"仁德如果未成熟，就会有违仁、不仁的时候。《集注》引谢氏说："君子志于仁矣，然毫忽之间，心不在焉，则未免为不仁也。"孔门中唯颜子能"其心三月不违仁"，其余弟子则"日月至焉而已矣"。足见仁德之难。

圣贤为君子之大者，磨而不磷、涅而不缁，进入道德不退境界。仁德不熟，虽然是君子，还不够大；虽然有德，还没有完全不惑，更没有知天命，道德还会退失，一不小心难免行差踏错。不过，这是君子之过，所谓观过知仁。"君子而不仁"只是偏离仁道，与小人的不仁性质不同。换言之，君子之德纵然有所退，也有底线，不会变成小人。

孙齐鲁说："未有小人而仁者也之'仁'一定指向着一种稳定的道德心境，这种心境是经过长期进学修德培育而来的。否则，小人做出从外表看来符合'仁'之外在标准的事则是可能的。"

或说："现代政治天然假设人是不诚信的，没有任何圣人，任何人都需要制度法律约束。"此言没错。圣贤境界不易抵达，一般君子难保不退。儒家礼制追求的就是有序自由，礼乐刑政兼备，导之以德，齐之以礼，禁之以法，同样注重"制度法律约束"。

八、爱之必劳忠必诲

子曰："爱之能勿劳乎？忠焉能勿诲乎？"（《宪问》第八章）

孔子说："关心他能不操劳吗？忠于他能不教诲吗？"

劳，勤劳，忧劳。劳有二解，一是勉励他人勤劳，一是为他人忧劳，都通。忠，立心中正，尽心竭力。古人所忠的对象很广泛，《论语》开篇就以"为人谋而不忠乎"作为三省内容之一，后儒才逐渐以君主为忠的主要对象。即使是忠君，儒家也有前提和条件，孔子说君待臣以礼，臣事君以忠；荀子说以道事君，不可则止。

诲，这里的"诲"字含义较广，教导子弟固然是诲，规劝朋友、规谏长上，也是诲。忠于君，当然要教诲他，将他引上正道。这与后世某些人唯命是从的愚忠大不同。《白虎通·谏诤篇》开宗明义：一是"总论谏诤之义"，说明臣谏君是为了尽忠纳诚，引用《论语》《孝经》之言，说明谏诤方可为君除恶。全篇主要内容如下：

（一）"论三谏待放之义"，强调为人臣者三谏而不听则待放，并云"诸侯之臣诤不从得去何？以屈尊申卑，孤恶君也"。（二）"论妻谏夫"，称"妻得谏夫者，夫妇一体，荣耻共之"；（三）"论子谏父"，提出臣谏君取折正之义，子谏父取揉之义；（四）"论五谏"，分谏为讽谏、顺谏、规谏、指谏、陷谏五种，五谏对应于仁义礼智信五常，并以讽谏为上，并云："谏者何？谏者，间也，更也。是非相间，革更其行也。"（五）"论记过彻膳之义"，指出史、宰、工、三公等朝廷百官共同承担谏诤的职责。

《孝经》说:"天子有诤臣七人,虽无道不失其天下;诸侯有诤臣五人,虽无道不失其国;大夫有诤臣三人,虽无道不失其家。士有诤友则身不离于令名,父有诤子则身不陷于不义。"

可见儒家对任何人都要忠心相待,君主、诸侯、卿大夫、朋友和父亲,都是谏诤的对象,谏诤是尽忠纳诚的重要表现。《集注》引苏氏说:"爱而勿劳,禽犊之爱也;忠而勿诲,妇寺之忠也。爱而知劳之,则其为爱也深矣;忠而知诲之,则其为忠也大矣。"

九、子产为政

子曰:"为命,裨谌草创之,世叔讨论之,行人子羽修饰之,东里子产润色之。"(《宪问》第九章)

孔子说:"(郑国)发外交公文,裨谌写初稿,世叔讨论要义,外交官员子羽修饰文句,东里的子产润色辞藻。"

为命,《集解》孔注:"作盟会之辞。"《皇疏》:"作盟会之书。"依《左传》,即制作外交辞令。裨谌、世叔、子羽、子产四人,都是郑国大夫。行人,掌使之官(外交官员)。东里,郑国邑名,子产所居。子产,名侨,字子产,郑国大夫,后任宰相,有政声。

子产为政,用人而不自用,各显神通,和衷共济。《左传·襄公三十一年》,卫国北宫文子告诉卫侯说:

"子产之从政也,择能而使之。冯简子能断大事,子大叔美秀而文,公孙挥能知四国之为,而辨于其大夫之族姓、班位、贵贱、能否,而又善为辞令。裨谌能谋,谋于野则获,谋于邑则否。郑国将有诸侯之事,子产乃问四国之为于子羽,且使多为辞令。与裨谌乘以通野,使谋可否,而告冯简子,使断之。事成,乃授子大叔使行之,以应对宾客。是以鲜有败事。"

大意是说，子产执政，选择贤能任用他们。冯简子大事有决断，子大叔美好俊秀有文采，公孙挥能知道四周邻国的行动，还能辨别各国大夫的种族姓氏、官职高低、尊贵卑贱、贤愚与否，并善做外交辞令；裨谌善谋略，在野外谋划就能成功，在城邑谋划就会失败。每当郑国与诸侯有外交事务，子产便向子羽询问四周邻国的情况，并且让他多准备外交辞令；与裨谌驾车来到野外，让他考虑是否可行；再告诉冯简子，让他作决断。如果事有可行性，子产就会把任务交给子大叔去执行，应对各国宾客。因此子产执政很少有失败的事情。

《集注》说："郑国之为辞命，必更此四贤之手而成，详审精密，各尽所长。是以应对诸侯，鲜有败事。孔子言此，盖善之也。"

《论语新解》说："本章见郑国造一辞命，如此郑重。又见子产之能得人而善用，与群贤之能和衷而共济。即由造辞命一事推之，而子产之善治，亦可见矣。"

李二曲说："此章即郑之为命，以见事之贵详略，而又见能得人能用人之效。群贤之和衷，子产之不自用，共有五意。又由为命而推之凡事，由郑国而推之凡为国者。"（《四书困勉录》）

十、子产和管仲

或问子产，子曰："惠人也。"问子西，曰："彼哉！彼哉！"问管仲，曰："人也，夺伯氏骈邑三百，饭疏食，没齿无怨言。"（《宪问》第十章）

有人问子产怎样，孔子说："是有德惠的人。"问到子西，（孔子）说："他呀！他呀！"问到管仲，（孔子）说："这人呀，夺了伯氏骈邑三百户采地，（伯氏）粗粮蔬菜，到死没有怨言。"

惠人，爱人、爱民之人。孔安国注："惠，爱也。"邢疏："子产仁恩被物，爱人之人。"子西，春秋时，载入史籍的有三个子西。其一，楚国的公子申（楚平王的庶长子），曾任令尹（宰相），有贤名，立楚昭王。他和孔子同时，死于孔子之后。其二，楚国的斗宜申，生活在鲁僖公、鲁文公之世，谋乱被杀。其三，郑国的公孙夏，是子产（公孙侨）的同宗兄弟。曾掌握郑国政权，他死后，才由子产继他而执政，生当鲁襄公之世。本章的子西，或说指楚国的公子申，或说指郑国的公孙夏，不可确考。

彼哉，他呀，那人呀，这是古代流行的习惯用语，含轻蔑意，不以为然，不值得一提。人也，或说人上脱一夫字。或说人当作仁，论语里的人仁二字往往通用。或说，依上惠人也之例，当作仁人也，脱一仁字。三说皆通，今就"人"字本意作解。

伯氏，名偃，齐国大夫。骈邑，齐国地名。据清代阮元《积古斋钟鼎彝器款识》考证，今山东省临朐县柳山寨，即春秋时的骈邑，现仍残留有古城城基。没齿，老到牙齿都掉没了，指老死，终身。无怨言，没有抱怨之言。史载，伯氏有罪，管仲为宰相，奉齐桓公之命，依法下令剥夺了伯氏采邑三百户。但伯氏口服心服，始终无怨言。

对于子产，孔子称子产为"惠人"，意谓其人存心惠爱于民。"子产卒，仲尼闻之出涕，曰：古之遗爱也。"（《左传》）同时也指出子产的教化工作做得不够。《礼记·仲尼燕居》孔子论子产："子产犹众人之母也，能食之，不能教也。"

孟子认为子产是个好人，能够惠爱于民，但不是一个好领导，不懂为政之道，不能"平其政"。《孟子·离娄》说："子产听郑国之政，以其乘舆济人于溱洧。孟子曰：'惠而不知为政。'岁十一月，徒杠成；十二月，舆梁成，民未病涉也。君子平其政，行辟人可也，焉得人人而济之？故为政者，每人而悦之，日亦不足矣。"

对于管仲，孔孟的评价有所不同，孔子评价较高，肯定得多一点；孟子评价较低，否定得多一点。孔子一方面认为管子"器小"和"不知礼"，一方面认为管仲相齐桓公，攘除夷狄，居功甚伟，"如其仁,如其仁"。意谓管仲之政,虽非仁政,颇有仁政的风味。

孟子对管仲则有点不屑。《孟子·公孙丑》记载了一段孟子与学生公孙丑关于管仲晏子的对话。孟子提到,曾有人将曾西和管仲相比,曾西大不高兴,说管仲受到齐桓公高度信任,行政那样长久,功绩却那样少,不配与自己相比。孟子接着说,曾西都不愿跟管仲相比,我怎么会愿意呢。公孙丑认为管仲辅佐桓公称霸天下,晏子辅佐景公名扬诸侯,很了不起了。孟子说,以齐国的实力,如果实行王道,统一天下易如反掌。

或问子产与管仲谁更优秀?朱熹认为,管仲才大而德不足,子产德高而才不足。两人于圣人之学,同样"概乎其未有闻也"。

但相比而言,管仲优秀一些。《荀子·大略篇》说:"子谓子家驹续然大夫,不如晏子;晏子,功用之臣也,不如子产;子产,惠人也,不如管仲;管仲之为人,力功不力义,力知不力仁,野人也,不可为天子大夫。"荀子对子家驹、晏子、子产、管仲的评价和排名非常中肯。他们一个比一个好,其中管仲最好,但其德仍嫌不足,不能努力于仁义。

当然,说管仲德不足是以儒家中道标准衡量的。且不说他"九合诸侯一匡天下"的功德,凭"伯氏被夺骈邑三百而没齿无怨言"这一件小事,可见其执法的公允——这也是一种政治道德。在这点上后代诸葛亮与之仿佛。诸葛亮废廖立之职,罢李平为民,诸葛亮卒,廖立垂泣,李平致死,就是因为诸葛亮执法公允,判得合理,被"执"者口服心服也。

十一、贫而无怨不容易

子曰:"贫而无怨难,富而无骄易。"(《宪问》第十一章)

孔子说:"贫穷而没有怨恨很困难,富裕而不骄傲较容易。"

《学而》中子贡问孔子："贫而无谄，富而无骄，何如？"子贡本人无疑做到了"富而无骄"。但孔子告诉他："不如富而好礼，贫而乐。"本章孔子又说富而无骄易，子贡做到了这一点，不难，难的是贫而无怨。朱熹说："处贫难，处富易，人之常情。然人当勉其难，而不可忽其易也。"（《集注》）

公叔文子做到了富而无骄。《左传·定公十三年》记载："史鰌谓公叔文子曰：'富而不骄者鲜，吾唯子之见。骄而不亡者，未之有也。'"

晏子做到了贫而无怨。《晏子春秋》记载：晏子相齐三年，政平民说。梁丘据见晏子，中食而肉不足，以告景公。旦日，割地将封晏子，晏子辞不受。曰："富而不骄者，未尝闻之；贫而不恨者，婴是也。所以贫而不恨者，以善为师也。今封，易婴之师，师已轻，封已重矣。请辞。"

晏子担任齐国宰相三年，政治清平，百姓高兴。梁丘据见到晏子，吃午饭时肉不够，便告诉了齐景公。第二天，齐景公割了块地要封给晏子，晏子推辞不受，说："富贵而不骄傲的人，我没听说过；贫穷但不怨恨的人，我晏婴就是。之所以贫穷但不怨恨，是以善良为老师。现在接受封地，就是变换了老师，那样就是以老师为轻，以封地为重了。请允许我推辞。"

比贫而无怨更不容易的是贫而乐。贫而乐不是乐贫，是乐天，乐道。安贫与乐道，相辅相成。看一个人是否为有道之士，能否安贫是至关重要的标准。无道可乐者，必然不能安贫，不能"素贫贱行乎贫贱"，必然因耐不住寂寞清贫、经不住名利富贵的诱惑而不能坚持原则。

于《列女传》最喜《贤明传》，其中又最喜鲁黔娄妻、楚接舆妻、楚老莱妻、楚于陵妻。她们与丈夫相知相敬，隐居世外安贫乐道，面对高官厚禄毫不动摇。黔娄妻称赞丈夫"甘天下之淡味，安天下之卑位，求仁而得仁，求义而得义"。曾子称赞她"唯斯人也而有斯妇"。东海补充曰："唯斯妇也而有斯人。"

孔夫子感叹，唯女子与小人为难养，相信夫子是深有体会和有感而发。得道者有道可乐，安贫不难，女子安贫则大不易。鲁黔娄、楚接舆、楚老莱、楚于陵们的妻子的伟大正在于此。她们或自己出身富贵，或丈夫有能力有机会富贵，但她们仍安于清贫，并以之为乐以之为荣。那是真正的富贵人家豪华人生啊。

回到现中国，别说贫而乐，贫而无怨和富而无骄也罕见。熙熙攘攘的到处是贫而怨、富而骄的人。马培路说："贫而有怨者颇多，富而骄纵者皆是，则阶级矛盾必然激烈。"

十二、优为赵魏大老，难为滕薛大夫

子曰："孟公绰，为赵、魏老则优，不可以为滕、薛大夫。"（《宪问》第十二章）

孔子说："孟公绰做赵氏魏氏的家臣是绰绰有余，但不可以做滕国薛国的大夫。"

孟公绰，鲁国大夫，属孟孙氏家族，廉静寡欲，有德而短于才。《史记·仲尼弟子传》说："孔子之所严事，于鲁孟公绰。"可见孟公绰是孔子所尊重的前辈。老，也称室老、家老，家臣之长。优，有余。滕薛，古代两个小诸侯国。

本章说明了孔子的知人善任。为赵魏老有德既可，为滕薛大夫则还需要相当的才干。孟公绰有德而乏才，可以充当大国的室老，难以胜任小国的大夫。《后汉书·韦彪传》记载："彪上议曰：'夫人才行少能相兼，是以孟公绰优于赵魏老，不可以为滕薛大夫。'"才行少能相兼，意谓才干和德行兼备的人很难得。

关于德才关系，儒家强调以德为本，追求德才兼备。《礼记》说："大道之行也，天下为公，选贤与能。"贤是品德好，能是才能高。如果不能兼备，宁可有德无才，也不要有才无德。司马光在《资治通鉴》中有一段论德才的话颇为精到。他说：

"才德全尽谓之圣人，才德兼亡谓之愚人，德胜才谓之君子，才胜德谓之小人。凡取人之术，苟不得圣人、君子而与之，与其得小人，不若得愚人。何则？君子挟才以为善，小人挟才以为恶。挟才以为善者，善无不至矣；挟才以为恶者，恶亦无不至矣。愚者虽欲为不善，智不能周，力不能胜，譬如乳狗搏人，人得而制之。小人智足以遂其奸，勇足以决其暴，是虎而翼者也，其为害岂不多哉！"

曹操是任人唯才的典型。他先后三次下《求贤令》，不问贤否，唯才是举。在三国群雄中，曹操手下文武才最多。但任人唯才，有利也有弊，或可成就霸业，成就不了王道。他晚年重用的非常有才华的司马懿，成了曹家巨大的隐患和后患。曹操任人唯才，成功于此，局限于此，也遗患于此。

任人唯才是不论德行，还有比这更坏的，任人唯不贤、唯不肖，专门找无德的小人、败德的恶人来重用。这种"恶天下之贤而喜其不肖"的逆淘汰最恶劣，最为儒家所痛恨。历史上隋炀帝就是这么做的。

隋炀帝登基后，致力于杀害有一定德望者，重用品德名声都不好的人，"谓贤者之可轧己以夺己，而不肖者人望所不归，无如己何也"（王夫之语）。这么做有百弊而无一利，不仅害人祸世，贼害天下，流毒天下，而且于自己亦有大害。隋炀帝最后就死于他最亲信而愚劣不堪的宇文化及兄弟之手。

十三、何谓成人

子路问成人。子曰："若臧武仲之知，公绰之不欲，卞庄子之勇，冉求之艺，文之以礼乐，亦可以为成人矣。"曰："今之成人者何必然。见利思义，见危授命，久要不忘平生之言，亦可以为成人矣。"

(《宪问》第十三章)

子路问怎样才是成熟的人。孔子说:"如果有臧武仲的智慧,孟公绰的清廉,卞庄子的勇敢,冉求的才艺,再用礼乐来陶冶它们,也可以算是成熟人了。"又说:"现在的成熟人何必那样?见到利益能想到道义,遇到危难能付出生命,平日对人有承诺之言,牢记不忘,也就可以算成熟人了。"

臧武仲,即臧孙纥,臧文仲之孙,鲁国大夫,很有智慧,时人称之为圣。《左传·襄公二十三年》记载,臧武仲因不容于鲁国权臣而出逃。逃到齐国后,他预料到齐庄公不能长久,便拒绝了齐庄公给他的田。孔子说:"知之难也,有臧武仲之知而不容于鲁国,抑有由也,作不顺而施不恕也。"

服虔云:"不顺,谓阿季氏,废长立少也;不恕,谓恶孟氏,立庶也。"做事不循常理,是"不顺";有所施为而不能设身处地为人着想,是"不恕"。不顺不恕,违仁背道,虽有智,非大智也。

卞庄子,鲁国大夫,封地在卞邑,以勇著称。《荀子·大略》说:"齐人欲伐鲁,忌卞庄子,不敢过卞。"可谓威名远扬。《韩诗外传》载,卞庄子是个孝子,母亲在世时,他随军作战,三战三败,朋友看不起他,国君羞辱他。及其母死三年,鲁国兴师伐齐,他请求从战,三战三获敌人甲首,以雪昔日败北之耻,最后杀敌七十人而阵亡。

成人,完整的人,人格完备的人。一个人兼有臧武仲、孟公绰、卞庄子、冉求四位之长,具备智廉勇艺,再经过礼乐陶冶修养,就是君子了。君子之大者,就是圣贤。成人,兼圣贤君子而言。《说苑·辨物》说:"颜渊问孔子成人之行何若。子曰:'成人之行,达乎情性之理,通乎物类之辨,知幽明之故,睹游气之源,若此而可谓成人。'既知天道,行躬以仁义,饬身以礼乐。夫仁义礼乐,成人之行也。"

孔子说"亦可以为成人矣",语气很勉强。因为智廉勇艺加上礼乐陶冶,堪称优于"下学"了,但是否"上达"或达到什么程度,仍不好说。朱熹说:"然亦之为言,非其至者,盖就子路之所可及而语之也。若论其至,则非圣人之尽人道,不足以语此。"那么,最理想的人是怎样的呢?程子说:"孟子曰:'惟圣人然后可以践形。'如此方可以称成人之名。"成人之称,唯圣人才能当之。

今之成人的标准大大降低,智廉勇艺不全,礼乐陶冶不够,但能做到"见利思义,见危授命,久要不忘平生之言",也很了不起,可谓之士。子张说:"士见危致命,见得思义,祭思敬,丧思哀,其可已矣。"(《论语·子张》)《礼记·曲礼》说:"临财毋苟得,临难毋苟免。"见利思义,就是临财毋苟得;见危授命,就是临难毋苟免。

久要,即旧约,过去答应过别人的话,从前同别人约定的事。《后汉书·朱晖传》记载了一个特别感人的小故事:

晖同县张堪素有名称,尝于太学见晖,甚重之,接以友道,乃把晖臂曰:"欲以妻子托朱生。"晖以堪先达,举手未敢对。自后不复相见。堪卒,晖闻其妻子贫困,乃自往候视,厚赈赡之。晖少子颉怪而问曰:"大人不与堪为友,平生未曾相闻,子孙窃怪之。"晖曰:"堪尝有知己之言,吾以信于心也。"

十四、时然后言,乐然后笑,义然后取

子问公叔文子于公明贾,曰:"信乎,夫子不言、不笑、不取乎?"公明贾对曰:"以告者过也。夫子时然后言,人不厌其言;乐然后笑,人不厌其笑;义然后取,人不厌其取。"子曰:"其然,岂其然乎?"(《宪问》第十四章)

孔子向公明贾问到公叔文子,说:"真的吗?老先生平时不说、不笑、不取财吗?"公明贾回答说:"这是传话的人说过分了。老先

生适当的时候说话，别人不厌他说；快乐了然后笑，别人不厌他笑；符合礼义才取财，别人不厌他取。"孔子说："是那样，真是那样吗？"

公叔文子，名拔（一作发），卫国大夫，卫献公之孙，死后谥文，故称公叔文子。

《左传·襄公二十九年》记载，吴公子札适卫，说："卫多君子，未有患也。"其中就有公叔发。《集注》说："文子为人，其详不可知，然必廉静之士，故当时以三者称之。"又说："厌者，苦其多而恶之之辞。事适其可，则人不厌，而不觉其有是矣。是以称之或过，而以为不言、不笑、不取也。然此言也，非礼义充溢于中，得时措之宜者不能。文子虽贤，疑未及此，但君子与人为善，不欲正言其非也。故曰其然岂其然乎，盖疑之也。"

公明贾，姓公明名贾，卫国人，公叔文子的使臣。一说，公明即公羊，是《礼记》中说的公羊贾。夫子，孔子对公叔文子的敬称。其然，岂其然乎，其然，是赞美文子，能以时然后言等，岂其然乎，又恐文子时然后言等不能尽然。

时然后言。《太平御览言语部》引《墨子》："子禽问曰：'多言有益乎？'墨子曰：'虾蟆日夜鸣，口干而人不听之。今鹤鸡时夜而鸣，天下振动。多言何益？唯其言之时也。'"

酒不妨多喝，话必须少说，酒后多言，最是无聊。特此以诗自警曰：果成熟后无花叶，水到深时自不喧。莫放此心休任性，最应节约酒中言。

乐然后笑，《礼记·曲礼》说："不苟笑"。义然后取，就是见利思义，不取不义之财。该发言就发言，该发笑就发笑，该获取就获取，一切都恰恰好，这就是中庸的方法和态度。

十五、臧武仲要君

子曰："臧武仲以防求为后于鲁，虽曰不要君，吾不信也。"（《宪

问》第十五章）

孔子说："臧武仲凭据防邑而请求（国君）为他立后于鲁国，虽然有人说并非要挟君主，我不相信。"

要，胁迫，勒索要挟。孔子说："要君者无上，非圣者无法，非孝者无亲。此大乱之道也。"将目无君上的要君行为，与非圣和非孝并称为大乱之道。

防，鲁国地名，紧靠齐国边境，是臧武仲封地。公元前550年，臧武仲因帮助季氏废长立少得罪了孟孙氏，逃到邻近邾国。不久，他又回到他的故邑防城，请求鲁君念他祖先的功勋，为臧氏立后，即让他的子孙袭受封地并任鲁国大夫，以守其先人之祀，言辞十分恭逊。鲁君便立了他的异母兄臧为。武仲把防邑交给臧为之后，奔齐国（事见《左传·襄公二十三年》）。

看问题，要透过表象看实质；看人物，要听其言而观其行。时人说臧武仲言辞恭逊，不是要君，但他据邑以请，挟"防"以求，实质上有要君之意。

十六、齐桓公和晋文公

子曰："晋文公谲而不正，齐桓公正而不谲。"（《宪问》第十六章）

孔子说："晋文公诡诈而不正道，齐桓公正道而不诡诈。"

谲，诡诈，弄阴谋。

春秋时齐桓公晋文公相继称霸，齐桓公是春秋第一个霸主，前685—前643年在位。他姓姜名小白，姜尚（姜太公）后人，齐襄公之弟。襄公被杀后，他从莒回国取得政权，任用管仲为相，进行改革，国富兵强，尊王攘夷，帮助燕国打败北戎，营救邢卫二国，制止戎狄入侵；又联合中原诸侯进攻蔡楚，与楚会盟于召陵（今河南省郾城东北）；还平定东周王室的内乱，多次与诸侯结盟，互不使用武力，使天下和平了四十年。孟子说：

"五霸，桓公为盛。葵丘之会，诸侯束牲载书而不歃血。初命曰，诛不孝，无易树子，无以妾为妻。再命曰，尊贤育才，以彰有德。三命曰，敬老慈幼，无忘宾旅。四命曰，士无世官，官事无摄，取士必得，无专杀大夫。五命曰，无曲防，无遏籴，无有封而不告。曰，凡我同盟之人，既盟之后，言归于好。"（《孟子·告子》）

攘外必先安内，"五命"以安内为先，为春秋时代列国共同遵守的国际盟约，可谓规模宏远。

晋文公，晋献公之子，姓姬名重耳，前636—前628年在位。因献公宠骊姬，立幼子为嗣，而受到迫害，流亡国外十九年，后由秦国送回晋国即位，为文公。他平定周朝内乱，迎接周襄王复位。他伐卫致楚，"城濮之战"用计大败楚军，在践土（今河南省荥阳县东北）大会诸侯。

齐桓晋文所行都不是王道。王霸之辨的关键所在，孟子一言以蔽之："以德行仁者王，以力假仁者霸。"王道对内爱民保民为民制产，对外"修文德以来之，既来之则安之"。以德服人，真善也。霸道以力假仁，靠实力之真，打仁义之牌，有伪善味。但也毕竟倾向于善，与赤裸裸地以力服人的暴政截然不同。

同为霸主，齐桓晋文仍有正谲之分、优劣之别。例如，齐桓公在葵丘会盟诸侯，礼待周天子；晋文公的践土之盟，则"以臣召君"，召周天子到践土来接受诸侯朝礼。《集注》说："二公皆诸侯盟主，攘夷狄以尊周室者也。虽其以力假仁，心皆不正，然桓公伐楚，仗义执言，不由诡道，犹为彼善于此。文公则伐卫以致楚，而阴谋以取胜，其谲甚矣。二君他事亦多类此，故夫子言此以发其隐。"

史载，郑文公的儿子子华曾暗地派人与齐桓公商量，如果齐国帮他当上郑国国君，他就让郑国臣属于齐国。管仲劝齐桓公不要乘人之危，离间人之父子，而要以德服人，最终桓公接受了管仲意见。（事见《左传·僖公七年》）。这件事也表现了齐桓公的"正而不谲"。

另复须知，晋文公虽然谲而不正，劣于齐桓公，但此人也是颇为了不起的。他复国成功后，在赏从龙之功时说过一段话："夫导我以仁义，使我肺腑开通者，此受上赏；辅我以谋议，使我不辱诸侯者，此受次赏；冒矢石犯锋镝，以身卫寡人者，此复受次赏。故上赏赏德，其次赏才，又其次赏功。"上赏赏德，何等胸襟，宜其成霸。导仁义开肺腑，师道也，而臣之，故终非王道。

十七、管仲如其仁

子路曰："桓公杀公子纠，召忽死之，管仲不死。曰：未仁乎？"子曰："桓公九合诸侯，不以兵车，管仲之力也。如其仁，如其仁！"（《宪问》第十七章）

子路说："齐桓公杀了公子纠，召忽为之殉节，管仲不殉节。说：这不仁吧？"孔子说："齐桓公多次团集各诸侯国结盟，不用武力，都是管仲的本事啊。这就是他的仁，这就是他的仁！"

九合诸侯，多次会合诸侯。九，不是确数，极言其多。一说，九便是纠，古字通用。合，集合。不以，不用。兵车，战车，代指武力。

公子纠是小白（即后来的齐桓公）的哥哥，二人都是齐襄公的异母弟。襄公无道，政局混乱，小白由鲍叔牙侍奉逃亡莒国，公子纠由管仲、召忽侍奉逃亡鲁国。后来，齐襄公被公孙无知杀死，公孙无知自立为君。次年，雍廪又杀死公孙无知，齐国遂无君。

在鲁庄公发兵护送公子纠要回齐国的时候，小白用计抢先回到齐国，立为君。接着兴兵伐鲁，逼迫鲁国杀死了公子纠（事见《左传·庄公八年》和《庄公九年》，以及《管子·大匡》《史记·齐世家》）。召忽与管仲都是公子纠的家臣和师傅。公子纠被杀后，召忽自杀殉节。管仲却归服齐桓公，并由鲍叔牙推荐当了宰相。

管仲得到了齐桓公的高度信任，任贤用能，兴利除害，大展拳脚。《吕氏春秋·勿躬》记载，齐桓公"令五子皆任其事，以受令于管子。十年，九合诸侯，一匡天下，皆夷吾与五子之能也"。五子，指宁速、隰朋、东郭牙、王子城父、弦章五个人，分别擅长农业、礼仪、谏诤、作战、司法等工作。

管仲行的是霸道，是霸者之佐，非王者之师，所行非仁政。但他能够尊王攘夷，功业颇有可观，在当时礼崩乐坏、夷狄交侵、"中国不绝如线"的特定历史环境中，大有功于华夏民族和文明。正如朱熹所说："其利泽及人，则有仁之功矣。"（《集注》）故孔子许之"如其仁"。

霸道讲道德，但对待道德的态度有两个特征：一是工具化和手段化，如荀子说："彼以让饰争，依乎仁而蹈利者也。"（《荀子》）以礼让来装饰竞争，打着仁义的名义而谋取利益；二是狭隘化和表象化，对礼义廉耻等道德元素作狭隘肤浅的解释和定义。《管子》首篇《牧民》中论"四维"就集中地暴露了这两个特征（详见该文解评）。

管子与儒家还有很重要的一个区别，就是对中道和道统的态度不同。儒家强调"道统高于政统"，管子虽然也称颂尧舜和圣王，但在这个原则性问题上避而不论。注意，春秋战国时期诸子百家中的大多数，都会称颂尧舜和圣王，各取所需而已，或取其一点，或托名造说（自造新说），或另立标准，不一而足。

《管子》一书，《汉书·艺文志》列入道家类，错了；《隋书·经籍志》改列法家类，正确。法家可以分为两大派：一派反道德，以商鞅、韩非子为代表，我称之为商韩派，可以称为野蛮法家，导出来的是极权君主制，是暴政；一派讲道德，以管子、晏子为代表，我称之为管晏派，可以称为开明法家，导出来的是开明君主制，是霸道。霸道处于暴政和王道之间，与暴政比好得多，与王道比则大为逊色。

十八、大人格与小人格

子贡曰："管仲非仁者与？桓公杀公子纠，不能死，又相之。"子曰："管仲相桓公，霸诸侯，一匡天下，民到于今受其赐。微管仲，吾其被发左衽矣。岂若匹夫匹妇之为谅也，自经于沟渎而莫之知也！"（《宪问》第十八章）

子贡说："管仲不是仁人吧？桓公杀了公子纠，管仲不死难，还去辅佐桓公。"孔子说："管仲辅佐桓公，称霸诸侯，匡正天下，人民至今还受他的恩惠。如果没有管仲，我辈恐怕已夷狄化了。（管仲）哪像匹夫匹妇那样守着小信小节，在小沟沟里上吊而不为人知呢。"

匡，匡正，纠正。微，非，无，没有，一般用于和既成事实相反的假设句前面。被发左衽：当时夷狄风俗、打扮，被同披。衽，衣襟。匹夫匹妇，平民百姓。谅，信实，守信用，多指小信。《卫灵公》说："君子贞而不谅。"《孟子·告子》："君子不谅，恶乎执？"自经，自缢，上吊自杀。沟渎，古时，田间水道称沟，邑间水道称渎。这里指小沟沟。

用以德服人、以德行仁（孟子语）的王道政治标准衡量，齐桓公和管仲以力假仁，行的是霸道。所以孟子轻之，朱熹认为管仲有霸道之功而无仁义之心和王道之仁，甚至说管仲"小器"，"当不得一个人"（《陈亮集》卷二十朱熹《寄陈同甫书九》）。

但是，从历史角度看，管齐的霸道之中有仁义在。当时王权衰微，各诸侯国都不把周王室放在眼里，管齐却推尊周天子，并努力制止诸侯间互相侵扰与自相残杀。当时周边戎狄经常侵扰王室进犯中原，管齐积极组织各诸侯抵抗，尊王攘夷，继亡存绝，保卫了华夏文明和文化。

依王道高标，管齐有不少僭越行为，其尊王程度不高。当时天下诸侯混战，时有灭亡。杞国被灭后，齐桓公在缘陵地方划出一块地重"封"杞国。本来这是天子的权力，诸侯无权封国。奈何当时王政已熄，王权大衰，周王已丧失"兴灭国"的能力，管齐的行为有其合理性与必要性，所以孔子"文不与而实与"。

《春秋·僖十四年春》书曰："诸侯城缘陵。"《传》曰："孰城之？城杞也。曷为城杞？灭也。孰灭之？盖徐莒胁之。曷为不言徐莒胁之？为桓公讳也。曷为为桓公讳？上无天子，下无方伯，天下诸侯有相灭亡者，桓公耻之也。然则孰城之？桓公城之。曷为不言桓公城之？不与诸侯专封也。何为不与？实与而文不与。文曷为不与？诸侯之义不得专封也。诸侯之义不得专封，则其曰实与之何？上无天子，下无方伯，天下诸侯有相灭亡者，力能救之，则救之可也。"

这就是《春秋》"文不与而实与"的智慧。"文"是大经大法，"实"是乱世现实的特殊情况，"文不与而实与"，意谓原则上不赞成，但根据实际情况认同某些具体举措。

本章还涉及大人格与小人格的关系。大小人格完美无瑕，那是圣人完人。对于大多数人而言，大人格与小人格既有联系又有区别，各有一定的独立性。小节对大节有一定影响，但不是决定性的影响，小节可供参考，但不宜无限上纲、无限放大，不宜"以小判大"：以一时一地的小节出入而论断和否定一个人的整体品格，"不以一眚掩大德"。

子夏曰："大德不逾闲，小德出入可也。"子夏是孔子高徒，大德小德，犹言大节小节，大人格小人格。此言足见儒家之通情达理。朱注："言人能先立乎其大者，则小节虽或未尽合理，亦无害也。"钱解："或曰：'论人与自处不同。论人当观其大节，大节苟可取，小差自可略。'"都说得好。

关于小人格与大人格的认知，要防止将小人格与大人格完全等同起来，以小人格为标准去论断大人格；当然也不能将小人格与大人格完全割裂开来，认为两者完全没有关系。

十九、公叔文子有三善

公叔文子之臣大夫僎，与文子同升诸公。子闻之，曰："可以为文矣。"（《宪问》第十九章）

公叔文子的家臣僎，升到朝廷与文子同为大夫。孔子听到这件事，说："可以用文作谥号了。"

僎，人名，公叔文子的家臣，由文子推荐当上卫国大夫。同升诸公，谓僎因公叔文子推荐，由家臣而与之同为卫国的大夫。公，公室，朝廷。为文，谥为文。《礼记·檀弓》记载："公叔文子卒，其子成请谥于君。君曰：'夫子听卫国之政，修其班制，以与四邻交，卫国之社稷不辱，不亦文乎。'"

周书谥法，文有六等，一曰经天纬地，如周文王、唐太宗谥号为"文"；一曰道德博厚，如欧阳修谥文忠，范仲淹谥文正；一曰学勤好问，慈惠爱民，如汉文帝；一曰愍民惠礼，赐民爵位，文子推荐他的家臣大夫僎，即合"赐民爵位"一条。

大夫，不一定"与文子同升"后才有此称。臣大夫应连读，为家臣的通称。古时仕于家曰家大夫，仕于邑曰邑大夫，统为臣大夫。或说，应断句为"公叔文子之臣，大夫僎"。指僎原为家臣，现作大夫，两解皆通。

把自己的家臣推荐到与自己同样级别的位子上，足见公叔文子的知人善任、忘我无私和以国事为重，很了不起。文的谥号，名副其实。《集注》引洪氏说："家臣之贱而引之使与己并，有三善焉：知人，一也；忘己，二也；事君，三也。"晏婴亦曾推荐提拔己之车夫为齐大夫，与公叔文子同德。

本章与《春秋》讥世卿之意相通。周之政治，以出身贵贱定尊卑之位。父死，子世袭其爵位，行其政事，这就是世卿之制。久之，有德者不得其位，无德者世踞其位，权移于无德，德位不能相称。董仲舒说："观乎世卿，知移权之败。"故《春秋》讥之。春秋之时，郑有七穆，晋有六卿，鲁有三家，齐则国高擅权，楚则屈景柄政，贵族世袭相习成风，都是世卿之制造成的。

二十、卫灵公无道而能不丧

子言卫灵公之无道也。康子曰："夫如是，奚而不丧？"孔子曰："仲叔圉治宾客，祝鮀治宗庙，王孙贾治军旅，夫如是，奚其丧？"（《宪问》第二十章）

孔子说到卫灵公的无道。季康子说："像这样，为什么还能不失其位呢？"孔子说："有仲叔圉接待宾客，祝鮀主管祭祀，王孙贾统率军队。像这样，怎么会失位呢？"

仲叔圉，即孔文子，卫国大夫。祝鮀，卫国大夫。奚而不丧，俞曲园《群经平议》引证《孟子·滕文公》"方里而井"等古书，以"奚而"作"奚为"解。不丧有两解，一谓不亡其国，一谓不失其位。兹从后解。

此章说明贤才和知人善任的重要性。无论对于领导人个人还是国家，贤才在位都是一种重要保障。领导人自己德才兼备当然最好，不然，能够知人善任，任用得力的贤才，也是无道之中的有道，齐桓公、卫灵公就是典型的例子。自古人才关国运，此之谓也。

卫灵公无道，有历史定论，《左传》《说苑》《庄子》《吕氏春秋》《孔子家语》，诸多典籍都有记载，其无道表现大致有三：一是好色，闺门之内姑姊妹无别；二是好饮酒作乐驰骋田猎；三是不理朝政，不与诸侯盟会。但他却能知贤、敬贤和用贤，重用了三位贤能之臣：仲叔圉负责外交，祝鮀负责祭祀典礼，王孙贾统领军队，所以在位42年，国家还算平安。朱熹注说："能用此三人，犹足以保其国。"《说苑·尊贤》记载：

> 鲁哀公问于孔子曰："当今之时，君子谁贤？"对曰："卫灵公。"公曰："吾闻之，其闺门之内姑姊妹无别。"对曰："臣观于朝廷，未观于堂陛之间也。灵公之弟曰公子渠牟，其知足以治千乘之国，其信足以守之，而灵公爱之。又有士曰王林，国有贤人，必进而任之，无不达也。不能达，退而与分其禄，而灵公尊之。又有士曰庆足，国有大事，则进而治之，无不济也，而灵公说之。臣是以知其贤也。"

孔子作了两点说明，一是朝廷之公德与闺门之私德有别，二是内举不避亲，外举不避疏，不论亲疏，唯贤是举。对弟弟公子渠牟能亲爱，对士王林、庆足能尊重欣赏。当然，说卫灵公贤，是比较而言。

本章也可见看人要一分为二，要有一种合情合理的人才观。孔子平时论及仲叔圉、祝鮀、王孙贾三人，颇有保留，但并不否定他们，"不以所短弃所长"。卫国这三人虽不咋样，比起鲁国三家来又好多了。孔子在这里或有暗示、启示季康子的意思吧。

《集注》说："三人皆卫臣，虽未必贤，而其才可用。灵公用之，又各当其才。尹氏曰：'卫灵公之无道宜丧也，而能用此三人，犹足以保其国，而况有道之君，能用天下之贤才者乎？'"

《论语新解》说："孔子平日语及此三人，皆有所不许，此章见孔子论人不以所短弃所长。孔子屡称卫多君子，若蘧瑗、史鳅诸人得用，卫国当犹不止此，故知人才之关国运。"

二十一、大言不惭为之难

子曰："其言之不怍，则为之也难。"（《宪问》第二十一章）

孔子说："一个人大言不惭，那么实际去做就困难了。"

怍，惭愧。《集注》说："大言不惭，则无必为之志，而不自度其能否矣。欲践其言，岂不难哉？"

《老子》说："轻诺者寡信。"《大戴礼记·文王官人》说："饰貌者不情，隐节者不平，多私者不义，扬言者寡信。"扬言是夸大其辞的意思。轻诺扬言，都属于"言之不怍"的表现。儒家特别强调践履功夫和话语节制，"敏于事而慎于言"，宁愿讷于言，也不要有言无行，言过其行。难以做到的事，难以兑现的话，不要轻言苟且，大言虚夸。

二十二、孔子请讨陈恒的意义

陈成子弑简公。孔子沐浴而朝，告于哀公曰："陈恒弑其君，请讨之。"公曰："告夫三子。"孔子曰："以吾从大夫之后，不敢不告也。君曰'告夫三子'者！"之三子告，不可。孔子曰："以吾从大夫之后，不敢不告也。"（《宪问》第二十二章）

陈成子杀了齐简公。孔子沐浴上朝，向鲁哀公报告说："陈恒弑其君主，请讨伐他。"哀公说："告诉那三位大夫吧！"孔子说："因我当着大夫，不敢不来报告。君主却说'同意报告那三位大夫吧！'"去到三位大夫那里报告，他们表示不同意（出兵）。孔子说："因为我当了大夫，不敢不来报告。"

陈成子，齐国大夫陈恒，又名田成子，在公元前481年（鲁哀公十四年）杀死齐简公，掌握齐国政权。此后齐国在历史上也称"田齐"。简公即齐简公，姓姜名壬，前484—前481年在位。沐浴，洗头洗澡，表示严肃。告夫三子，三子，指季孙氏、孟孙氏、叔孙氏。当时三子实际操纵鲁国政局，鲁哀公不敢也不能作主，故叫孔子去报告这三位大夫。

臣弑其君，人伦大变；弑君之贼，礼所必讨。周王朝衰微不振，作为邻国和华夏之国，亦有讨恶伐罪的责任和义务，这就是中国一人、天下一家的精神，也是正义高于国权的宣示。哀公君权下坠，不能自命三子，叫孔子告夫三子。三子鲁之强臣，与陈氏声势相倚，自然不会发兵。孔子告于哀公，又之三子告，是知其不可而为之，尽心尽责而已。

《左传·哀公十四年》记载："六月甲午，齐陈恒弑其君壬于舒州，孔丘三日齐，而请伐齐三，公曰：'鲁为齐弱久矣，子之伐之，将若之何？'对曰：'陈恒弑其君，民之不与者半，以鲁之众，加齐之半，可克也。'公曰：'子告季孙。'孔子辞，退而告人曰：'吾以从大夫之后也，故不敢不言。'"

孔子说："陈恒弑其君，一半民众没参与，不支持。以鲁国举国国民，讨伐齐国的一半国民，不难获胜。"程子认为："此非孔子之言。诚若此言，是以力不以义也。若孔子之志，必将正名其罪，上告天子，下告方伯，而率与国以讨之。至于所以胜齐者，孔子之余事也，岂计鲁人之众寡哉？"

程子此说有误。儒家重道义，但并非不自量力，并非完全不顾及力量对比，不考虑现实问题。碰到出兵讨伐这样的国之大事，孔子作出"以鲁之众，加齐之半，可克也"这样的双方力量分析对比，是完全有必要和合理的。

钱穆说："孔子不仅辨其义，亦复量其力。若不量力而徒伸大义，此亦言之不怍矣。私人之言犹有不可，况告君论国事乎？宋儒疑《左传》所载非孔子言，则岂不度德不量力，而空言可伸大义于天下？宋儒解《论语》失孔子意，多在此等处。"

马培路说："愚虽学源宋儒，对程氏此言亦与钱穆同感。孔子虽重义不重力，亦不会做无谓牺牲。其教子路曰：'暴虎冯河，死而无悔者，吾不与也。必也临事而惧，好谋而成者也。'何况，鲁君及其大夫重力，为成事而与之谋，不可不讲力。"

二十三、事君之道，勿欺而犯

子路问事君。子曰："勿欺也，而犯之。"（《宪问》第二十三章）

子路问怎样侍奉君主，孔子说："不欺瞒，但直言诤谏。"

犯，触犯，冒犯，这里指对君主犯颜诤谏。《集解》："孔曰：事君之道，义不可欺，当能犯颜谏争。"不一定故意说假话才是欺，言过其实，强不知以为知，都是一种欺。钱穆说："以子路之贤，不忧其欺君，更不忧其不能犯。然而子路好勇之过，或有以不知为知而进言者，故孔子以此诲之。"

勿欺而犯，就是忠君，就是以道事君的一种表现。从道不从君，从道无条件，任何时候都必须惟道是从；从君有条件，君若有错，便不从之，便须犯之。不犯而欺，便是欺君。

勿欺也而犯之，勿欺是犯之的前提条件。另复须知，犯之是不得已之事，不可以习以为常。孔子论谏术时说过："吾从其讽。"讽谏，委婉含蓄的讽劝，才是事君之常，待人之常。

犯不犯，具体情况具体分析；"勿欺"则是必需的，适用于对待任何人。可惜世人待人接物往往颠倒过来了，成了"不犯也而欺之"，不肯直言不敢冒犯，却以欺瞒为能事。

君亲师都是敬事对象，但侍奉之道不同。《礼记·檀弓》说："事亲有隐无犯，事君有犯无隐，事师无犯无隐。"对父母，委婉劝说，有所隐讳；对君主，直言无讳犯，颜直谏；对老师，既不能触犯，又不能隐瞒。隐是隐讳、隐瞒。王夫之说："隐者，知其恶而讳之也。有隐以全恩，无隐以明义，道之准也。"

马培路说："勿欺是犯之的前提条件，说得好。欺则无信，无信而犯，自贱也。勿欺则有信，有信而犯颜，方可能听之。子路屡犯孔子，而孔子更喜欢他，曰：'自吾得由，恶言不闻于耳。'有其信也。

但孔子病，子路为臣，则为欺；子路不知而强说知，亦似欺。盖孔子因此告子路也。"

二十四、上达与下达

子曰："君子上达，小人下达。"（《宪问》第二十四章）

孔子说："君子上求根本，小人下求枝末。"

达，兼有通达和知晓的意思。何晏注："本为上，末为下也。"上达就根本而言，上达达道，"性与天道"是最大的根本；下达指枝末而言，下达达器，农工商贾及各种专业性知识都属枝叶。然复须知，儒家本末不二、道器不二，根本不离乎枝叶，上达要建立在下学的基础上，"性与天道"不是空洞的。

君子、小人的区别在于，小人唯器，舍本逐末，所以成就也小；君子不器，追求根本，立乎其大，所以成就必大。因此，小人渐流而下，只求下达于器；君子渐进而上，直到上达于道。注意，君子不反对逐末，只反对舍本。自达达人的达，就是立本和上达。

《大学》就是下学与上达的统一。各种科学知识、道德知识、政治社会知识的学习，都是下学，下学的目的则是为了修身和上达，"自天子以至于庶人，壹是皆以修身为本"。明明德就是上达的成功，通达"性与天道"了，知天命了。

《论语新解》说："本章有两解。一说：上达达于道，下达达于器。如为农工商贾，虽小人之事，亦可各随其业，有守有达。若夫为恶与不义，此乃败类之小人，无所谓达也。一说：君子日进乎高明，小人日究乎污下，一念之歧，日分日远也。前解君子小人指位言，后解君子小人指德言。"

孙齐鲁说："说上达是指向性与天道，然哉。但尚有一间需要说明。窃以为只要是反身内求以提高生命境界，就算上达。到了宋明儒，更强调上达在下学中，这是在具体的日常行为中体证上达。然小人愚夫，则日用而不知。儒者教化的一大目的，即先觉觉后觉，使人在下学上达中完成肉体生命向道德、超越生命的转化。另，宋明儒虽于此有真体会，然其将下学仍然多限制在修身上，而一定程度上否定了世间技艺，致使开物成务不足，此自足病。"

二十五、为己和为人

子曰："古之学者为己，今之学者为人。"（《宪问》第二十五章）

孔子说："古代的学者为了成就自己，现在的学者为了显达于人。"

本章被某学者解释为：古代学者学习文化知识是为了自己的荣华富贵，意思完全搞反了。以今人思维乱解妄测，差之毫厘，谬以千里；差之千里，就不知谬到哪个星球去了。

我说过，现代学者往往不能正确理解古籍和经典，主要原因有二：一是缺乏必要的文字训诂功夫，不读《尔雅》《说文》和古注，不懂某些关键字词的本意，或依据《新华字典》胡解释乱引申；二是缺乏择法之眼，不能正确理解和把握作者和诸家的思想。缺乏法眼的原因则是缺乏正确的三观尤其是世界观。这里一错，全盘皆误，是非不明善恶颠倒、以黑为白看朱成碧就是必然的结果。

在这里，"为己"是为了成就自己。儒者所做的一切，归根结底都是为己，为了提高学问修养，成就道德良知。良知是人的本质和法身，是儒者一切言行和意念的终极指向。肉体是良知的载体，一般情况下值得保护，故须明哲保身；而特殊情况下杀身以成仁，正是为了成就良知大我。

荀子说："古之学者为己，今之学者为人，君子之学也，以美其身；小人之学也，为禽犊。"（《解蔽》）又说："君子能为可贵，不能使人必贵己；能为可信，不能使人必信己；能为可用，不能使人必用己。故君子耻不修，不耻不见贵；耻不信，不耻不见信；耻不能，不耻不见用。是以不诱于誉，不恐于诽，率道而行，端然正己，不为物倾侧。夫是之谓诚君子。"(《荀子·非十二子》)

《集解》孔安国注："为己，履而行之；为人，徒能言之。"这就解得很实在。程子的解释最恰当："为己，欲得之于己也；为人，欲见知于人也。"(《论语集注》)"见知于人"是"为己"的可观效果，但不应当做主观追求和目标。《集注》又引程子说："古之学者为己，其终至于成物；今之学者为人，其终至于丧己。"朱熹按："圣贤论学者用心得失之际，其说多矣，然未有如此言之切而要者。于此明辨而日省之，则庶乎其不昧于所从矣。"

另复须知，为己包括合情合理的利己，但高于利己，是利己利他的圆满统一。正确的利己利他，都是为己。利己利他都是本能，两者相辅相成相通，都是良知本性的作用。对于仁者来说，利己有利于利他，利他有利于利己，利他是利己的重要方式，利己是利他的必然结果。利己主义和利他主义相反，都是只知其一不知其二，割裂了利己利他的统一性。

二十六、蘧伯玉的自省精神

蘧伯玉使人于孔子，孔子与之坐而问焉，曰："夫子何为？"对曰："夫子欲寡其过而未能也。"使者出。子曰："使乎！使乎！"(《宪问》第二十六章)

蘧伯玉派使者到孔子这里，孔子同他坐下并问道："蘧老先生做些什么？"回答说："老先生想少些过失但总感觉没能够。"使者出去后，孔子说："使者啊，使者啊！"

蘧瑗，字伯玉，春秋时卫国贤大夫，谥成子。《大戴礼记》说：

"外宽而内直，自娱于隐栝之中，直己而不直人，以善存，亡汲汲，盖蘧伯玉之行也。"隐栝是矫正曲木的工具，直己而不直人，就是严格要求自己、宽容对待别人的意思。

蘧伯玉求进甚急，善于改过，进德之功，老而不倦。《淮南子·原道训》说："蘧伯玉年五十而知四十九年非。"

《史记》称"孔子之所严事，于卫，蘧伯玉"。孔子居卫国的时候，曾经住在他家。后来返回鲁国，蘧伯玉派使者来探望。孔子说"使乎！使乎！"是赞美使者之贤，能够抓住蘧伯玉的特点。

在某金融社区"请教艾古先生及诸位高手"一个问题，老艾断言："假货。东海一枭从来不会这么谦虚说话的。"理由是："江山易改，本性难移。改掉已经习惯的性情，是很难很难的，几乎是不可能的。即使决心改，也仍然会留下过去的印迹。所以判断楼主的帖子不是原创。"

很惭愧当年给网友留下这么一个印象。儒者当以善对人，以理服人。现在的我特别反感无礼的行为及言辞。"不会谦虚地说话"也是一种非礼，儒者如"不会谦虚地说话"，是很可笑可耻的。

语言和态度的骄傲是习性使然，某些陋习无论怎样顽固，在良知本性之光的照耀下，会逐渐消散的。作为儒者，东海仁民爱国之志、坚持真理之志、诲人不倦之志不可夺，性情态度却可变也应该变，变傲为谦，从豪杰自期、风流自赏的一枭变为以儒者自命、向圣贤学习的木鸟，理所当然，势所必然。在这个意义上可以说，一枭已死，木鸟新生。

对于君子来说，修身是一辈子的事，过而改之，很正常。庄子称伯玉行年五十而知四十九年之非，又说伯玉行年六十而六十化，说的是伯玉进德之功老而不倦。这种善于自省、勇于改过的精神值得我们学习。

子曰："不在其位，不谋其政。"（《宪问》第二十七章）

已见前《泰伯》第十四章。

二十七、思不出其位

曾子曰:"君子思不出其位。"(《宪问》第二十八章)

曾子说:"君子思考事务不超越他的职位范围。"

"君子以思不出其位"句另见《周易·艮卦》象辞,应是曾子引艮卦象辞以证明孔子之语,本章应与上章共为一章。但为了方便,本书分章姑依钱穆的《论语新解》(钱穆又依朱注),特此说明。

子曰:"不在其位,不谋其政。"位是职位,政是政事。君子思不出其位,在具体工作和事务中安分守己,不要筹谋干涉他人的职责,更不抱非分之想。《集注》引范氏曰:"物各止其所,而天下之理得矣。故君子所思不出其位,而君臣、上下、大小,皆得其职也。"钱穆说:"从政当各专己职,越职出位而思,徒劳无补,并滋纷乱。"(《论语新解》)

《中庸》说:

君子素其位而行,不愿乎其外。素富贵行乎富贵,素贫贱行乎贫贱,素夷狄行乎夷狄,素患难行乎患难,君子无入而不自得焉。在上位不陵下,在下位不援上,正己而不求于人则无怨,上不怨天下不尤人。故君子居易以俟命,小人行险以侥幸。子曰:"射有似乎君子,失诸正鹄,反求诸其身。"

这段话就是"思不出其位"的最好说明。

无论富贵贫贱,任凭夷狄患难,无入而不自得,是因为有得乎道,得乎道之谓德,所以能够时止则止,时行则行,素位而行,居易俟命,不存分外的希求。这就是君子的修养和风范。

二十八、言过其行，君子耻之

子曰："君子耻其言而过其行。"(《宪问》第二十九章）

孔子说："言过其行，君子以之为耻。"

宁愿做到说不到，也别说到做不到。说到做不到，夸大其词，言过其实，是可耻的。《论语集释》说"皇本"作"君子耻其言之过其行也。"并疏云："言过其行，君子耻之。"《礼记·杂记》说："有其言，无其行，君子耻之。"《表记》说："君子耻有其辞而无其德，有其德而无其行。"可以参看。

怎么做就怎么说，怎么说就怎么做，这是言行一致，也是知行合一。作为一种认识论，知行观在中国哲学史上出现甚早，《尚书·说命》中就有"知之非艰，行之唯艰"之语。古代知行观，自春秋至唐，均以《左传》所倡知易行难为主。

朱熹倡知先行后说，认为知行有先后轻重之分别，主张在具体实践中"知行互发"。朱熹说："论先后，当以致知为先；论轻重，当以力行为重"（《朱子语类·学三》）。

王阳明反对朱熹的"先知后行"之说，认为朱熹"先知后行"有分裂知行之嫌。这是王阳明的误会，其实两人的知行观并无原则性矛盾。

尽管历代圣贤大儒有知先行后、知本行末、知行互发、知易行难等种种说法，但都强调知行不二。王阳明在知行不二的基础上开创了"知即行"说。他说："知之真切笃实处即是行，行之明觉精察处即是知。"（《传习录中·答顾东桥书》）知必能行，行必有知，而且"一念发动处即是行"（《传习录下》）。

或说："内圣是知，外王是行，知行合一，就是内圣外王。"这才是典型的知行割裂。知行合一是内圣的基本功夫，外王追求是圣人的必然表现。《论语》开头就说：学而时习之。学是求知，习即实践。君子必有知有行，圣贤更是知行高度合一。若懂得孝悌的道理却不能实行，知道良知的重要却不去追求，那不是小人吗？何内圣之可言？

二十九、三达德

子曰："君子道者三，我无能焉：仁者不忧，知者不惑，勇者不惧。"子贡曰："夫子自道也！"（《宪问》第三十章）

孔子说："君子所由之道有三条，我都没能达到：仁者不忧愁，智者不迷惑，勇者不畏惧。"子贡说："这正是夫子的自画像啊！"

夫子自道也，有学者翻译为"这正是老师的自我表述啊"，孙齐鲁认为译作"这正是夫子您所走的道路啊"更好。《集注》引尹氏曰："成德以仁为先，进学以知为先。故夫子之言，其序有不同者以此。"

仁者不忧。君子见几，能够最大限度地避免危险。因为"君子居易以俟命"（《中庸》），尽人事听天命，不会行险侥幸；因为"君子安其身而后动，易其心而后语，定其交而后求。君子修此三者，故全也"（《易经·系辞》）。安全，所以不忧。

即使遇到危险，仁者也不忧。"子曰：'君子进德修业，忠信，所以进德也；修辞立其诚，所以居业也。知至至之，可与言几也；知终终之，可与存义也。是故居上位而不骄，在下位而不忧，故乾乾因其时而惕，虽危无咎矣。'"（《乾·文言》）仁者不忧，最根本原因是知命。《易经·系辞》说："乐天知命，故无忧。"天命之性即天性，本具常乐我净四德。尽心知性知天，自然乐在其中。

仁者境界最高，进入证境。知者不惑，尚待知命，仍属修境。勇者不惧，一般士君子都能够具备。换言之，勇者不惧但或有惑与忧,智者不惑但或有惧与忧,唯仁者不忧不惑不惧,仁为众德之本,可以涵盖智勇二德。三达德归本于仁。君子所由之道,分而言之为三,三达德;合而言之为一,一以贯之,仁道也,性与天道也。

张载说:"仁统天下之善,礼嘉天下之会,义公天下之利,信一天下之动。"(《横渠易说》)东海补充一句:智成天下之务。仁统天下之善,意味着人世间一切善,包括一切善意善念善言善行,都可以纳入仁的范畴。

孔学、儒学即仁学,仁本主义学说,也可称为唯仁主义、唯仁论。这个仁,非心(意识)非物,超越心物,心物一元。仁心是一种特殊的心,是道心,天地之心。程颢说"人与天地一物也""仁者以天地万物为一体""仁者浑然与物同体"等,都是唯仁主义的哲学表述。阳明说"心者,天地万物之主也","天地无人的良知亦不可为天地"云。这里的心和良知,就是仁。仁本主义是道德学政治学,也是最高哲学和人学,于社会可以成就最高文明,即大同王道;于个体可以成就最高道德,即圣德。

孔子自称"我无能焉",与"若仁与圣,则吾岂敢"同一意思。可以视为孔子的谦虚,也可以理解为,仁道至高,是一个永无止境的过程,永远属于"现在进行时"。

子贡则以为这三德夫子都已经达到,所以无异于夫子自道。

三十、子贡好方人

子贡方人。子曰:"赐也贤乎哉?夫我则不暇。"(《宪问》第三十一章)

子贡指责他人。孔子说:"赐呀你就那么好吗?要我就没有那种闲工夫。"

方:谤。方人,说人的过失、过恶。陆德明《经典释文》说:"郑本作谤，谓言人之过恶。"《刘氏正义》引卢文弨考证说，古论语谤字作方，盖以声近通借。一说，方，比方，比较。方人，对他人比长较短。

古时"谤"字，不一定是毁谤、诬谤。实事求是地批判他人错误，指责他人过失，也叫谤，如《国语》："国人谤王。"事实上，孔子并不以方人为非，也方人。只是孔子方人中正而有度，人有一善，即予表彰鼓励。

"躬自厚而薄责于人"不是不责人，春秋责备贤者。道德重在自律，也可用以方人，包括衡量、批评和批判他人，实事求是地指出别人的不足与错误。

本章说的子贡方人（谤人），估计是子贡平时过于喜欢评论、指责他人，说长道短，或者"方"得不合适，没必要，非议了不应该非议的人，才招致孔子有针对性地提醒。如礼有规定："礼，居是邑，不非其大夫。"（《荀子·子道》）居是邑而"方"其大夫，就非礼了。

三十一、不怕别人不知，只怕自己不行

子曰："不患人之不己知，患其不能也。"（《宪问》第三十二章）

孔子说："莫忧别人不知道自己，忧自己无能呀。"

知不知在人，自己无能为力，应该听天由命；能不能在己，为仁由己，有必要尽心尽力。《论语》中与本章旨义相同或相近的共四章，文字有所不同，应是孔子在这个问题上屡屡而言。

儒家追求名实、德位的统一。如果两者不能相称，宁可有实无名，有德无位，不可有名无实，有位无德。孔子就是有德无位的典型，有圣德而无王位，故被称为素王，这是对孔子的特称。

严格地讲，王是不能素的。内圣论德性修养，外王论政治事业。

能够将仁义之道"举而措之天下之民",实现王道政治,才是王。尧舜禹汤文武可以称王,孔孟虽有强烈的王道追求,有最高的为王资格,但由于各种条件的局限而无缘为王。

或问:为什么当年孔圣人没有一统巍巍中华呢?答:原因很简单,无位。孔子若在前后三代,必为尧舜禹汤文武周公;尧舜周公们若在春秋,则只能"吃素"。圣贤的命运与人类命运密切相关,而人类命运与社会"气运"、"共业"和整体德智水平密切相关。在运劣业恶的时代,德位最容易颠倒,圣人必无大宝。

对于儒家来说,权位必是善的。《易经》说"圣人之大宝曰位",权位对于圣人,就是大宝,可以尽善尽美。《尧典》开头说:"曰若稽古,帝尧曰放勋。钦明文思安安,允恭克让,光被四表,格于上下。克明俊德,以亲九族。九族既睦,平章百姓。百姓昭明,协和万邦。黎民于变时雍。"(《尚书·尧典》)

看,权力在帝尧手中,成了多么伟大的工具,可以建设社会的和谐和政治的美好,可以齐家治国平天下。关于权力的本质,我有专文论述,兹不详论。

有位无德,有名无实,自己不能,却成为知名人士或误被欣赏和重用,那是很危险的。孔子说:"德薄而位尊,智小而谋大,力小而任重,鲜不及矣。"(《易经·系辞》)德行浅薄而地位高贵,智能低下而谋划远大,力量微弱而身负重任,没有几个是不及于灾祸的。东汉王符在《潜夫·贵忠》中引用了孔子的这句话,并引申说:"德不称,其祸必酷;能不称,其殃必大。"

三十二、既不乱猜疑,也不上大当

子曰:"不逆诈,不亿不信,抑亦先觉者,是贤乎!"(《宪问》第三十三章)

孔子说:"不预料别人欺诈,不猜测别人不诚信。(但若遇人有欺诈不信）也能及早察觉的，这是贤人吧！"

逆，预测，逆料。亿，同臆，猜测，推测，悬揣。《集注》说："逆，未至而迎之也。亿，未见而意之也。诈，谓人欺己。不信，谓人疑己。抑，反语辞。言虽不逆不亿，而于人之情伪，自然先觉，乃为贤也。"又引杨氏说："君子一于诚而已，然未有诚而不明者。故虽不逆诈、不亿不信，而常先觉也。若夫不逆不亿而卒为小人所罔焉，斯亦不足观也已。"

《朱子语类》说："人有诈不信，吾之明足以知之，是谓先觉。彼未必诈而逆以诈待之，彼未必不信先臆度其不信，此则不可。"《大戴礼记·曾子立事》说："君子不先人以恶，不疑人以不信"，与本章近义。

不逆不亿，至诚待人，在别人没有欺诈和不诚信的表现时，不乱猜疑，这是贤者待人接物的基本修养。同时，又有足够的智慧觉察别人的欺诈和不诚信，不为小人所蒙蔽、欺骗和伤害。《中庸》说："至诚之道，可以前知。"东海说，至诚之心可以先觉，这是不由逆亿的先觉。

《易经》说君子知几，即君子能从细微变化及偶然现象中预见事物发展的趋势、方向和人事的吉凶。《易经·系辞》说："夫易，圣人之所以极深而研几也。唯深也，故能通天下之志；唯几也，故能成天下之务。"极深研几，就是要穷理于事物始生始发之处，预知事情变化的先兆，从而把握事物运动变化的规律和关键。

《易经·系辞》说："知几其神乎？君子上交不谄，下交不渎，其知几乎？几者动之微，吉凶之先见者也。君子见几而作，不俟终日。"知几仿佛通神，若有神助。君子上交不谄，下交不渎，但能知几，能够预料吉凶。

"动之微"，一件事情将要发动还没发动的时候，好像有又好像没有。周敦颐说："动而未形，有无之间者，几也。"牟宗三说是"动还未动的时候"。《易经》教人怎样去认识这个"几"，在事物发端之初，把握事物的变化和发展方向。

能够见几而作，不逆不亿，却也不会上什么大当、恶当。孔子说，君子可逝不可陷，可欺不可罔；孟子说，"君子可欺之以方，难罔以非其道"。本章可与《雍也》第二十四章共参。

三十三、夫子何为者，栖栖一代中

> 微生亩谓孔子曰："丘，何为是栖栖者与？无乃为佞乎？"孔子曰："非敢为佞也，疾固也。"（《宪问》第三十四章）

微生亩对孔子说："孔丘，为什么这样忙忙碌碌的呀？不是想卖弄口才吧？"孔子说："不是敢卖弄口才，是厌恶顽固。"

微生亩，姓微生，名亩，相传为鲁国一位年长的隐士，一作尾生亩，《集注》说："亩名呼夫子而辞甚倨，盖有齿德而隐者。"

一说，微生亩即微生高，亩是名，高是字，又叫尾生高，那可是个一死成名的春秋时的大名人。《国策·燕策》："信如微生，期而不来，抱柱而死。"《庄子·盗跖》："尾生与女子期于梁下，女子不来，水至不去，抱梁柱而死。"但既然与女子野外约会，就不应该是朱熹所说"有齿德而隐"的老前辈了。

栖栖，忙碌不安，到处奔波，不安定的样子。《竹氏会笺》引何楷说："鸟宿曰栖，栖栖者，取其翔集不定之义。"东汉班固《答宾戏》："栖栖遑遑，孔席不暖。"李善注："栖遑，不安居之意也。"佞，尚口，卖弄口才，以言辩取悦于人。疾，恶，反感。固，顽固，固陋，执一而不通。

孔子所厌恶的是什么样的"固"呢？包咸注："病世固陋，欲行道以化之。"孔子之所以给一些人留下"佞"的印象，正是因为厌恶世人特别是当权者顽固不开化才苦口婆心地劝导。文化就是化人的，让人类道德化，让社会文明化，让政治中华化，这就是儒家文化的要义。孔子欲化的,是世人种种道德、思想、见识的固陋,是对私利、特权、错误知见的固执。

微生亩"无乃为佞乎"的问话颇为倨傲无礼,缺乏基本尊重,可见缺乏择法之眼和知人之明,对孔子言行品德都不能理解,即使有德,也很有限。

东海以前常常为受到误会而烦恼生气,后来就无所谓了,因为深知各种误解是人世常态,连大中至正的圣经圣德都会遭到离题万里的解读,连孔孟和历代圣贤都会受到稀奇古怪的误会,何况我辈?现在的东海,会为自己的思想偶尔得到正解而不胜欢喜。

三十四、骥称其德

子曰:"骥不称其力,称其德也。"(《宪问》第三十五章)

孔子说:"称为千里马,不是称它力气,是称它品德。"

骥,良马,千里马。德,品质,品德。

千里马之德,在于"调良",即和驯善良。千里马虽然有力,但要以德为主。人若有才而无德,更何足道哉?

德和力比例如何,何者挂帅,对于马之优劣、人之大小、政治之高低都是决定性的。马儿无德,纵然有力,也是劣马;人而无德,纵然有力,也是小人;政治无德,纵然有力,也是恶政。"骥不称其力,称其德也。"把这个骥换成人和政治,同样成立。

孟子说,以德行仁者王,以力假仁者霸(《孟子·公孙丑》)。王道是民重君轻,以德服人,保民而王,是"乐以天下,忧以天下"(《孟子·梁惠王》)。霸道则是"假仁假义",以力服人,假借仁义之名,获取利益之实。王霸的根本区别在此。

关于王霸之别,荀子亦有相当到位的论述。他概括说:"故用国者,义立而王,信立而霸,权谋立而亡。"王道是道统高于政统,如尧舜禹汤文武周公；霸道不讲道统，也非礼制，但能讲信用。如齐桓公、晋文公、楚庄王、吴王阖闾、越王勾践，都曾是威震天下，就是因为他们能讲一定的信用。荀子说建立了信用就能称霸。恶政则完全靠诈力，最爱搞阴谋诡计，如秦王朝和洪杨帮。

荀子又说："王者富民，霸者富士，仅存之国富大夫，亡国富筐箧，实府库。筐箧已富，府库已实，而百姓贫，夫是之谓上溢而下漏。入不可以守，出不可以战，则倾覆灭亡可立而待也。"（《荀子·王制》）又说："王者诛大恶，霸者杀敌国，仅存之国杀刑人，亡国杀无辜。杀无辜而国不亡，则将天倾。"

三十五、以直报怨最恰当

或曰："以德报怨，何如？"子曰："何以报德？以直报怨，以德报德。"（《宪问》第三十六章）

有人说："用恩德回报仇怨，怎样？"孔子说："用什么来回报恩德呢？用直道回报仇怨，用恩德回报恩德。"

以直报怨，以德报德是儒家重要原则和教条之一，适用古今中外，放之四海而皆准。《礼记·表记》中孔子也有类似言论："以德报德，则民有所劝。以怨报怨，则民有所惩。"直是直道，即正道、公道、仁义之道，中庸之道。对亲人大度，对朋友容忍，对庶民退让宽容，小恩小怨一笑了之，大罪大恶必惩，君父之仇必报，这些都是直道的表现。朱熹解得好：

"于其所怨者，爱憎取舍，一以至公而无私，所谓直也。于其所德者，则必以德报之，不可忘也。或人之言可谓厚矣（指以德报怨），然以圣人之言观之，则见其出于有意之私，而怨德之报皆不得其平也。必如夫子之言，然后二者之报各得其所。然怨有不雠，而德无不报，则又未尝不厚也。此章之言，明白简约，而其旨意曲折反复。如造化之简易易知，而微妙无穷，学者所宜详玩也。"

以德报怨是道家的说法。《老子》说："大小多少，报怨以德。"局限和流弊都很大。"子曰：以德报怨，则宽身之仁也。"（《礼记·表记》）孔颖达《礼记·正义》："宽身之仁者，若以直报怨，是礼之常也。今以德报怨，但是宽爱己身之民，欲苟息祸患，非礼之正也。"

睚眦必报是小人，大仇不报是懦夫。先贤云："觉人之诈，不形于言；受人之侮，不动于色。此中有无穷意味，亦有无限受用。"又云："君子涉世唯在善治小人，太上消之，其次容之、忍之，与之争则最下矣。忍亦有辨，畏势而忍者，不足为忍。无可畏之势而忍者，是名忍也。"（《好运宝典》）然哉然哉。小怨不妨宽容，一笑置之可也。

大仇必须报复。首先当然应该诉诸法律，但若法律极端不公，个体复仇就具有了天然的正义性。对恶人恶事，报之以直道，是维护社会正义的需要。惩恶即是敦善，对恶的惩戒和否定，就是对善的肯定与张扬。

儒家反暴行暴君暴政，但不反对暴力。反抗暴君暴政暴行，复大仇伸大义，都离不开一定的暴力。暴力有义与不义之别。义刑义杀义战，都是仁德的表现、良知的闪光。威严不碍慈悲，暴力不碍仁义，惩恶就是扬善，驱魔就是趋佛。

行道则吉，违道则凶，善有善报，恶有恶报，有德者必有其位，失德者必失其位，这才是正常的社会。在"人人皆有士君子之行"的太平大同理想实现之前，儒家应矢志不移地追求和实践现世和现实的公平。重债必须现世还，大恶应该现世报，而且要明报，最好是法律惩治。

三十六、世莫吾知尚有天

子曰："莫我知也夫！"子贡曰："何为其莫知子也？"子曰："不

怨天，不尤人，下学而上达，知我者其天乎！"（《宪问》第三十七章）

孔子说："没有人了解我啊！"子贡说："为什么会没有人了解您呢？"孔子说："上不怨天，下不怨人，下学人事而上达天道，了解我的大概只有天吧！"

莫我知，即"莫知我"的倒装。没有人知道、了解我。尤，责怪，归咎，怨恨。君子无怨，《中庸》说："正己而不求于人则无怨，上不怨天，下不尤人。"《荀子·荣辱》说："自知者不怨人，知命者不怨天。怨人者穷，怨天者无志。失之己反之人，岂不迂乎哉！"意谓有自知之明者不怪怨他人，知天命者不埋怨天。怨人导致穷途，怨天是没有见识。错在自己反去责求别人，不是绕远了吗？

圣贤通乎下学，上达天道。《易经·乾文言》说："夫大人者，与天地合其德，与日月合其明，与四时合其序，与鬼神合其吉凶。先天而天弗违，后天而奉天时，天且弗违，而况于人乎，况于鬼神乎！"这段话是对上达者的最好描述。

天道，在天为道，在人为性，"性与天道"，异名同指。上达天道，其实就是自达本性。上达者身与道俱，境界至高，所思所想所言所行，不易为世人所了解和理解。难怪孔子要发出"莫我知也夫"的感叹。有小诗一首写怀曰：重任千秋我自肩，孤来独往一年年。人虽千万亦何有，世不能知自有天。

《集注》说："不得于天而不怨天，不合于人而不尤人，但知下学而自然上达。此但自言其反己自修，循序渐进耳，无以甚异于人而致其知也。然深味其语意，则见其中自有人不及知而天独知之之妙。盖在孔门，惟子贡之智几足以及此，故特语以发之。惜乎其犹有所未达也！"

《论语新解》说："本章重在'下学'两字。一部《论语》，皆言下学。能下学，自能上达。无怨无尤，亦下学，然即已是上达之征。孔子反己自修，循序渐进，以致其知。知愈深而怨尤自去，循至于无人能知，惟天独知之一境。故圣人于人事能竭其忠，于天命能尽其信。圣人之学，自常人视之，若至高不可攀，然亦本十室之邑所必有之忠信而又好学以达此境。故下学实自忠信始。不忠不信以为学，终无逃于为小人之下达。至于舍下学而求上达，昧人事而亿天命，亦非孔门之学。深读《论语》者可自得之。"

马培路说："《新解》《点睛》皆妙，可见钱穆和东海皆有其感也。学习《论语》，重在有所感，方能体会深刻，所谓体圣人之心焉。不有其感，可以阙疑，不当无感而臆测章义。"

三十七、道之行废自有命

公伯寮愬子路于季孙。子服景伯以告，曰："夫子固有惑志于公伯寮，吾力犹能肆诸市朝。"子曰："道之将行也与，命也。道之将废也与，命也。公伯寮其如命何？"（《宪问》第三十八章）

公伯寮对季孙说子路的坏话。子服景伯把这事告知孔子，并说："（季孙）老先生听了公伯寮的谗诉已有疑惑，我的能力还能把公伯寮的尸首摆到街市上去示众。"孔子说："大道如将得到实行呢，是天命；大道如将被废掉呢，是天命。公伯寮他能把天命怎么样？"

公伯寮，字子周。《史记·仲尼弟子列传》作公伯缭，时与子路同为季氏家臣。愬，同诉，诬谤，进谗。子服景伯，鲁国大夫，姓子服名何，字伯，死后谥景。肆，陈尸，指处以死刑后陈尸示众。市朝，被处死的罪犯中，自士以下的陈尸于市集，自大夫以上的陈尸于朝廷。此处市朝二字连说，或说是当时成语。吾力犹能肆诸市朝，其意似谓可以设法把真相辨明，让季孙杀掉公伯寮。

时孔子为鲁司寇，子路时为季氏家宰。鲁定公采纳孔子"堕三都"建议，这一建议初期得到季孙氏支持。孔子、子路师生二人都志在"张公室而兴鲁"，故子路被谗见疑，即直接涉及孔子的方针政策能否落实的问题。

孔子将道之兴废付之于天命，是一种尽人事而听天命的达观。公伯寮决定不了道之兴废，正如《集注》引谢氏言："虽寮之愬行，亦命也。其实寮无如之何。"

《孟子·万章》说，孔子在卫国的时候，居住在颜雠由家。弥子对子路说：孔子如果住到我家来，可以得到卫国卿大夫之位。弥子，姓弥，名瑕，俗称弥子瑕，是卫国嬖大夫，很受卫灵公的宠爱，是有能力兑现其言的。子路把弥子瑕的话告诉孔子，孔子答说"有命"，等于婉言谢绝了弥子瑕。孟子说："孔子进以礼，退以义，得之不得曰有命。"

孟子说："莫非命也，顺受其正。"尽人事而听天命。鲁平公将见孟子，为其宠臣臧仓所阻，孟子的态度与孔子不约而同。他对乐正子说："吾之不遇鲁侯，天也。臧氏之子焉能使予不遇哉？"

这里的天就是命。"臧氏之子焉能使予不遇哉"与孔子"公伯寮其如命何"，都是"有命"的意思。

孙齐鲁说："此文之命，但说天命似尚不够，其实更切近于天命流行中的时命，即'势'。孟子所谓'臧氏之子岂能使余不遇哉'也有这种意味。此正儒者不怨天尤人的一种呈现。"言之有理，"时命"即天命的体现也。

子路与冉有都曾为季氏家宰，子路为宰在季桓子之世，孔子用于鲁国之时。冉有为宰在季康子之世，孔子已不用于鲁。子路志在"张公室而兴鲁"，冉有则"利私家之意多矣"。

值得一提的是，《史记·仲尼弟子列传》及马融注都以公伯寮为孔子弟子。如果属实，公伯寮作为孔子弟子，如此诬谤同门，以致阻碍老师政策的实行，实在毫无儒家之风，更无弟子之礼。当然，儒门乃至孔圣门下偶尔出现个别不肖之徒，不足为怪。至于孔子不责，应是不屑，或者已不把他视为弟子。根据公伯寮的行为和孔子对他不责而说"其如命何"，他应该不是孔子弟子。

三十八、惹不起，躲得起

子曰："贤者辟世，其次辟地，其次辟色，其次辟言。"（《宪问》第三十九章）

孔子说："贤人避乱世，其次避乱国，其次避脸色，其次避违言。"

辟，同避。辟世、辟地、辟色、辟言，都是不愿屈从权势随波逐流，为了坚持自由意志和独立人格。辟世避得最深，无道则隐。《微子》中桀溺对子路说："且而与其从辟人之士也，岂若从辟世之士哉？""辟地"避得浅一点，危邦不入，乱邦不居。

"辟色"就更浅了，礼貌衰则避去。《孟子·告子》说："虽未行其言也，迎之致敬以有礼，则就之。礼貌衰，则去之。"《史记·孔子世家》记载："他日，灵公问兵阵。孔子曰：'俎豆之事则尝闻之，军旅之事未之学也。'明日，与孔子语，见蜚雁，仰视之，色不在孔子。孔子遂行，复如陈。"与孔子说话，但仰头望飞雁，心不在焉，这就是礼貌衰的表现。于是孔子就避而去之了。"辟言"避得最浅。《微子》齐景公说："吾老矣，不能用也。"孔子行。这就是"辟言"。

本章之避是就深浅言，并非指道德言，并非避得越深道德越高。对于儒者来说，并非避得越彻底越高。

《集注》说："辟世，天下无道而隐，若伯夷太公是也。辟地，去乱国，适治邦。辟色，礼貌衰而去。辟言，有违言而后去也。程子曰：四者虽以大小次第言之，然非有优劣也，所遇不同耳。"

《论语新解》说："避地以下，三言其次，固不以优劣论。即如孔子，欲乘桴浮于海，欲居九夷，是欲避世而未能。所谓次者，就避之深浅言。避世，避之尤深者。避地以降，渐不欲避，志益平，心益苦。我非斯人之徒与而谁与，固不以能决然避去者之为贤之尤高。"

三十九、作者七人

子曰："作者七人矣。"（《宪问》第四十章）

孔子说："这样做的已有七人了。"

作，兴也，为也。作者，这样做的人，指上一章"辟世""辟地""辟色""辟言"的贤者。旧本，本章与上章共为一章，旧本是对的。朱子因其别有"子曰"字，分为两章。本书分章，姑依钱穆、朱熹。

《吕氏春秋·先识览》说："凡国之亡也，有道者必先去，古今一也。"确实如此，没有例外。武王伐纣之前，比干被杀，箕子被囚，微子逃亡，太师疵、少师强投奔周国。秦汉以后历代王朝灭亡之前，都会出现同样的一幕，有识之士纷纷逃离……

七人，七位贤者，具体所指其说不一，有的说是伯夷、叔齐、虞仲（太公）、夷逸、朱张、柳下惠、少连。有的说是长沮、桀溺、荷蓧丈人、石门守门者、荷蒉者、仪封人、楚狂接舆，不可确考。《集注》引李氏曰："作，起也，言起而隐去者，今七人矣。不可知其谁何，必求其人以实之，则凿矣。"

《论语》记孔子所遇隐士长沮、桀溺、荷蓧丈人、石门、荷蒉、仪封人、楚狂接舆，适得七人之数，或属巧合。马培路认为，孔子既说七人，弟子集《论语》时，方将此七人之事写进去，亦有可能。若此，则弟子知孔子所说七人者也。

四十、知其不可而为之

子路宿于石门。晨门曰："奚自？"子路曰："自孔氏。"曰："是知其不可而为之者与？"（《宪问》第四十一章）

子路住宿于石门。早晨值班的守门人问："从哪里来？"子路说："从孔氏那儿。"（守城门的人）说："是那个明知做不成而还要去做的人吗？"

石门，鲁国都城（曲阜）外城的城门。一说，曲阜共有七个城门，南边的第二个门就叫石门。孔子于68岁时，结束了他十四年周游列国的生涯，率弟子们回鲁国。子路打前站，先到石门，天色已晚，在城门外住了一宿。奚自，"自奚"的倒装，从哪里来。

天命之谓性，天命即性命。儒家听天命，是在尽人事的基础上"听"，并非无所作为，随波逐流，一切任凭命运摆布。外事或一时不可为，自心自性则可以凭"尽人事"的努力而尽之。尽心尽性即知命知天。知其不可而为之，这种精神本身就是儒者的命运。钱穆说："世不可为是天意，而我之不可不为则仍是天意。道之行不行属命，而人之无行而不可不于道亦是命。孔子下学上达，下学即行道，上达斯知命矣。"

知其不可而为之，是因为圣贤救世精神勃勃不容已，《盐铁论》说："孔子生于乱世，痛悼天下之祸，犹慈母之伏死，子知其不可如何，然恶已。"恶已，恶乎已？不容已，停不下来呀。这种勃勃不容已的救世精神，其来有自，源于对万物一体的深度认证。证悟"天地万物一体之仁"，必然懂得天下一家、中国一人之理，必然产生民胞物与、己饥己溺的情怀。

君子的自强不息，纯属自然而然，没有丝毫勉强，想不自强不息都不行，因为这源于天道运行的健动，是天性的特征，生生不息新新不已。君子致其良知，明乎天性，即体即用，即人即天，不能不健动。天行健就是君子自强不息的根本原因和依据。

东海深深知道，即使是凤凰，朝朝而鸣也讨人厌。可是，见到那么多人沦为精神丧家犬而不自知，反而嘲笑孔子丧家犬，不由得悲悯无限，鸣叫不已。谨以《礼记·儒行》一段话自勉并与同仁们共勉："适弗逢世，上弗援，下弗推。谗谄之民有比党而危之者，身可危也，而志不可夺也。"

四十一、道不相同难为谋

子击磬于卫。有荷蒉而过孔氏之门者，曰："有心哉，击磬乎！"既而曰："鄙哉，硁硁乎！莫己知也，斯已而已矣。'深则厉，浅则揭'。"子曰："果哉！末之难矣。"（《宪问》第四十二章）

在卫国孔子正敲着磬。有挑着草筐的人从孔子门外经过，说："有心思啊，敲磬呀！"过了一会儿说："那硁硁的声音，好鄙陋呀，好像没有人了解自己，既然这样就应该算了。'水深就脱去衣服下水过去。水浅就撩起衣服趟过去。'"孔子说："真果决啊！我没有话驳难他。"（若依《集注》则为：果能忘世啊！亦非难事也。）

磬，古代一种打击乐器，形状像曲尺，用玉或美石制成。荷蒉，荷，背，扛，担负。蒉，草编的筐。《高士传》："荷蒉者，卫人也，避乱不仕，自匿姓名，故荷草器而自食其力也。"

既而，不久，一会儿。硁硁，象声词，击石声，这里用来形容敲磬的声音。硁硁又有固执义。"深则厉"句，出自《诗经·邶风·匏有苦叶》：匏有苦叶，济有深涉。深则厉，浅则揭。大意是说，大葫芦叶儿枯黄已经成熟，济水上有个看上去水挺大的渡口。如果水深，就脱掉衣服下水过去；如果水浅，就撩起衣服趟过去。这里荷蒉者以涉水为喻，讥孔子不能适浅深之宜。

孔子救世心切，在荷蒉者眼里，却成了固执冥顽、不知深浅之人，连击磬之声都是鄙陋的，而且这个判断下得十分果决。既然如此，孔子还有什么必要驳回去呢？故感叹"末之难矣"。不可与之言而言，失言，孔子自不失言。

本章为"道不同不相为谋"提供了很好的证明。荷蒉者对孔子缺乏必要的理解和相应的尊重，孔子就很难与荷蒉者进行深入交流，更难携手共进，除了敬而远之，没有更好的办法。

儒家对外道人物，可者可之，是者是之，真善美者赞之。孔子与道家道不同，但对同时代"不合作"的隐士们不乏赞许，对老子更是赞不绝口，并肯定法家管子（重视道德的良性法家）"如其仁"。而各门各派能够秉持公正之心认同赞可儒家者就很罕见，唯佛家略为谦和，道家就很傲慢。

儒道两家道不同，"三观"不同，政治观、家庭观及子孙观都不同，结果自然也大不同。要建设政治制度文明，要追求家庭和谐和子孙昌盛，都非尊儒不可。仅就后代而言，君不见孔孟后裔至今存，历代圣王和圣贤大多后嗣昌盛，后福绵长。儒家中道，是道德常道、政治王道、社会正道、天下大道也。

四十二、君主居丧，三年不言

子张曰："《书》云：'高宗谅阴，三年不言。'何谓也？"子曰："何必高宗，古之人皆然。君薨，百官总己以听于冢宰三年。"（《宪问》第四十三章）

子张说："《尚书》说：'殷高宗居丧，三年不过问政事。'为什么呀？"孔子说："不仅高宗，古人都那样。君主死了，文武百官各尽自己的职事，听命于冢宰共三年。"

"高宗"句，出自《尚书·无逸》。高宗，殷王武丁，为殷王朝第十一世的贤王。他即位后，用奴隶傅说为相，又得贤臣甘盘辅佐，国家大治。武丁在位时，是殷王朝最隆盛的时代。

谅阴，也写作亮阴、谅暗、梁暗。有三种解读：（一）亮，同谅，诚信。阴，沉默。指武丁即王位之初，怀着满心的诚信，态度沉默，三年之中不大讲话；（二）指武丁遭遇父丧，三年居丧守孝。后世帝王居丧守孝还沿称谅阴；（三）指居丧时所住的房子。这种房子，只用一根梁作屋脊，周围没有楹柱，上边铺上茅草作檐，下垂于地。整个房子没有门窗，光线很暗。故称梁暗。总之，三种解释都是居丧之意。

不言，不过问政事。薨，君死名薨。冢宰，商代官名，相当于后世的宰相。

君主居丧，三年不言，这一规定，除了体现孝道，还具有相当的合理性和文明性呢。太子居丧，由冢宰代理政事，百官听命于冢宰。新君三年期间，可以借此更好地熟悉政事，锻炼能力，避免"外行领导内行"和乱指挥。其次，"百官总己以听于冢宰三年"，相当于三年虚君，体现了某种程度的制度文明。

以历史的眼光看，明清之前，礼制的文明度举世无双。明清都是儒家受到扭曲的王朝，比较而言，明朝的制度架构略优于清朝。所以尽管明朝的皇帝没出息的多，比如明朝多位皇帝经常罢工，一罢就十几年甚至几十年，但是，中央及地方政府仍能维持基本运作，社会仍能正常运转，这不能不说是一个奇迹。这个奇迹的取得，与明朝的制度有关，更要归功于儒学。明朝儒学深入人心，士大夫集团相当优秀，有力地维护了一定时期政治社会秩序的稳定。

四十三、上好礼则民易使

子曰："上好礼则民易使也。"（《宪问》第四十四章）

孔子说："在上位的人好礼，国民就容易领导了。"

《子路篇》孔子说："上好礼，则民莫敢不敬。"民敬上，上亦敬民。天视自我民视，天听自我民听，敬天就不能不敬民，不能不对民意保持一定尊重。上下相敬，自然民易使。

《学而篇》子路说："礼之用，和为贵。"礼的精神为仁，礼的作用为和。在上位者好礼，必能以文为教，以礼为治，敬天保民，以民为本，如此，势必引导民众也好礼重礼，礼待君主。上下有礼，社会和谐，自然民易使。

礼的作用，不仅在于"民易使"而已，于个人和社会、家庭和国家，都具有重大作用和非凡意义，无礼或礼崩乐坏，后果极其严重。荀子说"国之命在礼"，"国无礼则不宁"。《左传·昭公五年》说，礼有"经国家、定社稷、序人民、利后嗣"的功能，"无礼必亡"，将礼提到关乎国家命脉和生死存亡的高度。

对此，历代圣贤大儒连篇累牍，言论甚富，《礼记》中有深入全面的阐述。《礼运》说："坏国、丧家、亡人，必先去其礼。"《仲尼燕居》说："治国而无礼，譬犹瞽之无相与，伥伥乎其何之？譬如终夜有求于幽室之中，非烛何见？"又说："礼之所兴，众之所治也；礼之所废，众之所乱也。"又说："安上治民，莫善于礼。"

《经解》说："有治民之意而无其器则不成。礼之于正国也，犹衡之于轻重也，绳墨之于曲直也，规矩之于方圆也。"又说："故礼之教化也微，其止邪也于未形，使人日徙善远罪而不自知也，是以先王隆之也。"

又说："夫礼，禁乱之所由生，犹坊止水之所自来也。故以旧坊为无所用而坏之者，必有水败。以旧礼为无所用而去之者，必有乱患。故昏姻之礼废，则夫妇之道苦，而淫辟之罪多矣。乡饮酒之礼废，则长幼之序失，而争斗之狱繁矣。丧祭之礼废，则臣子之恩薄，而倍死忘生者众矣。聘觐之礼废，则君臣之位失，诸侯之行恶，而倍畔侵陵之败起矣。"

四十四、修己安人大不易

子路问君子。子曰："修己以敬。"曰："如斯而已乎？"曰："修己以安人。"曰："如斯而已乎？"曰："修己以安百姓。修己以安百姓，尧舜其犹病诸！"（《宪问》第四十五章）

子路问君子。孔子说:"修养自己,持身恭敬。"(子路)说:"像这样就够了吗?"(孔子)说:"修养自己并安乐他人。"(子路)说:"像这样就够了吗?"(孔子)说:"修养自己,安乐全体百姓。修养自己,安乐全体百姓,尧舜尚且担心做不到!"

病,担心,忧虑,以之为难。

修己的境界做到最好,就是内圣;安人的事业做到最好,就是外王。安百姓是安人的极致,连尧舜都未必做得完善。本章是孔子对儒家人格理想和政治理想的概括。子路说"如斯而已乎",看得简单了,所以孔子提醒他:要真正把修己以安人工作做好、做圆满,可不容易,尧舜其犹病诸!

修己安人,一体两面,修己是安人的内在基础,安人是修己的外在表现。修己又是更为根本的,没有不修己而能安人的。人能不能安,有没有大范围安人的机会,不完全取决于自己,能不能修己则完全在于自己。

儒学是经世致用的入世之学,需要实践和担当。修身要身体力行,从事上从具体的人生、社会、政治实践中去修。王阳明说:"人须在事上磨,方立得住,方能静亦定,动亦定。"道德需要立功立言去彰明,内圣应以外王追求去体现,道德学养必须落实到各种实践中去,才能功德圆满。儒者是不能逃避文化重光、道德重建、制度重造等一系列责任的。孔子一生奔波列国,屡屡逢凶遇难,所为何来?明乎此,才能理解孔子,理解儒家。

另复须知,圣德无极限,王道无极限,都是无限上升的过程。如果自以为德性已圆不必修养,或者说治道已足不再努力,那绝不是圣者和王者。

四十五、无礼的老头子

原壤夷俟。子曰:"幼而不孙弟,长而无述焉,老而不死,是为

贼。"以杖叩其胫。(《宪问》第四十六章)

原壤箕踞着等待(孔子)。孔子说:"年幼时不逊不悌,长大了无所称述,老而不死,真是贼害。"用手杖敲了敲他的腿。

夷俟,夷,蹲踞,箕踞,是一种散漫、轻慢的姿态。俟,等待。孙,同逊。弟,同悌。长,长大,年长。无述,无作为,没成就。"老而"句,这句话孔子是专对原壤一人而发,有恨铁不成钢的意思。胫,小腿。

原壤,是孔子的一个方外故人。马融说:"原壤,鲁人,孔子故旧也。"郑玄说:"原壤,孔子幼少之故旧。"(《魏书·李业传》引论语注)《集注》说:"原壤,孔子之故人。母死而歌,盖老氏之流,自放于礼法之外者。"

《礼记·檀弓》记载了有关原壤的一个小故事:

孔子之故人曰原壤,其母死,子助之沐椁。原壤登木曰:"久矣予之不托于音也。"歌曰:"狸首之班然,执女手之卷然。"夫子为弗闻也者而过之。从者曰:"子未可以已乎?"夫子曰:"丘闻之,亲者毋失其为亲也,故者毋失其为故也。"

原壤母亲去世,孔子去帮助他整修棺椁,他自己却敲着木头唱起歌来了。孔子的随从看不惯,提醒孔子可以与他断绝来往了。孔子说,老朋友总是老朋友。可见这是一个不太靠谱的老头子,但也仅仅不靠谱而已,并非大恶。所以孔子会严厉批评,不会绝交抛弃。这与"无友不如己者"不矛盾。开始结交朋友,须择贤友,但如果是故人旧交或亲属恩好,苟无大恶,不可离弃。

儒家尊老。孟子说"天下有达尊者三:爵一、齿一、德一。"但爵位和高龄之值得尊重,离不开一定的道德基础。缺德的爵和齿就不值得尊重,故孔子有"老而不死,是为贼"的严厉批评。

曾子对少壮老人中无德者的批判也非常严厉。《大戴礼记·曾子立事》说："其少不讽诵，其壮不论议，其老不教诲，亦可谓无业之人矣。少称不弟焉，耻也；壮称无德焉，辱也；老称无礼焉，罪也。"

儒家道德是"批评和自我批评"的统一。文化启蒙和道德教化都离不开批判，思想批判和政治批判归根结底都属于道德批判。对于人世间一切缺德非礼的人物和事物，儒家都有批判的责任。

四十六、无礼的孩子

阙党童子将命。或问子曰："益者与？"子曰："吾见其居于位也，见其与先生并行也，非求益者也，欲速成者也。"（《宪问》第四十七章）

阙党一个儿童来向孔子传信。有人问孔子："这是求进益的人吗？"孔子说："我见他居则坐于上位，见他出则与尊长并排而行，不是求进益的人，是急于求成的人。"

阙党，鲁国地名，在今山东省曲阜市境内。一说即阙里，是孔子家乡。将命，传达信息，传话。

居于位，坐在席位上。按古代礼节，大人可以有正式的席位就座，儿童没有席位。《礼记·玉藻》："童子无事则立主人之北，南面。"《檀弓》："曾子寝疾，病，童子隅坐而执烛。"并行，并肩而行。《礼记·玉制》："父之齿随行，兄之齿雁行。"不能与父兄的朋友并行。本章这位童子却与大人一起坐于席位，又并肩而行，可见其不知礼。

老而无礼，有害于人；少而无礼，有害于己。礼不仅于政治社会不可或缺，于个人也极其重要。孔子对原壤和阙党童子态度不同，对老朋友较严厉，对童子则宽假之，没有直接批评。

《论语新解》说:"此章与前章为类记。孔子于故旧,则严以诲之,于童子,乃宽以假之,不拘一格。而孔子平日一番轻松和悦之气象,亦随此可见。或曰:孔子举其所目睹,证其非有志于求益。若使此童子在孔子门,孔子安有不教,而听其自纵?故上文不曰:子使童子将命,而曰:阙党童子将命。或曰:孔子使之给使令之役,欲其观长少之序,习揖逊之容,盖所以抑而教之,非宠而异之。此见孔子之教育精神随在流露,涵养之功,殆比造化。后说亦有意,不如从前说。"

第十五章　卫灵公篇

《卫灵公》共四十一章，主要记述孔子及其弟子在周游列国时所论的德治道理。

一、君子固穷，小人斯滥

卫灵公问陈于孔子。孔子对曰："俎豆之事，则尝闻之矣。军旅之事，未之学也。"明日遂行。在陈绝粮，从者病，莫能兴。子路愠见曰："君子亦有穷乎？"子曰："君子固穷，小人穷斯滥矣。"(《卫灵公》第一章)

卫灵公向孔子问军旅之事。孔子回答说："礼制方面的事，曾经听说过了；军旅方面的事，没有学过它。"第二天就走了。在陈国断了粮，随从的人饿坏了，起不来。子路恼怒地见孔子说："君子也有困穷的时候吗？"孔子说："君子安守困穷，小人困穷就会乱来。"

陈，同阵，战阵，军师行伍之列，指军旅之事。俎豆之事，礼仪之事，引伸为政治之事。俎和豆，二者都是古代礼器，祭祀时用来装祭品用。病，苦，困。这里指饿极了，饿坏了。兴，起来，起身。愠，恼怒。固，安守，固守，一释为固然。滥，像水一样漫溢、泛滥，横流无则，比喻不能检点约束自己。

可以止则止，可以行则行。卫灵公待孔子不错，只是缺乏实行仁政的能力和心力。不合则去，灵公问陈，孔子遂行。苏辙认为，当日孔子去卫，实因所言不行而礼貌日衰。卫灵公问陈，是故意拿孔子不内行的事来问，所以孔子知道决不会用自己了。如果能用，即使问及军旅之事，何尝不可？（详见《乐成集三集》卷七《论语拾遗》）

"君子固穷，小人穷斯滥矣"是一个普遍适用的事实判断。君子无论贫富贵贱穷通寿夭都不会丧失原则，"穷则独善其身"，穷且益坚，"回也不改其乐"。小人一穷就滥了，乱来了，"行险以侥幸"了。而且小人穷固然滥，富照样滥，甚至越有财有权越滥，滥用金钱利己以害人，滥用权力损公而谋私。孟子表达过同样的意思：君子纵然无恒产也能有恒心，贫贱不能移；小人"无恒产则无恒心"，一旦穷困就会"放辟邪侈，无不为已"（《孟子·梁惠王》）。

儒家另有穷达标准：穷于德之谓穷，达于道之谓达；贫于精神之谓贫，富于爱心之谓富；贱于心灵之谓贱，高于人格之谓高贵。古人云："小人无瑞，小人而有瑞，天所以厚其毒；君子无妖，君子而有妖，天所以示之警。"这话说得好极了。东海略改一下：小人无吉，小人而有吉，天所以盈其恶；君子无凶，君子而有凶，天所以益其德。君子无往不吉，虽困亦通。

《易经》困卦卦辞是："困，亨，贞，大人吉，无咎，有言不信。"大人处于困境，最大的遗憾是"有言不信"，所言不能取信于人，真理得不到传播，大义得不到伸张，其他则吉而无咎。

陆九渊说："不修德者，遇穷困则陨获丧亡而已，君子遇穷困则德益进，道益通。"（《陆九渊集》）李士钊说："学以困而进，才以困而成，境以困而通，道以困而大……困也者，小人视之为凶，大人视之为吉。烈火销万物，精金以炼而益精；严霜杀百草，松柏以寒而愈劲。"

二、一贯万法，万法归一

子曰："赐也，女以予为多学而识之者与？"对曰："然。非与？"曰："非也，予一以贯之。"（《卫灵公》第二章）

孔子说:"赐呀,你以为我是学习了很多又一一记住的吗?"回答说:"是的。不是吗?"(孔子)说:"不是。我用'一'来贯通它们。"

赐,端木赐,字子贡。女,同汝,你。下学上达,"多学而识之"是下学之事,"一以贯之"是上达。儒家以仁为本,为诸德之冠。仁可以统率和涵盖所有道德元素。孔子说"吾道一以贯之",这个一就是仁。

仁,于宇宙为道体,于生命为性体,于人身为心体。《易经》的乾元、《礼经》的太一、《大学》的至善、《中庸》的诚,程朱的天理、王阳明的良知,儒学典籍中的天道、天命等等概念,都与仁同义或近义。仁既有形而上的超越性,又有形而下的内在性,贯彻于一切现象。

《易经》不易、变易、简易三原则,讲的也是仁道的特征。本质恒常,不易也;道器不二,本质与现象不二,一切现象生生不息新新不已变动不居,变易也;一以贯之,简易也。"放之则弥六合,卷之则退藏于密。"

《中庸》说尊德性而道问学,宋儒有理一分殊说。"多学而识之"为道问学,为分殊;"一以贯之"为尊德性,为理一。这个一是宇宙生命系统的根本,也是学问的头脑和生命的本质。生命是一所庙宇,正中供奉着良知仁性,这就是人的法身和本来面目。

谁能够从人本主义进为仁本主义,是因为进入了"大雄宝殿",认识了本来面目,也就认识了生命之伟大、天爵之高贵和道统之尊严,从此身心统一,万法归一。孟子说出了我的心里话:"万物皆备于我矣。反身而诚,乐莫大焉。"

佛教证得的"一"是无为、无生的,故只能讲万法归一,不许讲一归万法,这是两家最大区别。熊十力说:

"乾元遍为万物实体,即于一一物而皆见为乾元,是故于器而见道，于气而显理，于物而知神，于形下而识形上，于形色而睹天性，于相对而证入绝对，于小己而透悟大我，于肉体而悟为神帝。彻乎此者，不独无生死海可厌离，实乃于人间世而显天德。人生日新盛德富有大业，一皆天德之行健不息也。范围天地之化，裁成天地之道，曲成万物辅相万物，极乎天地咸位，万物并育，一皆天德之行健不息也。人禀天德以成人能，即于人道实现天德，天人本不二，非可求天道于人道之外也。"

道家讲天人不二，佛教讲性相不二，儒家讲体用不二，意同，但对体（天和性）认证有异，所谓道虚佛寂儒生，即道体虚静，佛体空寂，儒体健动，虚寂而又生生，真正是无为而无不为。佛教虽讲不二，但法性不生不灭，法相生灭，性相终欠圆融，不如儒家全体大用、体用一如也。

关于性与天道，夫子罕言，不是不言。《论语》中句句教诲皆不离乎性天。只不过夫子在《论语》中不直接说，而是从政治家庭伦常日用间接阐发性天奥义。夫子序《易》时便有所直言了。

三、最高的知识

子曰："由，知德者鲜矣。"（《卫灵公》第三章）

孔子说："仲由，觉悟道德的人稀罕啊。"

鲜，少。《集注》："德，谓义理之得于己者。非己有之，不能知其意味之实也。自第一章至此，疑皆一时之言。此章盖为'愠见'发也。"

有才之人难得，知德之人更难得。有才之人未必有德，未必知德。本章孔言，与"民鲜能久矣"的感慨类似。知德，是人世间最高的知识、最大的学问。德，有多重含义，朱熹将"德"解为"义理之得于己者"，也不错，略嫌轻浅。最高一层的德，是得乎道，得乎天理，证悟"性与天道"，也就是抓住了一以贯之的"一"。

昧于道德是人生最大的蒙昧。儒家的文化教育，是学问的教诲，智慧的开发，更是道德的启蒙和开示。儒家学和习、理论和实践并重。学侧重知识性，包括六经六艺和一切文化道德知识学习；习侧重实践性，涵盖格物致知的科学实践、正心诚意的心性实践和齐家治国平天下的政治社会实践，同归于修身，修养良知法身。学习不二即知行合一，亦智德合一，合于良知心。

要树立正知正见和正确的"三观"，就必须掌握各种正确的文化知识、道德知识。这是自立自达和立人达人的前提，是立德立功立言的必需，因此儒家特别强调知识学习。《论语》开宗明义要求"学而时习"，并将"学"放在第一位。因为实践正确的离不开必要的知识奠基和正确的思想引导。

好好学习能否天天向上，学习内容非常关键。内容的高低优劣正邪，对于学习者具有决定性的影响。在建立健全基本人格之前，如果学的是歪理邪说，越是好好学习，越会天天向下，知识越多越邪恶。那就不如不学无知，不至于在错误的道路上越走越远。因此在学习之前，必须问一句学什么。

孙齐鲁按："解得好！很多人把'道德'二字理解为世俗之善，过于形而下了。知可解为证知、体知，而非一般的通晓理解。"

四、无为而治的典范

子曰："无为而治者，其舜也与！夫何为哉？恭己正南面而已矣。"（《卫灵公》第四章）

孔子说："无为而治的，大概只是虞舜吧？他做些什么呢？只是自己恭恭敬敬，南面端坐罢了。

恭己，即《宪问》中的"修己以敬"。南面，礼制，王位坐北朝南。圣王之治，修己安人，修己是领导人的文化道德修养，安人即安百姓安天下，有赖于礼乐刑政的健全和完备。这是无为而治的第一个前提。舜继承尧，教化已洽，礼法已备，用不着他来创制礼乐。

其次，还要任官得人，不必亲劳于事。《尚书·舜典》载，舜命禹作司空，平水土，命弃为后稷，播种百谷，命契作司徒，办教育，命皋陶作士，掌法律，命益作虞官，管山泽鸟兽。这些都足以说明舜知人善任。有了这两大前提，修己以敬，自然百姓皆安，"垂衣裳而天下治"（《易传》）了。

《尚书·武成》说："列爵惟五，分土惟三，建官惟贤，位事惟能。重民五教，惟食丧祭，惇信明义，崇德报功。垂拱而天下治。"从列爵到报功，经过一系列建设制度、任用贤能、开展教育的"大有为"之后，自可垂拱垂裳"无为而治"了。

儒家的无为而治，与道家无为不同。道家反对仁义，否定礼法，儒家却极为重视礼法的建设和完善。《周礼》《仪礼》《礼记》三书所载，就是古代礼法。无为而治，是儒家礼制和德治的最高境界。这是在儒家制度法律框架之下的无为，与道家"效法自然""使民众无知无欲"的无为本质不同。

朱熹说："无为而治者，圣人德盛而民化，不待其有所作为也。独称舜者，绍尧之后，而又得人以任众职，故尤不见其有为之迹也。"又说："孔子屡称尧舜之治，又屡称其无为，其后庄老承儒家义而推之益远。其言无为，与儒义自不同，不得谓《论语》言无为乃承之老子。"（《集注》）

《集释》引《读四书大全》说："三代以上大经大法皆所未备，故一帝王出则必有所创作以前民用，《易传》《世本》《史记》备记之矣。其聪明睿智苟不足为有为，则不能以治著。唯舜承尧而又得贤，则时所当为者尧已为之，其臣又能为之损益而缘饰之，舜且必欲有所改创以与前圣拟功，则反以累道而伤物。"

顺及，学界将汉初重农抑商、轻徭薄赋、除秦苛法、约法省刑、与民休息等措施归纳为黄老无为政治，是错误的。关此，我有《汉初政治论——准儒家时代》详说之。另外，所谓黄老政治，也是拉郎配。老子"不讲政治"，有无政府主义倾向；黄帝则"修德振兵，治五气，艺五种，抚万民，度四方"（《史记·五帝本纪》），与道家原则格格不入，完全属于儒家道统这个系列。只不过黄帝事迹传说居多，比较渺茫。儒家严谨，不像道家胆子那么大，论道统一般从尧舜起，不及黄帝。

五、四字真言，通行天下

子张问行。子曰："言忠信，行笃敬，虽蛮貊之邦，行矣。言不忠信，行不笃敬，虽州里行乎哉？立则见其参于前也，在舆则见其倚于衡也，夫然后行。"子张书诸绅。（《卫灵公》第五章）

子张问怎样才能通行。孔子说："说话忠实诚信，行为敦厚恭敬，即使夷狄地区，也能行；说话不忠不信，行为不笃不敬，即使本乡本土能行吗？站着看见它（指"忠信笃敬"）并立在前，坐车看见它依靠在车辕横木上，这样以后就能行。"子张把这番话写在衣带上。

问行，犹言问达，问如何而能所行畅通。蛮貊之邦，蛮，南蛮，貊，东北夷人，泛指未开化地区。州里，古代两千五百家为州，五家为邻，五邻为里，这里代指本乡本土。

参于前，此"参"字或训直，参于前，犹云相值于前。或训絫，犹云积累在前。徐刚认为，在先秦时代，"参"字有并立的意思，它表示三者并列。所谓"参于前"，就是忠信与笃敬立于人前，与人并立为三。这个"参"仍然是动词，与"倚于衡"正相对。此解最确。舆，车。衡，车辕前的横木。书诸绅，即书之于绅。绅，系在腰间下垂的宽大衣带。

子张问行，侧重点在外，行于外，外出行动。孔子答言的立足点则在内，在人的德行。不要问外面行不行得通，只要问自己做得行不行、好不好。尽其在我，反求诸己，自己言行忠信笃敬，就没有行不通的地方。

尽管不同民族有不同的礼俗、语言环境等等，但都是人，本性相同，习性相通，人的基本需要都差不多。儒家的忠信笃敬基于正常人性，故能放之四海而皆准。至于"参前倚衡"，则可以因革损益矣。

《说苑·敬慎》说："颜回将西游，问于孔子曰：何以为身？孔子曰：'恭敬忠信可以为身。恭则免于众，敬则人爱之，忠则人与之，信则人恃之。人所爱，人所与，人所恃，必免于患矣。可以临国家，何况于身乎！'"可以与本章参看。

本章值得家长们学习。很多家长担心把孩子培养成君子会吃亏，其实完全没必要。于难行之路难办之事，君子反而容易通行和办好。君子忠信笃敬，有理有礼，人不忍欺，没必要欺。其次有智有勇，不惑不惧，人不敢欺，不容易欺也。德才兼备、智勇双全者，可以将很多不必要的麻烦"扼杀于摇篮之中"。骗子不是见谁都欺诈的，盗贼不是见谁都抢劫的。

好人办事不顺利，或把小事办成大事，或把好事办成坏事，或把有理的事办得亏了理，主观原因就是不够君子，缺乏必要的智慧和能力。如不会讲话而吵吵嚷嚷，没有实力而虚张声势，毫无必要地撕破脸皮等等，都很容易遭人轻蔑厌憎，启人欺辱侵犯之心。如果对方是不良人物和势力，就麻烦了。

因为怕吃亏，有的好人也喜欢摆出一副"我是流氓我怕谁"的凶恶样，殊不知这样恰恰最吃亏。无理取闹，固然吃亏；有理而无礼，闹来闹去，让人从同情变成讨厌鄙视，还是吃亏。无真智而玩小聪明，无真勇而暴虎冯河，不吃亏才怪。

六、史鱼和蘧伯玉

子曰："直哉史鱼！邦有道如矢，邦无道如矢。君子哉蘧伯玉！

邦有道则仕，邦无道则可卷而怀之。"（《卫灵公》第六章）

孔子说："正直啊史鱼！国家有道像箭头一样正直，国家无道像箭头一样正直。君子啊蘧伯玉！国家有道就出来任职，国家无道时就把自己收藏起来。"

史鱼，卫国大夫，名鳅，字子鱼。他曾多次向卫灵公推荐君子蘧伯玉，贬斥奸臣弥子瑕，未被采纳，深以"生不能进贤而退不肖"为耻。史鱼病危临终时，嘱咐儿子，不要治丧正堂，用这种做法最后劝告卫灵公一定要进用蘧伯玉，而贬斥弥子瑕。等卫灵公采纳意见之后，他儿子才从丧北堂成礼，史鱼这种行为被古人称为尸谏（事见《孔子家语》及《韩诗外传》）。卷，收起来。怀，藏起来。《集释》引包注："卷而怀，谓不与时政，柔顺不忤于人。"

本章亦可见孔门之广大，论人以恕。史鱼不论国家有道无道时同样耿直敢言，而蘧伯玉政治清明就做官，政治黑暗就赋闲。孔子对他们都持肯定赞美的态度，不像后世某些儒者那样一根筋和狭隘化，总是把自己的选择或意见视为唯一正确。

同时孔子的赞美又实事求是，如理如实。像史鱼那样"生以身谏，死以尸谏"，十分正直，值得敬佩，然未尽君子之道。像蘧伯玉那样通权达变，"用之则行，舍之则藏"，对于逆恶之事，无力阻止和讨伐，那就卷而怀之，独善其身。这是更加君子的。

七、失人失言皆不宜

子曰："可与言而不与之言，失人。不可与言而与之言，失言。知者不失人，亦不失言。"（《卫灵公》第七章）

孔子说："可以与他说却不与他说，错失了人；不可与他说却与他说，错失了言语。智慧的人既不错失人，也不错失言语。"

知,同智。失人,失可交之人,失去同道。失言,言之而不信,反为人讥。

对可以交谈、值得交流的人闭口不言,会失人,错过了良师益友或志士人才。与不值得交流的人交流,是失言,浪费时间精力,浪费口舌言语,不自重,也影响了道的尊严。一般人自尊过度,容易失人;热心过度,又容易失言。只有大智慧者,才能做到既不失人又不失言。

孟子更进一步,将失言失人类比于钻洞爬墙,说:"士未可以言而言,是以言饴之也;可以言而不言,是以不言饴之也。是皆穿窬之类也。"(《孟子·尽心》)饴,探取,获取。士人不该说话的时候说,是用言语来套取人;该说话的时候不说,是用沉默来套取人,都仿佛钻洞爬墙的小偷行为。该不该说话,在孔子这里属于智慧问题,在孟子这里成了道德问题,呵呵。

关于失言妨道的观点,徐干的一段话值得参考:"君子必贵其言,贵其言则尊其身,尊其身则重其道,重其道所以立其教。言费则身贱,身贱则道轻,道轻则教废。故君子非其人则弗与之言。若与之言,必以其方:农夫则以稼穑,百工则以技巧,商贾则以贵贱,府史则以官守,大夫及士则以法制,儒生则以学业。"又说:"故君子之与人言也,使辞足以达其知虑之所至,事足以合其性情之所安,弗过其任而强牵制也。"(《中论·贵言》)

或劝东海,为了节省时间精力,为了自重更为了重道,有必要略减海人不倦的热情,保持一定程度的沉默。东海深以为然。

八、明哲保身和杀身成仁

子曰:"志士仁人,无求生以害仁,有杀身以成仁。"(《卫灵公》第八章)

孔子说:"志士仁人,没有求生而损害仁的,只有杀身来成就仁。"

志士，有志之士，有士君子之心。"志智"二字古时可通用，俞氏《群经平议》引《礼记·缁衣》《列子·汤问》有关"志"字各注，都当"知"或"智"字解，其说亦可从。可见，杀身成仁，在儒家，不仅是大勇，也是大智。

仁人，成德之人，成就了君子人格者。"仁"字与"人"字通用，仁又是"人之所以生者"，具有先天性和超越性，是生命存在的背景和源头。"仁者人也"，"仁者爱人"，这是从形下层面解"仁"；"仁者，天地生物之心，而人得以生者，所谓元者善之长也。"（朱熹《中庸章句》）；"夫仁者，人之所以生者也。"（《南轩论语解》。这是从形上角度释"仁"。仁是先天与后天、超越与内在、形上与形下的圆满统一。

就人类而言，本性为天，肉体身和意识心为人，这就叫天人合一。孟子对此理解透彻。他说："仁也者，人也。合而言之，道也。"人与仁互为表里，人是仁的作用、显化、形而下，仁是人的本质、本性、形而上。仁，形而下为人，形而上为天，天人合一。"形色，天性也""万物皆备于我"，表达的都是这个意思。

宇宙生命系统是全息的，"仁"不仅全息着人身，而且全息着万物，是"范围天地之化而不过，曲成万物而不遗"的。"万物皆备于我"实质上是万物皆备于仁性。

由于天人不二，现象生命（肉体和意识）是本质生命（仁性）的显化，所以一般情况下保身就是保仁卫道。不过，天人不二而又有别，在特殊情况下，保身与卫道可能产生不可调和的矛盾，求生会有害于仁性的健全，那么，杀身就成了儒者必需的选择。

《孟子·告子》说："生，亦我所欲也；义，亦我所欲也。二者不可得兼，舍生而取义者也。生亦我所欲，所欲有甚于生者，故不为苟得也；死亦我所恶，所恶有甚于死者，故患有所不辟也。"

《集释》引《南轩论语解》说："人莫不重于其生也，君子亦何以异于人哉？然其害仁，则不敢以求生；以成仁，则杀身不避，盖其死有重于生故也。夫仁者，人之所以生也。苟亏其所以生者，则其生也亦何为哉？"

某些古注对"杀身成仁"作广义解释，认为禹王胼胝治水、诸葛亮鞠躬尽瘁死而后已等，也属于杀身成仁。聊备一解。

儒家特别珍爱生命，一般不鼓励奋不顾身，舍命亡身，而是主张明哲保身，无道则隐，宁武子"邦无道则愚"和蘧伯玉"邦无道则卷而怀之"，都受到孔子高度肯定。孟子说："可以死，可以不死，死伤勇。"但是，儒家又反对苟且偷生。如果求生可以更好地成德成仁，守死善道，当然要求生。如果求生有害于仁，那么，志士仁人就应该选择杀身成仁。杀身非儒家家法，却是特殊情况下必需的选择。

九、磨刀不误砍柴工

子贡问为仁。子曰："工欲善其事，必先利其器。居是邦也，事其大夫之贤者，友其士之仁者。"（《卫灵公》第九章）

子贡问修养仁德的方法。孔子说："工匠要把活儿干好，必须先使工具锋利。住在一个国家，要侍奉大夫中贤能的人，交游士人中有仁德的人。"

善，作动词用，使其完善。利，作动词用，使其精良。事，侍奉。工欲善其事，有赖于利器之用；儒者欲为仁，离不开贤师友为助。为仁之方，因人而异，针对子贡"悦不若己者"的毛病，孔子特作此提醒。岂仅子贡？喜欢与文化道德上不如自己的人交往乃是世人通病。但是，此病不除，难以成仁也。

注意，事其大夫，友其士，都是有道德条件的，他们必须是贤仁之人，否则，事其大夫就有巴结谄媚之嫌。《大戴礼记·曾子制言》

说:"故君子不谄富贵以为己说,不乘贫贱以居己尊。凡行不义则吾不事,不仁则吾不长。奉相仁义,则吾与之聚群向尔;寇盗,则吾与虑。国有道则突若入焉,国无道则突若出焉。如此之谓义。"

意谓君子不靠谄媚富贵来谋求自己的欢乐,不靠欺凌贫贱来提高自己的地位。凡是行为不义之人,绝不趋奉之;行为不仁之人,绝不尊长之。与仁义之士合群聚居,遇到寇盗则齐心合力。入有道之国,出无道之国,这就是道义。

工欲善其事,必先利其器。人欲成其仁,必先亲仁贤。亲近仁贤是成仁的利器。儒学更是成仁的利器,"尊德性而道问学",不断提高自己,努力做好自己,这是亲近仁贤的前提,为人的根本。必须成为一个士君子,才会产生亲仁贤的道德冲动。小人或庸人是难以产生这种冲动的。《荀子·哀公》记载,孔子向鲁哀公介绍,人有庸人、士、君子、贤人、大圣五种典型,其中庸人的特征是:

"口不能道善言,心不知邑邑,不知选贤人善士托其身焉以为己忧,勤行不知所务,止立不知所定,日选择于物不知所贵,从物如流不知所归,五凿为正,心从而坏。"

大意是,嘴里说不出善言,心里不知道忧愁,不知道考虑选用和依托贤人善士,行动时不知追求什么,立定时不知立脚点在哪里,天天在各种事物中挑选却不知什么贵重,随波逐流不知归宿在哪里,为耳目鼻口心的欲望所主宰,心性随之变坏。

十、集传统之美,开时代之新

颜渊问为邦。子曰:"行夏之时,乘殷之辂,服周之冕,乐则《韶》《舞》。放郑声,远佞人。郑声淫,佞人殆。"(《卫灵公》第十章)

颜渊问治国之道。孔子说:"行夏代的历法,乘殷代的车子,戴周代的礼帽,奏《韶乐》《武乐》。禁止郑国的乐曲,疏远辩给的小人。郑国的乐曲淫溺人心,辩给的小人危险。"

夏之时，时，时令，时节，此指历法。夏之时，即沿用至今的夏历（又称阴历，农历）。周历建子（以夏历十一月为正月），殷历建丑（以夏历十二月为正月），夏历建寅（以建寅之月的朔日为岁首），而夏历最合于农时，故孔子主张推行之。

乘殷之辂，辂，古代的大车，旧说殷代的大车木质无饰，俭朴实用。《礼记·明堂位》："鸾车，有虞氏之路也。钩车，夏后氏之路也。大路，殷路也。乘路，周路也。"注："大路，木路也。汉祭天，乘殷之路也，今谓之桑根车也。"周代文献称车为"路"。殷路，即是孔子说的殷之辂。

服周之冕，冕，礼帽。旧说周代的礼帽体制完备而华美。《宋书礼志》说："周监二代，典制详密，故弁师掌六冕，司服掌六服，设拟等差，各有其序。周之祭冕，缫采备饰，故夫子曰服周之冕，以尽美称之。"

韶，舜乐。舞，同武，周武王音乐，参阅《八佾》第二十五章注。放，驱逐，排斥。郑声，郑国音乐，多靡靡之音。《礼记·乐记》："郑音好滥淫志，宋音燕女溺志，卫音趋数烦志，齐音敖辟乔志。此四者皆淫于色而害于德，是以祭祀弗用也。"远，作动词用，疏远。佞人，卑谄辩给之人。殆，危险。

本章论述礼制问题。儒家道德，进入政治，必须体现为各种文物典章制度。礼制不能凭空而建，首先要重视传统，博采古代长处。孔子汲取各种传统中合理良好的部分，因时损益，综合中和，斟酌调和，以求尽善尽美。夏之时、殷之辂、周之冕以及《韶》《舞》，本身既是传统的良制，如时令、车制、服制、音乐等，都是古礼的重要组成部分，又带有象征色彩，象征着夏商周三代各种"好东西"。

其次，礼制具有时代性并应广泛汲取现代先进经验。《礼记》说："礼，时为大""礼以义起"。荀子说："礼以顺人心为本，故亡于礼经而顺人心者，皆礼也。"可见礼制的时代性和儒家对人心民意的尊重。在制度设置方面，礼的精神之一是顺人心，只要合乎时代和民意要求，礼经中没有具体规定也没关系。注意，荀子"礼以顺人心为本"之言不完全正确，盖礼以仁为本，仁者仁义也，中道也，天理良知也。在坚持仁本前提下才讲顺人心。由于世人恶习深重，儒家并非一味顺人心、唯民意。

颜回问为邦，孔子答的却是治天下之道，可见孔子对颜回期望之厚。

十一、君子有远虑

子曰："人无远虑，必有近忧。"（《卫灵公》第十一章）

孔子说："人没有长远的考虑，必有近前的忧患。"

远近，应以时间言，意谓凡事不作久远之虑，则必有近日之忧。也可以兼时空而言，包括时间距离和空间距离。远虑，眼光看得远，问题考虑得周到，深谋远虑，防患未然。

人无远虑，必有近忧，为人为政为国无不如此，只图一时之快、只见一时之利者，往往遗患无穷。《集注》说："人之所履者，容足之外，皆为无用之地，而不可废也。故虑不在千里之外，则患在几席之下矣。"《集解》引皇疏说："人生当思渐虑远防于不然，则忧患之事不得近至。若不为远虑，则忧患之来不朝则夕，故云必有近忧也。"

远虑是君子的一种智慧和能力。子服惠伯说："君子有远虑，小人从迩。"（《左传·襄公二十八年》）冉求说："君子有远虑。"（《左传·哀公十一年》）《易经·系辞》说："君子安而不忘危，存而不忘亡，治而不忘乱，是以身安而国家可保也。"孟子说："君子有终身之忧，无一朝之患。"

晋国大臣士会之子范文子颇有君子风范。《国语·晋语》记载的一个故事表现了他的远虑能力：

鄢之役,晋伐郑,荆救之。栾武子将上军,范文子将下军。栾武子欲战,范文子不欲,曰:"吾闻之,唯厚德者能受多福,无德而服者众,必自伤也。称晋之德,诸侯皆叛,国可以少安。唯有诸侯,故扰扰焉。凡诸侯,难之本也。且唯圣人能无外患又无内忧,讵非圣人,不有外患,必有内忧。盍姑释荆与郑以为外患乎!诸臣之内相与,必将辑睦。今我战又胜荆与郑,吾君将伐智而多力,怠教而重敛,大其私昵而益妇人田,不夺诸大夫田,则焉取以益此?诸臣之委室而徒退者,将与几人?战若不胜,则晋国之福也;战若胜,乱地之秩者也,其产将害大,盍姑无战乎!"

栾武子曰:"昔韩之役,惠公不复舍;邲之役,三军不振旅;箕之役,先轸不复命,晋国固有大耻三。今我任晋国之政,不毁晋耻,又以违蛮、夷重之,虽有后患,非吾所知也。"范文子曰:"择福莫若重,择祸莫若轻,福无所用轻,祸无所用重,晋国故有大耻,与其君臣不相听以为诸侯笑也,盍姑以违蛮、夷为耻乎。"栾武子不听,遂与荆人战于鄢陵,大胜之。于是乎君伐智而多力,怠教而重敛,大其私昵,杀三郤而尸诸朝,纳其室以分妇人,于是乎国人不蠲,遂弑诸翼。

在鄢陵战役中,晋国讨伐郑国,楚国发兵来救。栾武子统帅上军,范文子统帅下军。栾武子想出战,范文子不同意,说:"我听说,只有厚德之人能享受大福,无德而归服的人多了,肯定会对自己造成伤害。衡量晋国德行,诸侯都背叛了,国家才可以稍微安宁。正因为有诸侯归附,所以搞得纷纷扰扰,这些诸侯,是祸乱的根源。况且只有圣人才能做到既无外患又无内忧,如果不是圣人,没有外患,必有内忧。我们何不姑且撇开楚国和郑国作为外患呢!大臣之间相处,肯定会和睦。如今我们攻打并且战胜了楚国和郑国,那么我们的国君就将会夸耀自己的智力和武功,疏忽教化而加重赋税,增加宠臣俸禄,多赐爱妾田地,那么不夺取诸大夫的田地,又能从哪里获取而赏赐给宠臣爱妾们呢?大臣们肯交出田地而白白引退的人，能有几个呢？仗如果没打胜，那是晋国的福气；如果打胜了，那么分配土地的常规就要被打乱，这将产生大危害，何不姑且别打呢。"

栾武子不听范文子的意见，就与楚国在鄢陵交战，大获全胜。于是国君夸耀智力和武功，疏忽教化而加重赋税，增加宠臣的俸禄，杀了三郤并陈尸于朝，收取了他们的妻妾，将财宝分给爱妾们。于是国人都不满，在翼城杀了晋君。

十二、好色人性之常，好德君子之范

子曰："已矣乎，吾未见好德如好色者也。"（《卫灵公》第十二章）

孔子说："罢了啊，我没见过爱好道德像爱好美色那样的人。"

本章文字与《子罕》第十八章略同。谁能够像好色一样好德，那就太了不起了，非常真诚了。《大学》说："所谓诚其意者，毋自欺也。如恶恶臭，如好好色，此之谓自慊。"

好色乃人情之常，儒家并不反对好色。孔子编诗，将其作为教科书。《诗经》歌咏两性关系的作品所占比例最大。开篇《关雎》就是歌咏恋爱的，孔子称赞《关雎》乐而不淫。《郑风·将仲子》表现男女私情，《召南·草虫》对性愉悦进行了直截了当的描述，《郑风·溱洧》描绘的简直就是一幅野合全景画。《礼运》记载孔子说："饮食男女，人之大欲存焉。"可见孔子对人欲的透彻理解和充分肯定。

"食色性也"常被误认为孟子的话，这句话出自《孟子》，却是告子说的。告子认为人性非善非恶，在与孟子辩论过程中说了这句话，意谓食欲性欲都是人性。不过，孟子在下面的辩论中对告子的这句话并未反对，可视为此言得到了孟子的局部认同。并且孟子对君主好色持鼓励态度。

《孟子·梁惠王下》记载:"王曰:'寡人有疾,寡人好色。'对曰:'昔者大王好色,爱厥妃。当是时也,内无怨女,外无旷夫。王如好色,与百姓同之,于王何有?'"

齐宣王说:"我有毛病,我好色。"孟子说:"以往周文王的祖父古公亶父就很好色,十分宠爱后妃。但那个时候,内无大龄未嫁的怨女,外无大龄未婚的旷夫,男女都能适时婚配。您如果能够考虑让老百姓的色欲也得到满足,好色又有什么关系呢?"可见儒家并不反对好色,而是反对只好色而不好德。

《季氏篇》孔子说:"君子有三戒:少之时,血气未定,戒之在色。"这里仍是承认"色"为人性之常,只是告诫少年时特别要注意,不要在这个问题上越轨犯错,就像壮年时戒之在斗、老年时戒之在得一样。

十三、知贤不举如窃位

子曰:"臧文仲其窃位者与?知柳下惠之贤,而不与立也。"(《卫灵公》第十三章)

孔子说:"臧文仲是个窃据官位的人吧?知道柳下惠的贤德,却不能举荐他与自己共立于朝。"

臧文仲,即臧孙辰,鲁国大夫,历仕鲁庄公、鲁闵公、鲁僖公、鲁文公四朝。柳下惠,姓展名获,字禽,又名展季,春秋中期贤者,鲁国大夫,曾任士师(司法官),封地名柳下。死后,其妻及弟子们私谥以惠(并非由国君授予),故称柳下惠。与立,即"与之并立于朝"。或曰:立即位字,不与立即不与位。

窃位,窃据权位,占有官位而不称职。孔子认为,知贤不举,便是窃位。《刘氏正义》说:"窃,如盗窃之窃。言窃居其位,不让进贤能也。"《大学》说:"见贤而不能举,举而不能先,命也;见不善而不能退，退而不能远，过也。"命读为慢。见到贤德之人而不能荐举，荐举了而不能放到前列，是怠慢的行为。

臧文仲与《宪问篇》公叔文子"同升"之事正好相反。《左传·文公二年》中孔子批评臧文仲六件事不仁不智。"仲尼曰：'臧文仲，其不仁者三，不知者三。下展禽，废六关，妾织蒲，三不仁也；作虚器，纵逆祀，祀爰居，三不知也。'"下展禽，就是让柳下惠居下位，这是臧文仲不仁的表现之一。

公元前634年，齐国攻打鲁国的时候，臧文仲打算以谈判对付齐国。他觉得自己口才不够，去请柳下惠。柳下惠因此受命于危难之际，最终使齐国答应讲和而班师回国。臧文仲却只让柳下惠做了一个小官。《集注》引范氏曰："臧文仲为政于鲁，若不知贤，是不明也；知而不举，是蔽贤也。不明之罪小，蔽贤之罪大。故孔子以为不仁，又以为窃位。"

知贤是知人之明，智德；荐贤是爱人以德，仁德。从功利角度讲，不仁不智，也不吉祥。《晏子春秋·谏下》说："夫有贤而不知，一不祥；知而不用，二不祥；用而不任，三不祥也。"

儒家特别强调知贤荐贤和辅贤。《荀子·解蔽》说："鲍叔、宁戚、隰朋，仁知且不蔽，故能持管仲，而名利福禄与管仲齐；召公、吕望，仁知且不蔽，故能持周公而名利福禄与周公齐。传曰：知贤之谓明，辅贤之谓能。勉之强之，其福必长。此之谓也。"

《韩诗外传》卷七记载：子贡问大臣，子曰："齐有鲍叔，郑有子皮。"子贡曰："否。齐有管仲，郑有东里子产。"孔子曰："产，荐也。"子贡曰："然则荐贤贤于贤？"曰："知贤，智也；推贤，仁也；引贤，义也。有此三者，又何加焉！"

荐贤贤于贤，意谓推荐贤才者比被推荐者更为贤德。知贤是智，推贤是仁，引贤是义，仁义智三德兼备。《说苑·臣术》记载了类似说法：

子贡问孔子曰："今之人臣孰为贤？"孔子曰："吾未识也。往者齐有鲍叔，郑有子皮，贤者也。"子贡曰："然而齐无管仲，郑无子产乎？"子曰："汝徒知其一，不知其二。汝闻进贤为贤邪？用功为贤邪？"子贡曰："进贤为贤。"子曰："然。吾闻鲍叔之进管仲也，闻子皮之进子产也，未闻管仲、子产有所进也。"

孔子在这里将贤德分为建功和进贤两种，认为进贤之人更为难得，更有贤德，荐举管仲的鲍叔和荐举子产的子皮，特别难能可贵。管仲和子产在举贤方面做得不够。

十四、责己从严，责人从宽

子曰："躬自厚而薄责于人，则远怨矣。"（《卫灵公》第十四章）

孔子说："多责备自己少指责别人，就可以远离怨恨了。"

躬自厚，责己从重。躬，自身。厚，这里指厚责，重责。躬自厚应为躬自厚责，因下有"薄责于人"而省一责字。或说，躬自厚是自厚其德之意，也通，但不够妥帖。薄责于人，待人要宽，少挑剔责备别人。薄责，轻责，少责备。

对自己严，对他人宽；对自己高标准，对他人低标准；对自己一点小过错都不放过，对他人只有大问题才予以批评。这么做，容易避免外在的怨尤，也可以远离自心的怨忧。《集注》说："责己厚，故身益修；责人薄，故人易从。所以人不得而怨之。"小人反是，专门攻击他人小德，吹毛求疵求全责备，责备于一人。

厚己薄人是怨道，适用于个人，也可以推开去，体现于社会和政治，如厚内薄外，即严于家人宽于外人，严于本国宽于异国。厚上薄下，厚官薄民，即对领导阶级从严，《春秋》责备贤者；对于普通民众从宽，礼不下庶人。这都符合"躬自厚而薄责于人"的精神。

《礼记·表记》中孔子说："仁之难成久矣，惟君子能之。是故君子不以其所能者病人，不以人之所不能者愧人。是故圣人之制行也，不制以己，使民有所劝勉愧耻，以行其言。"又说："君子议道自己，而置法以民。"

大意是，仁德难成很久了，唯君子能够成就仁德，因此君子不用自己的长项苛责别人，不用别人不能做到的讥笑别人。因此圣人制定行为标准，不以自己的标准来制定，使民众有所努力，知愧知耻，以实践其规定。君子论述道德从自己开始，制定法度从人民出发，以普通人所能实行的程度为标准。

"君子不以其所能者病人，不以人之所不能者愧人"是君子个人修养，"圣人制行，不制以己"和"议道自己而置法以民"是政治道德，是恕道在政治领域的体现，与"礼不下庶人"一脉相承，体现了儒家政治对民众的宽厚。

董仲舒说："以自治之节治人，是居上不宽也；以治人之度自治，是为礼不敬也。为礼不敬，则伤行而民弗尊；居上不宽，则伤厚而民弗亲。弗亲则弗信，弗尊则弗敬。"这种做法恰好与《礼记·表记》说的相反，责己从宽，责民从严。宽于己是为礼不敬，怠慢；严于民是居上不宽，苛刻。

《春秋繁露·仁义法》说："《春秋》刺上之过，而矜下之苦，小恶在外弗举，在我书而诽之。凡此者，以仁治人，义治我，躬自厚而薄责于外，此之谓也。且《论》已见之，而人不察，曰君子攻其恶，不攻人之恶，非仁之宽与？自攻其恶，非义之全与？此谓之仁造人，义造我，何以异乎？故自称其恶谓之情，称人之恶谓之贼；求诸己谓之厚，求诸人谓之薄；自责以备谓之明，责人以备谓之惑。"

道德重在自律，但也不是完全不律人不责人，对他人合情合理的要求和中肯适当的批评，理所当然，礼所当然。善恶、正邪、华夷、王霸、是非、优劣皆属于道德范畴，文化批评与道德批评可以互相涵盖和融摄。同时，《春秋》责备贤者。贤者有其文化政治地位，就应该承担更多文化政治责任，应该高标准严要求。

十五、不曰如之何，吾末如之何

子曰："不曰如之何如之何者，吾末如之何而已矣。"（《卫灵公》第十五章）

孔子说："从不说'怎么办怎么办'的人，我拿他也没办法啊。"

如之何，犹言该怎么办。不曰如之何如之何者，意谓凡事漫不经心、不认真考虑对待的人。末如之何，犹言没办法。《集注》说："如之何如之何者，熟思而审处之辞也。不如是而妄行，虽圣人亦无如之何矣。"

孔子推崇临事而惧、好谋而成者。《大戴礼记·曾子立事》说：

"居上位而不淫，临事而栗者，鲜不济矣。先忧事者后乐事，先乐事者后忧事。昔者天子日旦思其四海之内，战战唯恐不能义；诸侯日旦思其四封之内，战战唯恐失损之；大夫士日旦思其官，战战唯恐不能胜；庶人日旦思其事，战战唯恐刑罚之至也。是故临事而栗者，鲜不济矣。"

古时从天子、诸侯、大夫、士到庶人，无不临事而栗，面对事情和问题，深思熟虑，所以能够各尽其责，不犯错误。

《荀子·大略》记载：

天子即位，上卿进曰："如之何忧之长也！能除患则为福，不能除患则为贼。"授天子一策。中卿进曰："配天而有下土者，先事虑事，先患虑患。先事虑事谓之接，接则事优成；先患虑患谓之豫，豫则祸不生。事至而后虑者谓之后，后则事不举；患至而后虑者谓之困，困则祸不可御。"授天子二策。下卿进曰："敬戒无怠！庆者在堂，吊者在闾。祸与福邻，莫知其门。豫哉！豫哉！万民望之。"授天子三策。

天子即位的典礼上，上卿走上前开口第一句话就是如之何忧之长。处于天子之位，能去除患害就有福，不能去除患害就为贼。中卿下卿，都是提醒天子，要先事虑事，先患虑患，在事情发生、祸患来到之前深思熟虑，做好准备，防微杜渐。要慎重戒备而不要懈怠，灾祸和幸福紧紧相邻。身为天子，万民所望，万目所注，战战兢兢，如履薄冰。

《春秋繁露·执贽》说："子曰'人而不曰如之何、如之何者，吾末如之何也矣。'故匿病者不得良医，羞问者圣人去之，以为远功而近有灾，是则不有。玉至清而不蔽其恶，内有瑕秽，必见之于外，故君子不隐其短，不知则问，不能则学。"

可见，"人而不曰如之何如之何者"，就是那种匿病、羞问、隐短、不知不问、不能不学的人。对于这种人，孔子也末如之何。马培路说："不能熟思而审处，则无此问。无此问，则说明无此困也。无此困，则可知未学也。不学，则凡事不成。如此之人，圣人又能如之何呢？"

十六、小慧小辨要不得

子曰："群居终日，言不及义，好行小慧，难矣哉！"（《卫灵公》第十六章）

孔子说："整天成群聚在一处，说话不涉及义理，喜欢卖弄小聪明，那就难了啊！"

难，难以入德，难以教育，难有成就。小慧，小聪明。慧，本义聪明，有才智。《说文》："慧，儇也。"《史记·索隐》："慧，智也。"

《何晏集解》引郑玄曰："小慧，谓小小之才知。"

德智不二。好行小慧者，必然德性低下，心气薄弱，难以入德。《集注》："小慧，私智也。言不及义，则放辟邪侈之心滋。好行小慧，则行险侥幸之机熟。难矣哉者，言其无以入德，而将有患害也。"

《说苑·谈丛》说："夫小快害义，小慧害道，小辨害治，苟心伤德。"小辨就是小慧的典型表现。小辨，言论技巧，在小事上卖弄口才辩论高低，所谓"口给"和口技。

《大戴礼记·小辨》记载，鲁哀公想学小辨，孔子答，国君是不能学小辨的，阐述了小辩不足学的道理。鲁哀公又问："不辨则何以为政？"孔子在回答中论述了小辩的危害性。孔子说："辨而不小。夫小辨破言，小言破义，小义破道，道小不通，信道必简。"破言是败坏理论，破义是危害正义，破道是破坏大道。道破则小，小道无法通行。信道必须简约，简约才能广大。

辨不可以小，慧更不可以小。小慧的反面是大智。儒智就是大智，广大高明，奥妙精微，自成体系。东海在《儒家大智慧》一书中，从知时、知人、知言、知礼、知本、知权、知中、知因、知几、知常、知易、知命等十二个方面，对儒智进行了深入介绍。

大人自有大德，自有大慧和大辨。如孟子，大丈夫也，富贵不能淫，贫贱不能移，威武不能屈，但善于辩论，辩才无碍，摧邪显正，"距杨墨，放淫辞，邪说者不得作"。这就是辨之大者。

或说本章孔子之言，是就当时的学校情况而发。详情已不可知。群居应不限于学校。无论所指何群，可见孔子时代就有"群居终日，言不及义，好行小慧"的现象。

十七、君子四德

子曰："君子义以为质，礼以行之，孙以出之，信以成之，君子哉！"（《卫灵公》第十七章）

孔子说:"君子以道义为根本,以礼仪来实行它,以谦逊来表达它,以诚信来完成它,这是君子啊!"

孙,同逊。出,出言,表达。义礼逊信四德都很重要,其中义又特别重要,最为本质。谦逊本于礼,巧言令色足恭就非礼;礼仪本于义,义以时中为标准,合乎时宜、符合中道为义。义有经有权,经权不二。

义不是空洞的,必须依礼以行,逊言以出,信实以成。礼以行之,侧重于行为实践;孙以出之,侧重于言语态度。自信于心,内有诸己;言而有信,外信于人。言行一致,内外合一,这就是信以成之。《集注》说:"义者制事之本,故以为质干。而行之必有节文,出之必以退逊,成之必在诚实,乃君子之道也。"引程子曰:"义以为质,如质干然。礼行此,孙出此,信成此。此四句只是一事,以义为本。"

义相对利而言。君子义以为质,小人反是,利以为质,丧根失本,纵然勉强合礼、能逊、能信,也不能改,也不足道。义以为质,就是道义第一,道德主义。道德主义这个概念被学界狭隘化污名化已久。其实道德主义是中华文化的共同点,儒佛道都不例外,区别在于对道德的认证不同而已。

儒家作为主义的道德,道指道体,"万物资始乃统天"的乾元;德是道心,"得乎道之谓德",即明明德的德,天命之谓性的性。她既至高无上(万法归一)又包罗万象(一归万法),"放之则弥六合,卷之则退藏于密。"(《系辞》)儒家道德以仁为本,故称为仁本主义。

仁本主义是人生大道、社会常道和政治正道。仁义挂帅,修己安人,自立立人,成己成人成物。个体追求圣德,格致诚正,明明德,致良知,自诚明,养吾浩然之气。天下有道,以道殉身,天下无道,以身殉道。政治追求王道,修齐治平。其他东西最好,都只能置身于仁义道德之下,接受其约束和指导,包括家庭、国家、民族、社会、集体、个人等等。都没有主义的资格。它们一旦成为主义,又成为主导思想，轻则流弊多多，重则恶果累累。

或责东海是道德主义。答：岂止岂止。就本质而言，儒家还是道德绝对主义呢。道德各种外在规范当然是相对的，但其本质则具有绝对性。本质即良知，亦即子贡说不得而闻的"性与天道"。"性与无道""考诸三王而不谬，建诸天地而不悖，质诸鬼神而无疑，百世以俟圣人而不惑"，具有至高无上的普适性。

十八、知不知我一样嚣

子曰："君子病无能焉，不病人之不己知也。"（《卫灵公》第十八章）

孔子说："君子只担心自己无能，不担心别人不了解自己。"

无能是能力不足，德养不够。这是君子应该引以为病的。至于别人知不知、懂不懂自己，何足挂怀。吕坤说得好："万金之贾，货虽不售不忧；贩夫闭门数日，则愁苦不任矣。凡不见知而愠，不见是而闷，皆中浅狭而养不厚者也。"（《呻吟语》）

古之学者为己，名教中自有可乐。《孟子·尽心》记载：

孟子谓宋勾践曰："子好游乎？吾语子游。人知之，亦嚣嚣；人不知，亦嚣嚣。"曰："何如斯可以嚣嚣矣？"曰："尊德乐义，则可以嚣嚣矣。故士穷不失义，达不离道。穷不失义，故士得己焉；达不离道，故民不失望焉。古之人，得志，泽加于民；不得志，修身见于世。穷则独善，达则兼善天下。"

尊德乐义，上得乎道，自得于己，就可以嚣嚣然无往而不自得了。嚣嚣，悠然自得的样子。东海有诗自题曰：心花岂逐四时凋？色自青青气自豪。我在天中天在我，风霜雨雪亦嚣嚣。

《大戴礼记·曾子制言》说："有知我则愿也；莫之知，苟吾自知也。故君子无悒悒于贫，无勿勿于贱，无惮惮于不闻。布衣不完，疏食不饱，蓬户穴牖，日孜孜上仁。知我吾无䜣䜣，不知我吾无悒悒。"

同时，德不孤，必有邻，有德者必有其名。曾子说过一段颇有趣的话："弟子，无曰不我知也。鄙夫鄙妇相会于廧阴，可谓密矣，明日则或扬其言矣。故士执仁与义而明行之，未笃故也，胡为其莫之闻也。"（《大戴礼记》）

匹夫匹妇在墙角秘密幽会，第二天就可能传得沸沸扬扬，何况士君子在光天化日之下将仁义付诸实践，怎么会不为人所知呢？"未笃故也"，自己没有踏实实践罢了。

《论语新解》说："赐之达，由之果，求之艺，皆能也。学以成德，亦必各有其能。贵德贱能，非孔门之教。人之知于己，亦知其能耳。故曰：如或知尔则何以哉也。"

十九、天生我德必有名

子曰："君子疾没世而名不称焉。"（《卫灵公》第十九章）

孔子说："君子怕到死还默默无闻呀。"

疾：恨，怕，感到遗憾。称，本义为称量，较其轻重，为称述、称道。君子去仁，恶乎成名。无名，是因为疏离、违背了仁道。一辈子寂寂无名，比丑名在世、恶名远扬好，但也有限，五十步与百步之别。

《左传》说："太上有立德，其次有立功，其次有立言。"无论立德立功立言，终将成名，想逃都逃不掉的。《中庸》说："大德必得其位，必得其禄，必得其名，必得其寿。"到死还无名可称，意味着不仁无德，故君子引以为恨！

人不知而不愠，不病人之不己知，是主观心态和内在修养。没世而名不称，说明德不成，则事实判断。《集注》引范氏说："君子学以为己，不求人知。然没世而名不称焉，则无为善之实可知矣。"张栻《论语解》："有是实则有是名。名者，所以命其实也。终其身而无实之可名，君子疾诸。非谓求名于人也。"

名为实之宾，实立而名从之，名是道德的副产品和附属品，成德必有成名时。《易经》说"善不积不足以成名"，那么，善积到一定程度，不能不成名。有其名未必有其实，有其实终将有其名。刻意求名固然不宜，刻意逃名也是不必。道家说"圣人无名"，又以伯夷死名与盗跖死礼并言，悖道伤德，儒者所不许。

当然，大德必得其名，有一个过程。疾没世而名不称，这是就一生而言。一时一地，大德默默无闻也很正常。《易经》就说潜龙"不成乎名"。《乾文言》曰："初九曰：潜龙勿用，何谓也？子曰：'龙德而隐者也。不易乎世，不成乎名，遁世无闷，不见是而无闷，乐则行之，忧则违之，确乎其不可拔，潜龙也。'"

潜龙勿用，指具有龙德而隐遁的人。不因世俗而变节，不求功名的显赫，潜隐于世，不被承认也不闷。思想被喜欢便入世推行，不然就隐伏起来，道德坚定不动摇，这就是潜龙的德性。

然复须知，只要是龙，自有其灵，自有其名，即使一辈子飞不起来，其名声终将飞起来。即使默默一时，终将赫赫千秋。孔子赞《易》说"善不积不足以成名"，反过来，积善可以成名，龙德是德之大者，怎会没世而名不称？

二十、求人不如求己

子曰："君子求诸己，小人求诸人。"（《卫灵公》第二十章）

孔子说："君子求之于自己，小人求之于他人。"

以上三章，文意反复，互补相足。君子于世，并非一无所求，唯求之有道，且凡事必反求诸己。虽不病人之不己知，也疾没世而名不称；虽疾没世而名不称，绝不违道干誉，终归求之于己，求尽自己的心性。

"天行健，君子以自强不息。"自强就是求诸己。《子罕》说："譬如平地，虽覆一篑，进，吾往也。"成败在于自己，"吾往"就是求诸己。

《中庸》说："子曰：'射有似乎君子，失诸正鹄，反求诸己身。'"君子立身处世就像射箭，射不中靶子，就要提高自己的箭术。《礼记·射义》说："射者，仁之道也。射求正诸己，己正而后发。发而不中则不怨胜己者，反求诸己而已矣。"如果射不中，一不要埋怨胜过自己的人，二要反过来从自身找原因。

孟子也有类似说法，说："仁者如射。射者正己而后发。发而不中，不怨胜己者，反求诸己而已矣。"（《孟子·公孙丑》）孟子又说："爱人不亲，反其仁；治人不治，反其智；礼人不答，反其敬。行有不得者，皆反求诸己，其身正而天下归之。"（《孟子·离娄》）

孟子又说："有人于此，其待我以横逆，则君子必自反也，我必不仁也，必无礼也，此物奚宜至哉？其自反而仁矣，自反而有礼矣，其横逆由是也，君子必自反也，我必不忠。自反而忠矣，其横逆由是也，君子曰，此亦妄人也已矣。如此，则与禽兽奚择哉？于禽兽又何难焉？"（《孟子·离娄》）受到别人粗暴蛮横的对待，君子还是"反求诸己而已矣"。

《荀子·法行》："曾子曰：'同游而不见爱者，吾必不仁也；交而不见敬者，吾必不长也；临财而不见信者，吾必不信也。三者在身，曷怨人。怨人者穷，怨天者无识，失之己而反诸人，岂不亦迂哉？'"在小人和现代人看来只怕相反，不见爱于人、不见敬于人、不见信于人而反求诸己，岂不亦迂哉。

求己为君子，求人为小人。这是"求人不如求己"这句俗话的新解。《说苑·说丛》说："不修其身，求之于人，是谓失伦。"小人丧失了正常的伦理道德，所以人生观、价值观都是颠倒的。小人求诸人，包括对他人的索求、苛求、指责以及卸责等等。

二十一、不争不党真君子

子曰："君子矜而不争，群而不党。"（《卫灵公》第二十一章）

孔子说："君子矜持而与人无争，合群而不会结党。"

矜，庄敬自持。党，古代五百家为一党。用于群体、组织、集团时多为贬义，所谓"尚黑为党"，结党，拉帮结派，搞小集团。《尚书·洪范》说："王道荡荡，不偏不党；王道平平，不党不偏。"不偏则中道，大中至正；不党则公道，公正无私。

小人有乖戾之心和阿比之意，矜持则容易与人龃龉，产生各种矛盾斗争；合群则容易结党营私，成为利益集团。小人好争和结党，无非利益作怪，皆为君子所耻。

君子不党、仁人不党之说，在孔子之前早有流传。《国语·晋语》中有一篇《赵宣子论比党》，记叙了晋国赵宣子举荐韩献子为晋司马的故事。赵宣子为了考验韩献子，故意指使马车夫用车骑冲撞行军的队伍，韩献子将车夫逮捕处死。大家都认为韩献子干不长了，赵宣子却召见他并给予高度称赞。赵宣子说：

"吾闻事君者比而不党。夫周以举义，比也；举以其私，党也。夫军事无犯，犯而不隐，义也。吾言女于君，惧女不能也，举而不能，党孰大焉！事君而党，吾何以从政？吾故以是观女，女勉之。苟从是行也，临长晋国者，非女其谁？"

这段话大意是，我听说侍奉君王应该比而不党。公正地举荐义士，叫做比；出于私情私利荐人，叫做党。军事行动是不准冒犯的，触犯了则不徇私隐瞒，叫做义。我将你推荐给国君，担心你难以胜任，举荐了无能之辈，没有比这更大的结党了。侍奉君王却结党营私，我凭什么来执政呢？所以我以这件事来观察你，希望你勉力而行。若照着这样干下去，将来掌管晋国大政的除了你还有谁呢？

注意，"夫周以举义，比也。"这里"周"和"比"都是褒义词，与《为政》"小人比而不周"的"比"语境和含义不同。赵宣子认为，出于私情荐人和推荐了无能之辈，就是结党，就丧失了从政的资格。

儒者不会结党营私，不会参与"由私人利害关系结成的团体"。但不表示儒者不结社不组团（社团），不参与现代文明政党。这一切应由个人自由决定。东海的自我定位为文化人，但如有机会，也不会拒绝以文化人身份参政议政。儒家结社组团，是合群而非结党。

二十二、重言论不唯言论

子曰："君子不以言举人，不以人废言。"（《卫灵公》第二十二章）

孔子说："君子不根据言论推举人，不因为其人无德而废弃言论。"

有其言不一定有其德，所以一般情况下听其言还要观其行，不能仅仅以言举人。但是，也不会因其人无德而废其言。无德之人，也可能说出有理、有益的话。这么做，体现了君子的公正、明智、慎重、能恕。

不以言举人，包括不仅仅根据言论推荐和重用人才。《尧典》说："五载一巡狩，群后四朝。敷奏以言，明试以功，车服以庸。"舜摄政后，五年巡视一次，察核以整吏治。让诸侯在四岳朝见，普遍报告各自的政务，然后考察他们的政绩，赏赐车舆礼服作为酬劳。敷奏以言就是听其言，明试以功就是观其行，车服以庸就是对他们的功劳给予相应的奖励。《周礼》说："民功曰庸。"可见庸就是有功于民。

在举人方面，先秦诸子百家的大腕亦有不少经验之谈，如管晏派法家的理论、实践大师管子。《管子·明法》说："明主之择贤人也，言勇者试之以军，言智者试之以官。试于军而有功者则举之，试于官而事治者则用之。故以战功之事定勇怯，以官职之治定愚智。故勇怯愚智之见也，如白黑之分。乱主则不然，听言而不试，故妄言者得用。"

亲君子远小人，理所当然，但在言论方面，在具体事务和问题上，君子的意见未必都正确，小人的看法未必都错误。因此，不以人废言就是必需的。《淮南子·主术训》说：

"夫人主之情，莫不欲总海内之智，尽众人之力，然而群臣志达效忠者，希不困其身。使言之而是，虽在褐夫刍荛，犹不可弃也；使言之而非也，虽在卿相人君，揄策于庙堂之上，未必可用。是非之所在，不可以贵贱尊卑论也。是明主之听于群臣，其计可用，不羞其位；其言可行，不责其辩。"

是非之所在，道理之所在，不可以贵贱尊卑论，也不可以君子小人论。任何人，只要言之有理，就值得采纳。

马培路说："言为德之表，无德之人，非假述人言，定然说不出君子之语来。地位低下，德性不必然低下。故不以人废言者，不因其地位低下，而废其高尚之言也。不以言举人，要观其行，因为有言行不一者；不以人废言，要重其言，因为言亦可以观德。两种不同情况对举也。"

二十三、天下之德此最美

子贡问曰："有一言而可以终身行之者乎？"子曰："其恕乎！己所不欲，勿施于人。"（《卫灵公》第二十三章）

子贡问道:"有一言而可以终身奉行它的吗?"孔子说:"那是恕吧。自己不要的,不要强加给别人。"

仁者必恕。恕者,如心也,将心比心也,推己及人也。《荀子·法行》说:"孔子曰:'君子有三恕。有君不能事,有臣而求其使,非恕也;有亲不能报,有子而求其孝,非恕也;有兄不能敬,有弟而求其听令,非恕也。士明于此三恕,则可以端身矣。'"

《集注》说:"推己及物,其施不穷,故可以终身行之。尹氏曰:'学贵于知要。子贡之问,可谓知要矣。孔子告以求仁之方也。推而极之,虽圣人之无我,不出乎此。终身行之,不亦宜乎?'"

孟子将恕道的重要性提得极高,说:"万物皆备于我,反身而诚,乐莫大焉。强恕而行,求仁莫近焉。"(《孟子·尽心》)如果还没有证入万物皆备于我、宇宙一体同仁的仁境,沿着恕道努力实践,就是成仁的捷径。

恕作为一种道德,不是最高的,却是最美的。《春秋繁露·俞序》说:"功及子孙,光辉百世,圣人之德,莫美于恕。"没有恕的奠基和配合,不仅是"圣人之德"大打折扣,而是无法成就圣德,因为天下没有不遵循恕道的圣人。

儒家重恕,以之为处理人际关系及政治问题的原则之一。《左传》说:"恕而行之,德之则也,礼之经也。"将恕道视为是至关重要的道德原则和礼制根本。小到待人接物和家庭事务,大到国家大事,包括法度建设、道德教化和思想教育,都必须遵守恕道。

注意,"己所不欲,勿施于人"不能反推为"己之所欲,必施于人"——这也是违反恕道的。你热爱的东西别人不一定喜欢。除了法度,任何东西都不能强加于人,明知是真理也不允许强制他人接受。追求理想的完美,但必须尊重现实的不完美。

换言之,己所欲,在施于人的时候,必须征得对方同意,不能霸王硬上弓。

儒家应该尽传道解惑、觉人立人的责任,又不能好为人师,故

《曲礼》说："礼闻来学，不闻往教。"这是自重和重道，同时也是对他人的尊重。儒家有儒化政治、道援天下的追求，又不能强加于人。世人欢迎，当仁不让，民众不能接受，那就守死善道，居易俟命。东海诗曰：你要我给，你不要我守着，为我自己也为你。

二十四、王亮登车无劣马

子曰："吾之于人也，谁毁谁誉？如有所誉者，其有所试矣。斯民也，三代之所以直道而行也。"（《卫灵公》第二十四章）

孔子说："我对别人呀，批评谁赞誉谁？如有所赞誉，那是经过考察的。这些民众，就是夏商周三代能够直道而行的民众呀。"

这一章，前后两段，古注见解不一，或主张分为两章。本书一仍"旧贯"，略解大意而已。

人之常情，爱之欲其生，恶之欲其死，因此毁誉最难公允如实，称人之恶往往损其真，扬人之善往往过其实。儒者应该恶不预诋，誉不虚誉，慎于批评和赞誉。

如有所誉，其有所试，意谓如果有所赞誉，必经过考察，有值得赞誉的事实和理由，不苟誉。比如孔子祖述尧舜宪章文武，对中道政治高度赞誉，就是"其有所试"的，尧舜禹夏商周的文明辉煌，就是中道最好的实践和证验，就是试的成效。

斯民，这些民众。孔子认为，春秋虽礼崩乐坏，但现在的民众与夏商周三代的民众都是一样的人，三代人君行以直道，民皆向善，春秋民众也可用直道引导教化他们。所以，既不要低估人类恶习的深重，也不要低估良知本性的力量。关键在于上层建筑，在于文化导向是否中正，政治制度是否文明和道德教化是否到位。

从民德之高低，可以见官德和政治道德之优劣。贾谊云，尧舜之民，比屋可封；桀纣之民，比屋可诛。政治无道必然导致国民普遍堕落，但只要政治和制度得到改良，民众就会化恶为善，道德就会全面提升。

秦汉两代，民德就截然不同。《汉书·景帝纪》赞曰："孔子称：'斯民，三代之所以直道而行也。'信哉！周秦之敝，罔密文峻而奸轨不胜。汉兴，扫除烦苛，与民休息。至于孝文，加之以恭俭，孝景遵业，五六十载之间，至于移风易俗，黎民醇厚。周云成康，汉言文景，美矣！"

秦王朝时，罔密文峻而奸轨不胜。法网愈密，盗贼愈炽，政权越恶，官民越劣，这是一个历史规律；汉朝兴起，短短五六十年，民风士气和社会道德就大不一样，俨然可与西周成康之治媲美。王夫之说：

"世之乱也，权诈兴于上，偷薄染于下，君不可事，民不能使，而君子仁天下之道几穷。穷于时因穷于心，则将视天下无一可为善之人，而拒绝唯恐不夙，此焦先、孙登、朱桃椎之类，所以道穷而仁亦穷也。夫君子之视天下，人犹是人也，性犹是性也，知其恶之所自熏，知其善之所自隐，其熏也非其固然，其隐也则如宿艸霜凋而根荄自润也。无事不可因，无因不可导，无导不可善，喻其习气之横流，即乘其天良之未丧，何不可与以同善哉？此则盎然之仁充满于中，时雨灌注而宿艸荣矣。（《读通鉴论》）"

乱世君民堕落，人性败坏，但君子永远不会把人看死，尽量因事而导人以善。不要乐观，永远不要低估国人恶习的深重；不要绝望，永远不要低估人类良知的力量。在黑暗的日子里，要懂得易理，要看到光明，要提高奋斗的勇气。

二十五、有疑存疑，不知则阙

子曰："吾犹及史之阙文也，有马者借人乘之，今亡矣夫。"（《卫

灵公》第二十五章）

孔子说："我还能见到史官存疑的阙文，有马的人把马借给别人骑，今天没有了啊。"

阙，同缺。史之阙文，应该是指史书文字有空缺的段落。《皇疏》："当孔子末年时，史不识字，辄擅而不阙，有马不调，则耻云其不能，必自乘之，以致倾覆。故云今亡也矣夫。"

《汉书·艺文志》说："古制书必同文，不知则阙，问诸故老。至于衰老，是非无正，人用其私。故孔子曰：'吾犹及史之阙文也，今亡矣夫。盖伤其浸不正。'""人用其私"就是颜师古注中所说的"各任私意而为字"。春秋礼崩乐坏，各国"言语异声，文字异形"，各国史书也不再遵循"书必同文"的要求。所以秦始皇统一天下之后，又搞了一次"书同文"。

"古制书必同文"之说，可以得到《中庸》的证明。《中庸》记载："子曰：'今天下车同轨，书同文，行同伦。'"这比秦始皇早得多。孔子早年会有机会见到史官存疑的阙文。

另外，《穀梁传》说："春秋之义，信以传信，疑以传疑。"史官记载历史，是事实就照录，有疑问就存疑，有不知就缺而不录，总之，一切实事求是，如实记载。包括文字不知则阙，都是一种史德。《集注》引杨氏曰："史阙文、马借人，此二事孔子犹及见之。今亡矣夫，悼时之益偷也。愚谓此必有为而言。盖虽细故，而时变之大者可知矣。"

"史阙文"与"马借人"这两句，意义似不连贯。或推测"有马者"句是衍文，或认为，这两件事均说明古人淳厚朴实，与后世人情浇薄不同，故孔子伤叹。马培路说："该章意谓，早年我还能验证各国史官之阙文，是史官们借给我看的，对于借给我资料用的史官来说，犹如有马的人能借给别人骑。今天，这样的现象没有了。"此说法也属推测，聊备一说而已。具体如何已不可考。有疑存疑，不知则阙吧。

二十六、忍之义大矣哉

子曰:"巧言乱德,小不忍则乱大谋。"(《卫灵公》第二十六章)

孔子说:"花言巧语败坏道德,小事不忍就会坏了大事。"

忍字,从刃从心,意谓心坚而能决绝。《说文》:"忍,能也。"《广雅释言》:"忍,耐也。"仁能容忍,义能强忍也,不仁不义则残忍。《荀子·儒效》说:"志忍私,然后能公,行忍性情,然后能修。"注:"忍,谓矫其性也。"《吕览去私》:"忍所私以行大义。"《晋语》:"以忍去过。"注:"以义断也。"

《颜渊篇》:"一朝之忿,忘其亲以及身,非惑与?"惑即缺智,故不能忍一朝之忿,"匹夫见辱,拔剑而起,挺身而斗。"此之谓也。鲁昭公不能忍而导致客死他乡,赵襄子能忍而终成大器,能不能忍,生死攸关。

儒家"亲亲",重孝悌重家庭,但不允许家庭主义和父母兄弟主义,不能为了亲人而伤害他人、为了家庭而损害社会。《礼记·丧服四制》规定:"门内之治恩掩义,门外之治义断恩",意谓家庭内部感情为重,社会层面理性第一,私域和公域区别对待、不同处理。如果"门外之治"不能忍其爱而断之以义,就是小不忍。

《毛诗·郑风序》说:"《将仲子》,刺庄公也。不胜其母以害其弟。弟叔失道而公弗制,祭仲谏而公弗听,小不忍以致大乱焉。"郑庄公之母武姜,不喜寤生(郑庄公)而宠爱少子叔段。寤生继承君位后,武姜威逼庄公把京封给叔段。庄公碍于母亲的情面而答应。大夫祭仲进谏,庄公又不能听从。导致太叔利用京城扩展势力,最后发动叛乱。这场大乱可以说是郑庄公纵容出来的。

妇人之仁是不能忍其爱,匹夫之勇是不能忍其怒,都是成事不足败事有余的。《四书蒙引》分别举例:"沛公因项羽王于关中而欲攻项羽,向非萧何之谏,则乱大谋矣,是匹夫之勇也。赵王太后爱其少子长安君,不肯使质于齐,向非左师触龙之言,则乱大谋矣,是妇人之仁也。"

《论语疏证》作者杨树达说不忍有三义,一是不忍忿;二是慈仁不忍,不能以义割恩;三是吝财不忍弃。《史记·勾践世家》中陶朱公的长子,就是"吝于财而乱大谋"的例子,由于吝惜一百两黄金而送了弟弟的性命。这个故事在东海《儒家大智慧》中有介绍,兹不赘。元许名奎的《劝忍百箴》通过各种历史事实对"不忍"的三层含义做了细致分疏说明,序中列举了古人关于"忍"的诸多教导,录此共赏:

嗟乎,人为血气所使,至于凶于而身、害于而家何限?昔成王之命君陈曰:"必有忍其乃有济,有容德乃大。"孔子曰:"小不忍则乱大谋。"叔孙豹之憾季孙,其御者曰:"鲁以相忍为国。"赵襄子曰:"以能忍耻庶无害。"赵宗平驭吏醉污丞相车茵,当斥,丙吉曰:"西曹第忍之。"柳玭《家训》曰:"肥家以忍顺。"杜牧之《遣兴诗》曰:"忍过事堪喜。"司空图曰:"忍字敌灾星。"《说苑丛谈》云:"能忍耻者安,能忍辱者存。"吕存仁亦云:"忍诟二字,古之格言,学者可以详思而致力。"然则忍之一字,自宰相至于士庶,人皆当以此为药石。

二十七、众恶必察,众好必察

子曰:"众恶之,必察焉。众好之,必察焉。"(《卫灵公》第二十七章)

孔子说:"众人都厌恶他,必须好好考察。众人都喜欢他,必须好好考察。"

唯仁者能好人能恶人。世间仁者少，所以好恶往往不得其中，很多人厌恶了不应该厌恶的人，喜欢了不值得喜欢的人。例如，特立不群，可能为世人所厌恶；好好先生，容易为众人所喜欢。钱穆说："或有特立独行，亦有为大义冒不韪而遭众恶者，亦有违道以邀誉，矫情以钓名，而获众好者。众恶众好，其人其事必属非常，故必加审察。"（《论语新解》）

《孟子·离娄》记载，孟子与弟子公都子谈论匡章。全国之人都说匡章不孝，孟子却与他交游，公都子很疑惑，就问孟子为什么。孟子提出了五种不孝的表现，匡章一种也没有。匡章是因为父亲做错了事，他以善相责而不被父亲接受，虽有不孝之名，并无不孝之实。

全国都说不孝子的恰恰有孝行，朝野都夸大君子的恰恰是伪人——我说的是王莽。王氏作为外戚家族，权倾朝野，族人声色犬马，生活侈靡，唯独王莽清净简朴，谦恭好学，礼贤下士，成了世家大族中的另类和当时的道德楷模。周公恐惧流言日，王莽谦恭未篡时。在真面目暴露之前，知道王莽是伪君子者，多乎哉不多也。

《孟子·梁惠王》中，齐宣王问怎样识别那些缺乏才能的人而不用，孟子回答道：

"国君进贤，如不得已，将使卑逾尊，疏逾戚，可不慎与？左右皆曰贤，未可也；诸大夫皆曰贤，未可也；国人皆曰贤，然后察之。见贤焉，然后用之。左右皆曰不可，勿听；诸大夫皆曰不可，勿听；国人皆曰不可，然后察之；见不可焉，然后去之。左右皆曰可杀，勿听；诸大夫皆曰可杀，勿听；国人皆曰可杀，然后察之；见可杀焉，然后杀之。故曰，国人杀之也。如此，然后可以为民父母。"

国君对人进行进退或惩罚的时候，要广泛征求国君左右、诸大夫和国人的意见。在此基础上，才能形成独立的眼光和正确的判断。众恶必察，众好必察，广泛调查，特别慎重。同时，这段话还体现了儒家对民意的尊重，那么，保障各方的言论权就是逻辑的必然。

二十八、弘道与弘人

子曰："人能弘道，非道弘人。"（《卫灵公》第二十八章）

孔子说："是人能把道弘大，不是道把人弘大。"

道，是一种超越宇宙万物、超越主客观的形而上，不以尧存，不为纣亡。但道又有内在性，内在于万物并且特别彰明于人类，因为人类肌体卓越，六根健全。人能弘道，因为人能得道。

《易》曰："天行健，君子以自强不息。"人能弘道，因为人可以成为自强不息的君子，具有格致诚正修齐治平的无限潜能。非道弘人，因为若非君子，不能自强不息，道也无奈之何。王肃说："才大者道随大，才小者道随小，故不能弘人。"朱熹说："人外无道，道外无人。然人心有觉，而道体无为；故人能大其道，道不能大其人也。"（《论语集注》）

天下有道无道，关键在于人是否能够弘道，能否循道而行。《汉书·董仲舒传》中董仲舒以贤良对策中的这段话，可以为本章注脚。董仲舒说：

"夫周道衰于幽厉，非道亡也，幽厉不繇也。至于宣王，思昔先王之德，兴滞补弊，明文武之功业，周道粲然复兴，诗人美之而作，上天佑之，为生贤佐，后世称诵，至今不绝。此夙夜不懈行善之所致也。孔子曰人能弘道，非道弘人也。故治乱废兴在于己。"

人能弘道，意味着事在人为。人能提升事业品质，也能败坏事业品质。即使是正义事业，若领导集团品质恶劣，其正义性也会大打折扣，成功的希望就容易丧失。小人干大事，会把大事干小了，甚至干坏了。陈胜吴广就是如此。抗暴起义，高度正义，但动机的粗鄙、智慧的低劣和行为的恶劣，注定了他们首义不能成功，善始不能善终。因此，正义事业的领导和参与者是否是正人君子，至关重要。正人正事，相辅相成。

其实人在弘道的时候也在为道所弘，被逐步弘成君子、贤人乃至圣人。人弘道的过程就是道弘人的过程。换言之，弘道的过程也就是人自身道德成长的过程。

从大历史的高度看，人的生命体是道体最美好的呈现，是她最优秀高妙的产品。《易经·序卦》说："有天地然后有万物，有万物然后有男女，有男女然后有夫妇，有夫妇然后有父子…"这是万物生成与人类进化的历史画卷。天地从哪里来？是道体运作出来的。

人类出现之后，又主观能动地增添了道的荣耀。得道君子，克己复礼，即用显体，更是不断地弘扬光大了天道。因此，从宇宙的高度讲，道能弘人，人是天道一步步、一点点地弘出来的；从人类的角度讲，人能弘道，人对道的兴衰负有最高甚至唯一的责任。曾作一联曰：

人能弘道，道能弘人，尽我之心，尽人之性，直到人人尧舜群龙无首；

物不离心，心不离物，格物致知，开物成务，化成物物乾坤一体同仁。

二十九、过而改之即大善

子曰："过而不改，是谓过矣。"（《卫灵公》第二十九章）

孔子说："有过错而不改正，这真是过错了。"

天下谁人不犯错？没有到圣贤地位，喜怒哀乐发不中节，言论行为出轨逾矩，很正常。犯了错误不可怕，怕的是过而不改，文过饰非。《易经·小畜》说："复其道，何其咎？"返回正道即无疚。《左传》说："人谁无过？过而能改，善莫大焉。"《集注》说："过而能改，则复于无过。惟不改则其过遂成，而将不及改矣。"

对于有文化、政治、社会地位和影响的人说，改过这一修养显得特别重要。一般民众即使过而不改，影响毕竟有限。有地位者责任重大，若说错了话，做错了事，用错了人，选错了路，后果会很严重。因此要特别慎重，要勇于反省勇于纳谏，知错必改。《春秋》责备贤者，原因在此。

《荀子·大略》说："春秋贤穆公，以为能变也。"《春秋》赞许穆公，就因为他善于改过。鲁僖公三十三年（公元前 627 年），秦穆公不听老臣蹇叔和百里奚之谏，派大将孟明视、西乞术、白乙丙率军远道袭击郑国，军行到崤山，遭到晋军伏击，全军覆没。秦军将帅回国时，秦穆公对他们发表了自我责备的诰词，即《尚书·秦誓》。

宋襄公则是过而不改的典型。宋襄公帮助了齐国齐孝公复位，自以为功高德昭，企图仿效齐桓公称霸，便想会盟诸侯，确定盟主地位。不听劝告，一意孤行，会盟诸侯于鹿地，以霸主之身份自居，遭到齐孝公与楚成王的不满，终为楚人劫持，威严扫地。

可是，宋襄公回国后，并不吸取教训，急欲报仇，发兵攻郑，与楚决战于泓水，在决战之际又迂腐不堪地瞎指挥，导致宋师大败，自己也受了重伤，次年因伤而死。《春秋·僖公二十二年》批评说："过而不改，又之，是谓之过。襄公之谓也。"

三十、学习学习再学习

子曰："吾尝终日不食，终夜不寝以思，无益，不如学也。"（《卫灵公》第三十章）

孔子说："我曾整天不吃饭，整夜不睡觉用来冥思苦想，没有益，不如学习。"

学与思不可偏废，孔子主张学思并重，说"学而不思则罔，思而不学则殆"。

康德也说过"感性无知性则盲，知性无感性则空"，与孔子此言颇有一致之处。可见中西方在知识的认知和获取上，某些方面往往有类似处。

本章针对"思而不学"者而言。比较而言，学比思更重要。学而不思是迷惘，思而不学则是危殆。《大戴礼记·劝学》记载了孔子类似说法："孔子曰：'吾尝终日思矣，无益，不如学也。'"当然，儒家对学习内容有特定要求。学什么？六经也，圣人之道也。仁者人之本，儒者人之需，儒家圣人之道，是道德和政治、个人和社会最中正的道路，又像粮食店，人类所必需。

《韩诗外传》说："子曰：'不学而好思，虽知不广矣。'"好思而不好学，难免知识面狭隘。这正是佛道两家的弱点。对待知识的态度不同，是儒家与佛道的重大差别之一。儒家将知识、智慧、道德打成一片，以知识为通往智慧的跳板，视智慧为通达道德的桥梁。

西方科学擅长格物致知，却也局限于此；自由主义则局限于政治而缺乏正心诚意功夫。佛道两家用力于道德，但缺乏格致修齐治平等方面的热心。唯我儒家，科学、道德、政治无不重视，个体、家国、天下无不关心，最后归结于修身。如此多管齐下，修出来的身是最圆满的。

同时，儒家学习（实践）并重。学侧重知识性，包括六经六艺和一切文化道德知识学习；习侧重实践性，包括科学实践、心性实践和政治社会实践，同归于修身，修养良知法身。学习不二即知行合一，亦智德合一，合于良知心。

正确的知识和理论，是行为正确、实践正确的基本保障，是自立自达和立人达人的前提和立德立功立言的必需。《大学》中，格物致知侧重于各种正确知见的获取和积累。把格致放在最前面，作为《大学》八条目的入门功夫，实非偶然。缺乏正知正见，就谈不上诚意正心修齐治平了。

格物的物，包括宇宙万物一切现象。政治社会作为"物"之大者，更需要好好"格"之，好好研究现实的问题，汲取历史的经验，从而取得正确的政治社会知识，以指导实践。有了正确的知识，才具有分辨优劣正邪的能力，才能不被错误理论所迷惑，不上邪知邪见的当。

正确的知识从哪里来？一是亲自格物得来，二是从前人成功的经验中得来。这就有赖于学。《论语》首篇首章说"学而时习之"，孔子说"吾十有五而志于学"，都强调学习的重要。学的内容主要就是儒家经典，这是古代圣贤格致诚正修齐治平的实践经验的结晶。

《左传》说："好善而不能择人者，谓不善之人，不可委之以政。"好善而不能择人，是缺乏知人之明；好善而不能择法，是缺乏择法之眼，都是缺乏正知正见，不能正确辨别各种人物、事物、思想、主义的优劣好坏。这种人即使好善，仍属"不善之人"。至于被邪知邪见洗脑而善恶颠倒的人，就更可怕了，越是为善去恶，越会去善为恶。

三十一、谋道和谋食，劳心和劳力

子曰："君子谋道不谋食。耕也，馁在其中矣；学也，禄在其中矣。君子忧道不忧贫。"（《卫灵公》第三十一章）

孔子说："君子为道义谋不为衣食谋。耕田有饥饿的时候，学习可以获得俸禄。君子担忧道义不担忧贫穷。"

谋道，为道而谋包括学道、弘道和行道。忧道是忧道之不明和不行。个人物质生活和贫富，不是君子所重。孟子说："鸡鸣而起，孳孳为善者，舜之徒也；鸡鸣而起，孳孳为利者，跖之徒也。欲知舜与跖之分，无他，利与善之间也。"(《孟子·尽心》)董仲舒说："遑遑求仁义，常恐不能化民者，君子之事；遑遑求财利，常恐匮乏者，小人之事。"

《集注》说："耕所以谋食，而未必得食。学所以谋道，而禄在其中。然其学也，忧不得乎道而已，非为忧贫之故而欲为是以得禄也。尹氏曰：'君子治其本而不恤其末，岂以在外者为忧乐哉？'"

当然，君子不忧贫，并非以贫为高，而是"素富贵行乎富贵，素贫贱行乎贫贱"，一切顺其自然。更非以穷为荣，曾子说："夫有耻之士，富而不以道，则耻之；贫而不以道，则耻之。"(《大戴礼记·曾子制言》)若不合仁义之道，无论富贵贫穷，都是可耻的。

本章关于耕和学的态度，也从侧面揭示了一个社会分工问题。《左传·襄公九年》中知武子说："君子劳心，小人劳力，先王之制也。"耕为劳力，学为劳心。

《孟子·滕文公上》中，农家许行把各种社会问题的出现归咎于社会分工，认为"贤者与民并耕而食，饔飧而治"是解决社会矛盾的最佳办法。孟子对之展开了严厉批驳，提出了"劳心者治人，劳力者治于人"的著名"公式"，强调这是"天下之通义"。

事实正是如此。劳力劳心，合理分工，是正常社会的必需。如果两者无别甚至颠倒过来，就反常了。

三十二、知及仁守，庄而有礼

子曰："知及之，仁不能守之，虽得之，必失之。知及之，仁能守之，不庄以莅之，则民不敬。知及之，仁能守之，庄以莅之，动之不以礼，未善也。"(《卫灵公》第三十二章)

孔子说："智慧得到她了，仁德不能守住她，虽然得到她，定会失去她。智慧得到她了，仁德能守住她了，不用庄重的态度去治理人民，那么民众不会尊敬。智慧得到她了，仁德守住她了，用庄重的态度治理人民了,行动不符合礼制规范,是不完善的。"

知,同智。莅,到,临。这里指临民,即掌握政权,治理百姓。"知及之,仁能守之"的"之",有多种解释,朱熹认为指"理",钱穆认为指治民之道。古注或认为指禄位、官位,或认为指人民。东海以为,作政权或"大位"解比较文从字顺。孔子认为,治理天下,如果知及仁守、庄而又礼,就完善了。长治久安,奥妙在此。

毛氏《论语稽求》引卢东元说:"此为有天下国家者言。《易》曰:'何以守位曰仁。'孟子曰:'天子不仁,不保四海,诸侯不仁,不保社稷。'皆此意也。"这是仁守。

《史记·陆贾传》记载,刘邦说:"乃公居马上得之,安事诗书。"陆贾回答:"居马上得之,宁可以马上治之乎?"诗书是儒家经典,象征仁义之道。马上得天下,需要相当的智慧,但是,如果不能树立仁旗,为政以德,即使得到了天下,必然持而不坚。在陆贾们的襄助下,刘邦尊孔尊儒,仁能守之。

不少儒家王朝的君主,名义上也事诗书尊儒家,但修养不够,不能庄以莅之,所以得不到民众的尊重,虽能守之,也问题重重,难以持恒。因此,仁能守之,还需要庄以莅之。《左传·襄公三十一年》记载,卫襄公在楚国,其相国北宫文子看见令尹围,就对卫襄公说,令尹围的举止很像君王,必有野心,虽然能够实现他的野心,但难免祸难,难以善终,理由就是令尹围无威仪。

北宫文子说:"诗云:敬慎威仪,惟民之则。令尹无威仪,民无则焉。民所不则,以在民上,不可以终。"然后北宫文子向卫襄公介绍了"何谓威仪"。他说:"有威而可畏谓之威,有仪而可象谓之仪。君有君之威仪,其臣畏而爱之,则而象之,故能有其国家,令闻长世。"君主的威仪,就源于治理国家、面对国民时态度的庄重。

能够庄莅,若不能动之以礼,或者礼制不够健全和完善,还是不够,还需要像周公那样制礼作乐。西周制度建设有一个颇长的过程,是始于文王,继于武王,最后周公在摄政期间对周礼作了最后的完善和落实，从而达到了"郁郁乎文哉"的境界，美矣善矣，蔑以加矣。周朝八百年天下，就此奠定。

三十三、不可小知可大受

子曰："君子不可小知，而可大受也，小人不可大受，而可小知也。"（《卫灵公》第三十三章）

孔子说："君子小处未必可观，但可以承担大任；小人不可承担大任，而小处或有可观。"

知，了解，识别，赏识。小知，即从小处、小事情上去识别。小人器小力薄，不能任重，却未必没有一技之长一才之优。君子可以任天下之重，未必事事都能事事都好，一时一事之能否，也不足以体现君子的才干能力。

姜太公就是"不可小知而可大受"者。《齐太公世家》记载："或曰，太公博闻，尝事纣。纣无道，去之。游说诸侯，无所遇，而卒西归周西伯。或曰，吕尚处士，隐海滨。周西伯拘羑里，散宜生、闳夭素知而招吕尚。吕尚亦曰吾闻西伯贤，又善养老，盍往焉。三人者为西伯求美女奇物，献之于纣，以赎西伯。西伯得以出，反国。言吕尚所以事周虽异，然要之为文武师。"

从小处看，以世俗眼光看，姜太公似乎没什么本事。一个穷困潦倒的老头子，曾经游说诸侯而不受待见，岂非能力有限？曾经侍奉殷纣王，岂非品格不高？可是，一遇周文王，便"载与俱归，立为师"，成了文王武王领导集团中的核心人物。施政用兵，文武全才，奇谋异能，层出不穷，为革命事业和王道大业做出了伟大贡献。

品德方面，君子也往往有"小德出入"的时候。《资治通鉴》中有这么一个故事：子思向卫国国君提起苟变说："他的才能可统领五百辆战车。"卫侯说："我知道他可以为大将，然而苟变曾经为吏，向百姓征税，擅自吃了人两个鸡子，所以不用他。"子思说："明智之人任用人，就像木匠使用木料，使用他的长处，舍弃他的短处。因此，一根合抱的良木，如有几尺的朽烂，高明的工匠不会扔掉。现在您处在战国纷争之世，选拔爪牙锋利的人才，却因为两个鸡子而舍弃可守一城的大将，这事可不能让邻国知道啊！"

孙齐鲁说："盖君子有所为，有所不为，人之精神气魄有限，岂可于一些细枝末节与人较量世智乎？"马培路说："狸不可使搏牛，小人不可大受也，然狸之警觉亦其所长；虎不可使搏鼠，君子不可小知也，然虎之威足可以大受。"

三十四、仁之利益大矣哉

子曰："民之于仁也，甚于水火。水火吾见蹈而死者矣，未见蹈仁而死者也。"（《卫灵公》第三十四章）

孔子说："仁对于人来说，比水和火更重要。我见过蹈火蹈水而死的人，没见过蹈仁而死的人。"

蹈，踏，踩，投入，引申为追求，实践。

对于人类来说，水和火为生活所必需，《孟子·尽心》云："民非水火不生活。"但仁比水火更重要。水火是身之需，仁是心之本。没有水火不能生活，将丧身；没有仁，人就不成其为人，将丧心。

仁是形而上与形而下的统一。就本性而言，仁是人之所以为人者，是人之所以生者，肉体与意识都是仁的产物。比起水火来，仁更为人之所需。仁是五常道、三达德之首，众德之本。没有仁，义礼智信勇就没有了依托，各种道德元素都丧失了根本。人类非人化、社会丛林化就是必然的结果。君不君臣不臣，父不父子不子，人不人鬼不鬼，活着也是行尸走肉。

水火有利也有害。水能载舟，亦能覆舟，载舟为利，覆舟为害。

火能烧熟食物，也能夺人性命，熟物为利，夺命为害。而仁则是有百利而无一害的。仁者爱人，爱人者人恒爱之；仁者不忧不惑不惧，无入而不自得，虽蛮貊之邦行矣；君子有三乐；自天佑之，吉无不利；朝闻道，夕死可……福德不二，有德者必有其福。得乎道之谓德，这是德之大者，福报是证得常乐我净。孔颜之乐就是指此乐境，此乐无所倚，超越一切包括生死。

《中庸》记载孔子说："舜其大孝也与！德为圣人，尊为天子，富有四海之内，宗庙飨之，子孙保之。故大德必得其位，必得其禄，必得其名，必得其寿……故大德者必受命。"

孔子"大德五必得"有其特定的时代环境。三代之后，世风浇薄，社会失常，道德与位禄名寿不易相称，有德者未必有位禄名寿，但若着眼本质和长远，道德与功利仍然是相辅相成水涨船高的。盗贼纵得意一时，难以后续；圣贤虽有志不骋，后福绵绵。秦始皇与孔夫子就是最鲜明的对比。

所以，即使从功利角度看，学儒的重要性和道德的必要性同样非同小可。人之生也直，罔之生也幸而免。即使在反常时代，还是要坚持正道做一个正常人。反常毕竟不合算，正常终究不吃亏。正人君子，即使置身恶社会，很多灾难也是可以避免的。有了一定的儒家修养，就不至于父子相斗、兄弟相残、朋友相害和街头相杀，不至于为了利益以命相搏。仁之利益大矣哉。

于难行之路、难办之事，君子容易通行和办好。盖君子讲理，有礼，德才兼备，智勇双全，可以将很多不必要的麻烦"扼杀于摇篮之中"。君子忠信笃敬，有理有礼，人不忍欺，没必要欺；其次有智有勇，不惑不惧，人不敢欺，不容易欺也。骗子不是见谁都欺诈的，盗贼不是见谁都抢劫的，黑社会不是一上来就打打杀杀的。

人有时会被水火所害，却从来没有被仁所害的。至于杀身成仁舍生取义，那是特殊情况，那不是死，而是求仁得仁，成就大仁。

三十五、让不让

子曰:"当仁不让于师。"(《卫灵公》第三十五章)

孔子说:"遇到仁的时候,对老师也不必谦让。"

当仁的"当"字有两解:(一)值义。谓值为仁则不让。(二)担当义。犹云仁以为己任。两义可互通。儒家强调逊让、礼让,当行仁之事则不让,即使对老师也不让。当仁不让正是仁字题中应有之义。西方也有"吾爱吾师,吾更爱真理"的说法,可以参看。

君子不争,不争浮名,不争私利,不争闲是闲非,于道义和道理则不可不争,大是大非不可不争,政治文明和社会公正不可不争,也不拒绝思想争鸣。儒家严于义利、华夷、善恶、正邪、君子小人之辨,都离不开争辩,故孟子说:"吾岂好辩也哉,我不得已也。"当然,争辩有限度,辩明道理即可。

君子礼让,能让则让,面对利益要多忍让,面对权力要多谦让,但应尽的责任、应承的义务不能推让,应该坚持的原则立场不能退让。《集注》说:"当仁,以仁为己任也。虽师亦无所逊,言当勇往而必为也。盖仁者,人所自有而自为之,非有争也,何逊之有?程子曰:'为仁在己,无所与逊。若善名在外,则不可不逊。'"

吕坤说:"身是心当,家是主人翁当,郡邑是守令当,九边是将帅当,千官是冢宰当,天下是天子当,道是圣人当。故宇宙内几桩大事,学者要挺身独任,让不得人,亦与人计行止不得。"(《呻吟语》)

三十六、贞而不谅

子曰:"君子贞而不谅。"(《卫灵公》第三十六章)

孔子说:"君子固执正道,但不拘泥小信。"

贞,中正,坚贞,正固,坚持中道。谅,小信,信而不通之谓。"言必信行必果"的信就是谅。《孟子》:"君子不亮,恶乎执?"亮与谅同。孔子说:"岂若匹夫匹妇之为谅也。"《集注》:"贞,正而固也。谅,则不择是非而必于信。"

《论语新解》说:"贞者,存于己而不变。谅者,求信于人。贞自可信,不待于谅。孔子尝曰:言不必信,行不必果,义之与比。义之与比,贞也。言必信,行必果,则匹夫匹妇之为谅。"

君子坚持正义,坚守正道,但不固执于小信。孟子说:"大人者,言不必信,行不必果,唯义所在。"孔子说:"好信不好学,其蔽也贼。"因为好信不好学,则执一而不知变通,有可能至于贼道。孟子说:"所恶执一者,为其贼道也。"君子贞而不谅,正是为了防止执一而不知变通,因小信而失大义。

马培路说:"学者应信师,然当其仁,则不让于师;既为臣则应事君,然当义谏不听,则可以去;既盟则当守信,然当要盟,则可以不信;既为友则应辅仁,然诤之不听则不能辅其仁,数而反疏,不若离之。均乃'君子贞而不谅'也。"

三十七、先工作后工资

子曰:"事君,敬其事而后其食。"(《卫灵公》第三十七章)

孔子说:"侍奉君主,要敬谨办事,食禄在后。"

食,食禄,俸禄。儒家事君,但不仕无道之君。不排斥俸禄,只是将俸禄视为工作的副产品,所以强调首先要把工作做好。《集注》说:"君子之仕也,有官守者修其职,有言责者尽其忠。皆以敬吾之事而已,不可先有求禄之心也。"

《春秋繁露·仁义法》说:"孔子谓冉子曰:'治民者先富之,而后加教。'语樊迟曰:'治身者,先难后获。'以此之谓治身之与治民,所先后者不同焉矣。《诗》曰:'饮之食之,教之诲之。'先饮食而后教诲,谓治人也。又曰:'坎坎伐辐,彼君子兮,不素餐兮!'先其事,后其食,谓治身也。"为政治民,要先富后教;为人治身,要先难后获,即先事后食。这是从不同角度对政治人的要求。

《礼记·儒行》通过孔子之口介绍了十五种儒者风范,其中有一种儒者就是"先劳而后禄"的。孔子说:"儒有不宝金玉,而忠信以为宝;不祈土地,立义以为土地;不祈多积,多文以为富。难得而易禄也,易禄而难畜也,非时不见,不亦难得乎?非义不合,不亦难畜乎?先劳而后禄,不亦易禄乎?其近人有如此者。"

非有道之时不见,是"难得";先事后食,先劳后禄,是"易禄";无义则去,是"难畜"。

马培路说:"此言君子事君,先事而后食。小人求利,为利而事君,是先食而后事也。先事后食,还是先食后事,盖见君子小人矣。知人亦其易哉!"

三十八、广大教化主

子曰:"有教无类。"(《卫灵公》第三十八章)

孔子说:"教育不分类别。"

无类:不分类,不论富贵贫贱,不论天资优劣,不论品质好坏,不论等级地位高低和地域远近,等等。类字依马融注,作种类讲,如智愚、善恶、富贵、贫贱等类别。

有教无类并非自孔子始。尧舜到西周,平民和奴隶都有接受教育的机会。舜本人出身体力劳动者;商朝王师伊尹、傅说,周朝王师姜尚,原来都地位低下,但都受到过良好教育。周制有乡有遂,先儒谓遂以耕为主，耕不废读；乡以教为主，读不废耕，可见当时文化教育普及的程度。只是春秋礼崩乐坏，平民受教育的机会整体上就严重下降了。

孔子成了私人办学第一人，而且更加有教无类，对象更加平民化。孔门弟子来自五湖四海，品类参差，成分复杂，其中出身平民的最多，如箪食瓢饮的颜回，卞之野人子路，三天不举火、十年不制衣的曾参，上漏下湿的原宪，家无置锥之地的仲弓。也有商人出身如子贡，还有少数出身于贵族的，如孟懿子、南宫敬叔、司马牛等。

《说苑·修文》记载了一个小故事："孔子见子桑伯子，子桑伯子不衣冠而处。弟子曰：夫子何为见此人乎？曰：其质美而无文，吾欲说而文之。"子桑伯子本质很好，修养不好，《楚辞·涉江》说："桑扈裸行。"王注云："去衣裸裎，效夷狄也。"赤身露体，野得很。孔子希望说之以理，化之以文，让他文化、文明起来。

文化人就是以文"化"人的人。文，是德智的统一；化，是教育教化。文化的实质是文明化、智慧化、道德化。文化人负有文化启蒙、道德教化、示范社会的责任，孔子以自己一生的实践，淋漓尽致地展示了中华文化人的光辉形象。

《荀子·法行》记载："南郭惠子问于子贡曰：'夫子之门何其杂也？'子贡曰：'君子正身以俟，欲来者不距，欲去者不止。且夫良医之门多病人，隐栝之侧多枉木，是以杂也。'"《尚书大传》和《说苑》都有同样记载。一个"杂"字，生动地体现了孔子"有教无类"的教育精神，正如他自己说的，自行束修以上未尝无诲。夫子真乃广大教化主也。

三十九、不相为谋，不妨并行

子曰："道不同，不相为谋。"（《卫灵公》第三十九章）

孔子说："道不同，不互相谋画。"

道，道路，基本原则。"道不同"有两种解释：

一说，指善恶正邪不同。《集注》说："不同，如善恶邪正之异。"清黄式三《论语后案》说："君子与君子有时意见不同，行迹不同，而卒能相谋者，其道同也。此言道不同，指异端小人之贼道者。"钱穆说："孟子言禹、稷、颜子同道，又云曾子、子思同道。君子亦有意见行迹之不同，然同于道则可相与谋。惟与小人贼道者，有善恶邪正之分，斯难于相谋矣。"（《论语新解》）

一说，指文化、道德或政治立场不同，不一定有善恶正邪之别。如儒学道学，道不同，都是正学。太史公说："世之学老子者则绌儒学，儒学亦绌老子。道不同不相为谋，岂谓是邪？"（《史记·老庄申韩传》）又说："子曰：道不同不相为谋。亦各从其志也。"（《史记·伯夷传》）

两种解释都可以成立，第二种解释更中肯。因为善恶邪正之间，不相为谋是必然的，但仅仅不相为谋是不够的。对于邪恶，该批判就批判，可阻止就阻止，应惩罚就惩罚。而一般性的道不同，虽然不相为谋，却不妨和而不同，和平共处。"万物并育而不相害，道并行而不相悖"，此之谓也。

道不同不相为谋，并非儒家狭隘或骄傲，而是对文化立场歧异之严峻性的深度认识。文化的分歧是最根本的分歧，对中道立场和仁义原则没有一定的认同和尊重者，难以共谋大事。勉强相为谋，难免扞格不入，甚至一地鸡毛。故道不同志不合，不如保持距离为好。

常说同种同文。其实同文比同种更重要。同文才能同志，才能真正同道。道同则喜相为谋也易相为谋。亲仁，选贤与能，有朋自远方来不亦乐乎，见善如不及，乐取于人以为善，同性相吸也，善善贤贤也。因此，或同文不同种，问题不大，夷狄进于华夏则华夏之。同种不同文，同于邪说，同胞之间也会你死我活。

或问，孔子说道不同不相为谋，道是唯一，何有不同？答：孔子说的其实是对道的认知不同。认知不同则"三观"不同，立场观点方法皆因之而异，故不易相为谋。同时，儒佛道对道体的认知异中有同，颇可相通，所以三家之间既有争议又有共鸣，不难和平共处，可以互相发明。

四十、尚理不尚辞

子曰："辞，达而已矣。"（《卫灵公》第四十章）

孔子说："辞足以达意就行了。"

辞，言辞，文章。《集注》："辞，取达意而止，不以富丽为工。"《礼记·曲礼》："礼，不妄说人，不辞费。"孔颖达疏："凡为人之道，当言行相副。今直有言而无行，为辞费。"妄说人是巧言讨好，辞费是兜圈子，废话多。《礼记·表记》："子曰：事君不下达，不尚辞。"郑玄注："不尚辞，不多出浮华之言也。"

不尚辞尚什么？尚理。《孔丛子嘉言》记载："宰我问：君子尚辞乎？孔子曰："君子以理为尚。博而不要，非所察也；繁辞富说，非所听也。唯知者不失理。"理是第一位的，把道理讲清楚才是至关重要的。言辞的价值，在于明理。

一说，辞指辞命，列国邦交，奉使者主要在传达使命，国情得达，即是不辱君命。《公羊传·庄公十九年》："聘礼，大夫受命不受辞，出竟有可以安社稷，利国家者，则专之可也。"大夫出使的时候，只接受君主布置的任务，具体外交辞令则不受约束，由使者自己决定。

《仪礼·聘礼记》说："辞无常，孙而说。辞多则史，少则不达。辞苟足以达，义之至也。"意谓聘问的言辞没有一定之规，但要谦逊而和悦。言词多则轻浮，少则不能表达意思，言词如果足以表达意思，就达到了极致。

四十一、某在斯

师冕见，及阶，子曰："阶也。"及席，子曰："席也。"皆坐，子告之曰："某在斯，某在斯。"师冕出，子张问曰："与师言之，道与？"子曰："然，固相师之道也。"（《卫灵公》第四十一章）

师冕来见孔子，走近台阶，孔子说："这是台阶。"走近坐席，孔子说："这是坐席。"大家都坐下后，孔子告诉他说："某人在这里，某人在那里。"师冕走了以后，子张问道："这就是与乐师讲话的方式吗？"孔子说："是的，这就是引导乐师的方式。"

相，扶持，引导。师，指乐师，一般是盲人。冕，盲人乐师的名字。本章描述孔子与盲人在一起的细致体贴，道在伦常日用中也。

这也是古代的一种礼仪。《礼记·少仪》说："其未有烛而有后至者，则以在者告，道瞽亦然。"道瞽，引导盲人，与相师同义。

《集注》引尹氏曰："圣人处己为人，其心一致，无不尽其诚故也。有志于学者，求圣人之心，于斯亦可见矣。范氏曰：圣人不侮鳏寡，不虐无告，可见于此。推之天下，无一物不得其所矣。"

某在斯，某人在这里，某也可以自指。东海曾将此言用进多首诗联，特录一首于此：志于吾道岂推移？沧海横流某在斯。我注六经真血脉，六经注我大良知。

第十六章　季氏篇

《季氏》共十四章，主要记孔子论君子怎样修身和以礼治国。

一、《论语》中最长一章

季氏将伐颛臾。冉有、季路见于孔子，曰："季氏将有事于颛臾。"孔子曰："求！无乃尔是过与？夫颛臾，昔者先王以为东蒙主，且在邦域之中矣，是社稷之臣也，何以伐为？"冉有曰："夫子欲之，吾二臣者皆不欲也。"孔子曰："求！周任有言曰：'陈力就列，不能者止。'危而不持，颠而不扶，则将焉用彼相矣？且尔言过矣。虎兕出于柙，龟玉毁于椟中，是谁之过与？"冉有曰："今夫颛臾，固而近于费。今不取，后世必为子孙忧。"孔子曰："求！君子疾夫舍曰欲之而必为之辞。丘也闻，有国有家者，不患贫而患不均，不患寡而患不安。盖均无贫，和无寡，安无倾。夫如是，故远人不服，则修文德以来之。既来之，则安之。今由与求也，相夫子，远人不服，而不能来也，邦分崩离析，而不能守也，而谋动干戈于邦内。吾恐季孙之忧不在颛臾，而在萧墙之内也。"（《季氏》第一章）

季氏准备讨伐颛臾。冉有、子路去见孔子，说："季氏将对颛臾采取行动。"孔子说："冉求，这恐怕是你的过错吧？那颛臾，过去周天子曾让它主持东蒙山的祭祀，而且就在鲁国境内，是与鲁国共安危的附属国，为什么要讨伐它呢？"冉有说："季大夫想这么做，我们两人作为家臣，都不想这么做。"孔子说："冉求，周任有句话说，'衡量自己的才力来担任职务，力不胜任就该辞职。'（比如盲人的助手见盲人）遇到危险却不扶持，摔倒了却不挽起，那么还用这助手做什么呢？而且你的话错了。老虎、犀牛从笼子里跑出来，龟甲、玉器在木匣中被毁坏了，这是谁的过错呢？"冉有说："如今颛臾城墙坚固，而且离费邑很近。现在不占领它，后世必然成为子孙的祸患。"孔子说："冉求，君子厌恶那种不肯实说自己要那样做而偏要另造一套说法的人。我听说，一个国和一个家，不必担心贫穷，而要担心分配不公平；不必担心民寡，而要担心不安定。因为分配公平了，就无所谓贫穷；和睦了，就不显得民寡；安定了，国家就不会倾覆。要是这样做了，远方的人还不归服，就提倡文化道德以招徕他们。已经招徕了，就好好安顿他们。现在仲由、冉求你们，辅佐季大夫，远方的人不归服而不能招徕他们，国家四分五裂而不能保全，反而打算在国境之内用武。我只怕季孙氏的忧患不在颛臾，而在于宫殿的门屏之内呢。"

颛臾，附属于鲁国的一个小国，子爵。有事，这里指施加武力，采取军事行动。无乃，岂不是，恐怕是。先王，鲁国的始祖周公姬旦，系周武王姬发之弟，故这里称周天子为先王。东蒙主，谓主祭东蒙山。东蒙即蒙山，因在鲁国东部，故称东蒙。主，主持祭祀。何以伐为，为什么要讨伐他呢？何以，以何，为什么。为，语气助词。相当于"呢"。夫子，古时对老师、长者、尊贵者的尊称，这里指季康子。

周任，周朝有名的史官。陈力就列，不能者止，意谓衡量自己的才力以担任职务，无力扶持、不能胜任就别干。《先进》说："所谓大臣者，以道事君，不可则止。"《礼记·内则》说："四十始仕，方物出谋发虑。道合则服从，不可则去。"相，辅佐，帮助。古代扶引盲人的人叫相，引申为助手。

兕，古代犀牛类的野兽，或说即雌犀牛。柙，关猛兽的木笼子。椟，木制的柜子、匣子。虎兕出于柙，龟玉毁于椟中，虎兕，兽性大者，出柙则发野性。龟玉，物之美者，毁于椟则不能用，谓小人欲望大发，而君子美德不行。费，季氏的采邑。在今山东省费县西南，有费城。颛臾与费邑相距仅七十里，故说"近于费"。君子疾夫舍曰欲之而必为之辞，实是私心欲之，乃必更作他言，君子疾于此等之饰辞。

不患寡而患不均，不患贫而患不安，董子《春秋繁露·度制》引孔子曰："不患贫而患不均。"《刘氏正义》："盖贫由于不均，故下文言均无贫。《论语》本错综其文，而《繁露》则依义引之，故不同也。"俞氏曲园《古书疑义举例》，以为"寡贫"二字传写互易，可据《繁露》订正为："不患贫而患不均，不患寡而患不安。"《中庸》说："天下国家均也。"戴震云："均谓分疆正域，平量财赋，有取于均之事。"天下国家可均，则其人不私，不私则公，公平、公正、公道。

远人不服，则修文德以来之，来，通徕，招徕，吸引，使其感化归服。周穆王即位后热衷于征讨和巡游，当他要征伐犬戎时，祭公谋父极力谏阻。《国语·周语上》载有祭公谋父谏语，非常精彩和儒家，其中提到"五服制"和"远人不服"的措施。祭公谋父说："夫先王之制，邦内甸服，邦外侯服，侯卫宾服，蛮夷要服，戎狄荒服。甸服者祭，侯服者祀，宾服者享，要服者贡，荒服者王。有不祭则修意，有不祀则修言，有不享则修文，有不贡则修名，有不王则修德，序成而有不至则修刑。于是乎，有刑不祭，伐不祀，征不享，让不贡，告不王。于是乎，有刑罚之辟，有攻伐之兵，有征讨之备，有威让之令，有文告之辞。布令陈辞而又不至，则增修于德而无勤民于远，是以近无不听，远无不服。"

分崩离析，分裂瓦解。崩，倒塌。析，分开。当时鲁国被季孙、孟孙、叔孙三大贵族所分割。萧墙之内，萧墙，宫殿当门的小墙，或称屏。古代臣子进见国君，至屏而肃然起敬，故称萧墙。萧、肃古字通。这里用萧墙借指宫内。当时鲁国的国君鲁哀公名义上在位，实际上政权被季康子把持，这样发展下去，必起内乱。故孔子提醒之。不久，鲁国和季氏内乱接踵，为孔子的话提供了事实证明。《左传·定公五年》:"九月乙亥,阳虎囚季桓子及公父文伯,而逐仲梁怀。冬十月丁亥,杀公何藐。"又《定公八年》:"阳虎欲去三桓,以季寤更季氏,以叔孙辄更叔孙氏,己更孟氏。冬十月壬辰,将享季氏于蒲圃而杀之"云。孔子真不愧君子见几呀。

本章是《论语》中最长的一章,其事应发生于孔子晚年归鲁后,当时冉有为季氏宰,子路也同时仕于季氏。《春秋》《左传》等经典和史书都没有记载季氏伐颛臾之事,或许是季氏闻孔子之言而打了退堂鼓。

本章好几句话已成流行语。如"既来之,则安之","季孙之忧不在颛臾,而在萧墙之内"等等。"不患贫而患不均"一语,更为后世平均主义或平等主义所假借。

不均是不公平,当然可患,但主张均匀和公平,与平均主义是两回事,就像爱国爱族与国家主义、民族主义是两回事一样。儒家主张政治上机会平等和法律上人格平等,强调机会和分配之公平,但反对平均主义和平等主义,爱有差等乃人性之常,万物不齐是自然之常。

吕坤说:"天地之气化,生于不齐,而死于齐。故万物参差,万事杂揉,势固然耳,天地亦主张不得。"(《呻吟语》)又说:"不齐,天之道也,数之自然也。故万物生于不齐,而死于齐。而世之任情厌事者,乃欲一切齐之,是益以甚其不齐者也。夫不齐其不齐,则简而易治;齐其不齐,则乱而多端。"

平均主义和平等主义属于是民粹主义,只会制造更大的不公平和不平等,制造政治社会混乱。

世人出身、性别、种族、智力、学历、才华、思想、学问、修养、智慧、道德,还有社会、经济、权力地位,都不可能平等,对此种种"不平"任何人都无能为力。因此,儒家不追求结果的平等,反对"一般性法律规则和一般性行为规则的平等"(哈耶克语)以外任何"其他种类"的平等。

儒家重政治的公正,但不追求财富的平均。经济学及人性常识告诉我们,财富平均这种主张付诸实践,对社会有弊无利。它会逼逃富裕阶层，对正常致富者不公平，更可怕的是扼杀了国民创造财富的积极性、主动性，结果不是均富而是均贫，吃亏的是所有国民。

仁民、贵民、富民都是儒家民本原则的展开。但富民不是以政治手段均贫富，而是为民众致富提供良好的政策导向和公正的"游戏规则"。法律有底线，道德不封顶；贫穷有底线，富裕不封顶。这是儒家宪政与自由社会的两大共通处。

二、政治秩序的重要性

孔子曰："天下有道，则礼乐征伐自天子出；天下无道，则礼乐征伐自诸侯出。自诸侯出，盖十世希不失矣。自大夫出，五世希不失矣。陪臣执国命，三世希不失矣。天下有道，则政不在大夫。天下有道，则庶人不议。"（《季氏》第二章）

孔子说："天下有道，政治制度和军事行动由天子决定；天下无道，政治制度和军事行动由诸侯决定。由诸侯决定，大概传十代很少有不丧亡的；由大夫决定，传五代很少有不丧亡的；由卿大夫的家臣来掌握国家命运，传三代就很少有不丧亡的。天下有道，政权不会落在大夫手里。天下有道，黎民百姓就不议论政治。"

"十世"句，世，代，十世即十代。陪臣，卿大夫的家臣。
孔子本章之言既有总结性又有预言性。礼乐征伐，国之大事，"自天子出"，理所当然。如果诸侯卿大夫甚至他们的家臣都能做主，就没有政治秩序了，天下就乱套了。《孟子·尽心》说："征者，上伐下也，敌国不相征也。"两个平等的国家，不能互相征伐。
《中庸》说："非天子，不议礼，不制度，不考文。今天下车同轨，书同文，行同伦。虽有其位，苟无其德，不敢作礼乐焉，虽有其德，苟无其位，亦不敢作礼乐焉。"不是天子不能议订礼仪、制订法度和考订文字。这是为了保证天下车子轮距一致，文字字体统一，道德规范相同。虽有天子之位，如果没有相应的德行，不能制礼作乐；虽有天子之德，如果没有相应的地位，也不能制礼作乐。朱熹《集注》引郑氏说："言作礼乐者，必圣人在天子之位。"这种规定，有助于保障政治、社会、道德的基本秩序。

《尚书》说："惟辟作福，惟辟作威。"又说："臣之有作威作福，害于而家，凶于而国。"辟是君主，作福是赏功赐勋，作威是惩恶罚罪。征伐是最大的惩罚。君主制下，如果威福移于臣下，权臣作威作福，就意味着秩序的败坏。苏轼说："书曰：惟辟作福，惟辟作威。此言威福不可移于臣下也。欲威福不移于臣下，则莫若舍己而从众。众之所是，我则与之，众之所非，我则去之。夫众未有不公，而人君者，天下公议之主也，如此，则威福将安归乎？"

上有私议，则下有公议；上无正义，则下恣横议；天下有道，则庶人不议——这是一句事实判断。庶人不议不是不敢议，而是因为政治开明，社会文明，野无遗贤，俊杰在位，无可非议。朱熹曰："上无失政，则下无私议。非箝其口使不敢言也。"

庶人有不满和议论，说明政治有问题，正确的做法是认真听取国民意见，有则改之，无则加勉，如子产所做的那样。召穆公劝谏周厉王说："防民之口，甚于防川。川壅而溃，伤人必多，民亦如之。是故为川者决之使导，为民者宣之使言。"（《国语·召公谏厉王止谤》）

如果"箝其口使不敢言"，那就成了更严重的问题。庶人有议，是上有失政，庶人不敢言，那就不是一般的失政，而是暴政了。殷朝"谗慝胜良矣"，"贤者出走矣"，周武王都说伐纣时机还不成熟，直到"百姓不敢诽怨"，周文王才开始军事革命行动。（《吕氏春秋·贵因》）周厉王弭谤，国人敢怒不敢言，道路以目。奋起反抗，袭击厉王。厉王出逃，最终死于彘地。

三、危亡之兆

孔子曰："禄之去公室五世矣，政逮于大夫四世矣。故夫三桓之

子孙微矣。"(《季氏》第三章)

孔子说:"君主丧失权力已有五代了,政权落在大夫手里有四代了,所以三桓的子孙也将衰微了。"

禄之去公室五世矣,谓爵禄赏罚之权不从君出。郑康成注"禄"为"爵禄",爵是爵位,禄是俸禄。爵禄赏罚,决于君主,故即代表君主之权。公室,指鲁国朝廷。五世,指鲁宣、成、襄、昭、定五公。公元前608年,鲁文公死,大夫东门遂(襄仲)杀嫡长子子赤而立宣公,掌握了鲁国政权。宣公死,政权实际上落在季氏手中。到孔子说这段话时,已经鲁成公、鲁襄公、鲁昭公到鲁定公,共五代。

逮,及,到。四世,公元前591年,鲁宣公死,季文子驱逐了东门氏,此后,由季氏为正卿,掌握了鲁国政权。从文子、武子、平子、桓子,到孔子说这段话时,正为四代。三桓,即鲁国季孙氏、叔孙氏、孟孙(即仲孙)氏三卿。因这三家都是鲁桓公的后代,故称三桓。

《盐铁论·褒贤》说:"不以道进,必不以道退;不以义得者,必不以义亡。季孟之权,三桓之富,不可及也。孔子为之曰:微为人臣,权均于君,富侔于国者亡。故其位弥高而罪弥重,禄滋厚而罪滋多。"

刘宝楠《论语正义》谓孔子本章之言"在定公五年阳虎作难之时"。从鲁国以后的历史发展看,到鲁悼公时,三桓的势力还很强大,但到鲁穆公时代(前407—前382年),三桓的势力就衰弱了,鲁定公时,曾出现"陪臣执国命"的局面。鲁国君不君,三桓臣不臣,三桓的家臣又造三桓的反。

《史记·孔子世家》记载:"桓子嬖臣曰仲梁怀,与阳虎有隙。阳虎欲逐怀,公山不狃止之。其秋,怀益骄,阳虎执怀。桓子怒,阳虎因囚桓子,与盟而醳之。阳虎由此益轻季氏。季氏亦僭于公室,陪臣执国政,是以鲁自大夫以下皆僭离于正道。"

禄去公室，政逮大夫，权均于君，富侔于国，都是危亡之兆。孔子是依常理推断。但考以后世诸多事实，如王莽、司马懿、高欢、杨坚、五胡十国、南朝四姓、汛代八氏等等政权，都得之不以其道，短的止其身，长的也不过传个二三代就到头了。

四、益友和损友

孔子曰："益者三友，损者三友。友直，友谅，友多闻，益矣；友便辟，友善柔，友便佞，损矣。"（《季氏》第四章）

孔子说："有益的朋友有三种，有害的朋友有三种。朋友正直，朋友信义，朋友学识广博，是有益的。朋友虚情假意，朋友恭维媚悦，朋友花言巧语，是有害的。"

谅，信，有信用。便辟，装模作样而不正直。善柔，善于阿谀奉承。便佞，花言巧语而言不符实。按：便辟、善柔、便佞三词，古注解释不一。《集注》："友直，则闻其过。友谅，则进于诚。友多闻，则进于明。便，习熟也。便辟，谓习于威仪而不直。善柔，谓工于媚悦而不谅。便佞，谓习于口语，而无闻见之实。三者损益，正相反也。尹氏曰：'自天子至于庶人，未有不须友以成者。而其损益有如是者，可不谨哉'？"

或说：便辟，足恭貌。善柔，即善于面柔，令色；便佞，即巧言。三种毛病，正好对应《公冶长》中的"巧言令色足恭"。

朋友为五伦之一。人生不可无友，交友不可不慎。《荀子·性恶》说："《传》曰：不知其子视其友，不知其君视其左右。"意谓通过其朋友就可以了解其品性好坏。

《孔子家语》中孔子也引用过这句话。孔子说："不知其子视其父，不知其人视其友，不知其君视其所使，不识其地视其草木。故曰，与善人居，如入芝兰之室，久而不闻其香，即与之化矣；与不善人居，如入鲍鱼之肆，久而不闻其臭，亦与之化矣。丹之所藏者赤，漆之所藏者黑，是以君子必慎其所处者焉。"

《学而篇》："子曰：君子不重则不威，学则不固，主忠信，无友不如己者，过则勿惮改。"自古以来对"无友不如己者"这句话理解纷歧，其实很简单，就是不要与不忠不信者交朋友。"不如己者"指忠信方面"不像自己"，配不上自己。

《大戴礼记》记有不少关于交友之道的言论。《曾子制言》说："吾不仁其人，虽独也，吾弗亲也。"《曾子疾病》说："与君子游，苾乎如入兰芷之室，久而不闻，则与之化矣；与小人游，贷乎如入鲍鱼之次，久而不闻，则与之化矣。是故君子慎其所去就。与君子游，如长日加益，而不自知也；与小人游，如履薄冰，每履而下，几何而不陷乎哉！"

《墨子·所染》结尾也说到交什么样的朋友之重要。他以"染于苍则苍，染于黄则黄"的染料为比，比喻朋友对人品和命运的重大影响，说："非独国有染也，士亦有染。其友皆好仁义，淳谨畏令，则家日益，身日安，名日荣，处官得其理矣，则段干木、禽子、傅说之徒是也。其友皆好矜奋，创作比周，则家日损，身日危，名日辱，处官失其理矣，则子西、易牙、竖刀之徒是也。诗曰'必择所堪，必谨所堪'者，此之谓也。"

五、益者三乐，损者三乐

孔子曰："益者三乐，损者三乐。乐节礼乐，乐道人之善，乐多贤友，益矣。乐骄乐，乐佚游，乐宴乐，损矣。"（《季氏》第五章）

孔子说："有益的快乐有三种，有害的快乐有三种。以礼乐调节自己为乐，以引导他人向善为乐，以多交贤德的朋友为乐，是有益的；以骄纵享乐为乐，以闲佚游荡为乐，以宴饮为乐，是有害的。"

礼重秩序，乐重和谐。以礼来节制自己的言行，以乐来调和自己的七情，以此为乐事，可得性情之正。《集注》：“节，谓辨其制度声容之节。骄乐，则侈肆而不知节；佚游，则惰慢而恶闻善；宴乐，则淫溺而狎小人。三者损益亦相反也。”

"乐节礼乐"是自立自达，是成己；"乐道人之善"是立人达人，是成人。《荀子·不苟》说："君子崇人之美，扬人之善，非谄谀也。"

"乐多贤友"是尚友，是以友辅仁。《中论·贵验》说："居而得贤友，福之次也。"生活中有贤德之人为友，是福气所在也。又说："小人耻其面之不及子都也，君子耻其行之不如尧舜也，故小人尚明鉴，君子尚至言。至言也，非贤友则无取之，故君子必求贤友也。"

儒家"三乐"的具体内容因人而异。孟子说："君子有三乐，而王天下不与存焉。父母俱存，兄弟无故，一乐也；仰不愧于天，俯不怍于人，二乐也；得天下英才而教育之，三乐也。君子有三乐，而王天下不与存焉。"（《孟子·尽心》）

朱熹《集注》引林氏说："此三乐者，一系于天，一系于人，其可以自致者，惟不愧不怍而已。"第一乐"父母俱存，兄弟无故"取决于上天，第三乐"得天下英才而教育之"取决于机会，唯第二种快乐"仰不愧于天，俯不怍于人"只关乎自己的道德修养精神境界，完全取决于自己，只需自助。

记得当年读到孟子"君子有三乐"那段话，觉得孟子有些傻乎乎。父母打骂，兄弟争斗，好苦也；为人师表，好烦也；仰首看天低头看地，有啥好愧怍又有啥子可乐的？后来又觉得孟子太容易满足了，快乐的标准太低了。随着年龄不断增长，越来越感觉孟子的英明伟大。生平惟有"得天下英才而教育之"之乐，求之不得也。

《韩诗外传》记载曾子说："君子有三乐，钟磬琴瑟不在其中。"曾子的三乐是："有亲可畏，有君可事，有子可遗，此一乐也。有亲可谏，有君可去，有子可怒，此二乐也。有君可喻，有友可助，此三乐也。"

可见，儒家之乐是德性、精神及五伦之乐，乐在"事君、奉亲、教子、交友"等行为之中，更乐在心灵生活的充实光辉和精神境界的阔大崇高。反身而诚，万物皆备于我，圆满自足，无待于外，无赖于物，故富亦乐贫亦乐，贵亦乐贱亦乐，顺亦乐逆亦乐，无事不可乐，无时不可乐。

六、侍奉君子当心三种过失

子曰："侍于君子有三愆。言未及之而言谓之躁，言及之而不言谓之隐，未见颜色而言谓之瞽。"（《季氏》第六章）

孔子说："侍奉君子有三种过失。还未轮到他发言就发言，叫做躁；已经轮到他发言还不发言，叫做隐匿；不看脸色就贸然发言，叫做瞎子。"

愆，过失，差错，失误。隐，隐匿，有意缄默。瞽，双目失明，盲人。《集注》："君子，有德位之通称。愆，过也。瞽，无目，不能察言观色。"

该说话时不说话，不该说时抢着说，不顾对方兴趣、意向和脸色乱说一通。这三种过失，任何时候都可能犯，之所以特别把"侍于君子"提出来，是因为这三种过失，在君子面前更容易被发现。马培路说："君子性平，故言未及之而言，能觉其躁；君子坦荡，故言及之而不言，能察其隐；君子性明，故未见颜色而言，能感其瞽。"

关于"三愆"，荀子也有类似说法。《荀子·劝学》说："问楛者勿告也，告楛者勿问也，说楛者勿听也，有争气者勿与辩也。故必由其道至，然后接之；非其道则避之。故礼恭，而后可与言道之方；辞顺，而后可与言道之理；色从，而后可与言道之致。故未可与言而言，谓之傲；可与言而不言，谓之隐；不观气色而言，谓之瞽。故君子不傲、不隐、不瞽，谨顺其身。《诗》曰：'匪交匪舒，天子所予。'此之谓也。"

楛，粗劣，指不合礼法。对于不合礼法的询问，不要回答；对于不合礼法的告诉，不要追问；对于不合礼法的谈论，不要参与；对于意气之争，不要与他争辩。所以，必须合乎礼义之道而来，才给予接待。不合乎礼义之道的，就回避他。因此，恭敬有礼者，才可与他论道之宗旨；言辞和顺者，才可与他谈道的内容；态度诚恳者，才可与他论及道的精义。所以，与不可交谈的人交谈，叫浮躁；与可以交谈的人不谈话，叫怠慢；不看对方神情态度而随便谈话，叫盲目。因此君子不可浮躁、不可怠慢、不可盲目，要谨慎地对待来者。《诗经》说："不浮躁不怠慢，天子所赞许。"说的就是这个道理。

  荀子又说："不问而告谓之傲，问一而告二谓之囋。傲，非也，囋，非也。君子如向矣。"向，通响，回声。别人没有求教，而主动去教导，叫浮躁；问一答二叫啰嗦。浮躁啰嗦都是不对的。君子答问就像回音，不多不少，恰到好处。

七、君子三戒

  孔子曰："君子有三戒。少之时，血气未定，戒之在色；及其壮也，血气方刚，戒之在斗；及其老也，血气既衰，戒之在得。"（《季氏》第七章）

  孔子说："君子要有三种警戒。年轻的时候，血气不宁定，要警戒女色；到了壮年，血气正旺盛，要警戒好斗；到了老年，血气已衰弱，要警戒贪得。"

  未定，未成熟，未宁定。警戒色欲、斗争欲和物欲是一辈子的事，只不过青年、壮年和老年，侧重点有所不同。好色好斗好得，是人之一生最容易犯的三种毛病，《淮南子·诠言》说："凡人之性，少则猖狂，壮则强暴，老则好利。"好利就是贪得。

  这也是君子与小人的重要区别之一。君子能够在这三件事上自警自戒。戒色戒斗戒得，既是养身，也是修德。君子有志气，可以控制和导良血气。《集注》引范氏说："圣人同于人者血气也，异于人者志气也。血气有时而衰，志气则无时而衰。少未定、壮而刚、老而衰者，血气也；戒于色、戒于斗、戒于得者，志气也。君子养其志气，故不为血气所动，是以年弥高而德弥邵也。"

关于戒色的重要性和色欲的危害性，历代圣贤大儒多有论述。《尚书·无逸》中周公说："自时厥后立王，生则逸，生则逸，不知稼穑之艰难，不闻小人之劳，惟耽乐之从。自时厥后，亦罔或克寿，或十年，或七八年，或五六年，或四三年。"

自祖甲之后，历代殷王生来就安逸享乐，只追求纵情享乐，所以没有长寿的，在王位有的十年，有的七八年，有的五六年，有的仅三四年而已。贪色纵欲，就是耽乐的主要内容。

关于戒斗，《荀子·荣辱》长篇大论，对"斗者"进行了极其严厉的批判，斥之为猪狗不如的东西，并提出了狗彘之勇、贾盗之勇、小人之勇和士君子之勇等四种勇敢。"斗者"最好也不过小人之勇而已，劣则为狗彘之勇，"争饮食，无廉耻，不知是非，不辟死伤，不畏众强，悻悻然唯饮食之见，是狗彘之勇也。"争抢喝吃，没有廉耻，不辨是非，不顾死伤，不怕民众的强大，眼红得只看到吃喝享乐，这是猪狗的勇敢。

八、君子三畏

子曰："君子有三畏，畏天命，畏大人，畏圣人之言。小人不知天命而不畏也，狎大人，侮圣人之言。"（《季氏》第八章）

孔子说："君子有三大敬畏，敬畏天命，敬畏大人，敬畏圣人之言。小人不知道天命而不知敬畏，轻慢大人，侮蔑圣人之言。"

畏，敬畏，敬服。狎，狎侮，轻慢。

儒家的天，或谓自然之天，或谓象征之天，或谓道体之天。道体流行，是谓天命，人之良知，作为本性，即天之所命，天命之性。《为政篇》说："五十而知天命。"《尧曰篇》说："不知命无以为君子。"畏天命与知天命相辅相成，知天命必然畏天命，畏天命自然知天命。

畏天命即畏良知，听从良知命令，遵循良知而行。圣人于良知信解行证，对良知的阐说最透彻，其言最为圆满，对于华夷、义利、正邪、善恶、仁政恶政、君子小人之辨，儒家经典、圣人之言和提供的义理标准，最为准确高明。孔子作《春秋》而乱臣贼子惧，对于妖魔，经典圣言是最可怕的照妖镜。因此，背道而驰的学说、反仁而行的政治必然反儒。古来暴君，只要坐稳天下，必然焚书坑儒，甚至像洪秀全，江山尚未半壁就迫不及待了。

大人是圣人有位者，是良知政治的实践者。《易经》中合而言之，圣人与大人无异；分言则作《易》为圣，实践易德为大人。《易经·文言传》："夫大人者，与天地合其德，与日月合其明，与四时合其序，与鬼神合其吉凶，先天而天弗违，后天而奉天时。"这里的大人与圣人道德同级。不同的是，大人有机会成就外王事业的辉煌，道统政统得以合一。

孟子说："大人者，不失其赤子之心者也。"赵岐注："大人谓君。"孟子说，有天爵，有人爵，大人是天爵与人爵的统一。《乾凿度》引孔子："易有君人五号，大人者，圣明德备也。"《史记·索隐》引《易·乾卦》向秀注："圣人在位，谓之大人。"当然，大人，有时亦以人爵言。孟子"说大人则藐之"的大人，就指一般君主或公卿大夫，与这里所说的大人不同。

孔子将"三畏"视为君子美德，并将之作为划分君子与小人的重要分界线。不知天命而不畏，狎大人，侮圣人之言，必然败坏自性，行险侥幸，破坏人与人、人与社会、人与自然之间的和谐。曾子说："夸而无耻，强而无惮，好勇而忍人者，君子不与也。"（《大戴礼记》）无惮即无畏，肆无忌惮。

九、有生而知之者吗

孔子曰:"生而知之者,上也;学而知之者,次也;困而学之,又其次也。困而不学,民斯为下矣。"(《季氏》第九章)

孔子说:"生来就知道的人,最上等;通过学习而知道的人,次一等;经历困境后才要学习的,又次一等。经了困境仍不愿学,这种人是最下等的。"

儒家有"生而知之"的说法。《述而》中孔子说:"我非生而知之者,好古,敏以求之者也。"《中庸》说:"或生而知之,或学而知之,或困而知之,及其知之,一也。"

这里的"之",都是指"朝闻道,夕死可矣"的"道",即子贡说不得而闻的"性与天道"。一般的文化知识不可能"生而知之"是显而易见的,只能学而知之。只有"道",孔子认为存在着生而知之者,即天生就知道、有道的人。佛教有独觉佛,天生的觉者,不需要学就觉悟了。

道,于天为"万物资始"的道体,于人为"道心惟危"的道心,也就是东海《大良知学》中的无相大光明。道心人人皆有,人人平等,对此,古今中外绝大多数人只能"学而知之",通过儒家经典的学习,逐步信之解之行之证之。故本章强调学习的重要。

尽管每个人的道心本性与圣贤无异,但是,气质习染因人而异。不驱除习性的遮蔽,就不能反身而诚。学,有助于变化气质,力致良知。学的最高目的,无非是见自本性、识自本性。这就是古之学者为己的真义。不学习,就没有闻道的机会,亦无法相信人人良知平等、人人皆可为尧舜的道理。

儒学是最真实也最高明的了生脱死之学,故孔子说,朝闻道,夕死可,盖道心高于肉体身和意识心,超越生死,超越宇宙万物一切现象，永无断灭。子贡说："大哉死乎，君子息焉，小人休焉。"张载说："存吾顺事，没吾宁也。"以死为安息，视死如归去，体现了大儒对"正死"云淡风轻的超然态度。

儒家下学上达，尊德性而道问学。孔子在《卫灵公篇》中否认自己"为多学而识之者"，强调"予一以贯之"，是从"尊德性"的角度说。在《述而篇》里又说自己"好古敏求"，是从"道问学"的角度说。"多学而识"属于下学之事，"一以贯之"属于上达之事。非生而知之者，都必须通过下学，方有上达之望。

说困而不学，民斯为下，是因为古时士以上自幼都必须学，平民则学与不学听其自便，也有想学而没有机会的情况。

十、君子九思

孔子曰："君子有九思。视思明，听思聪，色思温，貌思恭，言思忠，事思敬，疑思问，忿思难，见得思义。"（《季氏》第十章）

孔子说："君子有九种寻思：看，寻思清楚否；听，寻思明白否；脸色，寻思温和否；容貌，寻思庄敬否；说话，寻思忠实否；做事，寻思敬谨否；有疑难，寻思向人请教；愤怒，寻思有无后患；见到利益，寻思合义否。"

《孟子·告子》说："心之官则思。思则得之，不思则不得也。"思，包括知识性之思、思想性之思和道德性之思。本章侧重于个体道德之思。看要看明白，听要听清楚，颜色要温和，容貌要谦恭，说话要忠实，做事要认真，有疑要多问，有愤怒要忍耐，面对利益当思道义。这九个方面做好了，自然具备了君子风范。

《集注》说："视无所蔽，则明无不见。听无所壅，则聪无不闻。色，见于面者。貌，举身而言。思问，则疑不蓄。思难，则忿必惩。思义，则得不苟。程子曰：'九思各专其一。'谢氏曰：'未至于从容中道，无时而不自省察也。虽有不存焉者，寡矣，此之谓思诚。'"

《洪范》中有类似说法："五事：一曰貌，二曰言，三曰视，四曰听，五曰思。貌曰恭，言曰从，视曰明，听曰聪，思曰睿。恭作肃，从作义，明作哲，聪作谋，睿作圣。"容貌要恭敬，言论要合理，观察要明白，听闻要广远，思想要通达。容貌恭敬就能严肃，言论合理就能适宜，观察明白就能智慧，听闻广远就能善谋，思想通达就能圣明。

关于"疑思问"，《仲虺之诰》说："好问则裕，自用则小。"谦虚好问所得就多，刚愎自用所得就少。《大戴礼记·曾子立事》说："弗知而不问焉，固也。"不懂又不问，就会固陋。

《荀子·大略》说："迷者不问路，溺者不问遂，亡人好独。《诗》曰：我言维服，勿用为笑，先民有言，询于刍荛。言博问也。"迷路的人不问道路，溺水的人不问水路，亡国之君独断专行。《诗》云：我所说的是要事，不要以为开玩笑，古人曾经有句话，要向樵夫去请教。这是说要博问。

关于"忿思难"，《颜渊》里孔子说："一朝之忿，忘其身以及其亲，非惑与？"《易·象传》说："山下有泽，损，君子以惩忿窒欲。"《大戴礼记·曾子立事》说："忿怒思患。"《后汉书·吴佑传》："孝子忿必思难，动不累亲。"关于"见得思义"，《子张篇》和《宪问篇》都有同样说法。

十一、曾经听说无缘见

> 孔子曰："'见善如不及，见不善如探汤。'吾见其人矣，吾闻其语矣；'隐居以求其志，行义以达其道。'吾闻其语矣，未见其人也。"（《季氏》第十一章）

孔子说："见人之善，生怕赶不上似的；见人之不善，就像把手探进开水里。我见过这种人，我听到过这种话。隐居以坚持自己的志向，行义来贯彻自己的宗旨。我听到过这种话，没见过他们的人。"

探汤，把手伸到滚烫的水里。汤，开水，热水。达，达到，全面贯彻。

见善如不及，见不善如探汤，相对容易，一般君子也能做到，所以孔子说见其人闻其语。《易经·益卦》象辞曰："风雷益，君子以见善则迁，有过则改。"《大戴礼记·曾子立事》说："君子祸之为患，辱之为畏，见善恐不得与焉，见不善恐其及己也，是故君子疑以终身。"

没有机会或者时机不熟，就退而守道，隐居养志，"居易以俟命"。条件成熟机会到来，便出来贯彻自己的主张，实践自己的理想。退而隐居，进而行义，穷达有异，其道则一。隐居以求其志，行义以达其道，特别难能，而且行义以达其道还有赖于外在条件的配套，所以孔子说闻其语未见其人。

《集注》说："真知善恶而诚好恶之，颜曾闵冉之徒，盖能之矣。求其志，守其所达之道也；达其道，行其所求之志也。盖惟伊尹、太公之流，可以当之。当时若颜子，亦庶乎此。然隐而未见，又不幸而蚤死，故夫子云然。"

朱熹说，隐居求志，行义达道，唯伊尹、太公可以当之。颜子也差堪仿佛，但颜子没有行道机会，又不幸早死。关于伊尹，孟子堪称其知音。《孟子·万章上》介绍说：伊尹耕于有莘之野，乐乎尧舜之道，淡泊富贵，自得其乐。成汤派人厚币聘请，但伊尹说，我要汤的聘币干什么呢？不如在乡间乐尧舜之道呀。成汤三次往聘，伊尹转念想，我自乐尧舜之道，何如使成汤成为尧舜之君，使天下之民众成为尧舜之民，我自己亲眼见到尧舜之世？自己作为先知先觉，就有"以斯道觉斯民"的文化责任，理当努力让民众"被尧舜之泽"。因此，伊尹前去说服成汤征伐夏朝，救民于水火。

十二、荣义不荣势

齐景公有马千驷,死之日,民无德而称焉。伯夷、叔齐饿于首阳之下,民到于今称之。'诚不以富,亦只以异。'其斯之谓与。(《季氏》第十二章)

齐景公拥有千乘之国,死的时候,没有什么德行值得人民称颂。伯夷、叔齐饿死在首阳山下,人民到现在还在称颂他们。《诗经》上说:'真不在于富不富,只是因为品德不同。'说的大概是这个意思吧。

千驷,古代一辆车套四匹马,驷就是四匹马的统称,千驷就是千乘之国。首阳,首阳山,又称雷首山,独领山,在今山西省运城(一说永济)县南,为当年伯夷叔齐采薇隐居处。"诚不"句,这两句本在《颜渊》第十章中,宋儒程子引胡氏语认为应加在这里,与后句"其斯之谓与"衔接。姑按所说补入。

儒家贵德,尚德,以道德为衡量人世间各种人物事物之高低、优劣、荣辱的最高标准。于政治,道统高于政统;于个人,天爵高于人爵。《春秋》"荣义不荣势",齐景公有马千驷却不足荣,伯夷叔齐饿于首阳之下则非常光荣。

儒家道德上强调自立立人,利益上也主张利他自利,关注个体利益的根本性,追求整体利益的最大化,故儒家为人为政都离不开一定的利益考虑。利益挂帅,道义远离矣;道义第一,利在其中矣。道义不是空洞的,它涵摄了正当合宜的利益在内。于个人修养,"君子喻于义,小人喻于利。"于治国之道,"正德,利用,厚生,惟和。"《易经》说"利者义之和",将利益和道义打成了一片。

马培路说:"在《泰伯》篇首,子曰:'泰伯其可谓至德也已矣,三以天下让,民无得而称焉。'显然,'无得而称'与'无德而称'

不同。前者意思是，泰伯德高而行隐微，民无法就其事迹称颂他。后者意思是，齐景公无德让民称颂。"

十三、陈亢问一得三

陈亢问于伯鱼曰："子亦有异闻乎？"对曰："未也。尝独立，鲤趋而过庭。曰：'学《诗》乎？'对曰：'未也。''不学《诗》，无以言。'鲤退而学《诗》。他日，又独立，鲤趋而过庭。曰：'学礼乎？'对曰：'未也。''不学礼，无以立。'鲤退而学礼。闻斯二者。"陈亢退而喜曰："问一得三，闻《诗》，闻礼，又闻君子之远其子也。"（《季氏》第十三章）

陈亢问伯鱼说："您（从父亲那里）得到过特别的教导吗？"（伯鱼）回答说："没有呀。（父亲）曾经一个人站着，我快步走过庭院。（父亲）问：'学《诗》了吗？'回答说：'没有呀。'（父亲说：）'不学《诗》，不会说话。'我下去就学《诗》。又一天，（父亲）又一个人站着，我快步走过庭院。（父亲）问：'学礼了吗？'回答说：'没有呀。'（父亲说：）'不学礼，不能立身。'我下去就学礼。只听到这两番教导。"陈亢回去高兴地说："问一件事得到三个收获：知道学《诗》，知道学礼，又知道君子不偏向自己的儿子。"

陈亢，字子禽，参阅《学而》第十章注。孔鲤，孔子的儿子。《史记·孔子世家》记载，周景王十三年，即鲁昭公九年（前533年），孔子十九岁，娶宋人亓官氏之女为妻。一年后，亓官氏为孔子生下一子。孔子当时是管理仓库的委吏，鲁昭公派人送来一条大鲤鱼，表示祝贺。孔子因此给儿子取名为鲤，字伯鱼。趋，小步快行，以示恭敬。君子远其子的"远"，有无私厚、不偏向之意。

《述而篇》孔子说："吾无隐乎尔。"陈亢以为伯鱼作为孔子的儿子，或能从孔子那里得到什么不传之秘。陈亢的猜测可以理解，却没水平。儒家没有秘诀，不玩"半夜三更传秘诀"之类把戏。《集释》引《四书近指》曰："他人以为道有异，圣人原无从容其异也；他人见为子可私，圣人原无所容其私也。"

十四、国君妻子的称谓

邦君之妻，君称之曰"夫人"，夫人自称曰"小童"，邦人称之曰"君夫人"，称诸异邦曰"寡小君"，异邦人称之亦曰"君夫人"。（《季氏》第十四章）

国君的妻子，国君称她为夫人，夫人自己称小童，国人称她为君夫人，在异国人面前称为寡小君，异国人称呼她也叫君夫人。

邦君，指诸侯国的国君。小童，谦称。《集注》："寡，寡德，谦辞。"《礼记·曲礼》说："天子之妃曰后，诸侯曰夫人。"又说："夫人自称于其君曰小童。"国人称国君妻子为君夫人，国君妻子在异国人面前自称为寡小君，这在《左传》中有例子，在《仪礼》中有规定。《史记·孔子世家》记载："灵公夫人有南子者，使人谓孔子曰：'四方之君子不辱欲与寡君为兄弟者，必见寡小君。寡小君原见。'"。

此章开头阙"孔子曰"三字，后儒疑非孔子之言。程树德《集释》按语认为此章古论鲁论皆有，并非后人任意附记。孔安国注："当此之时，诸侯嫡妾不正，称号不审，故孔子正言其礼也。"认为是孔子所说。孙齐鲁说："这与古时夫妻之称呼颇合款曲。丈夫称夫人为夫人，夫人自谦为妾。他人称别人夫人为尊夫人，称其妾为如夫人。"

第十七章　阳货篇

《阳货》共二十六章,主要记孔子教育弟子讲究仁德,阐发礼乐治国之理。

一、阳货见孔子

阳货欲见孔子,孔子不见,归孔子豚。孔子时其亡也而往拜之。遇诸涂。谓孔子曰:"来!予与尔言。"曰:"怀其宝而迷其邦,可谓仁乎?曰不可。好从事而亟失时,可谓知乎?曰不可。日月逝矣,岁不我与。"孔子曰:"诺,吾将仕矣。"(《阳货》第一章)

阳货想见孔子,孔子不愿见。(阳货)赠送孔子一只烤乳猪。孔子趁阳货不在家去回拜,途中遇见了他。对孔子说:"过来!我有话对你说。"说:"身怀德宝而听任国家迷乱,可以称为仁吗?应该说不可以。心想做事而一再错过机会,可以称为智吗?应该说不可以。时间一天天过去了,年岁不等人。"孔子说:"好吧,我将会出仕了。"

归,同馈,赠送。豚,小猪,这里指蒸熟了的小猪。时,同伺,窥伺,探听。亡,同无。这里指不在家。涂,同途。途中,路上。怀其宝而迷其邦,谓怀藏道德而任凭国家迷乱,不予施救。亟,副词,屡次。岁不我与,即"岁不与我",年岁不等待我。

阳货又名阳虎,杨虎,季氏家臣,曾一度掌握季家大权并囚季桓子而专鲁国之政,是孔子说的"陪臣执国命"者。阳货为发展自己势力,想拉孔子给他做事。但孔子不愿依附阳货,故设法回避。

后阳货因企图消除三桓未成而逃往国外,孔子最终也未仕于阳货。

《孟子·滕文公》记载:

> 公孙丑问曰:"不见诸侯何义?"孟子曰:"古者不为臣不见。段干木逾垣而辟之,泄柳闭门而不纳,是皆已甚;迫,斯可以见矣。阳货欲见孔子而恶无礼,大夫有赐于士,不得受于其家,则往拜其门。阳货瞰孔子之亡也,而馈孔子蒸豚;孔子亦瞰其亡也,而往拜之。当是时,阳货先,岂得不见?"

"孟子不见诸侯"载于《公孙丑》第二章。孟子即将朝见齐王,正巧齐王派使者来传话,说本想亲自过来拜访,身体受了点风寒,请孟子过去。孟子亦自称有病,不去见齐王。本章公孙丑旧话重提:"不见诸侯何义?"孟子回答说:"古时不是为臣的可以不见。段干木越墙避见魏文侯,泄柳紧锁大门回绝鲁穆公,都过分了。君主逼着要见,未尝不可一见。阳货想让孔子来见他,就钻了礼的空子。孔子也用同样的办法回敬阳货。"

本章所述,足见孔子既能坚持原则又能睿智处事。阳货想见孔子,孔子不见。阳货赠送给孔子一只烤乳猪,想要孔子主动去见他。因礼有规定,"大夫有赐于士,不得受于其家,则往拜其门。"阳货利用这一点,用一只烤乳猪"逼"孔子不得不回拜。但孔子的应对,不论是趁阳货不在家时前往答谢,还是不巧在半路上相遇的问答,都体现了孔子的中庸智慧。关此,元儒胡炳文的分析颇为精彩。他在《四书通》中写道:

> "此一事耳,而见圣人之一言一动皆时中之妙。阳货欲见孔子而遽见之,非中也;既有馈而不往拜之,非中也;不时其亡则中小人之计,非中也;不幸遇诸途而又避之,则绝小人之甚,非中也;理之直者其辞易至于不逊,非中也;辞之逊而或有所诎,非中也。圣人不徇物而亦不苟异,不绝物而亦不苟同,愈雍容不迫而愈刚直

不屈，此其所以为时中之妙也。"

"不徇物而亦不苟异，不绝物而亦不苟同，愈雍容不迫而愈刚直不屈。"这是何等的中正、何等的德智，真可谓增之一分则太长，减之一分则太短，恰恰好也。

二、儒家的人性论

子曰："性相近也，习相远也。"（《阳货》第二章）

孔子说："本性相互差不多，习性相互差得远。"

人人本性相近，后天的熏习使人性差别大起来。《中庸》说："天命之谓性。"《汤诰》说："维皇上帝降衷于下民，若有恒性。"这个天命之性和恒性即本性。这是儒家性善论的经典依据。本性超越善恶，不能用世间善恶概念和标准去衡量。

本性健动，发而为习，习性殊异。习分善恶（另有无记习，无所谓善恶），恶习是本性"发而不中"形成的。伊尹说："兹乃不义，习与性成。"（《尚书·太甲》）这是伊尹警告太甲，不良习惯会形成恶习。《召诰》说："节性，唯日其迈。"节制他们的习性，使之天天进步，这是为了养成善习。《大戴礼记·保傅》引孔子之言："少成若天性，习惯以为常。"说的就是习性的养成。

就个体而言，某些习性亦与生俱来。佛家所谓的"无明"根深蒂固，有一定的先天性，只是不如"光明本性"更为根本耳。子曰"性相近"，不说性相同，有其道理。这里的"性"虽指本性，实已掺杂与生俱来的某些习性，即宋儒所谓"气质之性"。只是"人之初"气质之性细微，故"性相近"。朱熹说："此所谓性，兼气质而言者也。气质之性，固有美恶之不同矣。然以其初而言，则皆不甚相远也。但习于善则善，习于恶则恶，于是始相远耳。"（《集注》）

程子以为此"性"完全指气质之性，就不对了。这里的"性"指天性。孩童之天性都差不多，都近似，都善良，纵有不良者，也坏不到哪里去。孔子只论现世，就现世和一期生命而言，"性相近"的说法最为真确。

性恶论性善论，作为一种哲学，都是从根本上说性的。这里一错，流蔽无穷。性恶论知恶而不知善，知习而不知本，知人欲而不知天理，从根本上错了。

在人性中，善居于统治地位。借句俗话形容，即使失了权势受到蒙蔽，主子毕竟还是主子。我曾批评荀子犯了"蔽于人而不知天"的毛病，就是指他为习性之恶所蔽，不识人类本然天性之至善。

孟子说："言人之不善，当如后患何？"有学者解释为，说别人不好，有后患怎么办？似乎孟子是口不臧否他人是非的乡愿呢。其实孟子此言是提醒，性恶论后患无穷。他果然有先见之明：荀子倡性恶，结果导出了法家，继又导出了秦王朝和秦制度，肇祸天下。

另外，欲望是本能，无所谓善恶，只有私欲膨胀，发为恶念恶行，才会变成恶。欲望非善非恶，超越善恶，也可以说是一种至善。人类的延续依靠的正是本能欲望，人类的创造和一切文明成就都直接间接地与欲望有关。

三、上智不退，下愚不进

子曰："唯上知与下愚不移。"（《阳货》第三章）

孔子说："只有上智与下愚不移易。"

不移：不移易，不转变。

上智谓生而知之，下愚指困而不学。尽管人之初性相近，但某些人特别智慧高超，定力坚强，大本确立，永不退转，无论外在环境如何都不会蜕变；某些人"困而不学"则会堕为下愚，再没有机会成德成圣。在道德上，上智不退，择善固执；下愚不进，见善如探汤。

《汉书·古今人表》说："可与为善，不可与为恶，是谓上智；可与为恶，不可与为善，是为下愚；可与为善，可与为恶，是谓中人。"世间绝大多数是中人，有好文化教导、好制度约束则善，反之则恶。中人可善可恶，关键在于后天的熏习。习善而为善，习恶而为恶。《国语·楚语》记载：

庄王使士亹傅太子箴，辞曰："臣不才，无能益焉。"曰："赖子之善之也。"对曰："夫善在太子，太子欲善，善人将至；若不欲善，善则不用。故尧有丹朱，舜有商均，启有五观，汤有太甲，文王有管蔡。是五王者，皆有元德也，而有奸子。夫岂不欲其善，不能故也。"

楚庄王还是让士亹傅做了太子箴的师傅。士亹就教学事向申叔时请教。申叔时列举《春秋》《世》《诗》《礼》《乐》《令》《语》《故志》《训典》等九门课程，并提出相应的教学要求。士亹的话不错，却不究竟。丹朱、商均、五观、管蔡都堪称下愚，其中太甲则在帝师伊尹的教诲帮助下，改过自新了，变善了，移了。

其实孔子说下愚不移，就像佛教说一阐提不能成佛一样，并非究竟。从根本上说，佛教认为一阐提也可成佛，儒家则人人皆可以为尧舜，下愚不是绝对不移的。不移，只是由于自暴自弃，不愿学，不愿自我变化。王阳明《传习录》："问：上智下愚如何不可移？答：不是不可移，只是不肯移。"

程子说："人性本善，有不可移者何也？语其性则皆善也，语其才则有下愚之不移。所谓下愚有二焉：自暴自弃也。人苟以善自治，则无不可移，虽昏愚之至，皆可渐磨而进也。唯自暴者拒之以不信，自弃者绝之以不为，虽圣人与居，不能化而入也，仲尼之所谓下愚也。然其质非必昏且愚也，往往强戾而才力有过人者，商辛是也。圣人以其自绝于善，谓之下愚，然考其归则诚愚也。"

四、开弟子的玩笑

子之武城,闻弦歌之声。夫子莞尔而笑,曰:"割鸡焉用牛刀?"子游对曰:"昔者偃也闻诸夫子:'君子学道则爱人,小人学道则易使也。'"子曰:"二三子,偃之言是也。前言戏之耳。"(《阳货》第四章)

孔夫子到武城,听见弦歌之声。夫子微微一笑,说:"杀鸡哪用牛刀呢?"子游对答说:"过去我听夫子说过:'有权位者学了道就会爱民,老百姓学了道就容易管理。'"孔子说:"各位,子游的话是对的,刚才的话只是对他开玩笑罢了。"

武城,鲁国小城邑。公元前554年,鲁襄公筑武城以御齐。言偃(子游)曾任武城邑宰。莞尔,微笑貌。

子游、子夏都是孔门后进弟子,列在文学之科。而且子游做武城宰时还年轻,已能行礼乐之教,可见孔门四科相通相成,文学科高材生实践政治,绰有余裕。

子游作武城邑宰,《论语》中提到两次,一以贤才为重,一重弦诵之乐,可见子游行政水平之高。《礼记·文王世子》说:"春诵,夏弦,秋学礼,冬读书。"郑玄注:"诵谓歌乐也,弦谓以丝播诗。"

孔子之言是戏言和喜言,似亦不无惋惜之情。子游之大才、弦诵之政治,用于武城之小邑,岂非割鸡而用牛刀?孙齐鲁说:"小康之制尚礼,大同至制尚乐。子游以大同之法治理小城,故夫子莞尔笑之。"

五、公山弗扰以费畔

公山弗扰以费畔,召,子欲往。子路不悦,曰:"末之也已,何

必公山氏之之也？"子曰："夫召我者，而岂徒哉？如有用我者，吾其为东周乎！"（《阳货》第五章）

公山弗扰据费邑叛乱，召请（孔子），孔子想去。子路不高兴，说："没有可去的地方就算了，何必去公山氏那里呢？"孔子说："召我的人，难道会让我白去吗？如有用我的人，我或能重建东周呢！"

公山弗扰，《论语》皇本作公山不扰，邢疏以为弗扰就是《左传》里的公山不狃。其人字子泄，季氏家臣，定公五年为费宰，后据费邑叛季氏，失败后逃亡齐国，又奔吴。王引之《春秋名字解诂》云："《论语》作弗扰，假借字也，古音狃与扰同。"

费，鲁国季氏的采邑。畔，同叛。末之也已，没有可去的地方就算了。末，没有。之，去，往。已，止，算了。"何必"句，何必去公山氏那个地方呢？句中第一个"之"是助词，起把宾语提前的语法作用。第二个"之"是动词，去，往。

关于公山弗扰召而孔子欲往一事，《史记·孔子世家》记载："公山不狃以费畔季氏，使人召孔子。孔子循道弥久，温温无所试，莫能己用，曰：'盖周文武起丰镐而王，今费虽小，傥庶几乎！'欲往。子路不悦，止孔子。孔子曰：'夫召我者岂徒哉？如用我，其为东周乎！'然亦卒不行。"

周朝自平王东迁以后，衰败不堪。吾其为东周乎？意谓如有用我者，我或许能在东方复兴周道，重建东周。可惜公山弗扰终究不是能用孔子而重建王道的人，故孔子终究没有应召。朱熹《论语序说》依从《史记》并引程子之言，解释孔子欲往之意。程子说："圣人以天下无不可有为之人，亦无不可改过之人，故欲往。然而终不往者，知其必不能改故也。"（《论语集注》）

公山弗扰与阳货同叛，似一路货色，孔子不愿见阳货，何以却试图与公山弗扰兴周道于东方？金履祥以当日"陪臣以张公室为由"，推测孔子有应召之可能。他说："公山不狃以费畔季氏，佛肸以中牟畔赵氏，皆家臣畔大夫也。而召孔子，孔子虽卒不往，而云欲往者，盖大夫畔诸侯而陪臣以张公室为名也。"（据《论语集释》）

明儒王鏊也论证："尝疑公山不狃之叛也，而孔子欲往。然不狃叛季氏，非叛鲁也。孔子欲往，安知其不欲因之以张公室乎？按《左传》，吴将伐鲁，叔孙辄劝之，不狃曰：'非礼也。君子违，不适雠国。未臣而有伐之，奔命焉，死之可也。君子不以所恶废乡，今子以小恶而欲覆宗国，不亦难乎？'及吴使不狃将故道，险由武城。其不忘故国如此，则其以费叛也，非以张公室乎？余故表而出之，以明孔子欲往之意。"（《震泽长语》）

阳货与公山弗扰同中有异，两人都是家臣叛大夫，但是，公山弗扰意在张公室，阳货则"假公室以制大夫"完全为私欲，出发点不同。后来吴国要伐鲁，公山弗扰极力劝阻，而阳货则曾劝齐国三次出兵于鲁。可见孔子一个"欲往"，一个"不见"，是有原因的。

六、恭宽信敏惠

子张问仁于孔子。孔子曰："能行五者于天下，为仁矣。"请问之。曰："恭，宽，信，敏，惠。恭则不侮，宽则得众，信则人任焉，敏则有功，惠则足以使人。"（《阳货》第六章）

子张问孔子何以为仁。孔子说："能实行五个德目于天下，就是仁了。"子张"请问哪五项。"（孔子）说："恭敬，宽厚，诚信，勤勉，慈惠。恭敬就不会受侮慢，宽厚就能获得众人拥护，诚信就能得到人们信任，勤勉就能有功绩，慈惠就容易指挥人们。"

本章古注众说纷纭，或说，此章孔子答语乃似答问仁政，不当单云问仁。或说，孔子答子张，《论语》所载共十一条，多欲其鞭辟近里，慎于言行，而此章语不然。孔子以天下告者，颜渊问仁章以外惟此。或说：就文体言，此章与六言六蔽五美四恶之类皆与其他各章不相似。或疑有错简。

其实没有什么可疑的。仁通内外而言，在内为圣，在外为王。从哪个层面回答都可以。子张热衷于政治，故孔子于本章从外王层面回答子张问仁，"似答问仁政"，根据各人特长爱好和追求因材施教而已。本章从政治层面解释恭、宽、信、敏、惠五个德目。

恭则不侮。《孟子·离娄》说："恭则不侮人。"不侮人，则亦不见侮于人。《左传·昭公七年》说："及正考父，历佐戴、武、宣，三命兹益恭。故其鼎铭云：一命而偻，再命而伛，三命而俯，循墙而走，亦莫余敢侮。饘于是，鬻于是，以糊余口。"正考父，孔子的八世祖。正考父历佐戴公、武公、宣公三世，受命为上卿，位高益恭。他在家庙的鼎上铸下铭训，大意是说，每逢有任命和职位提升时，越来越谨慎，越来越恭敬，始而低头，再而曲背，三而弯腰，连走路都要靠着墙边走。这样做，就不会受到轻侮。生活中，用这只鼎煮粥糊口，就可以了。

宽则得众。能否得众，决定着政治的优劣，也关系到军事的成败。《说苑·尊贤》记载了一个小故事：

田忌去齐奔楚，楚王郊迎至舍，问曰："楚，万乘之国也，齐亦万乘之国也，常欲相并，为之奈何？"对曰："易知耳。齐使申孺将，则楚发五万人，使上将军将之，至禽将军首而反耳。齐使田居将，则楚发二十万人，使上将军将之，分别而相去也。齐使眄子将，楚发四封之内，王自出将而忌从，相国上将军为左右司马，如是则王仅得存耳。"于是齐使申孺将，楚发五万人，使上将军至，擒将军首反。于是齐王忿然，乃更使眄子将，楚悉发四封之内，王自出将，田忌从，相国、上将军为左右司马，益王车属九乘，仅得免耳。至舍，王北面正领齐祛，问曰："先生何知之早也？"田忌曰："申孺为人，侮贤者而轻不肖者，贤不肖者俱不为用，是以亡也。田居为人，尊贤者而贱不肖者，贤者负任，不肖者退，是以分别而相去也。眄子之为人也，尊贤者而爱不肖者，贤不肖俱负任，是以王仅得存耳。"

田忌由于同相国邹忌闹矛盾，离开齐国逃到了楚国。对答楚王问，论齐将之才能，以眄子为最强，因为他既尊重贤者，又爱护不肖者。在他的领导下，贤者不肖者都能够发挥各自的作用。同这样的将领打仗，即使楚王亲自领军，能保证自己不伤亡，就值得庆幸了。

七、我不是空挂着的葫芦

佛肸召，子欲往。子路曰："昔者由也闻诸夫子曰：'亲于其身为不善者，君子不入也。'佛肸以中牟畔，子之往也，如之何？"子曰："然，有是言也。不曰坚乎？磨而不磷。不曰白乎？涅而不缁。吾岂匏瓜也哉，焉能系而不食？"（《阳货》第七章）

佛肸召请，孔子想去。子路说："从前我听老师说过：'亲身做坏事的人那里，君子是不去的。'佛肸据中牟叛乱，您却要去，为什么？"孔子说："是的，我说过这话。（但是）不是说坚硬的东西磨也磨不薄吗？不是说洁白的东西染也染不黑吗？我难道是匏瓜吗，怎能只挂在那里而不给人吃呢？"

佛肸，晋国大夫范中行的家臣，是中牟城行政长官。公元前490年，晋国赵简子攻打范氏，包围中牟，佛肸抵抗。佛肸召请孔子，就在这时（事见《左传·哀公五年》）。

中牟，晋国地名，约在今河北省邢台市和邯郸市之间。一说，在今河南省鹤壁市西，古代牟山之侧。磷，本义是薄石，引申为把石头磨薄，使其受到磨损。涅，一种矿物，也叫皂矾，古代用作黑色染料。这里用作动词，染黑。缁，黑色。匏瓜，葫芦的一种，果实比一般葫芦大。

公山弗扰召，佛肸召，孔子皆欲往，可见其磨而不磷、涅而不缁的道德自信和文化自信，更可见其兴周道、行仁政和用世救世之心的迫切。"吾岂匏瓜也哉，焉能系而不食？"这句话清清楚楚地表明了这种迫切之情。

良知人人皆具，本性人人平等，"天下无不可变之人"，然而由于习性作怪，在一定的时间里，某些人的良知本性很难被唤醒。出于对公山弗扰和佛肸的明察明断，"知其人之终不可变"，孔子终于未往。欲往，仁也；不往，智也。

《集注》引张敬夫说："子路昔者之所闻，君子守身之常法。夫子今日之所言，圣人体道之大权也。然夫子于公山佛肸之召皆欲往者，以天下无不可变之人，无不可为之事也。其卒不往者，知其人之终不可变而事之终不可为耳。一则生物之仁，一则知人之智也。"

儒家一贯关心现实，关怀社会，热衷于干涉和参与政治，视政治为道援天下最重要的渠道和途径，为人生最重要的工作和事业。所以孔子说："沽之哉！沽之哉！我待贾者也。"孔孟周游列国，一生"跑官"不止，目的正在于此。

"待贾"和"邦无道则隐"并不矛盾。儒家的隐，是不与无道政权同流合污，不合作，并非完全脱离社会不问政治。所谓待贾，就是等待道援天下的机会，"转无道为有道"的机会。不过，儒家对"买主"的要求特别苛刻：必须富有道德修养，至少真诚尊儒。

八、六种品德六弊端

子曰："由也，女闻六言六蔽矣乎？"对曰："未也。""居！吾语女。好仁不好学，其蔽也愚；好知不好学，其蔽也荡；好信不好学，其蔽也贼；好直不好学，其蔽也绞；好勇不好学，其蔽也乱；好刚不好学，其蔽也狂。"（《阳货》第八章）

孔子说："仲由，你听说过六个字（六种德行）的六种弊病吗？"回答："没有呀。"（孔子说：）"坐下，我告诉你。爱仁德不爱学习，其弊病是愚昧；爱智慧不爱学习，其弊病是放荡；爱信义不爱学习，其弊病是伤害；爱直率不爱学习，其弊病是刻薄；爱勇敢不爱学习，其弊病是贼乱；爱刚强不爱学习，其弊病是躁狂。"

女，同汝，你。六言，六个字，指文中的仁、知、信、直、勇、刚等六德。蔽，覆障，壅蔽，引申为弊病、害处。居，坐。《集注》说："六言皆美德，然徒好之而不学以明其理，则各有所蔽。愚，若可陷可罔之类。荡，谓穷高极广而无所止。贼，谓伤害于物。勇者，刚之发，刚者勇之体。狂，躁率也。"

仁为众德之本，仁者无蔽。但好仁未必得仁，未必证悟仁性的真实，理解仁学的奥秘，那么，也会产生弊端，其蔽也愚。孔安国注："仁者爱物，不知所以裁之则愚也。"宋襄公之仁就是好仁而愚的典型，被后人评为志大才疏式的仁。

在泓水之战中，宋楚双方在泓水两岸对峙。当宋军列阵完毕后，楚军还在渡河，宋军指挥公孙固（一说子鱼）在楚军渡河和上岸列阵时两次劝宋襄公下令攻击。宋襄公却大谈仁德："寡人闻君子曰：'不重伤，不擒二毛，不推人于险，不迫人于危。'"结果宋军败北，宋襄公中箭受伤，第二年伤重去世，死前还说："君子不困人于厄，不鼓不成列。"（《韩非子》）

好知不好学，其蔽也荡。知即智，荡即放荡。孔安国注："荡，无所适守。"一味倚恃聪明才智，不顾道德规范，就会放荡而无操守。

好信不好学，其蔽也贼。贼，皇疏解释为害，以为不学而信，则信得不合宜，以致贼害其身和他人。燕尾生就是最好的例子。《刘氏正义》引管同《四书纪闻》说："大人之所以言不必信者，惟其为学而知义所在也。苟好信不好学，则惟知重然诺，而不明事理之是非。谨厚者则硁硁为小人，苟又挟以刚勇之气，必如周汉刺客游侠，轻身殉人，捍文网而犯公义，自圣贤观之，非贼而何哉。"

好直不好学，其蔽也绞。《泰伯》说："直而无礼则绞。"马融注："绞，绞刺也。"皇疏据此义解释："绞犹刺也，好讥刺人之非，以成己之直也。"直是美德，但须好学以合中道。《子路》说"其父攘羊而子证之",就是好直而不好学之蔽。

好勇不好学,其蔽也乱。本篇另一章说:"君子有勇而无义为乱。"邢昺疏据以解释此章:"勇谓勇敢,当学以知义。若好勇而不好学,则是有勇而无义,则为贼乱。"

《荀子·荣辱》说:"有狗彘之勇者,有贾盗之勇者,有小人之勇者,有士君子之勇者。争饮食,无廉耻,不知是非,不辟死伤,不畏众强,恈恈然唯利饮食之见,是狗彘之勇也。为事利,争货财,无辞让,果敢而振,猛贪而戾,恈恈然唯利之见,是贾盗之勇也。轻死而暴,是小人之勇也。义之所在,不倾于权,不顾其利,举国而与之不为改视,重死、持义而不桡,是士君子之勇也。"

好勇不好学,不能分辨和区别狗彘之勇、贾盗之勇、小人之勇和士君子之勇截然不同的性质,岂能不乱。

好刚不好学,其蔽也狂。孔安国注:"狂,狂妄,抵触人也。"《公冶长篇》中孔子说:"吾未见刚者。"邢昺疏:"刚者质直寡欲。"质直寡欲,固然很好,但如只好刚而不好学,不得中和之道,便惯于言语行为抵触他人。

仁智勇为孔门三达德,仁智信为儒家五常道之三常,喜好和追求它们,本来是好事,如果不学,也会产生弊病,可见学习的重要。

九、诗之大用

子曰:"小子何莫学夫《诗》?《诗》可以兴,可以观,可以群,可以怨。迩之事父,远之事君。多识于鸟兽草木之名。"(《阳货》第九章)

孔子说:"弟子们何不学《诗》?《诗》可以激发感情,可以提高观察能力,可以使人合群,可以抒发不平。近可以侍奉父母,远可以侍奉君主。可以多认识鸟兽草木的名称。"

司马迁的《史记·孔子世家》中说："孔子以诗、书、礼、乐教，弟子盖三千焉。"《易》《春秋》比较艰深，又是孔子晚年所赞所作的，故这两门课大概只有孔子晚年弟子中的高材生才有机会学习。诗书礼乐则是孔子生平施教的主要内容。本章是对学诗的功能效果的阐述，概括了诗词教学的重要意义。

《诗大序》："诗者，志之所之也。在心为志，发言为诗。情动于中而形于言，言之不足故嗟叹之，嗟叹之不足故永歌之，永歌之不足，不知手之舞之足之蹈之也。"朱子说："兴，感发志意；观，考见得失；群，和而不流；怨，怨而不怒。"（《集注》）

"小子"是孔子称呼他的弟子。"何莫"当"何不"讲。"诗"指《诗经》三百篇。接着说学诗的益处。

"诗可以兴。"兴，兴起，激发感动。这里指激发人的意志和感情。好的诗歌可以使人受到感动，而兴发爱憎的感情，在潜移默化中陶冶情操。

"可以观"。观，观察，观看，这里指提高人的观察能力。郑康成注："观风俗之盛衰。"学诗可以观察社会风俗盛衰，可了解政治得失，可以从速改善。《诗经》内容丰富，题材多样，历史上的政治得失和现实生活的状况，乃至各国各地的风俗民情、自然风物等在诗中都有反映。

"可以群"，群，合群。孔安国注："群居相切磋。"焦循《论语补疏》说："诗之教温柔敦厚，学之则轻薄嫉忌之习消，故可群居相切磋。"

"可以怨"，怨，抒发怨恨不平之情。《诗经》中有不少怨刺诗，表达对现实的愤懑，抒发人们心中的不平，讽刺不合理的社会现象。孔安国注："怨，刺上政。"邢昺疏："诗有君政不善则风刺之，言之者无罪，闻之者足以戒，故可以怨刺上政。"

"迩之事父，远之事君。"懂得事父事君的道理和方法。皇疏引江熙说："言事父事君以有其道也。"

"多识于鸟兽草木之名。"识，读志，记忆之义。邢昺疏："诗人多记鸟兽草木之名,以为比兴,则因又多识于鸟兽草木之名也。"

十、正始之道,王化之基

子谓伯鱼曰:"女为《周南》《召南》矣乎?人而不为《周南》《召南》,其犹正墙面而立也与!"(《阳货》第十章)

孔子对伯鱼说:"你学《周南》《召南》了吗?一个人如不学《周南》《召南》,他就好像正面对墙壁站着啊!"

《周南》《召南》,《诗经》国风中的第一、第二两部分。《周南》的诗,计有《关雎》等十一篇,《召南》的诗,计有《鹊巢》等十四篇。周是周公,召是召公,南是周召二公所分得的采邑,其地在《禹贡》雍州岐山之阳,即今陕西岐山以南,称为南国,二公将文王的教化自北方施行到南方,在这南方二地采得的民歌,分别称为《周南》《召南》。

"其犹"句,正,对着。墙面,是面墙的倒装语,就好像面对着墙壁站着,比喻无所见识,不能办事。《尚书·周官》说:"不学面墙,莅事惟烦。"《孔传》释:"人而不学,其犹正墙面而立,临政事必烦。"一说,《周南》《召南》中的诗,多用于乡乐,是众人合唱的,不用来独诵。如果一个人不会《周南》《召南》,那就得独自保持沉默,虽在合唱的人群之中,也像面墙孤立一般。兹不取此解。

《集解》引马融注说:"《周南》《召南》,国风之始,乐得淑女,以配君子,三纲之首,王教之端,故人而不为,如向墙而立。"《集注》说:"为,犹学也。《周南》《召南》,诗首篇名。所言皆修身齐家之事。正墙面而立,言即其至近之地,而一物无所见,一步不可行。"

《诗关雎序》说:"然则《关雎》《麟趾》之化,王者之风,故系之周公。南,言化自北而南也。《鹊巢》《驺虞》之德,诸侯之风也,先王之所以教,故系之召公。《周南》《召南》,正始之道,王化之基"

云。

大意是说，《关雎》至《麟趾》等篇的教化，是王者之风，所以都在周公名下，叫《周南》。南，是说王者教化自北方而流布于南方。而《鹊巢》至《驺虞》等篇的美德，是诸侯之风，是先王用以教导百姓的，所以都归在召公名下叫《召南》。《周南》《召南》，是正始的大道，王化的基础。

国风里的诗有正风与变风的不同，《周南》《召南》讲夫妇之道的诗篇最多，可以风天下，正夫妇，称为正风，为人伦教化之本。普通人不学，不能齐家；为人君者不学，不能治国平天下。所以孔子告诉伯鱼，不能不学。《大学》将齐家治国平天下并列，可见齐家之不易。而夫妻关系又是家庭的核心关系，处理尤为不易。

十一、本质和形式

子曰："礼云礼云，玉帛云乎哉！乐云乐云，钟鼓云乎哉！"（《阳货》第十一章）

孔子说："礼呀礼呀，只是玉帛之类的礼器吗？乐呀乐呀，只是钟鼓之类的乐器吗？"

形式很重要，实质和精神更重要。礼是一种形式，一种道德精神的对象化和仪式化。礼乐之精神是仁义，其可贵在于恭敬之心、和谐之气，以及由此而来的安上治民稳定秩序、移风易俗维护和谐的成效。如果只是在形式上摆摆玉帛、敲敲钟鼓，而忽略了它的内在精神，礼乐就失去了其意义与作用。

《集注》说："敬而将之以玉帛，则为礼；和而发之以钟鼓，则为乐。遗其本而专事其末，则岂礼乐之谓哉？"

《论语新解》说："玉帛，礼之所用。钟鼓，乐之所用。人必先有敬心而将之以玉帛，始为礼；必先有和气而发之以钟鼓，始为乐。

遗其本，专事其末，无其内，徒求其外，则玉帛钟鼓不得为礼乐。或说：礼乐之可贵，在其安上治民，移风而易俗。若不能于此，而唯玉帛钟鼓之是尚，则不得谓之礼乐。二说皆是，当合以求之。"

《礼记·乐记》说："乐者，非谓黄钟大吕弦歌干扬也，乐之末节也，故童者舞之。铺筵席，陈尊俎，列笾豆，以升降为礼者，礼之末节也，故有司掌之。"仁义道德，才是礼乐的大节。

礼乐是道德的制度化和典礼化。明于礼乐，是深彻理解礼乐的精神本质，将它贯彻落实到政治实践和制度建设中去。至于摆好几案陈设筵席，上下走动献酒酬答，排好队列敲响钟鼓，那只是礼乐的皮毛而已。

我在《王道霸道与暴政杂谈》中指出，内圣道德和王道精神完全一致。仁智勇三达德、仁义礼智信五常道、孔子求仁成仁、孟子取义养气、程朱存天理、王阳明致良知，体现于政治层面，就是王道。儒家沟通内圣外王最重要的概念是礼，其精神为内圣，其内容和形式属外王。

仁和礼，是本质和形式的关系，本质为主，形式为辅，两者既有区别又有联系，形式主义不行，蔑弃形式也不行——道家就有这个毛病。

十二、色厉内荏似小偷

子曰："色厉而内荏，譬诸小人，其犹穿窬之盗也与！"（《阳货》第十二章）

孔子说："外表严厉但内心虚弱，拿小人来作比喻，就像是穿墙挖洞的窃贼一类吧！"

色厉内荏，外饰威严，内实柔懦。色，神色，脸色，外表。荏，软弱，怯懦，虚弱。窬，洞，窟窿。

小人有很多种类，"或谄或谗，或奸或盗，或显为强暴，或暗作私邪，或心狠而外柔，或色厉而内荏。"（《四书辨疑》）小偷窃贼作案之时，外形"进取"（进而取物）但内心怯懦，怕人发现，随时准备退逃，形进心退，内外相乖，做贼心虚，恰似色厉内荏之人。

十三、对乡愿的厌恶

子曰："乡原，德之贼也。"（《阳货》第十三章）

孔子说："乡愿，是道德之贼害。"

乡原，原同愿，谨愿，老实，一乡之人无论好坏，都称其谨愿，故曰乡原。《集注》："乡者，鄙俗之意。原，与愿同。荀子原悫，注读作愿是也。乡原，乡人之愿者也。盖其同流合污以媚于世，故在乡人之中，独以愿称。夫子以其似德非德，而反乱乎德，故以为德之贼而深恶之。"

凡不分是非，同于流俗，伪善欺世，处处讨好者，都属乡愿，引申为伪善者，伪君子，好好先生。孔子对乡愿极为反感，正言厉色地斥之为德之贼。朱熹直斥："乡愿是个无骨肋的人，东倒西擂，东边去取奉人，西边去周全人，看人眉头眼尾，周遮掩蔽，唯恐伤触了人。"（《朱子语类》）徐干《中论考伪》说："乡愿亦无杀人之罪也，而仲尼恶之，何也？以其乱德也。"孟子对乡愿有生动形象而入骨三分的描述。

判断一个人的德行应以仁义为标准，而不应以众人的好恶为依据。孔子认为："乡人之善者好之，其不善者恶之。"（《论语·子路》）才是真正的好人。乡愿没有原则，八面玲珑，谁也不得罪，似乎很有德，实则似是而非，有名无实。儒家温良恭俭让，但在大是大非问题上绝不和稀泥当老好人。

牟宗三在《狂狷入圣》中说："乡愿为什么是德之贼呢？非之无

可非，刺之无可刺。你批评他，他又没什么好批评，你刺激他，他又没什么好刺激，他是个大好人。就是社会上的老好人啦，随风摆，你说什么他都说是、是、是，对、对、对。这种人就叫做乡愿。"

十四、德不弃人人自弃

子曰："道听而涂说，德之弃也。"（《阳货》第十四章）

孔子说："道听途说，是道德抛弃的人。"

"皇疏"解："闻于道路，则于道路传而说之，比多谬妄，为有德者所弃也。"路途中听到的理，是否正理，必须深思熟虑；事是否真实，必须加以考核。无论是理是事，道听途说，人云亦云，信口流传，是不负责任的表现，对他人对自己都不负责任。

《论语新解》说："德必由内心修而后成。故必尊师博文，获闻嘉言懿训，而反体之于我心，潜修密诣，深造而默成之，始得为己之德。道听，听之易。涂说，说之易。入于耳，即出于口，不内人于心，纵闻善言，亦不为己有。其德终无可成。德不弃人，而曰德之弃，深言其无分于成德。"

本章用在五四以来反儒派身上，最是合适。反儒者大多没读过儒家原典，对儒家的了解来自二手货或道听途说。民国某些批儒者或读过原典，但一知半解，浮皮潦草，缺乏经学基础和训诂功夫。不论反儒动机如何，都是极端不负责任的，为君子所不敢为和不忍为。德不弃人人自弃，此之谓也。

十五、患得患失的鄙夫

子曰："鄙夫可与事君也与哉！其未得之也，患得之。既得之，患失之。苟患失之，无所不至矣。"（《阳货》第十五章）

孔子说："怎么可以与品德卑劣的人一起侍奉君主呢？他没得到时总担心得不到，一旦得到了又担心失去。如果担心失去，那就什么事情都做得出来了。"

鄙夫，庸恶俗鄙劣之徒。患得之，实际上是"患不能得之"的意思。患，怕，担心。无所不至，无所不用其极，无所不为。《集注》："小则吮痈舐痔，大则弑父与君，皆生于患失而已。"

本章为鄙夫的心理状态作了个素描，成语患得患失，典出于此。

《荀子·子道》说："子路问于孔子曰：'君子亦有忧乎？'孔子曰：君子，其未得也，则乐其意。既已得之，又乐其治。是以有终身之乐，无一日之忧。小人，其未得也，则忧不得。既已得之，又恐失之。是以有终身之忧，无一日之乐也。"君子小人，恰好相反。小人患得患失，君子未得亦乐，既得又乐，无不可乐。

梁章钜《论语集注旁证》引胡氏泳曰："志于道德，圣贤之徒也；志于功名，豪杰之士也；志于富贵，即鄙夫也。圣贤非不事功名也，可为则为，不可为则不为，不害于道德也；豪杰非恶富贵也，视功名为重，则富贵为轻也；鄙夫则富贵而外，他无所志，故其得失之患至于如此也。"

《论语集释》引胡氏语曰："许昌靳裁之有言曰：士之品大概有三：志于道德者，功名不足以累其心；志于功名者，富贵不足以累其心；志于富贵而已者，则亦无所不至矣。'志于富贵，即孔子所谓鄙夫也。"

这两段话都引申和"发明"得很好。靳氏将士分为三品，上品志于道德，中品志于功名，下品志于富贵，即孔子所说的鄙夫。鄙夫以富贵为人生最高理想，当官就是为了个人富贵，所以对官位和个人得失非常在乎。为了升官发财和保住既得利益，什么事情都干得出来。道不同不相为谋，孔子不屑与这种人同事。

十六、古今同病不同状

子曰:"古者民有三疾,今也或是之亡也。古之狂也肆,今之狂也荡。古之矜也廉,今之矜也忿戾。古之愚也直,今之愚也诈而已矣。"(《阳货》第十六章)

孔子说:"古代的人有三种毛病,现在或许连那样的毛病也没有了。古代的狂妄是不拘小节,现在的狂妄是放荡过头。古代的矜持是有棱有角,现在的矜持是乖戾蛮横。古代的愚笨是直率,现在的愚笨则变成欺诈了。"

疾,本义是大病,这里指气质性情上的重大缺点。矜,骄傲,自尊自大。廉,本义是器物的棱角,引申为不可触犯。忿戾,凶恶好争,蛮横无理。

《集注》说:"气失其平则为疾,故气质之偏者亦谓之疾。昔所谓疾,今亦无之,伤俗之益衰也。狂者,志愿太高。肆,谓不拘小节。荡则踰大闲矣。矜者,持守太严。廉,谓棱角峭厉。忿戾则至于争矣。愚者,暗昧不明。直,谓径行自遂。诈则挟私妄作矣。范氏曰:'末世滋伪。岂惟贤者不如古哉?民性之蔽,亦与古人异矣'。"

马培路说:"孔子所以好古者在此。以古代为高标,似乎太理想主义,但至少在现世能有所遵循,不至于偏得太远。把这个理想主义去掉,则如一溜东坡,不知滑入胡底矣。"

子曰:"巧言令色,鲜矣仁。"(《阳货》第十七章)

本章与《学而》第三章重复,故略。

十七、孔子厌恶的东西

子曰:"恶紫之夺朱也,恶郑声之乱雅乐也,恶利口之覆邦家者。"(《阳货》第十八章)

孔子说:"厌恶紫色顶替了大红色,厌恶郑声扰乱了雅乐,厌恶巧言利舌倾覆国家的人。"

恶,厌恶,讨厌。紫之夺朱,夺,强取,取代,顶替。朱,大红色,传统称为正色。紫是红色和蓝色混合而成的颜色,虽与红色接近,然而不是正色而是杂色。春秋时期,鲁桓公和齐桓公都喜欢穿紫色衣服,可见那时紫色已取代了朱色的传统地位,连诸侯的衣服都以紫色为正色了。

巧言无实,令色无质,乡愿无德。它们之所以可恶,就在于"紫之夺朱"。《集注》引范氏曰:"天下之理,正而胜者常少,不正而胜者常多,圣人所以恶之也。利口之人,以是为非,以非为是,以贤为不肖,以不肖为贤。人君苟悦而信之,则国家之覆也不难矣。"

《孟子·尽心》说:"孔子曰:恶似而非者。恶莠,恐其乱苗也;恶佞,恐其乱义也;恶利口,恐其乱信也;恶郑声,恐其乱乐也;恶紫,恐其乱朱也;恶乡原,恐其乱德也。君子反经而已矣,经正则庶民兴,庶民兴斯无邪慝矣。"

孔子说,厌恶那些似是而非的东西。厌恶莠草,怕它搞乱禾苗;厌恶巧言,怕它搞乱正义;厌恶夸夸其谈,怕它搞乱诚信;厌恶郑乐,怕它搞乱雅乐;厌恶紫色,怕它搞乱正红;厌恶乡愿,怕他搞乱德行。君子只是努力返归正道罢了。回到正道,民众就会振作,民众振作了就没有邪恶了。

十八、妙不可言强为言

子曰："予欲无言。"子贡曰："子如不言，则小子何述焉？"子曰："天何言哉？四时行焉，百物生焉。天何言哉？"（《阳货》第十九章）

孔子说："我想不说话了。"子贡说："您如果不说话，那么弟子传述什么呢？"孔子说："天何尝说话呢？四季运行不息，万物发育生长。天何尝说话呢？"

言能诠道，而不是道。求道离不开语言，但不能徒以言语求道。言传身教，身教比言传更重要。此章一般的解释为孔子提示弟子，道在默而识之。或说，孔子有见于道之非可以言说为功，不如默而存之，转足以厚德而敦化。

熊十力的理解最为深刻，认为本章揭示的是道体的奥秘（孔子原意未必然）。"天何言哉"的"天"，指的就是道体，即人之本性、天之本体，乃是四时行、百物生最根本的依据，同时具有不易不变而又生生不息的特征，无为而无不为。

对于道体，尽管认知有差异，真理度较高的学说都能有所认知。儒家的认证，直达乾元，如"维天之命，于穆不已""天行健""至诚无息"、生生不息曰易、天地有大生广生之德等，说的都是乾元的特征，兼具"生生之理""生生之德""生生之美"。梁漱溟认为充盈孔学和宇宙的最基本的精神就是"生"。他说：

"这一个'生'字是孔学最重要的观念，知道这个就可以知道所有孔家的话。孔家没有别的，就是要顺着自然道理，顶活泼顶流畅地去生发。他认为宇宙总是向前生发的，万物欲生，即任其生，不加造作，必能与宇宙契合，使全宇宙充满了生意春气。"（《梁漱

溟全集》)

梁漱溟还引证了许多儒家典籍中关于"生"字的语句,来说明儒家对"生"的重视。如"生生之谓易""天地之大德曰生""天何言哉,四时行焉,百物生焉,天何言哉","致中和,天地位焉,万物育焉"等等。他断言,儒家和佛家的根本不同即在与"生"与"无生"的对立。

东海作过一副儒联:人皆可圣,致良知以成圣;天本无言,妙万物而为言。

此联寥寥二十字,却蕴涵了儒门精义。人皆可圣,即人人皆可以为尧舜,人人本性至善,本心平等,然习性各异,本心难明,须下一番致良知的功夫。上联统摄孟子性善论和阳明良知学,下联则用了本章孔子之言和《易经·说卦》"神也者,妙万物而为言者也"之句。"神""天"异名同指,具有本体论意义或曰形而上学意义。形而上者谓之道,这里的"神""天"指的就是道体。

形而下者谓之器,宇宙万物包括人类肉体身意识心都属形而下,都是这个生生不息的天"妙"出来的。"妙"字,这里是使动用法,妙生、妙运之意。"妙万物而为言"这个"妙"字下得妙不可言,形象生动地表现了儒家独家所证的乾道的"创生原则"(牟宗三词)。宇宙万物都是乾元的美妙发言,或者说美妙产品,人类生命乃其中最精彩的部分,堪称妙中之妙。

就人类而言,可以说,良知无言,妙身心而为言。上联良知亦具有本体的意义。人之本性亦即天之本体。"天道性命通而为一"是儒家正统一贯思想。牟宗三说:"吾人道德实践之本体,且亦须是宇宙生化之本体,一切存在之本体。"

有句话叫"知其然而不知其所以然"。如果形而下、现象界的宇宙万物是"然",道体就是"所以然"。致良知是尽心尽性的道德实践,尽心尽性即知天,即通神,即"知其所以然"。

在儒家,形而上与形而下不二,即体用不二、心物一元。儒家的天既超越又内在。这与西方神学的人格神不同,与西方体用二截的各种形而上学也不同。

老子"道可道非常道"的"道",与"天何言哉"的"天",异名同指。孔子的话是事实判断,完全正确。老子的话指出了天道形而上的超越性,但对语言文字的作用认识不足,割裂了道与语言文字的关系,有失道器不二的圆满。语言文字不是天道,但是,却是解悟天道的重要法门。

十九、孔子不见孺悲

> 孺悲欲见孔子,孔子辞以疾。将命者出户,取瑟而歌,使之闻之。(《阳货》第二十章)

孺悲想见孔子,孔子推辞病了。传话的人出门,(孔子)拿过瑟来又弹又唱,让传话的人听到。

孺悲,鲁国人。鲁哀公曾派孺悲向孔子学习士丧礼。将命者,传话的人。《集注》:"孺悲,鲁人,尝学士丧礼于孔子。当是时必有以得罪者。故辞以疾,而又使知其非疾,以警教之也。程子曰:此孟子所谓不屑之教诲,所以深教之也。"

孔子何以不见孺悲,史籍中未有确载。有说是因为孺悲"不由介绍"而来。《仪礼士相见礼》疏:"孺悲欲见孔子,不由介绍,故孔子辞以疾";有说是孔子为了"发其蒙"的。李充说:"今不见孺悲者何?明非崇道归圣,发其蒙矣";有说是孺悲得罪了孔子的。朱熹《集注》说:孺悲"当是时,必有以得罪者"。

有说孔子是予以"声教"。张岱《四书遇》中说:"取瑟而歌,是以声教也。既已耳提,何必面命?风霆流行,庶物露生,无非教也。天何言哉!"有说是孔子"疾恶"。《正义》曰:"此章盖言孔子疾恶也。"有说是孔子"不屑之教诲"的。程颐认为孔子的做法正是孟子所谓"不屑之教诲，所以深教之也"。（见朱熹《论语集注》卷九）（齐君欲见孟子，孟子称疾拒之，而有德爵、位爵、齿爵之说。）

都是臆测之词，不足为凭。我想，孔子拒见孺悲，不一定有什么深意，不喜欢见这个人罢了。不想太失礼，故"辞以疾"，又不愿撒谎，故"取瑟而歌，使之闻之"。

与孔子拒见孺悲异曲同工的是马一浮拒见孙传芳。三五省联帅孙传芳拜谒马一浮，马不见。马的家人提议，可以推说不在家。马说，告诉他，人在家，就是不见！

儒家待人接物，态度因人而异：不同儒者有不同的特点和表现，同一儒者对待不同的人，态度也各不相同。见英雄倒屣迎，遇狗熊"辞以疾"，乃儒者之常。马一浮对五省联帅孙传芳很冷，对文化同道熊十力却极热。熊十力本人也是很冷的，他说过："人谓我孤冷，吾以为人不孤冷到极度，不堪与世和。"古今儒者往往不轻易见客。

据谭特立《理学大师马一浮的佛学情》载：1929年，正在杭州的熊十力慕马一浮之名，请当时浙江省图书馆馆长单不庵介绍欲结识马一浮。单不庵知道马一浮不轻易见客，便把这种情况告诉熊十力。熊十力遂将自己改定的《新唯识论》先寄给马一浮。正当焦虑地等待回音之际，忽一天，马一浮居然亲自上门来看望他了。马一浮对熊十力说，之所以这么长时间未来，是因为在拜读他的大作。马一浮是在读了《新唯识论》才决定与熊十力相交的。此后两人书信频频，相交甚笃。（十力师不修边幅，马一浮却庄重典雅，二人性格差异极大，后因在创办书院问题上有分歧而失和。）

二十、关于三年之丧

宰我问："三年之丧，期已久矣。君子三年不为礼，礼必坏；三年不为乐，乐必崩。旧谷既没，新谷既升，钻燧改火，期可已矣。"子曰："食夫稻，衣夫锦，于女安乎？"曰："安。""女安，则为之！

夫君子之居丧，食旨不甘，闻乐不乐，居处不安，故不为也。今女安，则为之！"宰我出，子曰："予之不仁也！子生三年，然后免于父母之怀。夫三年之丧，天下之通丧也。予也，有三年之爱于其父母乎？"（《阳货》第二十一章）

宰我问："三年的丧期，时间也太久了。君子三年不行礼，礼必然败坏；三年不作乐，乐必然疏失。旧谷已完，新谷上场，取火用的木料也轮了一遍，守孝一年也就可以了。"孔子说："（父母去世一年）吃稻米，穿锦衣，你心安吗？"（宰我）说："心安。"（孔子说：）"你心安，就这样做吧！君子居丧，吃美味不觉香甜，听音乐不觉快乐，住房子心不安，所以不这样做。而今你心安，就这样做吧！"宰我出去后，孔子说："宰予不仁啊。孩子生下三个年头，方才脱离父母的怀抱。三年的丧期，是天下通行的丧礼。宰予啊，有三年的爱心回报他的父母吗？"

期已久矣，期，读基，周年义，谓守丧一年已久。或曰，此期字读期限之期，三年为期已久，下文"期可已矣"之期始读基。钻燧改火，燧，古代取火之木。古人钻木取火，所用的木料四季不同。春天用榆柳，孟夏与仲夏天用枣杏，季夏用桑柘，秋天用柞楢，冬天用槐檀。各种木料一年轮用一遍，第二年按上年的次序依次取用，叫"改火"。钻燧改火，即指过了一年。

食夫稻，夫，指示代词，这，那。古代水稻的种植面积很小，大米是很珍贵的粮食，居丧者不宜食。旨，美味，好吃的食物。闻乐不乐，第一个"乐"指音乐，第二个"乐"指快乐。

居处，指住在平时所住的好房子里。古代守孝，应在父母坟墓附近搭一个临时性的草棚子或住茅草房，睡在地下草苫子上，意谓不忍心住在安适的屋子里。

或以为三年之丧为古礼，但孔子时，三年之丧早已不通行。宰我询问，意在讨论礼制，而孔子辞气似乎过于严厉。昼寝一章也是如此。为何孔子对宰我比对其他门人更严厉,详情已不可考。

或以为,宰我是故意这么发问的。皇侃疏引缪播说:"尔时礼坏乐崩,而三年不行,宰我大惧其往,以为圣人无微旨以戒将来,故假时人之谓,咨愤于夫子,义在屈己,以明道也。"又引李充说:"余谓孔子目四科,则宰我冠言语之先,安有知言之人而发违情犯礼之问乎,将以丧礼渐衰,孝道弥薄,故起斯问,以发其责,则所益者弘多也。"姑录以备参。

康有为认为,古人本无三年之丧的礼制,三年之丧,乃由孔子制定。此言不确。尧逝世,三年之丧后,天下之民不从尧之子而从舜,民意在舜;舜逝世,三年之丧后,天下之民不从舜之子而从禹,民意在禹;禹逝世,三年之丧后,天下之民不从禹推荐的益而从禹之子启。这都是有经典记载的。

或问:如何对待三年之丧的圣训。答:三年之丧属于礼制的范畴。其精神万古不易,具体制度不妨因时而异,三代不同礼,古今不同制。现代丧礼丧制具体内容可以讨论,不用完全承袭古代。将来儒家政治化之后,儒家群体和政府自会对丧礼作出合情合理的规定。

孙齐鲁说:"个人觉得东海公之大良知学体系固圆融无碍,然在对儒学情感性方面阐述不够。此节,宰我的看法,如站在功利或现代理性的角度,未必就一定错。而孔子以心之安不安来作为仁不仁的依据,显然是将礼之因革损益搭建在一种普遍而稳定性的自然情感基础上,正体现了情感原则的优位。公岂能于此无一言耶?"

二十一、无所用心最不堪

子曰:"饱食终日,无所用心,难矣哉!不有博弈者乎?为之,犹贤乎已。"(《阳货》第二十二章)

孔子说:"饱食终日,无所用心,这真难了啊!不是有局戏围棋吗？玩玩它们，也比这样好些。"

博，《说文》作簙："局戏也，六箸十二棋也。"段玉裁注："古戏，今不得其实。"弈，围棋。贤，好，胜过，超过。《集注》："博，局戏也。弈，围棋也。已，止也。李氏曰：圣人非教人博弈也，所以甚言无所用心之不可尔。"

本章极言无所用心的害处。哪怕玩局戏下围棋，也比饱食终日无所用心强。《大学》说："小人闲居为不善。"《孟子·滕文公》说："人之有道也，饱食，暖衣，逸居而无教，则近于禽兽。"皆有助于了解本章的意义。

《卫灵公篇》中孔子说："群居终日，言不及义，好行小慧，难矣哉！"两章可以是因果关系，饱食终日无所用心者，走到一起，必然群居终日言不及义。

当然，仅仅有所用心还不够，还要专心致志，才能有成。《孟子·告子》以弈棋为例说明专心致志的重要，说："今夫弈之为数，小数也，不专心致志则不得也。弈秋，通国之善弈者也。使弈秋诲二人弈，其一专心致志，惟弈秋之为听。一人虽听之，一心以为有鸿鹄将至，思援弓缴而射之。虽与之俱学，弗若之矣。"

意思是说，下棋作为技艺，是小技艺，不专心致志就学不到手。弈秋是全国最擅长下棋的。让弈秋教两个人下棋，其中一人专心致志，认真听弈秋讲解；另一人虽然也在听，却一心以为有只天鹅要飞来了，想着拿弓箭去射它。虽然他同另一人一起在学，却不如人家学得好。

二十二、君子尚勇更尚义

子路曰："君子尚勇乎？"子曰："君子义以为上。君子有勇而无义为乱，小人有勇而无义为盗。"（《阳货》第二十三章）

子路问道:"君子崇尚勇敢吗?"孔子说:"君子以义为最高。有地位者有勇而无义就会作乱,小人有勇而无义就会成为盗贼。"

子路以勇自负,栩栩然也。孔子应病与药,当机教导。《集注》说:"君子为乱,小人为盗,皆以位而言者也。尹氏曰:'义以为尚,则其勇也大矣。子路好勇,故夫子以此救其失也'。"

君子尚勇更尚义,君子之勇应该在道义大旗之下展示。《荀子·荣辱》描述了狗彘之勇、贾盗之勇、小人之勇和士君子之勇。士君子之勇是:"义之所在,不倾于权,不顾其利,举国而与之不为改视,重死持义而不桡,是士君子之勇也。"道义所在,不屈服于权势,不考虑其利益,把整个国家都给他也不改变观点,虽然珍重生命,但坚持正义,不屈不挠,这就是士君子之勇。

《礼仪·聘义》说:"故所贵于勇敢者,贵其能以立义也;所贵于立义者,贵其有行也;所贵于有行者,贵其行礼也。故所贵于勇敢者,贵其敢行礼义也。故勇敢强有力者,天下无事,则用之于礼义;天下有事,则用之于战胜。用之于战胜则无敌,用之于礼义则顺治。外无敌,内顺治,此之谓盛德。故圣王之贵勇敢强有力如此也。勇敢强有力而不用之于礼义战胜,而用之于争斗,则谓之乱人。"

二十三、君子厌恶的人

子贡曰:"君子亦有恶乎?"子曰:"有恶,恶称人之恶者,恶居下流而讪上者,恶勇而无礼者,恶果敢而窒者。"曰:"赐也亦有恶乎?""恶徼以为知者,恶不孙以为勇者,恶讦以为直者。"(《阳货》第二十四章)

子贡问道:"君子也有厌恶吗?"孔子说:"有厌恶。厌恶宣扬别人坏处的人,厌恶身居下位而诽谤上位的人,厌恶勇敢而无礼的人,厌恶果敢而不通事理的人。"又说:"端木赐呀,你也有厌恶吗？"（子贡说：）"厌恶伺察而自以为聪明的人，厌恶不逊而自以为勇敢的人，厌恶揭发别人隐私而自以为正直的人。"

居下流而讪上，讪，诽谤，诋毁。以言毁人称谤，在下谤上称讪。流，据清乾隆年间，朴学大家惠栋《九经古义》和清嘉庆年间学者冯登府《论语异文考证》，"流"字衍。晚唐以前的《论语》版本中无"流"字，至宋代，才有此衍误。

窒，阻塞，不通，引申为固执，顽固不化，不通事理。徼，抄袭，剽窃。又据《刘氏正义》说，徼，郑本作绞。《中论·核辨》："绞急以为智。"绞急是急迫之义，于事急迫，自炫其能，以为有智。孙，同逊。讦，包咸注："讦谓攻发人之阴私。"

《集注》：称人恶，则无仁厚之意。下讪上，则无忠敬之心。勇无礼，则为乱。果而窒，则妄作。故夫子恶之。恶徼以下，子贡之言也。徼，伺察也。讦，谓攻发人之阴私。杨氏曰：仁者无不爱，则君子疑若无恶矣。子贡之有是心也，故问焉以质其是非。侯氏曰：圣贤之所恶如此，所谓唯仁者能恶人也。"

君子宽宏仁爱，但也有恶。孔子子贡，各有所恶。

正因为仁者爱人，希望人人向上趋善，才厌恶丑恶下流的行为。厌恶，正是源于仁爱，源于强烈的文化使命感和社会责任感。儒家主张，对于不良行为，若属道德范畴，则诉诸文化启蒙和道德教化；若触犯法律，则依法惩处。不论是文教还是法治，都是仁爱的体现。有一副集《四书》句子的联语曰："仁者无不爱也，君子亦有恶乎。"正好把儒家的爱和憎统一在一起了。

注意，"居下流而讪上"，指毫无事实根据的诽谤，对错误的合理批评，对恶政的正义抗争，则是儒家所鼓励和支持的。

二十四、女子与小人

子曰："唯女子与小人为难养也，近之则不孙，远之则怨。"（《阳

货》第二十五章）

孔子说："唯独女子与小人最是难教养。亲近他们，就会放肆；疏远他们，又会抱怨。"

"养"字有三义，一是抚育，养育，供给生活品；二是教养，教化。《孟子》有"中也养不中，才也养不才"句，朱熹《集注》云："养，谓涵育熏陶，俟其自化也。"三是对待。刘宝楠《论语正义》："此为有家国者戒也。养犹待也。"不孙，不恭顺，不守规矩。孙，同逊。

本章常被望文生义地当作孔子鄙视妇女和体力劳动者的证据。连某些尊儒者也觉得孔夫子这句话说错了，某些学者则曲为之辩。朱熹和钱穆都认为，这里的"女子与小人"是指婢妾与仆隶。

其实"女子与小人"虽是泛指，孔子之言作为事实判断同样成立，古时妇女和庶人往往缺乏文化，素质差，很难做到发乎情而止乎礼，加上女人感性，心理难以揣摩。小人论位则低，论德则劣。

女子与小人确实都存在"难养"问题。《左传·僖公二十四年》说："女德无极，妇怨无终。"杜注："妇女之志，近之则不知止足，远之则忿怨无已。"女性的德性好起来不封顶，妇人怨恨起来也会没完没了。这就是女子难养的意思。

《易经·家人卦》说："家人嗃嗃，悔厉，吉，妇子嘻嘻，终吝。"象辞："家人嗃嗃，未失也；妇子嘻嘻，失家节也。"嗃，《说文》："以口，高声。"高声斥责的发怒声，与"嘻嘻"相对，"嘻嘻"，喜乐过度之意。意谓治家过于严厉难免有后悔的情形，但结果吉祥。相反，如果妻子儿女整天嘻嘻哈哈没个正经，最后就会带来羞辱。治家过严，并未迷失正道；治家不严，家庭就会失去节制。这就是应该引起警觉的女子不逊之象。所以初九爻辞说："闲有家，悔亡"，意谓教之于始，一开始就约之以礼，家庭才不会有悔吝。

《国语·楚语》说："叶公子高曰：'吾闻之，唯仁者可好也，可恶也，可高也，可下也。好之不逼，恶之不怨，高之不骄，下之不惧。不仁者则不然,人好之则逼,恶之则怨,高之则骄,下之则惧。'"欣赏他则逼近讨好你,厌恶他则怨恨疏远你,抬举他则骄傲自大,压制他则害怕防备你。这是不仁者即小人的特征。世间仁者少而不仁者多,如果对待他们,是儒家政治的要点之一。

对于女子与小人,导之以德,齐之以礼,禁之以法,是有必要的,是齐家治国的关键。懂得"女子与小人为难养",可以更好地尊敬爱护他们。以民为本,利用厚生,体现了儒家对庶民的仁爱;亲迎之礼,体现了对婚姻的重视和对妻子的尊重。孔子说:"昔三代明王,必敬妻子也,盖有道焉。妻也者,亲之主,子也者,亲之后也,敢不敬与?"(《孔子家语》)

二十五、孔子的自叹

子曰:"年四十而见恶焉,其终也已。"(《阳货》第二十六章)

孔子说:"年达四十岁还被人讨厌,这一辈子算是完了。"

本章有两种解释:一说是孔子勉人及时迁善改过,四十成德之年,到此年龄还见恶于人,就无望善行了。此解似不当。四十不成德,未必终不成,这话说得太绝对了,有断人向善之心的嫌疑。即使是有针对性而发,也不能说得这么绝对。

一说本章乃孔子自叹之词,当是孔子于时被人谗害。以此说为胜。天下无道,圣人被人讨厌和毁谤在所难免。《阳货》终于此章,正见群小专恣、圣道不行之意。下接《微子》,皆仁人失所,及岩野隐沦之士,亦由此章发其端。见恶,这里当是指被人污蔑、谗害。

《微子》说:"齐景公待孔子曰:'若季氏则吾不能,以季孟之间待之。'曰:'吾老矣,不能用也。'孔子行。"《孔子世家》说:"孔子在齐,景公欲以尼溪田封孔子,晏婴反对。后景公敬见孔子,不问其礼。异日,景公止孔子曰:'奉子以季氏,吾不能。以季孟之间待之。'齐大夫欲害孔子，孔子闻之。景公曰：'吾老矣，弗能用也。'孔子遂行，反乎鲁。"此时孔子正是四十岁左右。

马培路说："东海曰：'这里当是指被人污蔑、谗害。'盖是也。此章若说孔子自叹，前章亦圣人感受乎？《集注》朱子曰：'四十，成德之时，见恶于人，则止于此而已。勉人及时迁善改过也。'可见朱子以为圣心伟大，不会有见恶之感，故有勉人之说。若以朱子说，我们当勉之哉；若以东海说，我们当体圣人之心焉。"

第十八章　微子篇

《微子》共十一章，主要记录史上圣贤事迹，孔子及其弟子周游列国时的行为，以及不同的人对于处乱世的不同态度。

一、殷有三仁

微子去之，箕子为之奴，比干谏而死。孔子曰："殷有三仁焉！"（《微子》第一章）

微子逃离纣王，箕子做了纣王的奴隶，比干强谏而被杀死。孔子说："殷朝有三位仁人啊！"

微子，名启，采邑在微（今山西省潞城县东北）。微子是纣王的同母兄，但微子出生时其母还是帝乙的妾，后来立为正妻，才生纣。帝乙曾欲立启为太子，太史据法而争之曰："有妻之子，不可立妾之子。"于是立纣。纣王无道，微子屡谏不听，遂隐居荒野。周武王灭殷后，被封于宋。

去，离开。之，代词，指殷纣王。箕子，名胥馀，殷纣王的叔父，子爵，官太师，采邑在箕（在今山西省太谷县东北）。曾多次劝说纣王，纣王不听，箕子披发装疯，被纣王拘囚，降为奴隶，周武王灭殷后才被释放。比干，殷纣王的叔父，官少师，屡次强谏，惹怒纣王，被剖胸挖心。

微子是纣王的庶兄，箕子是纣王叔伯兄弟，比干是纣王的叔父。面对纣王无道，微子认为"人臣三谏不听，则其义可以去矣"。箕子认为"为人臣谏不听而去，是彰君之恶而自说于民，吾不忍为也"。比干认为"君有过而不以死争，则百姓何辜"！三种想法不同，皆得本心之仁。

微子拂袖远去，箕子佯狂为奴以避祸，比干强谏而被剖心。三种选择不同，都得到了孔子的赞许，许之以仁，可见儒家道德既有原则的坚定性，又有相当的灵活性，具体标准多元，成仁途径宽广。

三人的选择不同亦与他们的身份和职务有关。微子在朝廷无具体官职，去之以存宗祀最当。《集注》说："微子见纣无道，去之以存宗祀。箕子、比干皆谏，纣杀比干，囚箕子以为奴，箕子因佯狂而受辱。三人之行不同，而同出于至诚恻怛之意，故不咈乎爱之理，而有以全其心之德也。"

马培路说："三子同爱殷商。微子知其亡矣，为存宗祀不得不去之，自承保宗祀之任也。箕子谏不听，被囚为奴，佯狂受辱，岂非先尝亡国之味乎？比干强谏，纣怒曰：吾闻圣人心有七窍，剖比干，观其心。忠臣知强谏必死，而终死于父母之国焉。岂非如伯夷叔齐求仁而得仁者乎？"

孔子称三仁，但三仁之间未必能够相互理解和欣赏。《韩诗外传》中，箕子对比干的选择就持批评态度："比干谏而死。箕子曰：知不用而言，愚也。杀身以彰君之恶，不忠也。二者不可，然且为之，不祥莫大焉。遂解发佯狂而去。君子闻之曰：劳矣箕子！尽精神，竭其忠爱。见比干之事免其身，仁知之至。"于此更见孔子之广大。

二、和圣柳下惠

柳下惠为士师，三黜。人曰："子未可去乎？"曰："直道而事人，焉往而不三黜？枉道而事人，何必去父母之邦？"（《微子》第二章）

柳下惠担任典狱官，多次被黜免。有人说："您不可以离开吗？"（柳下惠）说："直道侍奉人君，去哪里不被多次黜免？枉道侍奉人君，何必离开父母之邦？"

士师，相当于司法官、典狱官，古代对执法官员的通称。《周礼》列为秋官司寇之属官，掌禁令、狱讼、刑罚之事。春秋时齐国设士，卫国设大士，战国时齐设士师，都是刑政之官。三黜，多次被贬退，三表示多次。父母之邦，父母所在之国，即祖国。柳下惠于鲁公室尚在五服之内，与孔子以鲁为父母之国者又不同，故义不当去。

柳下惠，展氏，名获，字子禽，一字季，谥惠，春秋时期鲁国柳下邑人，鲁孝公的儿子公子展的后裔，担任过鲁国大夫和士师，后来隐遁，成为逸民。广为传颂的"坐怀不乱"的故事就发生在他身上。

孟子说："柳下惠不羞污君，不辞小官。进不隐贤，必以其道。遗佚而不怨，厄穷而不悯。与乡人处，由由然不忍去也。尔为尔，我为我，虽袒裼裸裎于我侧，尔焉能浼我哉？闻柳下惠之风者，鄙夫宽，薄夫敦。"（《孟子！万章下》）

柳下惠因侍奉坏君而羞耻，不因官职卑微而辞去，有机会进取不忘推贤，被遗忘，也没有怨气，贫穷困顿而不忧愁，与乡民相处也觉得很愉快，与任何人相处都能不受不良影响。因此，听说了柳下惠的风范，狭隘者会变得宽容，刻薄者会变得厚道。

孟子赞美柳下惠为"圣之和者"。观此章，柳下惠辞气雍容，同时又很介。直道事人而不枉，三黜而不去父母之邦，故孟子称其不以三公易其介。

三、你若无心我便休

齐景公待孔子，曰："若季氏则吾不能，以季、孟之间待之。"曰："吾老矣，不能用也。"孔子行。（《微子》第三章）

齐景公讲到怎样待孔子，说："像（鲁国国君对待）季氏那样，我不能,可以待他在季氏与孟氏之间。"又说:"我老了,不能用了。"孔子离开了。

周诸侯国有上、中、下卿。鲁国三卿,季氏为上卿,孟氏为下卿。季氏强臣,鲁君对待他的礼节特别隆重。以季孟之间待之,相当于中卿,相当不错了。可是齐景公又说"吾老矣不能用也",可见,即使待以中卿,也是有名无实,没有实权的虚位。孔子去之,不在于礼待之轻重,而是在于"不能用",仅待遇好不足以留住孔子。

孔子为了推销仁政理想,栖栖遑遑四处奔波,不仅被时人嘲为"累累若丧家之犬",而且被今人描成"千古跑官第一人",说他为了跑官,苦心孤诣、拼上老命,说他追名逐利、不择手段,说他颠沛流离、求官不得、抑郁而死。殊不知孔子是把权位当作行道济世"兼善天下"之工具的,所求的是行道的机会,而不是一己富贵。

孔子弟子众多,有相当的社会影响和崇高威望,颇受各诸侯国敬重。只是,由于各诸侯竞争激烈,争觅见效迅速的强国方略。仁义之道不切合那个急功近利的时代,不为各诸侯所重。孔孟倘能对基本原则加以变通,像苏秦、张仪那样迎合诸侯,求官求贵,何难之有,本章就是一个例子。

齐景公不能用孔子,有双重原因,外因是田氏专政,强臣掣肘;内因是不求进取,耽于享乐。齐景公年幼登基,在位58年。他亲政之初,颇能虚心纳谏,重用晏婴、司马穰苴等贤臣,使齐国强盛一时。然而,国情有所好转后,他便贪图享乐,亲近奸佞,不求上进了。临终前又废长立幼,亲自拉开了"田氏代齐"的序幕。死后不久,陈乞发动政变,夺取了齐国政权。

四、见几而作孔子行

齐人归女乐,季桓子受之,三日不朝。孔子行。(《微子》第四章)

齐国赠送歌姬舞女，季桓子接受了，三天不上朝。孔子离开了。

归，同馈，赠送。季桓子，鲁国贵族，姓季孙名斯，季孙肥（康子）的父亲。从鲁定公时至鲁哀公初年，一直担任鲁国执政上卿（相当于宰相）。

堕三都之策功败垂成，三桓专恣依旧，孔子在鲁难以得到重用是必然的。《史记·孔子世家》载："定公十四年，孔子为鲁司寇，摄行相事。齐人惧，归女乐以沮之。"孔子看到鲁国君臣迷恋女乐，行道无望，便去职离鲁。

孔子去鲁的具体原因，孟子所说略有不同："孔子为鲁司寇，不用，从而祭，膰肉不至，不税冕而行。不知者以为为肉也，其知者以为为无礼也。"（《孟子·告子》）翟灏认为，《论语》《孟子》俱不专主于记事，各见一边，并不矛盾。

《易》曰："知几其神乎！几者动之微，吉凶之先见者也。君子见几而作，不俟终日。"几是细微、隐微义，引申为事物的苗头、预兆。知几，从细微中预见变化，从偶然中发现事物的趋势。《集注》引尹氏曰："受女乐而怠于政事如此，其简贤弃礼，不足与有为可知矣。夫子所以行也，所谓见几而作，不俟终日者与？"

五、楚狂歌而过孔子

楚狂接舆歌而过孔子，曰："凤兮凤兮，何德之衰！往者不可谏，来者犹可追。已而已而，今之从政者殆而！"孔子下，欲与之言。趋而辟之，不得与之言。（《微子》第五章）

楚狂接舆唱着歌经过孔子旁，道："凤呀凤呀，为何你德运这般衰微！过去的不可挽回了，以后的还来得及改正。算了算了，如今从政的人不可救药啊。"孔子下车，想同他说话。那人快步避开了，（孔子）没能同他说话。

接舆本姓陆名通，字接舆，见楚昭王政事无常，乃佯狂不仕。《楚辞·涉江》："接舆髡首。"《史记·邹阳传》："其子佯狂，接舆避世。"《韩诗外传》说："楚狂接舆躬耕以食。楚王使使者赍金百镒，愿请治河南。接舆笑而不应，使者遂不得辞而去。乃夫负釜甑，妻戴纴器，变易姓字，莫知其所之。"（有删节）可见这是一位隐士或道家前辈。一说，接舆，接，接近，舆，车。楚之贤人，佯狂避世，失其姓名，以其接孔子之车而歌，因其事而呼其人为接舆。犹晨门荷蓧丈人长沮桀溺之例。

　　凤鸟，祥瑞之禽，百鸟之王。凤鸟的出现，象征着圣王出世，行道有望。史籍记载，凤凰舜时来仪，文王时鸣于岐山，黄帝时、少昊时、周成王时都来过。详见东海《天人感应论》一文。谏，规劝，使改正错误。犹可追，尚可补救，还来得及改正。殆，危险，无可救治。

　　孔子离开鲁国后来到了楚国。楚狂用歌来警示孔子，世乱已甚，无可救治，不如归隐。凤是神瑞之鸟，有道则见，无道则隐。而今天下无道，孔子游说诸侯，无圣君可遇，犹如凤鸟非时而出，所以说"何德之衰。"

　　儒家对隐士，既有肯定，也有批评。以下数章，表现了孔子的不忍避世和"知不可为而为之"的精神，也透露了儒道两家精神之不同所在。

　　《集注》引《四书诠义》说："接舆诸人高蹈之风致自不可及，其讥孔子处，亦非谓孔子果趋慕荣禄，同于俗情，但世不可为而劳劳车马，深为孔子惜耳。顾天下无不可为之时，而隐士必以为不可为，则圣人之见达，而隐士之见胶。天下有不忍绝之情，而隐士必果于忘世，则圣人之情仁，而隐士之情忍。天下有不可逃之义，而隐士只洁其一身，则圣人之德溥，而隐士之德孤。故隐士每冷讥孔子，而孔子亦惓惓于隐士，欲与之语，以广其志。此圣人之至教也。"

六、鸟兽不可与同群

长沮、桀溺耦而耕，孔子过之，使子路问津焉。长沮曰："夫执舆者为谁？"子路曰："为孔丘。"曰："是鲁孔丘与？"曰："是也。"曰："是知津矣。"问于桀溺。桀溺曰："子为谁？"曰："为仲由。"曰："是鲁孔丘之徒与？"对曰："然。"曰："滔滔者天下皆是也，而谁以易之？且而与其从辟人之士也，岂若从辟世之士哉。"耰而不辍。子路行以告。夫子怃然曰："鸟兽不可与同群，吾非斯人之徒与而谁与？天下有道，丘不与易也。"（《微子》第六章）

长沮、桀溺并肩同耕，孔子经过那里，让子路去打听渡口。长沮说："那驾车的人是谁？"子路说："是孔丘。"（长沮）说："是鲁国的孔丘吗？"（子路）说："是的。"（长沮）说："那他知道渡口在哪。"（这里的津明指渡口，暗指道）问桀溺。桀溺说："您是谁？"（子路）说："是仲由。"（桀溺）说："是鲁国孔丘的徒弟吗？"（子路）回答："是的。"（桀溺）说："天下滔滔到处都这样，与谁去改变这种现状呢？而且，你与其跟随避人之士，不如跟随避世之士呢。"不停手中的农活。子路回来告诉孔子。孔子怃然说："人终究不能和鸟兽共同生活，我不与天下人相处，又与什么人相处呢？假若天下有道，我也不会与他们调换角色。"

长沮，桀溺，长，个头高大。沮，沮洳，泥水润泽之处。桀，同杰，身材魁梧，溺，身浸水中。这是两位在泥水中从事劳动的隐者。长沮、桀溺，都是形容人的形象，不是真实姓名。耦，二人合耕，各执一耜，左右并发。执舆者，驾车的人，此指孔子。本来是子路驾车的，因下车问津，所以由孔子驾车。

"且而"句，且，而且。而，同尔，你。辟人之士，躲避人的人。指孔子。孔子离开鲁国，到处奔波，躲避与自己志趣不合的人，不与他们合作，故称。辟，同避。辟世之士，避开人类社会的人，即隐士，桀溺自况。马培路说："辟人之士，躲避小人以从君子之士也；辟世之士，躲避社会以入山林之士也。辟人之士与君子同群，辟世之士与鸟兽同群。"

耰，古代农具，这里作动词用，以土覆种。辍，停止，中止。怃然，怅惘失意貌。斯人之徒，指世上的人们，天下之人。邢疏："与，谓相亲与。我非天下人之徒众相亲与，而更谁相亲与。言吾自当与此天下人同群，安能去人从鸟兽居乎。"易，改变。意谓天下无道，尚且不避世，天下有道，更不会改变入世的态度。有道则现，此之谓也。

"鸟兽不可与同群"是事实陈述，并非骂长沮和桀溺。孔子对隐士很尊重，绝不会辱骂他们，当然孔子也不完全认同他们的做法。是洁身自好，避世归隐，知不可为而不为，还是知其不可而为之，努力道援天下，是儒道二家的重要区别。正因为天下无道，故周流在外，以求有以变革、改良社会。仁者之心，既不忍忘天下，也不会断定天下终于无道。

洞察人性本真和生命奥秘者必然知道，荒凉与阴冷不是人类社会之常，是可以改变，也必须改变的，这正是儒者的责任和使命。良知和真理的潜在力量不可小觑。蝴蝶微不足道，稻草轻如鸿毛，但是，一只蝴蝶有可能造成一场飓风，一根稻草有可能压垮一匹骆驼。

一时改变不了不要紧，儒者进退自如，进则兼济天下，退则独善其身。即使独善其身，也可立德立言，传道授业，为荒凉与阴冷的世界，坚持仁爱的火热，保守理想的美好。王阳明说得好：

夫人者，天地之心，天地万物本吾一体者也。盖其天地万物一体之仁，疾痛迫切，虽欲已之而自有所不容已，故其言曰："吾非斯人之徒与而谁与？欲洁其身而乱大伦，果哉，末之难矣！呜呼！此非诚以天地万物为一体者，孰能以知夫子之心乎？"（《传习录·答

聂文蔚》）

七、洁身切莫乱大伦

子路从而后，遇丈人，以杖荷蓧。子路问："子见夫子乎？"丈人曰："四体不勤，五谷不分，孰为夫子？"植其杖而芸。子路拱而立。止子路宿，杀鸡为黍而食之，见其二子焉。明日，子路行，以告。子曰："隐者也。"使子路反见之，至，则行矣。子路曰："不仕无义。长幼之节，不可废也，君臣之义如之何其废之？欲洁其身，而乱大伦。君子之仕也，行其义也。道之不行，已知之矣。"（《微子》第七章）

子路追随（孔子）而落后了，遇见一位老人，用木杖挑着竹器。子路问："您看见我老师了吗？"老人说："四肢不勤劳，五谷不分辨，谁是老师？"把木杖插在地上去除草。子路拱手站在一旁。老人留子路住宿，杀鸡做黍米饭给子路吃，让两个儿子出来相见。第二天，子路赶上孔子，告诉了这件事。孔子说："是位隐士。"让子路返回去看老人。到那里，老人已经走了。子路说："不仕不义之君。长幼礼节不可废弃，君臣之义如何能废弃呢？只想洁身自好，却乱了大的伦常。君子之所以要出仕，是要尽他的义务。道之不能行，已经知道了。"

丈人，老人，姓名身世不详。一说，楚国叶县人。荷，挑，担，扛。蓧，竹器。芸，同耘，除草。食，使动用法，拿东西给别人吃。反，同返。"子路曰"，这段话估计是孔子所授，欲以告丈人者，丈人已经离开，子路遂对丈人二子言，或者是《论语》编者记录在这里，以明理而飨读者。

儒家强调五伦，父子有亲，君臣有义，夫妇有别，长幼有序，朋友有信。荷蓧丈人有二子让他们出来相见，可见仍讲究父子亲情和长幼礼节。孔子认为仅此还不够，所以想通过子路一步开示。

君臣以义合。出不出仕，可以因人而异，因时代环境和个人情况不同而异，但不能一概反对出仕，一概以不仕为高。世易时移，君臣一伦随着君主制的结束早已不存在，但道理是一样的。在任何时代，人类除了家庭生活，还应该有政治社会生活并承担相应责任。

儒家欣赏隐士和道家的洁身自好、清高自由的精神及不合作态度，但不认同其某些观点。庄子说"不谴是非以与世俗处"，"与其是尧而非桀，不如相忘于江湖"，而儒家致力于教化世俗引导社会及政治改良，严辨华夷、王霸、义利、善恶、正邪之别，在大是大非问题上寸土不让。"是尧而非桀"正是儒者本分。

八、无可无不可

逸民：伯夷，叔齐，虞仲，夷逸，朱张，柳下惠，少连。子曰："不降其志，不辱其身，伯夷、叔齐与！"谓"柳下惠、少连，降志辱身矣，言中伦，行中虑，其斯而已矣"。谓"虞仲、夷逸，隐居放言，身中清，废中权。""我则异于是，无可无不可。"（《微子》第八章）

逸民有：伯夷，叔齐，虞仲，夷逸，朱张，柳下惠，少连。孔子说："不降低心志，不辱没其身，是伯夷、叔齐吧！"又说："柳下惠、少连，降低心志，辱没其身了，但言论合乎伦理，行为深思熟虑，他们如此而已。"又说："虞仲、夷逸，隐居放弃言论了，但持身清白，自我废弃而合乎权宜。我则与这些人有所不同，没有什么可以，也没有什么不可以。"

逸民，逸，超佚于世，民，无位之称。下列七人，都是逸民。虞仲，即仲雍，为推辞王位，与兄泰伯一同隐至荆蛮，见《泰伯篇》第一章注。一说，是《史记》中吴君周章之弟。夷逸，古代隐士，自喻为牛，可耕于野而不愿被诱入庙为牺牲。

朱张，身世不详。此下孔子分别评说诸人，独缺朱张。因朱张的言行已无可得称，故孔子但存其名，不加论列。少连，东夷人，记称其"善居丧，三日不怠，三月不解。期悲哀，三年忧"。

放言，放置言语，放弃言论。介之推曰："言，身之文也。身将隐，焉用文之？谓放废其言也。虞仲、夷逸二人，更无言行可举，故又其次也。或说，放言如后世孔融跌荡放言之例，今不从。身中清，废中权，中，符合，合于。仲雍居吴，断发文身，裸以为饰。隐居独善，合乎道之清；放言自废，合乎道之权。

儒家有经有权，具体情况具体考虑，因地因时而制宜，不一定那样做，也不一定不那样做。用之则行，得时而驾；舍之则藏，随遇而安。或出或处，都无执着，一切以道义为准。马融注："亦不必进，亦不必退，唯义所在。"《孟子·万章》说孔子是"圣之时者也"，"可以速而速，可以久而久，可以处而处，可以仕而仕"。

孔子之道与逸民们有相通处，又高出于他们。无可无不可，是权道和时中精神的体现。"可以速而速，可以久而久，可以处而处，可以仕而仕"，不拘形式，但权不离经，灵活性不违原则性，一切以仁义为准。

虞仲夷逸，废中权，在乱世自我废弃，以免祸患，也算合乎权道，所以孔子对他们有所肯定。正如曾子所说："夫子见人之一善而忘其百非"（《孔子家语》），见到别人和古人一点好处一个优点，就忘了他们的各种不足。其实，一味以放言自废为高，并非中正之道。所以孔子自称"我则异于是"，与所有逸民的精神和态度。

《中庸》说："仲尼祖述尧舜，宪章文武，上律天时，下袭水土。辟如天地之无不持载，无不覆帱；辟如四时之错行，如日月之代明。万物并育而不相害，道并行而不相悖。小德川流，大德敦化。此天地之所以为大也。"本章孔子对各位逸民的肯定称赞，就充分体现了儒家大德的包容性。

九、乐师们纷纷逃离

太师挚适齐，亚饭干适楚，三饭缭适蔡，四饭缺适秦，鼓方叔入于河，播鼗武入于汉，少师阳、击磬襄入于海。(《微子》第九章)

太师挚到了齐国，亚饭乐师干到了楚国，三饭乐师缭到了蔡国，四饭乐师缺到了秦国，打鼓的方叔去了黄河地区，摇小鼓的武去了汉水地区，少师阳和击磬的襄去了海滨。

太师挚，或是《泰伯》第十五章中所说的师挚，乐官之长。亚饭，按周礼规定，天子和诸侯用餐时要奏乐，亚饭是第二次吃饭时奏乐的乐师。三饭、四饭依此类推。干，及下文"缭、缺"，均为乐师名。鼓方叔，打鼓的乐师，名方叔。

河，专指黄河。播，摇。鼗，长柄摇鼓，两旁系有小槌。武，是摇小鼓的乐师的名字。少师阳，乐官之佐（副乐师），名阳。击磬襄，敲磬的乐师，名襄，孔子曾向他学琴。以上这些鲁国的乐师流亡四方，各奔前程，说明鲁公室已日益衰微。

关于本章八个人，古注所说不一，或说是周平王时人，或说是周厉王时人，或说是殷纣王的乐官。《白虎通疏证》说："孔子尝语鲁太师乐，又曰师挚之始，关雎之乱。若是纣时，无缘歌关雎之诗。说论语者，自当为鲁哀公时人焉。"孔安国注："鲁哀公时，礼坏乐崩，乐人皆去。"是也。

《四书集注考证》说："此段初尝疑之，及见唐史安禄山乱，使梨园弟子奏乐，雷海音辈皆毁乐器，被杀而不悔，彼俗乐尚能如此，况识先王之正乐者乎？诸子既识先王之正乐，绝不肯舞八佾于季氏，歌雍于三家，为僭侈伶人矣，故皆去之。"

乐师们的逃离，既有不与非礼势力配合的正义，也是一种见几而作、避乱而去的智慧。马培路说："乐者，所以正人心者也。乐师，更得人心之正者。礼崩乐坏，乐师无所用。人心不正，不苟居与乱世，故而逃去之。"

十、周公的教导

周公谓鲁公曰："君子不施其亲，不使大臣怨乎不以。故旧无大故，则不弃也。无求备于一人。"（《微子》第十章）

周公对鲁公说："君子不疏远自己的亲属，不让大臣埋怨不得任用。老朋友、老部下没有重大过错，就不要遗弃。不要对一个人求全责备。"

周公，武王之弟，名姬旦。鲁公，指周公的儿子伯禽。施，同弛，松弛，引申为遗弃、疏远。古时"施、弛"二字通用，陆氏本作弛。以，用。大故，大罪过。

本章是周公训示其子伯禽之语，亲亲，念旧，爱人，不求全责备，是为政之道，也是为人之道。《集注》引李氏曰："四者皆君子之事，忠厚之至也。"胡氏曰："此伯禽受封之国，周公训戒之辞。鲁人传诵，久而不忘也。其或夫子尝与门弟子言之欤？"

不施其亲，亲亲也。《中庸》说："仁者，人也，亲亲为大。"又说："亲亲则诸父昆弟不怨。"不使大臣怨乎不以，敬大臣也。

故旧无大故则不弃，敬故也。《泰伯篇》孔子说："故旧不遗则民不偷。"如果对老朋友、老部下都不好，都遗弃，还谈得上仁爱民众吗？《周官·天官冢宰》说："以八统诏王驭万民：一曰亲亲，二曰敬故，三曰进贤，四曰使能，五曰保庸，六曰尊贵，七曰达吏，八曰礼宾。"

《礼记·檀弓》记载，原壤母死，孔子帮助他沐椁，原壤临丧而歌，随从弟子劝孔子与他绝交，孔子说："丘闻之，亲者毋失其为亲，故者毋失其为故也。"这就是"故旧无大故则不弃"的表现。

无求备于一人，薄责于人也。曾子说："君子义则有常，善则有邻。见其一，冀其二；见其小，冀其大。苟有德焉，亦不求盈于人也。"意谓君子行义就能持恒，为善就有亲邻。君子看到别人有一善，就希望别人有二善；看到别人有小善，就希望别人有大善。如果别人有美德，也不奢求别人十全十美。"不求盈于人"就是不求全责备之意。

十一、周代有八位名士

周有八士：伯达，伯适，仲突，仲忽，叔夜，叔夏，季随，季骗。（《微子》第十一章）

周朝有八士：伯达，伯适，仲突，仲忽，叔夜，叔夏，季随，季骗。

八士，身世生平不详。或说，周初盛时有这八名才德之士，伯达通达义理，伯适大度能容，仲突有御难之才，仲忽有综理之才，叔夜柔顺不迫，叔夏刚明不屈，季随有应变之才，季骗德同良马。八人都有贤名。

或传说八士为一母所生的四对孪生子，即武王时之尹氏八士。《逸周书》曰："王乃励翼于尹氏八士，惟固允让"云。孔晁云："尹氏八士，或云即达，适，突，忽，夜，夏，随，骗也。"周朝郁郁乎文哉，所以人才也众多，或有八士集于一家、产于一母，也是可能的。

朱熹按："此篇孔子于三仁、逸民、师挚、八士，既皆称赞而品列之；于接舆、沮、溺、丈人，又每有惓惓接引之意，皆衰世之志也，其所感者深矣。在陈之叹，盖亦如此。三仁则无间然矣，其余数君子者，亦皆一世之高士。若使得闻圣人之道，以裁其所过而勉其所不及，则其所立岂止于此而已哉？"（《集注》）

第十九章　子张篇

《子张》共二十五章，主要记孔子的弟子们切磋探讨之言以及对孔子的敬仰赞颂。《集注》云："此篇皆记弟子之言，而子夏为多，子贡次之。盖孔门自颜子以下，颖悟莫若子贡；自曾子以下，笃实无若子夏。故特记之详焉。"

一、士能如此亦庶几

子张曰："士见危致命，见得思义，祭思敬，丧思哀，其可已矣。"（《子张》第一章）

子张说："士子见到危难不顾生命，见到利益想到道义，祭祀想到恭敬，临丧想到悲哀，那也可以了。"

见危致命，勇德也，即《曲礼》所说的"临难无苟免"，《宪问篇》中以此为"成人"的标志。《集注》说："致命，谓委致其命，犹言授命也。四者立身之大节，一有不至，则余无足观。故言士能如此，则庶乎其可矣。"

士见危致命，有其前提在，有其审慎在，比如临事而惧、好谋而成，比如危邦不入乱邦不居、非其君不仕等等。既仕之后，危难时就只有"致命"的选择了。暴虎冯河，遇到危险随随便便把命扔了，是非勇也。

见得思义，即见利思义。君子爱财，取之有道，不义之财，拒之为妙。荀子说："故君子能无以利害义，则耻辱亦无由至矣。"（《荀子·法行》）以利害义，即见利忘义。如果能够做到不以利害义，耻辱就没有理由上身了。

祭思敬，丧思哀，无论有位无位者都应该做到。《礼记·祭统》说："祭而不敬，何以为民父母也？"也可以说，祭而不敬，何以为士？《礼记·曲礼上》说："临丧则必有哀色。"又说："临丧不笑。"

《祭统》说："是故孝子之事亲也，有三道焉。生则养，没则丧，丧毕则祭。养则观其顺也，丧则观其哀也，祭则观其敬而时也。尽此之道者，孝子之行也。"也可以说，尽此之道者，士之行也。《大戴礼记·曾子立事》指出："临事而不敬，居丧而不哀，祭祀而不畏，朝廷而不恭，则吾无由知之矣。"

以上四个方面，都能达到要求，尽管德养有限，作为一个士君子，也算不错了，人格已经养成了。

二、士人的通病

子张曰："执德不弘，信道不笃，焉能为有，焉能为亡？"（《子张》第二章）

子张说："守德不能弘大，信道不能坚定，哪能算有，哪能算无？"

"焉能"，意谓无足轻重，有不为多，无不为少，有无一个样。《集注》："有所得而守之太狭，则德孤；有所闻而信之不笃，则道废。焉能为有无，犹言不足为轻重。"江熙云："有德不能弘大，信道不务厚至，虽有其怀道德，蔑然不能为损益也。"

执德不弘，信道不笃，古今士人的通病。有德行但小仁小义，不够广大；爱真理但三心二意，不够坚决；有信仰但飘浮摇摆，不够坚定；致良知但持而不坚，没有恒心，都是不弘不笃的表现，难免成为无足轻重的人物。《后汉书·郭泰传》就介绍了一个因为守道不笃而身败名裂的黄允：

黄允以俊才知名，林宗见而谓曰："卿有绝人之才，足成伟器。然恐守道不笃，将失之矣。"后司徒袁隗欲为从女求姻，见允而叹曰，得婿如是，足矣。允闻而黜遣其妻夏侯氏。妇谓姑曰："今当见弃，方与黄氏长辞，乞一会亲属以展离诀之情。"于是大集宾客三百余人，妇中坐，攘袂数允隐匿秽恶十五事。言毕，登车而去。允以此废于世。

郭泰称勉黄允才华杰出，认为其才足成伟器，然恐不能坚守道德而失足。后来黄允得到司徒袁隗的欣赏，拟妻以侄女，黄允即与妻夏侯氏离异。夏侯氏临去之际，当众数其隐匿的罪恶十五件，以致他从此不齿于士类，后世用为无耻求荣的典故。

《后汉书·郭泰传》接着又介绍了两个才有余而德不足的名士："谢甄字子微，汝南召陵人也，与陈留边让并善谈论，俱有盛名。每共候林宗，未尝不连日达夜。林宗谓门人曰：'二子英才有余，而并不入道，惜乎！'甄后不拘细行，为时所毁。让以轻侮曹操，操杀之。"谢甄和边让，都徒有英才和虚名，一个为时人毁弃，一个死于非命，都是焉能为有、焉能为亡的人物。

《泰伯篇》中曾子说："士不可以不弘毅。"弘就是执德能弘，毅就是信道能笃。孔子教导"毋意，毋必，毋固，毋我"，推崇权道，但对于仁道，则不能有任何偏离和违背，必须"笃信善学，守死善道"。笃信是信这个道，善学是学这个道，守死是死守这个道，善道是要善这个道。

执德要弘、信道要笃，这是针对执德信道之士而言的。执德不弘、信道不笃尚且无足轻重，那些不执不信甚至缺德悖道者，就更不足挂齿了。

三、两种交友之道

子夏之门人问交于子张。子张曰："子夏云何？"对曰："子夏曰：'可者与之，其不可者拒之。'"子张曰："异乎吾所闻。君子尊贤而容众，嘉善而矜不能。我之大贤与，于人何所不容？我之不贤与，人将拒我，如之何其拒人也？"（《子张》第三章）

子夏的门人向子张询问交友之道。子张反问："子夏怎样说的？"（子夏的门人）回答说："子夏说，'可交的人与他交，那不可交的人拒绝他。'"子张说："我听说的不同。君子尊敬贤人而容纳众人，赞美善人而怜悯能力不足的人。我如果大贤，对人有何不能容纳？我如果不贤，别人将拒绝我，如何谈得上拒绝别人呢？"

矜，怜悯，怜恤，同情。

本章提出了两种交友之道。乍一看，仿佛子夏有些狷介迫狭，而子张显得宽容广大。其实，子夏的交友之道比较中正，也符合孔子和古圣贤的教导。

《学而篇》中孔子说："毋友不如己者。"《大戴礼记·曾子制言》记曾子说："吾不仁其人，虽独也，吾弗亲也。"亲即亲近、结交之意。《吕氏春秋·观世》说："不如吾者，吾不与处，累我者也；与我齐者，吾不与处，无益我者也。惟贤者必与贤于己者处。贤者之可得与处也，礼之也。"

《说苑·杂言》记载，孔子生前曾断言："丘死之后，商也日益，赐也日损。商也好与贤己者处，赐也好说（悦）不如己者。"商即卜商，即子夏。该书同卷又记孔子说："与善人居，如入兰芷之室，久而不闻其香，则与之化矣。与恶人居，如入鲍鱼之肆，久而不闻其臭，亦与之化矣。故曰丹之所藏者赤，乌之所藏者黑，君子慎所藏。"此言堪称"无友不如己者"的最佳注脚。

子张的交友之道，大而无当，"堂堂乎张也，难与并为仁矣。"而且其言也偏离了主题。子夏门人问的是交友之道，子张答的则是一般待人接物的态度。"容众"和"矜不能"，与引以为友是不同的。大贤无所不容，却不会无所不交，与所有人交朋友。贤者，君子所当尊尚；众人，君子所当宽容，不必以友道待之。

朱熹说："子夏之言迫狭，子张讥之是也。但其所言亦有过高之病。盖大贤虽无所不容，然大故亦所当绝；不贤固不可以拒人，然损友亦所当远，学者不可不察。"（《集注》）朱熹说子夏之言迫狭，这是误会。于此可见中道之难和发言之难，贤如子张、朱熹也会出偏，只有圣如孔子，才能不偏不倚，大中至正。

四、大本若确立，小道亦无妨

子夏曰："虽小道，必有可观者焉，致远恐泥，是以君子不为也。"（《子张》第四章）

子夏说："即使小道，一定有可观之处的，行远恐有滞碍，因此君子不去努力。"

泥，不通，留滞，拘泥。小道，应该是指儒学以外各种良性的思想理论。诸子百家中良性或专业性的学说，也包括某一方面的技能、技艺，如农圃、医卜之类。《集注》引杨氏曰："百家众技，犹耳目鼻口，皆有所明而不能相通。非无可观也，致远则泥矣，故君子不为也。"

《大戴礼记·小辩》说："子曰：夫小辩破言，小言破义，小义破道。道小不通，通道必简。"小辩小言小义，指的就是儒家中道之外的各种思想言论。

《汉书·艺文志》说："小说家者流，盖出于稗官，街谈巷语道听涂说者之所造也。孔子曰'虽小道，必有可观者焉，致远恐泥，是以君子弗为也。'然亦弗灭也。闾里小知者之所及，亦使缀而不忘。如或一言可采，此亦刍荛狂夫之议也。"这是以小说家者流为小道。

《后汉书·蔡邕传》邕上封事说："夫书画辞赋，才之小者，匡国理政，未有其能。"这是以书画辞赋为小道。

小道窥于一隙，执于一偏，虽有可观，但各有局限，无法抵达悠久广大的境界，更难以上达天道。人的时间精力有限，君子应当志其大者，在小技小事上耗费多了，难免会影响远大追求。

《庄子·达生》中有一个寓言，可以借来说明"小技妨道"的道理。寓言说仲尼适楚，途中看到一佝偻老人以高竿捕蝉，孔子问他有什么技巧，老人说："虽天地之大，万物之多，而唯蜩蝉之知。"这个老人专心致志于捕蝉，"用志不分，乃凝于神"，可是，再怎么神乎其技，他也得不了大道，明不了明德。

什么才是大道呢？当然是中庸之道。此道体用不二，全体大用，即天即人，天人合一，内足以明心见性，安立自家心命；外足以经纶参赞，推动文明发展。这才是大道，才能致远。

对于小道，子夏"君子不为"之言太绝对。对于艺术性小道，儒家不妨游于艺；对于思想性和技术性的小道，在大本确立的前提下，也不妨汲精取华，海纳百川，为我所用。所谓根深叶自茂，大道有成，小道就有百利而无一害矣。子夏未达圣人境界，所言有失圆融。

有人这样翻译本章："虽然只是小路，一定会有值得欣赏的景色。如果走得太远，恐怕会有泥泞，因此明智的人不会这么做。"颇为形象，录此共赏。

五、好学的两大表现

子夏曰："日知其所亡，月无忘其所能，可谓好学也已矣。"（《子张》第五章）

子夏说："每天知道所不知道的，每月不忘记已经掌握的，可以称为好学了。"

《为政》说："温故而知新，可以为师矣。"月无忘其所能，温故也；日知其所亡，知新也，知新才能"日新"。苟日新，又日新，日日新。《集注》引尹氏曰："好学者日新而不失。"

儒家学习的内容，是格物致知的知识，或前人经验结晶，或自己格物所得。知识，兼自然科学常识和文化道德知识而言，又以人文道德知识为重。一定的正知正见，是诚意正心的基础。一个人必须具备一定的人文道德常识，然后才有可能自诚其意，渐正其心。所以《大学》说："欲正其心者，先诚其意；欲诚其意者，先致其知。致知在格物。"

如果常识不知，知见有误，那就容易失之千里。缺乏科学常识，很不便；缺乏道德常识，更可怕。华夷不辨，正邪不分，义利不明，人禽不别，是非混淆，善恶颠倒，滑向邪道还自以为正义，沦为恶棍还自以为英雄。《大学》八条目将格致排在最前，良有以也。佛教讲信解行证，解是理解和解悟，一般也离不开相应的知识储备。

博文约礼，相辅相成。好学属于博文的范畴，侧重知识的积累和智慧的开发。

六、八个字成就仁德

子夏曰："博学而笃志，切问而近思，仁在其中矣。"（《子张》第六章）

子夏说："广泛学习，坚定心志，切实提问，就所学深思，仁就在其中了。"

本章点明了知识、志向、学问、思考与道德的关系。知识的积累、志向的坚定、学问的切磋、思考的深入，相辅相成，循序渐进，是抵达最高道德的桥梁。有德而无知，德也高不到哪里去。仁者必须是博学、审问、慎思、明辨的人。

非学无以明道，无以解悟仁道的奥秘。《雍也篇》说："君子博学于文。"好学、博学是必需的。《劝学》是《荀子》一书的首篇，全面阐述了学习的重要性，较系统地论述了学习的理论和方法。《劝学》开宗明义："君子曰：学不可以已。"

笃志即专心致志，志向坚定。孔子说，可与共学，未可与适道，未可与立。所以博学必继之以笃志，才可以适道，才有望立。诸葛亮《诫子书》说："非学无以广才，非志无以成学。"只有好学和立志，才能博学而笃志。

一些古注解志为"识"，笃志为厚记、强记之义，也通，但不中肯。这里的笃志，应与《中庸》的笃行相近，都不属于知识范畴。笃行侧重于行为，指实践之深入；笃志侧重于意志，指立志之坚定。朱熹说："君子不学，则夺于外诱而志不笃。"志不笃，即意志不坚定。

切问的"切"，或谓切身、切近义。邢昺疏："切问者，亲切问于已所学未悟之事，不泛滥问之也。"或谓恳切义。刘开《论语补注》："盖所谓切问者，乃切切偲偲之切，谓恳到也。审问致详，反复就正，极其周密恳到，而不敢以率意出之，故谓之切问。"其实两义可以相通。切问，既不是泛泛的咨询，也不是虚虚的请教。

孔子于《八佾篇》赞扬林放"大哉问"，于《颜渊篇》赞扬樊迟"善哉问"，都属于切问。近思，谓就习知易见者思之。何晏集解："近思者，近思己所能及之事。"

子夏认为，能够做到博学笃志切问近思，就可以成就仁德了。《中庸》说："博学之，审问之，慎思之，明辨之，笃行之。"与本章近义，可以参看。

七、学习的目的

子夏曰："百工居肆以成其事，君子学以致其道。"（《子张》第七章）

子夏说:"百工居于作坊以成就他的工作,君子通过学习以达到他的仁道。"

百工,各种技术工人。皇疏:"百工者,巧师也。"巧师,是具有制造器物技能的工人,即考工记所说的"工有巧"之义。肆,古代制造物品的场所,如官府营造器物的地方,手工业作坊。陈列商品的店铺也叫肆。

俞曲园《群经平议》引《周易说卦传》"巽为工",虞翻注:"为近利市三倍,故为工,子夏曰,工居肆。"以为"此肆字即市肆之肆。市中百物俱集,工居于此,则物之良苦,民之好恶,无不知之,故能成其事。以譬君子学于古训,则言之是非,事之得失,无不知之,故能成其道也。"

《学记》谓"退息必有居学"。就像百工必居于肆一样,君子必居于学,专心一致,其事易成。马培路说:"百工居肆则心不迁,不迁方能业精而成事,成事乃百工所务也;君子笃学则志不移,不移方能志笃而极道,极道乃君子所当务者。"

《集注》说:"工不居肆,则迁于异物而业不精。君子不学,则夺于外诱而志不笃。尹氏曰:'学所以致其道也。百工居肆,必务成其事。君子之于学,可不知所务哉?'愚按:二说相须,其义始备。"

学以致其道,学习的目的是致其道,即得乎道,致其良知,觉悟"性与天道",所谓"学者,觉也"。古之学者为己,就是为此。立人达人,成人成物,《大学》八条目,归根结底无非为己。"自天子以至于庶人,一切皆以修身为本。"修身就是为己,为了明明德致良知。

良知者,生命本质也,本质生命也,法身也。修身修到最高处,就成为圣贤,这是人生最高的解脱、最大的成功和最圆满的幸福。反身而诚,乐莫大焉。人生的圆满归根结底是道德的圆满,心的圆满。圆满的心,道家称为道心,佛家称为佛心,儒家称为圣心、良知心。成圣成佛，无疑是人生最大的成功和幸福。

儒家内在修养和外在实践并重，内外不二，一体同仁。君子学以致其道，还要努力弘其道和行其道。《卫灵公》中子贡问为仁，孔子回答说："工欲善其事，必先利其器。居是邦也，事其大夫之贤者，友其士之仁者。"这里的为仁就侧重于实践。

八、对待过错的态度

子夏曰："小人之过也必文。"（《子张》第八章）

子夏说："小人有了过错，一定会加以文饰。"

对待过错态度如何，是区分君子小人的标准之一。《集注》："小人惮于改过，而不惮于自欺，故必文以重其过。"

《孟子·公孙丑篇》说："且古之君子，过则改之；今之君子，过则顺之。岂徒顺之，又从为之辞。"顺之是因循不改，将错就错，在错误的道路上坚持到底。为之辞，即文过饰非。这里"今之君子"是讽刺之言，实为小人。

《史记·孔子世家》记载："齐群臣对景公曰：君子有过则谢以质，小人有过则谢以文。"《呻吟语》说："有过是一过，不肯认过又是一过，一认则两过都无，一不认则两过不免。立身行己，服人甚难。也要看什么人不服，若中道君子不服，当蚤夜省惕。"

君子之过如日月之食，过也人皆见之。君子对待过错，勇于承认，知过能改，如果闻过则喜，闻过为幸，就更了不起了。孔子说："丘有幸，苟有过，人必知之。"子路虽未入室，在"闻过则喜"这一点上颇有孔子风范。

文过饰非，小人也。小人各式各样。有一种小人之尤，庸鄙野蛮之极，肆无忌惮，把过错当做功勋和荣耀来宣扬，这就更可耻可恶了。《集释》引《反身录》说："庸鄙小人不文过，文者多是聪明有才之小人。肆无忌惮之小人不文过，文者多是慕名窃义、伪作君子之小人。盖居恒不肯检身，及有过又怕坏名，以故多方巧饰，惟务欺人。然人卒不可欺，徒自欺耳，果何益哉！"

九、君子三变

子夏曰："君子有三变：望之俨然，即之也温，听其言也厉。"（《子张》第九章）

子夏说："君子有三种变化：远看他很庄严，接近他又很温和，听他说话斩钉截铁。"

俨然，矜持庄严貌。俨，《说文》训为"昂头"。《礼记·曲礼》"俨若思"，古注"矜庄貌"。望之俨然，神态庄重威严。《尧曰篇》说："君子正其衣冠，尊其瞻视，人望而畏之，斯不亦威而不猛乎？"这就是俨然。《孟子·梁惠王》说，孟子见梁襄王，出，语人曰："望之不似人君，就之而不见所畏焉。"这是俨然的相反表现。

厉，严正。皇疏引李充："厉，清正之谓也。君子敬以直内，义以方外，辞正体直，而德容自发。人谓之变耳，君子无变也。"温，和润。《诗经·卫风·淇奥》说："有匪君子，如切如磋，如琢如磨，谦谦君子，温润如玉。"玉的最大特征是温润，所以说君子如玉。

《集注》说："俨然者，貌之庄。温者，色之和。厉者，辞之确。"包括事实确凿，义理确当，一是一二是二，钉是钉铆是铆，是则是非则非，这是大本确立的表现。孔颖达《洪范正义》说："言之决断，若金之斩割。"顾炎武《日知录》说："居官则告谕可以当鞭朴，行师则誓戒可以当甲兵，此之谓听其言也厉。"

巧言浮论，乱言烦辞，游言妄语，道听途说，口费而烦，口惠而实不至，诸如此类，都是言厉辞确的反面，君子之所当戒。

厉有严厉之意，必要的骂也是"言厉"。一般情况下骂人不好，非礼，但不可一概而论。义有义刑义杀义战，还有义骂，包括正义之骂和适宜之骂。在儒佛道中，骂是严厉的批判，也是一种特殊的教育方式。孔子也会骂人，对诸侯权贵有正义之骂，对学生和故人有适宜之骂。

一般人俨然则不温，温则不厉，君子兼备，并行不悖，所以为贵。君子不同的态度表现，都本之于道德。别说三变，百变不离其宗也。《新解》说："君子敬以直内，义以方外，仁德浑然。望之俨然，礼之存。即之也温，仁之著。听其言厉，义之发。人之接之，若见其有变，君子实无变。"

十、信任宽容都重要

子夏曰："君子信而后劳其民。未信，则以为厉己也。信而后谏，未信，则以为谤己也。"（《子张》第十章）

子夏说："君子取得信任之后再役使他的人民，人民不信任，就会以为是虐待自己。取得信任之后再进谏，君主不信任，就会以为是诽谤自己。"

信，以诚相待，取得信任。劳，劳役，让百姓勤劳。厉，病也，有虐待、坑害义。《集注》："信，谓诚意恻怛而人信之也。厉，犹病也。事上使下，皆必诚意交孚，而后可以有为。"说"信而后劳其民"，不说"信而后谏其君"，是因为谏的对象，不限于君，也可以是父亲和朋友。

使民谏人，信任最重要。信而后劳，信而后谏，一切OK。只不过，这个"信"字，岂易言哉。子夏说的虽对，过于绝对了，理想化了。必要的时候，即使未信，不可不劳，不可不谏。

《集释》引《四书存疑》说："信而后谏，亦有虽不信而不容不谏者，箕子、比干是也；信而后劳，亦有民未信而不得不劳者，如子产为政，民欲杀之是也。子夏特论道理必如此然后尽善耳，非谓未信皆不可使民谏上也。"

从谏者的角度言，应该尽量取得对方信任。而从被谏者的角度言，则应该有仁恕之心和宽容之风，尊重他人的言论权，有则改之，无则加勉，不以人废言，不以言罪人。如子产为政，开始的时候，国民不理解，毁谤交加，甚至扬言欲杀之。子产不予计较，不毁乡校，体现了他的开明宽厚。

十一、大德和小德

子夏曰："大德不逾闲，小德出入可也。"（《子张》第十一章）

子夏说："大节不犯规，小节有点出入也是可以的。"

逾，超越，越过。闲，本义是门阑，引申为界限、法度。

本章足见儒家通情达理，衡人不唯小德。朱熹注："言人能先立乎其大者，则小节虽或未尽合理，亦无害也。"钱穆解："论人与自处不同。论人当观其大节，大节苟可取，小差自可略。"都说得好。

大德和小德，即大节和小节，大人格与小人格。两者有关系又有区别。小节对大节有影响但不是决定性的影响，小节可供参考，但不宜无限上纲、无限放大，不宜从小事小节上对他人求全责备，不宜以一时一地的小节出入而论断和否定一个人的整体品格，即不宜"以小判大"。就像管仲，究其小节，问题多多，但"桓公九合诸侯，不以兵车，管仲之力也"，仍受孔子赞扬，称"如其仁，如其仁"。

小节与大节都完美无缺，当然好，但是，完人毕竟难觅。俗话说，人非圣贤孰能无过。其实贤人也难免有过，狂与狷都是一种过。用道德完人的标准去要求或苛责他人和民众，更是不道德。

关于大节和小节，《荀子·王制》说："孔子曰：'大节是也，小节是也，上君也；大节是也，小节一出一入焉，中君也；大节非也，小节虽是也，吾无观其余矣。'"

大小都好，最好，上等之君；大节没问题，小节有出入，中等之君；大节不行，小节最好也看不上眼。

《韩诗外传》记载了一个孔子以"小德出入可也"为自己辩护的故事：

> 孔子遭齐程本子于郯之间，倾盖而语终日。有间，顾子路曰："由来，取束帛十匹以赠先生。"子路不对。有间，又顾曰："取束帛十匹以赠先生。"子路率尔而对曰："昔者由也闻之于夫子，士不中道相见。女无媒而嫁者，君子不行也。"孔子曰："夫诗不云乎？野有蔓草，零露漙兮。有美一人，清扬婉兮，邂逅相遇，适我愿兮。且夫齐程本子，天下之贤士也，吾于是而不赠，终身不之见矣。大德不逾闲，小德出入可也。"

其实，孔子与齐国程本子倾盖而语终日，是出于好德爱贤之心勃勃不容已，小德亦无出入。"女无媒而嫁者，君子不行。"那是一般情况。舜不告而娶，不为不孝；孔子与齐程本子中道相见，不为非礼。

小德出入可，是责人从宽。然复须知，儒者自责（要求自己）仍宜从严。子夏此言，针对他人很好，以之自责则不能无弊。王夫之说："细行不矜，终累大德，三代以下，名臣正士志不行而道穷者，皆在此也，君以之而不信，民以之而不服，小人以之反持以相抗，而上下交受其诎。"（《读通鉴论》）

马培路说："妙！君子可以大受，不可以小知者，盖在此。大节不逾闲，小节未尽合理，不失为君子。若说小节出入可也，则有任小节出入之嫌。小节久不合理而不知克之，则终害大节之守。故《集注》引吴氏曰：不能无弊。"

十二、子游子夏各有侧重

子游曰:"子夏之门人小子,当洒扫应对进退则可矣,抑末也。本之则无,如之何?"子夏闻之,曰:"噫!言游过矣。君子之道,孰先传焉,孰后倦焉譬诸草木,区以别矣。君子之道,焉可诬也。有始有卒者,其惟圣人乎!"(《子张》第十二章)

子游说:"子夏的门人弟子,做些洒水扫地言语应对接待迎送的事是可以的,这只是末节。根本的东西却没有,怎么行呢?"子夏听了这些话,说:"唉!子游失言了。君子之道,自有本末,什么先传,什么后教,就像草木之生,自有次第区别。君子之道的先后次第也不能混同。始终本末一贯的,那只有圣人吧!"

后倦即后券,券即传义。末,末节。就学问而言,洒扫应对进退为末,《大学》八条目为本;就八条目而言,又以修身为本。就学问和道德而言,学问为末,道德为本。《中庸》说君子尊德性而道问学,道问学为末,尊德性为本。本章子游谓"洒扫应对进退"为末,君子之道另有其本。"焉可诬也"的"诬"同"忓",忓有"同"和"兼"二义。

"孰先"句:古今学者对本句有多种解释。包咸云:"言先传业者,必先厌倦,故我门人先教以小事,后将教以大道。"马培路说:"朱子意谓,君子之道,不是以其末为先而先传之,不是以其本为后而厌倦教之。因材施教,当以其浅深不同而传授之。"录此供参考。

子游意思是,学有本末,洒扫应对进退之类,都属于末,有用而有限,应该教之以本。子夏的意思是,学者不可厌末而求本,教学要循序渐进,先传以近小,后教以远大。小学始教,人人可传,根本大道,则非尽人可得。凡事皆有次序。有始有终,始终本末一以贯之,只有圣人才能做到,非门人小子所能及。《大学》云:"物有本末，事有终始，知所先后，则近道矣。"就是对教学次序的论述。比较而言，子夏认识更中正。

《集注》引程子说："君子教人有序，先传以小者近者，而后教以大者远者。非先传以近小，而后不教以远大也。"

钱穆《新解》说："游夏同列文学之科，子游非不知洒扫应对进退为初学所有事，特恐子夏之泥于器艺而忽于大道，故以为说。子夏亦非不知洒扫应对进退之上尚有礼乐大道，不可忽而不传。是两人言教学之法实无大异，读者若据'言游过矣'四字，便谓子游之言全非，则失本章之旨。"

十三、入仕的正途

子夏曰："仕而优则学，学而优则仕。"（《子张》第十三章）

子夏说："为官有余力就从学，学问优秀就为官。"

优，优秀，优良。一说，充足，余裕，指人有余力。

两语反复相因又各有所指。学而优是仕的基础，仕而优则学，是学的深造。《集注》说："仕与学理同而事异，故当其事者，必先有以尽其事，而后可及其余。然仕而学，则所以资其仕者益深；学而仕，则所以验其学者益广。"

学而优则仕，理所当然，这是入仕为官的正途。荀子也说过类似的话："学者非必为仕，而仕者必如学。"（《荀子·大略》）意谓学习不一定为了为官，而为官一定要学习。

儒家学问与智慧、道德一脉相承，水涨船高，学而优，相对而言，德智比较好，人格比较健全，比较具有敬天保民、以民为本的政治思想，比较充足民胞物与、己饥己溺的仁爱精神，所以适合从政。科举制之所以优秀，就是因为对子夏此言进行了最好的制度落实。

现代人对科举制的公正性和科学性普遍认识不足。说儒学和科举束缚思想、摧残人才、摧残精神、萎缩人格云云，更是不着调的胡批乱判。儒学作为最高人学和中国特色的人格主义哲学，最有利于人格的成熟和健美。科举制的平等公正精神和科学性，堪称历史奇迹。近代西方的文官考试制度就是对科举制的吸收和借鉴。

相对根本性的社会制度，科举制度属于"下位法"，既适用于君主制，也适用于民主制。在以仁本主义为指导思想的新礼制下，科举和民主可以各取精粹，完美结合。民主选举领导人，科举选拔公务员，最能将"天下为公，选贤与能"的王道政治落到实处。

或说科举制度是中国第五大发明。没错，然复须知，科举的"上级制度"是礼制，礼制的文化背景是儒学，儒学才是中国"第一发明"和对人类最伟大的贡献。她缔造了中华文明数千年的辉煌，经各种途径传至西方，对西方现代文明的肇端和发展也产生了巨大影响，成了文艺复兴运动和人本主义思潮的精神源头。

十四、丧不可不哀，不要过哀

子游曰："丧，致乎哀而止。"（《子张》第十四章）

子游说："丧礼，到充分体现悲哀之情为止。"

本章有两层含义：（一）居丧不尚文饰，要有悲哀之实。本篇说："丧思哀。"《说苑·建本》说："孔子曰：处丧有礼矣，而哀为本。"（二）既已哀，则当止。如果哀毁过度，以至伤身灭性，也非所宜。

《礼记·檀弓》说："子路曰：吾闻诸夫子，丧礼，与其哀不足而礼有余也，不若礼不足而哀有余也。祭礼，与其敬不足而礼有余也，不若礼不足而敬有余也。"形式和实质统一，那是最好，否则，宁愿形式不足而实质有余，即"哀有余"，这是退而求其次，不得中道则取狂狷之意。然复须知，"哀有余"毕竟也是"过"，如果伤身灭性，反于孝道有亏。

《孝经·丧亲》引孔子的话说："孝子之丧亲也，哭不偯，礼无容，言不文，服美不安，闻乐不乐，食旨不甘，此哀戚之情也。三日而食，教民无以死伤生，毁不灭性。此圣人之政也。"《邢疏》引《孝经·丧亲》注："不食三日，哀毁过情，灭性而死，皆亏孝道。故圣人制礼施教，不令至于殒灭。"

孝子丧亲，哭得声嘶力竭，举止失去端正，言语没有文采，穿上华服心不安，听到音乐不快乐，吃到美味不知味，这是悲哀忧伤的表现。三天之后要吃东西，这是教导人民不要因丧失亲人而损伤身体，不要过度哀伤而毁害性命，这是圣贤君子的为政之道。可见儒家任何事都要讲究合情合理，遵循中庸之道。

丧以哀为本。遇到别人办丧事，也难免心情沉重。《述而》说："子食于有丧者之侧，未尝饱也。"《礼记·檀弓》也有同样说法。这是一种恻隐之心的自然流露，也体现了儒家对送终之礼的重视。恻隐之心人皆有之，若没有就非人化了。注意，"未尝饱"，是不吃饱，不是不吃饭，这又是中道的表现。

丧礼是送终大事，是礼之大者。《礼记》中对丧礼有大量阐述。《丧服小记》记叙丧服规定及丧礼杂事，《丧服大记》记叙君、大夫、士的丧礼，《奔丧》记叙奔丧的注意事项，或说此篇为《仪礼》正经。《杂记》所记与《丧服大记》有所相类同。《问丧》篇言丧服之义。《间传》篇总论丧礼哀情之发，《三年问》篇设为问答，以发明丧服年月之义。

墨子也有"丧以哀为本"之说，但他的薄葬主张极端化了，无法表现孝子哀戚之情。儒家重视丧礼，强调慎终，至于葬礼厚薄，量力而行，反对一味薄葬。墨家的节用、非乐等等，也都有极端化倾向，故不为儒家许可。墨子本来学儒，很多理念出于儒家，但"发展"过头了，过犹不及，有违中道。

十五、子游很难得，还不够

子游曰："吾友张也，为难能也，然而未仁。"曾子曰："堂堂乎张也，难与并为仁矣。"（《子张》第十五、十六章）

子游说："我的朋友子张，算是难得的了，然而未得为仁。"曾子说："气派堂皇呀子张，难以与他同行于仁道了。"

十五、十六章都是同门对子张的评价，看法又一致，故合并讲解。堂堂，盛于容貌，形容仪表壮伟，气派十足。张，即颛孙师，字子张，陈人（《吕氏春秋·尊师》称为鲁人），少孔子48岁，是孔子晚期弟子。

《先进篇》中子贡问子张和子夏"孰贤"，孔子回答说："师也过，商也不及。"子张过火了，子夏火候不够。又说："师也辟。"辟，盘辟，古代行礼时盘旋进退貌，有文饰、形式义。《大戴礼记·五帝德》说："孔子曰：吾欲以容貌取人，于师邪，改之。"

《孔子家语·七十二弟子解》说子张"为人有容貌，资质宽冲"，但"不务立于仁义之行，孔子门人友之而弗敬"。孔子门人和他友好，但不敬重他。《列子·仲尼》说："子夏问孔子曰：子张之为人奚若？子曰：'师之庄贤于丘也。师能庄而不能同。'"意谓子张仪表端庄要比我强，端庄严肃却不能团结别人。

综上所述，子张的优点是容貌堂堂，才高气大，人所难能，而心驰于外，形式有余而实质不足，不能全其心德。正如马培路所说："子张有文过而质不足之嫌，近于'文胜质则史'之史，即容雍威仪、客套铺陈有余，其真情不足。"

《荀子·非十二子》说："禹行而舜趋，子张氏之贱儒也。"禹行舜趋，意谓子张派的儒者，走路都学着圣王的样子。撇开恶毒攻击不论，荀子之言可从侧面说明，子张这一派儒家有形式主义倾向。

《韩非子·显学》说,孔子去世之后,儒分为八,第一就是子张之儒,可见子张派后期影响颇大。

朱熹说:"言其(子张)务外自高,不可辅而为仁,亦不能有以辅人之仁也。"(《集注》)过于贬抑了。《集释》引《论语训》说:"亦言子张仁不可及,难与并,不能比也。"这又评价过高了,亦失《论语》本义。对子张这个小师弟,子游与曾子既有肯定,也有批评、勉励和督促。

孔子对子张有批评,也有嘉许。《大戴礼记·卫将军文子》子贡说:"业功不伐,贵位不善,不侮可侮,不佚可佚,不敖无告,是颛孙之行也。孔子言之曰:'其不伐则犹可能也,其不弊百姓者则仁也。'《诗》云:'岂弟君子,民之父母。'夫子以其仁为大也。"

这里子贡对子张的评价很高,还引用了孔子之言为证。有事功而不夸耀,有贵位而无喜色,不侮慢不值得尊重的人,不轻忽容易被轻忽的事,不凌傲弱者。不敖无告,不弊百姓,都是关心民众的表现和民本精神的体现,仁也。

何以"夫子以其仁为大"?是《大戴礼记》记载有误乎?是子贡对卫文子介绍同门时有所夸张乎?是后来子张从政,加强内功,有德于民,让孔夫子刮目相看乎?未能详考,录此备参。

十六、尽情表达悲哀时

曾子曰:"吾闻诸夫子,人未有自致者也。必也亲丧乎!'"(《子张》第十七章)

曾子说:"我听老师说过:'人没有完全表露内心感情的,只有遇到父母之丧吧!'"

致,极,尽,这里指充分表露和发泄内心的真实感情。父母之丧,哀痛迫切之情,不待人勉而自然尽情流露。《集注》说:"致,尽其极也，盖人之真情所不能自已者。尹氏曰：'亲丧固所自尽也，于此不用其诚，恶乎用其诚'。"

《孟子·滕文公》中孟子说："亲丧固所自尽也。"这是孟子教导滕定公世子（滕文公）的话，意谓父母的丧事，本就应该尽自己的心意去办，不管他人意见如何。赵岐注谓："时诸侯皆不行礼，故使独行之也。"

曾子的自致，侧重于情感的表达，孟子的自尽，则侧重于礼制的尽力，即曾子说的："生，事之以礼；死，葬之以礼，祭之以。"

孙齐鲁说："此可与前章并读。儒家讲求'发乎情，止乎礼仪'，尽量将情感保持在理性的范围内，这与西方追求一种迷狂或者极度痛苦的境地不同。然面临父母之丧这种事，则不求掩饰而淋漓尽致地哀恸。"

亲丧之时，孔子说自致，孟子说自尽，是针对所有人说的，只要是人，就应该这样。在这方面道家的表现不可为训。妻死鼓盆的庄子，母丧唱歌的原壤，母丧酗酒的阮籍，这类表现，美其名曰旷达，其实不近情理，严重非礼。

十七、孟庄子之孝

曾子曰："吾闻诸夫子：'孟庄子之孝也，其他可能也，其不改父之臣与父之政，是难能也'。"（《子张》第十八章）

曾子说："我听老师说过：'孟庄子的孝顺，其他方面不难做到，他不更换父亲的臣子和父亲的政道，这很难做到的。'"

孟庄子的父亲是孟献子，鲁国孟孙氏第五代宗主，名蔑，世称仲孙蔑，谥号献，是孟文伯的儿子，孟氏家族振兴的重要贡献者，春秋中期鲁国政治家、外交家，曾经多次代表鲁国与诸侯会盟。孟献子有德，孟庄子继其位之后，能用其臣，守其政，难能可贵，所以得到曾子赞扬。不改父之臣与父之政，前者即《微子篇》"故旧无大故则不弃"，后者即《学而篇》"三年无改于父之道"。

父之臣与父之政改还是不改，改了是否就一定不孝，不可一概而论。《集释》引胡寅的"猜测"最为合理："庄子之继世也，必其先臣先政有不利于己者，他人不能不改而庄子能之，是以称难。"

《新解》说："宋儒惩于绍述之事，说三年章与此章，特有烦言。然孔子所言，本不以一概凡事，如禹改鲧道，未闻儒者谓之不孝，若必执一废百，则孔子不复'有可与立未可与权'之教矣，学者其审思之。又本章特称孟庄子为难能，在当时必有所以为难能之具体事实，今亦无可确考，此等处以不深论为是。"

十八、民众多罪，责任在上

孟氏使阳肤为士师，问于曾子。曾子曰："上失其道，民散久矣。如得其情，则哀矜而勿喜！"（《子张》第十九章）

孟孙氏任命阳肤为典狱官，（阳肤）向曾子请示。曾子说："当政者丧失为政之道，民心离散已久。如果查察到当事人的犯罪事实，应哀怜他们而不要沾沾自喜。"

士师，司法官，典狱官。阳肤，曾子弟子，武城人。

哀矜，哀怜，怜悯。《尚书·吕刑》说："哀矜折狱。"《尚书大传》说："子曰：听讼虽得其指，必哀矜之。死者不可复生，绝者不可复续也。"《集注》引谢氏曰："民之散也，以使之无道，教之无素。故其犯法也，非迫于不得已，则陷于不知也。故得其情，则哀矜而勿喜。"

政治丧失正道，民心就会离散。执政者不能"富之教之"，民众得不到生活保障，又不明理义是非，就会轻于作奸犯科。故曾子告诫阳肤，如查得当事人犯罪的实情，勿以明察自喜，而当怀抱哀愍，尽量从宽处理。此言一片仁心，最为可贵。仁人君子明察善断或与酷吏同，用心则大异也。

当时周朝礼崩乐坏，各国诸侯和执政者多失其道，鲁国也不例外。《韩诗外传》记载，鲁国有父子打官司，季康子想要杀掉他们。孔子反对。孔子说："未可杀之。夫民不知父子讼之为不义久矣，是则上失其道。上有道，是人亡矣。"

很久以来，执政者不对民众进行文化道德启蒙，唯用刑法惩治他们，民众不知道父子相讼是不义的，上下无礼久矣，这都是"上失其道"的表现。这个"父子相讼"的故事在《荀子·宥坐》也有记载。

十九、君子恶居下流

子贡曰："纣之不善，不如是之甚也。是以君子恶居下流，天下之恶皆归焉。"（《子张》第二十章）

子贡说："殷纣王的罪恶，并不如传说那这严重。因此君子讨厌居于下流，以致天下恶名都归到身上来。"

纣，名辛，史称帝辛，谥纣。按照谥法，残忍不义为纣。纣王是商朝最后一个君主，是历史上有名的暴君。恶居下流，恶，讨厌，憎恨，憎恶。下流，地形卑下之处，形容品格卑劣。

天下之恶皆归焉，恶，坏事，罪恶，此指恶名。或说指恶人，人苟为恶，其他恶人自来归集，其自为恶虽不甚，而众恶皆成其恶，也通。

子贡之言当然不是为纣王去辩解开脱，而是劝人以纣为镜戒。同时"纣之不善，不如是之甚也"的论断也表现了儒家实事求是的精神。《集注》说："下流，地形卑下之处，众流之所归。喻人身有污贱之实，亦恶名之所聚也。子贡言此，欲人常自警省，不可一置其身于不善之地，非谓纣本无罪，而虚被恶名也。"

二十、君子之过如日食

子贡曰："君子之过也，如日月之食焉。过也，人皆见之；更也，人皆仰之。"（《子张》第二十一章）

子贡说："君子的过错，如同日蚀月蚀一般。错了，人们都看得见；改了，人们都仰望着。"

日月之食，就是日食月食。食同蚀。更，变更，更改。钱穆说："君子有过，本出无心，亦不加文饰，故人皆见之。或说，以君子之德位，为瞻望所集，故苟有过，不得掩。"（《新解》）马培路说："与小人文过饰非相对。如曰：小人之过也，必文焉。过也，人或不见；见也，必佞而争之。"

《孟子·公孙丑》谈到周公是否有过的问题，背景是，齐宣王没有听从孟子建议而及时从燕国撤兵，结果遭到燕人的反抗，感到有愧于孟子。大夫陈贾以周公也犯有过错作借口，为齐宣王辩护。然后陈贾求见孟子，下面是他们的对话：

（陈贾）见孟子，问曰："周公何人也？"曰："古圣人也。"曰："使管叔监殷，管叔以殷畔也，有诸？"曰："然。"曰："周公知其将畔而使之与？"曰："不知也。""然则圣人且有过与？"曰："周公，弟也；管叔，兄也。周公之过，不亦宜乎？且古之君子，过则改之；今之君子，过则顺之。古之君子，其过也，如日月之食，民皆见之；及其更也，民皆仰之。今之君子，岂徒顺之，又从为之辞。"

陈贾认为周公有过，孟子回答"周公之过，不亦宜乎？"其实是说周公无过，"使管叔监殷"这件事做得很正确。孟子的意思是，周公是弟，管叔是兄，周公派管叔去监殷的时候，不应猜测和分析管叔将来会不会反叛。孟子接着指出"古之君子"面对错误的态度，即本章孔子所言，再批评"今之君子"的作风，有了过错，不仅将错就错，而且还寻求一番理由来辩护，对陈贾作了含蓄的批评。

二十一、圣人无常师

卫公孙朝问于子贡曰："仲尼焉学？"子贡曰："文武之道，未坠于地，在人。贤者识其大者，不贤者识其小者，莫不有文武之道焉。夫子焉不学？而亦何常师之有？"（《子张》第二十二章）

卫国公孙朝向子贡问道："仲尼从哪里学习的？"子贡说："文王武王的道，没有坠到地上，还在人间。贤能的人记得道之大者，不贤的人记得道之小者，无处不有文武之道在。老师哪里不学？又何尝有固定的老师呢？"

公孙朝，春秋时，鲁国有成地大夫公孙朝，楚国有武城尹公孙朝，郑子产有弟叫公孙朝，所以这里加个"卫"字，特指卫国大夫公孙朝。文武之道，即王道和周礼。坠于地，掉到地下，这里指被人遗忘，失传。常师，固定的老师。《集注》："公孙朝，卫大夫。文武之道，谓文王武王之谟训功烈，与凡周之礼乐文章皆是也。在人，言人有能记之者。识，记也。"

子贡说，孔子不是专向某一个人学习，而是向很多人学习。杜甫说："转益多师是吾师。"韩愈说："圣人无常师。孔子师郯子、苌弘、师襄、老聃。郯子之徒，其贤不及孔子。孔子曰：三人行，则必有我师。是故弟子不必不如师，师不必贤于弟子，闻道有先后，术业有专攻，如是而已。"（《师说》）

有人问我师承，答以学无常师。远则孔孟，近则王阳明、熊十力，都为我所私淑，历代圣贤大儒以及佛道大德都是我的老师。东海生平好学，别人略有所长，便会恭敬请教，与许多老人的关系亦师亦友——我尊对方老师，对方视我小友。泛而言之，三教九流、五行八作、古今中外、天地万物，皆我之师。

二十二、大美大富在孔门

叔孙武叔语大夫于朝，曰："子贡贤于仲尼。"子服景伯以告子贡。子贡曰："譬之宫墙，赐之墙也及肩，窥见室家之好。夫子之墙数仞，不得其门而入，不见宗庙之美，百官之富。得其门者或寡矣，夫子之云，不亦宜乎！"（《子张》第二十三章）

叔孙武叔在朝廷上对大夫们说："子贡比孔子贤。"子服景伯把这话告诉了子贡。子贡说："比如房舍的围墙，我的墙只到肩膀高，人们都能窥见家室之好。老师墙高几丈，不能找到门进去，就看不到宗庙的美好，百房的丰富。能找到门的人或许不多了，老先生那样说，不是很自然的吗！"

叔孙武叔，鲁国大夫，"三桓"之一，名州仇。子服景伯，名何，鲁国大夫。宫，房屋，住舍。古代不论尊卑贵贱，住所都称宫，到了秦代才专称帝王的住所为宫。仞，古代长度，七尺（或说八尺）为一仞。官，本义是房舍，后来才引申为做官，官职，这里用本义。宜，适宜，相称，很自然。

不得其门而入，焉知孔子之伟大，焉知儒家"宗庙之美，百官之富"。可笑的是，很多人在门外乃至千万里外，就开始大批特批了。有名家斥孔子为"权力的看门狗"。我严正告诉他，孔子是为中道真理、民本原则和礼制精神看门，是为道德理想和华夏文明看门。《无相大光明论》说："不读孔子，不知儒家之广大；不读孟子，不知儒家之庄严；不读程朱，不知儒家之高明；不读陆王，不知儒家之精微；不读大良知学，不知儒家之豪华圆融无量光明也。"

本章亦可见子贡尊师重道的真诚。七十子对老师无不感恩戴德，子贡对老师感情特别深厚。《孟子·滕文公上》记载："昔者孔子没，三年之外，门人治任将归，入揖于子贡，相向而哭，皆失声，然后归。子贡反，筑室于场，独居三年，然后归。"《史记·孔子世家》也有同样记载。

本章还可见儒家之师道尊严。师之尊严植根于道之尊严和德之高大。《孟子·公孙丑》说："以德服人者，中心悦而诚服也，如七十子之服孔子也。"这种发自内心深处的尊重和爱戴，岂是外人言语和外在力量所能改变？叔孙武叔抬子贡而贬孔子，只会招致子贡的反感。

二十三、仲尼难逾如日月

叔孙武叔毁仲尼。子贡曰："无以为也！仲尼不可毁也。他人之贤者，丘陵也，犹可逾也；仲尼，日月也，无得而逾焉。人虽欲自绝，其何伤于日月乎？多见其不知量也。"（《子张》第二十四章）

叔孙武叔毁谤仲尼。子贡说："不要这样做吧！仲尼是不能毁谤的。别人的贤德是丘陵，还可以超越；仲尼是日月，没办法超越的。有人即使想自绝，对日月有什么损伤呢？徒然表现他不自量力啊。"

多，只，徒然。不知量，不知自己的分量，不自量力。

毁谤孔孟，诋毁圣贤，原因众多，概乎言之不外乎二：一是无知，智弱，不认识圣贤；二是无德，德残，别有用心，恶意误导，为了图一己之利，逞一时之快，为盗贼开脱，给盗贼帮忙，或者本身就是盗贼。两种情况都不正常。圣贤不可侮，侮之恰自辱；孔孟不可反，反之恰自殂。一个喜欢诋毁圣贤的人必是不正常的人，一个普遍毁谤孔孟的社会必是不正常的社会。

反儒反孔，反掉的是生命的仁宅，是政治的义路。子贡说："人虽欲自绝，其何伤于日月乎？"佛言："恶人害贤者，犹仰天而唾，唾不至天，还从己堕。逆风扬尘，尘不至彼，还坌己身。贤不可毁，祸必灭己。"(《四十二章经》)

子贡之言让我想起一句古人的名言："天不生仲尼，万古如长夜。"此言出于《朱子语类》卷九十三。朱熹说："唐子西尝于一邮亭梁间见此语。"《唐子西文录》载："蜀道馆舍壁间题一联云：'天不生仲尼，万古如长夜，'不知何人诗也。"可见这仅是宋朝一个佚名诗人对孔子感性、诗意的赞美。之所以这么说，是因为此言对孔子之前文化道德的历史辉煌缺乏必要的尊重。

孔子集往圣之大成，祖述尧舜，宪章文武；继儒家之道统，返本开新，继往开来。对孔子怎么推崇赞扬都不过分，但不应该抹杀孔子之前历代圣贤的光明。尧舜禹汤、文武周公等尽管无儒家之名，却有儒家之实。还是元朝武宗皇帝诏书中的这段话说得准确："先孔子而圣者，非孔子无以明；后孔子而圣者，非孔子无以法。所谓祖述尧舜，宪章文武，仪范百王，师表万世者也。"

二十四、天高地厚江海深

陈子禽谓子贡曰："子为恭也，仲尼岂贤于子乎？"子贡曰："君子一言以为知，一言以为不知，言不可不慎也。夫子之不可及也，犹天之不可阶而升也。夫子之得邦家者，所谓立之斯立，道之斯行，绥之斯来，动之斯和，其生也荣，其死也哀，如之何其可及也？"(《子张》第二十五章)

陈子禽对子贡说："您有意表现恭敬吧，仲尼难道比您更贤能吗？"子贡说："君子一句话可以表现明智，一句话可以表现不明智，说话不可不谨慎呀。老师的高不可攀，就像天不能通过阶梯登上去。老师如能获得治理国家的权位，那是唤起民众则民众立起，引导民众则民众乐从，安抚民众则远人归附，鼓舞民众则一片太和。他活得很光荣，死时一片悲哀。这样的人怎么能赶得上呢？"

陈子禽，陈亢，字子禽，参阅《学而》第十章。道之斯行，即己欲达而达人，导之以德。道同导，引导。绥，安抚。

本篇二十五章，皆记孔门诸弟子之言，特以子贡赞美孔子的三章殿后。从中可见子贡对老师的了解、尊重和怀念，也可见子贡晚年的进德修业之功。孙齐鲁说："夫子之大美且圣，固不因子贡之赞与否而损益。然夫子之道弘势尊，子贡弘扬之力，就当时看，恐在七十子之首，虽曾参子夏无以过之。"

《韩诗外传》记载了子贡回答齐景公的质疑时对孔子的崇拜赞美。

齐景公谓子贡曰："先生何师？"对曰："鲁仲尼。"曰："仲尼贤乎？"曰："圣人也，岂直贤哉！"景公嘻然而笑曰："其圣何如？"子贡曰："不知也。"景公悖然作色，曰："始言圣人，今言不知，何也？"子贡曰："臣终身戴天，不知天之高也；终身践地，不知地之厚也。若臣之事仲尼，譬犹渴操壶杓，就江海而饮之，腹满而去，又安知江海之深乎？"景公曰："先生之誉，得无太甚乎？"子贡曰："臣赐何敢甚言，尚虑不及耳。臣誉仲尼，譬犹两手捧土而附泰山，其无益亦明矣；使臣不誉仲尼，譬犹两手把泰山，无损亦明矣。"景公曰："善。"

子贡对陈子禽的批评，说明了慎言的重要。了解一个人不容易，故须察其言观其行，但有时候又很简单，一句话就足以认识一个人的高低优劣了。这就叫，一言以为知，一言以为不知。当时孔子去世多年，子贡声望越来越大，陈子禽称赞子贡比孔子强，子贡回答时就说了这句话警示陈子禽，一句话就可以看出一个人是否明智，说话不可以不谨慎。

儒家特别重视言论的重要和强调慎言。《易经》认为言论和行为同等重要，都是"君子之枢机"，都可能产生重大的社会影响乃至感天动地，所以必须慎之又慎。大禅师惠洪说："心之妙，不可以言语传而可以见。盖语言者，心之缘，道之标帜也。标帜审则心契，故学者每以语言为得道浅深之候。"（惠洪《题让和尚怀》）禅宗五祖借偈语选择继承人，就是以言察人的典型事例。神秀、慧能两人的佛法见地虽都符合佛学教义，却有高下顿渐之异。

君子萌一意、发一言，皆当有益于事，有补于世，有助于人。真言、直言、智言、善言，抨击时弊、弘扬真理之言，关乎民生世道、符合天理良知之言，越多越好。不真不善之言，欺人欺世之言，则万万发不得。须知欺得了少数人欺不了所有人，欺得了一时欺不了一世，弄到最后，发言者自己往往会成为最大的受害者。一言之美，万祀攸钦；一言之孽，惨乎楚铁。慎言哉，慎言哉。

第二十章　尧曰篇

《尧曰》共三章，记载圣王尧舜禹汤的言论以及孔子对为政的论述。

一、历圣相传的中道

尧曰："咨！尔舜，天之历数在尔躬，允执其中。四海困穷，天禄永终。"舜亦以命禹。曰："予小子履，敢用玄牡，敢昭告于皇皇后帝。有罪不敢赦。帝臣不蔽，简在帝心。朕躬有罪，无以万方；万方有罪，罪在朕躬。"周有大赉，善人是富。"虽有周亲，不如仁人。""百姓有过，在予一人。"谨权量，审法度，修废官，四方之政行焉；兴灭国，继绝世，举逸民，天下之民归心焉。所重民、食、丧、祭。宽则得众，信则民任焉，敏则有功，公则说。（《尧曰》第一章）

尧说："啧！你舜，天命的顺序（帝位）到你身上了。要牢牢执守那中道。如果天下困穷，上天的禄位就会永远终止。"舜也以这些话嘱咐了禹。（商汤）说："我小子履，冒昧用黑色的公牛来祭祀，冒昧向伟大的天帝报告。对有罪的人我不敢赦免。对于天帝的臣子，我不敢遮掩他们的善德和过失，由天帝自心检察。如我自身有罪过，不要牵累天下万方；天下万方有罪过，都归罪在我身上。"周朝大发赏赐，善人都得到富贵。（周武王说：）"虽有至亲，不如仁人。百姓如有过错，由我一人承担。"（孔子说：）谨严权量，审慎法度，修复废官，四方的政令就通行了。复兴灭亡的国家，接续断绝的世族，推举隐逸的贤士，天下的民心就归服了。所要重视的是人民、粮食、丧葬、祭祀。宽厚就会得到众人拥护，诚信就会得到人民信任，勤敏就会成功，公平就会人心悦服。

咨，感叹词，犹啧啧，表示赞叹、赞美。天之历数，指天命。允执其中，允，诚然，诚信，公平。执，掌握，保持，执守。中，中正，不偏不倚，无过无不及。

禹，受舜禅位的天子，姒姓，亦称大禹、夏禹，以治水闻名于天下。关于舜禅位时嘱咐大禹的话，可参阅《尚书·大禹谟》。予小子履，商汤自称。予，我。履，商汤的名字。商汤又称武汤、武王、天乙、成汤（或成唐），也称高祖乙，为商族领袖，任用伊尹执政，灭夏桀，建立商朝。

敢，谦辞，犹言冒昧，含虔诚意。玄牡，玄，黑色。牡，公牛。宰杀后作祭祀用的牺牲。此段文字又见《尚书·汤诰》，文字略有不同，可参阅。

皇皇，大，伟大。后帝，后，指君主。古代天子和诸侯都称后，到了后世，才称帝王的正妻为后。帝，古指最高的天神。这里后和帝是同一个概念，指天帝。帝臣，天下的一切贤人都是天帝之臣。简，本义是检阅，检查，这里有知道、明白、清楚了解的意思。

朕，我。古人不论地位尊卑都可称朕，从秦始皇起才为帝王专用。大赉，大发赏赐，指分封土地。《诗序》："大赉，大封于庙也。赉，予也，言所以赐予善人也。"

周，至，最。百姓，这里指各族、各姓受封的贵族。相传商末就有八百个诸侯。此句又见《尚书·泰誓》，文字略有不同，可参阅。权，秤锤，指计重量的标准。量，量器。指计容积的标准。法度，指计量长度的标准。

本章应为全书后序，出于编订者某一人或几人之手。重心介绍历代圣王相传的中道和中道政治。这里重点论述："兴灭国，继绝世，举逸民，天下之民归心焉。"

这是新王朝建立后要重点做好的三件事。兴灭国，分封灭亡之国，如周初封夏殷二代之后；继绝世，承继绝祀的世族，如周初立黄帝尧舜之后；举逸民，提拔隐逸的人才，授之官爵。如此，就能天下归心。

汤武革命并不赶尽杀绝，而是"善善及子孙，恶恶止其身"（《公羊传》）。周灭殷之后，封夏代之后为杞国，封殷代之后为宋国。这就是周朝"兴灭国"的表现，也是儒家"通三统"的做法。

通三统，以新王为主导的正统，同时让前二王之后以"政治特区"的方式存在，封以百里地而为一小国。如周朝灭殷之后，允许殷夏二统继续存在，与自己这一正统，共成三统。正统以客礼待其他二统，不把他们当臣下看。"下存二王之后以大国，使服其服，行其礼乐，称客而朝。"（董仲舒《春秋繁露·三代改制质文》）"三统者何，答曰：各自用其正朔，二代与周，是谓三统。"（孔鲋《孔丛·答问》）

蒋庆在《公羊学引论》中对"通三统"说作了深入阐述。他说：公羊家的通三统说既是改制创新之说，又是尊重传统之说，既主张六合同风、九洲共贯的一统论，又主张存二王后的多统论；既承认新政权有其独立的合法性，又不否认旧政权有其存在的合理性。故在通三统的思想中，世界是多统中的一统世界，世界既丰富多彩，又统一有序；既增加了新内容，又不尽弃旧成分。如此的世界既生动活泼，又秩序井然，充分体现出了孔子所追求的中庸之德。

不仅唐代效法周初"二王三恪"之制，五代乱世各朝亦未废止"二王三恪"之制。綦彦臣先生在《唐朝的政治特区》中将"二王三恪"的封地喻为"政治特区"，颇为新颖。

二、尊五美，屏四恶

子张问于孔子曰："何如斯可以从政矣？"子曰："尊五美，屏四恶，斯可以从政矣。"子张曰："何谓五美？"子曰："君子惠而不费，劳而不怨，欲而不贪，泰而不骄，威而不猛。"子张曰："何谓惠而不费？"子曰："因民之所利而利之，斯不亦惠而不费乎？择可劳而劳之，又谁怨？欲仁而得仁，又焉贪？君子无众寡，无小大，无敢慢，斯不亦泰而不骄乎？君子正其衣冠，尊其瞻视，俨然人望而畏之，斯不亦威而不猛乎？"子张曰："何谓四恶？"子曰："不教而杀谓之虐，不戒视成谓之暴，慢令致期谓之贼。犹之与人也，出纳之吝，谓之有司。"（《尧曰》第二章）

子张向孔子问道："怎么样才可以从政了呢？"孔子说："尊崇五美，摒除四恶，就可以从政了。"子张说："什么叫五美？"孔子说："君子惠而不费，劳而不怨，欲而不贪，泰而不骄，威而不猛。"子张说："怎样叫惠而不费？"孔子说："顺着国民的利益追求让他们获得利益，这不是既有恩惠又不浪费吗？选择可以让人民服役的事让他们去服役，又有谁会埋怨呢？希望推行仁道就得到推行，还贪求什么呢？君子无论对方人多人少，势大势小，都不怠慢，这不就是舒泰而不骄矜吗？君子衣冠端正，神色庄重，让人望而生敬畏之心，这不就是威严而不凶猛吗？"子张说："什么叫四恶？"孔子说："事先不教化（犯了错）就杀叫做虐，事先不告诫忽然要求做出成绩叫做暴，迟迟不下达命令却限期完成叫做贼。要给予人的，出手却很吝啬，叫做有司。"

屏通摒，除去，排除，摈弃。欲而不贪，欲在实行仁义而不在贪图财利。皇侃《论语义疏》："欲仁义者为廉，欲财色者为贪。"有司，本为官吏的统称，这里指库吏之类的小官，他们在财物出入时都要精确算计，形容吝啬刻薄。虐，残酷不仁。暴，卒遽无渐。致期，刻期。

本章孔子与弟子子张讨论如何从政的问题。《集注》引尹氏曰："告问政者多矣，未有如此之备者也。故记之以继帝王之治，则夫子之为政可知也。"

君子为政的第一要点，惠而不费。这是很高的道德境界，比"损己而利人"高明，是"不损己而利人"。《易经·损卦》："弗损，益之，无咎，贞吉，利有攸往，得臣无家。象曰：弗损，益之，大得志也。"意谓用不着自我减损就使他人受益，没有任何忧患，结果十分吉利，可获得天下万民归心。这是惠而不费的最好说明。顾炎武《日知录》"上九弗损益之"条说：

有天下而欲厚民之生，正民之德，岂必自损以益人哉。"不违农时，谷不可胜食也；数罟不入洿池，鱼鳖不可胜食也；斧斤以时入山林，材木不可胜用也"，所谓"弗损，益之"者也。"皇建其有极，敛时五福，用敷锡厥庶民。"《诗》曰："奏格无言，时靡有争。""是故君子不赏而民劝，不怒而民威于铁钺"，所谓"弗损，益之"者也。以天下为一家，中国为一人，其道在是矣。

能够达到惠而不费的政治境界，其余四美就不在话下了。尊五美，屏四恶，"不教而杀"又是四恶之首。儒家不否定刑罚的重要性，但反对滥刑酷杀和"不教而杀"。不教而杀谓之虐，在位者不立教化，未尽其责，民众犯了法，纵依法处理，也是虐民。

不戒视成谓之暴，不事先告诫却突然要求成功，叫做暴政；慢令致期谓之贼，命令迟晚不加监督，却限期完成，等于设陷害人。儒家对执政者的要求之高和严，于此可见。

"尊五美、屏四恶"的为政之道，在现代社会仍具有重大现实意义。

三、君子有三知，知命最重要

孔子曰："不知命，无以为君子也。不知礼，无以立也。不知言，无以知人也。"（《尧曰》第三章）

孔子说："不知命，就无法成为君子。不知礼，就无法立身。不知言，就无法了解他人。"

郑玄谓此章乃是孔子论学总挈纲要之言，故特以系之《尧曰》篇末，以见其重终之意，甚是。对于儒者来说，知命、知礼、知言特别重要，一切学问皆扎根于此，亦归结于此。

不知命无以为君子。命，天之所命，即人之本性。这里的君子就德而言。只有知命，才能立命。君子未必圆满证悟良知本性，但至少信其有知其真，否则不足以成为君子。君子是知道了良知真实并建立了良知信仰的人。三知之中，又以知命最为重要，知命必然知礼知言。

不知礼无以立，这个立，兼立足于社会和立德于自己而言。礼，仪式外在，精神内在。不知礼，外无以立足于社会，内在的根基亦无由建立。故孔子在《泰伯篇》中说"立于礼"。皇疏："礼主恭俭庄敬，为立身之本。人若不知礼者，无以得立身于世也。"立身于世，是就外在而言。

不知言无以知人。刘恭冕说："言者心声，言有是非，故听而别之，则人之是非亦知也。"《易经·系辞下》说："将叛者其辞惭，中心疑者其辞枝，吉人之辞寡，躁人之辞多，诬善之人其辞游，失其守者其辞屈。"

君子知言，包括自己的言说能力和分辨他人言论的能力，前者要"辞达"，如使于四方能专对，能不辱君命；后者要能察人之言。《孟子·公孙丑》说："何谓知言，曰，诐辞知其所蔽，淫辞知其所陷，邪辞知其所离，遁辞知其所穷。"知言又可以引申为知理，对各种思想学说观点的高低、优劣、正邪、善恶等有充足的判断能力，不为异端外道所惑。